长安吉祥说

CHANGAN JIXIANG SHUO

| 第一册 |

福禄寿绵延长安

FU LU SHOU MIANYAN CHANGAN

◎朱文杰 著

陕西新华出版传媒集团

太白文艺出版社

图书在版编目（CIP）数据

长安吉祥说. 福禄寿绵延长安 / 朱文杰著. —— 西安:
太白文艺出版社, 2021.11
ISBN 978-7-5513-1966-9

Ⅰ.①长… Ⅱ.①朱… Ⅲ.①中华文化—通俗读物②
长安(历史地名)—文化史—通俗读物 Ⅳ.①K203-49
②K294.11-49

中国版本图书馆CIP数据核字(2021)第218971号

长安吉祥说：福禄寿绵延长安

作　　者　朱文杰
责任编辑　史　婷　张　鑫
封面设计　郑江迪
版式设计　建明文化
出版发行　陕西新华出版传媒集团
　　　　　太白文艺出版社
经　　销　新华书店
印　　刷　西安市建明工贸有限责任公司
开　　本　889mm×1194mm　1/32
字　　数　130千字
印　　张　6.75
版　　次　2021年11月第1版
印　　次　2021年11月第1次印刷
书　　号　ISBN 978-7-5513-1966-9
定　　价　88.00元（全四册）

目 录

Contents

第二章　禄文化·三秦溯源

第三章 寿文化·三秦溯源

第一章

福文化・三秦溯源

長安
吉祥說

1. 福文化之内蕴

在陕西说吉祥，首先得说福文化，因为福就是吉祥。

中国人以福为吉祥，《字林》有："禛祥地，福也。"《风角占》有："福先见曰祥。"

而福文化第一要说的就是终南山下道教祖庭——老子讲经的楼观台，因为它是道教三十六洞天、七十二福地的"洞天之冠"和"天下第一福地"。

在这里探讨中国的福文化，应该最有意义，最有根柢，也最具权威吧！关于福字，《辞海》解释为："福，幸福，旧谓福运、福气。"福字的内涵特别丰富，一般来说，在不同阶层人的眼中，福的标准是不一样的。在旧时，农民把丰衣

楼观台宗圣宫"天下第一福地"石刻

足食理解为福，商人把财源广进理解为福，文人学士把金榜题名理解为福。

陕西凤翔泥塑《牛头》挂脸
（韩锁存作品）

在现代社会普通人的世俗看法中，福是工资高、职称高、学历高；是存款多，股票涨；是官运亨通，平步青云；是万事如意，一帆风顺。

凤翔泥塑艺人韩锁存制作的《牛头》泥塑挂脸，把福字画在牛头正中，体现了中国农民曾经理解的福，是农家有耕牛才有福，或者说有耕牛才能致富。因为在几千年中国传统的农耕史上，牛为农之本。

《资治通鉴》有"福至心灵"一说，这里的福是属于精神层面，与道家的"道本虚无"是一致的。

在"天下第一福地"——老子讲经的楼观台谈福，应当去探求福的本源，追溯福所蕴含的文化价值。因为福本身就是一种文化，也是中国本土道教的核心价值所在。

2.《道德经》中说福祸

道教讲阴阳五行、对立统一，讲到福就必然提到祸，所以福也存在多面性。

道教尊奉为始祖的老子在五千言《道德经》中，对福与祸有最精辟的解析："祸兮福所倚，福兮祸所伏。"这句话影响了中国人几千年，也是中华传统文化的精髓。

周至楼观台宗圣宫老子塑像

古人对福的认识是现实的，也是辩证的。从老子《道德经》中就能悟出，一种因素中往往潜伏着对立的另一因素，祸、福双方是可以转化的。《说苑·谈丛》曰："福生于微，祸生于忽。日夜恐惧，唯恐不卒。"

道教经典《太上感应篇》中进一步阐述："祸福无门，唯人自召。"认为祸、福虽难以预测，但可以靠人的努力去转化、维护，从而争取福的美好结局。所以在这种富含朴素哲学思想熏陶下的陕西人，对福的追求有一种度，一种深层次的清醒的把握和理解，从而诞生出"忍就是福"

"退就是福""退一步天高地阔"的认识。

《庄子·则阳》中"安危相易，祸福相生"的观点，以及中国民间千古流传的"福无双至，祸不单行""福不重至，祸必重来""福为祸先"等俗语，都时时在提醒着我们，不能一味求福享福，要惜福，要知足常乐，要懂得珍惜自己的福气。老子在《道德经》中的几句真言，"知足者富""祸莫大于不知足，咎莫大于欲得，故知足之足，常足矣"，说得何等之好；晋代文学家、陕西耀州人傅玄《杂诗三首》中的"安贫福所与，富贵为祸媒"说得何等之透彻。

在这里，什么"福满堂""永受嘉福"还是少提为佳，因后面还有一句"满招损"跟着呢。如果过分追求享用或不合情理地承受财物，则会减损福分，太"满"了肯定折福。例如在饮食上，吃得过饱，营养过剩与丢弃食物都会折福。吃得过饱不但伤胃，而且也致病折寿。

汉代就有"永受嘉福"文字瓦当，单线十字界格，每格一字，鸟虫篆体，结体疏密均匀，线条蜿蜒如行云流水般畅达自然。这块瓦当1953年出土于陕西咸阳，现藏于陕西历史博物馆。宋代的高僧法演禅师说得好：福不可以享受到尽头，假如福享受尽了，幸福和快乐的泉源就会枯竭！儒家的

汉代鸟虫篆体"永受嘉福"
瓦当拓片

孔圣人有"诡福反为祸"之说，他也告诫人们："祸福之征，慎察用之。""存亡祸福，皆己而已，天灾地妖，不能加也。"看来，是人们主观上的行为决定了自己的福祸之运。

3. 上善若水与善门福地

行善而得福，正是道教的根本。道教的福地，被称作"善门福地"。一个"善门"，定义了福地的真正内涵。

关于善，应该也是一种文化形态的存在。许慎的《说文解字》说善："吉也，从誩从羊。"而羊字通"祥"，善即吉祥也。

我们知道，羊因为本性温驯和善，素被视为吉祥动物，故含吉祥美善之意；又"从誩"，二言乃竞言也，相互道祥和之语为善，故善为"吉"义解。羊草食、性温，懂孝道之理，自幼每受母乳，必屈膝跪地吸吮，故谓羊有跪乳之义。受剪羊毛时，羊毫不挣扎，任人采剪；受挤羊乳时亦无抵拒之意，完全配合；羊

凤翔泥塑《羊》邮票

和牛一样，吃的是草，挤出的是奶呀！至其殁，全身无一不对人类做贡献。此温厚之生灵，可谓纯善至矣！人们怎不视其为吉祥、美丽的动物呢？

另外，《说文解字》中还把"吉"解释为"福"。那么换算一下，善也应当是福。古人重视为善积德，以及积小善为大善。三国蜀主刘备去世时，在遗诏中对其子刘禅说："勿以恶小而为之，勿以善小而不为。惟贤惟德，能服于人。"目的是劝勉儿子要进德修业，有所作为，不要因为好事小而不做，更不能因为不好的事小而去做。小善积多了就成为利天下的大德。

《国语·晋语六》中有："吾闻之，唯厚德者能受多福。"善、吉、福，其实在于行好事，要有奉献牺牲精神。《国语·晋语》还有："善，德之建也。"《左传·昭公十二年》也有："供养三德为善。""三德"后为佛教语，谓法身、般若、解脱。法身为智德，意即佛的智慧深广；般若为恩德，意即佛的慈悲广大，誓度一切众生；解脱为断德，意即佛将一切的烦恼断除，解脱自在。从善福到德福，德行天下，才能"厚德载物"，这所载之物应为"福"。

中国古代深受老百姓崇拜的观世音菩萨和吕洞宾最得"善"福。《聊斋志异》的作者蒲松龄说："故佛道中唯观自在（观世音），仙道中唯纯阳子（吕洞宾）……愿为宏大，欲普度三千世界，拔尽一切苦恼。"其意不正是慈善为福吗？！以"度人为福"的吕洞宾，还在一首诗中明明白白地宣示："福因慈善得。"而观世音菩萨手持净瓶，用一根小小的柳枝条，遍洒甘霖，解万民之困厄，为世人所敬仰。如果我们每个人都能净化自己的心灵，心存善念，成为"水"的使者，润泽大地，也润泽自己的灵魂，那该是多么大的善福之缘呀！

老子在终南山下楼观台讲授的《道德经》五千字真言中，有"上善若水"之说，其中有对水"水善利万物而不争"之评价，让人深感以水喻善之准确合适。是呀！水往低处流，身居低处，从不攀高，就是经历劫难，蒸腾为气为云，升华嬗变，也要降为雨雪，重归大地，还原自我。民谚中的"春雨贵似油"

周至楼观台 元朝赵孟頫
题"上善池"

"瑞雪兆丰年"应当算是对水最朴素最崇高的生命礼赞，因为水乃生命之源，没有了水，一切生命都难以存活。

老子对水有独到的审美认识："天下莫柔弱于水，而攻坚强者莫之能胜。"这使人想到了"水滴石穿""柔能克刚"，而"真水无香""心如止水"，抑或是"静如流水"，那是因为有了曾经沧海的坎坷和蹉跎。水的可贵之处还在于它有自我净化的功能。流水不腐，流动是净化的过程。而水在温度的作用下，一会儿处于冰点的0℃，一会儿又处于沸点的 100℃。在太阳的高温下，地面上的水蒸腾为气体，凝聚为云，遇冷空气又变成雨雪，降临大地。这一循环往复的过程，其实也是净化的过程。这一过程如此神奇，该是天公的恩赐了。人类会从中得到什么启示呢？

老子哲学与古希腊哲学一起构成了人类哲学的两个源头，老子也因其深邃的哲学思想而被尊为"中国哲学之父"。据联合国教科文组织统计，在世界文化名著中，被译成多国文字出版发行量最大的是《圣经》，其次就是《道德经》。在世界上，老子被尊奉为"东方巨人""世界十大思想家"，所以苏联汉学家李谢维奇说："老子是国际的。"

亚里士多德认为："幸福就是至善。"而老子《道德经》中一句"上善若水"，蕴藏着普世价值的非凡意义，是进入这篇五千字真言门径的一把金钥匙。

4."德福"之论

从老子的《道德经》理解福，其核心是两个字"德福"，德与福存在着不可分割的关系。德是福的前提，福是德结出的硕果，有德才会得福。自古以来，那些祸国殃民的贪官污吏，无恶不作的不法之徒，不缺手、不缺脚、不缺大脑，就是因为缺德，才损害了国家社会，缺德而无福，并为自己招来祸殃。

五福中的"攸好德"，是指生性喜好德。这就把福与德紧密联系起来了。西周开国之初，周人已将"德""得"并称，认为武王灭殷而获得天下的主要因素就是德。有德才能得天下，由此提出"以德配天""敬德保民"的以德治国思想。

在历代儒学思想家的认识中，人所遭遇的一切祸福皆非偶然，皆可以通过改变德行来改变。于是，看似天道与神决定的祸福，其实是人类个体德行的善恶决定的。美好的德行将保有上天赐予的幸福，邪恶的德行则导致福的丧失与灾难降身。

《中庸》载孔子论德与福的关系，曰："舜其大孝也与！德为圣人，尊为天子，富有四海之内，宗庙飨之，子孙保之。故大德必得其位，必得其禄，必得其名，必得其寿。故天之生物，必因其材而笃焉。故栽者培之，倾者覆之。《诗》曰：'嘉乐君子，宪宪令德。宜民宜人，受禄于天。保佑命之，自天申之。'故大德者必受命。"其中特别强调了德的重要，认为拥有德就会拥有一切。这段

孔子像

论述翻译为白话文是说：舜可以称得上最孝顺的人吧！他具有圣人的品德，达到天子的地位，拥有四海以内的一切财富，祖宗的庙堂祭祀他，子子孙孙永远保持这种祭祀。所以有伟大品德的人，一定会得到崇高的地位，一定会得到优厚的俸禄，一定会得到美好的名声，一定会得到难得的高寿。上天孕育了万物，必然按照它们的材质区别对待。能够培植的就培植它，不能培植的只好让它倾倒。《诗经》上说：受人称赞的君子，与民同乐而又有美好的德行，都能符合人民的意愿，符合人民的向往。他们应该接受上天（即民众）赐予的俸禄。所以那些具有高尚道德情操又能关爱民众的君子，必会承受天命。

孟子主张道德至上，个体能通过修身而"养浩然之气"来获得幸福。荀子谈个体德行与祸福时说："物类之起，必有所始；荣辱之来，必象其德。肉腐出虫，鱼枯生蠹。怠慢忘身，祸灾乃作。……故言有招祸也，行有招辱也。君子慎其所立乎！""知祸福终始而心不惑也。"

孟子像

从以上可以看出，孟子、荀子与老子、孔子对德福以及福祸的认识基本一致。他们都认为道德是人区别于其他动物的根本所在，都以道德为人生的终极目标，使社会的善指向德福一致。

北岛有诗："卑鄙是卑鄙者的通行证，高尚是高尚者的墓志铭。"我们在承认这首诗是在对社会和人性进行深刻批判的同时，应该相信"善有善报，恶有恶报"，卑鄙应当永远是卑鄙者的耻辱柱，而卑鄙者的所谓通行证，通得了一时一事，但绝不能通得一生一世。对于变本加厉的卑鄙者来说，他们的通行证只能通向地狱；而高尚不仅是高尚者的墓志铭，还应当永远是高尚者的丰碑和精神之魂。

《菜根谭》中有："栖守道德者，寂寞一时；依阿权势者，凄凉万古。达人观物外之物，思身后之身，宁受一时之寂寞，毋取万古之凄凉。"

古希腊著名哲学家亚里士多德认为，德就是福、福就是德，德与福是一致的。《菜根谭》中亦有："德者事业之基，未有基不固而栋宇坚久者。"魏徵谏唐太宗时说："源不深而望流之远，根不固而求木之长，德不厚而思国之安，臣虽下愚，知其不可。"可见，"士有百行，以德为首"，德是一切事业之基。从这一点上讲，德就是福，德就是福之根本，就是福的最为本质、最为本真、最为本源、最准确的属性，德福应当是无缝对接的。

中国东汉科学家张衡在《应问》中有："君子不患位之不尊，而患德之不崇；不耻禄之不夥，而耻智之不博。"做人先立德，以德铸魂，"人可一生不仕，但不可一日无德"。北宋理学家、关学创始人横渠先生有诗："芭蕉心

张载像

尽展新枝，新卷新心暗已随。愿学新心养新德，旋随新叶起新知。"先生名张载，因寓居凤翔府郿县（今宝鸡眉县）横渠镇讲学，人称横渠先生。

横渠先生认为：进行道德修养，首先必须"变化气质""通蔽开塞"，只有通过克服自己的缺点，才能"存理""成性"，成为道德的圣贤；其次强调"躬行礼仪"的道德实践。他认为：人的道德修养最重要的就是"仁""教"，人都应像古代尧、舜、禹、诸圣贤那样对待长辈，尊敬长辈，永不忘本。

春秋管仲的《管子·戒》第二十六中有："是故圣人上德而下功，尊道而贱物。道德当身，故不以物惑。……所以谓德者不动而疾，不相告而知，不为而成，不召而至，是德也。"面对诱惑"宠辱不惊，看庭前花开花落；去留无意，望天上云卷云舒"的这种从容、淡定的本身，就是一种享受、一种福分。古人曰："有德则乐。"有德之人，脚跟正，脊梁直，仰不愧于天，俯不怍于人，既无"半夜敲门"之惊，也无"东窗事发"之忧；活得坦荡泰然，睡得香甜安稳，不仅利国利民，而且于自己的身心健康有利，这不是福吗？

西安南门里湘子庙街附近有一条古色古香的巷子就名叫德福巷，它让你感悟到这座有十三朝帝都之称，成就了汉唐盛世的大都市的文脉之深。德福巷原来是一片老房子，中华人民共和国成立前，这里不叫德福巷，而叫"黑虎巷"。因为街巷又窄又黑，所以老人们都说，它像一只蛰伏的黑虎，是老西安的"好风水"之地。当你经过或走进德福巷，"德福"两个字是会给你启悟的。

5.《诗经》里的"福禄寿"

《诗经》是中国最早的诗歌总集。《诗经》也是有记载的中国诗歌历史的源头。

《太平御览》卷三引《诗含神雾》孔子曰："诗者，天地之心，君德之祖，百福之宗，万物之户也。刻之玉版，藏之金俯（府）。"孔圣人以诗者为"百福之宗"，所以，说福论吉祥应从《诗经》始。

再因为《诗经》收录的大抵是周初及春秋中叶的作品，主要反映的是周朝的兴起、周代经济制度和生产情况、政治现状，以及民生疾苦和赞美西周统治者业绩的诗篇。而周兴于陕西周原，建都于长安，有丰、镐两京。陕西作为

清刻本《诗经》

西周的政治中心，《诗经》中很多重要的优秀诗篇，必然和陕西产生千丝万缕的联系。《雅》是"王畿之乐"，《颂》是专门用于宗庙祭祀的音乐，《风》是周王室专门派人采集而来，在都城丰、镐两京编辑整理的，以推广诗教，宣扬周礼。

因了《诗经》处于源头的经典地位，其中很多精美诗句成为后代经常引用的成语典故的出处，而有关吉祥用语，虽不敢说是俯拾皆是，但随便一翻就有不少。例如有关福、寿、禄的就不下几十处。

《诗经·周颂·烈文》中有："烈文辟公，锡兹祉福。"《诗经·周颂·烈祖》中有："自天降康，丰年穰穰。来假来飨，降福无疆。"《诗经·周颂·潜》中有："以享以祀，以介景福。"《诗经·大雅·既醉》中有："君子万年，介尔景福。"《诗经·国风·樛木》中有："乐只君子，福履绥之。……乐只君子，福履将之。……乐只君子，福履成之。"《诗经·小雅·宾之初筵》中有："既醉而出，并受其福，醉而不出，是谓伐德。"《诗经·大雅·大明》中有："维此文王，小心翼翼，昭事上帝，聿怀多福。"《诗经·周颂·丰年》中有："以洽百礼，降福孔皆。"

以上诗句主要是以福为主的句子，例如：锡兹祉福、降福无疆、以介景福、福履成之、并受其福、聿怀多福、降福孔皆等，都给人古雅却新颖的感觉，因为很多句子已经运用成典了。《诗经·大雅·假乐》中有："宜民宜人，受禄于天。……千禄百福，子孙千亿。穆穆皇皇，宜君宜王。……受福无疆，四方之纲。"《诗经·小雅·采菽》中有："乐只君子，福禄申之。……乐只君子，万福攸同。……乐只君子，福禄膍之。"《诗经·大雅·凫鹥》中有："公尸燕饮，福禄来成。……福禄来为。……福禄来下。……福禄来崇。"

以上诗句以福禄连用为多，例如：千禄百福、福禄申之、福禄膍之、福禄来成、福禄来为、福禄来下、福禄来崇，还有受禄于天、受福无疆。《诗经·小雅·南山有台》中有："乐只君子，万寿无期。……乐只君子，万寿无疆。……乐只君子，遐不眉寿。乐只君子，德音是茂。"《诗经·小雅·甫田》中有："黍稷稻粱，农夫之庆。报以介福，万寿无疆。"《诗经·小雅·蓼萧》中有："其德不爽，寿考不忘。……宜兄宜弟，令德寿岂。……和鸾雍雍，万福攸同。"《诗经·国风·七月》中有："称彼兕觥，万寿无疆。"《诗经·小雅·天保》之中有："如山如阜，如冈如陵，如川之方至，以莫不增。……

清代陕西皮影"福禄寿三星"
（陕西省艺术馆藏）

如月之恒，如日之升。如南山之寿，不骞不崩。如松柏之茂，
无不尔或承。"

　　以上诗句以寿为主，例如：万寿无期、万寿无疆、遐
不眉寿、寿考不忘、令德寿岂、南山之寿等。而"如南山之
寿"加上前后九个如字也称"九如"。

　　如果再从中寻找龙、凤、虎、象、仙鹤、麒麟、飞鸿、
鱼、燕、雉、鸳鸯、牛、羊等吉祥之物，那更是数不胜数啊！

　　距今三千年的《诗经》，吉祥之宝典。

6. 天官赐福与五斗米道

　　对福之追求，其实最早源于远古时代人们对自然星辰
的崇拜。中国传统文化中有"福禄寿三星"，其中福星对
应的是太阳系十大行星之一的木星，古人称之为岁星，所
谓"岁星"所照，能降福于民。

　　人们拜福求福祈福的愿望，是否能达到，传说是由福
星决定的，因为福星是根据人们的善行而决定赐福的。

　　后来演变为天官赐福，天官之说源于东汉时以陕西汉
中为中心，在陕南兴盛一时的五斗米道。晋代陈寿撰《三
国志·张鲁传》中有："张鲁，字公祺，沛国丰人也。祖
父陵，客蜀，学道鹄鸣山中……从受道者出五斗米。……

陵死，子衡行其道。衡死，鲁复行之。"张鲁自从承袭五斗米道首领，自称"师君"，后发展壮大，割据汉中，以"五斗米道"教化人民，建立起政教合一的政权。

东汉政权无暇顾及汉中，遂封张鲁为镇民中郎将（一作"镇夷中郎将"），领汉宁郡太守。张鲁统治巴、汉近三十年。

五斗米道推出"三官"，是道教神系中最早敬奉的神灵，源于中国古代先民对天、地、水的自然崇拜。在原始社会，人们对天、地怀有敬畏之心，遂祭天地、祭祖先以祈望自己及部落生民能够安全生存，顺利繁衍子孙以得福寿安康。

中国上古就有祭天、祭地和祭水的礼仪。《仪礼·觐礼》中称："祭天，燔柴。祭山、丘陵，升。祭川，沉。祭地，瘗。"不过，祭祀天、地、水是部落首领和帝王的特权，庶民百姓一般只能祭祖。

南北朝时，天、地、水三官神和上、中、下三元神合二为一。所以当时五斗米道创三官神灵亦被叫作三官大帝、三元大帝、三官帝君。其他尚有金、土、水三官，《三官庙记》曰："金为生，候天气，土为成，候地气，水为化，候水气。……故曰三官也。"再有什么青、黄、白三气，三官所执，生、死、苦，就不一一介绍了。

而后还把三官具体到人，说得最多的就是尧、舜、禹。当然还有紫微大帝、清虚大帝、扶桑大帝为三官说。

五斗米道所祀天、水、地三官中的天官，全称为"上元一品赐福天官"，故民俗尊天官为福神，与寿星并列。

传说正月十五的元宵节也叫上元节，上元即天官，这一天也是天官的生日，他下到人间来核定人之罪福，而决定下界的福主，再给予赐福。

三官大帝中的其他二官地官、水官，分治地和水，其中地官主赦罪，水官主解厄。

《宣和画谱》云："五代时人陆晃有'天曹赐福真君'像一帧，然则今所称天官赐福者，亦有本矣。"天官赐福画面，多为天官身着红袍立于海崖，手持一轴诰命，上写"天官赐福"或"受天福禄"四字。一些图中，天官还慈祥地携带五个童子，五童子手中各捧仙桃、石榴、佛手、春梅和吉庆鲤鱼灯。陕西凤翔为中国三大年画重镇之一，凤翔博物馆所藏的清代木版年画《天官赐福》，画中天官，五绺长须，面容慈祥，一派雍容华贵的气象。《天官赐福》一般设计为一对门画，左边天官手持一轴诰命，上书"天官赐福"，右边天官手持的诰命则是"吉祥如意"。

陕西凤翔木版年画
《天官赐福》（凤翔博物馆藏）

7. 吕洞宾的福观念

八仙中的"关中逸人"吕洞宾在《劝世文》中写道："一毫一善，与人方便。一毫一恶，劝君莫作。衣食随缘，自然快乐。……欺人是祸，饶人是福。"

是啊！这个"饶"字很重要，饶就是原谅，就是宽宏大量，甚至是以德报怨。退一步海阔天空，留有余地；与人为善，事不过分。这是一种美德，是一种人生智慧。不是有"得饶人处且饶人"嘛！让我们记得"得理且饶人，针尖不扎人""行善能得福，作恶必招祸"。

吕洞宾就是以"度人为福"而实践他的理想的。吕洞宾修成仙身之后，对他的师父钟离权明誓，要"度尽天下众生，再升仙班"，这是一种高尚的精神。吕洞宾在一首诗中写道："福因慈善得。"看来吕洞宾这种行为以及对福的理解，就是造福于众生，就是慈悲为怀，救苦救难。

吕洞宾在《养生诗》中说："酒色财气四堵墙，人人都在里面藏。有人跳出墙儿外，便是长生不老方。"也就是说，跳出酒色财气这四堵墙，才能长生不老，才能得福。所以很多人特别欣赏"安贫乐道

清代木雕《吕洞宾》（旬邑唐家藏，王山水摄）

即为福"这句话，还有"享清福"这三个字。一个"清"字，意义深广。道家讲清净，无非是讲人们一生修炼的这种清净之福，当为人生最大之福。

按历史最早的记载，吕洞宾应是陕西关中长安人。北宋《国史》载："关中逸人吕洞宾。"据《宋史·陈抟传》载，吕岩（即吕洞宾）"关西逸人"。宋人吴曾收录的岳州石刻《吕洞宾自传》中，吕称自己"吾乃京兆人"。辛文房的《唐才子传》和元好问的《唐诗鼓吹》均记载吕为京兆人。《江州望江亭自记》则载："吾京川人。"《西安府志》卷三七载："吕洞宾，初名绍光，关右人。"

吕洞宾的祖父吕渭，唐朝礼部侍郎，其父吕让，早年曾任蓝田县尉、三原县令。吕洞宾诞生之地应在京兆长安或关中一带，否则吕洞宾的自传不可能自称"吾乃京兆人"。

元代以后，才有吕洞宾为河东（今山西永济）人之说，这应该是指他的祖籍为山西，因为他的曾祖父吕延之，曾任河东节度使。

吕洞宾得道成仙之地在西安八仙宫，宫门口有一通石碑，上刻有"长安酒肆"四个字，旁刻"吕纯阳先生遇钟离权先生成道处"，记载的就是吕洞宾在长安酒肆处得京

长安酒肆石碑

兆人钟离权点化的故事。后两人相携赴终南山、华山一带修炼。华山有纯阳观，太白山之西的眉县有钟吕坪，太白山之东的周至有洞宾泉，都传说曾是他们驻足之地。后吕洞宾翻越秦岭，在"风摇水花碧"的汉水之滨，选中"日落山气清"这幽雅绝俗的风水宝地香溪洞，住了下来。

此时的吕洞宾已是修成正果的神仙之身，而他要度尽天下众生，在古今道家的历史上独树一帜，成为仙界使者的标志性人物，因而被全真道奉为北五祖之一。

8. 华山陈抟老祖写"福"

潜心修道于西岳华山的陈抟老祖，因用一局棋，从宋太祖赵匡胤手中赢得了整整一座华山，而名垂千古。

传说与吕洞宾交往颇深的他，在华山上亲笔写下了一个"福"字，内含有"蛇吐紫气地献禄"之宏阔意境，被称为福字一绝。他还在华山石壁上写下了"寿山"两个字，

清代石雕陈抟书"福"
（蒲城王仲山宅，王山水摄）

表示的是这座以中华命名的山，与天地同在，福寿万年。

陈抟诗、书、画堪称三绝，书写"福寿"二字，特色独具，为后世所推崇。不光是华山留有"福寿"真迹，今鹿邑老君台、安岳、大足、潼南、峨眉山、山东蓬莱仙境等圣地名山，皆保存了陈抟书写的"福寿"二字石刻。此二字内含"田给予福，林付长寿"八字哲理，深蕴哲思，理义自然，向为后人看重。

传说吕洞宾有诗赞陈抟："南归大海龙千尺，云满长空鹤一声。"还有一首《哭陈抟》，诗云："六洞真人归紫府，千年鸾鹤老苍梧。自从遗却先生后，南北东西少丈夫。"原来神仙之间亦有如此真挚深厚的感情。

陈抟老祖最终从华山这一整块巨大的、经亿万年不朽的花岗岩山体上，悟出了"万物一体"的理学思想，成为老华山派的创始人，而享誉中华五千年文明史。还有清代康熙御笔的"福"字，一个字中让你能分别看到"多子、多才（财）、多亩、多寿、多福"，成为中华一绝，史称"天下第一福字"。看到这样的福字，首先精神上得福，这比只认钱财为福要透彻高明得多。

陈抟卧像

9. 唐代的《五星二十八宿神形图》

　　现在依然存世的有一幅绘制于唐代的《五星二十八宿神形图》，可能是已知的最老的星官图了。它的作者就是曾在唐长安城任率府兵曹参军的梁令瓒。

《五星二十八宿神形图·木星》
（唐·梁令瓒绘）

　　这幅画绘有金木水火土五星和二十八星神的形象，排在众星之前的木星，即福星。梁令瓒所绘福星，和我们能见到的笑容满面的福星形象，绝不是一回事。而是豹头人身，铜铃大眼，一身宽袍，手握玉简，座下神兽为野猪头，骏马身，特别怪异神秘。这让我们意识到原来福星最早的形象，竟是又凶又怪，半人半兽。

　　梁令瓒不仅是画家，还是我国古代著名的天文仪器制造家，一位了不得的天文科学家。开元九年（721年），玄宗命僧一行改造新历《大衍历》，而无黄道游仪测候，于是梁令瓒创制游仪木样。僧一行称赞其所造黄道游仪木样"日道月交，皆自然契合，于推步尤要"。梁令瓒创造的黄道游仪，为僧一行改造《大衍历》的编修提供了先决条件；后梁令瓒又与僧一行合作，在长安皇城的秘书省司天监创制浑天铜仪。

与之合作的僧一行，更是我国古代一位伟大的科学家，也是天文学家、数学家、机械专家。他们制出的黄道游仪，上面标有星宿、赤道及周天的度数，用来观测日、月、星辰的位置和运行情况。他们一起制作的浑天铜仪结构非常精密，堪称奇妙神工。还有"水运浑天仪"，由水力推动其旋转，据《旧唐书·天文志》记载："立

《中国古代科学家·僧一行》邮票

二木人于地平之上，前置钟鼓以候辰刻，每一刻自然击鼓，每辰则自然撞钟。"水运浑天仪堪称世界上有史以来最早的一台自动计时器，比公元1370年西方出现的威克钟要早六个世纪，充分显示了我国古人的聪明才智。唐玄宗亲为僧一行、梁令瓒制成的仪器制铭，并置于唐长安灵台以考星度。灵台是天文台的古称。

从以上原因可以判定，梁令瓒绘制的福星形象，应该是在一千多年前的唐代被普遍认可的形象。而福星就是木星，是五星中最大的一颗，也是夜半最亮的几颗星之一。因为它大而亮，古人十分重视，观测到大约十二年绕天一周，每年行经一个特定的星区，故据以纪年，称"岁在某某"。

所以，木星也被称为岁星，进而称为太岁。一句"太

岁头上动土"，决定了其给人的威慑力和恐惧感，形象自
然怪异而凶恶了。虽然他的形象和现在能给人带来福气、
福运的吉祥神差距甚远，但这位能赐福给凡界老百姓的星
神，最初之时的面目狰厉，可能更让人由恐惧而产生信服
崇拜，就像驱鬼的钟馗。

10."太岁"传说

关于"太岁"传说，最有影响的是一句"太岁头上动
土"的俗语。什么意思呢？因为古代有占星术，占星家们
在观察木星运行时发现，岁星是移动的，于是就解释为，
岁星白天潜入地宫居住，晚上才升空巡游天下，天亮再返
回，周而复始不停顿。因而老百姓在破土动工盖房之前会
查岁星所处方位，或请教风水先生，看今天是否适宜动土。
如果不管不顾，就可能挖掘到岁星的地宫里，这就冲撞了
太岁，即在太岁头上动土，这可是要遭祸的。

太岁也是中国古代传说中值岁之神，俗称"红煞神"
"年中天子"。太岁率领诸神，统正时序，他在哪个岁宿，
所在地区营造宫阙、修建屋舍、天子巡狩、开拓疆土等皆
须停止或回避。

传说太岁为殷郊，纣王之子、殷商太子。母亲姜王后被妲己害死后，殷郊激愤之下欲杀妲己，惹怒了纣王，遭到纣王的追捕，后被九仙山桃源洞广成子所救。殷郊拜广成子为师，往九仙山修道。艺成出师后，奉广成子命，下山协助武王克殷，却在半路遇申公豹，在其撺掇之下倒戈，加入商朝攻打周武王。后被姜子牙和燃灯道人打败，引入周之宗庙所在地的岐山（今陕西岐山），受犁耕而死。武王灭商后，姜子牙奉太上老君及元始天尊敕令封神，殷郊被姜子牙在太白山拔仙台封为执年岁君太岁之神。坐守周年，管当年之休咎。

南宋《天心地司大法》（收录于《道法会元》），当中有"北极御前显灵体道助法藏精灭魔地司猛吏太岁大威力至德元帅殷郊"之说，所以殷郊也称殷元帅。太岁殷郊元帅为凶神之相，三头六臂，手执招魂幡、量天尺、阴阳旗、番天印等宝物，循周天星宿度数，察人间过往愆尤。陕西省艺术馆藏有清代皮影《太岁殷元帅》。

清代皮影《太岁殷元帅》
（陕西省艺术馆藏）

人们还把太岁附会在一种地下生长的外形特异的"肉疙瘩"上。令人惊异的是，这个肉疙瘩即使你不管它它还会长大，一天一个样。人们在无知状态下会惊恐万分，害怕噩运降临。于是，有人就说这怪肉一般的东西叫太岁，是你随便动土才把太岁挖出来的。

太岁（肉灵芝）

其实这所谓的太岁，在科学分类上是与蘑菇、灵芝相近的一种特大型罕见黏菌复合体，又称肉灵芝，为传说中秦始皇苦苦找寻的长生不老之药。李时珍在《本草纲目》中，也记载有肉灵芝，并把它收入"菜"部"芝"类，可食用、入药，奉为"本经上品"，功效为"久食，轻身不老，延年神仙"。太岁十分稀有，是百药中的上品。美国科学家研究认为，它是人类和一切动植物的"祖先"。

1992年8月22日，陕西终南山下的周至县一吴姓农民和儿子到渭河边上打捞因山洪暴发被冲入河中的柴火时，从河中捞起一个不明物体。这个物体就是传说中的太岁。接着就被西安一市民果断出资三十万元购得，并公开展出。时任国务院副总理李岚清、国家科委主任宋健都曾亲临参观，引起极大轰动。后收藏太岁者为避干扰，把此物携入终南山下一农村中，用井水养了起来。

据《史记·秦始皇本纪》记载，秦始皇统一六国后想要永远统治天下，遂遍访名山寻求"芝奇药仙"，以求长生不老。隐修在终南山的一位高道对秦始皇说："绵延南山中有一种生长的仙物叫太岁，它吸日精月华，汲天光地气，吃了可长生不老。"于是，秦始皇便找到方士名医徐福，命其为他寻找长生不老的仙药。

位于陕西临潼的扁鹊纪念馆，坐落在秦岭中段骊山之下，该馆就曾展出过有"千年太岁"之称的"镇馆之宝"肉灵芝两株。让参观者大饱眼福。该馆也是目前全国最大的中国医史博物馆。另外，离此不远的秦始皇兵马俑博物馆，2006年也举办过《奇珍异宝·肉灵芝》专题展览，展出了一株在司马迁故里韩城发现的神秘肉灵芝。

看来，这极为罕见的、连秦始皇都寻找不见的、能"轻身不老，延年神仙"的"太岁"，真正是与秦岭终南山有缘了。

11. 赐福君王还是降福于民?

《天官·星占》里讲：木星照耀的国度，赐福于君王，保佑他政权稳定。

李商隐《无愁果有愁曲北齐歌》："东有青龙西白虎，中含福星包世度。玉壶渭水笑清潭，凿天不到牵牛处。麒麟踏云天马狞，牛山撼碎珊瑚声。秋娥点滴不成泪，十二玉楼无故钉。推烟唾月抛千里，十番红桐一行死。白杨别屋鬼迷人，空留暗记如蚕纸。日暮向风牵短丝，血凝血散今谁是？"

星相家们进而引申为：岁星所照，能降福于民。是说岁星照耀的地方，百姓也能够得到好运和幸福。

"福"马勺脸谱（宝鸡·张星作品）

唐皇城太极宫有安福门、重福门；号称"千宫之宫"的大明宫有建福门；唐皇城有光福坊、永福坊、延福坊；玄奘法师西天取经返回长安时先驻锡在修德坊的弘福寺，开化坊有荐福寺（今西安小雁塔），安定坊有千福寺，敦义坊有福田寺，长安有大崇福寺，这座崇福寺即当年的西太原寺，唐载初元年（690年）改称为崇福寺。唐代长安城有这么多以福为名的宫门、街坊、寺院，还真令人称异。

而其中寓意和所祈、所荐、所赐、所降的"福",以及什么福门、福田,都属皇帝独占,说实话真与老百姓关系不大。

所谓"福星包世度""岁星所照,能降福于民",实际是一种虚假的布道,诱导老百姓只能把自己的"福"寄托在贤明君主身上。亚圣孟子曾经为我们勾画了一幅人人丰衣足食的社会理想蓝图:"五亩之宅,树之以桑,五十者可以衣帛矣。鸡豚狗彘之畜,无失其时,七十者可以食肉矣。百亩之田,勿夺其时,数口之家可以无饥矣。"这只能是两千多年前老百姓的梦想。

孟子认为,君王应该与民同乐:"乐民之乐者,民亦乐其乐;忧民之忧者,民亦忧其忧。乐以天下,忧以天下,然而不王者,未之有也。"他把君主的个人幸福与社会大众的幸福联系起来。其实这种济世良方只是针对一国之君等少数人提出的,只是把社会幸福全然寄托在当权者的修身之上,指望通过君主的道德完善来实现社会民众的"福",显然是不现实的。民之幸福与君王及少数权贵者之幸福,从来是无法统一的。

元代文学家张养浩有散曲《山坡羊·潼关怀古》:"峰峦如聚,波涛如怒,山河表里潼关路。望西都,意踌躇。伤心秦汉经行处,宫阙万间都做了土。兴,百姓苦;亡,百姓苦。"特别是最后一句"兴,百姓苦;亡,百姓苦",已成千古绝唱。作者沉痛地告诉我们:历史上无论哪一个朝代,它们兴盛也罢,败亡也罢,老百姓总是遭殃受苦的。一个朝代兴起了,必定大兴土木,修建奢华的宫殿,从而给老百姓带来巨大的灾难;一个朝代灭亡了,战乱中惨遭涂炭、流离失所的还是百姓。他指出,历代王朝的或兴或亡,带给百姓的都是无尽灾祸和苦难。张养浩这种心系老百姓之疾苦的悲悯情怀,感天动地。

《元曲之〈山坡羊·潼关怀古〉》邮票

张养浩,字希孟,号云庄。山东济南人,元代散曲家。他为官清廉,爱民如子。辞官隐居后,决意不再涉仕途,但听说重召他是为了赈济陕西饥民,就不顾年事已高,毅然应命。《元史·张养浩传》记载:"天历二年(1329年),关中大旱,饥民相食,特拜(张养浩)陕西行台中丞……登车就道,遇饿者则赈之,死者则葬之。"

张养浩奉命赴秦地过程中,亲睹人民的深重灾难,感慨叹喟,愤愤不平,遂散尽家财,尽心尽力去救灾,终因过分操劳而殉职。他死后,"关中之人,哀之如失父母"。

张养浩在"关中大旱"之际写下了这首《山坡羊·潼关怀古》,为元曲中思想性、艺术性完美结合的传世千古名作。尤其"兴,百姓苦;亡,百姓苦"一句,是全曲之眼,其可贵之处在于体现的深切的人文关怀,以及对老百姓疾苦的深切同情。张养浩尊奉孟子民本之思想，深深懂得民生之重要。元代百姓生活之苦被他以怀古的形式表现出来。这种忧民之心使他"到官四月，未尝家居，止宿公署，夜则祷于天，昼则出赈饥民，终日无少怠。每一念至，即抚膺痛哭，遂得疾不起。"

就是在所谓"九天阊阖开宫殿，万国衣冠拜冕旒"的大唐盛世，下层老百姓仍然是凄苦万分的。诗圣杜甫写《自京赴奉县先咏怀五百字》时，"安史之乱"还未祸及京城长安，当时他被授右卫率府胄曹参军不久，由长安往奉先县（今陕西蒲城）探望妻儿时作了该诗。在这首千古名作中，一方面是骊宫中的唐玄宗与杨贵妃的豪华奢侈："瑶

《杜甫诞生1250周年》
邮票

池气郁律，羽林相摩戛。君臣留欢娱，乐动殷樛嶱。赐浴皆长缨，与宴非短褐。"一方面是"朱门酒肉臭，路有冻死骨"。另外，唐代诗人黄滔写过《秋夕贫居》："听歌桂席阑，下马槐烟里。豪门腐粱肉，穷巷思糠秕。"其中的"豪门腐粱肉，穷巷思糠秕"，与杜诗这一千古佳句，相类而通。

而更令杜甫悲痛的是"入门闻号啕，幼子饥已卒"。试想一下，杜甫好歹还是一名官员，右卫率府胄曹参军呀！竟穷得连幼子都饿死了，让人匪夷所思，那老百姓是如何

生存的就更令人难以想象了。"默思失业徒，因念远戍卒。忧端齐终南，颎洞不可掇。"杜甫之忧，真如终南山一般沉重万分了。

以杜甫"朱门酒肉臭，路有冻死骨"对应张养浩的"兴，百姓苦；亡，百姓苦"，可以想到当时老百姓的幸福是何等难求，只能活在那"降福于民"的梦境中了。

12. 福禄寿三星

在民间，福和寿总是连在一起的，俗语称："有福必有寿，有寿必有福。"例如："福如东海，寿比南山。"很多人认为长寿就是福。什么福寿双全、福寿齐天、福寿万年、福寿绵绵、福寿康宁、福寿无疆等，皆是。

韩非子曰："全寿富贵之谓福。"这是长寿加富贵的福观念。

凤翔木版年画老艺人邰瑜先生绘有一对门画，分别叫《鸿福满堂》《富贵长寿》，其实就是福寿门画。《鸿福满堂》画面上两个童子，上首的童子举一幅菱形红底黑字福字，两只蝙蝠盘旋其上，下首童子挑一盏鱼灯，寓意福而有余；《富贵长寿》画面上也是两个童子，上首童子端一花瓶插有牡丹花，象征平安富贵，下首童子肩扛一桃树枝，上面挂五个寿桃，寓意长寿。这是特意把福寿安排在一对门画上的典型代表作。

陕西凤翔木版年画《鸿福满堂》《富贵长寿》（邰瑜作品）

凤翔民间艺术有一幅《寿》字剪纸，这幅剪纸内容细节极为丰富，包罗不少吉祥图案，它按寿字笔画从上到下分为六层，第一层左边带一只蝙蝠，第三层左低右高，两头分别有一只蝙蝠，一、二层还有三个寿桃，意取三福三寿，福寿相连，六六大顺。中间部位是两只仙鹤，正中鹤嘴还噙了棵灵芝，站在祥云缭绕的青松之上。最底层是两尾鲤鱼，穿游于莲花、莲蓬之间，莲叶上坐一个童子，布局十分稳当谐调。鹤、青松、祥云代表长寿，鱼代表有余，莲子和莲叶、童子代表子孙满堂。剪纸作者为葛周彦。

福禄寿三星，起源于远古的星辰自然崇拜。古人按照自己的理解和感受，赋予福星、禄星、寿星非凡的神性和独特的人格魅力。

道教创造了福、禄、寿三星形象，迎合了人们的这一心愿，"三星高照"就成了一句吉利语。三星也是许多民间绘画的题材，常见福星手拿一个"福"字，禄星捧着如意、官帽、金元宝，寿星托着寿桃、拄着拐杖。另外还有一种象征画

砖雕"福禄寿字"
（关中民俗艺术博物院藏）

法，画上蝙蝠、梅花鹿、寿桃、佛手、仙鹤、假山石，用它们来表达福、禄、寿的含义。

福禄寿各有对应之星，同为星官之神。其中福星即岁星，原指木星；禄星为二十八星宿中北方七宿的斗魁六星；寿星指二十八星宿中东方的角亢二星宿，后来指南极老人星。明清以后民间更是将福禄寿三星一并奉祀。这三星，也被称为天福、天禄、天寿。

《警世通言》有"福禄寿三星度世"的神话故事。三秦出版社出版的《母亲的花儿——陕西乡俗刺绣艺术的历史追寻》一书中，有陕西神木县（今神木市）城关镇孙俊荣家存的一件刺绣《三星双凤童斗篷》，上面绣有福禄寿三星。

刺绣《三星双凤童斗篷》
（陕西·孙俊荣藏）

13. 陕西福神

福神由福星演变而来。首先，就要说太岁，因为太岁即木星，也称岁星。《天官·星占》曰："岁星所照，能降福于民。"因之，岁星为福星，应该是最早被人们尊为福神的。

其实，福神众多，各地尊奉的福神也不一样，各个朝代尊奉的福神也在变化。而且天界还有"众福神"一说呢，福神自然就不是一位了。

在陕西终南山下，钟馗、刘海都曾被人们奉为福神。元朝元世祖封刘海为"海蟾明悟弘道真君"，武宗皇帝加封其为"海蟾明悟弘道纯佑帝君"。刘海道号"海蟾子"，也被称为刘海蟾，陕西户县（今西安市鄠邑区）的道教大重阳万寿宫内有刘海蟾《十方重阳万寿宫记》古碑一通。后来，刘海戏蟾的传说盛传天下，加之在户县曲抱村有阿福泉，刘海遂成为能给人间带来钱财、子嗣的吉祥神，即传统意义上的福神。凤翔木版年画有《刘海戏金蟾》，现藏于

陕西凤翔木版年画
《刘海戏金蟾》
（凤翔博物馆藏）

凤翔博物馆。

钟馗在中国传统文化中被称为"赐福镇宅圣君"，他自然就是民间的福神了。画有钟馗形象的木版年画上都有蝙蝠，画在眼睛前边的叫"福在眼前"，在腰以下的叫"福气环绕"。凤翔泥塑传承人胡深制作的泥塑人物《钟馗》，把钟馗眉毛画成两道蝙蝠眉，意指福在眼帘之前，很是巧妙。

陕西凤翔泥塑《钟馗》
（胡深作品）

福神又为天界执掌祸福，赐人以福之神。宋时民俗以道教中的真武大帝为福神。道教中地位颇高的三官大帝——天官、地官、水官，分治天、地、水三界，考校人神功过，司众生祸福。其中天官主赐福，地官主赦罪，水官主解厄，故民俗也尊天官为福神。

14. 福之象征物蝙蝠

蝙蝠简称"蝠"，因"蝠"与"福"同音相谐，人们便以蝠表示福气。民间绘画中画五只蝙蝠，意为"五福临

窗花《蝙蝠》（大荔·姚清素作品）

门"，可以说蝙蝠是福的第一象征物。

过去刺绣品常以蝙蝠为图形。寿诞上有"五蝠捧寿"，建筑上墙花、照壁、门墩上的砖雕石刻，门、窗、屏风隔板上，梁柱、门楣上的木雕，陶瓷、漆器、金银器、家具上的彩绘浮雕图案，都离不开蝙蝠造型。

韩愈《山石》诗有："山石荦确行径微，黄昏到寺蝙蝠飞。"元稹《长庆集》十五《景中秋》诗有："帘断萤火入，窗明蝙蝠飞。"

葛洪《抱朴子》说："千岁蝙蝠，色如白雪，集则倒悬，脑重故也。此物得而阴干末服之，令人寿万岁。"《吴普本草》也说："（蝙蝠）立夏后阴干，治目冥，令人夜视有光。"《水经》更说蝙蝠"得而服之使人神仙"。

中国古代有关于蝙蝠的记载，说它们活在钟乳洞里，名叫仙鼠。钟乳洞里边的蝙蝠能够喝到洞里的泉乳之水，因此得以长生，千年之后它们的身体颜色也有了巨大的变化，从原来黑暗的颜色变成了通身雪白，有些神乎其神。

唐代大诗人白居易有诗《游悟真寺》："惊出白蝙蝠，双飞如雪翻。"悟真寺，始建于隋唐，位于陕西蓝田县城东南十五公里的莲花山腰，地属秦岭北麓。白居易还有《山中五绝句·洞中蝙蝠》："千年鼠化白蝙蝠，黑洞深藏避罗网。远害全身诚得计，一生幽暗又如何。"

冯梦龙《笑府·蝙蝠骑墙》："凤凰寿，百鸟朝贺，惟蝙蝠不至。"它说自己不是鸟类："吾有足，属于兽，贺汝何用？"后来轮到麒麟过生日，百兽都来朝贺，蝙蝠又不到。这次它说自己有翅膀能飞，是鸟不是兽。麟凤相会，语及蝙蝠之事，互相慨叹曰："如今世上恶薄，偏生此等不禽不兽之徒，真个无奈它何！"

这个笑话，讽刺蝙蝠是一个骑墙的滑头，但是这也表现了蝙蝠的"不禽不兽"和它有异于其他动物的特点。蝙蝠是哺乳类动物，但它却像鸟类一样长有翅翼飞翔，这种跨界现象让人们感到神奇而敬畏。

带蝙蝠的马勺脸谱
（宝鸡·张星作品）

小时候听老人讲，蝙蝠是老鼠吃了盐或喝了醋变的。蝙蝠会飞，得名"飞鼠"；习惯夜里飞，又被叫作"夜燕"；不飞的时候，翅膀伏下来，所以又叫"伏翼"；西安附近则叫它"夜彪虎儿"。

蝙蝠在不同程度上都有回声定位系统，能产生短促而高频率的声脉冲，因此有"活雷达"之称。借助这一系统，它们能够确定猎物及障碍物的位置，从而在完全黑暗的环境中能够飞行和捕捉食物，在大量干扰下运用回声定位，发出超声波信号而不影响正常的呼吸。

2011 年被联合国环境规划署定为"国际蝙蝠年",以宣传蝙蝠给生态系统带来的益处。

在华夏的民俗文化中,蝙蝠绝对是"福"的象征,在吉祥图中蝙蝠常被倒置着画,一方面意味着"福到了",另一方面蝙蝠倒飞而下,还寓意福从天降。凤翔木版年画《钟馗》上画有蝙蝠,为单色朱砂印刷。朱砂为红色,在吉祥寓意中特别被人看重,朱砂红首先能驱邪,红与"洪"谐音,红色蝙蝠配各种图案的年画,或红色剪纸,就包含了又一层意义:"洪福齐天""天赐洪福"。还有的钟馗年画中,钟馗右手持扇,上书"引福归堂"四字,一只蝙蝠在空中翩翩而飞。再有钟馗挥剑,一只蝙蝠飞在眼前,寓意"福在眼前"。还有把蝙蝠和一枚孔方外圆的古钱相对画在一起,叫"福在眼前"或"福中有钱"。陕西秦腔脸谱画得更绝,把人物眉毛画成蝙蝠状,更是近在眉间的"福在眼前"。

《杨柳青木版年画·钟馗》邮票

原生态脸谱中间的蝙蝠
(宝鸡·张星作品)

有关蝙蝠的吉祥图案，确实太多，还有什么"福寿三多""福寿双全""福寿齐眉""多福多寿""福至心灵""蝠鹿同寿""五蝠伴月""流云百福"等，就不一一详说了。

15. 五福之说

《礼记》有曰："福者，备也；备者，百顺之名也。"也就是说，"福"有顺利、诸事如意的含义。《尚书·洪范》则有："五福，一曰寿，二曰富，三曰康宁，四曰攸好德，五曰考终命。"这种把福一分为五的想法，是多层面的福观念，以贯穿一生的幸福为目标，讲求长寿、富裕、安康、有德行，老年无疾而终，认为这样的人生才是完美的。因之，吉祥文化中演变出新的"五福"——福、禄、寿、喜、财，福不光占第一位，而且统领其余。

陕西凤翔木版年画中有一对清代世兴局雕刻的传世门神年画《五福临门》，用五只蝙蝠寓意福。门画中间的天官形象年轻俊逸，头戴一顶插金的如意翅纱帽，穿圆领官服，一手端玉带，一手执如意，身后紧随一名手捧宝瓶的仙童，那五只寓意五福临门的蝙蝠，就是从这个宝瓶放出来的。这对门神画风格古雅，布局简洁，形象异常生动，庄重大气又不失欢快祥瑞的气氛，实为文门神画中别具一格之精品。

陕西神木的木版年画有一幅同名的《五福临门》，独具特色的是画中一只硕大的雄鸡几乎占据了画面多一半，鸡背上站了一童子，左手捧金元宝，右手执玉如意，背景是一枝五瓣梅花，寓意五福。而鸡的长喙叼着一串字，点出主题，上书"五福临门"。

窗花《五福捧寿》
（佳县·高晓莲作品）

盛行于明清时期的"五福捧寿"，图案为五只蝙蝠环绕寿字飞舞，彰显以长寿为中心的五福观念。陕西佳县高晓莲的剪纸窗花《五福捧寿》，团花形五只蝙蝠围着寿字图案，非常精美。

宋朝著名文学家和政治家欧阳修在《纪德陈情上致政太傅杜相公二首》一诗中表达了他对福的看法："事国一心勤以瘁，还家五福寿而康。"可见，欧阳修认为五福的核心是长寿安康。而《尚书·洪范》中的五福，把寿摆在头一条，看来福寿也是不可分的。

16. "踩五福"与"跳五福"

"踩五福"是流传于西安终南山下唐代"赐福镇宅圣君"钟馗故里，以及周至财神赵公明故里、户县曲抱村四方活财神也被称为福神的刘海故里的一种古老祈福文化活动。

钟馗、赵公明和刘海都是民间大名鼎鼎的福神，全聚在西安之南终南山下的"金"周至和"银"户县，真正是稀罕少有，殊异至极。可能都因了这享誉华夏的终南山——天下第一福地。

在钟馗故里户县石井镇阿姑泉欢乐谷，一块山石上雕刻有五只蝙蝠，寓意"五福"。据传说，人们先按由大到小的顺序踩踏五只蝙蝠后会返老还童，五福临门，福如东海；再按由小到大的顺序踩踏五只蝙蝠后，会福贵双全，五福随行，福寿无疆。

清代木雕《五福（蝠）临梅》（长安王曲马厂村郭家藏，王山水摄）

　　在陕西西安终南山下还兴"跳五福"。所谓"跳五福"，即是傩舞《跳钟馗》的一部分内容，而跳钟馗又称"跳判"，一般有六跳：跳五福、跳加官、跳蟠桃、跳魁星、跳财神、跳龙凤，福禄寿喜财龙凤都有啦。据考证，"跳五福"是一种唐朝就有的祈盼人寿年丰、幸福美满、福海无边的古老祈福民俗文化活动，有很广泛的内涵。它融合了宗教文化、民俗文化和艺术文化，以原始文化为基础，以阴阳五行为先导，以法术、巫术为手段，并融入自然崇拜、图腾崇拜、鬼神崇拜、祖先崇拜、生殖崇拜等内容，是我国民间文化的重要组成部分，是中国舞蹈的活化石。

　　表演"跳五福"时，钟馗面涂紫金，口戴长髯，头顶乌纱，足蹬朝靴，金银垫肚，外罩紫红袍，左手持金色蝙蝠，右手持七星宝剑，前有五只蝙蝠引路，后有黄罗伞盖，旁有书酒侍者。场面热烈红火，深受当地老百姓喜爱。

　　西安钟馗故里欢乐谷度假村和西安钟馗文化研究所的傩舞班为"中国傩戏学研究会"会员单位，其表演的傩舞《跳钟馗》曾荣获首届陕西民间曲艺绝技大赛特别荣誉金奖。

17. 鼠与福

鼠最初作为祭祀生殖神"子鼠"而被崇拜。我国民间早在几千年前就流传着所谓"四大家""五大门"的动物原始崇拜，鼠则榜上有名。鼠还在十二生肖中被排为老大。鼠具有非凡的灵性，神秘的鼠精灵代表着天地和鬼神的意志。

鼠在陕西方言中谐音同福，老鼠也寓意福。剪纸中就有"老鼠啃福""福鼠吉祥"等样式。

人们用"老鼠精"来形容精明人的机灵，陕西当地人常开玩笑把行踪难以捉摸的朋友戏称为"老鼠影"。意思是说其来去飘乎，似影子一样，有时踪影全无，有时不注意，又突然现身。这可能受了《七侠五义》中五位"义鼠"的影响。这几位义鼠外号都奇特：钻天鼠——卢方，彻地鼠——韩彰，穿山鼠——徐庆，翻江鼠——蒋平，锦毛鼠——白玉堂。

老鼠的繁殖力超强，成活率奇高，生命力极强。在民俗剪纸、年画、刺绣等工艺品中，表现老鼠繁衍育子的主题是处处皆有，数量不少。例如：老鼠娶亲、老鼠联姻、老鼠上灯台、老鼠偷油等。老鼠娶亲亦称"老鼠嫁女"，农历正月初三、正月初七、正月初十，俗称"老鼠嫁女日"，民间多贴民俗剪纸年画类的"老鼠嫁女"，目的是祈求结

农民画《老鼠嫁女》（宜君·张彩花作品）

婚早生子、多生子。宜君农民画有《老鼠嫁女》，西安美院收藏有陕北剪纸和安塞剪纸大师李秀芳的剪纸作品《老鼠嫁女》。正月二十三日为填仓日，陕北志丹县一带讲究要剪有关老鼠的窗花贴在窗户上，老鼠就不会啃咬衣物、糟蹋粮食。

"老鼠联烟"，以"烟"谐音"姻"，"联烟"即结婚之意。古人认为多子多福，而"老鼠吃葡萄""老鼠吃南瓜"中的"葡萄""南瓜"皆为多籽，以此寓意祈求人类繁衍不断，子孙满堂。民俗剪纸子鼠为阴极的象征，多是出现在年节期间的腊月至正月，这正是除旧布新、送阴迎阳的时刻，具有祛灾纳吉的象征意义。

喜花《老鼠吃葡萄》
（旬邑·何爱叶作品）

安塞韩树爱的剪纸窗花《老鼠啃南瓜扣碗》和高陵贾秀珍的剪纸《扣碗》则是一只老鼠咬破扣着的碗正朝外窜。以扣碗象征天地，阴阳交

合，生育万物，这里的老鼠成了
开天辟地、生育万物的"子神"。
这两幅剪纸是根据民俗"鼠咬天
开"而设计的。

传说上古天地之初，混沌未
开。是老鼠勇敢地把天咬破，使
光照大地，空气循环，阴阳从此
分开。

剪纸《鼠咬天开》
（合阳·雷祥生作品）

鼠的灵性非常，能感知灾祸，预报诸如地震、塌方、
洪水、沉船等自然灾害。铜川煤矿的老矿工把老鼠称为
"鼠神"，专门给老鼠喂食，敬着矿井下这些小生灵。他
们认为，老鼠打洞，矿工也打洞，甚至把老鼠称为先生。
工作时如发现老鼠从哪个巷道朝外跑，就预兆这里可能有
冒顶、塌方的隐患，或可能存在瓦斯、阴河、流沙等。因
为老鼠灵异，能感知矿井下岩层煤层地质上的细微变化。
旬阳文联原副主席、作家吴建华说：汉江上航运的船，开
船前，船员们如发现船上老鼠在朝岸上跑，有经验的老船
工就不开船。确实，老鼠是一种神奇而灵异的祥瑞之物，
因之被人们称作"精灵鼠神"。

在中国人的观念中，老鼠经历了图腾神崇拜、精灵神
崇拜、生殖神崇拜、吉祥神崇拜的发展过程，形成了独特
的、神秘的、吉祥的鼠文化。在中国民俗艺术中，鼠文化
始终是个重要的主题。尤其在年俗剪纸中，表现老鼠的形

象随处可见。李长卿《松霞馆赘言》解释："子何以属鼠也？曰，天开于子，不耗则其气不开。鼠，耗虫也。于是夜尚未央，正鼠得令之候，故子属鼠。"

鼠文化逐渐演变发展为祈求福、禄、寿、喜、财的吉祥文化，人们将老鼠与蝙蝠、佛手、梅花鹿、仙鹤、寿桃、石榴、桂花、鱼等吉祥物组合在一起，利用谐音和象征手法，为自己和亲朋祝福、进禄、增寿、添喜、招财。

在民俗剪纸上，出现了《瑞鼠祈祥》《灵鼠闹春》《福鼠临门》等吉祥鼠文化作品。黄陵刘凤英有《鼠与娃娃》，延长刘菁霞有《鼠抓南瓜，腹中孕鼠》，安塞陈莲莲有《鼠与牛》。黄陵文化馆藏的《老鼠吃白菜》，白菜谐音"百财"，鼠谐音"富"，寓意财富兴旺。

还有《鼠吹唢呐》《鼠敲腰鼓》《鼠扭秧歌》《鼠提花灯》等鼠文化剪纸，反映出时代的新气象，也为中华鼠文化增添了丰富深刻的内涵。

剪纸《鼠与牛》（安塞·陈莲莲作品）

一个段子说：两只公老鼠谝自己找对象，一只说我找了只蝙蝠做老婆，另一只鼠笑它没眼光，这只老鼠生气地说："你懂个屁，人家好歹也是个空姐！"

还有个段子说：一只老鼠有一天与一只猫相遇，它骄傲地指着猫说："我现在和蝙蝠结婚了！将来我们的孩子生活在空中，再也不怕你了！"猫哈哈大笑，指了指树上的猫头鹰说："看见没，俺媳妇！"

看来，笑话归笑话，但也说明了老鼠再厉害也拿它的天敌——猫无可奈何。

18. 贴"福"字的由来

据说，将"福"字与过年联系在一起，与姜子牙封神有关。

相传有一年除夕，姜太公时乖运塞，走了背运，做事无成，卖啥赔啥，又遭其妻唾侮。于是要到西岐寻明主，其妻坚决不愿随从，并逼姜子牙写了休书，全无一点情分。后来姜太公西入关中，隐于磻溪（在今陕西宝鸡），垂钓渭水，终于"辅佐圣君为相父，九三拜将握兵权"，助西周灭商。九十八岁时手握"封神榜"，要在周之西岐之地的秦岭太白山顶封神，后人把封神处称作"拔仙台"。

其妻闻之急匆匆寻来，不承认当时自己逼姜子牙写的休书，死缠着姜子牙给她封神。姜太公说："娶了你，让我穷了一辈子，不能封你神。"其妻大吵大闹不止，姜太公一生气索性封她为"穷"神，并规定不许她到贴"福"字的人家去。他的老妻不通世事，肚里又没一点墨水，见好坏给自己封了一个神，就高兴地应承下来。

从此，怕穷的老百姓，为了防备穷神进门，过年时都在自家大门贴上"福"字。

19. 从《文王百子图》说起

多子多福，融入了人类繁衍生息、传宗接代的原始诉求。于是，年画、刺绣、雕刻、剪纸等民俗艺术品中，就有了各种类型的宣扬多子多福的作品。铜川市陈炉陶瓷厂生产的陶瓷瓶《百鱼瓶》，即是以鱼的超强繁殖力来象征多子多福。

还有《百子迎福图》《百子闹春图》等，其实这都被统称为"百子图"，在中国传统文化中有它特定的含义。

这"百子图"与在陕西创业的周文王有关，传说周文王

铜川市陈炉陶瓷厂《百鱼瓶》

有很多儿子，而且不是一般地多，有九十九个，等到文王在路边捡了个雷震子，正好凑成一百个，所以说文王百子。

　　"百子图"的典故最早出于《诗经》，歌颂周文王子孙众多。《诗经·大雅·思齐》中有："大姒嗣徽音，则百斯男。"意思是：太姒继承周文王之母太任及文王祖母太姜的美德，必能生儿子，达到"百斯男"之多。大姒就是太姒，是周文王的正妃；嗣就是继承的意思；"徽音"，徽是美，音是声誉的意思，徽音就是美誉、美德的意思。中国著名建筑学家、诗人，才女林徽因原名就叫"林徽音"。另外，因周文王祖母太姜，母亲太任，正妃太姒，三位名字中都有一个太字，后人就把夫人尊称为"太太"了。

　　有专家指出，"文王生百子"是对《诗经》的误读。百子图的"百"并不是实指，而是一个概数，实际上文王只有十个儿子。但民间老百姓不管这些，"有个影影，说成个笼笼"，那都很正常。民间看重的是其中蕴含的多子多福、子孙满堂、家族兴旺的祥瑞之兆。于是，古代有许多《百子图》流传至今，使这种能生"百子"的祝福被发挥到一种极致，并得到了普遍的认可和欢迎。

　　台北故宫藏有《宋人百子图》，原画为《苏

古画《宋人百子图》（局部）

汉臣·长春百子图》，于 1981 年 11 月 12 日登上方寸邮票。此画描绘春、夏、秋、冬四时百童嬉戏的情景，有荡秋千、骑木马、下棋、捉鸟、钓鱼、划船采荷、绘画、弹琴、观画、捕蝶、赏鱼、斗蟋蟀、戴面具、捉迷藏、踢球等。户外庭院，四季景色分明，孩童尽兴玩耍，个个天真活泼，满图祥瑞，喜气非常。

还有宋代辛弃疾《鹧鸪天·祝良显家牡丹一本百朵》词："恰如翠幕高堂上，来看红衫百子图。"元末明初著名诗人杨维桢《六宫戏婴图》诗："百子图开翠屏底，戏弄哑哑未生齿。"

自古以来，结婚之时新娘的嫁妆中，很讲究绣有百子图锦缎被面的被褥，蕴含喜庆和祝福，同时祝愿新娘早得贵子、子孙满堂、阖家和美。在亲友的贺礼中亦有绘上百子图的物品。

四川泸州有初建于唐的真如寺，因寺壁塑有《文王百子图》，寺门砌有百子图坊，故渐易其名为"百子图寺"。真如寺原址犹存，百子图坊上大书"百子图"三字，如今《文王百子图》已经移至泸州博物馆。

百子图成了泸州一张亮丽的文化名片。朱德元帅早年曾驻节泸州，与友人在"百子图寺"吟诗唱和，留下了"三官寺外炊烟澹，百子图中曙色浓"的诗句。泸州现在还有很多与百子图相关的建筑，如百子图广场、百子图文化长廊、百子图大桥等。

我国还留传下来一幅明代大型缂丝作品《百子图》，高二百一十厘米、宽一百七十厘米，画面上端有双凤朝阳图案，主体部分有嬉戏玩耍、抚琴吹笛的一百个孩童，这些孩童均身着彩衣，形态极为生动；画面上还有水榭、板桥，中间辅之葫芦、牡丹、仙鹤、麒麟等寓意吉祥的吉物珍禽，体现了古代缂丝极高的工艺水平和艺术价值。但可惜的是历经四百多年风雨沧桑，作品损坏严重。好在苏州市祯彩堂的缂丝艺术家们历时一年九个月，完成了明代缂丝艺术瑰宝《百子图》的大修工作。如今，这幅原本接近于一块"破布"的珍品终于再现一百个童子栩栩如生的风采。

还有郎世宁创作于清雍正时期的《百子图》曾在拍卖会上亮过相。在《百子图》诞生地的陕西省宝鸡市钓鱼台景区有建于唐贞观年间的太公庙，从太公庙的右侧登上四十九级石阶，有周文王的祀庙"文王庙"。庙中有朱面粉颜的文王像，还有文王的原配夫人太姒像，因传说其生有百子，故称百子娘娘。只见其浑身上下，前怀后背爬满了姿态各异、栩栩如生的小孩，一派生机，场景热闹红火，让人惊叹。

太姒像

陕西岐山周公庙周公殿画廊上的"四喜娃娃",横竖看都有四个娃娃;姜嫄殿画廊上的"六喜娃娃",相互缠着看上去有六个娃娃,象征多子多福。

陕西韩城曹晋老宅院,有明代隔扇窗下绦环板木浮雕《榴开百子》,图案中左边一宝瓶,系盛五谷之器,寓"五子登科";右边开口石榴配一柄如意,寓"榴开百子""多子多福";宝瓶与如意,寓"平安如意"。

明代木雕《榴开百子》(韩城曹晋老宅院,王山水摄)

这幅木雕《榴开百子》虽称百子,但其另有典故,和《文王百子图》无关。据《北齐史》载:安德王高延宗称帝后纳赵郡李祖收之女为妃。后来高延宗临幸李家,宴饮时李祖收之妻宋氏献上代表多子多孙、金枝繁盛的石榴为贺。此举不仅留下了"榴开百子"的吉祥语,也为其女李氏赢得了石榴花花神的美名。

石榴果实多籽,故有多子的寓意。自此以后,以石榴祝多子的习俗便更加流行。民间婚嫁时,常在新房案头摆放果皮裂开、露出果粒的石榴,以图祥瑞。

20. 多子多福与传宗接代

中国福文化的另一重要思想内涵就是传宗接代。千百年来，中国民间普遍存在着对"多子多福"的祈求。当然，客观地讲，传宗接代思想是人类社会发展的必需，也是福文化所体现出来的一种生活的本能。

据有关历史资料表明，在尧、舜时期，人均寿命仅为十八岁；唐太宗时期，人均寿命为二十七岁；一直到了清代康乾盛世时期，人均寿命也还不到三十六岁。所以古诗中有"人生七十古来稀"，一个人能够活到七十岁就非常稀罕了。在这种历史条件下，传宗接代理所当然地被人们当成人生的一项基本任务，而且是首要任务。

如此一来，"多子多福"便应运而生，人们把"五代同堂""四世同堂""五世其昌""儿孙满堂"等视为人生莫大的福分。像大唐中兴名臣郭子仪的八子七婿、儿孙满堂，自然备受世人的羡慕和推崇；而北宋杨老令公七位儿子，父子四位战死沙场，到最后只余杨宗保一脉单传，还闹出个《十二寡妇征西》，以及《穆桂英挂帅》、佘老太君《百岁挂帅》的英雄悲剧，就特别令世人怜悯和同情。

年画、雕刻、剪纸等民俗作品中，有各种类型的宣扬多子多福的作品，一般多是以物喻之，选择多籽的石榴、葡萄、南瓜、金瓜、葫芦、豆荚，配以鼠、鱼、蛙等，五花八门，蔚为大观。

铜川市民俗摄影协会会长王山水先生摄有韩城党家村清代太师椅背板浮雕，图案以南瓜、蝴蝶组成，名为《瓜瓞绵绵》。他还摄有旬邑唐家同名的牌匾边框浮雕《瓜瓞绵绵》。这些都是取南瓜之蔓爬地而长，蔓延不断。"蔓""万"谐音，蔓长似带，喻"万代"；蝴蝶的"蝶"谐"瓞"音；"瓜""蝶""蔓"连起就是"瓜瓞绵绵"。表示子孙万代，绵绵不断。此典故源于《诗经·大雅·绵》"绵绵瓜瓞"之说。

清代木雕《瓜瓞绵绵》
（旬邑唐家藏，王山水摄）

因了南瓜多籽蔓长，象征多子，是子孙绵延的吉祥物。关中一些地方兴一种"偷南瓜"的民间游戏，也是一种风俗——这时偷南瓜不算偷。一对热恋准备嫁娶的年轻男女相伴月夜偷南瓜，还真有一点诗意。他们求的是子孙像南瓜一样累累串生。

1983 年，户县文化馆在本县征集到的刺绣《榴开见喜·莲生贵子》图案的枕顶，洛川县后子头乡李勇家藏有刺绣《石榴生子》图案枕顶，周至蒲玉花的剪纸《榴开百子》，陕西澄城县的民谣"给媳妇儿绣的是石榴花，石榴开花结籽稠"都寄托着老百姓心里多生子的迫切愿

望。富平县横水乡袁芳芹的刺绣
童遮裙《葫芦生子》，和前边的
枕顶《石榴生子》寓意相同。

"葫芦生子"纹童遮裙
（富平县横水乡·袁芳芹作品）

　　关中有民谚："二亩地，一
头牛，老婆娃娃热炕头。"老百
姓认为这就是享福了。说明陕西
关中人容易满足，小富即安。但
这句话中的"娃娃"却一定要是
男娃娃。男娃是家中传宗接代的"种"，被称为正柱子、
正蔓。

　　所以，多子是多生能够传宗接代继承香火的男娃，
绝不是多女。传统观念认为生下女子是"赔钱娃"。"不
孝有三，无后为大"在一些人的心中还是根深蒂固的。于
是，便产生了小品《超生游击队》和《产房门前》，其突
出的主题就是批判只爱男孩的思想。其中一句"实在不行
了，男女才一样"和"酸儿辣女"都让人在捧腹时感到"生
儿子传宗接代"这一旧风俗影响的强大。

21. 安康香溪洞的中华万福大鼎

在香溪洞的一堵墙上有中国道教协会原会长任法融题的"吉祥安康"四个大字。这把香溪洞的福地之福与所在之地的安康市自然地融为一体，因为福就是安康嘛！

当然了，其意还有对福佑安康这山水之城的美好祈愿。在我们的心里，福就是平安、健康、和睦，就是福如东海、寿比南山，就是福运连连、洪福齐天。

香溪洞，给人以震撼的就是那尊矗立在香溪洞最高处的仿后母戊大方鼎了。鼎表面铸一万个福字，号称"中华万福大鼎"，为中国之最。以此万福大鼎聚拢八面之福，欲把香溪洞打造成享誉海内外的人间福地。其创意之大胆新奇，令人钦佩。

香溪洞的万福鼎紧挨着财神殿。看来，这里的主人，把香溪之福与财神结缘，意即福气连财运，福大而财多。所以来香溪洞的游客，都会摸一下这万福大鼎上的福字以求自己有个好福气。

安康香溪洞中华万福大鼎

22."福到了"与"树倒了"

　　中国道教协会原会长、周至楼观台道观监院任法融道长一次去安康香溪洞，一行人走在山道上，突然迎面一棵碗口粗的树从路旁倾斜快要倒下，陪同的人员忙喊："树倒了！树倒了！"以此提醒大家，小心砸着任道长。遭遇如此突兀事故，一句"树倒了"也很不吉利，惹得陪同的主人心中一惊，更怕任道长不愉快，扫了游兴。

　　谁知任道长却坦然一笑，随口模仿着陪同人的安康口音来了一句："福到了！福到了！"原来陕南安康口音把"树"说成"福"，于是，大家猛一下清醒过来，一起随任道长欢呼："福到了！福到了！"从此，这安康香溪洞的路上就有了"福到了"这一特殊景点。任道长走过的这条路也被叫作"福道"。

安康香溪洞"福到了"景点

　　其实，在中国贴福字民俗中，确实也有把福字倒着贴的习俗，以谐音表示"福到了"。这中间还有这么一段传说呢！

安康香溪洞"百福图"石碑

据说,"福"字倒贴的习俗来自清代恭亲王府。有一年春节前夕,大管家照例写了许多个"福"字让人贴于库房和王府大门上,有个家丁因目不识丁,误将大门上的"福"字贴倒了。

恭亲王福晋一看,恼火异常,本来欲施鞭罚惩戒,多亏大管家能言善辩,跪在地上说:"奴才常听人说,恭亲王寿高福大,造化大,如今大福真的到了,乃吉庆之兆。"福晋听罢心想:怪不得过往行人都说恭亲王府福到了,吉语说千遍,金银增万贯呀!还真亏了这没学问的奴才,要不谁能想出这种怪招呢!一高兴,便又重赏了管家和那个贴倒福的家丁。

事后,倒贴"福"字之俗就由达官府第传入百姓人家,并都愿过往行人或顽童念叨几句:福倒了!福到了!

"福"字倒贴在民间还另有一说。据传,明太祖朱元璋当年用"福"字作暗记准备杀人。好心的马皇后不想自己丈夫草菅人命，密令全城大小人家须在天明之前于自家门上贴上一个"福"字。马皇后的懿旨自然没人敢违抗，于是，家家门上都贴了"福"字。其中有户人家不识字，竟把"福"字贴倒了。

第二天，朱元璋派人上街查看，发现家家都贴了"福"字，还有一家把"福"字贴倒了。朱元璋听了大怒，立即命令御林军把那家满门抄斩。马皇后一看事情不好，忙对朱元璋说："那家人知道你今日来访，故意把福字贴倒了，这不是'福到'的意思吗？"朱元璋一听有道理，才下令放人，一场大祸终于幸免。

《恭贺新禧·福》邮票

从此，人们便将"福"字倒贴，一为求吉利，二为纪念马皇后。

中国民间文艺家协会原主席冯骥才对倒贴"福"字之俗有不同看法，他说："像时下这样，把大门上的福字翻倒过来，则必头重脚轻，不恭不正，有失滑稽，有悖于中国'门文化'与'年文化'的精神。倘以随意倒贴为趣事，岂不过于轻率和粗糙地对待我们自己的民俗文化了？"

冯先生的这番话其实说得有一定道理，因为，从民俗传统上看，大门上的福字有"迎福"和"纳福"之意，且从来都是正贴。大门不仅是一家的出入口，还是庄重严肃和让人恭敬的门面之地，这里所贴的福字，必须正贴，以示郑重威严，以显端庄大方。

其实在民俗传统中，倒贴福字一般在这样几处地方：一是在粮仓、水缸和垃圾箱上，由于粮仓、水缸和垃圾箱里的东西要从里边倒出来。为了避讳把家里的福气倒掉，便倒贴福字。这种做法是利用"倒"字的同音字"到"，用"福至"来抵消"福去"，十分巧妙；二是在屋内存放物品的柜子上，倒贴福字，表示柜子虽不断开合，物品也取来倒去，但福气会一直留到家里、屋里。

23. 奥运福娃

2008年北京奥运会的吉祥物采用了五个福娃，也称"奥运福娃"，向世界传递中国的祝福。

这五个福娃寓意五福临门，分别为：福娃贝贝、福娃晶晶、福娃欢欢、福娃迎迎、福娃妮妮。

福娃贝贝——双鱼座福娃创意灵感源于距今六千年前西安半坡遗址出土的国宝级文物"人面鱼纹盆"，而福娃贝贝最初是长着"人面鱼纹"脸的"五行娃娃"。现在福

《福娃》邮票特别纪念版

娃贝贝的头部纹饰使用了半坡类型的鱼纹图案。

"鱼"和"水"的图案是繁荣与收获的象征,人们用"鲤鱼跳龙门"来形容事业取得突破和梦想的实现,特别符合奥运精神。而鲤鱼跳龙门的地方就是秦晋之间,位于陕西韩城和山西吉县的黄河龙门。"鱼"在民间还有吉庆有余、年年有余的寓意。另外,在远古人的心目中,"鱼"是生殖繁衍的象征,把鱼多子和繁殖能力极强的特征作为繁衍生息的心灵寄托。李泽厚先生在《中华文化的源头符号》一文中也提出:"鱼,生命的符号。"

福娃晶晶——双子座福娃晶晶,其设计理念来自于我国珍稀动物大熊猫,大熊猫以其憨态可掬的圆润,敦厚可爱的拙笨,胖乎乎圆嘟嘟慵懒的福相,成为目前世界上最受人们喜爱,也是最吉祥的动物。

大熊猫分为指名亚种和秦岭亚种。指名亚种大部分分布在四川，头长近似熊，脸呈三角形，而秦岭大熊猫头圆更像猫，接近卡通玩具模样，圆头圆脑更招人喜爱，让人一看就有想抱一抱的亲近感。因此秦岭大熊猫又被人们称为"最为靓丽的大熊猫""国宝中的美人"。而"圆"这一特征，正符合"奥运福娃"形象特征。

用大熊猫来代表中国传统文化理念上的福，比之原先以谐音代表福的蝙蝠，应该更准确、更现代、更招人喜爱，更具时代意义。因为蝙蝠是夜间活动与黑暗相伴的动物，形象一直不招人喜欢，在国外争议更甚。

1963年《熊猫》邮票

作为国宝大熊猫的晶晶，来自有中国国家中央公园之称的秦岭广袤的森林中，传递着人与自然和谐共存的精神。晶晶的头部纹饰源自宋瓷上的莲花瓣造型，头上的叶子纹饰是绿色的，三片叶子形状像三座小山峰一样，这种设计理念和绿色秦岭与大熊猫和谐共处的生态观念更为融洽而相得益彰。

福娃欢欢——狮子座福娃欢欢，是一个火娃娃，象征奥林匹克圣火。欢欢的头部纹饰源自敦煌壁画中火焰的纹样。

福娃迎迎——金牛座福娃迎迎，是一只青藏高原特有的保护动物藏羚羊。

福娃妮妮——射手座福娃妮妮，来自天空，是一只展翅飞翔的小燕子。而燕子与人类最亲近，是吉祥的益鸟。陕西人特别相信燕子进宅能带来福气，使门庭兴旺。燕子也象征着春天，陕西民谚中有："七九河冻开，八九燕子来。"等到春暖花开的时节，燕子恋旧巢，会由南方返回去年落脚的地方。燕子经常含情脉脉，卿卿我我，燕语呢喃，所以有"燕好"一词。燕子也因此成为爱情的象征，人们把新婚之喜称为"燕尔新婚"。《诗经·国风·邶风》中有："燕燕于飞，差池其羽。之子于归，远送于野。"后来，人们用"于飞之喜"和"于归之喜"分别代表恭贺男婚女嫁的祝福吉祥用语。

唐代诗人、京兆万年（今陕西西安）人韦应物和杜牧，都有描绘记录长安燕子生活的情景。韦应物在《长安遇冯著》一诗中有："冥冥花正开，飏飏燕新乳。"杜牧在《村舍燕》一诗中有："汉宫一百四十五，多下珠帘闭琐窗。何处营巢夏将半，茅檐烟里语双双。"

国家邮政局还于 2005 年 11 月 12 日发行《第 29 届奥林匹克运动会——会徽和吉祥物》纪念邮票一套六枚。是五枚福娃加北京奥运会会徽——"中国印·舞动的北京"。中国人民银行也专门发行了奥运吉祥物"奥运福娃"的贵重金银币。

奥运吉祥物"奥运福娃"，赋予了中国吉祥文化和福文化全新的定位，让"福"成为人类历史上一个永恒的主题，传统而时尚，是古为今用的典范之作，堪称向世界推介中国传统文化取得的一次巨大成功。

24. 现代人对幸福的认识

福在中国文化中的含义不仅仅是物质满足，更为重要的是精神上的需求，以及对美好生活的追求。福文化的理想是要人们去努力争取、努力奋斗才能实现的。

福星、天官这些神灵皆为凡人造，祈福赐福是人们美好的愿望。但智者应知，造福得靠自己，不要总想着不劳而获或者买彩票中大奖、一夜暴富之类的事。因为，"福愿"只是一种祈求。

佛教认为积善可得福报，犹如种田就会有收获一样，这就是所谓"福田"。而福田也是要耕种的，收获是靠辛劳和抛洒汗水取得的。

有首歌词："幸福不是毛毛雨，不会自己从天上掉下来。"《国际歌》则有："要创造人类的幸福，全靠我们自己。"记得还有一首歌："幸福在哪里？朋友我告诉你，它不在柳荫下，也不在温室里，它在辛勤的工作中，它在艰苦的劳动里。啊！幸福，就在你晶莹的汗水里。"第二段则是："它不在月光下，也不在睡梦里，它在辛勤的耕耘中，它在知识的宝库里。啊！幸福，就在你闪光的智慧里。"这是现代人对幸福，也是对福最全面而最切实际的认识。

福文化是中国土生土长而源远流长的一种民俗文化，是中华民族先进文化的重要组成部分，是中华民族智慧的源泉，是历史发展的内在思想动力。

福文化内蕴丰厚，涵盖面非常广，伴随中国五千年文明史的发展，如今已经渗透到了人们生活的点点滴滴，其所折射出的是整个中华民族的生活观念及道德价值观。而在积德行善成为福文化之核心价值观的社会环境中，老百姓企盼福气、福运的到来，和对幸福生活的向往，无疑是实现中国梦，促进社会和谐发展，凝聚民心的动力。

"损人谋福为恶，以诚求福为善，为民造福为贵"，是当今社会福文化的精髓。老百姓最朴素的要求就是"衣食是福"，民以食为天嘛！衣食代表形而下的物质层面，但物质层面

清代木雕《世世福贵》
（延安市洛川县民宅藏，王山水摄）

又是形而上精神层面"福"的前提。"贫穷不是社会主义""建设小康社会",这都从理论上证明了"衣食是福",是社会发展进步的基础。

"平安是福",包括"健康是福""安全是福",当然还必须加上"安居乐业是福"。让老百姓吃得安全、喝得安全,生态安全、环境安全、社会秩序安全,"道不拾遗,夜不闭户",那可真是人们期望中的"桃花源"啦!

中国道教协会原会长任法融题"吉祥安康"

当然,人们的思维不同,追求不同,对福的感觉也不同。而福文化的最高境界,应该是建立整个社会大环境下精神世界的乐园。这要靠清正廉明,要靠以德治国、依法治国,才能达到社会的和善、和顺、和睦、和美、和谐。

3月20日是"国际幸福日"。这是2012年6月28日联合国大会决议通过的,决议说:追求幸福是人的一项基本目标,幸福和福祉是全世界人类生活中的普遍目标和期望，具有现实意义，在公共政策目标中对此予以承认具有重要意义；需要采取更包容、公平和平衡的经济增长方式，以促进可持续发展，消除贫穷，增进全体人民的幸福和福祉。

让人感动的是中国福文化，也就是幸福文化，已发展为全人类共有的一种文化。确实，我们应该理直气壮地向世界宣示：追求幸福是一切人类活动的核心。

中国梦的最高目标就是人民幸福，中国梦是人民幸福最期盼的闪光点。中国梦勾勒出的美好图景，国家富强、民族振兴最终必然会统一于人民幸福的历史语境中。

人民幸福是当代中国社会发展又一次社会转型的标志性理念。人民幸福体现了人类社会共同的价值观和终极理想。人民幸福的背后一定是国家富强、民族振兴。只有国家富强、民族振兴了，大河有水，小河才不会干。

道德就是幸福之根本，是幸福的最为本质、最为本真、最为本源、最为准确的属性，真正的福是德福的契合一致。

幸福感的提升与财富的积累并不成正比，拥有金钱财富并不等于拥有幸福，并不等于占据道德高地。一个人如果活得只剩下钱了，或只认识钱了，他的人生价值可能也就清零了。活在自私自利的泥沼之中，即使住在豪宅别墅，也会感到精神空虚，尸位素餐。活得也就如土鸡瓦狗一般，只剩下啄食自己狭窄的小天地了。

实现中国梦——人民幸福梦，就会"春风杨柳万千条，六亿神州尽舜尧"；就会"莺歌燕舞春无限，桃红柳绿万象新"；就会政通人和，国泰民安，风清气正，政治清明。

《中国梦——人民幸福》邮票

幸福是勇于攀登者登顶时的"一览众山小"，幸福也是逆水行舟人的"浪涛在后岸在前"。幸福是一种感觉，敞开心灵，君子坦荡荡，幸福就如仙露明珠、花雨飞天，降临大地。

第二章

禄文化·三秦溯源

長安
吉祥說

1. 禄文化之内蕴

　　禄和鹿，谐音相合。传说北斗星之上有六颗星，合起来称为文昌宫。其中的第六颗星即是人们崇拜的禄星。

　　禄，即官吏的俸禄。高官厚禄是士人一心向往的，于是便产生了对主管功名利禄的禄神的崇拜。在民间还采用谐音借代的方法，用鹿来代表禄。

　　中国民间绘画中有福、禄、寿三星，各配有一种相应的祥瑞动物，福星配有蝙蝠，寿星配的是仙鹤，而禄星就配有梅花鹿。养鹿、骑鹿的非神即仙。

　　神仙中骑鹿者众多。鹿

清代皮影《骑鹿神将》
（陕西省艺术馆藏）

繁殖量大，性格温驯，更为修行之人所喜。《封神演义》中摆十绝阵的阵主中就有九位骑的是鹿，姜子牙骑的"四不像"，其实就是麋鹿，"角似鹿非鹿，面似马非马，尾似驴非驴，蹄似牛非牛"，故俗称"四不像"。南极仙翁的坐骑是梅花鹿，燃灯道人骑的也是鹿，十八罗汉中有骑鹿罗汉。还有骑麒麟的，闻太师闻仲骑的墨麒麟，黄天化骑的玉麒麟。麒麟身体像麋鹿，是人们以鹿为主体臆造升级的神兽。因而古人也称鹿为"仙兽"。

关中是中华腹地，历史上代表的就是中国。陕西省华县（今渭南市华州区）泉护村遗址发掘过程中就发现有梅花鹿和马鹿化石，泉护村遗址为仰韶文化，这说明距今约六千年前，陕西就有鹿繁衍生息，陕西是鹿的最重要故乡之一。

反映在瓦当上的动物鸟兽纹瓦当，最多的是鹿纹瓦当，尤其是陕西凤翔雍城遗址所出土的秦代鹿纹瓦当，以精绝著称。其图案千姿百态，生动活泼，内容有奔鹿、卧鹿、立鹿、双鹿、母子鹿等十余种，或动或静，各尽其态。如奔鹿纹瓦当，主题是一只昂首奔驰之鹿，有长大之双角，圆壮之躯体以及矫健腾空的腿。为加强驯鹿飞奔迅猛的动势，作者让鹿的双角后倾，尾臀高高翘起，极为逼真传神。更具匠心者，在瓦当面图案空隙处填以小型动物纹，进一步突现出鹿纹主题，加强了鹿的神态和质感。其中一件飞奔的单鹿纹瓦当，在鹿的左方，还相继雕着静卧的蟾蜍、奋飞的大雁和栩栩如生的狗及怪兽，纹饰妙趣横生，是罕见的动物瓦当精品。

还有一件"蛇鹿蛙"纹瓦当：圆形，直径十四厘米，瓦当面由弯曲从天而下的蛇，头向左的鹿和向右爬行的蛙构成。蛇从天上徐徐降下，蛇头咬低头正在觅食的鹿的前腿，蛙惊恐逃走，内涵极为丰富。《史记·封禅书》载："秦文公东

蛇鹿蛙纹瓦当
（陕西凤翔秦雍城遗址出土）

猎汧渭之间，卜居之而吉。文公梦黄蛇自天下属地，其口止于鄜衍。文公问史敦，敦曰：'此上帝之征，君其祠之'。于是作鄜畤，用三牲郊祭白帝焉。"这正是秦文公得奉天命故事在瓦当上的再现，也说明两千多年前的陕西正是适宜鹿繁衍生息的地方。

2. 天鹿、天禄兽与法兽

首先说天鹿。天鹿，古代以为祥瑞的征象。北周庾信《春赋》有句："艳锦安天鹿，新绫织凤凰。"

《艺文类聚》卷九九引《瑞应图》："天鹿者，纯善之兽也，道备则白鹿见，王者明惠及下则见。"《宋书·符瑞志》（下）："天鹿者，纯灵之兽也。无色光耀洞明，王者德备则至。"所以天鹿、白鹿也被称为灵兽、仁兽、德兽。

传说当君王施行仁政，"王者明惠及下"，天下太平之时，就会"无色光耀洞明"，并有瑶光生成的散发着五色光辉的鹿出现，这种五色鹿被称为天鹿。还有一种世所罕见的白鹿，则是长寿的象征。有神话言说白鹿是由普通鹿变化而来的，普通鹿活到五百岁便开始变白，白鹿能活到千岁以上。

西周　青玉鹿
（陕西省宝鸡市茹家庄出土）

西安东南有白鹿原，《后汉书·郡国志》载："新丰县西有白鹿原，周平王时白鹿出。"《长安志》也有："记曰：东平王东迁，有白鹿游于此原，以是得名。"白鹿原名称的来历，及有白鹿出现的历史，距今两千七百多年，遥远的传奇因了这秦岭之北的白鹿原而永远神秘美丽。

再说天禄兽。天鹿通天禄，其形似鹿，但只有一角，为祥瑞之物。汉唐两代均有石雕像。关于天禄形象，《汉书·西域传》孟康注："一角者或为天鹿，两角者或为辟邪。"

1972年，在陕西咸阳周陵新庄村汉元帝渭陵建筑遗址出土的西汉和田玉雕"玉辟邪"，头有独角，严格意义上应称为天鹿。

天鹿，又名貔貅、獬豸，为中国古代五大瑞兽

《和田玉》邮票之《汉·玉辟邪》

之一。传说貔貅帮助炎黄二帝作战有功，被赐封为"天禄兽"，即天赐福禄之意。它专为帝王守护财宝，也是皇室象征，被称为"帝宝"，亦被称为招财神兽。传说貔貅有一个极为罕见的特点：大嘴，无屁门，只有进而没有出。所以经常被置于银行门前，意为只招财不漏财。

陕西蒲城桥陵有唐睿宗李旦之墓，陵前有石獬豸，是传说中的上古神兽，身似鹿，头似牛，顶有独角，肩后有双翼，也称天禄。同时被称为法兽，拥有至高智慧，能辨是非曲直，识善恶忠奸，为古代执法公正的化身，《晋书·舆服志》中有："或谓獬豸神羊，能触邪佞。"清代官服上绣有獬豸图案，象征公正无私，为御史和其他司法官员服饰。古时法官戴的帽子又称"獬豸冠""法冠"。

3. 道、释、儒三教对鹿的崇拜

鹿文化是中国传统文化的重要源头之一，不仅源远流长，而且博大精深。

《福禄寿喜·禄》邮票

历史上道、释、儒三教都对鹿有所崇拜。

道教强调鹿的神性，并把鹿作为"三轿"之一。这里的"三轿"，一曰龙轿，二曰虎轿，三曰鹿轿。道教的三轿主要是作为其教徒上天入地的座驾。其实龙文化中就含有鹿文化的因素，那顶在龙头上的龙角就是鹿的角。李白的"且放白鹿青崖间，须行即骑访名山"，即是道家与鹿的关系的真实写照。这种白鹿，世所罕见，也是长寿的象征。

佛教强调的是鹿的善性，经文中说释迦牟尼的前身就是鹿。佛教故事《鹿王本生》就是讲佛陀前世转生成鹿王行善的神迹，规劝众生行善、慈悲为怀的故事。在我国甘肃省敦煌莫高窟的壁画上，描绘了一幅《九色鹿》的故事画卷，其中救人于溺，反遭仇报的九色鹿是菩萨的化身。载于《佛经文学故事选》中的故事，生了两只小鹿的母鹿更是一个"志节感人，慈行发中"的悲悯者形象，它以自己的"笃信死义"，感动了一个执意猎杀它的人，使得母子转危为安。于是，"国人咸知普感慈信，鹿之仁行有喻于义，莫不肃叹"。

"母子鹿"瓦当
（凤翔秦雍城遗址出土）

儒教强调的则是鹿的德行。《诗经·小雅·鹿鸣》篇，历来就被解释为鹿的德音的表露。鹿的德与儒家的仁相合，所以，鹿也成了儒家尊崇的标志性动物。于是人们以鹿为基本元素，以孔母生孔子前见麒麟的口述为蓝本，并参照古书中有关怪兽的记载，最终推出了麒麟的形象。民间还传说孔子将生之夕，有麒麟吐玉书于其家，上写"水精之子孙，衰周而素王"，意谓他有帝王之德而未居其位。为了提高麒麟的可信程度，就是这样把它与儒家创始人孔子的出生和经历神奇地联系在一起。这应该是中国鹿崇拜的一次飞跃。

4. 汉长安城的天禄阁与扬雄的禄观念

汉长安城未央宫前殿遗址北面六七百米处，有两处驰名的古迹，一处叫天禄阁，一处叫石渠阁。天禄、石渠两阁，呈一条直线，东西相对而立，间距五十二米，东为天禄阁，西为石渠阁。天禄阁与石渠阁同为汉宫御用藏书典籍和开展学术活动的地方，是我国，也是世界上最早的国家图书馆和档案馆。

西汉初年，长安作为国都开始设计修建时，丞相萧何就在未央宫中主持修建了天禄阁与石渠阁。经过西汉几代帝王的努力，终于把秦始皇时焚书坑儒，以及秦末散佚的图书又发掘和整理了出来，集中到长安的书籍共有五百九十六家，一万三千二百六十九卷，藏于天禄阁与石渠阁。后来司马迁就是参考这些书，写成了五十多万字的不朽巨著《史记》。

司马迁在完成《史记》后，在《自序》中有言："藏之名山，副在京师。"这里的"名山"，是指古帝王藏策之府。"名山"源于《穆天子传》中的"群玉之山"，不是司马迁家乡韩城的哪座真实的山。再有很多专家认为这里的藏策之府，应是太史公府。既然"副在京师"说的是副本，那么"名山"太史公府藏的应是正本，"副在京师"

则可能指的是副本放在京师长安未央宫的天禄阁了。

天禄阁是一座高台殿阁建筑，原阁规模宏大，但经过两千多年来的历史风烟，现在的天禄阁只残留下一片光秃秃的台基。台上有后人为纪念刘向而修建的刘向祠。刘向是西汉著名的学者，曾在此校书，搜集大量秦代书籍，辑录了《战国策》等书。

另外，汉赋四大家之一的扬雄，也曾在天禄阁任过校书。

有一个非常有名的联句"南阳诸葛庐，西蜀子云亭"，其中与"大名垂宇宙"的诸葛孔明并列号"西蜀子云"的就是这个扬雄。《三字经》还把他列入"五子"之一："五子者，有荀扬。""荀扬"即荀子和扬雄。

扬雄像

扬雄堪称一代潜隐的大儒。王莽专权暴政时一桩献符命之事件牵扯到了他，而当狱吏来抓时，不愿受辱的扬雄，就从天禄阁上毅然纵身跳了下去，几乎摔死。直到事后弄清扬雄对此事并不知情，才消除了王莽对他的怀疑，遂有"有诏勿问"，即下诏不追究他。扬雄逃过此劫，反又被召为大夫，但从此口不言世事。

看来，这赫赫有名的天禄阁，名为天禄，天禄还是能保护文人的呀！

扬雄创作于汉长安的《法言·修身》直言："人之性也，善恶混。修其善，则为善人；修其恶，则为恶人。"而善为吉祥，修其善也是修吉祥，这吉祥是奉献社会的。他还认为：为利禄而学，终究不过是个小人而已，要想学为君子，就必须像圣人那样，"重其道而轻其禄"，这是完善个人修养的关键。此论尽管产生于两千年前，至今闻之，仍让人感到不愧为振聋发聩之修身法言。

扬雄还有"常修德者，本也；见异而修德者，末也；本末不修而存者，未之有也"，以及君子"仕则欲行其义，居则欲彰其道"的言论。前句是谈修德之本末，后句的意思是即使求禄求仕，也以行道为本。

这些都让人真切地认识到，在中国禄文化中，"修其善""重其道""常修德"应为根本核心价值观。

渭南市华阴县（今华阴市）清代的隔窗下绦环板浮雕《问字》，反映的是西汉刘棻向扬雄请教古文奇学知识的故事。后人称此为"问字"。可见扬雄在陕西影响之深。

清代木雕《问字》（渭南华阴民宅藏，王山水摄）

新莽时期王莽不重视档案文书作用，毁了天禄阁和石渠阁，作为铸币场所，天禄阁便只剩下一个地名了。这里还出土过镌刻着"天禄阁"和"石渠千秋"的文字瓦当。

汉代"石渠千秋"瓦当拓片

5. 陕西禄神——比干

禄神原是星神，称"文昌""文曲星""禄星"。《星经》所载："文昌六星如半月形，在北斗魁前，其六星各有名。"其中的第六颗星即是人们崇拜的禄星。《史记·天官书》说："斗魁戴匡六星，曰文昌宫：一曰上将，二曰次将，三曰贵相，四曰司命，五曰司中，六曰司禄。"司禄，即职司功名利禄的禄星。隋唐科举制度产生之后，禄星遂成为士人命运的主宰神，天下士人莫不对之顶礼膜拜。禄星后由星神衍化为人神。

关于禄神，虽然版本复杂，但姜子牙在秦岭太白山拔仙台奉元始天尊的法旨封神，所封的北斗星官文曲星则是比干。文曲星即禄神，也就是说中国第一掌管文运利禄的禄神是比干。

很多神仙都有多种称号，有些是正位，有些是加封。比干死后被封为文曲星，主管文运。他还有其他封号，例如国神、正一福禄财神真君、天官文财尊神等。其中文曲星的禄神应该是比干的正位。

比干是殷商贵族商王太丁之子，为商朝之丞相。周武王克商消灭暴君殷纣王，建立西周王朝后，下令修整商朝贤臣比干的坟墓，封比干为国神。国神在天界同为丞相，掌握天地人官员封调之职。所以，比干成为历代文人及官员崇拜的对象，为官员的保护神，所以也被称为天权星、禄神，即官禄。

比干像

比干为历史上有名的忠臣，号称"亘古第一忠臣"。他倡导"民本清议，士志于道"，被唐太宗誉为"忠烈公"。

6. 唐朝皇帝捧出的禄神张亚子

禄星由星神衍化为人神，最有影响的禄神之人神，应是在宋朝的梓潼神张亚子，称"文昌帝君"。

禄神张亚子本系一地方小神，是由历史人物衍化而成的神灵。他的声名鹊起，成为全国范围的禄神，全因了唐朝两位皇帝的捧场。

第一位是唐玄宗。安史之乱时，唐玄宗从长安仓皇逃窜，经陕西兴平马嵬坡，将军陈玄礼以军士不满为名，逼迫唐玄宗让杨贵妃自缢而死，后唐玄宗从傥骆道越秦岭逃到蜀地，一路狼狈至极。途经七曲山时，唐玄宗宿在梓潼神张亚子祠，夜梦张亚子显灵，说玄宗不久将做太上皇。丧魂落魄的玄宗，得到如此信息，知他有重返长安之吉兆，仿佛溺水之时抓住了根稻草。于是，忙在此举行隆重祭祀，追封张亚子为左丞相。

其实，张亚子本是蜀人张育与亚子两位人物合并而成的神灵。东晋宁康二年（374年），蜀人张育自称蜀王，起义抗击前秦苻坚，英勇战死。蜀人在梓潼郡七曲山建张育祠，尊奉他为雷泽龙神。当时，梓潼七曲山另有梓潼神亚子祠。后人遂将两祠神名合称张亚子，张亚子便成为梓潼神。民间又逐渐形成了有关张亚子的传说，这些传说是在蜀人张育事迹的基础上演绎而成的。

现七曲山尚有唐玄宗"应梦仙台"遗迹。后来唐玄宗果然返回长安当了太上皇。张亚子之灵验一下闻名天下。

陕西凤翔木版年画《加官进禄》

第二位是唐僖宗。唐广明二年（881年），僖宗李儇避黄巢起义到蜀地，经过七曲山，也亲自祭祀梓潼神，追封张亚子为济顺王，并将自己的佩剑解下来赠给梓潼神。四年后，唐僖宗也得以二返长安。这当然更让梓潼神张亚子名声大噪。

其实，让亚子名声大噪的还有一位皇帝，他就是建都长安，号称"万年秦王"的后秦武昭帝姚苌。《太平寰宇记》就记有张亚子显灵的神异故事。张亚子曾经在长安见到姚苌，张亚子对他说："劫后九年，君当入蜀，若至梓潼七曲山，幸当见寻。"《十六国春秋辑补·后秦录》则补充说，姚苌在前秦建元二年（366年）果然来到梓潼七曲山，见到一神人。神人说："君早还秦，秦无主，其在君乎？"姚苌请问那神人的姓名，神人说他叫张亚子，说罢就不见了。姚苌回到秦地后果然称帝，于是就在秦地立张相公庙来祭祀张亚子。

以此看来，三个在长安当皇帝的，成了张亚子的活广告，共同成就了这位禄神。

宋朝时，张亚子庙宇已遍见各地，其显灵之事越传越神。蔡絛所著的《铁围山丛谈》说，长安西去蜀道有梓潼神祠，向来号称灵异。士大夫经过梓潼祠，如果有风雨相送，必官至宰相；进士经过梓潼祠，得风雨相送，必中状元。相传自古以来没有一个不灵验的。这些传说，使得梓潼成为主宰功名利禄的神灵。

蔡絛为宋徽宗时的太师蔡京之子，后人对他的《铁围山丛谈》评价极高，曰："言之凿，足资参考。"

7. 吕洞宾因何能入"五文昌"

"文昌帝君"，有天神与人神两种不同的说法。文昌两字既为星名，又为神名，也就是民间惯称的文昌星、文星神。

　　"吾乃京兆人"的吕洞宾在"五文昌"中也有一席之位。"五文昌"为文衡帝君、文昌帝君、朱衣神君朱熹和魁斗星君、纯阳星君。吕洞宾重要的修炼之地陕西安康香溪洞有一洞府名文昌洞，因为吕洞宾被列为"五文昌"之一，这个洞的主祭之神就是吕洞宾。

韩城新城周原村大禹庙壁画
《八仙图》之吕洞宾

　　吕洞宾因何能入"五文昌"呢？可能有这几方面原因：

　　第一，名人效应。吕洞宾影响大，在民间人气旺，与观音菩萨、文衡帝君齐名，很受老百姓欢迎，是神仙中耀眼的大明星。

　　第二，吕洞宾的形象、口碑俱佳，在长安酒肆经过钟离权先生生死财色十试，心无所动，被称为仁德君子。还有传说吕洞宾降生时，天乐齐奏，异香满室，一只白鹤从天而降。民间所绘的吕祖之像，均英俊潇洒、儒雅清秀，且器宇轩昂，有大丈夫气概。有的将其画成豪气冲天的剑侠形象，有的则是文质彬彬的文士形象。但无论怎么画，吕洞宾在人们心中的总体印象是仙风道骨、神采飞扬，堪称道教的最佳形象代言人。

　　第三，吕洞宾文才盖世，自幼熟读经史，人称神童。

有传说他曾在唐宝历元年（825年）中了进士，《全唐诗》收有他的诗二百四十九首，词三十首，有"诗仙"之誉。他著述甚丰，如《吕祖全书》《九真上书》《孚佑上帝文集》《孚佑上帝天仙金丹心法》，以及《吕祖微言》《劝世文》《养生诗》《百字碑》《真常集》《终南山人集》等，当然其中有争议，多为托名。

第四，《宋史·陈抟传》记载，吕洞宾为"关西逸人，有剑术，年百余岁。步履轻捷，顷刻数百里，数来抟斋中"。南宋初人吴曾所撰的《能改斋漫录》卷一八中，记有吕祖自传。传说吕洞宾学成了天遁剑法，常仗剑斩妖除害。后世道教和民间称其为"剑仙"。据说吕洞宾曾自言："世言吾飞剑取人头，吾甚哂之。实有三剑，一断无明烦恼，二断无明嗔怒，三断无明贪欲。"吕洞宾的剑，是八仙法器"八宝"之一。

第五，吕洞宾还是一位闻名天下的酒仙。民间流传有吕洞宾三醉岳阳楼的传奇故事，还有他醉卧长安酒肆，黄粱一梦，被京兆人钟离权所度的传说。而且八仙又被称为醉八仙，身为八仙一员的他自然也是一位"酒仙"。传说吕洞宾不光喝酒，还在陕西安康城中一酒家的井中投下一粒金丹，使水变酒，酒香飘满全城。

拥有令世人羡慕的"诗仙""剑仙""酒仙"之美誉，加上高人气、大名气、好口碑，吕洞宾入"五文昌"，毫无疑问是实至名归。

8. 鹿城商南与甪里先生

陕西商南县被称为"鹿城"。

据考证，商南有山名"双尖"，亦名"双峰"，为商南县标志性山峰，被列为商南八景之一。"双峰"又名"甪峰"，得名于曾隐居于此的"商山四皓"之一的甪里先生。《佛教哲学大词典》将甪里先生又写作禄里先生。"甪""禄""鹿"三字同音，商南县城古时也称为"甪城"，"甪城"即"鹿城"。

"商山四皓"，即《史记·留侯世家》中记载的汉初商山的四个隐士东园公、夏黄公、绮里季和甪里先生。他们不愿意当官，长期隐修在商山（今陕西省商洛市境内），出山时都八十有余，眉皓发白，故被称为"商山四皓"。

"商山四皓"的甪里先生，是被孔子称为"至德"的姬泰伯之后。而江苏苏州甪里是五千年前的一处地名，同时也是一姓氏，姓氏源于姬姓，出自商、周之际甪里之地。正好对应了甪里先生姓名的来历。《苏州府志》记载："汉初，商山四皓有甪里先生者，本与周同姓，名术，泰伯之后，在洞庭西山居，故以自号，子孙遂以为氏。"河南省汝阳县城西南隅有一条长三百米、宽九米的古老街道，名叫"甪里街"。江苏省四个历史文化名镇中有一个甪直镇，奇特的是这角直古镇广场中央竖有一座独角怪兽"角端"的雕塑。这"角端"为传说中祥瑞之兽。形似鹿而生一角，可日行一万八千里，通晓四方语言。其实就是北方所称的"天鹿""天禄"，南方则称"貔貅""角端"。在北京故宫太和殿两边就安放着一对"角端"，其说始见于汉。《史记·司马相如

江苏省苏州市角直镇广场中央
"角端"雕塑

列传》中有如下记载："兽则麒麟、角端。"而且角端在形制上与天鹿、獬豸、貔貅有着明显的继承关系，形似鹿而独角为其主要特征。

这就说明，商南的"角里先生""角城""鹿城"，引发出的"天鹿"，与苏州的"角端"渊源的一致性。实为传承有序，明了清晰。

9.《诗经·小雅·鹿鸣》引出的"鹿鸣宴"

在古代中国，考上状元、榜眼、探花的进士，都要设宴祝贺，而宴请是十分讲究的，并不是随便吃一下的事。

以唐代为例，便有"鹿鸣宴""烧尾宴""曲江宴""杏园宴""月灯阁宴""樱桃宴""牡丹宴""闻喜宴""看佛牙宴""关宴""琼林宴"等各种形式和规格的宴请。这些名目繁多、庆贺考生登科宴请的渊源，可以说大多都和陕西有点关系。

西周　玉鹿
（陕西省宝鸡市茹家庄出土）

其中"鹿鸣宴"的来历，就始于《诗经·小雅·鹿鸣》中的几句："呦呦鹿鸣，食野之苹。我有嘉宾，鼓瑟吹笙。吹笙鼓簧，承筐是将。人之好我，示我周行。呦呦鹿鸣，食野之蒿。我有嘉宾，德音孔昭。视民不恌，君子是则是效。我有旨酒，嘉宾式燕以敖。呦呦鹿鸣，食野之芩。我有嘉宾，鼓瑟鼓琴。鼓瑟鼓琴，和乐且湛。我有旨酒，以燕乐嘉宾之心。"名为"鹿鸣宴"大概有几方面原因：第一，鹿同禄，登科，意味着得禄荣升、加官进禄，值得庆贺。第二，鹿鸣，传出的是德音，倡奉的是周礼，士子加禄，应该首先注重仁德的修炼。第三，据《新唐书·选举志》记载："鹿鸣宴"是唐代地方州县长官为本地新科举人举办的一种宴请，请考官、学官和本地新科举人诸生同叙，宋以后的鹿鸣宴系文武新科状元设宴叙同年，和唐代不同。鹿鸣宴一般放在放榜的次日，因宴会上会演奏《诗经》中的《鹿鸣》曲而得名。

《毛传》曰："鹿得萍，呦呦然鸣而相呼，恳诚发乎中。以兴嘉乐宾客，当有恳诚相招呼以成礼也。"朱熹则说："先王因其饮食聚会，而制为燕飨之礼，以通上下之情。而其乐歌又以《鹿鸣》起兴，而言其礼意之厚如此，庶乎人之好我，而示我以大道也……"意即以《鹿鸣》"恳诚相招呼"起兴，"而示我以大道"来象征德音，以传德音。

《鹿鸣》也是周朝王室贵族宴会上演奏的乐歌。据《毛传》及朱熹的说法，此诗原是君王宴请群臣时演奏的乐歌。西周都城之丰、镐，宗庙之周原均在陕西，可以肯定地说，这首乐歌是率先在陕西关中演唱并流行开的。

《听琴图》（宋·赵佶绘）

10. 唐代长安的"曲江宴"

　　进士中榜后，醵钱宴乐于曲江亭子，称"曲江宴"。曲江，即曲江池，位于唐都城长安的东南部。本天然池沼，池水曲折，故名。

　　唐代新科进士正式放榜之日恰好就在上巳节前一天。上巳节为唐代三大节日之一，最是被朝野看重。曲江宴以游宴形式，一边观赏曲江边的烟水明媚、春花烂漫，一边品尝宫廷御宴，佳肴美味。皇帝会亲自参加，与宴者也经皇帝"钦点"。宴席间，皇帝、王公大臣及与宴者一起游走。所以"曲江宴"也叫"曲江游宴"，其种类繁多，情趣各异，甚为奇妙。其中以上巳节游宴、新进士游宴、雁塔题名最为隆重，在历史上的影响最深。登科放榜，于国家于个人都是一件了不得的大事，自然要特别庆祝一番，其形式就是曲江大会，亦即"曲江宴"。

韩城盘村普照寺高神殿
三殿壁画《曲水流觞》局部

　　因为宴会往往是在关试后才举行，所以又叫"关宴"；因举行宴会的地点一般都设在曲江岸边杏园的亭子中，正值"江头数顷杏花开"，所以也叫"杏园宴"；以后逐渐演变为诗人雅集、吟诵诗作的"诗会"，按照古人"曲水流觞"的习俗，置酒杯于流水中，流至谁前则罚谁饮酒作诗，由众人对诗进行品评，称为"曲江流饮"。

至唐僖宗时，还在曲江名目繁多的宴会中设了一种新奇的"樱桃宴"，专门来庆祝新进士及第。唐僖宗乾符年间，当朝宰相、淮南节度使刘邺就为新科进士举行了一次"樱桃宴"。

《樱桃》（齐白石绘）

当时在曲江设宴成了一种时尚，宴席的东道主还需要经过竞争，才能获取举办权。刘邺的儿子、新科进士刘覃争得了樱桃宴的主办权，兴奋不已。其时长安城及其周边的樱桃还未大量应市，处于未熟将熟之际，少数成熟的樱桃价格奇高，许多权贵都还没有品尝过新鲜樱桃，加上樱桃是唐朝的上等时令佳果，为文人雅士所追捧。于是刘邺亲自出面主持，购买樱桃，为儿子刘覃解困，事情自然迎刃而解。江南扬州大批的樱桃被连夜送到曲江，樱桃红艳晶亮，配以糖和牛乳，色味俱佳，入席的新科进士和来贺的达官贵人每人一盅，宴会大获成功。

新罗人崔致远，字孤云，唐代在扬州幕府供职，被称为韩国儒学之宗、文学之祖、百世之师，其《桂苑笔耕集》主要完成于扬州。崔致远的《谢樱桃状》说明扬州在唐代就出产樱桃。今扬州民间俗语有"樱桃好吃树难栽"，扬剧剧目有《打樱桃》，而唐代扬州园林则有"樱桃园"。

曲江樱桃宴早已形成惯例，刘邺父子举办的仅是历年影响最大的一次而已。而唐代"樱桃宴"多在每年四月一日举行，其时御苑中樱桃最先成熟。王维《敕赐百官樱桃》云："芙蓉阙下会千官，紫禁朱樱出上阑。才是寝园春荐后，非关御苑鸟衔残。归鞍竞带青丝笼，中使频倾赤玉盘。饱食不须愁内热，大官还有蔗浆寒。"王维此诗不是一人独吟，崔兴宗还有《和王维敕赐百官樱桃》云："未央朝谒正逶迤，天上樱桃锡此时。朱实初传九华殿，繁花旧杂万年枝。未胜晏子江南橘，莫比潘家大谷梨。闻道令人好颜色，神农本草自应知。"

进士宴是宴会中最具人气的。参加的除了新科进士外，还有进士的恩师以及主考官等。很多官宦人家也会在这时候带着家眷参加宴会，在品评新科进士的同时也存有私心地为自家姑娘选择如意郎君。

生活在唐代的女子是幸运的，没有太多封建礼教束缚，经常可以参加各类社交及游艺活动。游宴这类活动也有为她们量身定做的，那就是各种进士登科宴引出的"裙裾宴"。

春和景明时，仕女们呼朋唤友来到曲江，踏青游春，轻盈漫游，沐浴在长安郊野明媚的春光中。她们选择风景如画的曲江池畔，以草地为席，用七彩裙布搭起帷幔，在里面设宴，斗酒行令，开怀畅饮，悠哉乐哉。此时只见春色满园关不住，袭人香气弥漫。席间她们还会走出彩帐，互相邀约蹴鞠、跳绳、踢毽子、荡秋千，欢声笑语此起彼伏，身姿曼妙舞影蹁跹，莺啼鹂鸣柳绿花红，一派风流香艳景象，尽显长安皇都盛世华彩。

《虢国夫人游春图》邮票（唐·张萱绘）

　　"曲江宴"亦称"闻喜宴"。最初的闻喜宴应是及第学子凑钱喝酒，所以宋人高承在《事物纪原》解释此词条时称之为"醵钱于曲江"。虽然是学子自己凑份子聚会，但朝廷也有所表示，如在晚唐时期，皇家赏赐宫廷御用美食，"赐进士红绫饼各一枚"。到了五代后唐时明宗李亶当皇帝时，凑份子吃闻喜宴的现象才发生改变。天成二年（927年），及第学子聚会不再"醵钱"，吃喝由官家买单。据《旧五代史·唐书》载："新及第进士有闻喜宴，逐年赐钱四十万。"宋代继承了后唐的做法，新科进士聚会也不要学子凑份子，赐钱更多。宋太宗端拱元年（988

年）定由朝廷置宴，皇帝及大臣赐诗以示宠异，遂为故事。据宋人王栐《燕翼诒谋录》所记，熙宁六年（1073年）三月，赵顼（宋神宗）赐给进士"及第钱三千缗，诸科七百缗"。到元祐三年（1088年）三月，宋哲宗赵煦赐钱又有所增，"诏复增进士钱百万"，并赐"酒五百壶"。因曾设宴于琼林苑，故至明清赐新进士宴称"琼林宴"。

科举及第学子的宴会活动有很多。在唐代，关宴是新科进士在京城的最后一次大规模聚会，因此关宴又被称作"离会"。因为也在曲江举行，故又称"曲江关宴"，或"曲江会"。虽然关宴还是新科进士自掏腰包，但并不需要自己张罗，一般由相当于现在公关公司性质的"进士团"操办。

烟格窗花《状元郎》
（岐山·郑芝秀作品）

后来曲江宴、闻喜宴、琼林宴就成为皇帝赐予新科进士宴会的代称，参加者要簪花（把花插在帽檐上），这是特殊的荣耀。

据清编《全唐诗》统计，唐代专题吟咏或涉及曲江的诗有近三百首，而描写曲江一带景色如杏园、慈恩寺、乐游园等的诗篇，更是举不胜举。充分展示了流光溢彩的大唐文明和风云变幻世事盛衰。

其中刘沧《及第后宴曲江》一诗中写道："及第新春选胜游，杏园初宴曲江头。紫毫粉壁题仙籍，柳色箫声拂御楼。雾景露光明远岸，晚空山翠坠芳洲。归时不省花间醉，绮陌香车似水流。"白居易这样描绘他应举时的情况："忆昔羁贫应举年，脱衣典酒曲江边。"徐夤《曲江宴日呈诸同年》曰："金榜连名升碧落，紫花封敕出琼宫。"黄滔《放榜日》曰："吾唐取士最堪夸，仙榜标名出曙霞。白马嘶风三十辔，朱门秉烛一千家。郄诜联臂升天路，宣圣飞章奏日华。岁岁人人来不得，曲江烟水杏园花。"贯休《送李铡赴举》则寄语曰："明年相贺日，应到曲江滨。"

从以上诗中可以看到唐朝文人们一旦中第，不仅一个个喜形于色，而且恣意放纵，得意至极。曲江游宴成了他们登科后最为喜庆、祥瑞吉利的丽日盛事，可谓"春风得意马蹄疾，一日看尽长安花"。

11. "烧尾宴"与鲤鱼跳龙门

"烧尾宴"是古代专为士子登科金榜题名举行的一种宴会，盛行于唐代长安，是史上经典名宴之一，与宋代的琼林宴大体相同而方式有异。"烧尾"一词在当时有三种说法：

一说是兽可变人，但尾巴变不了，只有烧掉。

中国神话故事对尾巴很在意，可能是因为人类在由猿变人后，尾巴成为人与猿最大区别之一。所以这尾巴最难变掉。中国古典文学四大名著《西游记》中，孙悟空与二郎神斗法，失败逃跑时变成一座庙，尾巴不好变，于是孙悟空把尾巴变成一旗杆，但只能安在庙后，让杨戬看出破绽。旗杆要放在庙前，哪能放在庙后？还有谚语：狐狸再狡猾，也有露出尾巴的时候。有关成语还有：藏头露尾、顾头不顾尾、尾大不掉、畏首畏尾等。

《封氏闻见记·烧尾》载："士子初登荣进及迁除，朋僚慰贺，必盛置酒馔音乐，以展欢宴，谓之'烧尾'。说者谓虎变为人，唯尾不化，须为焚除，乃得成人，故以初蒙拜授，如虎得为人，本尾犹在，体气既合，方为焚之，故云烧尾。"

二说是羊初入羊群，只有烧掉尾巴才能被接受。《封氏闻见记》载："新羊入群，乃为诸羊所触，不相亲附，火烧其尾则定。"

三说是鲤鱼跃龙门要烧尾化龙，必有天火把它尾巴烧掉才能成龙。

烧尾最早的意思来源于传

清代剪纸《鲤鱼跳龙门》
（西安·刘合心藏）

说中的鲤鱼跃龙门，因鲤鱼跃龙门之时，天雷击去鱼尾，鱼乃化身成龙。清代李元《蠕范·物体》云："鲤……黄者每岁季春逆流登龙门山，天火自后烧其尾，则化为龙。"《孔氏谈苑·烧尾宴》曰："鱼跃龙门化龙时，必须雷电为烧其尾乃化。"

《小鲤鱼跳龙门》邮票

《三秦记》中有"大鱼集龙门下数千，不得上，上者为龙，下者为鱼"的记载。《鲤鱼跳龙门》中说："每岁季春，有黄鲤鱼，自海及诸川争来赴之。一岁中，登龙门者，不过七十二。初登龙门，即有云雨随之，天火自后烧其尾，乃化为龙矣"。

陕西韩城孔庙中有《鲤鱼登龙门》的浮雕，描绘的就是这段神话。所谓"登龙门者，不过七十二"，意指孔子的门徒七十二贤人。想象着小小鲤鱼逆水而上，跃登龙门艰难异常，以及"云雨随之，天火自后烧其尾"，鱼化龙嬗变时的痛苦惨烈，心中的敬仰之情就油然而生。

绣花荷包《鱼与龙门》
（商南·吴清珍作品）

古代的科举考试不是把考中三甲的状元、榜眼、探花称为跃龙门或称登龙榜嘛，如今这仍是对一切有志青年努力超越自我的一种激励。

鲤鱼所跳的龙门，传说是大禹治水为疏导黄河开凿出的一道门。龙门为秦晋两省一河两岸共有的胜迹，龙门三激浪是黄河上千百年来的奇观。禹凿龙门的传说，最早见于《墨子·兼爱》中。北魏郦道元《水经注》记载："龙门为禹所凿，广八十步，岩际镌迹尚存。"后人为纪念大禹治水的功绩，称龙门为禹门。禹门地处秦晋两省交通要道的古渡口，又称禹门口。陕西韩城的黄龙山，山西河津的龙门山，两山夹峙，形成天堑。尤其是陕西一侧的山，壁立千仞，笔直插入水中，气势逼人。从龙门上溯到壶口一段峡谷，岸边峭壁悬崖最为险峻，需仰视方能一窥其神奇。沿途景点有百丈岩、送子洞、悬空墓、石头城、顶天柱等。绝壁巍然，巨浪翻滚，动静之间，蔚为大观。这里三月惊蛰冰消河开之际的"禹门春浪"为韩城八景之一。

唐代烧尾宴有两种：一种是前边说的专为士子登科金榜题名举行的宴会，另一种是朝官晋升时设宴敬献皇帝。陶谷的《清异录》详细记载了唐代最著名的一次烧尾宴。

唐景龙三年（709 年），京兆万年人韦巨源升任尚书左仆射，加官晋爵，依例要向唐中宗进宴。这次宴会共上了五十八道菜，冷盘热炒、烧烤汤羹、甜品面点，一应俱全。其中有些菜品的名称让大厨费尽心思，极为奇妙而富蕴吉祥，让人不由得拍案叫绝。如贵妃红，一种精制红酥餐前点心；雪婴儿，用石蛙肉淋上豆粉芡下火锅涮的珍肴野味；甜雪，用蜜糖慢火烧炙的太例面，味甜，状如雪；白龙，鳜鱼去皮取其肉，切细丝晒干装入瓷瓶用调料密封而成；御黄王母饭，里脊肉和鸡蛋等做的盖浇饭。这些菜中，没有一道是尾巴做的菜肴。《辨物小志》有曰："唐自中宗朝，大臣初拜官，例献食于天下，名曰'烧尾'。""烧尾"，取其"神龙烧尾，直上青云之欹意"。由于这种宴席有欢庆之意，一些官位升迁的人员也举行这样的宴会，以图前程远大、官运亨通。

韦巨源升任尚书左仆射，加官晋爵，也意味着官上加官，锦上添花。西安鄠邑区、周至民间就有《官上加官》彩色剪纸。例如鄠邑区燕惠敏和周至蒲玉花的两幅窗花作品，图案为在一只大红公鸡的红冠上，还有一枝鸡冠花。冠指官，冠上加冠，即官上加官。不过蒲玉花作品中鸡冠上的那束花是牡丹花，可能这束花指花冠。蒲玉花还有

洛川枕顶刺绣"冠上加冠"

两幅《锦上添花》窗花作品，图案下方是锦鸡，上方是牡丹花，真可谓锦上添花，也许其意指范围更宽更广，一切好事喜事相连的，都可称锦上添花或双喜临门。

12. "蟾宫折桂"

　　《晋书·郤诜传》记载：郤诜当雍州（今宝鸡凤翔）刺史，"武帝于东堂会送，问诜曰：'卿自以为如何？'诜对曰：'臣鉴贤良对策，为天下第一，犹桂林之一枝，昆山之片玉。'"。晋武帝大笑并嘉许他。这便是"蟾宫折桂"的出处。

　　蟾宫即月宫，唐代以后，科举制度盛行，蟾宫折桂便用来比喻考中进士。唐代大诗人白居易先考中进士，他的堂弟白敏中后来中了第三名，白居易写诗祝贺时说："折桂一枝先许我，穿杨三叶尽惊人。"此句实际也是白居易自我表扬，意为是我先蟾宫折桂的。

　　宋代辛弃疾有送别词《鹧鸪天·送廓之秋试》："白苎新袍入嫩凉，春蚕食叶响回廊。禹门已准桃花浪，月殿先收桂子香。鹏北海，凤朝阳，又携书剑路茫茫。明年此日青云去，却笑人间举子忙。"其中"月殿先收桂子香"也指蟾宫折桂。李白诗中也有"欲斫月中桂"之句。

　　相传月亮上广寒宫前的桂树是一棵神树，有五百多丈高，而且永远也不会被砍伐倒。传说吴刚因犯了仙规被罚到月宫砍桂树，当他每次砍下去，被砍的地方会立即合拢。

　　再者，桂树主贵，用它比作功名利禄也十分恰当。月中桂树，那么高，那么圣洁，可望不可即，经常会令文人生出感叹，谁能折一枝，寓意不言而喻。

关于月中桂树的传奇故事被古人演绎得新奇而五花八门，神秘又趣味横生，尤其以唐宋两代为盛。月中桂树又被称为娑罗树、骞树。月中桂树的果实每年四五月后飘落人间，称"月中桂子"，反映了古人对月中桂树的深信不疑。文人学士每当中秋望月，吟诗作赋，都把月中桂树、桂子作为常用的典故。因有月中桂树的传说，所以人们又称月亮为"桂月""桂宫"等。汉长安皇城有桂宫苑，遗址位于今西安市未央区六村堡一带。桂宫苑有"萧何饼"，并有诗云："举贤细品萧何饼，建功纵论楚汉争，巍峨汉城今何在？愿君不虚桂宫行。"

欧洲有"桂冠诗人"一说，中国有以桂枝编桂冠之说，取其清香高洁之意。三国时魏国繁钦的《弭愁赋》中有"整桂冠而自饰，敷綦藻之华文"之句。

陕西韩城市曹晋老宅有清代隔扇门裙板浮雕《蟾宫折桂》，画面上屋内一老者，望着屋外一青年学子正欲举手

清代陕西木雕《蟾宫折桂》
（韩城曹晋老宅藏，王山水摄）

陕西凤翔木版年画
《蟾宫折桂》

攀折桂枝，寓读书郎可金榜题名，高中状元而"蟾宫折桂"。凤翔木版年画也有《蟾宫折桂》的年画。画面上却是两位贵妇，右边的手执一桂枝点明主题，左边却摇着芭蕉扇。桌下一童子，疑为刘海，左手提一串铜钱在戏金蟾，右手却执一弓好似要射中三元。

13. "鹿衔草"与"鹿回头"

陕西定边梁月英有幅剪纸窗花《倒照鹿》，图中表现鹿回头望梅，而五瓣梅花寓意五福梅花。还有定边钟桂英藏的剪纸《春鹿》。两幅剪纸都精美细腻，非常生动，其中的鹿都衔一株青草，这是有说法的。

窗花《倒照鹿》
（定边·梁月英作品）

传说王母娘娘寿诞那天，在瑶池举行盛大的宴会，群仙都来贺喜，金鹿们献上了一场精彩绝伦的金鹿舞，王母娘娘非常喜欢，赏给每只鹿一株灵芝草和一枚大蟠桃。

可在守鹿大仙带它们回去经过南天门时，一只调皮的小金鹿却四蹄一跃，口衔着灵芝草私逃下了凡间。王母接到报告立即命托塔天王李靖带领三百天兵天将下凡捉拿。天兵天将驾云来到陕西太白山寻找，寻来找去，未见金鹿踪影。托塔天王升起云头，手搭凉棚，四

四拼窗花《春鹿》
（定边·钟桂英藏）

面观看，发现拔仙台上有一身穿黄衣黄裤、头梳高髻的少女在采药，再定睛一看，原来是金鹿所化。天王立即从腰中解下套仙索向少女扔去，少女就地一滚，变回原形，拔腿就跑，在山上踩下了一连串的蹄印。

托塔天王指挥天兵继续追赶，眼看就要赶上，可不屈服的小金鹿忍住巨痛，折断头上双角向天兵掷去，两个天兵的眼睛当即被刺瞎了。金鹿趁乱急忙向海南岛天涯海角方向逃去，天兵仍穷追不舍。到了海南岛时，金鹿又不见了，只见一个穿黄衣的少女，头戴一顶斗笠，肩挑一担椰子正向前走着。托塔天王定睛一看，发现这个少女还是金鹿所化。这次，他怕金鹿逃掉，没有扔套仙索，而是拉开神弓向少女大腿射去一箭。少女回头一望，化作了一座石雕。三亚市现在有鹿回头风景区。

而金鹿在太白山上踩的蹄印中，长出了一种珍贵的草药，名叫"鹿蹄草"，别名鹿含草、鹿寿茶、小秦王草。

这种药性平，味微苦涩，能够调经活血、收敛止血、祛风除湿、补肾壮阳，是治"崩漏""虚劳"等病不可缺少的一种草药。

从此，"鹿衔草"和"鹿回头"就成了一段民间祥瑞吉庆的美丽传说。

14. 西安魁星楼和《魁星点斗图》

魁星又名"奎星""奎宿"，位列二十八星宿之一，被人们尊称"文曲星""文昌星"。古代传说他是主宰文运兴衰的神，凡人如果被他的朱笔点中，就能妙笔生花，写出锦绣文章，甚至连中三元，成为状元。所以，古代孔庙、学府里都建有魁星楼。明清时的西安府学和孔庙建在城墙旁边，魁星楼也顺势建在西安城墙之上，地处永宁门东，靠近碑林博物馆。

西安魁星楼曾在 1986 年修复。人们在这里可以看到腰挂酒葫芦，一手捧斗，一手执笔，蓬头虬髯，步履跟跄，似乎半醒半醉的文昌星，即魁星尊容。这个文昌星形象如此窘迫寒酸，确实和一般年画上潇洒飘逸、英气逼人、仪表端庄的文昌星、禄神相去甚远。

　　魁星的故事很传奇：古代有一个秀才，名字已不可考。此人聪慧过人，才高八斗，过目成诵，出口成章，可就是长相奇丑无比，所以面试时屡屡落第。他长得丑陋，又有一脸麻子，一条腿还瘸了，走起路来一拐一拐的，但是他文章写得实在太好了，被乡试、会试步步录取，一次次高中榜首。到了殿试时，皇帝一看他的容貌和一跛一跛上殿的姿势，立马心中不悦，皇帝带着点戏谑的口吻问道："你那脸是怎么搞的？"他回答："回圣上，这是'麻面映天象，捧摘星斗'。"皇帝觉得这人还机敏有趣，又问："那么你的瘸腿呢？"他又回答："回圣上，这是'一脚跳龙门，独占鳌头'。"皇帝一下又惊异他的气质非凡，接着问："那朕问你一个问题，你要如实回答。你说，如今天下谁的文章写得最好？"他想了想说："天下文章数吾县，吾县文章数吾乡，吾乡文章数舍弟，舍弟请我改文章。"皇帝闻之大喜，阅读完他的文章后，更是龙颜大悦，拍案叫绝道："不愧天下第一！"于是钦点他为状元。

　　这个丑怪文人的才学、智慧和非凡气度，使他后来成为天界魁星——北斗七星的前四颗，主管功名禄位。"魁"字拆开来，一半是"鬼"，对应魁星的面目丑陋；一半是"斗"，预示魁星才高八斗，也应在北斗星座。据说魁星手中的朱笔批你是什么，你就是什么。文人中所传的"任你文章高八斗，就怕朱笔不点头"就来源于此。

　　所谓"独占鳌头"的来历是：唐宋时，考中的进士，即登科者，要集体到皇宫迎榜，需站在皇帝办公的皇宫大殿正面台阶下等候，而荣登三甲第一的状元则站在台阶正中石板上大龟（鳌）或升龙的脑袋上。故称"独占鳌头"。

而"魁星踢斗"，则是民间工匠雕塑或绘画魁星像时，刻意将其塑造成面目狰狞的模样。他单足立于鳌头之上，另一脚跷起，一手执笔，一手捧斗，寓意魁星点斗、独占鳌头。魁星因为有"魁枕参首"之说，即含有魁首第一之意，因之要由魁星来点斗，点中哪位应考士子，哪位就"独占鳌头"。

关于"魁星踢斗"，民间还另有传说：魁星连续三次考状元都未中，原因就在他相貌极丑。魁星一怒之下将装书的木斗踢翻，投江而死。魁星虽未中三元，而民间百姓却仰慕其才华，将他塑造为神，借"魁星踢斗"之题，以求文运高照。

西安碑林博物馆内，有一通石碑，上刻清代同治年间马德昭绘的《魁星点斗图》，画面上一个小鬼双手高举，捧着一只"斗"，一条腿抬起在做跳跃动作，动感很强。画面上还点缀着一本翻开的书和几颗星星。主题画面由鬼和"斗"组成，是"魁"字的象形化。加上星和书，构成《魁星点斗图》。画上还藏了"克己复礼，正心修身"八个字。

西安的这个魁星之所以能当上禄神，体现了什么道理？这让人联想到终南山下才出道就被打下地狱的钟馗，那更是一段命运悲惨的故事。说唐武德年间，钟馗曾赴京应试，却因相貌丑陋而落选，愤而撞死于殿墀。帝闻之，赐以红官袍安葬。但钟馗的才气是压不住的，他死后也能成神，而且成了家喻户晓、人人喜爱崇敬的大神。

因而，也有一说是中国历史上的魁星，指道教中唐朝时陕西省户县（今西安市鄠邑区）石井镇人、"赐福镇宅圣君"钟馗。中国民间神的序列较乱，钟馗不但被尊为福神、门神，还被说成是主管人们科考命运的文曲星，其中可能有因相貌丑陋而落选，愤而撞死于殿墀，引起皇帝同情的原因，还有"馗"与"魁"读音相同的原因。

大荔民间画师手稿《握笏钟馗》
（陕西省艺术馆藏）

在陕西关中一带有言："拜请钟馗，中榜得魁！钟馗真神显，送咱福禄寿禧安！"人们纷纷到钟馗故里拜请钟馗，供奉钟馗画像，以便随时祭拜。谁梦见魁星，谁就能成为考场上的幸运者。魁星点斗吉祥图案和文人信奉魁星的风俗早在宋代就已有之，盛行于明清。

陕西省艺术馆藏有清代皮影《魁星》，魁星相貌奇伟，铁面虬髯，豹头环眼，有诗云："眼如点漆发如虬，唇如

清代陕西皮影《魁星》
（陕西省艺术馆藏）

猩红髯如戟。"形象更接近民间流行的钟馗相貌。

这两个都与长安有关的神话传说，一正一反，让人感佩感叹。这首先给了天才士子一个启示，让他们绝不要自惭形秽，要自强自立，老天不会负才的。也给天下当权者一个警示，一定要唯才是举，不能以貌取人。

15. 陕西状元的故事

康海像

俗话说，"南方才子北方将"，所以陕西的状元比南方少得可怜。整个明清时期也就出了三名状元，一个是明朝武功人康海，一个是明朝高陵人吕柟，还有一个就是清朝韩城人王杰。

明孝宗时，二十八岁的康海进京参加会试，他发誓要夺得第一名，可惜会试第一名还是被鲁铎夺去了，他仅得了第四名。康海有点不服，对众人说："会试时让了鲁铎，殿试时决不再让他人！"殿试时，康海果然发挥出色，一举夺魁。其文章令主考官拍案叫绝。送皇上审阅时，孝宗也赞不绝口，声称："我大明一百五十年来，无此佳作，此卷变今绝古！"遂朱批康海为状元。

陕西武功状元堂康海塑像

当初会试时康海不服鲁铎，这次自然有人不服康海，第二名孙清便对人说他的文章比康海的强。但看到康海及殿试的文章后，孙清非常叹服，跑到康海家里，对着他拜了半天，称自己甘愿为徒。

皇上、首辅和同年的赞誉，使康海名扬天下，朝野景慕，众人争相一睹其风采。能与康海家沾上点边的，也都引以为豪。康海的祖父曾在南京做过官，南京人便声称："康状元乃南京风水所出。"

整个清朝，陕西就出了个独苗状元王杰，还传说是当年乾隆皇帝认为陕西无状元，于是将王杰由第三名移至第一名的，而原定的状元江苏人赵翼只好屈居探花。

还另有一说，说是王杰进京考试，取得第一，但有一位南方人担任主考官，在殿试前奏报乾隆皇帝，说自古南方才子北方将，王杰如当状元恐怕南方才子不服。乾隆皇帝一听便说，那就殿前比一下！于是，考官们让考上前几名的南方进士出上联，由王杰应对。殿试当日，南方的进士出的上联是："半日唯雨，天珠万点，波长江之巨浪，润河之光，湖之光，海之光，一片之光；登龙凤楼观五百乘名山，展星展斗展日月，德配天地。"王杰从容不迫马上应道："一介书生，七斟八斗，读圣贤之遗业，众会之源，状之源，介之源，三字之源；入翰林院统十八大学士，安国安邦安天下，道冠古今。"乾隆皇帝听后连称妙联，赞叹不已，钦点王杰为状元！这一下，南方才子们也不得不服了。

据载，王杰考中状元后，山东籍的举人们也不服气，出了一副对联想来难为王杰，上联是："孔子圣，孟子贤，自古文章出齐鲁。"王杰不假思索，立即对道："文王昭，武王穆，而今道统在西秦。"那些山东举子闻后佩服得五体投地。

从此，清代唯一的陕西籍状元王杰声名大振。更令朝野震动的是，大贪官奸臣和珅东窗事发锒铛入狱后，迫于其内外的势力，竟无人敢担任其案主审，这时大学士兼礼部尚书王杰挺身而出，主动要求担此重任。和珅在狱中仍然目中无人，倨傲不服，王杰铁面无私，秉公执法，按照和珅所犯事实，判处其死刑，并没收了其家产。面对如此的审判结果，朝中的大小官员没有不敬服的。

　　韩城市博物馆的大成殿里，珍藏着两块烫金的匾额，上面分别书写着"赞元锡嘏"和"福绥燕喜"，这是清乾隆皇帝和嘉庆皇帝赐给王杰的。嘉庆五年（1800年）王杰成为内阁首辅，被朝野称为"真才实学的宰相"。七十九岁辞京还乡之日，嘉庆皇帝赐给他一把乾隆御用玉鸠手杖和御制诗两首，以表器重。诗中写道："直道一身立廊庙，清风两袖返韩城。"

乾隆皇帝赐王杰之匾额　　　　　嘉庆皇帝赐王杰之匾额

　　还有一位中状元的人，也很奇特，好像福缘特别深厚，三星高照，很有禄命，运气来了，挡都挡不住。这个人就是毕沅，他虽然不是陕西人，但后来长期在陕为官，做到主政的陕西巡抚，还是值得一说的。

　　毕沅中状元前是军机处的一个小官，在那年的四月二十五日夜，他与同僚储重光、童凤三人在军机处值班。此三人都顺利通过了会试，准备参加于四月二十六日举行的殿试。储、童二人想回寓所准备明天的殿试，便对老实的毕沅说："我俩书法好，有望夺魁。你书法不行，就别作非分之想了，替我俩干活吧。"清朝殿试的确有偏重书

毕沅像

法的现象，而毕沅的书法又的确不行，就答应了。当夜，陕甘总督关于新疆屯田事宜的奏折转到军机处，毕沅详加研读。没想到第二天殿试考时务策，题目正是关于新疆屯田事宜的。毕沅胸有成竹，挥笔立就。开榜结果，毕沅高中状元。储重光中了榜眼，童凤则列二甲第六。当储、童二人得知那晚的事后，后悔莫及，自认禄命不如毕沅。

在任陕西巡抚的时候，毕沅有一次路过一座寺院，老僧出来热情招待，谈得十分投机，毕沅忽然开玩笑地问道："一部《法华经》，不知有多少个阿弥陀佛？"老僧从容应道："我一个破庙老和尚，非常惭愧生成钝根。大人是天上文曲星，非同一般，不知一部《四书》有多少个'子曰'？"毕沅不禁一愣，尤其是一句"大人是天上文曲星"，这老僧好像猜到自己曾经的状元身份。他非常佩服老和尚思维敏捷、谈吐风雅，于是捐银为寺里添置田产，还把寺院整修一新。

16. 武状元郭子仪

诗仙李白曾说过："一登龙门则声誉十倍。"在我国古代，考取进士正如"跳龙门"，而经殿试被皇帝钦点为全国第一的文、武状元，则被世人誉为"独占鳌头"。

我国唯一由武状元而位至宰相者，是唐代开元初年武举状元，华州郑县（今陕西渭南华州区）人郭子仪。

郭子仪一生历经武则天、唐中宗、唐睿宗、唐玄宗、唐肃宗、唐代宗、唐德宗七朝，福寿双全，名满天下。历仕唐玄宗、唐肃宗、唐代宗、唐德宗四朝，曾两度担任宰相。历史上当宰相时间最长的也是郭子仪（二十四年）。同时，他也是历代武状元中军功最显著者，不愧为唐代武状元中的翘楚。

郭子仪像

但郭子仪从不把建功立业当作加官晋爵或谋福求财的敲门砖。当年唐代宗任命他为尚书令，郭子仪恳辞不受。代宗又命五百骑兵持戟护卫，催促他到官署就职。郭子仪仍不肯接受任命，道："太宗皇帝曾任此职，因此历代皇帝都不任命。皇太子任雍王，平定关东，才授此官，怎能偏爱我，违背重要规定。而且平叛以后，冒领赏赐的人很多，甚至一人兼任几职，贪图升官不顾廉耻。现在叛贼基本平定，正是端正法纪审查官员的时机，应从我开始。"还说，他自己早已懂得"知止知足"的道理，心中惧怕盈满之患。

郭子仪这位四朝柱石，卫国功臣，当然理应受到宠遇。他做到了"权倾天下而朝不忌，功盖一代而主不疑"。德宗尊他为"尚父"。代宗宝应元年（762年），郭子仪被封为汾阳王，德宗建中元年（780年），任太尉、中书令。建中二年（781年）去世，赐谥忠武，追赠太师。

郭子仪既富贵且得享长寿，一生出生入死，血战沙场，却享年八十五岁。他后代繁衍安泰，有八子七婿，都是朝廷重要官员。孙子有数十人之多，当孙子来问安，他都无法分辨谁是谁，只是颔首而已。

陕西韩城一老宅院，有一清代木刻浮雕作品，表现的是古典戏曲《满床笏》，说的就是郭子仪六十大寿时，八子七婿和文武百官都来贺寿，光上朝用的笏板，就摆满了一床。你们说厉害不！

清代木雕《满床笏》（王山水摄）

咸阳市三原县一古民居还存有清代彩绘的隔窗门裙板浮雕，组雕的戏曲《打金枝》，又名《郭子仪大拜寿》，一共四幅图，分别是：百官为郭子仪拜寿，郭子仪向皇上请罪，代宗向郭暧询问实情，皇上、皇后给驸马公主讲和。这出《打金枝》闻名遐迩，反映了郭子仪之家兴旺热闹的场面。戏中的故事是：郭子仪七十大寿，全家人都来拜寿，只有他的六儿媳升平公主没到。儿子郭暧气愤之下打了皇帝的金枝，还斥责道："你倚仗皇父就不来拜寿，我父还不愿意当皇帝呢！"郭子仪知道儿子打了"金枝"以后，带着儿子去向代宗皇帝请罪。代宗对郭子仪说："儿女闺房琐事，何必计较？老大人权作耳聋，当没听见这回事算了。"郭子仪谢过皇恩，回家后把儿子痛打一顿，小两口又和好如初了。

至明清两代，《满床笏》成了从官场到民间必演的重头戏。《红楼梦》里贾府唱酬神戏，贾老太太因拈着了这出戏而喜出望外。旧时中国民间的有钱人家，要把郭子仪的画像悬挂中堂，称作"天官图"，以祈求福禄寿三星高照。

俗话说，美人貌美皇帝宠，名将功多皇室忌。在诸多功臣因宦官当权嫉妒陷害的中唐时期，郭子仪以用之则行、舍之则藏的方式，不计得失荣辱，而能涉险如履平地。平叛安史之乱时，大将高仙芝、封常清丢失潼关被杀；哥舒翰、李嗣业等战死疆场；同郭子仪一起平叛后仍健在的其他立有功勋的将帅，都没能得享福禄寿考：仆固怀恩遭猜忌受谗言而被逼叛，病死鸣沙；来瑱先遭朝廷兵谋后被赐死；中兴战功推为第一的李光弼遭受猜疑不敢入朝。这些将帅与他迥然而异的命运，显示出了郭子仪作为我国历史上福禄寿第一完人的风采独异和难得。

17. 秦腔《打柴劝弟》

秦腔《打柴劝弟》说的是明代陕西蓝田樵夫陈勋因父母早亡，他和胞弟陈植相依为命，苦度时日。陈勋牢记父母遗训，每日深山打柴挣钱，供弟读书，一改祖辈目不识丁的文盲状况。

然而，陈植不忍哥哥为了自己吃苦受累，决心辍学与兄一道进山打柴。陈勋痛诉父母遗训，反复规劝，陈植终受感动，决心发奋读书，后考中状元。

剪纸《打柴劝弟》（西安·刘合心藏）

虽然这中状元，可能是剧作家虚构的美好结局，但《打柴劝弟》这出戏反映兄弟情深，父辈重视教育，期盼儿子成才等思想意义，还是极大地激励鼓舞了年轻人的。

第三章

寿文化·三秦溯源

1. 寿文化之内蕴

寿星，中国神话中的长寿之神。也是道教中的神仙，本为恒星名，为福、禄、寿三星之一。

秦始皇统一天下后，在首都咸阳附近的杜县（今西安市雁塔区辖区范围内）建造寿星祠。司马迁《史记·封禅书》中记载："于杜亳有三社主之祠、寿星祠。"《索隐》徐广云："京兆杜县有亳亭，……合作'于杜亳'。"可见修建寿星祠，祈求的是"国寿"，希望国运长久。

唐代司马贞的《史记·索隐》云："寿星，盖南极老人星也，见则天下理安，故祠之以祈福寿。"司马迁的

韩城龙门镇下白矾村
马王庙壁画《寿星图》

《史记·天官书》中也记载有南极老人星："狼比地有大星，曰南极老人。老人见，治安；不见，兵起。常以秋分时候之于南郊。"这大概是史书上关于寿星最早的记载了。

寿星也是一个星宿，又叫老人星，指二十八宿中的角、亢二星。《尔雅·释天》云："寿星，角亢也。"老人星是天空中亮度仅次于天狼星的恒星，也是南极最亮的星。《观相玩占》云："老人一星弧矢南，一曰南极老人，主寿考，一曰寿星。"寿星在夜空中能持续不断地发光，应了人寿长久的意愿，因此备受人们的欢迎。寿星的形象很有特色，《西游记》第七回写道："霄汉中间现老人，手捧灵芝飞蔼绣。……长头大耳短身躯，南极之方称老寿。"在民间美术作品中，常可见到这样的寿星形象。

南极老人星，也称"南极仙翁""长生大帝"，被视为象征长寿的吉星，诗圣杜甫《泊松滋江亭》中有"今宵南极外，甘作老人星"的诗句。老人星是天文学里星座的名字，西方称船底座 α 星。位于南半球南纬五十度左右，在中国北方地区其实很难看到。

但秦始皇供奉它的理由，却与今天不尽相同。大意是说见到寿星，天下理安；是为"人主"始皇帝为寿命延长，及自己王权的稳固而祈奉的，为了"寿昌，天下安宁"。正如古代星象家说的，寿星关乎国运兴衰。寿星的职掌，最初为国运之长久，即国之寿，后被奉作主世间寿考之神。

从周秦开始，历代都有奉祀寿星的活动，东汉以后，祭祀寿星都被历代皇朝列入国家祀典，至明始废。

历史上被附会为寿星的人物不少。一说为历史上的老子。老子姓李名耳，字伯阳，楚国苦县人，在终南山楼观台修炼讲道，著五千言《道德经》。陕西周至县楼观台西五里之大陵山有老子墓。《水经注》载："水出南山就谷，北迳（经）大陵西。世谓之老子墓。"墓在就峪口就峪河西岸，依山为陵，陵山海拔七百三十米，顶有天然石洞，高约两米，宽一米有余，深不可测。据明《重建吾老洞殿宇记》碑

《古代思想家·老子》邮票

载："洞内有石函，葬老子头盖骨。"原有吾老洞道观，已毁，现存《重建吾老洞殿宇记》碑及清乾隆四十一年（1776年）陕西巡抚毕沅立老子墓碑两通。

老子是我国古代的哲学家，后被尊奉为道教始祖。他用"道"来说明万物的演变，否定神造世界。"道"有"独立不改，周行而不殆"的永恒性。《神仙传》中说他在周朝已三百多岁，生来广额大耳，长眉宽鼻，满头白发，头顶隆突，方口厚唇，额刻三五纹理，耳有三个漏门。后被人们尊为寿星。

2.《诗经》中的"如南山之寿"

窗花《寿比南山》
（大荔·周呈祥藏）

祝寿语中第一经典句，必然是"福如东海，寿比南山"，而其中的"寿比南山"这一成语就出自中国古代最早的诗歌总集《诗经》。具体说，出自《诗经·小雅·天保》，其文如下："如月之恒，如日之升。如南山之寿，不骞不崩。如松柏之茂，无不尔或承。"南山即指秦岭终南山。"如南山之寿"的解释是比喻人的寿命像南山一样长久。如果写寿联，就成了："福如东海长流水；寿比南山不老松。"后一句糅合了"如南山之寿"和"如松柏之茂"的意蕴。

《诗经》中汇集了从西周初年到春秋中叶的诗歌。其中"雅"是"正乐"，即周王城乐，或王城及其周围王畿之地演唱的歌乐。"雅"是相对于"风"（地方乐）而言的。周都为丰、镐二京（今陕西西安），因此《诗经》中的南山就特指西安城南秦岭主脉的终南山，亦称"周南山""中南山"或"太乙山"。《左传》说："中南，九州之险。"我国最早的历史地理文献《尚书·禹贡》中就提到终南山，曰："终南、惇物。"惇物，即物产丰富也。

终南山早在三千年前就是诗人们经常用的意象，因之终南山也应该是中国诗之源的名山之一。

《诗经》曾多次提到终南山，如《诗经·国风·终南》写道："终南何有？有条有梅。……终南何有？有纪有堂。"《诗经·小雅·节南山》中有："节彼南山，维石岩岩。"

《诗经》中有关寿的诗句似乎也不少，如《诗经·小雅·南山有台》云："乐只君子，万寿无期。……乐只君子，万寿无疆。……乐只君子，遐不眉寿。乐只君子，德音是茂。"《诗经·国风·豳风七月》云："为此春酒，以介眉寿。……称彼兕觥，万寿无疆。"《诗经·小雅·蓼萧》云："其德不爽，寿考不忘。……宜兄宜弟，令德寿岂。"《诗经·小雅·甫田》云："报以介福，万寿无疆。"《诗经·鲁颂·閟宫》云："俾尔寿而臧。……三寿作朋，如冈如陵。……俾尔寿而富。……寿胥与试。……万有千岁，眉寿无有害。……令妻寿母。"

其中"寿考"，意指寿数、寿命，或指年高、长寿。"三寿"，郑氏（东汉郑玄）曰："三卿也。"或曰："愿公寿与冈陵等而为三也。""如冈如陵"和"如南山之寿"词义相近。

剪纸《寿考、富贵花瓶》
（渭城·冯增军作品）

从以上"如南山之寿"看，确凿无疑，寿星崇拜及寿文化的起源，就应当始于陕西。

3."仁者寿"与"大德必寿"

仁者寿，谓道德崇高者，怀有仁爱之心，胸怀宽广的人容易长寿。孔子在《论语·雍也》中提出"仁者寿"。这"仁者"，孔子解释说："仁者，爱人。"明代吕坤的《呻吟语》说："仁者寿，生理完也。"《礼记·中庸》中有："故大德……必得其寿。"这里的德者寿，其实也就是仁者寿。

于右任书法

儒家讲仁者爱人，道家讲修得善心。被孔子尊为老师的老子在终南山下楼观讲《道德经》就有"心善渊，与善仁"，"是以圣人常善救人"，是否可以理解为：善仁即仁者，救人即爱人；还有"圣人无常心，以百姓心为心。

善者，吾善之；不善者，吾亦善之"，其意为对不善者我依然善待他，真正的以德报怨（不善）了。"修之于身其德乃真。修之于家其德乃余。修之于乡其德乃长。修之于邦其德乃丰。修之于天下其德乃普。"这和儒家的道

老子像

德观念关心亲人是德，关心普天下之人是大德的基本意思是相合的。另外，还有老子的"死而不亡者，寿"。可以理解为，修得善德，与天道合一的人，就能得到永生，虽死犹生，灵魂不死，精神不灭，寿而无疆。老子长寿，被民间敬奉为寿星。

道教中有妙应真人称号的药王孙思邈，在《千金要方》中指出："德行不克，纵服玉液金丹，未能延寿。"同时指出："道德日全，不祈善而有福，不求寿而自延。"

孙思邈为京兆华原（今铜川市耀州区）人，曾深入秦岭，隐居太白山多年。千余年来一直受到人们高度评价和崇拜。西安民国年间的一张地图上竟标有四处纪念药王的庙和洞，可见民间对他的尊崇之盛。

孙思邈对病人一视同仁"皆如至尊""华夷愚智，普同一等"。他有句让人振聋发聩的名言："人命至重，有贵千金，一方济之，德逾于此。"可谓是对医生个人道德修养的高度概括。对一般人的修身养性，他认为首先要培

养"善心"，他说"性既自善，内外百病皆悉不生，祸乱灾害亦无由作，此养性之大径也"。他心系黎民，一心赴救，医德高尚，毕其一生，为的是实现自己的医德思想。他是我国医德思想的创始人，被西方称为"医学论之父"，是与南丁格尔、希波克拉底齐名的世界三大医德名人之一。

药王孙思邈不愧为万民敬仰的拯衰救危的仁爱之医，医济天下的"苍生大医"。传说药王活了一百四十一岁，真正乃医生中"仁者寿"的体现者。

建都于长安丰、镐的西周，其开国功臣，采邑在周地（今陕西岐山）的周公旦，是孔子顶礼膜拜的先生，孔子被尊为圣人，而周公被尊为中国第一圣人的元圣。与孔子比肩的亚圣孟子，则首称周公为"古圣人"，将周公与孔子相提并论，对周公尊崇之至，令人慨叹。唐代韩愈为辟佛老之说，大力宣扬儒家道统，他提出的尧、舜、禹、汤、文、武、周公、孔子、孟子的统序，让儒学传承文脉，源远流长。

孔子"梦见周公"，说要"克己复礼"，所复之礼就是周公制作的周礼。而周礼的核心就是"仁爱""以德治国"。周公又是中国古代教育开创时期的杰出代表。他注重德育和施德政，提出了"敬德保民""明德配天""明德慎刑""有孝有德"等。反映在对处置亡国的殷商旧臣遗老的问题上，周公主张不是杀，不是从肉体上消灭，而是安置好，施以仁政。他这样做，既安抚了人心，又控制了局势，避免了更大规模的动乱。

在今陕西岐山唐代建的周公庙东北角有一泉眼，唐宣宗曾下诏将其赐名为"润德泉"，赞扬的是周公的仁义贤德。

虽不知周公享寿几何，但从经历文王、武王、成王三朝，又退位归于封地周原来看，一定是高寿之人。

董仲舒

三莱醇正不尚浮夸
奸臣当国卒老于家

董仲舒像

汉代大儒董仲舒，继承孔子"仁者爱人"思想，提出了"仁者，所以爱人类也"，而且对仁者的标准做了具体的阐述：在日常言行举止中真诚恳切地爱人，恭敬和睦地待人，不会暗中怨恨他人，没有厌恶、嫉妒的心理，也不会有过度伤感忧愁，更不会做危险邪恶之事，不会有偏激悖谬的过激言行……总之一句话，仁者就是道德修养极高的完美典范。

董仲舒最早把"仁、义、礼、智、信"并提，且将其概括为"五常之道"。当然了，他把"仁"还是放在首位的。他说："循三纲五纪，通八端之礼，忠信而博爱，敦厚而好礼，乃可谓善。"

董仲舒认为，仁者长寿主要是由于其道德高尚，没有过多的贪欲，能够保持内心的清净与平和，行事中正，又能够采撷天地间的各种有益之物来滋养身体，从而能够"多且治"。"多"即长寿，"治"即健康，长寿并且健康，这才是有质量的人生。

董仲舒还认为"寿有短长"，由于每个人天生禀赋不同，即遗传基因不同，从而寿命会有长有短。但是"养有得失"，后天的保养对于人的寿命，即延年益寿，同样极为重要。他的养生观念也有其独特之处，如"衣欲常漂，食欲常饥，体欲常劳"等。这和孟子的"故天将降大任于斯人也，必先苦其心志，劳其筋骨，饿其体肤"相类似。

据考证，董仲舒墓在陕西兴平茂陵，为汉武帝陪葬墓。西安市东南城墙内顺城巷有一段叫下马陵街，巷中有董子祠和董仲舒墓，为陕西省重点文物保护单位。但据传这座墓不是真墓。

这个下马陵得名很不简单，传说是汉武帝出于对董仲舒的尊敬，到了离董仲舒墓三十丈时下马。一般封建社会都是到帝王陵前文武百官下马，这里反而是皇帝在臣子陵前下马，这个臣子就太不平凡了。这在中国历史上也堪称奇史了。

董仲舒去世后，汉武帝亲自为他选择安葬之地，并在陵前修建董子祠。于是汉武帝在他陵前下马，随从臣子照例得仿效。从此后也便形成了一条不成文的规矩：上至达官显贵，下至平民百姓，骑马者，乘轿者，凡经过董仲舒的墓前，都要下来步行。下马陵的名称便由此产生。唐人韦述的《两京记》中对此有记载："汉武帝至墓前下马，故曰下马陵。"唐人李肇的《唐国史补》则称:"旧说,董仲舒墓,门人过皆下马,故谓之下马陵。"

董仲舒养生有道,是当时少有的长寿者。据《汉书·董仲舒传》载:"年老,以寿终于家。"虽然由于文献记载不详,其年龄存在一些争议,但一般认为在七十五至九十岁之间,这在平均寿命较低的汉代,绝对称得上高寿了。

还有汉代的苏武,这位在北海极寒之地牧羊的人活了八十多岁,也是"仁者寿"的一个典型而又特殊的例证。历经磨难竟然还能如此长寿。汉武帝到处求神仙也不过活了七十岁,苏武长寿如此,在古代应该算是个奇迹吧!

苏武为陕西武功人。他奉命持节出使匈奴被扣留而拒降,曾拔刀自杀,经医生抢救,总算从奄奄一息中被救活了。但他仍对匈奴的百般利诱、威逼折磨,绝不屈服。被惹恼的匈奴单于把身体刚好转的苏武关押在大地窖,不给吃喝。为了活下去,苏武以雪解渴,以毡毛充饥。过了几天,苏武竟奇迹般活下来了。匈奴单于听说后,以为苏武是神仙。于是就把苏武流放到北海无人区,让他放牧公羊。还说等公羊生了小羊就放汉使及其随从归汉。

在北海没有粮食吃,只好"掘野鼠去草实而食之",即挖掘老鼠所储藏的果实充饥。可以说历尽了千难万险,一待就是将近二十年。可他仍然手持着汉朝的符节牧羊,不辱使命,真正是"富贵不能淫,贫贱不能移,威武不能屈"。

　　你可以想象，在一个人迹罕至的苦寒之地，没有人说话，也没有吃穿，不管月圆月缺，顶着雨雪风霜在四处游牧，风雪肆虐之中一个持节的孤独老人和他的羊群，成了一座永恒的雕像。

《鸿雁传书》邮票

　　后因鸿雁传书的故事，苏武回归长安。汉宣帝命令画十一名功臣的画像挂在麒麟阁以示纪念与荣耀。这十一名功臣中就有典属国苏武，史称麒麟阁十一臣。班固的《汉书·李广苏武传》中的苏武，可谓光彩照人，彪炳史册。

　　其实，汉武帝封给苏武的"典属国"是个不大的官，而以"典属国"入麒麟阁，是汉宣帝时的事了。唐代诗人王维曾写《陇头吟》为苏武鸣不平，意思是苏武出使匈奴被扣，北海边持节牧羊十九年，以致符节上旄穗都落尽，如此尽忠朝廷，报效国家，都没有封侯。王维愤慨地说："身经大小百余战，麾下偏裨万户侯。苏武才为典属国，节旄落尽海西头。"而苏武就在前半生遭遇人生大磨难，后半生并不如意中活过了八十岁。这已不仅是"仁者寿"可以概括的了。

　　东汉的一代经学大师、陕西扶风茂陵人马融，一生坎坷，颇多磨难，曾经饥困凉州，后又被流放朔方，但他仍活了八十八岁，成为中国文化史上贡献卓著的大学者。

当然还有很多有贤名的仁德之士都很长寿，例如：唐代华州郑县人，出将入相，堪为四朝元老，福寿齐天的汾阳王郭子仪活了八十五岁。

"颜筋柳骨"中的京兆长安人颜真卿活了七十七岁，京兆华原人柳公权活了八十八岁。而颜真卿还是因为他被派遣劝降叛将，慷慨赴死，要不还会更为长寿。清朝陕西独苗状元韩城人王杰，曾任过大学士兼礼部尚书、内阁首辅军机大臣，被朝野称为"真才实学的宰相"。王杰七十九岁辞京还乡，八十岁生日时，陕西巡抚方维甸带着皇帝专制的贺诗、题匾和所赐珍宝登门拜贺，他赴京答谢，次年即病逝于北京，活了八十一岁。近代的大书法家，首创"于右任标准草书"，被誉为"当代草圣"的辛亥革命元老陕西三原人于右任，也活了八十五岁。

颜真卿像

《颜真卿多宝塔碑》局部

在陕西这块有着中华五千年文明和光辉历史的地方，能达到"仁者寿"的人确实不少，正如孔子言道的"仁者不孤""德不孤，必有邻"，皆积善累德之效也。

4. 西王母是如何成神仙的？

西王母，全称"大悲大愿大圣大慈无极瑶池大圣九光太妙龟台西王金母大天尊"，简称王母或金母。相传她由混沌道气中西华至妙之气凝聚而成，是女仙之首，天上、天下、三界十方的女子得道登仙者，都属她管辖。

汉画像石西王母（绥德出土）

传说西王母居于青海省海晏县境内。《汉书·地理志》中说："金城郡临羌（今西宁多巴、镇海一带）西北至塞外，有西王母石室、仙海（青海湖）、盐池。"在《穆天子传》

尤其是当年演陈勋的秦腔名角苏育民经过几十年反复实践，把《打柴劝弟》演成了一部不断出新的秦腔精品。单就柴担子这一绝活，他不知练断了多少根扁担。他抓住"劝弟苦读"这一积极主题大做文章。这部秦腔经典戏曲，启迪人们读书上进，脱离愚昧；规劝人们不忘亲情，提倡大帮小、小敬大，互相关照的民族美德。

《打柴劝弟》这出戏，超出了一般意义上的追求福禄，和一味为了"书中自有颜如玉""书中自有黄金屋"等俗念而拼命读书的封建思想完全不同。

西安刘合心藏的《打柴劝弟》剪纸窗花熏样，反映的就是发生在陕西蓝田这个有意义的民间故事。

18. 唐代长安的探花时节

"最是一年春好处"的农历阳春三月，也是踏青游春"长安水边多丽人"的季节，在唐代亦被称为"探花时节"。

曲江探花来源于唐代朝廷在曲江招待上榜新科进士乘马采花、以助喜庆的习俗。

所谓探花，一说是指古代科举考试中对殿试位列第三的称谓；另一说是奉皇上之令，在金榜题名的新进士中，选出两位年龄最小、相貌出众、风流倜傥者为探花使，在长安街坊上巡游探寻杏花、梅花和早开的海棠花，让建有私家园林的官宦之家把门敞开，欢迎探花使进去探寻鲜花。其中年龄最小的探花使也被称为"探花郎"。

唐代诗人徐夤在《放榜日》一诗中描写京城长安这一天的空前盛况："十二街前楼阁上，卷帘谁不看神仙。"这"神仙"就是指登科后的进士。唐代还有把员外郎称为"仙郎"的习惯。这仙郎就是尚书省六部二十四司的司副长官，他们大都是年轻才俊，个个风流倜傥、潇洒超逸、玉树临风、品貌非凡。

探花郎、神仙、仙郎之称透着人们的爱戴之意，而他们一起同行也被称为"仙侣"。

唐朝大诗人白居易和其他十六个人一起考中进士，他是其中最年少的一位，当时二十七岁。他曾经非常得意地在诗中写道："慈恩塔下题名处，十七人中最少年。"白居易在当时应该就是"探花郎"。

"慈恩塔下题名处"谈到"雁塔题名"，此典源于唐中宗神龙年间，进士张莒游慈恩寺，一时兴起，将名字题在大雁塔下的墙壁上。不料此举引得中榜进士纷纷效仿，新科进士更把雁塔题名视为自己人生莫大的荣耀。他们在曲江宴饮后，集体来到大雁塔，推举善书者将他们的姓名、籍贯和及第的时间用墨笔题在墙壁上。这些人中若有人日后做到了卿相，还要将姓名改为朱笔书写。新科进士刘沧写道"紫毫粉壁题仙籍"，志得意满地以为自己是入了"仙籍"的天界文曲星。

探花郎自己也喜欢在头冠两鬓插金花，有人把探花郎又称为"簪花郎"。在唐代不光女的簪花，从周昉画的《簪花仕女图》中可看出，男子也簪花。清代的赵翼在《陔馀丛考·簪花》中说道："今俗唯妇女簪花，古人则无有不簪花者。……今制殿试传胪日，一甲三人出长安门游街，顺天府丞例设宴于东长安门外，簪以金花，盖尤沿古制也。"

如此美丽之风俗，和金榜题名后的曲江宴饮、雁塔题名各擅胜场，同样荣耀无比。无怪乎让金榜题名的诗人孟郊忘了今夕是何年，"春风得意马蹄疾，一日看尽长安花"了。

有功成名就者，就必然有名落孙山的失意者。《随园诗话》里面录有一首落第诗："失意雅不惬，见花如见仇。路逢白面郎，醉簪花满头。"这首诗描写了落第考生因落第而失意，见人家戴花就来气，因为戴花意味中了进士登科，他偏偏碰上醉酒的簪花白面郎——才饮了皇帝御赐曲江宴得意万分的探花郎，哪能不和见了仇人一样呢？唐代郑谷诗云："乡连南渡思菰米，泪滴东风避杏花。"其中的"避杏花"，就是因为探花郎要采摘佩戴曲江杏花园中的杏花，落第考生才要回避，免得生闷气。他还在《曲江红杏》诗云："女郎折得殷勤看，道是春风及第花。"于是，杏花也有了"及第花"的称谓，落第伤心人自然不愿见"及第花"了。

簪花，不仅是及第登科探花郎的专利，在唐代，男子簪花已成为一种时尚。王昌龄《九日登高》中说："茱萸插鬓花宜寿，翡翠横钗舞作愁。"卢纶《九日奉陪侍郎登白楼》中的"睥睨三层连步障，茱萸一朵映华簪"指的就是侍郎在农历九月初九重阳节插花登楼的场景。

也有人喜欢把菊花插在头上，代替茱萸。杜牧《九日齐山登高》："尘世难逢开口笑，菊花须插满头归。"

宋代男子簪花，在正史中出现的一般是在有关喜事（祝寿、闻喜宴、祭祀之类）的宴会上，或皇帝游幸之时。

北宋天禧年间，真宗皇帝举办了一次御宴。宴会时，陕西渭南人副宰相寇准也在座，真宗赐给他一朵奇异的花，还调侃说："寇准年少，正是戴花吃酒的好时候。"真宗是在拿寇准寻开心呢。寇准已是五十多岁的人了，这也说明当时的寇准正得皇上恩宠。

在中国民间，禄神形象是多变的。陕西凤翔木版年画《加官进禄》是一对门画，画中的禄神头戴官帽，乃丞相之冠，

陕西凤翔木版年画《加官进禄》
（凤翔博物馆藏）

帽上簪花，一手高举圆盘，盘中卧鹿，官袍补子为麒麟，即一品文官服。形象则是相貌堂堂、庄严肃穆、慈眉善目，给人祥瑞和气的感觉。而凤翔博物馆收藏的一对素样没上色的《加官进禄》年画，同样是禄神一手高举圆盘，盘中卧鹿。但不同的则是身穿五条龙的龙袍，前胸一条龙，龙头突显，腰以下是二龙戏珠，左右长袖再分别绣一条龙，气象壮观，气势威猛。

19. "秦失其鹿"的原意

司马迁《史记·淮阴侯列传》中说："秦失其鹿，天下共逐之。"唐代魏徵《述怀》诗曰："中原初逐鹿，投笔事戎轩。"还有成语"鹿死谁手"，这里的鹿都比喻的是帝位、政权。

墨彩画《白鹿》（西安·杨庚绪作品）

鹿为什么堪比帝位、政权呢？专家们对鹿下颌骨武器的发现和认定证明了这一点。在石器时代，乃至青铜武器出现后的相当一个时期内，应该说拥有此类鹿下颌骨武器的多少，决定了战争的胜负。历史上鹿，譬如麋鹿的全盛时期是公元前一万年至公元前四千年，时间上也与以鹿下颌骨为武器的战争历史基本吻合。因为像麋鹿这样的大型鹿种的下颌骨最适合作武器。公元前四千年至公元前三千五百年，鹿群逐渐减少。唯其少，因而要去逐，逐鹿是战争之前必经的过程。

因此，鹿群就是武器库，得到鹿群就意味着得到武器；失去鹿群，就等于失去武器来源，帝位、政权当然就难保。这样，鹿就等同于帝位、政权了。这应是司马迁所说"秦失其鹿"的原意。

20. 鹿字探奇及其他

鹿之形象、仪容、姿态，高贵而华丽。美丽的丽字，繁体写法为"麗"，说明人们认为鹿是动物中最美丽的。

据《康熙字典》释，丽字从鹿字而来。其实丽字本来就是与鹿有关的象形字，像两张鹿皮之形，古人以两张鹿皮作为聘礼。《五帝纪》中记载："太昊始制嫁娶，以俪皮为礼。"

鹿与路同音，其实路就是鹿，说明地上的路是由鹿踩出来的。《名苑》有云："鹿大者曰麤，群鹿随之，视麤尾所转而往。"鹿群迁徙，是排队而行，容易在地面踩出路来。据《康熙字典》解释，鹿，又从酒器。《鲁相韩敕造孔庙礼器碑》中记有

《麋鹿》邮票

雷洗、觥觚、爵鹿、柤桓等礼器，其中爵鹿是饮酒器。饮酒器何以称鹿呢？原来古人曾以鹿骨作酒杯。鹿因善跑，故骨壁薄，骨腔大。古人用一头断开的鹿肢骨当容器，用来饮酒，就称之为爵鹿了。

鹿还和人类繁衍生育有关，生下儿子称"麟儿"，诗圣杜甫《徐卿二子歌》一诗中有："君不见徐卿二子生绝奇，感应吉梦相追随，孔子释氏亲抱送，并是天上麒麟儿。"一般摆满月宴时祝贺诗联都少不了"天降麟儿""喜获麟子"这几个字，有些干脆把麟儿加在前，称"麟儿满月宴"。麟即麒麟，从鹿演化而来。《说文解字》卷十对鹿部的注释有："凡鹿之属皆从鹿。"又释麒："麒，大牡鹿也。"其中的"麒麟送子"，则进一步证明了鹿和人类繁衍生育有关。

关中地区称男孩为麘子娃，《尔雅·释兽》记载："麚，牡麆，牝麋，其子麘。意为鹿子。"从字形看，麘，从鹿从且，且亦声。且即祖，也就是男根。这和鹿茸壮阳补虚

的药用效果有关。我国自古就有"鹿身百宝"之说,养鹿的主要目的在于取鹿茸。通常雄鹿有角,鹿茸是名贵的药材,与人参、貂皮被誉为"东北三宝"。

汉武帝刘彻掌权时,还拿鹿皮做成钱,成了历史上非常稀罕的白鹿币。

鹿原本是汉武帝在长安城南上林苑里豢养的宠物,可它们繁衍得越来越多,靡费饲料,成了宫廷财政的巨大负担。这时正是汉武帝元狩四年,也就是公元前 119 年,此时和匈奴大规模战事已展开,加之国内各种建设也铺开了大摊子,正是国库耗费巨大,库银日渐捉襟见肘的当口,汉武帝和主管财税的大臣们恨不得把一铢钱掰成两半花。

这时有人出了个好主意:把上林苑养的鹿宰上一些,把鹿皮硝制好后切成一尺见方的小块,画上彩绘,然后,这些连做双童靴都不够的小块鹿皮,就成了标价四十万铢的顶级钱。

这些超大面额的鹿皮钱给汉武帝横征暴敛提供了一个条件,虽然朝廷从各地诸侯手中回收了一些钱,填补了国库的一点儿亏空,但也引起了全国性的通货膨胀,是否得不偿失,这汉武帝就顾不上啦!

另外,海峡对岸的台湾邮政在 1993 年发行了一套《祥禽瑞兽》邮

《祥禽瑞兽·鹿》邮票

票，一套四枚中第三枚为一只梅花鹿。有意思的是，该邮票上的图案是一幅剪纸形的梅花鹿，装在一个葫芦里，取"鹿"与"芦"谐音，"葫芦"与"护禄""福禄"谐音，尽显中国传统文化吉祥语灵活运用之特色。

21. 西安的白鹿原

西安东南靠终南山余脉簧山有以白鹿命名的一道原，位于蓝田、长安、灞桥境内。《后汉书·郡国志》有记载："新丰县西有白鹿原，周平王时白鹿出。"《水经注》《太平寰宇记》也有"平王东迁时，有白鹿游于此原，以是名"的记载。

《晋书·帝纪第一》记载：三国时司马懿领兵征战蜀国，在陕西"获白鹿，献之"。魏明帝曹叡称赞司马懿是："昔周公旦辅成王，有素雉之贡。今君受陕西之任，有白鹿之献，岂非忠诚协符，千载同契，俾乂邦家，以

白鹿神马勺脸谱
（宝鸡·张星作品）

永厥休邪!"所获之白鹿是否在白鹿原附近已无关紧要,反正证明了陕西出白鹿。

古时以为白鹿祥瑞,称鹿为"仙兽",是长寿的象征。神话传说白鹿能活到千岁以上。白鹿也称天鹿,世所罕见,特别珍贵,《瑞应图》记载:"天鹿者,纯善之兽也,道备则白鹿见,王者明惠及下则见。"

如今,白鹿原一带很多地名都和白鹿有关。可能是生活在这座原上的人们,永远记着这只能带给人们吉祥康乐的白鹿的原因吧。传说中白鹿在东南方向经过的沟被称作"鹿走沟",白鹿绕行一周的"无村庙"起名"鹿走村""鹿走镇",白鹿小憩过后迷失方向的村叫"迷鹿村",白鹿迷路后曾跑到的原坡名为"鹿到坡",把白鹿最后从西原下坡进入浐河川经过的村叫作"神鹿坊"。这真是让人感慨!几千年过去了,人们仍然在心中纪念着这只神奇的白鹿。

白鹿原古时又称为万寿山、长寿山、首阳山。自从白鹿出现,原上便成为五谷丰登的粮仓,旱涝保收,有苗就能长,就有好收成。因之白鹿原有句民谚,流传了几千年:"白鹿原、长寿山,见苗收一半。"

白鹿原远古时期就是人类居住繁衍生息的绝佳之地,依山傍水,水上之洲,也叫"华胥之渚"。明清记载的上古时代的华胥氏在陕西蓝田,《纲鉴易知录》载:"太昊之母居于华胥之渚。"注云:"华胥,在今陕西蓝田县,小渊曰渚。"位于陕西省蓝田县华胥镇孟岩村的华胥陵，相传是伏羲和女娲之母华胥氏的陵冢。

白鹿原不远处有距今一百一十五万年到七十万年前蓝田猿人遗址的公王岭，东边十公里处是距今六千多年的新石器时代仰韶文化典型代表的半坡遗址，历史上，白鹿原曾先后两次建立过"白鹿县"。秦汉时期，白鹿原地处京畿，为"上林苑"一部分，相传赵高指鹿为马故事中的鹿，就是从白鹿原上捕获的。

白鹿原文化积淀非常之丰厚，唐代著名诗人王维、李白、白居易、杜牧等三十多人在此留有诗篇。明代陕西提学副使敖英曾作《鹿原秋霁》诗："雨过梧桐夜气清，隔林双鸟说秋晴。云收秦岭撑重碧，风动荞花弄月明。白鹿何年呈上瑞，丰原长岁获两成。菊英满泛新醅绿，对酌斜阳颂太平。"

当代著名作家陈忠实一部长篇小说《白鹿原》，使这座沉寂多年的古原又苏醒了过来，"白鹿终又呈上瑞"。小说《白鹿原》描述白鹿传说的一段文字非常精彩，引人入胜，特录于下：

"很古很古的时候，这原上出现过一只白色的鹿，白毛白腿白蹄，那鹿角更是莹亮剔透的白。白鹿跳跳蹦蹦像跑着又像飘着从东原向西

小说《白鹿原》封面

原跑去，倏忽之间就消失了。庄稼汉们猛然发现白鹿飘过以后麦苗忽地蹿高了，黄不拉几的弱苗子变成黑油油的绿苗子，整个原上和河川里全是一色绿的麦苗。白鹿跑过以后，有人在田坎间发现了僵死的狼，奄奄一息的狐狸，阴沟湿地里死成一堆的癞蛤蟆，一切毒虫害兽全都悄然毙命了。更使人惊奇不已的是，有人突然发现瘫痪在炕的老娘正潇洒地捉着擀杖在案上擀面片，半世瞎眼的老汉睁着光亮亮的眼睛端看筛子拣取麦子里混杂的沙砾，秃子老二的癞痢头上长出了黑乌乌的头发，歪嘴斜眼的丑女儿变得鲜若桃花……这就是白鹿原。"

22. 高陵鹿苑镇与周至鹿马村

高陵鹿苑雕塑（西安·李林摄）

高陵县（今西安市高陵区）有鹿苑镇，一千多年前唐代建有鹿苑县。清《高陵县续志·地理志》中称："县西南二十五里有鹿台城，地有果园名鹿苑，唐置县即此。"1981年高陵县文物普查资料显示："鹿台营遗址……大体与唐鹿苑县城遗址同一位置。"由此可知鹿台城、鹿台营和鹿苑县城三者同在一地。早在周代，赧王即在此筑寨屯兵，故有赧王寨之称。鹿苑系汉惠帝安陵园林，县居苑内，故名鹿苑县。

明代《高陵县志·祠庙志》载，古时这里筑有佐轩辕破蚩尤的鹿台将军祠庙，故又有鹿台营之称。有《鹿台神庙记》曰："神之丰功伟德照耀古今，用当采览，刻之翠炎。辞曰：'猗与鹿台，地辟天开；神武莫敌，孽妖竞摧。作霖拯埠，润物阜财，当勒金石，永传后来。'"

从一百多年前成书的《高陵县续志》图中的标示来看，在上述鹿苑县城的西侧有一南北走向长带形城堡。南起渭河北岸之崖头，迤逦向北延伸，直到泾河南岸。这样，便在其东形成一个三面环水、一面作垒的断绝地带，而城又为并列双壁，此城堡形态，显系利于防卫。故此城当是元末为戍守而筑之鹿台城。五十年前残壁犹存，唐在此设鹿苑县和元在此筑鹿台城，皆史有明载。

周至的鹿马村，就是赵高指鹿为马故事的发生地。指鹿为马即指着鹿，说是马。比喻故意颠倒黑白，混淆是非。

此典出自《史记·秦始皇本纪》："赵高欲为乱，恐群臣不听，乃先

澳门《成语故事》邮票
之"指鹿为马"

设验。持鹿献于二世，曰：'马也。'二世笑曰：'丞相误邪？谓鹿为马。'问左右，左右或默，或言马以阿顺赵高，或言鹿者。高因阴中诸言鹿者以法。后群臣皆畏高。"阴中指暗中，诸言鹿者以法，即假借法律惩处那些直说是鹿的人。

翻译为白话就是：赵高想要叛乱，害怕各位大臣不听从他，就先设下圈套试探。于是带来一只鹿献给二世，说："这是一匹马。"二世笑着说："丞相错了吧？把鹿说成是马。"问身边的大臣，左右大臣有的沉默，有的故意迎合赵高说是马，有的说是鹿。赵高就在暗中假借法律惩处那些直说是鹿的人。此后，大臣们都畏惧赵高。

另外，还有不同版本，汉代思想家陆贾《新语·辨惑》有："秦二世之时，赵高驾鹿而从行。王曰：'丞相何为驾鹿？'高曰：'马也。'王曰：'丞相误也，以鹿为马。'高曰：'陛下以臣言不然，愿问群臣。'臣半言鹿，半言马。当此之时秦王不能自信自而从邪臣之说。"

还有，秦二世时，宰相赵高掌握了朝政大权。赵高为了达到自己彻底专权的目的，对秦二世胡亥说了一大通很有"道理"的话，大意是说胡亥年轻，经验不足，而且皇帝也应该少和大臣们见面，以免在大臣们面前暴露自己的弱点。如果能居住在深宫听取赵高他们的汇报，有他们这些"栋梁之才"来辅佐，那国家便会治理得更好。胡亥一听有道理，从此便待在后宫中享乐，朝中大小政事都由赵高一人来独断专行。

　　赵高虽然大权在握，但也害怕大臣们联合起来反对他，为了试探大臣对他的真实态度，他精心策划了这起政治事件，本以为是一手高明绝招，但却让自己跋扈嚣张、奸邪狂妄的嘴脸暴露在光天化日之下，从而遗臭万年。

中，西王母自云"我唯帝女"，而上古时期，能与至上神有这样密切关系的，只有部族的宗教领袖了。

成书于战国初期的《归藏》中，有西王母掌不死药的记载。成书于战国末秦汉初的《山海经》中，西王母就被描绘成一个西方的怪神，"西海之南，流沙之滨……有人，戴胜，虎齿，有豹尾，穴处，名曰西王母。"从上面的记载中可以看出，在周人的观念中，西王母作为神祇体系中的一员，其神性主要表现在两方面：一是掌不死药，能赐人以不老，成神；另一个则是"司天厉及五残"，是一个主刑杀的凶神。

在《穆天子传》中，穆天子与西王母同席而宴，载歌载舞，赋诗作答。西王母美丽端庄，雍容大度，竟让穆天子为之倾倒，居然"乐而忘归"。《穆天子传》一改《山海经》中把西王母视为一个怪兽的形象，还原了她部落首领美女面貌。司马相如的《大人赋》中，西王母已经成为一个长生不死的仙人，她成了赐寿降福、化险去灾的福神："西望昆仑之轧沕洸忽兮，直径驰乎三危。排阊阖而入帝宫兮，载玉女而与之归。登阆风而遥集兮，亢乌腾而一止。低回阴山翔以纡曲兮，吾乃今目睹西王母。暤然白首，戴胜而穴处兮，亦幸有三足乌为之使。必长生若此而不死兮，虽济万世不足以喜。"

虽然西王母还是白首戴胜而穴处，但已经白首，而且成了长生不死的仙人了。扬雄《甘泉赋》中也有："想西

王母欣然而上寿兮。"汉代焦延寿《易林》中有："稷为
尧使，西见王母。拜请百福，赐我善子。""患解忧除，
王母相于。与喜俱来，使我安居。""戴尧扶禹，松乔彭祖。
西遇王母，道路夷易，无敢难者。"《太平广记》引《集仙
录》中的西王母，又进一步被演化成仙，美艳无比，能呼
风唤雨。

最为神奇虚幻的描绘，莫过于东汉成书的《汉武帝内
传》。此书写西王母会见汉武帝之事，洋洋洒洒，绘声绘
色，极尽渲染铺陈之能事，读之令人一咏三叹，禁不住击
掌称绝。书中笔酣墨饱的文字，把西王母出现的威仪、神
情、衣着、容貌描写得淋漓尽致。群仙数万伴驾，五十大
仙侧立，已确定了她神灵之尊的地位。狮虎麟鹤引导，天
马乘舆君临，更是先声夺人。其架势的威严已经超过了当
朝君主汉武帝。这与西王母人面兽身的形象迥然不同，也
与穆天子会见时的西王母大相径庭，更与司马相如《大人
赋》中"曜然白首"的西王母和民间传说中手持不死之药
的"老寿星"西王母相差甚远，不能同日而语。接着，《汉
武帝内传》还记载，西王母分别命自己的心腹侍女奏乐庭
前，或鼓或钟，或簧或笙，或石或琴，或敲或磬，"于是
众声澈朗，灵音骇空"。她又命侍女歌《玄灵》之曲，唱
"大象寥廓"之词。诗文间杂，华丽丰蔚，把一个神仙化
的西王母写得风姿绰约，光彩照人。

西王母的形象因之产生了巨变，从怪兽、半人半兽到

美女、仙人、神灵之尊，成为地位至高无上的女仙第一人。在这个巨变过程，也可以说是造神的过程中，周穆王、汉武帝，以及王莽、司马相如、扬雄，这些在陕西治国、创业、生活的人物，都起到了至关重要的作用。

于是，西王母成为赐福之神，成为象征长寿吉祥的寿星。而民间祈寿往往要拜祭她，因为她还主持着天宫瑶池的蟠桃会，她祝寿时招待众仙的蟠桃，是三千年才能结一次果，吃了可以长生不老的仙果。再让齐天大圣孙悟空一管一偷，还有小贼东方朔三偷，一下闻名天下，无人不晓。

《西游记·蟠桃园》邮票

这还不算完，她手中还掌握着西方昆仑山的一种不死之药呢！

5. 宜君彭祖

民间传说中活了八百多岁的寿星彭祖，相传是南极仙翁的化身。这彭祖，姓篯名铿，传说因为善于调制味道鲜美的雉羹，献给帝尧食用，被帝尧封于大彭（今江苏省徐州市）。

传说彭祖居于陕西宜君彭镇彭村，彭村为他羽化之地，镇中有彭祖庙，村前曾有彭祖陵园，规模宏大，但在"文革"中被毁。雍正《宜君县志》中记载，彭祖是殷商贤大夫，封于彭城，在商为守藏史，在周为柱下史，晚年云游至此，穴居于宜君城北四十里马场川头的彭村寨子山腰的岩洞里。光绪《延安府志》中有："商彭祖墓在县（宜君）北三十里彭村。"《续修陕西省通志稿》也有记载。

《庄子·刻意》中有记载："吐故纳新，熊经鸟申……此道引之士……彭祖寿考者之所好也。"吐故纳新是说吐出浊气，吸进新鲜空气，熊经鸟申和道引又是怎么回事呢？

所谓熊经是指模仿熊攀缘的动作，所谓鸟申是指模仿鸟类尤其是鹤展翅引颈的姿态。由此可知，彭祖的道引术即导引术实际上是一种模仿动物形体动作的健身体操。

屈原的《天问》中，就提到彭祖调制野鸡羹献给天帝的著名典故。《楚辞·天

清代木雕《彭祖斟雉羹献天帝》
（旬邑唐家村，王山水摄）

问》云：“彭铿斟雉，帝何飨？受寿永多，夫何久长？”
意思是：彭祖斟雉羹献于天帝，天帝飨之而给他以长寿。
彭祖烹饪手艺之高超，居然可以治愈厌食顽症，那么吃出
健康长寿的观念也就很容易被人们接受。中国人有吃啥补
啥一说，所谓长寿动物如乌龟、鹿、鳖都成了长寿滋补品。
陕西旬邑县唐家村清代的隔扇门裙板浮雕，就有《彭祖斟
雉羹献天帝》的故事。

关于宜君彭祖之死的传说很有意思。说彭祖和陈抟老
祖两人都在天宫玉皇大帝身边干事，一个管着诸神的生死
簿，一个管着诸神的功德簿。有一天，陈抟对彭祖说：“我
劳累过度，想好好睡一觉。如有要紧事，你把我叫醒。”
彭祖答：“好，你尽管放心睡觉去吧！”

彭祖一见陈抟去睡觉，想趁此机会到凡间游玩一番。
因为陈抟睡功了得，是有名的睡仙，这一睡不知何年何月
才醒。偷下凡间之前，彭祖先代陈抟更换生死簿名单，突
然发现自己的名字也在上面。彭祖想：不好，如果我到凡
间被玉帝发现了，很快就会派人把我召回。他灵机一动，
把生死簿上写有“彭祖”名字的那一页撕了下来，捻成纸
绳订在册子上。从此，这个生死簿上，就再也找不到彭祖
的名字了，他这才放心地下凡去了。

彭祖下到凡间，做了商朝大夫。他先后娶了四十九
个妻子，都一一衰老死亡，而彭祖依然年轻。当他娶了第
五十个妻子后，就辞官不做了，到处游山玩景，直到这第

五十位妻子由当年的黄花闺女变成老太婆时，才定居到宜君县一个小山村。这时彭祖已经八百岁了。有天晚上，夫妻俩睡在床上拉话，妻子问他："我是快死的人了，我死后你再娶妻不娶？"彭祖毫不介意地说："当然还要娶！"妻子听了不高兴，又问："你为啥一直不会衰老呢？难道生死簿上没有你的名字吗？"彭祖哈哈大笑："我永远不会死的！生死簿上有我的名字，他们就是找不着。"妻子接着问："那你的名字在什么地方？"彭祖一时得意说出了实情。

彭祖这位第五十任妻子死后，褪下凡胎赶到天宫，向玉皇大帝告了状。玉帝这才恍然大悟，急命去叫陈抟老祖。谁知陈抟这时还没有睡醒，玉帝只好另派两位差神下凡去找彭祖。

由于年代久远，派下来的差神根本不认得彭祖，找寻许久毫无音讯。这两位差神不敢轻易回到天宫交差，只好遍跑人间，四处打问。一天，两位差神来到宜君县彭村，趁木匠吃饭之时，偷走解板大锯，到打麦场上使劲地锯一个碌碡，一下招来很多乡亲围着看稀奇。这时，彭祖也前来观看。人们七嘴八舌，议论纷纷，彭祖因自己年事高、经历广，讥笑他们说："我彭祖活了八百岁，没见过有人锯碌碡。"话音刚落，二位差神把锯一扔，当场就锁住了彭祖。这天夜里，彭祖就去世了，享年八百余岁。

1998 年，在宜君彭村学校院内发现了清道光年间"重修彭祖书院碑"。2013年10月，来自四川彭山的彭祖文化研究会和陕西彭氏宗亲联谊会联合组织了一次赴宜君彭祖故居和彭祖陵园的考察活动。他们还在彭村学校发现了一通残碑，上边清晰刻有"彭祖新兴"几个字。他们据碑文残字推断这可能是一通"彭祖书院地界碑"。

6. 韩湘子祝寿

韩湘子是八仙中的人物，隐居在秦岭东南方向的蓝关。陕西蓝田有湘子洞，纪念韩湘子在蓝关点化韩文公（韩愈）。韩愈的《左迁至蓝关示侄孙湘》中的"云横秦岭家何在？雪拥蓝关马不前"已成为千古名句。

国画《云横秦岭》（侯声凯绘）

相传韩湘子为韩愈侄孙，又说是其侄子，父母早亡，幼随韩愈居长安，西安有湘子庙为记，如今西安南门里西边一条街还叫湘子庙街。

韩愈膝下无子，韩湘子和他又不是一心，尤其是在对儒、释、道三家看法上相左，并早早离家外出修道。除过韩湘子，韩愈还有个侄子，排行第十二，年纪轻轻就死掉了，韩愈很是痛苦，为此写了篇《祭十二郎文》。他说，我啊，"发苍苍，视茫茫"，现在老了，还没有孩子。韩愈确实活得很是寂寞恓惶。

韩愈名气很大，有"文起八代之衰""道济天下之溺"的盛誉，是唐代古文运动的领袖。被尊为"唐宋八大家"的头牌人物。

农历二月二，传说是韩愈的生日。有一年二月二，已做了京兆尹的韩愈在家做寿。韩湘子回来了，韩愈看他穿得邋里邋遢，全然一副脏道士模样，就心中不悦。但那天是自己寿诞之喜，又不好骂他。韩愈就对湘子说："你能来给爷爷拜寿，可见没忘你的根，可你不读书不考功名，还是违背韩家祖训

韩城新城周原村大禹庙壁画
《八仙图·韩湘子》

家风的。当个所谓闲散无为的道士有什么好啊？"韩湘子一听，反而笑着说："爷爷莫怪！我今天来给你老人家拜寿，无非是想给你寿宴上添点彩而已。我给你变个花样，让你高兴一下。"于是，不待韩愈点头，韩湘子拿出个葫芦，吹口气，一盆牡丹花就摆在了韩愈前面。农历二月还没到牡丹开花的季节。韩愈一看惊异不止，又好似不信地上前仔细观看，发现牡丹花瓣上还显出两行金字："云横秦岭家何在？雪拥蓝关马不前。"韩愈觉得这两句诗不错，虽然意不明，和今天之寿诞也不相关，但好诗句他还是很欣赏的。此时只见侄孙韩湘子朝他深深一鞠躬，已飘然而去了。

一代大家的韩愈，一生坎坷，科举考试实际上也是三试不第，第四次才中了进士，而且第四次考试时又碰上了同一考题。可他冥顽不化，竟将上次落第的文章《不迁怒不贰过论》一字不改抄一遍交上。科举取士，常常以一篇文章定夺终身。韩愈自信到固执的性格，这次全然显露了出来，可以说有冒天下之大不韪之举。多亏老天开眼，让他碰上了一位贤考官。还是去年的考官，叫陆贽。难得的是陆贽并非固执己见之人，这种做法反而引起了他的重视，又细细读之，才发现这是一篇上好佳作，不由得击节叹赏。于是，韩愈被圈点中了进士。韩愈的大胆之举，在常人看来，几乎不可理喻，有谁敢将失败的作品再次抄录，捧献朝堂？可他偏偏遇到了陆贽这样一位独具慧眼的一代贤相，方才得以脱颖而出。

韩愈做起官来也是一波三折，命运多舛，仕途更显曲折，屡受挫折。他在文学理论上提出"不平则鸣"的论点，认为作者对现实的不平情绪是深化作品思想的原因。但他为官时也遵循"不平则鸣"的原则，因而给自己惹来几次祸端。其中最严重的一次就是因为唐宪宗把佛骨迎到皇宫内供奉，弄得长安满城士民如痴如狂，已经快走火入魔了。于是韩愈上了一道奏章——《谏迎佛骨表》，反对皇帝"迎佛骨"，认为此举是对佛祖的大不敬，惹得宪宗皇帝勃然大怒，要将他处死，幸亏宰相裴度的大力营救，才得以被贬谪为潮州刺史。

这一下惨了，韩愈遭贬之际，仅带一个家人，骑一匹瘦马，皇命难违，隆冬的冰天雪地也得上路。山路崎岖难行，真正是悲惨凄凉，颠簸着来到陕西秦岭深山之中的蓝关驿前，连这匹瘦马都累得冷得迈不动蹄子了。他猛地一下想起了韩湘子。这真是奇了怪了，三年前他来给我拜寿，为什么写这两句诗："云横秦岭家何在？雪拥蓝关马不前。"好像预言似的，正是我今日心境和状况。侄孙子还告诉过我，功名富贵没有什么了不起的，该来的灾难一定会来的！他这样想到，就突然情不自禁，泪流满面。想这个侄孙子大概是得道成仙了。于是韩愈就把侄孙子这两句诗，添加凑成了一首诗："一封朝奏九重天，夕贬潮州路八千。欲为圣明除弊事，肯将衰朽惜残年！"他先写被贬原委，接着插入湘子这两句："云横秦岭家何在？雪拥蓝关马不前。"写到这里的时候，他好像看见韩湘子就站在他对面。他就叫韩湘子，韩湘子不应，时隐时现的。他下面怎么对侄孙子说呢？于是成了最后两句，前一句是"知汝远来应有意"。他静思冥想了一下，就说：你从很远的地方来为我送行，我知道你的意思，其实我已然懂了，虽然有点晚了。他又似乎在幻觉中对着缥缈在云雾秦岭山峰中的自己唯一的侄孙儿说出后一句，那就拜托你"好收吾骨瘴江边"吧！反正我会死在广东了，南方多瘴气，到了广东，气候不对，容易生病的啊，万一我死了就收拾好我的尸骨，把我的棺木搬回来吧。

其实韩湘子故意现身给韩愈看一下，就是想告诉他，爷爷放心，你几年后还会返回京都长安的。后来宪宗死了，韩愈果然又回朝了。

这段神话传说甚为精妙，尤其是把韩愈的诗《左迁至蓝关示侄孙湘》编进故事中，很符合规定情景。但这神话传说为了突出八仙中的韩湘子，把韩愈描绘得甚为茫然懵懂，弱势怯懦。而韩愈实际是一位刚直敢言、人格坦荡的人中龙凤，也是一位机敏幽默、旷达乐观、重感情有情趣的大诗人。

7. 长寿药王孙思邈

　　说起孙思邈，在老百姓心目中他首先是一位令人千秋万世膜拜的苍生大医，一位"先发大慈恻隐之心，誓愿普救含灵之苦"的救星式人物。

　　传说药王孙思邈活了一百四十一岁，自然又是一位闻名天下的寿星，还是一位养生方法的集大成者。他的养生之术融合了儒家、道家、佛家和医学家的养生理论，创造了许多切实可行的养生方法，千百年来一直指导着备受病患侵扰，渴望延年益寿的人们如何去健康养生。

　　唐太宗拜封孙思邈为"真人"，颂其为"巍巍堂堂，百代之师"。其医德之高、医术之精、学识之博、著述之丰，举世罕见。他位列中国古代十大科学家之一，他对中国医药学之贡献，已不是"伟大"两个字所能涵盖的；他不慕名利，心在民间，据《唐书》载，先是隋文帝"征为国子博士"，继而唐太宗"将授以爵位"，后唐高宗又请他做"谏议大夫"，他都固辞不受。三朝不仕的美名，使朝野仰慕，流传百世。

药王山药王大殿孙思邈像

　　他是京兆华原人，故乡的药王山是他行医修炼、济世救人的地方。这药王山，也叫五台山。北洞为药王山主峰，虽不怎么高，但路却笔直陡峭，直通"一天门"。登山之道上有以磬玉之称的青石铺就的一百四十一级台阶，象征药王孙思邈一百四十一岁之高寿。

　　作为一个长寿老人，药王孙思邈的长寿秘诀到底是什么呢？

　　先说食疗。有句俗话说得好：病都是吃出来的。孙思邈的《千金要方》卷二六讲的就是食疗。在食疗中，药王提出了几个基本原则：第一就是节制饮食，吃八成饱。吃太饱了，肯定会染病上身。第二是注意到什么节气吃什么东西。具体得看这个食物含有什么营养。孙思邈就对当时他能见到的一百五十多种食品，包括各种蔬菜、米面、肉类、奶类做过说明分解，我们应当查一下做到心中有数。第三，进食时得细嚼慢咽，不能狼吞虎咽，吃抢食似的，三两分钟几大碗米饭就吃下去了。第四，主张饮食清淡，少食荤、腥，忌食生、杂。他还力倡"先饥而食、先渴而饮、食欲数而少、不欲顿而多"，认为少食多餐益于身体健康。第五，讲究营养平衡。不能过甜、过咸、过酸、过苦。"咸则伤筋，酸则伤骨"。这给今天的我们启发非常大，尤其当我们生活富裕时更需注意，以防心脑血管发生变异，让肥胖、营养过剩的富贵病上身。尤其是老年人要管住嘴，民间有"有钱难买老来瘦"嘛！第六，吃饭时的精神状态也很重要，尤其不能生气。

接着说养气，实际也就是药王孙思邈六字长寿术。即用口呼气的同时配合意念轻声默念："嘘、呵、呼、咽、吹、嘻"六个字，分别排泄祛除六字各对应的脏腑的致病原因，用鼻吸气补养五脏六腑虚损不足，因而既能防病治病，又能健身强体，延年益寿。

这六字长寿术是在《黄帝内经》"上古有真人者，提挈天地，把握阴阳，呼吸精气，独立守神，肌肉若一，故能寿敝天地，无有终时，此其道生"的养生长寿思想指导下，受庄子在《庄子·刻意》中讲的"吹呴呼吸，吐故纳新，熊经鸟申，为寿而已矣。此道引之士，养形之人，彭祖寿考者之所好也。若夫不刻意而高，无仁义而修，无功名而治，无江海而闲，不道引而寿，无不忘也，无不有也。淡然无极，而众美从之。此天地之道，圣人之德也"的影响，以陶弘景"六字气诀"为基础改编，经自己百年养生长寿实践，传给后世的一套实用简便的保健长寿法。

再说养性。他说"善养性者，则治未病之病"，"养生有五难：名利不去为一难，喜怒不除为二难，声色不去为三难，滋味不绝为四难，神虑精散为五难"。他主张治病须先治"心"病，治未病之病，不靠药物，而在善于百行。百行就是人的各种行为，就是上述的"五难"。百行端正，则无须药物也可以延年益寿。这就是养生先养性的实际意义。

孙思邈的《千金要方》《千金翼方》这两部医学著作，被誉为我国古代医学的百科全书，自问世以来，影响极其广泛深远，其中博大精深的养生理论和极其丰富的养生经验特别令后人关注。他的养生论，对于一些想要养生又处于迷茫之中的人一定会有所启发。

《药王寿养集》书影

药王孙思邈非常讲究生活规律。他说：四体勤奋，每天劳动。行医看病，上山采药。节制饮食，细嚼慢咽。食不过饱，酒不过量。饮后漱洗，睡不张口。这看似平常的五句话四十个字的养生真言，高度概括了孙思邈的生活习惯，也概括了孙思邈在养生方面的重要经验，值得世人借鉴。

另外，孙思邈还主张抑情节欲。他认为过度情欲是患疾早衰的重要因素，提倡要做到"十二少"，即"少思、少念、少欲、少事、少语、少愁、少笑、少乐、少怒、少喜、少好、少恶行"。另外，他还主张"常欲小劳"，认为锻炼比摄取营养、休息更重要，并把按摩、摇动肢体等全身运动作为养生要点。

其实，药王孙思邈出生于一个贫困的农民家庭，在缺医少药的乡间，他的父亲患了夜盲症，母亲更是患了"大脖子"病。为了给父母亲治病，他从小就立志学医。孙思邈"学医疗亲"的孝行千百年来感天动地，并被2014年中国邮政发行的《中华孝道》邮票收入，成为中华民族传统美德——孝道的经典故事。加之孙思邈从小就体弱多病，

《中华孝道·学医疗亲》
邮票

个人健康基础并不好，为了求医问药几乎倾家荡产。他属于久病成良医的那种人，在养生上，可以说他创造了一个长寿奇迹。他以自己的亲力亲为，告诫世人：自己的寿考自己掌握，注意养生，人人可以健康长寿。

药王孙思邈认为健康长寿的人生才是圆满的、没有遗憾的人生。他给我们算了一笔时间账："吾常思一日一夜有十二时，十日十夜百二十时，百日百夜一千二百时，千日千夜一万二千时，万日万夜一千二万时，此为三十年。若长寿者九十年，只得三十六万时。百年之内，斯须之间，数时之活，朝菌蟪蛄不足为喻焉。可不自摄养而驰骋六情，孜孜汲汲，追名逐利，千诈万巧，以求虚誉，没齿而无厌。故养性者，知其如此，于名于利，若存若亡；于非名非利，亦若存若亡，所以没身不殆也。"

这需要人们细细去揣摩理解，对于不注意养生，透支过劳的人，或想等功成名就，老了再养生的人来说，是个十分善意及时和科学的警告。我们总是被七情六欲所困扰，总是轻视生命之珍贵。其实，一切身外之物只要和生命来比较，那就显得微不足道。我们应当明白生命是人生第一位的，除生命之外，什么都可以抛弃。

8. 寿星形象的传说

　　寿星形象为一白发老翁，鹤发童颜，面目慈祥，所拄弯曲拐杖，必高过头顶。常被民间用作年画图案，是吉祥长寿的象征。

　　由于道教养生观念的融入，寿星形象也发生相应的改变。最突出的要数他硕大的脑门。山西永乐宫壁画上的寿星形象，可能是存世最古老的寿星形象。在永乐宫壁画上千位神仙中，我们一眼就能将寿星认出，就是因为他那超级大的脑门。

清代陕西皮影《寿仙头》
（陕西省艺术馆藏）

　　民间对寿星大脑门的来历有多种猜测，有人认为大脑门是返老还童现象，老人和小孩有诸多体貌特征上的相似。比如初生婴儿头发稀少，老年人也是一样，而头发少额头自然就显得很大。还有一说是大脑门意味着多经验多智慧，知识丰富。

　　寿星的大脑门，也与古代养生术所营造的长寿意象紧密相关。比如丹顶鹤头部就高高隆起。再如寿桃，是王母娘娘的蟠桃会上特供的长寿仙果，仙桃肥大壮硕也像老寿星高高隆起的额头。或许就是因为这种种长寿意象融合叠加，最终造就了寿星的大脑门。

9. 文学艺术品中的寿星

剪纸《寿星》（秦都·朱公明藏）

中国古典小说四大名著之一的《西游记》中写寿星："手捧灵芝飞蔼绣。葫芦藏蓄万年丹，宝箓名书千纪寿。……曾赴蟠桃醉几遭……长头大耳短身躯，南极之方称老寿。"南极仙翁称"老寿"的寿星，好像和蓬莱仙境三仙的"福禄寿"三星还不是一回事。蓬莱岛的"福禄寿"三星虽称神仙之宗，但地位比之南极仙翁却似乎不高，孙悟空就称他为老弟，更怪异的是八戒见他竟称"你这肉头老儿"，还把自己的烂僧帽套在他头上，拍着手，哈哈大笑道："好！好！好！加冠进禄也！"那寿星将帽子掼了，骂道："你这个夯货，老大不知高低！"如此玩笑戏谑，看来《西游记》中真有两个不同寿星呢！

　　还有《白蛇传集·鼓子曲〈盗灵芝〉》写道："白蛇女，上仙山，去盗灵芝。盗来灵芝，下了山，白鹤童子拦住路，二人山下排战端。南极仙翁也来到：'白蛇女为何盗仙草？'白蛇女双膝扎跪苦哀怜：'尊一声寿翁南极仙翁……'"

　　小说戏曲中的南极仙翁与灵芝、蟠桃、白鹤关系紧密。这三种物件，都和长寿有关。蟠桃源出王母娘娘开蟠桃会。这仙桃，人吃了长生不老，与天地齐寿。所以蟠桃也称寿桃。孙悟空曾因偷吃仙桃，乱了瑶池蟠桃会。中国邮政发行的《西游记》邮票第一枚就是《孙悟空偷吃仙桃》。

　　汉乐府诗《长歌行》中描述有："仙人骑白鹿，发短耳何长。导我上太华，揽芝获赤幢。来到主人门，奉药一玉箱。主人服此药，身体日康强。发白复更黑，延年寿命长。"这说明在当时人们就已经注意到了灵芝保健的功效。诗中骑白鹿者为《封神演义》中的南极仙翁，"太华"就是陕西的西岳华山了。

　　在后来的《三仙宝传》中，南极仙翁均作为一个好心肠的寿星出现。明代著名短篇小说集《警世通言》卷三九《福禄寿三星度世》中，也专门讲述了南极星宿的故事。此外，元明杂剧中，讲述寿星的作品还有《南极登仙》《群仙祝寿》《长生会》等。

　　另外，《封神演义》中第五十回《三姑计摆黄河阵》，说云霄、琼霄、碧霄三仙姑要为哥哥赵公明报仇，摆下

"黄河大阵"，老子、元始天尊和南极仙翁等神仙都参了战。陕西凤翔木版年画就有《九曲黄河大阵》，说的就是《封神演义》这一回。

陕西凤翔木版年画《九曲黄河大阵》（凤翔博物馆藏）

10. 寿星手杖

杖，也叫手杖或拐杖。最初出现是为了帮助那些行动不便的人行走，进入青铜时代后，术士、巫师又利用镶嵌有各种铜首的木杖进行神秘的宗教仪式。后来，杖被当成兵器使用，逐渐成为代表指挥权的权杖，成为权力的象征。

但杖最初作为手杖的意义始终存在，这手杖还有一段典故。《汉书·礼仪志》中记载，东汉明帝在位时，一次主持祭祀寿星，盛宴请的是清一色年满七十岁的古稀老人。汉明帝还给寿星们赠送酒肉、谷米等，还有一柄做工精美的手杖。皇帝赠送手杖，有赋予老年人特权的意思在内，这手杖不像明清后民间绘画中给寿星配的龙头拐杖，它顶端雕的是斑鸠鸟，所以也称鸠杖。为何赠送鸠杖呢？据说因为斑鸠是不噎之鸟，意思应该是祝愿老年人饮食安康，能吃就能活嘛！

鸠杖赠老人的传统应该早在西周就有了。周代就有"献鸠养国老"政策，从周代传承下来的敬老美德，汉代确实得到了良好的继承，

秦　错银鸠杖首

并将其发扬光大，使之成为政府制定的法律制度。《礼记》中说："五十杖于家，六十杖于乡，七十杖于国，八十杖于朝。九十者，天子欲有问焉，则就其室，以珍从。"大意是五十岁以上可以在家拄手杖，六十岁以上可以在乡里拄手杖，七十岁以上可以在国中拄手杖，八十岁以上则可以拄手杖上朝。到九十岁，天子有事相询，也得亲自登门，还需带上好吃的。《太平御览》卷九二一引《风俗通》记载："俗说高祖与项羽战，败于京、索，遁藂薄中，羽追求

之，时鸠正鸣其上，追者以鸟在，无人，遂得脱。后及即位，异此鸟，故作鸠杖以赐老者。"

西安博物院收藏有一件东汉时的"鎏金鸠形杖首"，1972 年 8 月于西安市第二机砖厂出土，高约三十厘米，宽约九厘米，该杖首上为鸠首形，下为兽身蹲坐状。全身共六爪，鸠首的眼和冠镶嵌琉璃和绿松石。通体表面鎏金。有专家说这鸠首有点像鹰首，亦称"鎏金鹰形杖首"。

西汉　铜鸠杖首

史书最早记载鸠形状如雕，长颈赤喙，喜欢吃蛇。据出自西汉的中国最早的历书《夏小正》载，鸠和鹰是随季节变化的，一月鹰化鸠，五月则鸠为鹰。所以，此杖首叫鹰形、鸠形都对。

陕西长安西周丰京遗址内的张家坡井叔墓，出土过一件可称稀世之珍的"象牙杖首"，虎头形，还镶嵌绿松石片。1980 年西安市红庙坡出土过一件汉代"错金银鸠杖首"，现藏于西安市文物库房。

甘肃武威市发现一批汉代竹简，上面记载了若干刑事案件，其中几桩就涉及持王杖的特权老人。第一桩说的是汝南平民王姓男子殴打持杖老人，后来被判斩首弃尸于闹市。第二桩说的是一个汉朝基层小官，因一位持杖老人有触犯法律的嫌疑，擅自扣留老人。虽然没有殴打行为，但结果也被处以极刑，斩首示众。从这两桩案件的判决结果来看，都显示出对持杖老人的刻意偏袒。而从另一些竹简上记载的汉代商业法令中我们还发现，在生意场上，持杖老人也有很大的优势。建始元年（前32年）汉成帝颁布的诏令中规定：老年夫妻无儿女供养者可获准经营酒类生意，并且一律免税。有自愿照料孤寡老人的生意人，也可获得免税待遇，特许免税开店卖酒。

至于拐杖的形状，《桯史》卷四释曰："凡寿星之扶杖者，杖过于人之首，且诘曲有奇相。今杖直而短，仅至半身，不祥物也。"据此可知，在南宋以前，塑寿星必配一根弯曲奇特的长拐杖。

在儒家提倡的天地君亲师五伦中，君臣关系等同于父子关系。那么提倡孝道实际上就是褒扬忠臣品格。

11. 过寿祝寿之讲究

民间一般有"不到花甲不庆寿"的说法。即六十以下叫过生，六十以上才开始称过寿。但有些地方则不论年龄大小，只要添了孙辈，就开始庆寿。

每逢十整数的生日叫大生日，其他的一般称小生日。

寿星　金昕摄
（周至楼观台财神文化区藏）

六十以上每逢十年过寿则称作"大寿"，每逢五年称为"小寿"。

旧时陕西人过大寿需给老人做长寿衣冠，当天见寿星要称"寿星佬"。还需布置寿堂，点上两支红蜡烛和几炷香，贴"寿"字中堂，配寿联，一般写"福如东海长流水；寿比南山不老松"。讲究点的要设寿案，供南极仙翁，神像前摆寿桃、寿面、寿鱼、寿酒、寿果、寿糕、九层塔形的面花（当天叫"寿馍"）。

当然了，皇亲国戚、官宦人家、富贵豪强一般就不管这些，从四十不惑，五十知天命就有人开始办寿了。一般寿宴放在中午，招待前来贺寿的亲戚朋友、街坊邻居。寿宴中除讲究喝寿酒外，就是吃"长寿面"，这是北方风俗中寿日必不可缺的主食。

陕西周至千凤慧所藏的剪纸窗花《松鹤延年》，陕西佳县高晓莲剪纸窗花《五福捧寿》，画面上都是团花形五只蝙蝠围着寿字图案，看来，福寿相连，人们在五福中最看重寿。

窗花《寿碗花》
（西安·李在耶作品）

12. 寿龄来源及雅称

　　自古以来，人们统称六十岁以上的人为"耆年"。对人的寿年大体上分为上、中、下"三寿"："上寿"指九十岁以上；"中寿"指八十岁以上；"下寿"指七十岁以上，也有指六十岁以上的。

　　《黄帝内经·素问·上古天真论》中有："尽终其天年，度百岁乃去。"《黄帝内经·灵枢·天年》有："人之寿百岁而死。"《尚书·洪范》则以百二十岁为寿。推算人的自然年龄在一百至一百二十岁。唐代孔颖达的《尚书正义》中进一步为之补充，提出不同的"三寿"："上寿百二十岁，中寿百，下寿八十。"中国的这些最早关于人类寿命推测的历史记载，与今天科学预测竟然基本相同，让人们不由得感慨中华五千年文明的伟大与深邃。

　　当人们进入要祝寿的六十岁时，这一年就被称为"花甲之年""耳顺之年"，又称"还乡之年"。

　　"花甲之年"的"花甲"，来自于旧时用天干、地支相互配合纪年的传统，六十年为一花甲，亦称一个甲子。"耳

清代石雕《松鹤延年》
（凤翔周家民宅，王山水摄）

顺之年"，即六十岁能听得进不同的意见。"还乡之年"是说给当官的听的，因为到了明清时期，六十岁就要告老还乡了。明太祖朱元璋诏令："文武官年六十以上者令致仕。"清朝文官，六十岁令致仕。

六十六岁过寿，是寿俗中最为隆重的一次，因为年龄中占两个六字，中国人讲究"六六大顺"，自然格外受重视。六十为"耳顺之年"，这典故来自孔子的《论语》，孔子曰："六十而耳顺。"意思是人活到这个年龄就"言至心通，无所违逆"，"所闻不逆于耳，故曰耳顺也"，"心与耳相从，故曰耳顺也"。从六十耳顺到六十六大顺，真正如河川贯通，至通至顺。

其实孔子说的"七十而从心所欲，不逾矩"也是在讲"顺"。从心的从字，作顺从讲。"矩"是端正方形的工具，也指法度。意思是人活到七十岁时，顺从心之所欲，而不逾越法度。顺心而为，自然合法，也就是动念不离乎道。

七十岁也称"古稀之年"，此说源于唐代诗人杜甫在帝都京兆长安写的《曲江二首》中的第二首："朝回日日典春衣，每日江头尽醉归。酒债寻常行处有，人生七十古来稀。"七十岁之雅称，还有几样，例如"杖国之年"

清代石雕《鹿鹤同春》
（三原孟店民宅，王山水摄）

"悬车之年"等。"杖国之年"源于《礼记·王制》："七十杖于国。"是说七十岁老人可以挂杖行走出入于都邑国府。但其中多指曾经有官爵之位的退休贤士。《礼记·曲礼》中有："大夫七十而致事（仕）。"致仕即退休，告老还乡。《白虎通·致仕》解释为："臣七十悬车致仕者，臣以执事趋走为职，七十阳道极，耳目不聪明，跛踦之属，是以退去避贤者，所以长廉远耻也。悬车，示不用也。"意思是七十岁已经是老而衰，耳目不聪明，不便奔走于朝堂官场了。"悬车"也是古代计时的名称，指黄昏前一段时间。《淮南子·天文训》作："至于悲泉，爰止其女，爰息其马，是谓悬车。至于虞渊，是谓黄昏……"明代何景明《古冢赋》："哀悬车之莫察兮，怨脩夜之不晨。"这里的"悬车"即其本义。

关于寿龄称呼，还有不少说法。七十七又称"喜寿"，因为喜字的连笔草书拆开看就是七十七；八十八又称"米寿"，这也是拆字的说法，因为米字可以分成八十八三个字。这些都表现了人们一种渴望长寿的愿望。多一种说法也就多了一次阖家团圆让老人高兴的机会。

孔子享年七十三岁，孟子享年八十四岁。所以国人对这两个年龄相当重视，能够活到圣人的年龄就心满意足了。但是后来把这两个年龄说成一个"槛"，说什么"七十三八十四，阎王不叫自己去"。其实一般人到了这个年龄段，在古代更是已经大大地超出了平均寿命，随时都有死亡的可能性。当然不少老人都会很忌讳，真正到了七十三、八十四，别人问起也不承认，说个虚岁应付一下，甚至虚上两三岁。而明知老人是这个年龄，你就千万不要问，问了就会碰钉子，是大不敬。一些老人这时都会比较紧张，说自己活天天呢，即活一天是一天。而临近这一天，不少老人都会交代后事，立遗嘱，安排分遗产。旧时儿女们会提前给老人添寿衣、买寿棺、选寿穴，购买的寿棺，还要抬回家中。据说买了寿棺，反而会冲破这一关口。儿孙辈到结婚年龄，也要加紧办，以喜事冲一下也是好的选项。当然这都是老皇历啦！

再有，一些北方农村还讲究儿女在父母临近这个门槛过寿时，要买整条活鲤鱼蒸了让老人吃，这鲤鱼应该是黄河鲤鱼，因为鲤鱼善跳，能逆水朝上跃，鲤鱼能跳龙门嘛！

一般男的过寿，讲究过单不过双，七十大寿，六十九岁过，即虚一岁过。这把十月怀胎，生命已产生都算进来，看来是有一定道理的。当然寓意也好，九谐音为久，贺九即寿久也。

八九十岁的老人算是已进入"耄耋之年"。这来自于《礼记·曲礼》中的："八十九十曰耄"。"耄耋之年"一般指八九十岁的老人。

中国人在这些方面下的功夫深，陕西西安画家杨庚绪创作的作品《猫蝶图》，就是给八九十岁的高寿老人祝寿用的，取的就是猫蝶与耄耋谐音。还有猫蝶与牡丹组合图案，寓意耄耋富贵。

八十又称"杖朝之年"。拄着拐杖出入朝堂，在皇帝面前招摇而过，这是何等的尊荣。当然，不是随便哪一位八十岁老人都有这个特权。

九十岁被尊称为"眉寿""九龄"。这源于《诗经》

墨彩画《猫蝶图》
（西安·杨庚绪作品）

和《礼记注疏》。《诗经·豳风·七月》："为此春酒，以介眉寿。"《诗经·周颂·雝》中有："绥我眉寿，介以繁祉。"《诗经·周颂·载见》中有："率见昭考，以孝以享，以介眉寿，永言保之。"《礼记正义》曰："年，天气也。齿人寿之数也，九龄，九十年之祥也。"

《诗经·豳风》中的"豳"，即今陕西彬州市，《诗经·周颂》则是反映西周宗庙之乐歌。西周宗庙在陕西周原一带，包括岐山、扶风等县。看来寿眉一说也源自陕西。

诗中的"眉"，自古及今都解释为"豪眉""秀眉"。"眉"乃"弥"的谐音借代字，有"满""补""多"之意。《毛传》："眉寿，豪眉也。"《孔疏》对此进一步解释："人年老者必有豪毛秀出者，故知眉谓豪眉也。"《郑笺》曰："眉寿，秀眉，亦寿征。"朱熹注云："介眉寿者，颂祷之辞也。"西周中晚期青铜器金文中已常见"眉寿无疆"。西周孝王辟方时期的青铜器"曶壶"铭文就是"万年眉寿，永命多福"。

九十九岁被称为"白寿"，百字去掉上边一横为白字，一横代表一年，少一年故称九十九岁为"白寿"，如此称之堪称绝妙。

一百岁为期颐之年，源于汉时戴圣所辑的《礼记·曲礼》："人生十年曰幼，学；二十曰弱，冠；三十曰壮，有室。……八十、九十曰耄……百年曰期，颐。"意思是人生以百年为期，所以称百岁为"期颐之年"。期，朱熹讲是"周匝之义"，即转过一圈了，"谓百年已周"。颐，朱熹讲是"谓当养而已"，即生活起居待人养护。期颐就是指百岁之人，饮食起居就期待子孙奉养照顾了。元人陈澔解释说："人寿以百年为期，故曰期；饮食起居动人无不待于养，故曰颐。"郑玄注："期，犹要也；颐，养也。不知衣服食味，孝子要尽养道而已。"意思是人至百岁，饮食、居住等各方面都需要孝子照养，所以"百岁"称作"期颐"。宋代大诗人苏轼《东亭》有："到处不妨闲卜筑，流年自可数期颐。"

人活到一百零八岁称"茶寿"，茶字的草字头当成二十，下面可拆成八十八，二者相加为一百零八，故指一百零八岁。中国人似乎对一百零八这个数字情有独钟：水泊梁山是一百单八将，附会于道教认为的北斗丛星中有三十六个天罡星、七十二个地煞星的说法，加在一起也是一百零八个。

13. 关于皇帝过寿

　　历史最绝的是唐玄宗过寿时，竟把自己的生日八月初五定为"千秋节"，意指千秋万岁。所以，每年千秋节，唐玄宗、杨贵妃都在兴庆宫内花萼相辉楼前举行盛大宴会，与文武百官、长安百姓同乐。

　　据有关史料记载，"千秋节"这一天在所有的庆祝活动结束后，大臣们还要向皇帝敬献各种精美的铜镜，唐玄宗也向四品以上的大臣颁发铜镜。根据"千秋节"这个节日，玄宗决定用"千秋"两个字来作为铜镜的名称，这个时期制作的铜镜也叫"千秋镜"。

汉"千秋万岁"瓦当拓片

《龙（文物）》邮票之
"唐·盘龙纹铜镜"

　　唐教坊为千秋节庆祝活动专门创作了一部大曲《千秋乐》，据《明皇杂录》载，唐玄宗手下的梨园弟子，曾为

千秋节专门训练了百余匹舞马。表
演时，舞马微蹲后腿，衔着酒杯给
唐玄宗敬酒祝寿。1970 年出土于西
安何家村的"鎏金舞马衔杯银壶"
是唐代金银器中最富丽华美的器物
之一，现藏于陕西省历史博物馆。

唐代鎏金舞马衔杯银壶
（陕西省历史博物馆藏）

　　需要说明的是，西安何家村窖
藏文物的出土，可是当年震惊世界
的大事。出土的一千多件文物中，
国宝级的就有四件，因而被专家们称为"何家村遗宝""大
唐遗宝"。这是与西方著名的考古发现"阿姆河遗宝"相
对应的誉美之称，堪称 20 世纪中国重大考古发现。

　　历史上最奢华的一次生日宴会，是乾隆皇帝举办的千
叟宴。这一年乾隆七十四岁，又喜得五世玄孙，自称是"古
稀天子""十全老人"。他颁诏请天下六十岁以上的老人
代表共计六千余人前往紫禁城赴宴，庆祝自己的生日。

14. 西安八仙宫和八仙祝寿

　　西安八仙宫是国务院公布的二十一个全国重点宫观

中，唯一一个以八仙命名的宫观，为八仙中最为著名的吕洞宾被钟离权点化的长安酒肆原址。八仙宫前有碑记之，旁刻"吕纯阳先生遇汉钟离先生成道处"。据《列仙传》载，钟离祖师于长安酒肆，感悟吕洞宾，"黄粱梦觉"度成仙。后人为纪念吕祖，于此立祠祀之。

　　八仙的传说起源于陕西，八仙中实有其人的几位高道，主要活动地域都在长安、关中一带。如李铁拐梦游华山随老君修道。清代无垢道人著的《八仙全传》说华山紫霞洞为李铁拐的洞府。后李铁拐在终南山修炼，并点化了钟离权。钟离权为唐代京兆咸阳人，他点化了吕洞宾，又相携在终南山修炼，眉县汤峪有"钟吕坪"遗址。《全唐诗》中收有钟离

韩城新城周原村大禹庙壁画《八仙图》

权的《题长安酒肆壁三绝句》，其中有"坐卧常携酒一壶""疏散人中一丈夫"的诗句，可见其风貌。还有"自言住处连沧海，别是蓬莱第一峰"，点出对蓬莱仙境的向往。另外，乾县有吕祖祠，华山的主祭神灵有吕祖（吕洞宾），

华山脚下的玉泉院旁建有纯阳观，安康的香溪洞也是吕洞宾修炼之地。八仙中的张果老的原型为唐代著名道士张果。他在长安时，唐玄宗崇道的思想受他影响很大，因惊其仙术，有以御妹嫁之的传说，《旧唐书》《新唐书》中都有关于张果种种异能的记载。韩湘子在蓝田有湘子洞，纪念他在蓝关点化韩文公（韩愈），韩愈的《左迁至蓝关示侄孙湘》有诗句"云横秦岭家何在？雪拥蓝关马不前"记之。相传韩湘子为韩愈侄孙，隐居在蓝关，幼随韩愈居长安，西安有湘子庙街为记。而蓝采和也有传说，说他常在长安大街上携花篮而歌，《全唐诗》收有传说为蓝采和所写的《踏歌》一诗："踏歌踏歌蓝采和，世界能几何。红颜三春树，流年一掷梭。"清初戏曲中有《蓝采和长安闹剧》。后蓝采和于酒楼大醉后乘鹤飞升成仙。

八仙的传说由来已久，在元代就有《八仙庆寿》的杂剧。

陕西省社科院道学研究中心樊光春教授分析考证，八仙的传说也有暗指全真七子加上其师王重阳的意思，而全真七子中正好有一女子，这才有了以后的何仙姑。另外，全真道主张佛、道、儒三教合一，何仙姑也有代表佛家观世音形象之寓意，而儒家的代表就加上了曹国舅，此二人在八仙中处于陪衬地位，长安关中一带没有活动遗迹，也不像其他几人全是传有真身的高道。

全真道祖师王重阳为关中人，他的弟子全真七子却全是山东人，后来，全真道在山东得以大发展。八仙传说的重要来源就是《八仙东游记》，此东游就有暗指全真道向河南、山东发展传道之意。丘处机写有《忆法眷》词，其中首句"自东离海上"，末句"驾云朝上帝"就暗含了八仙过海的意思。可以说，八仙过海，是

清代陕西石雕《八洞神仙》
（神木县白家，王山水摄）

起于长安，经山东而过东海至蓬莱仙岛的。八仙传说虽为神话，但对神话追根溯源，作为八仙活动的集中地（并非八仙中某一人的洞府祠观）陕西关中的中心——西安八仙宫，无疑是八仙传说的源头。

　　有关八仙题材的艺术品在陕西也非常普遍，木雕作品有摄影家王山水拍摄的异常精美的旬邑唐家一组黄杨木浮雕《醉八仙》，另外还有韩城党家村清代屏风边框浮雕《八仙乘坐骑》，丹凤陈家寨光绪年间隔窗门棂格镂空雕和长安王曲马厂村郭家厅堂屏风边框浮雕《八仙》；剪纸有户县赵芝兰、周至路晓春等的《八仙人物》。

　　八仙是在民间流传最为广泛的神话。中国许多地方都有八仙宫，迎神赛会也都少不了八仙。他们手持的法器或宝物，也称为"八宝"或"暗八仙"。这些法器就是：李铁拐的葫芦，汉钟离的芭蕉扇，张果老的鱼鼓，何仙姑的

图一　吕洞宾

图二　韩湘子

图三　汉钟离

清代黄杨木浮雕《醉八仙》（旬邑唐家藏，王山水摄）

荷花，蓝采和的花篮，吕洞宾的宝剑，韩湘子的笛子，曹国舅的玉板。有诗赞曰："鱼鼓频敲有梵音，剑现灵光魑魅惊；紫箫吹度千波静，手执荷花不染尘；葫芦岂只存五福，轻摇小扇乐陶然；玉板和声万籁清，花篮内蓄无凡品。"并且这"暗八仙"都成了老百姓最为喜欢的吉祥物之一。

"八仙过海"就是八仙传说中最脍炙人口的故事之一，最早见于杂剧《争玉板八仙过海》。相传白云仙长于蓬莱仙岛牡丹盛开时，邀请八仙及五圣共襄盛举，回程时八仙不搭船而各自使用法宝渡海，就是后来"八仙过海，各显神通"的起源。而八仙会定期赴西王母蟠桃大会祝寿，所以"八仙祝寿"也成为民间艺术常见的祝寿题材。

15. 甘泉宫中产灵芝与灵芝崇拜

《汉书·武帝本纪》载：元封二年（前 109 年）六月，武帝诏曰："甘泉宫内中产芝，九茎连叶。"为庆祥瑞，遂作《芝房之歌》以记其事。甘泉宫遗址位于陕西省淳化县城北的甘泉山南麓，为省级重点文物保护单位。云阳，即今陕西咸阳淳化。甘泉宫又称云阳宫，即秦之林光宫。

《汉书·礼乐志》有《芝房歌》汉郊祀歌中写道："齐

房产草，九茎连叶，宫童效异，披图案谍。玄气之精，回复此都，蔓蔓日茂，芝成灵华。"其实是汉武帝的行宫甘泉宫年久失修，梁木腐朽而长出灵芝，大臣便借机献媚，说灵芝降生宫廷是天意，乃"祥瑞"之兆。武帝一高兴，便大赦天下，并降旨要求地方向朝廷进贡灵芝。于是制定郊祀之礼祭祖安民，祭祀时由七十名童男童女咏唱配乐郊祀歌《灵芝歌》曰："因灵寝兮产灵芝，象三德兮瑞应图。延寿命兮光此都，配上市兮象太微，参日月兮扬光辉。"

自汉代以来，古代儒家学者把灵芝称为"瑞草"或"瑞芝"。他们把灵芝菌盖表面的许多环形轮纹称作"瑞征"或"庆云"，视其为祥瑞、吉祥如意的象征，形成了中华文化中特有的灵芝崇拜。

在古代道家修炼升仙之法中，视灵芝为"仙药"之上品，服之可"后天而老""与天同期"。汉乐府诗《长歌行》中描述"……导我上太华，揽芝获赤幢。……主人服此药，身体日康强。发白复更黑，延年寿命长"。"揽芝获赤幢"说明采集的是赤红色的有年代的老灵芝，服食后可使人"发白复更黑，延年寿命长"。可见灵芝非同一般的药用保健功效。

自古以来，灵芝就是圣洁、美

己巳年《蛇·蛇衔灵芝》邮票

好的象征，《山海经》中就有炎帝之女瑶姬不幸夭折化为瑶草的故事。瑶草即是灵芝。

炎帝为宝鸡人，史载其生于宝鸡姜水（今宝鸡渭滨区清姜河），以姜为姓。据《国语·晋语》载："昔少典娶于有蟜氏，生黄帝、炎帝。黄帝以姬水成，炎帝以姜水成。"炎帝也称神农氏，自古有"神农尝百草"的传说。宝鸡地区正是和炎帝时代同时期的仰韶文化的集中区，宝鸡渭河流域有七百余处旧、新石器时代的人类遗存，仅市区二十多平方公里的区域内就有距今八千至四千年的先民遗址八十余处。从已发掘的关桃园、北首岭、福临堡和石嘴头等遗址看，其序列完整。《史记·封禅书》记载："秦灵公作吴阳上畤，祭黄帝；作下畤，祭炎帝。""吴阳"就是今宝鸡市区北的吴山（今陈仓区境内）的东南面，即今凤翔的"三畤原"。

当然，炎帝到底是哪里人？还有湖南和山西上党之说，这些说法都有一定道理，这是炎帝迁徙造成的。有炎帝北迁南移之说，炎帝部落也不知换了几代部落首领，炎帝也可能不是一个人。

我国特有的吉祥物"如意"，就是从灵芝衍化而成的。还有"灵芝祥云"，被广泛用以象征"赐福嘉祥""增添寿考""福贵齐全""福禄寿三星高照"等瑞应，影响极为深远。

明代陕西隔扇门绦环板浮雕《金蟾如意》（渭南合阳，王山水摄）

北宋著名诗人秦观说："草之有芝，犹鸟之有凤，兽之有麟，从古相传，以为瑞物。"灵芝被比喻为传说中的凤凰、麒麟等灵禽瑞兽，成为中国传统文化中代表祥瑞的植物。

16. 灵芝酿酒与麻姑献寿

王母娘娘三月初三过生日时，举办蟠桃会，麻姑在绛珠河畔特用灵芝酿酒献给西王母，这就是传说的"麻姑献寿"。所以后代人为女寿星贺寿，就经常爱用"麻姑酒满杯中绿；王母桃分天上红"这副寿联。

韩城党家村清代厅堂屏风边框的浮雕《麻姑献寿》，讲的就是这个传说。

当然民间亦有麻姑为女寿星的传说。《神仙传》中记载，说她与另一仙人王方平"互不相见，已有五百余年了"，可见她的寿考之长。还说她"已见东海三为桑田，向到蓬莱，又水浅于往者会时略半也"，人世间沧海变桑田的变化，至少上万年之久，她竟然看到过三次，可见她几乎与天地同寿。

清代陕西木雕《麻姑献寿》
（韩城党家村，王山水摄）

麻姑并不是天上的寿宿，而是自己修炼成仙的。传说她修炼的地方叫"麻姑山丹霞宛陵洞天"，是道教三十六洞天之二十八洞天，七十二福地中之第十福地。唐代著名书法家京兆长安人颜真卿任江西抚州刺史时，曾写过有名的碑文《麻姑仙坛记》。

17. 贺寿与东方朔盗桃

　　一部《西游记》让孙悟空偷桃的故事尽人皆知，尤其是第五回《乱蟠桃大圣偷丹》中，细致地描述了他不光偷桃偷酒，还把太上老君的仙丹当炒豆似的吃了个精光。并且在陪唐僧取经路上还偷吃了镇元大仙的人参果，使他落了个"贼猴"的名号。

　　而《西游记》里东方朔则是东华帝君的弟子，道号曼倩。吴承恩在这里安排孙悟空和东方朔见了面。见面第一句孙悟空就说："这个小贼在这里哩！帝君处没有桃子给你偷吃！"东方朔则回答："老贼，你来这里怎的？我师父没有仙丹给你偷吃。"这一对老贼小贼，原来都是偷了王母娘娘蟠桃的主，无非是东方朔偷名不显而已。

　　东方朔偷桃的典故源于传说：说是汉武帝寿辰之日，汉长安未央宫殿前一只青鸟从天而降，武帝不知其名。东方朔回答说："此为西王母的坐骑'青鸾'，王母即将前来为帝

民间画师手稿《东方朔盗桃》
（陕西省艺术馆藏）

祝寿。"果然，顷刻间，西王母携七枚仙桃飘然而至。西王母除自留两枚仙桃外，余五枚献与武帝。帝食后欲留核种植。西王母言："此桃三千年一生实，中原地薄，种之不生。"又指着东方朔道，"他曾三次偷食我的仙桃。"据此，始有东方朔偷桃之说。

对此，《列仙传》《汉武故事》《汉武帝内传》和晋代张华的《博物志》都有大致相同的记载。且东方朔还以长命一万八千岁以上而被奉为寿星，后世为帝王贺寿，常用东方朔偷桃作为庆寿的题材，将东方朔画为盗桃仙人献与帝王。虽然三星贺寿、麻姑献寿、八仙祝寿等，都比东方朔偷桃这一贺寿题材传播广泛，但这幅画结合祝寿必有仙桃这一情节，却最为独特而招人喜爱。

1973 年，西安碑林博物馆整修《石台孝经》时，发现了一幅南宋的套色版画实物《东方朔盗桃图》，轰动一时。此画线条洗练、造型精绝、风格超逸，托名吴道子笔，实为民间画师所作，应为中国最早发现的木版年画。当然也是反映东方朔盗桃故事的最早实物。

画面中东方朔肩扛偷摘的一枝蟠桃，回首环顾，面露窃喜，其偷桃得手后的得意之情和担心被仙吏发现的微妙心理被刻画得惟妙惟肖。

而韩城党家村民居中一幅厅堂屏风边框的浮雕作品《东方朔偷桃》，画面上的东方朔背了一背篓的仙桃，虽有点夸张，但人物表情滑稽诙谐，极其生动，和西安碑林博物馆的套色版画的《东方朔盗桃图》有异曲同工之妙。

还有唐代文豪柳宗元在《摘樱桃赠元居士，时在望仙亭南楼与朱道士同处》诗中说："蓬莱羽客如相访，不是偷桃一小儿。"这偷桃小儿，指的就是东方朔。

东方朔是真实历史人物，他是汉武帝身边的文学侍从，善辞赋，是一位著作颇丰的文学家。《史记》《汉书》都有他的传。司马迁在《史记》中称他为"滑稽之雄"，班固的《汉书·东方朔传》记载："皆曰朔口谐倡辩，不能持论，喜为庸人诵说，故令后世多传闻者。……后世好事者因取奇言怪语附著之朔。"

还有传说东方朔年幼丧母，由邻居抚养长大。后得一白猿相助，上天宫求助，恰好西王母开蟠桃会，他便在瑶池偷吃了仙桃，被守护神捉拿押见西王母，他以滑稽之语申辩，说得西王母不仅免其罪，而且还赐以仙酒仙肴。这个题材也曾数次被搬上年画，画面多为白猿背一老者，老者腰系酒葫芦，身背仙桃，或为老者口衔仙桃而逃。

据班固《汉书·东方朔传》记载，东方朔性格诙谐，言辞机敏，滑稽多智，常在武帝前谈笑取乐，"然时观察颜色，直言切谏"。武帝好奢侈，起上林苑，东方朔直言进谏，认为这是"取民膏腴之地，上乏国家之用，下夺农桑之业，弃成功，就败事"。可见历史上真实的东方朔，绝非等闲之辈。

18. 桃文化源于陕西

在中国传统民俗文化中，桃或称蟠桃、仙桃，是与灵芝、人参一样被人看重的有延年益寿作用的长寿仙物。

《山海经·东山经》载："又南水行八百里，曰岐山，其木多桃李，其兽多虎。又南水行七百里，曰孟子之山，其木多梓桐，多桃李。"从中可以看出，在先民早期生活的时代，桃树是常见植物之一，而且点明这地点首先就是陕西的岐山，包括凤翔、扶风、武功等地。

另外，《山海经·海外北经》中，"夸父与日逐走……渴，欲得饮，饮于河、渭，……道渴而死。弃其杖，化为邓林"的传说中，"邓林"就是桃林，"河、渭"就是流经陕西大地的黄河、渭河。

北魏贾思勰《齐民要术·桃》引《神农经》曰："玉桃，服之长生不死。若不得早服之，临死日服之，其尸毕天地不朽。"《神异经》则极其夸张地说："东方有树，高五十丈，叶长八尺，名曰桃。其子径三尺二寸……和核羹食之，令人益寿。"

原生态脸谱"孙悟空"
（宝鸡·张星收藏）

这些都说得太神。其实在人类的原始时代，人们主要靠采集野菜、野果充饥，桃可能是其中最为美味且是最能充饥的野果了。《山海经》则说："不周之山……爰有嘉果，其实如桃，其叶如枣，黄华而赤柎，食之不劳。"不劳即不饿。而陕西民间自古亦有"桃饱人杏伤人"之说。

桃不但被奉为果中珍品，其药用价值也十分高。从先秦流传下来的我国第一部植物药书《神农本草经》说桃仁：主瘀血，血闭，瘕邪，杀小虫。李时珍所著《本草纲目》中有关桃的药性与功能的分析长达十多页，不仅桃仁，而且桃皮、桃根、桃叶、桃花、桃毛、桃胶均可入药。因之，桃的功能不断被先民加以神化。唐人元稹《刘阮妻》诗就有："千树桃花万年药，不知何事忆人间。"

《春秋运斗枢》中有"玉衡星散为桃"的说法，古人认为桃是天上星辰的化身。桃还具有巫术辟邪的功能，这可能出自自古以来的鬼畏桃观念。《齐民要术·种桃》注引《神农本草经》说："枭桃在树不落，杀百鬼。"枭桃即桃枝上经冬未落的干桃，古人用来治病，说枭桃杀百鬼，可能因为它能治较多的病。唐代段成式的《酉阳杂俎·木篇》记载一种仙桃，"破之，如有核三重。研饮之，愈众疾，尤治邪气"。桃能驱邪，至今在陕西商洛等地的偏远农村，尚有用桃枝抽打昏迷之人的疗法，其用意自然是驱邪赶鬼，以祛病患。

我们可以想象，原始人如何挖空心思利用桃的神力来保护自己。这种观念影响之深远，在古籍中随处可见。桃木制鬼也反映在中国神话之中。汉代王充《论衡·订鬼篇》引《山海经》佚文曰："《山海经》又曰：'沧海之中，有度朔之山。上有大桃木，其屈蟠三千里，其枝间东北曰鬼门，万鬼所出入也。上有二神人，一曰神荼，一曰郁垒，主阅领万鬼。恶害之鬼，执以苇索，而以食虎。'"而以陕西黄土高原为活动中心的黄帝，"乃作礼以时驱之，立大桃人，门户画神荼、郁垒与虎，悬苇索以御。凶魅有形，故执以食虎。"《史记·五帝本纪》集解引《海外经》作"害人之鬼，以苇索缚之，射以桃弧，投虎食也。"

这就是后世驱邪桃木板、桃符的来历。宋代王安石《元日》诗说："爆竹声中一岁除，春风送暖入屠苏。千门万户瞳瞳日，总把新桃换旧符。"新桃就是新的桃木板。桃木板上画着神荼、郁垒两位神。

《诗经·周南》中的《桃夭》篇："桃之夭夭，灼灼其华。之子于归，宜其室家。桃之夭夭，有蕡其实。之子于归，宜其家室。桃之夭夭，其叶蓁蓁。之子于归，宜其家人。"这是中华民族最早描绘桃文化的经典之作，是迄今为止歌颂桃树、以桃喻人言情的第一首诗，诗中以桃树的花、果实以及茂盛的树叶，比喻初嫁的美丽女子必能使其夫家子孙繁衍，兴旺发达。

《诗经·大雅·抑》有："投我以桃，报之以李。"大雅，流行于周王室统治中心王韶所在地，即今陕西中西部，西安、户县、武功、岐山等地。

《尚书·武成》卷十一中有："归马于华山之阳，放牛于桃林之野。"华山之阳、桃林之野，更是点明了其地在陕西地界。

陕西凤翔木版年画《端桃献寿》

桃的吉祥，以及辟邪求吉、镇邪纳吉的原始信仰，桃的食用和养生药用功能，使桃具有长寿的象征意义。所以，祝寿拜寿必敬献鲜桃，桃也被称为寿桃，即使在无鲜桃的季节，也要用面粉蒸成桃形食物来代替。

味道鲜美异常的桃，被想象成只有神仙才能享用的佳品，唐人高蟾有诗云："天上碧桃和露种，日边红杏倚云栽。"崔护的《题都城南庄》一诗中的故事，就发生在唐长安城之南，也堪称桃之千古绝唱："去年今日此门中，人面

窗花《寿桃》
（周至·路晓春作品）

桃花相映红。人面不知何处去？桃花依旧笑春风。"

从"岐山，其木多桃"到《夸父逐日》的"渴饮河渭"，以及周秦汉唐时期就流传发生在陕西的有关桃文化的故事、传说、诗词、人物，都无可争辩地证明了中国桃文化最重要的源头在陕西。

19. 重阳节与老人节

据《长安志》记载，早在西汉时期，其首都长安的人们每逢九月九日就有游玩观景的习俗。重阳节，农历九月初九，二九相重，称为"重九"。汉中叶以后的儒家阴阳观，有六阴九阳。九是阳数，故重九亦叫"重阳"。因民间此日有登高的风俗，所以重阳节又称"登高节"。由于九月初九"九九"谐音是"久久"，有长久之意，所以常在此日祭祖与推行敬老活动。

汉代刘歆《西京杂记》记载，汉高祖刘邦的爱妃戚夫人被吕后害死后，戚夫人的侍女贾佩兰也被驱逐出宫，嫁给陕西扶风人段儒，闲谈时曾提到她在宫廷时，每年九月九日佩茱萸、食蓬饵、饮菊花酒，以辟邪延寿。所以重阳节还有重九节、茱萸节、菊花节等叫法。

　　唐朝时，重阳节才被定为正式节日。唐代诗人沈佺期《九日临渭亭侍宴应制得长字》诗云："魏文颂菊蕊，汉武赐萸房……年年重九庆，日月奉天长。"相传自此时起，才有了重阳节求寿之俗。

秦岭山中的茱萸树

　　茱萸入药，可制酒养身祛病，插茱萸和簪菊花在唐代就已经很普遍。茱萸香味浓，有驱虫祛湿、逐风邪的作用，并能消积食，治寒热。民间认为九月初九也是逢凶之日，多灾多难，所以在重阳节人们喜欢佩茱萸以辟邪求吉。茱萸因此还被人们称为"辟邪翁"。

　　唐代诗人王维名作《九月九日忆山东兄弟》诗中有："独在异乡为异客，每逢佳节倍思亲。遥知兄弟登高处，遍插茱萸少一人。"这首诗是王维十七岁时写的，当时他大概正在京城长安谋功名。繁华的帝都对当时热衷仕途的年轻士子虽有很大吸引力，但对一个少年游子来说，毕竟是举目无亲的"异乡"。

　　九九重阳象征长久长寿，九九赏菊及饮菊花酒，起源于晋朝大诗人陶渊明。据说以户县重阳万寿宫为祖庭的全真道创始人王重阳，因为喜欢陶渊明，便改名知明。又因与陶渊明一样喜爱菊花，而菊花在重阳节开放，便给自己起了个号叫重阳子。

今天的重阳节，被赋予了新的含义。从 1989 年始，我国把每年的农历九月初九定为老人节，传统与现代得以巧妙结合，成为发扬中华民族传统美德，尊老、敬老、爱老、助老的老年人的节日。九九重阳节，陕西长安和渭北等地农村送的礼馍、面花是九层糕。陕西省西乡县流传有在重阳节，亲友以菊花、菊糕相馈赠，士子以诗酒相赏。据说妇女此日以口采茱萸，可以治心痛之病。

陕西民间剪纸窗花，绘制有寿桃、灵芝、仙鹤、白鹿、灵龟、松柏、菊花、万年青、三羊开泰等图案，都是在给老人祝寿或重阳节时贴在窗户上以庆贺的。

20. 从汉唐长安各种名称看寿考

追求长寿，妄想长命百岁，甚至万寿无疆，万岁，万岁，万万岁，都是帝王的梦，和普通老百姓的梦相距甚远。

从汉唐建都的陕西长安看，带寿字的各种名称就非常多。汉代淳化甘泉宫有益延寿宫，蓝田焦岱镇有汉武帝建

汉"鼎湖延寿宫"瓦当拓片
（陕西蓝田焦岱镇出土）

汉"长乐未央"瓦当拓片
（汉长安城遗址出土）

的鼎湖延寿宫。西汉的文字瓦当上有"益延寿宫""鼎湖寿宫"。另外，汉代年号有汉桓帝刘志的永寿，汉哀帝刘欣的元寿。其他文字瓦当还有：汉长安城出土的"八风寿存当""延寿万岁常与天久长"与"寿"字等几种。

隋唐宫殿宫门名称有寿字的则更多一些，隋代麟游有仁寿宫，后改九成宫，周至有宜寿宫；唐代皇城西内太极宫有嘉寿殿，宫门有寿安门，大明宫有寿春殿、寿昌殿，唐代长安城一百零八坊有延寿坊、长寿坊；乡有长安县永寿乡，三原县万寿乡和洪寿乡；寺院带寿字的最多，有永寿寺、保寿寺、无量寿寺、法寿寺、福寿寺、圣寿寺、法寿尼寺、庆寿寺等，可能因为这里是向上天祈寿的最佳地点吧！还有节日叫寿昌节，县名称永寿县，武则天的年号"万岁""长寿"。

如果再算上名带"福"字的宫殿、宫门、寺院等建筑，那就数不过来了。

这种名称中带寿字的现象，体现出中国古代人们对长寿的一种渴望。这也是当年汉唐盛世最时兴的风潮，但是多少皇帝反而因之折寿短命，这让人们有点迷惑。皇帝占有物质资源的丰富，保健养生医疗的方便，生活条件的极度奢侈，应该是能让他们多活几年的，但据统计，他们平均寿命却不过三十多岁。除过过度淫欲、生活糜烂，掏虚了身子外，再就坏在他们想长寿，迷信服食所谓的神丹妙药，什么传说中的太上老君炼的"九转金丹"等被认为是具有神奇效用的长生不死之药。当年，那么不可一世的汉武帝、赫赫有名的唐太宗，据考证都死在这服食丹药上了，因为他们进了一个养生误区。

历朝历代的皇帝，在权力达到了无以复加的地步之后，无不梦想着寻找长寿甚至是长生不老的秘方，以期永掌天下大权，享尽荣华富贵。可因为想入非非的无知和荒谬，服下的长生药，都成了催命符。尽管如此，帝王们还是愚蠢地、乐此不疲地尝试着。

丹药的丹，即指丹砂或称硫化汞，是硫与汞（水银）的无机化合物，尤其是内服会因其毒性较大而危及人的生命。年轻时的孙思邈也曾躲进山里炼过丹，但他不愧被称为药王，在他后来的行医配药中，很快发现有些被吹嘘得很神奇的仙丹，是不能医病救人的，甚至会出现导致病情加重的中毒现象。孙思邈的怀疑被他写入了《千金要方》中，即"宁食野葛，不服五石"。野葛是一种剧毒的药物，吃下去就死。五石指的就是五石散，即用紫石英、白石英、钟乳石等五种矿石磨成的石头粉。此类的仙丹药丸比毒药还毒。

可以说，是药王孙思邈在当年揭示了这些所谓可以延年益寿丹药害人的内幕。晋代孙思邈的乡党耀州人傅玄在《放歌行》中也有："灵龟有枯甲，神龙有腐鳞。人无千岁寿，存质空相因。"他们告诉世人：生命是有限的，长生不老，万寿无疆是不可能的。

长安吉祥说

CHANGAN JIXIANG SHUO

| 第四册 |

瑞兽祥禽驻长安

RUISHOU XIANGQIN ZHU CHANGAN

◎朱文杰 著

陕西新华出版传媒集团

太白文艺出版社

图书在版编目（CIP）数据

长安吉祥说. 瑞兽祥禽驻长安 / 朱文杰著. -- 西安:
太白文艺出版社, 2021.11
ISBN 978-7-5513-1966-9

Ⅰ.①长… Ⅱ.①朱… Ⅲ.①中华文化—通俗读物②
长安(历史地名)—文化史—通俗读物 Ⅳ.①K203-49
②K294.11-49

中国版本图书馆CIP数据核字(2021)第218972号

长安吉祥说：瑞兽祥禽驻长安

作　　者　朱文杰
责任编辑　史　婷　张　鑫
封面设计　郑江迪
版式设计　建明文化
出版发行　陕西新华出版传媒集团
　　　　　太白文艺出版社
经　　销　新华书店
印　　刷　西安市建明工贸有限责任公司
开　　本　889mm×1194mm　1/32
字　　数　160千字
印　　张　8.125
版　　次　2021年11月第1版
印　　次　2021年11月第1次印刷
书　　号　ISBN 978-7-5513-1966-9
定　　价　88.00元（全四册）

目 录

第一章

瑞兽驻长安

1. 灵异神兽麒麟

在中国的古代传说中，麒麟是一种灵异神兽，相传仁德之世才会现于世间。据记载，伏羲、舜、孔子等圣人出行都伴有麒麟出现。

"麒麟"头似龙，顶有双角，身躯似鹿，满身披鳞甲，尾毛卷曲，神态奇异，望之令人敬而畏，充满神秘感。它是人为创造的一种意象组合动物，或称文化动物，是中国古代瑞兽图腾的一种代表。

《礼记·礼运》记载："麟凤龟龙，谓之四灵。"可见麒麟地位之高。《明会典》记载，洪武二十四年（1391

窗花《麒麟》（定边县文化馆藏）

关中民俗博物院砖雕麒麟

清代一品武官官服补子——麒麟

年）规定，公、侯、驸马、伯以麒麟作为补服图案，故称一品麒麟。因而一品大员才能在官袍上绣麒麟。

把麒麟比之辅佐帝王的一品大员，其实源自西汉。汉武帝于长安未央宫之中建有麒麟阁；汉建帝为表彰功臣，将历代对汉有功的大臣画像存放于麒麟阁。麒麟阁先后供奉了十一位功臣，史称"麒麟阁十一功臣"。到唐代建有类似的"凌烟阁"，建在长安城太极宫内三清殿的旁边。唐太宗李世民令阎立本绘二十四位功臣的画像，挂在阁内，汉之"麒麟阁"与唐之"凌烟阁"，都闻名于世。杜甫《前出塞九首》诗中有："功名图麒麟，战骨当速朽。"说的就是"麒麟阁"。

杜甫在《寄韩谏议》一诗中有："玉京群帝集北斗，或骑麒麟翳凤凰。"《丽人行》中有："绣罗衣裳照暮春，蹙金孔雀银麒麟。"两首诗中都提到麒麟。

　　西汉时对麒麟的崇拜，到汉武帝为最盛。《汉书·武帝纪》载："元狩元年，冬十月，御驾至雍……获白麟，作《白麟之歌》。"

　　御驾至"雍"，即今陕西宝鸡市凤翔这一带。所作《白麟之歌》，歌词有："爰五止，显黄德，图匈虐，熏鬻殛……簫归云，抚怀心。"（《汉书·礼乐志·朝陇首》）大意是瑞兽白麟的四蹄长有五趾，显现出以土德得天下的我朝兴旺，要剪灭大漠里的顽敌，让凶虐的匈奴灭亡……单于若踏上流云东归顺，怀柔以致远恰是朕的心愿。为此，汉武帝还将原来的年号元朔改为元狩。同时，陕西麟游县古属雍州，隋代记载因获白麟而有县名，这大概是汉武帝在此地获白麟而流传下来的吧。

　　《汉书·武帝纪》载，太始元年三月武帝下诏说："朕祭天时见到天帝，西方登上陇首山，猎获白麟以赠祀宗庙，屋洼水出现天马，泰山显出黄金，宜改归的钱币名称。今改黄金为麟足马蹄形以便适应祥瑞。"《汉书》还记有汉武帝用此麟足马蹄金赏赐诸侯王。

　　西安市鱼化寨北石桥一带，西汉时属于京兆尹长安县，汉武帝时被圈在上林苑范围内。1974年4月至1975年6月，在这里发现西汉马蹄金四枚和麟趾金两枚。另外，陕西历史博物馆馆藏有西安市阎家巷出土的"西汉麟趾金"一枚。这些金子的价值，在当时是很高的，称"一金抵万钱"。沈括在《梦溪笔谈》一书中对这类麟趾金做了如下生动形象的描述："发土多得金麟趾、蹄。麟趾中空，四傍皆有文，刻极工巧。马蹄作团饼，四边无模范迹，似于平物上滴成，如今干柿，土人谓之'柿子金'。"

西汉麟足马蹄金

再者，有"千宫之宫"之称的唐代政治中心长安大明宫还建有麟德殿，是宫内规模最大的别殿，建于唐高宗麟德年间。麟德被唐朝第三代皇帝选为年号来用，这应该是为了向世间宣扬

獬豸（陕西蒲城桥陵）

自己要实行德政吧！当然，麒麟主太平，能带来丰年、福禄、长寿与美好等。

麒麟地位尊贵，仅次于龙，乃走兽类动物之王。神话传说里，它是神仙的坐骑。神仙等级有别，待遇自然也不同。《汉武内传》记西王母降于庭中，群仙数千，"或驾龙虎，或乘白麟，或乘白鹤，或乘轩车，或乘天马"。

麒麟威武有力，不践生灵，是仁慈和吉祥的象征。相传麒麟最喜欢帮助好人，对崇尚孝道、积德行善的人特别关爱照顾，故有"仁兽"之称，"其性倡仁，挟天意主大

同"。另外，麒麟也代表聪
慧，有时还被比喻成才能杰
出的人，加之人们还把它作
为人类繁衍、生育后代的吉
祥瑞兽来崇拜，生下儿子称
"麟儿"，有期望成才的寓
意。诗圣杜甫《杜工部草堂
诗笺·徐卿二子歌》中有：
"君不见徐卿二子生奇绝，
感应吉梦相追随，孔子释氏
亲抱送，并是天上麒麟儿。"
故而民间有"麒麟送子"
之说。

麒麟金币

麒麟主体特征似鹿，
因而两个字偏旁从鹿，即从

梅兰竹菊·麒麟送子纹夹袄（渭南
临渭区蔺店镇孙淑娥藏）

鹿衍化而来。陕西也是鹿之原生地，陕西华县（今渭南市
华州区）泉护村遗址发掘过程中就发现有梅花鹿和马鹿化
石，华县泉护村遗址为仰韶文化类型，这说明距今约六千
年前，陕西就有鹿在此繁衍生息。内蒙古赤峰市赵宝沟文
化小山遗址出土的一件陶尊上，刻绘有动物纹饰，被称为
鹿首灵物，考古学家以"麒麟"称之。这个遗址在时间上
和华县泉护村遗址相差不远。这可能是最原始状态的"麒
麟"，属于人类创造的以鹿为主体，融合了犀、牛、马、

羊、鱼等于一体的神化了的灵物。另外，在陕西洋县张村出土了一件商后期的青铜器"夔纹牺尊"，是一件酒器。粗看此尊外形，似牛非牛，应当属于组合型被人神化幻想而臆造出来的动物。著名龙文化专家庞进认为"这件酒器，通体为牛形，而牛是麒麟的融合对象之一，故与麒麟不无接近、相似之处"。再有，陕西神木县（今神木市）纳林高兔村出土了一件战国时期的"鹿形金怪兽"，造型特异，举世无二，因以鹿为主体，也可以算作鹿向麒麟演变之一种类型吧！

陕西洋县张村出土的青铜器"夔纹牺尊"和内蒙古赤峰市小山遗址出土的陶尊上的鹿首灵物，都属于麒麟衍化过程中原始子遗阶段，麒麟形象之完善定型，肯定要经过一个逐渐变化的、后人借鉴前人的、甚或是漫长的过程。

而收集了西周至春秋六百多年间共三百零五篇（首）诗歌的中国第一部诗歌总集《诗经》，和陕西有着割不断的千丝万缕的联系。因为，周兴于陕西周原，那里有周人的宗庙，西周建都于长安，有丰、镐两京。而《诗经·周南》中就有《麟之趾》

元代　青铜镀金麒麟形香炉

这首反映麒麟的诗，其中有："麟之趾，振振公子，于嗟麟兮！麟之定，振振公姓，于嗟麟兮！麟之角，振振公族，于嗟麟兮！"意思是周文王的子孙都能像麒麟的脚步那样，该行则行，该止则止，以善德行世，从不做有犯周礼的事情。再从朱熹《诗集传》"文王后妃德修于身，而子孙宗族皆化于善，故诗人以'麟之趾'兴公之子"的解说看，"公之子"指周文王"子孙"的成分更大一些。

以麒麟为代表的瑞兽，是原始人群体的亲属、祖先、保护神的一种图腾崇拜，是人类历史上最早的一种文化现象。它们从远古时代一直沿存至今。而在这个过程衍化链中，从华县泉护村遗址的"鹿化石"、洋县张村的"夔纹牺尊"、《诗经·周南》中的《麟之趾》，到神木的"鹿形金怪兽"，陕西无疑是其中最重要的一环。

2. 珍稀而美丽的金钱豹

金钱豹是中国特有的动物。金钱豹，又名文豹、花豹、铜钱花、银豹子，体态似虎，身长一米以上，体重五十千克左右。头圆、耳小，全身棕黄毛皮鲜艳，遍布黑褐色金钱花斑，故名。

还有一种黑化型个体，通体暗黑褐色，细观仍见圆环状斑，常被称为"玄豹""墨豹"。现代大型猫科动物有狮、虎、豹等，豹子虽然仅排老三，体积没有狮子、老虎大，但它的本领和凶猛程度却一点儿也不差。狮子不善水不善爬树，老虎不善爬树，只善游泳。而豹子既会游泳又善爬树，且身手敏捷，凶猛无比，被它盯上的猎物，很少有能逃脱掉的。金钱豹栖息环境多种多样，从低山、丘陵至高山森林、灌丛均有分布。

豹子凶猛敏捷，狩捕技术高超，还引起古代军事家的欣赏，并被写入兵书。古代兵书《六韬》中就有"豹韬"八篇，因此后来人们称用兵之术为"豹韬"。可能就因为这些原因，本来地位低于老

清代三品武官官服补子——豹子

虎的豹子，地位逐渐提升。具体反映在：明代武官补服上，武官一品用麒麟，二品用狮子，三四品用虎豹，五品用熊罴，六七品用彪，八品用犀牛，九品用海马。可见明代虎豹的地位一样。到了清代，豹子地位上升到虎之上，清代武官补服上，一品麒麟，二品狮子，三品为豹子，四品才是老虎。

金钱豹分为三个亚种，即华北豹、华南豹和东北豹（银钱豹）。金钱豹产地极为广泛，陕西秦岭南北均是其生活繁衍之地。不过秦岭之北为华北豹，之南为华南豹，分属

两个不同亚种。

《山海经》中就多次称长安之南的终南山多虎豹。唐代诗人李白《经乱后将避地剡中留赠崔宣城》诗中就有："我垂北溟翼，且学南山豹。"白居易《渭村退居，寄礼部崔侍郎、翰林钱舍人诗一百韵》诗中有："笼禽放高翥，雾豹得深藏。"他的另一首《和渭北刘大夫借便秋遮虏，寄朝中亲友》诗中亦有："豹虎关西卒，金汤渭北城。"宋代诗人梅尧臣《文豹篇赠黄介夫》诗中有："壮哉

中国加拿大联合发行《金钱豹与美洲狮》邮票中的"金钱豹"

秦　豹纹瓦当拓片

南山豹，不畏白额虎。"南齐诗人谢朓《之宣城郡出新林浦向板桥》诗中还有："虽无玄豹姿，终隐南山雾。"

以上诗中提到的"南山豹""雾豹"，典出《列女传》卷二《贤明传·陶荅子妻》。南山有一种黑色的豹，为了长出花纹躲避天敌，可以在连续七天的雾雨天气里不吃东西。后人们用"豹隐"比喻隐居蛰伏。

　　豹子因为拥有纹饰绚丽的多彩毛皮而给自己招来杀身之祸。自古以来人们猎杀野豹，多是为了豹皮。俗语有："豹死留皮，人死留名。"豹皮宜制作皮衣，其中金钱豹之皮最为珍贵，因有金钱形花斑纹，寓意拥有金钱和吉祥。金钱豹之皮纹如艾叶的称为艾叶豹；颜色不赤而无纹的，称为土豹。

　　诞生于周代春秋年间的《诗经·大雅·韩奕》中就有献豹皮的记载："王锡韩侯，其追其貊，奄受北国，因以其伯。实墉实壑，实亩实籍，献其貔皮，赤豹黄罴。"此事就发生在建都于长安的周代，所

秦代　豹纹瓦当拓片

献之豹为赤色，特别珍贵。《易经》革卦"上六"爻辞就有："君子豹变，小人革面，征凶，居贞吉。""豹变"指变革，这便赋予了豹子文化意义。1956年在西安北郊徐家湾阎新村秦遗址出土一件秦代"豹纹瓦当"，直径约十五厘米。内为浮雕金钱豹，豹头环顾，尾巴上翘，豹形剽悍，奔跑之中回首怒吼，方口大张，舌外伸，怒目圆睁，豹之凶猛神态，跃然其间，尤其是豹身金钱花纹精美绝伦，被誉为秦代动物形瓦当中的极品。再有，1960年乾县永泰公主墓出土一件"唐三彩胡人骑马斗豹俑"，一只小豹扑上马屁股，马背上一络腮胡、戴幞头帽的胡人俑，正左手抓豹，右拳

高举欲打豹。此种斗豹场面较少见，俑的造型极为生动。

据了解，曾经在我国有较广分布的金钱豹，由于生态环境变化，栖息环境不断遭受人为破坏，加上人们大肆捕猎等原因，致其种群退化，其野生种群的自然生存数量急剧减少，野外仅存数百只，数量已低于老虎。

唐三彩胡人骑马斗豹俑（陕西乾县永泰公主墓出土）

所以，20世纪70年代末，金钱豹被我国列为国家三级保护动物；1981年升为国家二级保护动物；仅两年光景，1983年又紧急升为国家一级重点保护动物。五六年间连升三级，足以见其处境堪危，有十万火急之势。曾经普遍存在的物种，

秦代　豹纹瓦当

已被罩上一顶"国宝"的稀缺帽子，濒危，甚而面临灭绝困境的悲凄，令人痛心。

2014年1月17日，陕西黄帝陵县上畛子森林派出所民警发现有人猎杀雌性金钱豹；两天之后，该县腰坪派出所又破获一起盗猎案，民警发现一只被猎杀的雄性金钱豹。

两天两起猎杀一对雌雄金钱豹的案件，立即震惊全国，更使野生动物保护人士感到痛心疾首。

早就传说处于子午岭山系支脉的黄帝陵县境内有国家一级保护动物金钱豹活动，这种神秘灵异、敏捷机警的大型猫科动物近几十年来，几乎无人发现它的踪迹。突然以这种悲剧的场面亮相于大众视线之内，令人难以接受。

最近十多年来，金钱豹的踪迹多次被发现，除过上面的悲剧式例子外，秦岭之北还发现多次，重要的计有：

2003年陕西凤翔县（今凤翔区）城关镇大柳树、处礼、石家营三个村子发现金钱豹。

2003年7月10日《华商报》报道，陕西乾县发现金钱豹。

2020年，在陕西镇安县境内的鹰嘴石省级自然保护区，十几年来首次在镇安辖区内拍摄到金钱豹的影像。

2006年2月27日，一只野生金钱豹现身陕西陇县黄家崖村。29日清晨，该金钱豹又突然在陇县县城北坡路附近出现，后闯进一民宅，下午1点，被陕西省野生动物抢救中心人员麻醉后装入笼子运回西安。

富县西部子午岭国家级自然保护区一直有金钱豹出没的传说，但一直无人拍摄到影像资料。直到2012年3月19日傍晚、27日凌晨，林区视频监控分别拍摄到一大一小两只野生金钱豹。据以上情况分析，秦岭关中之西北部是名为"华北豹"的金钱豹亚种相对出没频繁的区域。

而秦岭之南近几年也频繁发现金钱豹的踪迹。2012年

3月，秦岭中段南坡的陕西省观音山自然保护区的远红外线自动照相机，首次拍到国家一级濒危保护动物金钱豹的照片。这是继长青自然保护区之后拍摄到的又一张金钱豹照片，专家称之为"华南豹"。

2012年10月13日《西安晚报》又报道：野生金钱豹又现佛坪秦岭大熊猫地盘，系佛坪国家级自然保护区西河保护站红外线照相机拍摄到的。另外，2008年在汉中洋县的华阳镇也曾经拍到过金钱豹的照片。还有在2006年7月，陕西长青国家级自然保护区四名工作人员同时发现一只像黑豹的动物。据现场分析，黑豹身长约一米，毛色黑亮，尾长七八十厘米，体格强悍，行动敏捷。之后几天，在黑豹出现过的河岸，他们又连续发现两具新鲜的羚羊残骸，推测可能是黑豹所为。黑豹也称墨豹，是金钱豹的一种黑化型个体。

总之，秦岭南北无愧为金钱豹历史上的主要栖息地，在现今金钱豹陷入极度濒危之困境时，此处仍不时有它们活动的消息传出，虽然其中有悲剧性的，但无疑已有了复苏迹象。

面对这样一种保护金钱豹状况的厄境，我们陕西一定要像重视保护大熊猫、朱鹮一样下大力气。首先抓好法制宣传，提高老百姓保护金钱豹等国家重点野生保护动物的意识和自觉性，以及遇到金钱豹侵扰伤害时的应对措施，要让金钱豹伤害家畜的补偿办法等政策在金钱豹可能活动的区域做到家喻户晓。而对于盗猎者一定要严惩，一些自然保护区、国家森林公园要增加巡山、清山活动，尤其严防下毒饵和安置铁夹等，遇到违法者一定依法严打，让他们不敢再来，起到震慑作用。这样坚持下去，让猎杀金钱豹的悲剧事件不再重演。

救救美丽的金钱豹！我们应该为保护金钱豹鼓与呼，为它们创造一个适宜生存和繁衍后代的美好家园。因为人类不能没有伙伴，更不能独霸地球！

3. 怀念秦岭虎

（1）老虎文化

虎是珍贵稀有的大型哺乳动物，它威风凛凛的雄姿，华贵美丽的毛皮，不可一世的王者之尊，使人产生了敬畏，也萌生了情愫。

老虎源自亚州，曾在中国这块大陆上纵横驰骋，族群繁盛，显赫一时。可如今，却难觅影踪，成了世界十大濒危动物。对于中国人来说，这地球上最值得怀念的动物，应该数老虎了，因为它额头上顶着三横一竖极其鲜艳的斑纹，组成了中国汉字中的"王"字。

在中华民族悠久的历史传统中，虎很早就成为中国的图腾之一。虎是作为一种崇高的权力和尊严的象征而存在的，和龙有相同的地位，《周易·乾卦文》说："云从龙，风从虎。"龙的神奇尊贵，虎的威武勇猛，交相

清代四品武官官服补子——老虎

辉映，于是就有了"龙腾虎跃""龙吟虎啸""虎踞龙盘""龙虎榜"等成语和典故。但龙是虚幻的，是一种神话意象的组合，它并不存在，而虎则是在活在我们身边的实实在在的物种。

虎仅有一种，只产在亚州，因栖息环境和温度差异，它们在体型和毛色上有所不同。虎又分为八个亚种，以前我国是主要产虎国，八个亚种，我国占三个，数量也较多，但现在仅有东北虎和孟加拉虎了。野生的东北虎濒于灭绝，生活在西藏、云南西部的孟加拉虎更是罕见。

其中生活在秦岭的秦岭虎，应属华南虎的一个亚种。

西周　玉虎（陕西宝鸡市茹家庄一号墓出土）

在 20 世纪 60 年代，佛坪县曾猎杀一只秦岭虎，号称秦岭最后的一只虎，但 1981 年和 1994 年又分别有人在镇坪鸡心岭和佛坪县海拔两千四百米的秦岭冷杉林中发现老虎。据《马通志》云，"虎出南山"，这南山就指秦岭。据资料记载，早在两百万年前，秦岭虎就广泛分布于秦岭南北。在陕西蓝田县公王岭发现蓝田猿人的同时，也发现有剑齿虎的化石——剑齿虎是一个很古老的地方种属了，为第三纪的残留种。在蓝田县的陈家窝和涝池河还发现两个秦岭虎的化石。

中国虎文化源远流长，在我国出土的文物中就有数不清的有关虎的文物，如：河南濮阳市西水坡一带发掘出土一对蚌塑龙虎，距今大约六千年，堪称"中华第 一 虎"。1957 年出土于安徽阜南县的

战国　银虎（1957 年出土于陕西省神木县纳林高兔村）

国宝重器商代青铜器"龙虎尊"，其主图"虎口衔人"。1974 年宝鸡市茹家庄出土一件"西周玉虎"，为青玉，阴线雕出目、耳、齿。虎呈奔驰捕猎状，巨头大口，造型生动传神，为西周玉雕精品。1957 年陕西神木县纳林高兔村出土了一件战国"银虎"，高七厘米，长十一厘米，现藏于陕西历史博物馆。出土时银虎为一对，形制相似，四肢

墨彩画《白虎》（西安·蔡昌林绘）

呈行走状，宽而圆的头部，小耳紧紧贴于脑际，体饰凸棱纹以象征虎身上的斑纹，怒目圆睁，缓步而行，逡巡八方，甚为精美。遐迩闻名的茂陵汉代骠骑将军霍去病墓前的伏虎石，依照巨石之原形，简单几笔就雕凿得出神入化、磅礴大气，成为汉代石刻艺术之巅峰。西安市灞桥区狄寨原出土有"西汉鎏金卧虎镇"。咸阳市汉墓出土有"双虎空心砖"。1997年西安市临潼区发现一件汉代"鎏金铜行虎"，是一只有翅膀的翼虎。虎躯伸展开如龙蛇，也给人一种虎形龙的感觉。高约四厘米，长约二十厘米，做潜伏行走状，虎之双眼用红色玛瑙镶嵌而成，精美绝伦，造型夸张，异常生动。1987年陕西延川县永坪镇源流湾村出土的一件"汉代双虎铜构件"，前边一虎，虎口咬住一条龙形蜥蜴之尾，好像正展开一场紧张激烈的龙虎斗。

西汉 鎏金铜行虎（陕西省西安市临潼区出土）

汉代出土的画像石、瓦当上均有各种姿态的虎，尤其是四神瓦当中的白虎瓦当，最为著名，更是珍贵无比。

虎文化已经渗透人们生活中的各个方面。如把骁勇善战的将领称之为"虎将"。《三国演义》一书里就有"五虎上将"，"关、张、赵、马、黄"，老幼皆知。不少常胜之旅将虎作为标志刻在盾牌上，绣在军旗上，来显示荣誉和军威。古代调兵的兵符做成虎形并刻有老虎的纹饰，称为"虎符"。战国时就有"盗虎符"的故事传说，《史记》中也有记载。虎的形象和称谓也多次出现在历代的戏剧中，如元杂剧《虎头牌》，京剧《虎牢关》《胭脂虎》，昆曲《虎囊弹》等。到了近代，美国在中国的援华抗日飞行队也称为"飞虎队"，美国和日本合拍的反映二战珍珠港事件的电影也叫《虎！虎！虎！》。

中国传统的十二生肖中有虎。在民间则把虎作为吉祥物，婴儿出生后要戴虎头帽、穿虎头鞋，过满月、周岁要挂虎头银牌金锁；盖房的屋脊、屋檐、门首铜环以及印纽、乐器柄首、家具框角都要用虎来做装饰。在

剪纸《老虎》（西安·李西秦作品）

民间艺术中有关虎的形象，在剪纸、年画、泥塑、石雕、礼馍、布玩具中，都是各尽其态，千变万化，应有尽有。陕西凤

翔泥塑中虎挂脸的大变形艺术，令中央美院的画家教授们叹为观止。泥塑虎脸周边装饰有牛、兔、羊、蛇等动物，以十二生肖为主，鼻头上却伸出一根红辣子，更是出人意料，百兽之王的虎顷刻变得温柔了，竟有了熊猫的憨态与拙笨。这当然符合中国人对虎崇拜的演变。远古时，虎生性凶猛，对人类威胁大，不但吃野兽家畜，还吃人。于是人们就恐惧于虎的不可思议的神力，对虎产生了崇拜，主要是祈盼虎不要伤人、为害家畜，而后人类幻想借虎之威力镇宅除邪。于是，才有了汉唐时镇墓巨虎的石雕。到现在，生活中已很少见到虎了，人们只能在动物园看到老虎，于是对虎的崇拜已演变为对力的赞颂和对美的欣赏了。

西汉　虎纹空心砖（陕西省咸阳市汉墓出土）

　　其实老虎的濒危是和人类的活动密切相关的，所谓民以食为天，虎更是以食为天。虎的本性中有凶狠残暴的一面，即兽性。虎伤人，人亦杀虎，在人与虎长期的博弈中，结果自然是人胜，虎却逐渐走向数量越来越少的灭绝之路。中国历史上就有很多人虎搏斗的故事传说，最典型

的就是《水浒》中的"武
松打虎",还有"李逵连
杀四虎"。陕西雍城考古
队曾在春秋时期秦国的国
都雍城南郊（今陕西凤翔
东社村）采集到春秋战国
秦的"人刺虎纹瓦当"一

窗花《武松打虎》（延长·赵汉杰作品）

枚。瓦当上人执长矛，刺于虎之腹部；虎张口回首，勾爪
挣扎。这枚瓦当生动表现了人虎相搏的场面。

有"谈虎色变"一词，还有"养虎为患"，以及不少
含有贬义的有关虎的语汇，例如"为虎作伥""狐假虎威"。
人们把老虎称为"恶虎"，就证明了人虎不相容的历史。

老虎属猛兽，按说弱肉强
食，适者生存，但在人迹罕至
的地方，老虎还是遇到了生存
危机。老虎本身也有弱点，例
如老虎绝不群居，所谓"一山
不容二虎"，"二虎相争"也
影响限制了它们的繁殖。老虎

战国　人刺虎纹瓦当

外表凶恶，其实内心脆弱、敏感多疑。

现在，人们终于明白了，这个世界是万类共存、和谐
的世界，老虎是人类的朋友，人们爱护老虎、保护老虎，
甚至把老虎放归山林，企图恢复老虎的野性，希望这种威

武雄壮的大型动物能继续繁衍生存下去。

喜爱老虎，其实是喜爱一种虎虎生威的精神，中国人创造的虎文化，是中华文明不可或缺的重要组成部分，如果没有活生生的真老虎相对应，那么这种文化就没了底气，这该是多么遗憾、多么尴尬的事呀！

（2）"虎守杏林"与"虎箍"

铜川市耀州区药王故里的五台山也叫药王山，山上有被药王救治的贫苦乡亲栽下的一大片杏林。

关于"杏林"的典故，源于东汉末年名医董奉庐山行医的故事。董奉，字君异，当时与张仲景、华陀合称"建安三神医"。据《神仙传》载："君异居山间，为人治病，不取钱物，重病治愈者，栽杏五株，轻者一株。如此数年，得杏十余万株而成林。"由此，后人把医家们称为"杏林中人"。药王山杏林，应是后人仿效而成，因为药王孙思邈为贫苦庄稼人治病也不收费。

传说每年药王山杏花开放一直到杏儿熟时，都有一只吊睛白额巨虎来守护这片杏林。"虎守杏林"这一神话传说传遍了天下。

吊睛白额巨虎为啥来守护杏林呢？原来，生活在太白山密林之中的这只吊睛白额巨虎，一次吞食猎物时，不小心喉咙中卡了一块骨头，还溃脓了，疼痛难忍，食不下咽。它找到了正在太白山采药的药王，跪下前腿哀鸣求治。心怀慈悲的药王想要替老虎取出这根骨刺，又担心老虎因疼

痛而突然合嘴，可能会
咬断他的胳膊甚至夺走
他的性命。沉思了一会
儿，药王灵机一动，取
下随身药箱上的一个大
铜环，掰开虎嘴，把铜
环嵌在老虎的嘴中，将

铜川市耀州区药王故里药王祠壁画《药
王虎口拔骨刺》

老虎的大嘴使劲撑开，手从铜环中央穿过，拔出了卡在老
虎喉咙中的骨刺，涂上了草药膏，老虎的痛苦终于解除了。

这吊睛白额巨虎为感恩
药王，从此以后就自愿
跟着药王，还充当他的
坐骑，驮着他驰骋于秦
岭太白山和五台山之间。
后来这只吊睛白额巨虎
在药王孙思邈的点化下，

铜川市耀州区药王故里石虎

修得功德圆满，成了太白山的白虎山神。

　　而为老虎治病的铜环，后来被人们改造成一个手摇铃，
成为采药的标志，所有上山入林的采药者都会带上它。传说，
采药者摇一下摇铃，就不会受到老虎的伤害，并能得到老
虎的保护。后又逐渐演变为后世医者行医时手握的医铃，
有些药铺和医生的诊所门首也挂着它，成为医者的标志，
这铜环也叫"虎撑"，意指孙思邈为虎拔取骨刺时嵌在虎

嘴里的铜环。可以说"虎守杏林"与"虎箍"的神话传说，丰富了"杏林"典故。

这一神话传说亦真亦幻，但当你登上耀州的药王山，看到这片杏林，绿意婆娑、风景别致，待到每年农历二月杏花开得繁茂似锦、灿若云霞，可能会真正感受到，这不正是老百姓借这片杏林年年颂药王吗？这座杏林不也正是医者的"德林"吗？

各地建的药王庙中，除过替药王站班听用的唐朝开国功臣尉迟敬德和东海龙王，不少都塑有一只吊睛白额巨虎，卧在孙思邈身前，守护着这位受人爱戴的苍生大医。

这真正是：虎箍拔刺一时险，虎守杏林万万年。

（3）神秘的虎符

虎符是兵甲之符，是古代朝廷用于传达命令、调动军队的一种特殊凭证。春秋战国秦汉时通常将兵符做成虎形，故称"虎符"。

之所以选用虎形，除因虎为百兽之王外，主要应该是在"四神"中，虎代表西方，属金，色白，亦称白虎，是战神、杀伐

耀州瓷上的白虎（铜川·黄凤昇摄）

之神，具有辟邪、禳灾、祈丰及惩恶扬善等多种神力的原因吧。

"虎符"分为左右两半，右半符留在京师，左半符颁

发给屯驻在外的军队。需调兵时，由朝廷使者持右半符前往军队驻地，军队长官将右半符与左半符验合后，军队即按使者传达的命令行动。

两半虎符的形状、铭文都是相同的，背面有榫卯，一一对应，就如同一把钥匙开一把锁一样，只有同为一组的虎符才能合在一起。这就是"符合"一词的来历。

目前发现的确定为真实的秦虎符共三件：秦新虎符、秦杜虎符、秦阳陵虎符。"秦新虎符"铭文有"右在王"，可能是秦惠文君称王与秦始皇统一六国的时候使用。

秦杜虎符（1973 年在西安市北沈家桥村出土）

1973 年在西安市北沈家桥村发现的"秦杜虎符"，为战国时期至秦朝的文物，长九厘米，高约四厘米，厚约一厘米。现收藏于陕西历史博物馆。虎尾端卷曲，呈疾奔状，象征军威和进军神速。正面凸起如浮雕，背面有槽。虎身错金铭文九行四十字："兵甲之符。右才（在）君，左在杜。凡兴士被甲，用兵五十人以上，必会君符，乃敢行之。燔燧之事，虽母（毋）会符，行殹（也）。"

"秦杜虎符"铸于秦惠文君称王前，秦国只有惠文君一人称君，所以，杜虎符是在惠文君在位时制作的。掌握在杜地（战国时秦国杜县，今西安市南郊）的军事长官手中。

　　"秦杜虎符"是所有出土虎符中铭文最长的一件，且保存完好，特别是四十个错金字，在虎身镂刻阴文，再将金丝嵌入阴文之内，最后镂平打磨光亮，虽历经两千多年，仍熠熠闪光。字体绝大部分是小篆，规整挺秀。反映了中国古代错金工艺的高超水平。

　　而"秦杜虎符"的发现很有趣。20 世纪 70 年代初，西安市南郊北沈家桥村少年杨东峰在村西帮助大人平整土地时发现了它，拿回家后将它放在了家中的窗台上。大人们觉得这东西当废铜卖太轻，值不了几个钱，于是成了几个孩子手中的玩物。后来杨东峰先是将其拿到西安市文物商店，可人家不收；又拿到碑林博物馆，传说杨东峰仅仅要求一套当年社会流行的红卫兵穿的军服，可是博物馆没有军服，但因献宝有功，杨东峰得到了七元人民币的奖励。

　　"秦阳陵虎符"是秦始皇统一全国后，颁发给阳陵（今陕西西安市高陵区）驻守将领的铜质兵符。其一半在皇帝手中，一半在太尉手中，手持两半虎符才可调动军队。沿此虎符脊线，左右符各有错金文字两行，曰："甲兵之符，右在皇帝，左在阳陵。"

　　"秦阳陵虎符"的发现也很有趣。它是中国科学院原院长郭沫若抗战期间在重庆偶然发现的。郭沫若在空闲之时，喜欢逛地摊。有一天，他发现了一件造型古朴的铜老虎，认为它可能是件文物，便随手拿起来观看，不想这铜老虎竟能分成两半，对文物素有研究的郭老马上意识到这可能

秦阳陵虎符（现藏于中国国家博物馆）

是兵符，随即买了下来。拿回去之后仔细考证，果然是一件古代虎符。

这三件虎符的铭文大致相同，有一点微小的不同：秦新虎符铭文称"左在王"，秦杜虎符称"右在君"，而秦阳陵虎符称"右在皇帝"，这说明这三件虎符出于秦的三个不同年代。秦国的国君先是称王，这说明秦新虎符是秦初制作；秦国只有惠文君一人称君，所以杜虎符是惠文君在位时制作的；秦始皇开始称皇帝，故阳陵虎符是秦始皇时期制作的。

1953年周至县文化馆还征集到一件"东郡虎符"。铭文有"右在皇帝"，是秦始皇统治时的用品，但也有专家质疑其真伪。

1979年陕西凤翔县出土一件金虎符。这件虎符没有铭文，且体形较小，高仅两厘米，长仅约五厘米，重三十五克，为金质。虎符也为卧虎状，但造型夸张：虎巨目大耳，张口露齿，四腿曲卧，长尾上卷，通身纹饰为凸雕和阴刻，背面还有扣槽。可惜仅存半符。此件虎符应该是春秋战国时期的用品，而秦国首都最早在雍（今陕西凤翔东），有可能它也是秦国所制。也有专家认为似为仿虎符之作。此件虎符现藏于西安市文物保护考古所。

1972年西安市还收集到一件南北朝虎符，为半面虎形，虎呈伏卧状，昂首挺胸，张口吼叫，背脊方凸，粗尾侧卷，通体布满条状斑纹。

虎符在隋代改麟符，后来唐高宗避先祖李虎名讳，改鱼符、龟符，已不仅是军事调兵用途的兵符，还成为身份的象征。

兵符在古代战争中曾发挥了重要的作用，也发生了很多与其相关的故事。围绕兵符，历史上还有战国时信陵君"窃符救赵"的著名故事，《史记》中有记载。另外《三国演义》第五十一回中，诸葛亮趁周瑜与曹仁激战，南郡空虚，命勇将赵子龙夺城成功，俘获守将陈矫，取得虎符，然后以此虎符诈调荆州守军出救南郡，趁势又由张翼德袭取了荆州。接着又差人带兵符，诈称曹仁求救，诱使守襄阳的夏侯惇引兵出，却被关云长乘机袭取了襄阳。诸葛亮仅凭一件小小的虎符，便将曹兵调开，兵不血刃就夺取了三处城池；而耗费许多钱粮、兵马，还受了箭伤的东吴都督周瑜却一无所获，气得金疮迸裂。由此也可见当时虎符作用之大。

以上这几件极其珍贵又有点神秘的虎符，不管是铜的、鎏金的，还是纯金的，让人惊异的是竟然全都和陕西有关，让我们感到了博大精深的陕西历史文化的厚重。确实,要想了解五千年的中国,有必要先了解陕西。

(4)从"皇后之玺"说"螭虎"

陕西历史博物馆藏有一件汉高祖刘邦的皇后吕雉用过的"皇后之玺"。专家认为这方玉玺的发现创造了两项全国之最:一是中国最早发现的皇后印玺;二是玉玺的主人是中国年代最早的皇后,并先后掌握大权达十六年,形同皇帝,是中国历史上三大女性统治者(吕后、武则天、慈禧太后)的第一个。加上帝后直接使用的遗物发现很少,这方"皇后之玺"玉印是汉代皇后玉玺的唯一实物。因而,"皇后之玺"被列为国宝级文物,还被列入《第三批禁止出国(境)展览文物目录》。

这方"皇后之玺"由和田羊脂白玉雕成,出土于1968年9月,是在陕西咸阳市韩家湾乡狼家沟边被一个小学生在放学途中偶然发现的。其发现地点距汉高祖与吕后合葬墓长陵仅一千多米。据东汉卫宏的《汉官旧仪》记载:"皇

西汉 "皇后之玺"玉印(现藏于陕西历史博物馆)

后玉玺，文与帝同。皇后之玺，金螭虎纽。"其形制、式样、印文内容及字数均与《汉官旧仪》所载相符。其为什么遗落到狼家沟的一堆土中，遭泥沙覆盖而致湮没两千余年？是一个历史之谜。

"皇后之玺"纽上的螭虎，形象凶猛，体态矫健，四肢有力，双目圆睁，眼球圆而凸出，隆鼻方唇，张口露齿，六颗上齿也以阴线雕琢，双耳后耸，尾部藏于云纹之中，背部阴刻出一条较粗的随体摆动的曲线，特别引人注目。

"螭虎"从字面上看，应是"螭"与"虎"两种动物，《汉官旧仪》有："秦以用金玉朱印，龙虎纽。"蔡邕《独断》有："天子玺以玉，螭虎纽。"看来，古人对"螭虎"的解释也是"螭"与"虎"的组合。

墨彩画《螭虎》（西安·蔡昌林绘）

按《说文》解释："螭，若龙而黄，北方谓之地蝼，从虫，离声，或无角为螭。"《汉书·司马相如传》载："于是蛟龙赤螭。"颜师古注："文颖曰：'龙子为螭。'张楫曰：'赤螭，雌龙也。'如淳曰：'螭，山神也。'"螭就是龙九子中的螭吻。螭虎，形如虎，为螭与虎的复合体。陕西历史博物馆研究员蔡昌林先生根据历史记载和北方民间艺术对虎的认识，创作了一幅名为《虎伏羲》的美术作品,其画面上的"虎伏羲",分明是一只虎首龙身的螭虎。蔡先生认为:"伏羲作为中国古代神话中的形象有几个版本,在汉画像砖中是人首蛇身,以虎代表伏羲则更早。北方民间艺术中,虎的形象是作为生命保护神出现的,不管是人类始祖神还是生命保护神,其功能是一致的。"

而代表皇权的玉玺,其纽为螭虎者,螭为阴,虎为阳,螭代表地,虎代表天,螭虎神兽意指天地合、阴阳平。螭就是龙,螭虎是在螭龙基础上演绎出来的一种神兽,为螭与虎的复合体,亦龙亦虎。

螭虎是战国之后玉器中常见的神兽,战国晚期玉器上就有螭虎纹饰。汉以后,螭虎使用得更为广泛。1983年西安市草滩乡(今未央区草滩街道)张千户村出土一件汉代"子母螭龙纹璜",为青玉质,正面高浮雕一对子母螭龙,侧首相望呈奔戏状。而这大螭龙的头,呈圆形,酷似虎头。还有西安红旗机械厂工地出土一件西汉的"螭纹珌",以及扶风县齐家村出土的西周"玉龙佩",龙头硕壮,都呈圆形,似虎,也应称"螭虎龙"。《宋书》记载:"(汉)高祖入关,得秦始皇蓝田玉玺,螭虎纽,文曰'受天之命,皇帝寿昌'。高祖佩之,后代名传国玺。"汉人崇尚螭虎。陕西扶风人班固《封燕然山铭》中有"鹰扬之校,螭虎之士"的句子。由此可知,螭虎在中华民族的传统文化中代表神武、力量、权势、王者风范。

4. 秦岭大熊猫

说到中国珍禽瑞兽的现代版，第一瑞兽的席位无疑归大熊猫。大熊猫不仅是中国的国宝，而且是世界上最为珍贵的动物之一。1961 年大熊猫形象就被选为世界自然基金会标志，大熊猫还是 2008 年北京奥运会吉祥物之一。

中国的大熊猫，以其憨态可掬的圆润，敦厚可爱的拙笨，吸引了世界的眼球。大熊猫，是数万年前的孑遗物种，产于四川凉山、四川与甘肃交界的岷山和陕西秦岭三处山区，是中国特有物种。

大熊猫属哺乳纲、食肉目、大熊猫科，分别为四川亚种和秦岭亚种。在人们的印象中，以四川卧龙为活动中心的大熊猫早已是天下闻名，无人不知；而陕西秦岭以佛坪为活动中心的大熊猫也以它的独特性，如今已然是异军突起。两地的大熊猫，早在一万多年前相互隔离，形成不同的亚种。四川大熊猫头长近似熊，脸呈三角形；而秦岭大熊猫的头圆，更像猫，接近卡通玩具模样，招人喜爱，让人一看就有想抱一抱的亲近感，因此秦岭大熊猫又被人们称为最为靓丽的大熊猫、"国宝中的美人"。

秦岭大熊猫在遗传基因方面更接近原始的祖先。《美国哺乳动物学》杂志载文称"秦岭大熊猫是古老新亚种"。近几年在陕西蓝田和洋县倪家沟金水河口发现的大熊猫小

1985 年《熊猫》邮票

种（祖先种）和巴氏亚种的化石，可追溯到中更新世初期，
距今已有七十万年左右，表明了秦岭南麓腹地才是大熊猫
的故乡。据载，汉文帝母亲薄太后的陵墓就陪葬有大熊猫。
汉武帝时，司马相如曾上谏要皇帝禁猎，在他的记载中，
汉武帝的上林苑中就养了大熊猫，是人们的最爱。看来秦
岭的大熊猫在西汉时就进入了长安的皇宫。

　　四川的大熊猫毛色黑白分明，而秦岭大熊猫则是黑中
显深棕色，白中带有棕灰色，近几年来还多次发现棕色、
棕白色甚至是白色的大熊猫。1985 年在佛坪大古坪村发现
棕色大熊猫"丹丹"，曾饲养在西安动物园，并产下一子。
1999 年老死后制成标本，现存于秦岭人与自然宣教中心。

在全国野生的一千五百多只大熊猫中，秦岭大熊猫种群有二百七十三只，仅占总数的百分之十七，是一个更为稀有的群体，因而更濒危，基因更珍贵。

秦岭大熊猫（西安·胡成弟摄）

我国于 1963 年 8 月发行第一套《熊猫》邮票时，秦岭大熊猫还处于不为人知的景况之中，虽然生物界有专家提出秦岭有大熊猫存在的可能，但就是难觅其踪迹。1960 年，由中科院和陕西省科委主持实施的"秦岭综合考察"项目启动，时任动物考察组领队的北京师范大学郑光美教授在佛坪县三官庙一个供销社意外发现了一张刚收购不久的大熊猫皮，随后又在光头山发现许多大熊猫粪便。经过几年坎坷的考察，直到 1964 年，以郑光美教授为首的研究人员才正式发表文章称"秦岭是大熊猫的又一栖息地"。至此，秦岭大熊猫才掀开了它神秘的面纱，千呼万唤始出来，正式公开亮相。这比 1869 年发现的四川大熊猫迟了九十多年。

秦岭以它独特的自然环境，成为中国动植物最大的基因库。"天下大阻"的秦岭成为支撑中国版图的脊梁，成为我国南北气候的分界线和黄河、长江两大水系的分水岭，它的巍峨高耸阻挡了北方的寒流，适宜的山地寒温带气候造就了良好的森林—竹林生态系统，从而成为大熊猫最后的栖息地之一。

秦岭大熊猫栖息区内平均每一百平方千米就有八只大熊猫，密度为全国之最。而在中心地区，佛坪国家级自然保护区三官庙、西河一带，原始森林近三百年未遭受大的

秦岭大熊猫（西安·胡成弟摄）

破坏，森林覆盖率达百分之九十五以上，环境闭塞，且不通公路，人为干扰小。在这里约每一平方千米就有一只大熊猫，密度相当高，人们遇见大熊猫的概率非常大。秦岭的野生大熊猫相对来说随和温顺，和人更为亲近一些。在冬季，它们会从高海拔地区向人类居住地靠拢。在秦岭山地不断有传说，大熊猫进了农家做客，还闯进农民家与猪争食，自己进灶房吃锅里的饭，还在村民家看起了电视。传说，有只大熊猫闯入村民家中，村民拿腊肉给它吃，它还自己找到村民家贮藏的一桶蜂蜜美美地吃了一顿，吃饱喝足了还不想走，这家村民只好牵走了牛，铺上草，让大熊猫住在了牛棚里。第二天，大熊猫还在村里乱转悠，敲敲东家的门，拍拍西家的窗户。晚上还和一伙村民围坐一圈烤火，任人抚摸、逗弄都不发火。在周至县的老县城，经常会见到大熊猫吊儿郎当地进城。2009年3月，一只大熊猫又进入了老县城，人们围观时它爬上了城墙，从三

米多高处跳下来，没啥事一样又一颠一颠地走了。大熊猫绝对聪明，有病的时候它知道向村庄、向人群靠拢，寻求帮助。

1963 年《熊猫》邮票

　　提起秦岭大熊猫，我们当然不能忘了发现、研究和保护它们的人。第一个就是最先发现秦岭大熊猫并发表文章的北师大郑光美教授；再有就是确定秦岭大熊猫为秦岭亚种的浙江大学方盛国教授；还有一个就是北大生物系潘文石教授，他深入秦岭坚持野外考察十二年，成为研究保护秦岭大熊猫的一位传奇人物。

　　1985年，潘文石教授为一只名叫"娇娇"的雌性大熊猫戴上无线电监测项圈；到1997年，潘教授跟踪了娇娇十二年。这个娇娇不愧是英雄母亲，到它十四岁的时候，先后生了五只小熊猫。这从一个侧面打破了野生大熊猫繁殖能力低下，一定会被淘汰灭绝等比较偏激的说法。由于竞争和选择机制，野生大熊猫的生殖能力远远强过圈养的

大熊猫，只要我们保护好秦
岭这块生机盎然、充满希望
的大熊猫绝佳栖息地，那么
大熊猫完全有能力繁衍生息
下去。与大熊猫同时代的恐
龙、剑齿虎、剑齿象之类的
动物都变成化石了，而大熊
猫却以它的柔韧和退让，甚
至是"守弱"，以食肉改为

熊猫（西安·惠京鹏摄）

吃竹子以调整适应恶劣的生活环境，因而顽强地在秦岭中
生活了几万年，这也符合达尔文"物竞天择，适者生存"
的法则。

佛坪保护区的科研人员雍严格一行，发现并完整拍摄
了五六只大熊猫为争夺交配权打斗的珍贵场面，并发现了
生下双胞胎的大熊猫家庭。佛坪保护区野外巡护监测人员
向定乾、张永宽等人，还于 2003 年 4 月初首次发现大熊
猫在树上交配的罕见场面。这些野生大熊猫的趣闻逸事，
都给了人们一种强烈的希望，秦岭大熊猫一定能生存繁衍
下去。

当然了，保护改善大熊猫的生存环境需要一个过程。
如今，建于秦岭山中大熊猫栖息地的陕西省长青林业局早
已转产，停止了对秦岭林木的野蛮采伐，可历史欠账还是
贻害无穷。你可以想象，他们一年要采伐十二万平方米的

规模，一下就干了五十多年，多少座山变成了光秃秃的荒山，对秦岭的生态该是多么大的破坏！大熊猫的生存环境变成了严酷的"岛状生境"，使之种群隔离，被分割为支离破碎的独立区域。面对此情此景，需要我们动员全社

1993 版熊猫金币

会的力量大规模地植树造林，开辟绿色走廊，专门培育适宜大熊猫食用的竹林系统，坚持上几十年，利用好秦岭植被的自我恢复能力，那么，孤岛一定会连成一片绿海，秦岭才会名副其实地成为"大熊猫继续生存最后希望"的风水宝地。

让人记忆深刻的是我国 1985 年发行大熊猫小型张邮票，命名为"拯危继绝"，真有点振聋发聩。因为，拯救濒危的珍稀动物大熊猫，也是拯救地球，更是拯救人类自己。

5. 秦岭金丝猴

金丝猴，因了它一身金色如丝的长长毛发而得名，这

金丝披散开来如一袭华贵的"金披风"，细密柔软，尤其是在阳光照耀下金光闪闪，色彩绚丽。

金丝猴长相奇特，厚唇、圆嘴、朝天鼻，脸泛一层淡蓝色荧光，一双机灵闪烁的眼睛，显得机灵过人，特别惹人喜爱。

金丝猴依树而居，主要活动在高大乔木树冠的顶层，四肢灵活，身手敏捷，在树丛之间闪转腾挪、攀缘如飞，借助树枝的反弹力，荡起而跃，一跃十几米，有"飞猴"之誉。其悬枝回荡的瞬间，和身子一般长的尾巴轻轻摆动，掌握平衡。动作之轻盈优美，如金色精灵在绿影婆娑的树林中隐现。《西游记》中的孙悟空，形象就和金丝猴极为相似，不愧被称作"美猴王"！

金丝猴，属哺乳纲、灵长目、疣猴科，亦称"仰鼻猴"。为我国特有的闻名于世界的珍贵稀有野生动物，为国家一级保护动物。仅分布于贵州梵净山，四川岷山、邛崃山，陕西秦岭，甘肃南部的摩天岭，以及湖北的大小神农架的

《金丝猴》邮票

原始密林之中。共有三个种类：黔金丝猴、滇金丝猴和川金丝猴。秦岭金丝猴属川金丝猴。

金丝猴古时称"狨"，在《山海经》和《尔雅》中都有记载。早在唐开元年间，陕西三原县尉陈藏器在《本草拾遗》中就说："狨生山南（今秦岭）山谷中，似猴而大，毛长、黄赤色。人将其皮作鞍褥。"

秦岭金丝猴主要分布在陕西境内秦岭山脊的南北两侧的周至、太白、宁陕、佛坪、洋县等地，总数约为五千只。秦岭是我国金丝猴分布的经纬度的最北限。若评说起金丝猴的"金丝"，其色彩之绚丽，光泽鲜亮如丝之柔滑，应以秦岭金丝猴最为正宗。

金丝猴是群栖性动物，常常几十只、几百只地群居在一起，一群中常有七八只相对集中独立成小群生活。每群中有一只最壮实的大公猴为猴王，发号施令，统帅保卫着猴群。猴王享有"一夫多妻"的特权，经常是"妻妾成群"。

金丝猴群中有"望山猴"，亦称"哨猴"，担任警戒。遇到惊扰和危险，"哨猴"即发出"嚯嚯"的尖叫声，此

金丝猴（西安·林安令摄）

金丝猴（西安·惠京鹏摄）

时猴王一声令下，群猴就紧张而有秩序地互相照顾，迅速逃遁，片刻便不见踪迹。金丝猴群组织严密，纪律性强，若受到攻击，有猴受伤，则争相救护；若被击毙，则有"抢尸"现象，毫不顾及自己。

秦岭山中老百姓称金丝猴是"灵性兽""孝兽""仁兽"。明代大医药学家李时珍在《本草纲目》中记述："果然，仁兽也。出西南诸山中。居树上，状如猿，白面黑颊，多髯而毛彩斑斓，尾长于身，其末有歧，雨则以歧塞鼻也。喜群行，老者前，少者后，食相让，居相爱，生相聚，死相赴。柳子所谓仁让孝慈者，是也。"柳子即柳宗元，字子厚，祖籍河东解州(今山西永济市)，生于长安(今陕西西安市)，逝世后归葬于长安。

金丝猴母猴对幼崽关心备至，慈爱异常。若受惊逃跑，一定携带小猴。遇猎人追捕，母猴眼看走投无路时，会急速推开幼崽护其逃生，自己束手待擒。《太平广记》有这样一则故事：母猴中箭，马上放下怀中幼崽。小猴依恋其母，走不远又返回母猴怀中。母猴忍痛推开幼儿让它快逃命，幼崽哀痛啼哭不舍，结果母子双双遭难，真正是悲情感天动

秦岭金丝猴（西安·胡成弟摄）

地。金丝猴母猴护崽，一因天性，二也是因为金丝猴生育率低，得子不易，一般春季发情交配怀孕六七个月，只能生产一子。宋代还有记载："人捕其一，则举群啼而相赴，虽杀之不去也，南人名仙猴。"

金丝猴特别尊老爱幼，有"孝兽"之誉，对长者敬重有加，长幼有序。有食必让老猴先食，采摘到野果之类的美味，传递给蹲在树顶的老猴先食，余下方才分食，让人唏嘘敬佩。

秦岭的金丝猴，能顽强地在原始森林中世代繁衍生息，适应高寒山区冬天的严酷恶劣的环境，抵御天敌，这都因为它们群集生活，性情异常机警，灵活敏捷。金丝猴受到的最大的危害和生存危机，主要是人类过去的乱捕滥杀，致使它们处于濒临灭绝状态。还有人类对秦岭的野蛮开发，对森林的滥采滥伐，致使原来连绵的林区变成原始林、人工林、灌木丛、竹林、裸露地，以及林区运输公路等斑块状态，隔断了野生动物，尤其是靠树木转移的金丝猴的种群交流，成为它们难以逾越的障碍。

好在如今秦岭山中各种国家级、省级的自然保护区都逐步意识到了这一点，有的保护区已开始实施人工造林规划，连接这些被切割的断点，建立绿色走廊，恢复秦岭的生态环境。这样，秦岭肯定会以其生机勃勃的景象，成为野生动物栖息繁殖的庇护之所、幸福乐园，成为金色的精灵、仙姿飘逸、美丽迷人的国宝金丝猴的洞天福地。

6. 秦岭金色羚牛

在"秦岭四宝"中，羚牛的名气相对于熊猫、朱鹮、金丝猴要小一些，但在同类中却属佼佼者。

秦岭羚牛，毛色淡棕而黄，阳光下金光灿灿，比之西藏、云南羚牛的深褐色，四川羚牛的红棕色，那可是异乎寻常的靓丽，不愧有"金色羚牛"的称誉。

《扭角羚》邮票

羚牛属牛科羊亚科，是一种超大型的野羊，躯体壮硕，一只成年羚牛足有三百多公斤。羚牛外貌像牛，故产地老百姓又俗称它为"野牛"。成年的羚牛，角向后扭曲，也被称为"扭角羚"。

羚牛是一种古老的动物，《汉书》称羚牛为"猫牛"。羚牛有四个亚种，其中秦岭亚种和四川亚种是我国特有种。这被称作扭角羚的野羊，比牛还要"牛气冲天"，还要威风雄健，还要性情凶悍。别看它体躯臃肿，行进时步履蹒跚，显得又粗又笨，但到了关键时刻，却又非常敏捷，特别善于攀爬悬崖，且能腾跃两米多高的树丛。遇到树木拦道，它会用前腿和胸膛去撞击，可以轻松地推弯或折断直径很粗的树干。在遭遇敌害时，强壮的"头羚"，会率领群羚冲向前去，异常凶猛，势不可当。在争夺配偶的格斗中，那种血腥场面，更让人惊心动魄。它们怒目圆睁，喘着粗气，低头挺角，咆哮着向对手冲击，身后尘土飞扬，声势震天动地，经常是不到一方头角落地、鲜血直流，绝不罢休。

所以有人就把羚牛和《封神演义》中黄飞虎的坐骑"五色神牛"相联系，考据羚牛的毛色，分白、黄、棕、褐、红，五彩斑斓，神异非常。再联系到姜子牙的坐骑"四不像"，不过就是温顺的麋鹿，但被称作"四不像"，

秦岭羚牛（西安·胡成弟摄）

无形中增添了它的神秘感。而羚牛，长相比麋鹿更为奇特。有人仔细研究，称羚牛为"六不像"，即庞大隆起的背脊像棕熊，两条倾斜的后腿像非洲的斑鬣狗，四肢短粗像家牛，绷紧的脸像驼鹿，宽而扁的尾像山羊，两只角长得像角马，这所谓的"六不像"，实际上似像非像，为六个动物的特征组合体。以羚牛比之于黄飞虎的"五色神牛"，为其制造点儿神化背景，看来颇有创意，并非离谱之事。

羚牛风采特异，一身金灿灿的毛，颌下和颈下垂着胡须状的长毛，尤显美丽。其吻鼻部裸露，尖角粗大弯向两侧，鼻以明显的中缝分开，前额隆起，四肢强健，前肢特别发达，肩高大于臀高，更显其威风凛凛的非凡雄姿。

其实，羚牛生性中还有憨厚的一面，对人不设防，很容易被猎杀和诱捕。加之长期以来生态环境的恶化，生存空间被压缩，目前羚牛仍濒临灭绝，因而被列入国家一级野生动物保护名录，国际自然保护联盟把它列为世界濒危保护动物并载入特别保护的"红皮书"。

羚牛是一种高山动物，是典型的高寒种类。栖息于海拔两千至四千五百米的高山悬崖地带，穿行于森林草甸之中，驰骋于峭壁悬崖之间，拥有一身厚密的长毛，使它能够抵御高海拔山区冬天的苦寒，顽强地生存到今天。

秦岭羚牛，主要分布在秦岭中段，主活动区是周至县和佛坪县，一般活动区有太白县、宁陕县、洋县、柞水县，以及宁强县、凤县、略阳县、留坝县、城固县、镇安县、户县（今鄠邑区）、眉县、长安区、蓝田县等，总计十七个县（区）。羚牛喜群居，常十多头一起活动；小群体一般有二三十头，群体庞大的可达百余头。羚牛群中有"哨羚"，职责是警戒放哨；还有"头羚"，由强壮雄牛担当，也称"羚司令"。迁移时，上山垂直成一条线，由"头羚"率领，成年雄羚在前，雌羚在后，羚犊夹在中间，一头接一头，序列严谨；而下山时，则散成扇形，有列阵而行的感觉。

秦岭羚牛（西安·胡成弟摄）

　　秦岭这些年，由于退耕还林，植被得到较好恢复，加之 20 世纪 60 年代羚牛的天敌华南虎已难觅踪迹，豹子和豺的数量也太少，对羚牛构不成威胁，使其数量大增，达六千头之多，已出现局部单位面积载畜超标（这反过来又危害到植被），以及和大熊猫等其他野生珍稀动物争食的现象。

　　性情粗暴的羚牛，尤其是那些在配偶争斗中失败的"独羚"，经常闯入低海拔的居民区。从 1999 年至今，已出现伤人事件百余起，死伤者数百人。这让老百姓对羚牛爱恨交织，继而谈羚色变。但老百姓都明白羚牛是国家的一级保护动物，也对它们无可奈何。

　　秦岭，这块风水宝地，野生动物的乐园，使得传说中黄飞虎所骑的"五色神牛"的后代们，成了精怪、瘟神，让人哭笑不得。虽说从整体上看还不至于被降级，失去国家一级保护动物和秦岭国宝的地位，但处境已然是十分尴尬了。

7. 石狮文化

（1）从石狮子说起

中国传统动物雕塑中数量最多的品种要数石狮了。在近两千年的历史长河里，狮作为神兽、灵兽、吉祥瑞兽，在上自皇宫，下至官衙、寺庙以及民间豪宅，甚至陵寝墓地，其门首道口，都有它的身影。且不说石狮雕塑因南北文化各异而产生的艺术造型的多姿多样，单就其文化现象而言，石狮已成为中华文化中精神崇拜的不可缺少的一个重要组成部分。

清代二品武官官服补子——狮子

狮子与虎豹类同，属猫科动物。其原生地是非洲、西亚和南美一带，是巴比伦古老文明的精神图腾。中国原本无狮，虎是兽中之王。真狮何时传入中国，一直没有定论。一说张骞出使西域时引进。但是，汉武帝时，汉朝与匈奴战事频仍，张骞第一次出使西域，被匈奴扣留十年。张骞是在匈奴的夹缝中得以逃脱才完成他的出使使命的，故张骞第一次出使引进狮子的可能性很小。张骞第二次出使西域时，局势已有转机，此时汉朝控制了整个西域，为张骞引进狮子创造了条件。另一种说法即东汉章帝时从月氏国引进，倘若如此，狮子的引进便要推迟二百多年。但无论如何，狮子是张骞连通西域、开辟丝绸之路的成果。不少史籍专著均有记载，例如，《尔雅·释兽》载："狻猲似残猫，食虎豹。"
郭璞注：狻猊，"即狮
子也，出西域"。李时
珍《本草纲目》中有："狮
子出西域各国，为百兽
长。"《后汉书·西域传》

留坝张良庙石狮

中有："安息国遣使献狮子符拔，形似麟，而无角也。"
时间是在汉章帝章和元年（87年）。

留坝张良庙石狮

汉以前，中国文化概念里
并无"狮子"，十二生肖就是
一个例证。

真狮的引进，在当时的社
会，是一件轰动朝野上下的大
事。民间奔走相告、口口相传，
但除皇亲国戚，一般人是不可
能看到的。正是画匠的描绘摹
写，及后来石匠的精雕细凿，
使狮子的形象在民间广为流传。

到东汉末，已有以石头为载体的狮子造像出现。从此狮子
作为灵兽、神兽、瑞兽一体的理想化神圣形象，被中国文
化认同，石狮雕像风行于九州华夏，进入中国神祇文化的
主流。

狮子雕像迅速传播的另一原因是东汉时佛教的传入。

狮子在佛教中地位特殊，据佛教经典《传灯录》记载："释迦佛生时，一手指天，一手指地，作狮子吼云：'天上天下，唯我独尊'。"《维摩经·佛国品》中说："演法无畏，犹狮子吼。"比喻佛祖讲经，如雷震天地。《大智度论》有："佛为人中狮子，佛所坐处，若床若地，皆名狮子座。"魏晋南北朝时，狮子自然就成为护法灵兽。各大寺院宣扬佛法，举办法会，在佛祖诞生之日，都是由"辟邪狮子导引其前"。而文殊菩萨的坐骑也是狮子，宋代释了惠《文殊为龙女说法赞》一诗中就有："作狮子吼，震龙王宫。"于是，狮子也成为佛家的开路神兽。

窗花《狮子》（横山·曹宏霞作品）

狮子曾被西域艺人引入汉唐宫廷中做杂技、伎乐、动物表演。白居易《西凉伎》中有："西凉伎，假面胡人假狮子。刻木为头丝作尾，金镀眼睛银贴齿……泣向狮子涕双垂，凉州陷没知不知？狮子回头向西望，哀吼一声观者悲。"唐代元稹《和李校书新题乐府十二首·西凉伎》中也有："前头百戏竞撩乱，丸剑跳踯霜雪浮。狮子摇光毛彩竖，胡腾醉舞筋骨柔。大宛来献赤汗马，赞普亦奉翠茸裘。"反映的就是狮子表演的场景。

狮子形象的中国化进程，有着极为深邃的文化内蕴。

在真狮尚未引进中国时，民间祭祀、镇邪、祈福纳祥的文化需求中创造的各类神兽，已与狮子的形象有了某种暗合。如商周青铜器上的饕餮纹饰，其面像狮的形状，咧嘴鼓目，诡谲

陕西西安市临潼博物馆石狮子

狰狞，有威猛森严慑人之气。再如楚地漆器中的蜚蠊，其腾跃的姿态，头与腰身、尾巴初具矫健迅猛神韵。而后出现的独角天禄、无角带翼的辟邪，更是和狮子的艺术形象难以区分，它们都是被用来为死后的帝王侯爵镇守陵墓以及伏魔降妖的。因而，真狮引进后，自然地、迅速地被中国文化接纳融合，使狮子的地位成为中国文化中的第三大神兽，仅次于龙、麒麟。

狮子形象首先是威猛而神异，尤其是雄狮从头至脖子长着一圈密且长的鬣毛，加上它的阔脸大头和曲线优美而雄壮的躯体，使雄狮形象威猛中又有一种潇

安塞农民画《喜狮子》（张芝兰绘）

洒的气势、风度和雄性美。中国男人讲究美髯，雄狮因它

的毛发而成为动物中最俊逸漂亮的美兽。

狮子形象大量借助石雕、石刻出现，如绥德延家岔出土的东汉画像石上浮雕的狮子形象，再如唐代乾陵、顺陵等帝王陵前的巨型镇墓石狮子等，狮子形象成为中华民族文化具有高雅格调的最典型的体现。陕西历史博物馆藏有西晋"青瓷狮形烛台"。西安碑林博物馆藏北周"蹲狮"，高二百五十三厘米，汉白玉石质。石狮呈蹲势，胸前凸起，张口卷舌，双睛凸出，头背均披卷毛，颈周鬣毛飘逸，前两肢直挺，后双肢弯曲蹲于座上。该狮造型别具一格，颇具雄浑气势。

1974年出土于陕西西安市南郊八里村的国宝级文物，"隋·铜鎏金佛教造像"，现藏于西安博物院，为该院"镇馆三宝"之一。方形平台前左右各有一只护法狮蹲踞，二狮前足直立，臀部着地，昂首翘尾，露齿张嘴呈吼叫状，造型生动逼真。这件"隋·铜鎏金佛教造像"是佛教题材文物的珍品。中国邮政于2013年6月16日发行的全套六枚《金铜佛造像》邮票，另有面值六元的小型张一枚，小型张主图就是这件"隋·铜鎏金佛教造像"，

陕西省蒲城县桥陵石狮

可见其地位之显赫。

　　在中国，石狮子从最初的宗教领域逐渐扩大成了帝王官家的守护神，不但镇陵墓，还要镇官署、镇祠堂、镇园囿。民间也借石狮子镇钱庄、镇商号、镇村寨、镇宅院，守护一方土地。清代之后，石狮子形象的内涵更为丰富，造型既威严又可爱，装饰感强，姿态千变万化，不光是除魔祛邪，护佑一方生灵，而且成了祥瑞喜庆之灵兽，朝着民俗方向发展，演变成了老百姓普遍认同、崇拜、喜欢的民间文化中不可或缺的神圣象征物。

　　中国民间有崇拜石头的习俗，以石之坚硬，象征精神力量的无穷，遂产生了很多痴石、拜石、玩石、藏石的传说。有四大观赏名石太湖石、灵璧石、大理石、昆山石享誉中外，更有四大印石寿山石、青田石、昌化鸡血石、巴林石等，成了中国传统文化的承载物。最早的镇宅石，并未雕成神兽形象，例如"泰山石敢当"以及中国道路村口的一些并无具体造型的巨石，都是一种辟邪镇护的神物。因此有"石狮之魂，在于石而非狮"这一说法。狮子和石头结合，两种神力强强联合，两种崇拜合二为一，使独具特色的中国石狮逐渐成为镇守护佑文化的主体。以石文化为主体的狮子与石头结缘而生的文化，遂凝聚成为一种精神，放射出一种震撼天地的巨大能量。

　　石狮子的流布展现在中华大地的各个角落，尤其是在黄河流域大部分地区，民间代代相传有雕刻石狮子的文化

《雄狮》（徐悲鸿绘）

传统。狮与"事"谐音，预示着事事如意。如摆在家中柜桌上、佛龛中的财神狮子，成双成对、分列左右，就有万事如意的祈盼。还有镇庄狮子、照地狮子，多置于山峁畔、地界、山口，其意不外是消灾免难、镇宅护院、降魔除妖、期盼丰收。再有俗称"拴娃石"的炕头石狮子，被称为孩子生命守护神。还有当灯座烛台用的"灯树狮子"。一般来说，北方的石狮子雄浑大气、威猛森严、震慑四方；南方的石狮子在矫健雄姿之外，还多了点窈窕多姿、造型夸张、善于变化的灵动感。石狮子因放置地点的不同，造型也迥异。孔庙门前的石狮子就不同于皇陵前的石狮子，显得平和文静、俊朗潇洒，有一种飘逸感。而民间的石狮子则具有人性化的亲和力，温驯乖巧、诙谐有趣、喜庆吉祥，有着一种玲珑剔透的轻盈感。例如1985年西安市临潼县（今临潼区）唐代庆山寺遗址出土的"唐三彩狮子"，为一对狮子，充满自然乐趣，非常之传神。其中雄狮子侧转身子，扭头张口，啃咬后爪；雌狮则双眼蒙眬，抬后爪悠闲地抓头搔痒。而民间剪纸上的狮子，更是被刻画得喜庆吉祥，惹人爱怜。

延安市的安塞区、洛川县一带，还有在婚俗中用狮子来表示喜庆情爱之类的。民间谚语中有："对对狮狮对对莲，小两口枕下结喜缘。"还有把民间称呼的青狮比喻成"情狮子"呢！千姿百态的石狮子组成了丰富的狮子形象系列，是中国传统文化精髓所在，也是一笔可传承久远、魅力无穷又深入民心的宝贵文化遗产。

我们中国人可能都记得，拿破仑把中国比喻成"睡狮"。在拿破仑看来，19世纪的中国不像大多数人想象的那么软弱，它是一只睡眠中的狮子。拿破仑说："以今天看来，狮子睡着了连苍蝇都敢落到它的脸上叫几声。中国一旦被惊醒，世界会为之震动。"

画家徐悲鸿就画过不少"醒狮图"。还画过"吼狮图""负伤之狮"和狮群会师日本富士山的"会师图"，意喻中国已是"醒狮"，不可让人侵犯，每一笔每一点墨都饱蘸着徐悲鸿先生抗日爱国的精神。

石狮子（周至·张长怀收藏）

中国的狮子文化是中国的，也是世界的，应当引起广泛关注，在更高的层次上受到保护和挖掘，并发扬光大。

（2）陕北炕头石狮子

当数百个多姿多彩、形态各异的小石狮子呈现在眼前，活灵活现地围着你撒欢嬉戏、满地翻滚,让你竟有一丝惊讶。想不到,这些来自沟壑纵横的黄土高原深处的土得掉渣的俗物,集合起来,竟有一种震撼,不由得你不对它肃然而生出敬意。

这就是陕北的炕头石狮子,它不同于镇豪宅、镇宫殿、镇官衙、镇庙宇、镇陵墓的巨型石狮,它们小不过寸、大不盈尺,袖珍可爱,玲珑精美。

炕头石狮子,也叫"拴娃石",可以说是陕北孩子的生命守护神。因了身份职责的变化,它们被赋予了一种人格化的亲和力,虽仍有狮子本身的威猛和矫健,但猛而不凶,多了温驯质朴的敦厚,乖巧稚拙的顽皮。

炕头石狮子(周至·张长怀收藏)

陕北民间习俗中,小娃娃从出生到十二岁之前,要请神灵"保锁",以求平安,而炕头石狮子就起"神狮锁卫"的作用,因为狮子在佛教中就是护法灵兽。被保锁的孩子每过一次生日,大人就要从寺庙求丈二长的红绳绳,将其缠在石狮子上。孩子满十二岁,就是所谓的"魂全"了,才把红绳绳解下来,编成一根红腰带系在孩子腰上,叫"开锁"。其过程神秘而富有寓意,体现了人类繁衍生息、传宗接代的生命意识。

炕头石狮子伴随了
陕北孩子成长的全过程，
当孩子长到一百天，晚
上会将绳子一端系在在
小娃娃的腰间，一端系
在炕头石狮子上，避免
孩子睡觉时从炕上摔下

炕头石狮子（周至·张长怀收藏）

来，直到孩子会走路为止。一个精美的炕头石狮子，可能
拴过一个家族的几辈人，历时越久，越有灵性，拴过的娃
娃就能成大才成大器。

狮子形象最早出现在绥德出土的东汉画像石上，经
千百年历史变迁，人们对狮子的敬畏和迷信、欣赏和喜爱，
甚至是崇拜，形成了一种独特的狮子文化。在陕北，狮子
形象可以说无处不在，无论是剪纸窗花、面花礼馍、刺绣
布堆画，还是建筑装饰、服装鞋帽，再就是门墩、影壁、望桩、
佛龛上都有形态各异的狮子形象，而其中拴娃娃的炕头石
狮子成了最具艺术魅力、最富历史内涵、最典型的代表，
凝结着陕北人追求生命本体最炽热的情感。

陕北人在雕制石狮子前，非常注意选石，还要求在繁
星满天的夜晚，把所选石坯，放于沟底水畔，尽可能地接
近地脉，吸纳大自然之生气，把这一过程称为"贯注生命"。
然后，用一百天时间精心雕镂，细心打造。一般都是自己

炕头石狮子（周至·张长怀收藏）

家人亲自动手，或请亲戚中的石匠高手。在陕北，尤其是绥德县，技艺高超的石匠遍地都是。可以说，在这个拴娃娃的石狮子上倾注了他们全部的爱心和情感。其过程之庄严神圣，态度之虔诚谨慎，都令人感叹。尤其是为石狮"贯注生命"的现象，昭示了宇宙世界某种神秘的精神本质，那种对生命的敬畏，对自然的敬畏，让人从中得以启悟。

狮子是舶来品，可能石匠们谁也没见过活的实物，这样就留下了想象的空间，再加上炕头石狮子不是庙堂之上供奉的神物，石匠雕刻时，就有了自由创造之心境，可以不受限制约束，任艺术想象自由驰骋，率意随心，汪洋恣肆。他们不遵常规，随石造型，或蹲或卧，绝少雷同，经常有神来之笔、奇巧构思。例如双头双面狮、仰面朝天狮，有以石棱为界、脸分两半的，有以石正面为主、石顶又刻双眼的。石匠抓住石狮子所谓"十斤狮子九斤头，一双眼睛一张口"，以及阔嘴凸睛、旋状鬣毛的特点，布局简洁而写意，造型夸张而不失本真。石匠们一般采用浮雕、圆雕、线刻结合，使之具有强烈的立体感。圆润细腻、练达犀利的刀法，整齐流畅、富有韵律的凸线条，淋漓尽致地表现

出石狮子厚重而精美的质感。这样雕出的石狮,神完气足,
生动传神,小而精致中充盈着磅礴大气。

从陕北这些精美的炕头石狮子中,可以看到西汉霍去
病墓石雕的简约、写意,极度夸张中显现雄浑大气;看到
东汉画像石的洗练、遒劲,深沉含蓄而意境开阔的艺术风格;
看到唐代昭陵六骏的丰满、雄健,精细圆润里反映出的恢
宏气度。这些来自民间最底层的艺术创造,无疑也是对华
夏文化历史传承的一种神秘契合。仔细鉴赏品评,那逼人
的浓郁的艺术气息,不时会令人怦然心动。

最让人佩服的就是这些石狮子身上闪现的人性化光
辉。炕头石狮子拴娃的特性决定了它与人的亲密关系,民
间有"恶龙、喜凤、笑狮子"的说法,这一"笑",就笑
出了它的亲和力。炕头石狮子绝不会雕成暴露凶相的龇牙
咧嘴的样子,就是张口,也牙关紧合嘴角上翘,露出笑意,
或长舌吐出,一显顽皮
诙谐劲。这些石狮子无
论五官布局,还是表情
动态,都进行了拟人化
的艺术处理,有的竟然
就是狮身人面像了:或
慈祥母亲形象,喜眉笑
眼、慈眉善目;或充满
天真稚气的儿童形象,

炕头石狮子(周至·张长怀收藏)

伶俐活泼，逗人喜爱。还有"猴面狮""马脸狮"，以新奇造型示人，虽仍以蹲狮老套路雕刻，但却给人精灵怪异之感觉，在艺术风格上也极为协调统一。还有"猫狮"，机灵温驯，有一种特别的卡通味道。

炕头石狮子来自民间，历史久远，被人们作为辟邪镇宅的通灵祥瑞之物，是中华民族艺术之林中的瑰宝，它带给人的惊喜是强烈而持续不断的。这一个个形态各异的炕头石狮子，可以说是石头世界里最富生命活力的精灵，是石狮文化组成的宏大交响乐中最具艺术魅力的华彩乐章。

8. 中国狸花猫

传说中，猫有九条命。

猫是一种很神秘的动物，史书记载是西汉张骞出使西域带回来的。一些有关它的传说，包括猫有九条命，也多数起源于西方。西方神话中有造物主派希瓦之神赐给猫九条命的传说。佛经中则记载：佛正集诸弟子讲经，有一猫蹲佛座下，屏息静听。弟子询佛缘故，问此猫是否亦通经典。佛曰："猫有灵性，其命有九，人只得其一。故猫之灵性，殊非人类可及耳。""猫命有九，系通、灵、静、正、觉、光、精、气、神。"

狸花猫，产于中国，加之有黄色的斑纹图案，因此又称黄狸猫、虎斑猫。它脸圆而阔，虎头虎脑，双眼炯炯有神，闪着绿光，虽然属"袖珍版"，但仍给人兽中之王——老虎一样威风凛凛的感觉。

《中国狸花猫》邮票

陕西有许多与猫有关的传说、典故和童谣、民谚。如，"狸狸猫，上高桥，担水、弯腰，石榴骨朵儿结樱桃，结几朵？结三朵，爹一朵，娘一朵，剩下一朵喂鹦哥，鹦哥不吃碎樱桃，对着狸猫叼一口，喵呜一声叫，死命朝外逃。""颠倒话，话颠倒，枣树上面结核桃；公鸡卧到狗窝里，老鼠骑了个大狸猫。"

关于狸猫名称的由来，有好几种说法，第一是它的毛色斑纹、腰身像狸而得名。第二是民间有"家猫为猫，野猫为狸"之说。《韩非子》里有"将狸攻鼠""令狸执鼠"的记载。《说苑》里的"使

窗花《猫》（甘泉·苏亚丽作品）

骐骥捕鼠，不如百钱之狸"和《盐铁论》里的"鼠穷啮狸"则提供了这样的信息，当时只有半野的狸，没有纯粹的猫。第三是说猫就是狸，上面所说的狸也都可能是已经被驯化的。字书说狸是里居的兽，所以狸字从里；名为猫是因"鼠善害苗，而猫能捕之，去苗之害，故字从苗"。这几说固然有一定依据，但猫字还有象声字的一面，所以《本草纲目》说："猫有苗茅二音，其名自呼。"《诗经·大雅·韩奕》有"有猫有虎"之句，《郊特牲》也有"迎猫为其食鼠"的话。看来称猫，是有些尊重的意思，不然不能用一个很恭敬的"迎"字。

　　还有一种说法，说狸喜欢吃猫，猫一看到狸就吓得动不了，所以猫又称"狸奴"。南宋诗人陆游有《赠猫》诗："裹盐迎得小狸奴，尽护山房万卷书。惭愧家贫策勋薄，寒无毡坐食无鱼。"还在《十一月四日风雨大作》一诗中说："溪柴火软蛮毡暖，我与狸奴不出门。"黄庭坚有《乞猫》诗："秋来鼠辈欺猫死，窥瓮翻盘搅夜眠。闻道狸奴将数子，买鱼穿柳聘衔蝉。"罗大经则在《猫经》中言道："陋室偏遭黠鼠欺，狸奴虽小策勋奇。"人类和被驯化的猫从古至今都有着深厚的感情，中国古

窗花《猫》（西安·李美芳藏）

代民间就有美好的"聘狸奴"的习俗。

这些说法都各有其依据，除此之外也有说法认为狸奴也可能是对狸花猫的一种爱称。陕西就有把长得乖巧、让人心疼的娃娃叫"奴奴娃"，长得好看得很，叫"奴得很"。

《美国科学院院报》上有报告说，五千多年前在今中国陕西华州区泉护村所在地，就有猫帮助人类捕捉偷食粮食的老鼠，这是迄今发现的猫与人具有共生关系的最早证据，说明中国养猫的历史至少有五千年。

《西安晚报》载："泉护村遗址最早发掘于1958年，……猫骨发现于1997年，发现了至少两只猫的八块骨头。最新分析表明，这些猫骨头的尺寸相当于现代欧洲家猫的骨头尺寸，……当时泉护村所在地的人类、家养的狗与猪、老鼠大量食用以粟为主的食物，猫则捕食打洞进入粮仓偷吃粟的老鼠。不过，其中一只猫吃肉较少，吃的以粟为主的食物较多，这说明这只猫可能吃了人类的残羹剩饭或者被人喂养。"

这一考古发现打破了猫是两千多年前西汉时张骞从他开辟的丝绸之路带回中国的记载，将中国养猫的历史提至五千年前。

陕西有一个关于猫和老虎的传说，非常生动。说猫和老虎本是一对兄弟，虎哥哥很懒惰，整天睡觉；猫弟弟很勤劳，每天早出晚归地在田里耕种。一天猫弟弟累得倒在田边的树下休息，突然出现一个白胡子老头，为了奖励它的勤奋，送给它两颗金豆，含着金豆就会变得力大无穷。善良慷慨的猫自己含着一颗，把另一颗送给了虎哥哥。贪得无厌的老虎心想，如果拥有两颗金豆，就能在山中称王了，所以叫老鼠趁猫睡着时将金豆偷走。

猫醒来后发现珍贵的金豆不见了，伤心得哇哇大哭。幸好白胡子老头又出现了，教给它一身武艺。猫的身体虽然变小了，却非常灵巧敏捷。虎哥哥看了非常羡慕，要猫教它，老实的猫二话不说把武艺一样一样地教给哥哥。教着教着，老虎以为自己全学会了，就大吼一声，想除掉猫。猫赶紧逃到

《工艺美术》邮票上的"小花猫"（刺绣）

树上，老虎追到树下，却怎么也上不去。原来猫还有一项本领没教给老虎，那就是爬树。从此猫虎这对弟兄兼师徒结下仇怨，而猫更恨老鼠帮老虎偷走了它的金豆子，于是以"逮老鼠"为自己一生第一任务，猫成了鼠的天敌。

猫不入六畜之数，大概因为在古人眼里，猫是一种神秘而有威力的动物。尤其是古埃及人以猫为神，有猫首人身的神像，猫神名伊路鲁士。另外，从古印度传入中国的佛教，其佛经上有佛祖释迦牟尼对猫的评价：猫有灵性，其命有九。而伊斯兰教同样有类似传说，先知穆罕默德曾

在自己做礼拜时将食物喂给了正在哺乳的母猫，并把它的孩子们放到自己的斗篷上，爱护备至。于是穆斯林们相信猫是纯洁虔诚的动物，并欢迎它们待在清真寺中，他们甚至相信猫额头的条纹是先知穆罕默德抚摸它时留下的印迹。

猫喜暖，也喜欢卧在主人怀里，喜欢人为它理毛抚摸，这时，猫喉咙中常会发出呼噜呼噜的声音。有人说这是猫在念经，为主人祈祷、祝福、感恩，但美国科学家却发现这是猫自疗的方式之一。称猫有九条命，与猫的呼噜声有密不可分的关系。科学家从人类实验中也发现，将人体暴露于如同猫呼噜声的声波下，有助于改善人类的骨质。科学家还指出，由于猫可借自己发出的声波疗伤，因此猫有九条命的传说并非荒诞不经。还有猫从高楼上坠下不死，且迅速复原的例子。

因了陕西华州区泉护村遗址，陕西就成了中国猫最早、最重要的原生地。而中国狸花猫应也是由此衍变而来的。

9. 牛文化在陕西

说到中国的牛文化，就会想到鲁迅的"我好像是一只牛，吃的是草，挤出的是奶""俯首甘为孺子牛"，就会想到春秋战国时田单的火牛阵，《西游记》的牛魔王与铁扇公主，以及"庖丁解牛"的故事。

春秋时期诞生的《诗经》，就有关于牛的记载，《诗经·王风·君子于役》中有："日之夕矣，羊牛下来……日之夕矣，羊牛下括。"《诗经·小雅·无羊》中有："谁谓尔无羊？三百维群。谁谓尔无牛？九十其犉……尔牛来思，其耳湿湿。"

商后期　牛觥（陕西省洋县出土）

1983 年陕西洋县张家村出土一件商代"牛觥"，也称"神兽形觥"，呈站立状。盖前端为兽首，叶形双耳竖立，额顶饰盘曲的双蛇。蛇弯眉，圆目，尖吻。盖顶前部置一卷尾立龙，后置一扁体夔龙。盖后端饰饕餮纹，双角竖起，椭圆形腹，短尾下垂，半圆形四足。器腹饰鸟纹，后饰一卷尾夔纹。通体以云雷纹为底纹。1967 年岐山县贺家村出土一件西周"牛形尊"，牛腿粗壮有力，体形浑圆，伸颈翘首呈牛吼状，伸舌为流，环尾成鋬。牛背上方开方口，器盖纽为一只竖耳缩身呈欲扑状的老虎。通体饰卷龙纹，神态生动，是西周青铜中极为罕见的珍品。1974 年宝鸡市茹家庄出土一件西周"玉牛"，为青玉质，牛呈站立状，口微张，头前伸平视前方，两弯角后伏，

脖颈粗短，嘴部穿一圆
孔，可佩带。雕工精巧，
神态逼真。1952 年陕西
历史博物馆征集到一件
南北朝时期的"彩绘独
角兽"，独角兽也称"獬

西周　牛形尊（陕西省岐山县出土）

豸"，但除过一独角，背浮雕有翅膀外，其余均为牛身、牛头、
牛腿、牛蹄，也应称"彩绘独角神牛"。

　　1962 年出土于陕西绥德县的汉画像石"牛耕图"和西
安市长安区韦曲镇出土的北魏"褐釉陶牛车"，让人们从
牛耕图、牛拉车上一睹人类如何役使牛的历史事实。

　　而流传在陕西的与牛相关的传说、故事也有不少，例
如："金牛道五丁开关"，"牛郎织女"石像塑在长安昆明池，
西汉名相丙吉于长安城外"问喘"，韩滉画的《五牛图》，
等等。

　　（1）牛郎织女的故事

　　牛郎织女的故事源于汉代的长安。汉武帝为征讨西南
诸国，在今天的西安市长安区斗门街道一带开凿了用于训
练水军的昆明池。《汉书·武帝纪》记载："（元狩三年春）
发谪吏穿昆明池。"元狩三年，即公元前 120 年，昆明池
是在汉长安城开凿的我国历史上第一大人工湖泊。汉武帝

把它比作天上的银河。为了上应天象，就在池的东西两侧分别立牛郎和织女石像，星辰之名有了人形化的牛郎织女。陕西扶风县人，汉赋四大家之一的班固在《西都赋》中说："集乎豫章之宇，临乎昆明之池。左牵牛而右织女，似云汉之无涯。"另一位汉赋大家张衡在《西京赋》中也有："乃有昆明灵沼，黑水玄址。周以金堤，树以柳杞。豫章珍馆，揭焉中峙。牵牛立其左，织女处其右，日月于是乎出入？象扶桑与檬汜。"

《民间传说——牛郎织女》
邮票上的"鹊桥相会"

随后民间就逐渐演绎出了牛郎织女的爱情故事。东汉时《古诗十九首·迢迢牵牛星》中有："迢迢牵牛星，皎皎河汉女。纤纤擢素手，札札弄机杼。终日不成章，泣涕零如雨。河汉清且浅，相去复几许？盈盈一水间，脉脉不得语。"这对牛郎和织女隔昆明池相望的石像，取传说中牛郎织女隔天河"盈盈一水间，脉脉不得语"之意。当地老百姓称这对石像为"石爷石婆像"。1956年，"石爷石婆像"被列为陕西省第一批重点保护文物。

随着时间的推移，在牛郎和织女相会的传说的基础上又诞生了七夕节。《全后汉文》有"织女七夕当渡河，使鹊为桥"之句。七夕又被人称为"中国情人节"。与七夕有关的诗歌作品很多，其中最有名的就是白居易的《长恨歌》："七月七日长生殿，夜半无人私语时；在天愿作比翼鸟，在地愿为连理枝。"从此，民间每逢

墙花《牛郎织女》（清涧·鲁文珍作品）

农历七月初七都会举办"鹊桥会"，"七夕节""乞巧节"在民间普遍流传开了。宋代秦观的词《鹊桥仙·纤云弄巧》云："纤云弄巧，飞星传恨，银河迢迢暗度。金风玉露一相逢，便胜却人间无数。柔情似水，佳期如梦，忍顾鹊桥归路。两情若是久长时，又岂在朝朝暮暮。"秦才子如此凄情艳美之词，自然起到推波助澜之作用，使牛郎和织女鹊桥会的故事成为中国民间爱情故事中的不朽篇章。

如今西安市长安区斗门街办南丰村附近有远近闻名的"石婆庙"，就是牛郎和织女传说的诞生地，位于西汉上林苑昆明池遗址。石婆庙大门两边的对联写有"金梭穿机杼

牛郎织女刺绣（延川佚名作者）

巧织世上锦绣；银河渡鹊桥缔结人间情缘"。有意思的是，2007 年时人们发现石婆庙里供奉的石婆像实际是石爷牛郎

的像。多少年来，人们一直将错就错，把牛郎当织女供奉着。真正的织女石雕在斗门棉绒加工厂内，不知如今二者的位置换了没有。

石婆庙每年有两次大的庙会活动，在农历正月十七和七月初七前后，活动一般持续三到五天。全国至今还保留着祭祀牛郎织女民俗活动的，可能就数长安斗门石婆庙了。值得庆贺的是，2010年6月，长安区斗门的"牛郎织女传说"项目入选文化部第三批国家级非物质文化遗产名录。

2014年1月6日，经国务院批准设立的首个以创新城市发展方式为主题的国家级新区——西咸新区创立。之后，好事喜事便接连不断，2017年昆明池遗址公园建成并对外开放。该景区包含着丰富的历史文化内涵。一方面保留昆明池、镐京遗址、周灵王台、普贤寺、牛郎织女石像等历史遗迹；另一方面按照规划，昆明池文化生态景区围绕"石婆""石爷"，修建了"鹊桥长廊"，连接昆明池东西两岸。还建设了七夕文化园、七夕鹊桥公园、七夕文化展示中心，这些展示区域在传播七夕文化方面将起到重要作用。西汉时的昆明池遗址景区最大水景面积曾经达到十六平方千米，现昆明池水景面积约十平方千米。

（2）金牛道的传说

唐人李峤的诗《牛》中有："齐歌初入相，燕将早横功。欲将桃林下，先过梓树中。在吴频喘月，奔梦屡惊风。不用五丁士，如何九折通。"其中"不用五丁士，如何九折通"说的就是发生在陕西汉中市秦蜀交界的"五丁开道"修通金牛道的事。

金牛道又叫石牛道，相传战国时秦惠文王欲伐蜀，因山道险阻，作五石牛，言能粪金，以欺蜀王；蜀王命五丁开道引之，秦军随而灭蜀。"石牛""金牛"由此得名。

最早记载这个故事和提出金牛道之名的是西汉著名文学家扬雄的《蜀王本纪》。以后不少古籍都有记载，例如：《太平御览》《华阳国志·蜀志》《水经注》《十三州志》等。但记得最简洁、最通俗的是《括地志》："昔秦伐蜀，路无由入，乃刻石牛五头，置金于后，伪言此牛能屎金，以遗蜀。蜀侯贪，信之，乃令五丁共引牛，堑山堙谷，致之成都。秦遂寻道伐之，因号曰石牛道。"

而《水经注》卷二七《沔水上》引来敏《本蜀论》说

秦蜀金牛古道石碑

得详细些，其中有："秦惠王欲伐蜀……秦使张仪、司马错寻路灭蜀。"

金牛道自古为中原通往西南的孔道，又通称蜀道、秦蜀道。由陕西汉中西行过褒水，经勉县入山区至金堆铺交宁强界，经大安、烈金坝折南，过五丁关至宁强县城，再转西南，经牢固关、黄坝驿、七盘关入川界而达成都，约六百千米，多属险峻山径。《雍大记》记述五丁峡（或称金牛峡、宽川峡）云："连云叠嶂，壁立数百仞，幽邃逼窄，仅容一人一骑；乱石嵯峨，涧水湍激，为蜀道之最险。"

剑门关

通过金牛古道上的传说和地名分析，也证实了历史上开金牛道的大致过程，如秦置金牛驿于烈金坝，地名有五丁峡、五丁关、石牛铺等。另外，金牛道须经古战场葭萌关，上牛头山，过"一夫当关，万夫莫开"的天下雄关剑门关。而至梓潼大庙，经绵阳过鹿头关、白马关、旌阳驿、金雁驿、两女驿、天回驿，到达成都金牛坝。

其中金牛驿、石牛铺、牛头山和终点的金牛坝，都与牛有关，皆源自金牛道传说。

（3）汉代画像石《牛耕图》

说起汉画像石，专家学者纷纷发出惊叹的评价，一会儿称其为"无字的汉书"，一会儿又称其为"石头上的史诗"，还有"汉代社会生活的实录""一代历史写真""凝聚在石头上的汉代辉煌""一幅幅散发着清新泥土气息的汉代风情画"等。著名历史学家翦伯赞先生说得更为形象，他赞叹：汉画像石是一部"绣像的汉代史"。

汉画像石中，1962年出土于陕西省绥德县的《牛耕图》则是中国牛文化最核心价值的体现。

牛为"耕农之本"，牛耕可以说是始于陕西。我国四千多年前的文献中就有牛耕的记载，如《山海经·海内经》就记载，生活在陕西周原周族的祖先"后稷始播百谷。

汉代《牛耕图》（陕西绥德县出土）

稷之孙曰叔均，始作牛耕"。贾思勰的《齐民要术》则说：
西汉"赵过始为牛耕"。《汉书·食货志上》载，西汉武帝时，
搜粟都尉赵过在陕、甘一带推广牛耕和"以人挽犁"，提
倡"代田法"，进而各郡"遣令长、三老、力田及父老善
田者受田器，学耕种养苗状"。赵过行代田法，是"用耦犁，
二牛三人"。学术界还流行一种看法：战国时代牛耕已经
在一些经济发达地区出现。《战国策·赵一·秦王谓公子他》
也说："且秦以牛田，水通粮，其死士皆列之于上地，令
严政行，不可与战。"时在长平之战前夕，公元前262年
左右。"秦以牛田"显然是说战国末秦国已有牛耕。《国
语·晋语》说："宗庙之牺，为畎田之勤。"意思是宗庙
中作为祭祀的牛，已被用来耕田。再有，春秋时晋国有个
大力士名牛子耕，孔丘的弟子司马耕字子牛，冉耕字伯牛。
牛与耕相连作为人名，可见春秋时用牛耕田已是相当普遍
的现象了。

　　绥德县出土的《牛耕图》上，一根横木架在两头牛的
胛背，两牛共挽一犁，后跟二人。两头牛被刻画得栩栩如
生，动感十足，姿态矫健，为中国古代绘画艺术上不可多
得的耕牛形象；扶犁者更为突出，身高力健，扬鞭跨步，
若力士巨人般威风凛凛，有一种慑人的非凡气场；后边还
有一小人，亦步亦趋，全神贯注，手正伸入布袋掏籽点种。
整个画面浑厚大气，十分和谐，有着超强的艺术表现力。

　　目前，已知最有影响的牛耕图见于汉画像石的，就是

陕西绥德县和江苏睢宁县双沟镇的了。江苏睢宁县的《牛
耕图》由中国历史博物馆收藏。欧美出版的《中国艺术史》，
封面用的就是江苏睢宁的《牛耕图》。中国历史博物馆还
用《牛耕图》做过门票图案，可见其价值之珍贵。而陕西
绥德县的这幅《牛耕图》能脱颖而出，被中国邮政选中印
于《汉代画像石》邮票上，确实非常不容易。原因有二：
一为历史原因。陕西是牛耕的始作之地，早在汉代牛耕就
已很普及，在绥德县、米脂县一带出土了六七块有牛耕图
画面的画像石，比较集中，更有代表性。二是其本身的艺
术特色。虽然陕西绥德县
和江苏睢宁县的《牛耕图》，
在艺术上各有千秋，但绥
德县的《牛耕图》，构图
更为简洁，画面精妙生动，
形成一种强烈的视觉震撼，
更具范本意义的经典性，
有一种超越现实的精神张力。

《汉画像石·牛耕》邮票

绥德县这幅《牛耕图》中可见汉代耕犁的基本特征是：
犁辕为独辕，长且直，辕前端直接与犁衡连接，犁衡左右
各一轭，各挽一牛，此即所谓"二牛抬杠"。也正是西汉
赵过行代田法，"用耦犁，二牛三人"的再现。

绥德县这幅《牛耕图》的原石现藏西安碑林博物馆，
画面分三部分：上部为建筑斗拱；中部为斗拱下方的左右

两侧，左为羊群，右为一执戟门卒，执戟门卒也被认为是牧羊人；下部才是《牛耕图》。

墙花《牛耕图》（安塞·白凤兰作品）

米脂县也曾出土过一幅雕有"二牛抬杠"场景的画像石。只是画面牛耕方向相反，扶犁驾牛者躬身而行，同样没人牵引牛，身后也无播种者，为一人二牛。

绥德县出土的王得元墓画像石，也有一幅牛耕图，耕者一手高举长鞭，一手扶铧犁耕地；在牛耕人物左上方，映衬着一棵盘曲大树；画像下方是一片庄稼，低垂着沉甸甸的谷穗，寓意耕耘后的丰收景象，堪称人勤牛壮、五谷丰登，画面极为丰富，令人叹为观止。以上汉画像石画面都没有牵引牛之人，可见两千年前在陕北一带，耕牛已被驯养得十分驯服，耕者的驾牛技术也已非常之熟练。这表明中国的牛耕技术，在两千年前已居世界独一无二的领先地位。

当我们欣赏绥德县这幅《牛耕图》时，一定会为祖先留给我们的如此精美绝伦的艺术瑰宝而由衷地发出赞叹，也一定会为有着五千年文明的这块黄土地的博大精深而感到无比自豪和骄傲。

（4）韩滉与《五牛图》

以善画牛而闻名于世的京兆长安（今陕西西安市）人

韩滉，为唐德宗年间一位宰相画家，他留下一幅传世精品，就是中国古代名画《五牛图》。

这幅《五牛图》上的五头牛神态各异：有的缓步而行，似耕田劳作归来，卸了辕犁，一身轻松；有的低头吃草，在一丛竖立的野酸枣刺旁寻寻觅觅，旁若无人；有的纵蹄而鸣，好像呼朋引类，或一时情不自禁寻找配偶；有的吐舌回首，左顾右盼，一副怡然自得的模样；有的翘首而奔，牛眼圆睁，一副警惕之色，好像谁惹恼了它，犯了犟脾气。

这幅《五牛图》绘于白麻纸上，是中国已知最早画在纸上的画，其意义不言而喻。

绘图者韩滉，字太冲。其画工在唐代与画马的名家韩干齐名，后人称为"牛马二韩"。这二韩都是京兆长安人，让人称奇。

韩滉画牛，不光注重牛的外在形象，更注重对牛的内在神韵的把握和挖掘。他以精湛的艺术语言和准确的造型能力，用富有特性的枯涩笔勾出粗短的线条，着意刻画牛的骨肉质感。全图墨彩结合，依结构及毛色变化渲染，色调沉稳，给人一种浑实厚重的感觉。他重点对牛的眼睛进行精心刻画，以人格化的艺术手法逼真地将牛的憨厚、温驯、耐劳的性格展现得淋漓尽致。其简练强劲的笔墨体现出朴实无华的艺术品格。《五牛图》可以说代表了这一类画的最高水平，属于国宝级的绝世之作。

唐代画论家朱景玄在《唐朝名画录》中评价："驴牛

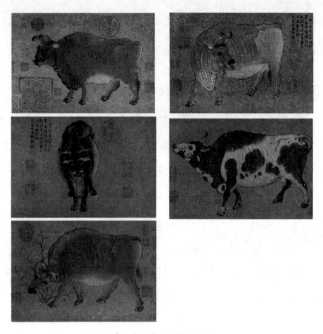

《五牛图》邮资明信片

虽目前之畜，状最难图也；唯晋公于此工之，能绝其妙。"
这里的"晋公"指被封为晋国公的韩滉。明代文学家、书
画家李日华在《六研斋笔记》中评论韩滉的五牛图："虽
着色取相，而骨骼转折筋肉缠裹处，皆以粗笔辣手取之，
如吴道子佛像衣纹，无一弱笔，求工之意，然久对之，神
气溢出如生，所以为千古绝迹也。"清代扬州八怪之一的
金农也叹赏道："愈见愈妙，真神物也。"

　　这幅《五牛图》曾历经劫难，1900年被八国联军劫出
海外。1950年初，周恩来总理收到香港友人来信，告知《五

牛图》在港拍卖，该消息引起了周总理的高度重视，他亲自批示，最终抢救购回，现珍藏于北京故宫博物院。这幅画的经历，可以说隐藏了中国人一百多年的耻辱，一百多年的悲痛，一百多年的苦难。当然，这幅画的回归，也见证了中国人民从此站起来，扬眉吐气，走上繁荣富强的历史事实。

对这幅《五牛图》的寓意，有人认为，画中前四头牛都率性徜徉、悠闲自得，而第五头牛带了金络，一脸无奈，表现了作者以牛自比，虽位高权重，但极其向往自在无忧的田园生活，其背后藏有退隐田园的出世思想。实际上，韩滉在官场可谓仕途畅达，官运亨通，曾出任过镇海军江浙东西兼荆湖洪鄂等道节度使、中书令等职实权重之官，官至宰相高位。他一生为官，《新唐书》《旧唐书》中均无表达其有退隐之意的文字，他向往的可能仅仅是艺术家精神层面的寄情而已。

当《五牛图》到了清代乾隆皇帝手上，从乾隆的"一牛络首四牛闲，弘景高清想象间。舐龁讵唯夸曲肖，要因问喘识民艰"四句题诗上看，他对《五牛图》寓意的揣测，则比较客观。"一牛络首四牛闲"，是讲韩滉五兄弟，只有他一人在朝为官。"弘景高清想象间"，指梁朝人陶弘景不愿为官，画牛而拒的故事。他画了两头牛，"一牛散放水草间，一牛着金笼头，有人执绳，以杖策之"。但乾隆认为这种清高只是在"想象间"。"舐龁讵唯夸曲肖，

要因问喘识民艰"这二句中含有"丙吉问喘"的典故。汉
代名相丙吉，出长安城巡视，见有人打架并不理会，却围
着五月天里喘粗气的牛转了好几圈。别人不满，他解释说：
打架之事有地方官按律处理，牛喘粗气则说明可能会流行
瘟疫，是影响农耕的大事，是我该管之事。乾隆身为帝王，
正处于盛世之时，他自然希望有丙吉和韩滉这样的良相辅
佐自己。其实早在唐代，就有诗人李家明在《咏卧牛》中
抱怨无人问喘："曾遭甯戚鞭敲角，又被田单火燎身。闲
向斜阳嚼枯草，近来问喘为无人。"

《问喘图》（宋·佚名）

　　乾隆认为韩滉没有退隐之意，他是一位关心老百姓疾
苦、"识民艰"的贤良之臣。韩滉画牛是立足于"农事为
天下之本，而耕牛则为农家之宝"这一出发点的，可见韩
滉是以天下为重。《旧唐书》上写他"性持节俭，志在奉公，
衣裘茵衽，十年一易，居处陋薄，才蔽风雨"。看来韩滉
是一位好官。古人以马象征天，牛象征地；同时也认为天

为君，地为臣。韩滉画牛，不仅仅描绘表面物象，而且包含着较深的古代哲学原理。以牛自喻，无非表示自己会像牛一样任劳任怨，忠心耿耿。那头络首之牛，应该是耕田或驾车之后留下的勤恳劳作的印记。此牛的神情于憨厚木讷之中显忠诚，外形上最接近现在的秦川牛，应是韩滉家乡之牛。《五牛图》画面上除过牛之外，背景仅有一丛酸枣刺竖立，这就点明了他画的是京兆长安近郊或关中的牛，因为酸枣刺是这里最为普遍的植物。

在日本大原美术馆还有一幅绢本韩滉的《五牛图》，纤细严谨的线条，散溢着淡然静穆之气，构图和故宫的《五牛图》一致，就是有别于"粗笔辣手"的风格。当然此画流传过程中，不乏多种摹本。可惜，后一幅《五牛图》流落日本，否则深入研究考证，对照分析这两幅《五牛图》有什么关系，其中差异又会引出什么精彩的故事呢？

《五牛图》令人难忘，而作为一位"识民艰"的，从三秦大地走出来的宰相画家，韩滉也令人难忘。

（5）牛角挂书的故事

故事的主人公是李密，就是《隋唐演义》《说唐》等书上讲到的隋末农民起义军瓦岗军的首领。

李密，字法主，京兆长安人，祖籍辽东襄平（今辽宁辽阳市南），祖上是北周和隋朝的贵族。李密少年时代，曾在隋炀帝的宫廷里当侍卫。他生性灵活，在值班的时候左顾右盼，被隋炀帝发现了，认为这孩子不大老实，就免了他的职。李密并不懊丧，回家后发愤读书，因以放牛为生，故常坐在牛背上读书。

有一次，李密听说缑山有一位名士包恺，就前去向他求学。李密骑上一头牛出发了，牛背上铺着用蒲草编的垫子，牛角上挂着一部《汉书》。李密一边赶路一边读《汉书》，正巧越国公杨素骑着快马从后面赶上来，勒住马赞扬他："这么勤奋的书生真是少见！"李密一看是他在朝中当侍卫时就认识的越国公，赶紧从牛背上跳下来行礼。

对此，《新唐书·李密传》记载："闻包恺在缑山，往从之。以蒲鞯乘牛，挂《汉书》一帙角上，行且读。"李密谈吐不俗，深深吸引了杨素。回家以后，杨素对儿子杨玄感说："我看李密这个人的学识才能，都在你兄弟之上，将来你们有事可以与他商量。"大业九年（613 年）李密参与杨玄感起兵反隋。杨玄感兵败被杀，李密逃亡，后加入瓦岗军，人称魏王。李密发布讨伐隋炀帝的檄文，数说杨广的十大罪状。其中有"罄南山之竹，书罪未穷；决东海之波，流恶难尽"的话。意思是，用尽南山的竹子做竹简也写不完他的罪行，决开东海的水也洗不尽他的罪恶，为后世留下

清代木雕《李密牛角挂书》（陕西丹凤县船帮会馆藏，王山水摄）

了"罄竹难书"的成语。

李密年少时"牛角挂书"的故事得以流传后世，全是他勤奋刻苦读书的缘故。此故事和"凿壁借光""囊萤映雪"等故事一起成为《四季读书歌》中的一句："挂角负薪称李密，囊萤映雪有孙康。"

（6）像牛一样的人

牛是人类忠实的朋友，终身为人类干苦役，被称为"仁畜""瑞牛"，民间有"福牛耕瑞""吉牛迎春"的吉祥语。《周易》中称"坤为牛"，即牛是负载生养万物的大地即坤卦的象征物，"坤像地任重而顺，故为牛也"。因之牛也被誉为"神牛"，其身具之美德，几千年来得到了人们的普遍赞颂。

长期与牛一起劳作的农民，很早就发现了牛与自己是多么相似。在陕北，农民把下地干活叫"受苦"，而牛受的苦就更大了。正如宋代李纲《病牛》诗中说的："耕犁千亩实千箱，力尽筋疲谁复伤？但得众生皆得饱，不辞羸病卧残阳。"

在陕北插过队的北京知青史铁生，就是一位像牛一样勤奋耕耘的接地气作家。他获全国短篇小说奖的《我的遥远的清平湾》几乎通篇都在写牛。一开始就写牛中要数秦川牛最好，接着写他插队的时候喂过两年牛。他感慨地说："陕北的牛也是苦，有时候看着它们累得草也不想吃，'呼哧呼哧'喘粗气，身子都跟着晃，我真害怕它们趴架。尤其是当年那些牛争抢着去舔地上渗出的盐碱的时候，真觉得造物主太不公平。"

　　文中还这样描写："唯一能够代替人力的牛简直是宝贝。""天不亮，耕地的人们就扛着木犁、赶着牛上山了。太阳出来，已经耕完了几垧地。火红的太阳把牛和人的影子长长地印在山坡上，扶犁的后面跟着撒粪的，撒粪的后头跟着点籽的，点籽的后头是打土坷垃的，一行人慢慢地、有节奏地向前移动，随着那悠长的吆牛声。吆牛声有时疲惫、凄婉，有时又欢快、诙谐，引动一片笑声。"

　　史铁生从陕北的牛感悟到："那情景几乎使我忘记自己是生活在哪个世纪，默默地想着人类遥远而漫长的历史。人类好像就是这么走过来的。"史铁生是懂牛的，不懂牛他写不出这么出色的小说。他写道："在山里，有那些牛做伴，即便剩我一个人，也并不寂寞。我半天半天地看着那些牛，它们的一举一动都意味着什么，我全懂。"

　　史铁生喜欢看牛顶架，"给人一种力量的感受，一种拼搏的激励。我对牛打架颇有研究，……我最喜欢的是一头红犍牛，高高的肩峰，腰长腿壮，……犍牛的犄角长得好，又粗又长，向前弯去；几次碰

史铁生与牛犊

上邻村的牛群，它都把对方的首领顶得败阵而逃。"

正是因为史铁生从牛身上获得了生命的力量和拼搏的激励，当他瘫痪在床，生命遇到极大考验之时，他坚持了下来，创作出了一大批影响中国文坛的伟大作品，他是当代作家中人格力量的标志，知青文学的代表。

史铁生的《我的遥远的清平湾》写到结尾时还在感叹："我的牛群，我的遥远的清平湾……"读到这里，相信大家的眼泪就都有点忍不住了。

史铁生在陕北留下的几张老照片都和牛在一起，尤其是他抱着小牛犊的那一张。

作家路遥（原名王卫国）和诗人曹谷溪（右）在黄河畔合影

在陕北还有一位土生土长的作家路遥，也是一位和史铁生一样，像牛一样一生辛苦劳作，把生命献给黄土地的作家。他所著《人生》和《平凡的世界》，曾获得茅盾文学奖。路遥留给这个世界的一句话是："像牛一样劳动，像土地一样奉献。"这句话就镌刻在路遥墓后一面高大的石壁上。铜川市鸭口矿路遥纪念馆门前就塑有一头耕耘的牛。

陕西与牛关系紧密的还有和路遥同龄都属牛的诗人商子秦。他是西安市第五中学高中 1968 届学生，曾插队宝鸡县固川公社（今宝鸡市陈仓区固川街道办）四家坪大队五家小队。说到牛，商子秦那可是充满感情的。他说："牛是一种神圣的动物，与我有灵魂附体的情缘。""我愿意小时候有'初生牛犊不怕虎'的勇气；青年时代有吃大苦耐大劳、默默耕耘、任劳任怨的奉献精神和拓荒牛一样的进取精神；到了老年也要有'不待扬鞭自奋蹄'，志在千里、雄心不已的豪情壮志。"

陕西作家商子秦赶牛犁地

生于长安、葬于长安的唐宋八大家之一的柳宗元有一首《牛赋》写出了牛辛勤劳作，不求回报的精神："若知牛乎？牛之为物，魁形巨首，垂耳抱角，毛革疏厚，牟然而鸣，黄钟满箫，抵触隆曦，日耕百亩，往来修直，植乃禾黍。自种自敛，服箱以走，输入官仓，己不适口。富穷饱饥，功用不有。陷泥蹶块，常在草野。人不惭愧，利满天下。皮角见用，肩尻莫保。或穿缄滕，或实俎豆，由是观之，物无逾者。不如羸驴，服逐驽马。曲意随势，不择处所。不耕不驾，藿菽自与。腾踏康庄，出入轻举。喜则齐鼻，怒则奋踯。当道长鸣，闻者惊辟。善识门户，终身不惕。牛虽有功，于己何益？命有好丑，非若能力。慎勿怨尤，以受多福。"

（7）中国黄牛之首——秦川牛

秦川牛因产于陕西关中的八百里秦川而得名，系世界级的名品，被誉为中国之瑰宝，居全国五大良种黄牛之首。

秦川牛系我国优良大型役肉兼用品种，皮毛紫红色、红色或黄色。体格高大，骨骼粗壮，肌肉丰满。角短而钝，质地细致呈肉色，多向外下方或后稍弯，似钩镰或皂角状。鼻头和眼圈多为粉红色，额宽面平，眼大而圆，透出一股柔和憨厚的劲儿。皮薄毛细，如黄绸缎一般闪着油光。颈部粗短，胸宽而深，背腰平直，腹圆紧凑。雄劲壮实亦吃苦耐劳，挽载力强且性情温驯。

秦川牛是古老的地方优良品种，繁育历史悠久。1944 年 2 月，陕西宝鸡耕牛繁殖场第一次提出"秦川牛"这个名称，至今沿用。秦川牛曾称"关中黄牛""渭牛"。

《畜牧业——牛》系列邮票中的"秦川黄牛"

远古洪荒时代，关中地区森林密布，水草丰茂，气候温润，雨量充沛，野生动物繁盛，极宜农牧。在距今六千年的半坡遗址中就发现有圈养牛等动物的遗迹。殷商时，牛被称作"一元大武"，为"宗庙之牲"。西周时，有"择良牛献主"的记述。春秋、秦时，推广牛耕，"择壮者作耕，余供食用"。西汉时，秦川牛已形成显著的体形特征，咸阳狼家沟出土的西汉陶牛，便是史证。其体态结构比例匀称，挺颈站立，躯体浑圆，肩峰明显，四肢壮实，神态逼真，颇似现代的秦川牛。而唐代长安籍画家韩滉的《五牛图》，所绘五牛皆为北方黄牛一系，即秦川牛。《梦幻居画学简明》中称："南方多水牛，北方多黄牛、乌牛。黄乌二种，角短颈扁，下颌无肉，软皮下垂如旗。"从图中所绘来看无不合矩，尤其是《五牛图》中带红褐色的第五头牛，更是酷似现代秦川牛，说明秦川牛品种早已定型。

秦川牛

宋代《本草衍义》说苜蓿"陕西甚多，饲牛马"。苜蓿富含蛋白质、矿物质、维生素，对秦川牛品质的提高具有重要作用。秦川牛作为肉用型，也属优良品种，瘦肉率可达百分之七十以上，肉质细嫩，柔软多汁，色泽鲜红，具大理石纹。史载："细嫩，具纹，烙饼牛羹，膏脂润香。"秦川牛在法国出版的《世界名牛图谱》中被列为珍畜。

秦川牛伴随着秦人，一步一个脚印走过洪荒，历经千年风雨沧桑，无论驾车耕田，拓荒奋进，吃苦耐劳，从不埋怨。

秦川牛为历代陕西人所钟爱，也是秦人强健、沉稳、无私、诚实、忠厚、倔强和坚韧不拔的标志和精神象征，是秦人最忠实、最亲密的伙伴。

第二章

祥禽驻长安

1. 东方宝石——朱鹮

朱鹮是一种圣洁高贵的珍禽，被世界鸟类协会列为"国际保护鸟"，有"东方宝石"之称。朱鹮曾是东亚广阔大地上繁盛活跃的鸟类，可如今仅在中国的秦岭南麓有少量的野生种群分布，成了濒危的稀罕之鸟。

朱鹮通体雪白，双颊如染胭脂般绯红，后枕部数十根柳叶状的长羽，形成一顶华丽的羽冠，秀雅俏丽，且气度不凡，被视为吉祥的象征。

朱鹮属鹳形目鹮科，又称朱鹭、红鹤，日本至今还在使用"朱鹭""红鹤"等汉语称谓。而在朱鹮的原产地陕西洋县，当地群众仍然把朱鹮叫作"红鹤"。

朱鹮是和大熊猫一样的孑遗物种，六千万年前始新世时，

朱鹮金币

在鸟类家族中，朱鹮属于兴旺的一族。

中国是记载朱鹮历史最为久远的国家，最早见于两千多年前的《史记》，称朱鹮为"翾目"。翾，形容优雅的飞翔姿态，取缓飞轻扬之意。它为中国历代诗人所赞咏，有"朱鹭戏蘋藻，徘徊流涧曲""因风弄玉水，映日上金堤""独舞依磐石，群飞动轻浪""日里飏朝彩""惊飞远映碧山去"等优美的诗句。诗中朱鹮那飘飘然似仙女凌空，因风弄玉水所带来的美感，读来让人陶醉。

《朱鹮》邮票（一套三枚）

朱鹮被人们称作"环境指示鸟"，意指其对环境要求极为苛刻，成为一种标志。而朱鹮在日本以及朝鲜半岛的灭绝，看来除过人类的过度捕猎外，主要是森林中高大树木被砍伐，化肥、农药对水源的污染，生态环境的恶化而造成的。

1981年5月在秦岭南麓的洋县境内，发现了被认为在自然界已灭绝的朱鹮七只，并被命名为"秦岭一号朱鹮群体"，让世界为之震动。

那可真是奇迹啊！是秦岭创造的奇迹。秦岭南麓良好的生态环境，茂密的森林，原始一季耕作的水田，清澈未被污染的水资源，使秦岭成为亚洲大地上的最后一块净土。因了秦岭的护佑，美丽的朱鹮才得以幸存，与死神擦肩而过。

朱鹮（西安·惠京鹏摄）

1983年，国务院通令保护朱鹮。国家邮政局于1984年5月15日发行的T94《朱鹮》邮票，一套三枚，分别名为"翔""涉""栖"。"翔"票以纯静的蓝天，衬托着鼓起双翼、翱翔在空中的朱鹮，仙女般优雅的姿态，十分靓丽。"涉"票画面上绿意婆娑的背景，一只朱鹮怡然自得地涉足于澄澈的涧水中，灵秀而娴静。"栖"票则以明黄泛金的充满暖意的秋色，衬托着一对朱鹮情侣甜蜜的生活：它们一立一卧，栖息在树枝之间，共同营巢，轮换孵化育雏。站立着的雄鸟嘴微微张着，好像正和卧在巢中孵化小朱鹮的雌鸟呢喃而语，卿卿我我，好不亲热。

说到朱鹮不能不提日本，朱鹮也称"日本凤头鹮"，朱鹮的拉丁文名称就是日本的意思。过去有人曾错误地认为朱鹮是日本的国鸟，其实日本的国鸟是绿雉，属日本特有的鸟类。日本人对朱鹮有着浓郁的情结，可惜的是，由于环境的恶化和保护过程中的失误，日本的朱鹮种群灭绝了。但日本人没有改善环境，却把野生仅存的二十多只朱鹮抓进笼子里，进行所谓的紧急抢救保护，这是典型的人类出于好心而办的坏事，最后眼睁睁地看着笼子里的朱鹮因为撞击铁丝编织的网子而伤残，逐渐丧失生育能力而一只只死去。

而当日本的科学家们对拯救朱鹮绝望之时，中国却在秦岭这块风水宝地发现了世界上最后七只朱鹮。因为措施得当，保证野生环境的改善，让老百姓弃用农药、化肥，在水田里投放泥鳅、鱼虾等朱鹮喜爱的食物，以及在朱鹮营巢的大树下阻止朱鹮的天敌蛇和青鼬等动物攀树伤害朱鹮的卵和幼鸟，这仅存的七只朱鹮几年工夫就繁殖到二十多只。又于1995年人工孵化成功，笼养的朱鹮也因为在铁笼内再设置了一层柔软的丝网，防止朱鹮撞伤，没有让悲剧再次发生，从而保护了朱鹮的安全。中国赠送日本的几只朱鹮，在日本也是一派繁荣景象，如今，日本的朱鹮数量已突破一百只，显示了中国在朱鹮国际合作上情义为重的胸襟和气度，不但增进了两国友谊，又使朱鹮种群生存领域得以扩大。2008年，中国又向韩国赠送了一对朱鹮，如今已育出四百只左右。

在国内，为扩大朱鹮生存领域，向原先朱鹮生存过的十四个省份如湖北、河南、北京、浙江等都输送了朱鹮。最为重要的朱鹮异地野化放飞的试验，也获得了成功。

2007年5月3日上午，在宁陕县寨沟村朱鹮野化放飞基地，工作人员放飞了人工繁殖的二十六只朱鹮，虽然有六只又飞回了基地，五只死亡，三只失踪，但其余十二只经过冬天的严峻考验，已适应野外环境，如今已生育繁殖了第二代小朱鹮。2013 年 7 月 3 日，铜川市耀州区柳林林场放飞了经过野化训练的人工

朱鹮（西安·东曼伟摄）

繁殖的三十二只朱鹮，成为朱鹮在秦岭以北的第一个野化放飞区，不到一年已成功繁殖出两只小朱鹮。2014 年 9 月 17 日，宝鸡市千阳县千湖国家湿地公园放飞了三十只经过野化训练的人工繁育朱鹮，这是我国在秦岭以北第二次成功放飞朱鹮。这些都是保护朱鹮极其重要的步骤，意义非常重大，象征着朱鹮逐渐可以摆脱濒危的处境，走向繁荣。

想象着朱鹮的倩影点缀在秦岭的青山绿水之间，翩翩起舞，多姿多彩的动人景象，每个爱护朱鹮的人无不打心底感到欣慰。

据报道，秦岭南麓汉水之滨，在城固、西乡、佛坪、南郑、宁陕等六个县都发现了朱鹮种群。这些地方为拯救朱鹮做出了前所未有的贡献，人们宁愿粮食减产也不施用化肥、农药。到 2020 年，野生朱鹮的数量已由 1981 年的七只壮大为四千余只，进入了一种良性循环的保护之中。看来，我们神奇的秦岭已成为朱鹮繁衍生息、种群壮大最让人憧

朱鹮（西安·胡成弟摄）

憬的希望之地。

现在，陕西以朱鹮的故乡洋县为中心的几处野化放飞基地和自然保护区，正在进一步研究论证，联合致力于恢复朱鹮候鸟的特性，以便这个珍稀的物种，经过自由迁徙、自然选择，重新回到种群兴旺状态。候鸟的迁徙有利于鸟类的身体强健，使其择优繁殖竞争，适应不同类型的环境，真正做到"物竞天择"。

秦岭这座神奇而伟大的山脉，是中国南北气候的分界线，冷暖空气在此交汇，形成丰沛的雨水。秦岭南麓作为中国南水北调中线最为重要的水源地，被联合国教科文组织列为世界生物圈保护区，流经此处的汉水作为中国唯一的没有被污染的大江，使秦岭成为中国生态环境标志性的地区。

而有"东方宝石"之誉的美丽的吉祥鸟——朱鹮，将从秦岭起飞，飞出一片光明灿烂的前景，飞出绿色中国蓬勃发展的无限活力。

2. 一品仙鹤

　　鹤是祥禽，被古代人民奉为吉祥动物中的一种，它象征着圣洁、高雅、长寿。在羽族当中，鹤的地位仅次于凤凰，被称为"文禽""一品鸟"。

　　据《明会典》记载，洪武二十四年 (1391 年) 规定，官服上有补子图案，文官绣禽：一品仙鹤，二品锦鸡，三品孔雀，四品云雁，五品白鹇，六品鹭鸶，七品鸂鶒，八品黄鹂，九品鹌鹑。清代官服所缀补子的鸟兽纹样和等级与明代大同小异，一品文官的补子图案也是仙鹤。

　　仙鹤圣洁华贵、温润娴静、丰姿超逸、优雅潇洒。《诗·小雅·鹤鸣》有："鹤鸣于九皋，声闻于天。"西安市的神禾原，传说远古时炎帝神农氏治天下，教稼百谷，有仙鹤衔谷穗降于此地，后人传称为"神鹤原"。《剧谈录》

《丹顶鹤》邮票

曰："石晋天福六年生禾一穗重六斤，故号为神禾原。"

《尔雅翼》卷十三云："古以鹤为祥，故立之华表。"所以，鹤的形象成为帝王宫殿、陵墓等建筑物的一种标志性装饰。而位于西安市临潼区的秦始皇陵园陪葬坑历年来陆续出土了六件十分罕见的"青铜仙鹤"。其中2003年出土的一件

《云锦》邮票3-2枚"一品鹤补"

仙鹤，长喙曲颈，羽翼丰满，双腿修长，正俯首专注地啄着一只小虫。该青铜器表现出了仙鹤觅食的瞬间形态，器形精美，非常珍贵。这件形神兼备的国宝级文物青铜仙鹤，曾在2012年西安世界园艺博览会标志性建筑天人长安塔上展出亮相。

青铜仙鹤的创作原型正是我国九鹤之中最为著名的丹顶鹤。另外八种是白鹤、白枕鹤、赤颈鹤、白头鹤、黑颈鹤、灰鹤、蓑羽鹤、沙丘鹤，都属于珍稀保护动物。白鹤也有仙鹤之喻，在中国文化中占有一席之地，象征吉祥长寿，它的洁白体现纯真之雅，也代表着祥瑞如意。

丹顶鹤号称长寿鸟，寿命能达到五十到六十年，在人均寿命很短的古代自然成了仙禽神鸟。一般在寿星图中就配有丹顶鹤。"鹤"又与"贺"谐音，人们将"鹤寿"作为祝贺人长寿的颂辞，习惯称寿星的年龄为"鹤龄""鹤

青铜仙鹤（秦始皇兵马俑
博物馆藏）

中美联合发行的《鹤》系列邮票
中的"黑颈鹤"

年"。在我国民间，还常把《松鹤图》作为敬奉给长者的礼物。

中国古籍文献中对丹顶鹤有许多称谓，如《尔雅翼》中称其为"仙禽"，《本草纲目》中称其为"胎禽"。其实鹤是卵生的，古时有人以它为仙禽，就说成是胎生的，如鲍照《舞鹤赋》有"伟胎化之仙禽"一说。但鹤胎生说法的错误早就被人指出了。《墨客挥犀》有一段记载说："刘渊材迂阔好怪，尝蓄两鹤。客至，夸曰：'此仙禽也，凡禽卵生，此禽胎生。'语未卒，园丁报曰：'鹤夜半生一卵。'渊材呵曰：'敢谤鹤耶！'未几延颈伏地，复诞一卵。渊材叹曰：'鹤亦败道，吾乃为刘禹锡嘉话所误。'"事实证明鹤是卵生的，这个迂夫子刘渊材只好怪唐代诗人刘禹锡说鹤是仙鹤了。

汉景帝时的路乔如曾作《鹤赋》，称丹顶鹤："白鸟朱冠，鼓翼池干。举修距而跃跃。奋皓翅之𢍰𢍰。宛修颈

三鹤纹瓦当拓片

鹤纹瓦当拓片

而顾步，啄沙碛而相欢。岂忘赤霄之上，忽池篥而盘桓。饮清流而不举，食稻粱而未安。故知野禽野性，未脱笼樊。赖吾王之广爱，虽禽鸟兮抱恩。方腾骧而鸣舞，凭朱槛而为欢。"

陕西出土的秦汉瓦当的纹饰图案中就有鹤纹。西安秦砖汉瓦博物馆馆藏有汉代"四鹤纹半瓦""六鹤纹瓦当"。

鹤，几千年来被中国人视为有德行的禽鸟。人们常以"鹤鸣"比喻品德高尚的君子，唐代皇帝求贤下的诏书也被称为"鹤书""鹤板"。到唐代，以鹤为对象的金银器也有不少，例如：扶风法门寺出土的唐代"鎏金飞天仙鹤纹壶门座银茶罗子"，茶罗上刻有执幡驾鹤的仙人，鹤展翅向上，非常生动。这是我国出土的时代最早的茶罗。乾陵永泰公主墓中壁画绘有云鹤图案；富平县节愍太子墓中的壁画"衔绶翔鹤图""仙人骑鹤图"，则比较写实；还有富平县的无名氏墓中的"双鹤舞于庭图"，使仙鹤形象世俗化。西安市长安区东兆余村唐代名将郭子仪曾孙的墓葬中，发现一批具有典型时代风格的唐代壁画，壁画反映的内容丰富，既有文吏、仕女形象，又有青龙、白虎的图案，还有十幅"仙鹤图"，十只形态各异、栩栩如生的仙鹤，有的衔草、有的鸣叫。这些单笔勾绘的仙鹤身披洁白羽毛，特别是朱红顶、黑喙和黑腿，创作原型正是中国古代被描绘为仙鹤的丹顶鹤，显示出晚唐时期流行在达官贵人中的"赏鹤"之风，说明鹤的形象已渗透到了唐代人们日常生活的各个方面。

鹤是传说中的仙鹤，它跟仙道有着密切的关系。《全唐诗》收有贯休《过商山》诗一首："吟缘横翠忆天台，啸狄啼猿见尽猜。四个老人何处去，一声仙鹤过溪来。皇城宫阙回头尽，紫阁烟霞为我开。天际峰峰尽堪住，红尘中去大悠哉。"皇城一句清楚表明，诗人是自长安南行，经紫阁峰，而过访商山。姚合的《游终南山》也有描写白鹤的："策杖度溪桥，云深步数劳。青猿吟岭际，白鹤坐松梢。天外浮烟远，山根野水交。自缘名利系，好此结蓬茆。"

唐代还出现过一位画鹤的高手。薛稷（649~713年），字嗣通，蒲洲汾阴（今山西万荣县西南）人，名臣魏徵的外孙。官至太子少保、礼部尚书，人称"薛少保"。以书法名世，为初唐书法四大家之一；也擅画人物、佛像、鸟兽、树石。

薛稷画的鹤形神兼具，尤为生动，达到了呼之欲出之境，时称一绝。李白、杜甫等都曾吟诗颂其画鹤。一说"画色久欲尽，苍然犹出尘"，一说鹤"倘感至精以神变，可弄影而浮烟"，让你想到"画龙点睛"的传说，似乎壁上的鹤，只要在哪里点上一笔，马上就会破壁飞去"弄影而浮烟"。而更让诗仙诗圣赞叹不已的，乃是薛稷笔下所表现出来的鹤的那种"赤霄有真骨，耻饮沵池津，冥冥任所往，脱略谁能驯"的超脱逸达而又傲骨十足的气质，以及"昂昂伫眙，霍若惊矫，形留座隅，势出天表"的清高标格。比之一般人之取意鹤的吉祥富贵，有着更深一层的文化内涵。

在当时，薛稷画鹤的成就很高，影响也很深远。《历代名画记》载："屏风六扇鹤样，自(薛)稷始也。""样"即画图的范本，薛稷创的样本能兴之于世，可见他在画史上的地位不俗。唐代朱景玄的《唐代名画录》把他定为神品下七人中的最后一位，加上神品上的吴道子，神品中的周昉，说明他前边不过八人，位居唐代十大画家之列。以后，"六鹤图"成为一种传世定格。

可惜薛稷之画没有真迹流传下来，而排在他前的周昉有《簪花仕女图》传世，画中，有一只不甘作为玩赏之物、展翅欲飞的丹顶鹤。

丹顶鹤在秦岭南北活动的踪迹不多，随着陕西自然环境的改善，1995年春经专家考察发现，陕西合阳县黄河湿地自然保护区有国家一级保护鸟类丹顶鹤在此越冬，这是我国目前发现的丹顶鹤越冬地的最西端，在我省属

《簪花仕女图》邮票

首次发现。陕西三河湿地自然保护区是黄河中游河段最大的干流湿地自然保护区，2003 年，在重点保护的珍稀濒危鸟类中，丹顶鹤至少有二十六只，灰鹤至少一千三百只，大鸨二百五十八只。另外，"陕西省泾渭湿地丹顶鹤等珍稀大种群鸟类的发现考察及保护研究"项目曾获 1996 年陕西省环境保护科技进步一等奖。看来，泾渭湿地也有丹顶鹤活动的踪迹。

3. 金鸡一唱秦岭绿

金鸡，学名红腹锦鸡，古名赤鷩、翰、天鸡。在鸟的分类中属鸡形目雉科锦鸡属，是我国特有的珍稀鸟类。其形象被选作中国鸟类学会的会徽。

金鸡主要分布在中国西部及中南部山区，而核心区域是横贯陕西的秦岭山脉。秦岭西端的宝鸡市，自古以来因遍布金鸡而得名。

天鸡可不是一般的鸡，古名天鸡，是传说在天宫，知日月升沉，向人间报时的神鸟。天鸡之鸣，人罕闻之，唯人间雄鸡能够听到，于是跟着啼鸣报晓。倘若人能听到天鸡之鸣，必是祥瑞之兆。

《金鸡》邮票

传说唐至德元年（756 年），肃宗李亨在凤翔时，恰闻天鸡鸣于陈仓山，唐肃宗认为是自己登基之吉兆，于是至德二年（757 年）改陈仓为宝鸡，以示其地之尊。而陈仓山亦被称为鸡峰山（即今秦岭北麓之鸡峰山）。

又有传说，安史之乱时，唐玄宗逃至陈仓，后有追兵逼来，危急之时，有两只七彩艳丽的山鸡飞来，引导玄宗躲入山中，化险为夷。事后玄宗感叹道："陈仓，宝地也；山鸡，神鸡也。"而宝鸡就因玄宗皇帝"宝地神鸡"的这句金口玉言而得名。宝鸡就是神鸡，神鸡就是天鸡。

而在宝鸡姜子牙钓鱼台景区之南境，距兹泉十里之遥，突兀一山，其状酷似雄鸡上架，故名鸡架山。传说此石头雄鸡，鸣声洪亮而悠远。看到姜子牙垂钓兹泉多年，不为文王所知，石鸡深为子牙屈才而不平，遂一声长鸣，声震岐山，这才引动周文王磻溪访贤。

当然了，还有人认为宝鸡得名于凤。在古篆字中鸡和凤为同一个字。凤是中华民族的一个重要图腾，集众鸟之形，而首为鸡首。凤图腾也是以金鸡为主体组合的。凤也被称为天鸡。所以在宝鸡，鸡和凤同为天鸡，实为一体，密不可分。

雄性金鸡，羽毛灿丽，头顶飞扬一束金黄鲜亮的丝状冠羽，煞是威风，后颈覆盖金黄色、棕色的扇状羽，如一袭绚丽的金披肩，显得无比雍容华贵。周身羽毛上背铜绿色，泛着荧荧之光，羽缘细细一圈蓝黑围边，背羽和腰羽呈金黄色，最内侧有几根飞羽，使得金鸡体态特别潇洒优雅。至腰侧转呈深红色，尾羽大半黑褐桂黄相间呈斑状，至端部渐转赭红色。下体自喉部及胸腹皆为深红，丝绸锦缎般光灿，在阳光下

农民画《金鸡展翅》
（安塞·朱光莲作品）

五彩斑斓，熠熠生辉。故李时珍的《本草纲目》称之为彩鸡。

金鸡雄鸟尾长，超体长两倍有余，可与孔雀媲美；雌鸟羽色淡雅，呈棕褐色，杂以桂黄色，素朴而清秀，令人怜爱。

《桂海虞衡志》记载："锦鸡又名金鸡，形如水雉。"《尔雅·释鸟》记载："冠被毛黄，腹下赤，项绿色鲜明。""腹下赤"即红腹，是专为区别于白腹锦鸡。金鸡又被称为翰。《说文》中称："翰为天鸡，赤羽也。"商周时代，金鸡的尾羽就被制成扇子。这种锦扇，象征着尊贵，只有王和王后才有资格享用。诗圣杜甫有诗赞之："云

红腹锦鸡（西安·惠京鹏摄）

移雉尾开宫扇，日绕龙鳞识圣颜。"诗仙李白也有诗写金鸡："我愁远谪夜郎去，何日金鸡放赦回？"意思是说，发愁自己被远远流放至夜郎，何日能被赦免回来呢？"金鸡放赦"指的是遇新皇登基，大赦天下时，要竖长杆，置金鸡于顶，来宣布赦令。金鸡举顶，则成了一个仪式。

在中国历史文化中，金鸡还具有"五德之誉"："头戴冠者，文也；足搏距者，武也；敌在前敢斗者，勇也；见食相呼者，仁也；守夜不失时者，信也。"所以陕西的宝鸡市以金鸡为名，并冠以"宝"字，就显得内蕴丰厚了。

金鸡，其尾羽婆娑，翅膀却不发达，不善远飞，滑翔于多岩的山坡和树丛密林间，是典型的林栖类鸟。金鸡食性较杂，以植物种子为主，也食麦叶、药枣、小昆虫、野蒜等。

金鸡在中国珍稀鸟类中地位尊贵。红腹锦鸡为国家二级重点保护野生动物，也是驰名中外的漂亮观赏鸟类。而在明清文官官服补子上排名一品仙鹤之下，为二品锦鸡。

金鸡曾遭到因滥捕和生态环境破坏带来的生存危机，种群数量大幅减少。但这十多年来，随着退耕还林政策的实施，秦岭的生态环境、森林植被得到有效的恢复，金鸡繁衍生息的环境得以保障，游人入山经常能与金鸡亲密接触，真正称得上"金鸡一唱秦岭绿，山河锦绣日日新"了。

4. 黄龙褐马鸡

褐马鸡是我国特有的珍稀鸟类，因数量稀少、濒临灭绝而被列为国家一级保护动物。世界雉类协会把褐马鸡作为主体图案设计入会徽。

褐马鸡为鸟纲，雉科，亦称褐鸟、角鸡。体长一米，属大型鸡类。头的两颊呈红色的绒状颜面；体羽主要是深褐色；头顶有黑色短绒；耳后有一缕雪白羽毛从颈部嘴角伸过，宛若耸起的硬翻领，名耳羽；腰和尾羽基部纯白，末端转黑；长羽呈双排列，中央最长的尾羽被称为"马鸡翎"；外层羽毛披散如发垂下，羽毛光艳华美，阳光下泛出紫蓝色金属般耀眼光泽，甚为漂亮。平时尾羽向上翘起，披散时又像马尾，再加上姿态雄健，昂首翘尾，在森林中急速奔跑如骏马飞

褐马鸡（西安·东曼伟摄）

驰，所以得名褐马鸡。

1998年以前，人们认为我国的褐马鸡仅在山西、河北有少量分布。谁知到了1998年，陕西黄龙忽然传来好消息，发现了褐马鸡，竟然还是一千五百多只的大种群，令人惊异。这就一下子打破了专家们在20世纪60年代"陕北黄土高原、黄河以西再不会有褐马鸡"的断言。

是的，人们印象中的陕北，光秃秃裸露的山梁，沟壑纵横，水土严重流失，不要说有珍稀的野生动物，连草木也不能好好生长。其实，历史上的黄土高原，曾经也是森林密布、气候温和、土肥水美的地方。千百年来由于人类的毁林造田，过度开发，甚至是毁灭性的野蛮开发，导致遭到大自然的报复，才成了这般恓惶的光景。这十多年来，陕北实行退耕还林、退牧还草的山川秀美工程，林业单位也改变职能，放下电锯斧头，变伐树为植树，一些林区得到了休养生息，整个陕北的生态面貌也得到了初步改善。而黄龙山因为偏僻，地形复杂，人为破坏比较少，自古以来就是林区，加之国家设立了自然保护区，黄龙山林区才得以妥善保存。

黄龙山地跨陕北黄土高原和关中平原两个地貌单元，幅员近三千平方千米，莽莽林海绵亘数百里，境内多温带阔叶林植被，森林覆盖率达到百分之九十以上，为全国八大防护林区之一，成了保持黄土高原乃至西北地区生态平衡的一道重要绿色屏障，被誉为"黄河绿洲""陕西的一叶肺"。

可以说黄龙山是大自然馈赠给黄土高原的一颗绿色明珠，也是地球留给黄土高原的为数不多的一块风水宝地，是天然的博物馆和生物物种基因库。林区内野生动物种类繁多，有国家一级重点保护动物金钱豹，这次又猛一下冒出这么多、这么大种群的世界珍禽褐马鸡，带给人们意外惊喜。当然了，这绝不是一日之功，而是常年坚持与努力的结果，国家政策也起了关键作用。黄龙褐马鸡种群的发现，标志着黄龙山区从历史上就是我国褐马鸡重要的原产地之一，以及从汉代开始关中、陕北南部各个朝代县志中有关褐马鸡记载的可靠性。

过去几十年，褐马鸡难觅踪迹，现在却忽然离我们生活如此之近。黄龙县红石崖后塔村村民彭明山上山挖药，见一只野猫正吃一窝鸟蛋，他赶走猫，把剩余的八枚带回家，让家鸡孵化。他原先以为是野鸡什么的，谁知孵出来的小鸡很快长出一身漂亮的羽毛，冠子上有一簇白色的耳羽，后来才知道是国宝级的珍禽褐马鸡。这消息一下轰动了十里八乡，县城的动物保护站、自然保护区、省内各地的人纷至沓来，比过年办喜事都热闹。这几只褐马鸡白天同家鸡一起觅食，晚上飞到门前一棵杏树上休息，与家禽和睦相处，对人也特别亲近，十分可爱。

还有白马滩镇农民王明全在深山中遇到一条蛇正围着一窝鸟蛋，正准备一饱口福，他忙赶走蛇，将十枚蛋拿回家，

黄龙山褐马鸡（西安·惠京鹏摄）

褐马鸡（西安·胡成弟摄）

也孵出了褐马鸡。

褐马鸡性情暴躁，健勇善斗，有置死不避、缠斗到底的脾性。韩城市营口大队一妇女上山，听见小鸡叫，抓住一只正准备带走，突然，从草丛中蹿出几只褐马鸡冲向她，猛啄她的手和腿，她疼痛异常，无法躲避，只好扔掉小鸡，才躲过褐马鸡的攻击。明代李时珍的《本草纲目》记载："褐马鸡性爱齐觅，有被侵者，直往奋斗，虽死犹不置。"

这种好斗的脾性，在发情寻偶时，更为残酷激烈，场面十分壮观。两鸡以铁钩似的爪子，飞身搏击，依仗着尖硬锐利的喙，往往斗得头破血流，羽毛乱飞，直到一方认输败逃为止。得胜者则仰天啼鸣，呼唤自己的意中伴侣，雌雄相随，离群交尾，寻找人迹罕至、便于隐藏的茂密林下或灌丛间营巢。

褐马鸡长年生活在针阔混交林和稠密的灌木丛中，只有在白雪皑皑的寒冬才成群结队转移到坡地沟谷地带觅食。

褐马鸡不善远飞，飞的时候，也是在疾驰中加速腾空，借助双翼从林中滑翔而过，划出一道优美的曲线，敏捷而潇洒，尾羽微散，翎羽飘飘，给人一种仙气萦绕、灵光乍现的惊艳。

野生的雄褐马鸡，喜欢向雌鸡炫耀自己漂亮的羽毛。雄褐马鸡整个向后翘起的尾羽，有人说像一株挺拔飘逸的凤尾竹，婀娜多姿，风情万种；也有人说像一架丝弦锃亮的竖琴，美丽壮观，分外妖娆。加上雄褐马鸡发情时粗重洪亮的叫声，伸颈昂首、尾羽高翘，那种威风凛凛，那种傲慢得意，那种睥睨一切，好像君临天下一样，让人忍俊不禁，不觉莞尔。

褐马鸡因它的尾羽而骄傲，可也因它的尾羽而险些遭到万劫不复的灭顶之灾。因为，从两千多年前的西汉起，褐马鸡的尾羽就被插在武将的帽盔上，称为"褐冠"，以显示其英武之姿和身份地位之尊贵。宋代时便开始大肆捕捉褐马鸡，到清代更是变本加厉，褐马鸡羽毛已经成为那时期官员冠上的主要装饰了，其制成的蓝翎、花翎，显示品级高低，成为当官的身份象征，即所谓的顶戴花翎。而在西方国家，也有以羽毛点缀军装的传统，贵族和上层妇女戴羽毛装饰的帽子更为一时之风尚。中国的褐马鸡羽毛就成为最时髦的掠夺对象，稀缺得让一对褐马鸡在欧洲市场可售银币千元以上。到了近代，人们普遍以为褐马鸡已灭绝。1965年在山西境内首次发现，随着退耕还林，保护生态，河北、北京也陆续发现，但数量稀少。而陕西黄龙山的褐马鸡种群则是惊爆性的发现，成为全国最大种群之一。目前全国有一万多只褐马鸡，而黄龙山林区已发展成有三千多只的大种群，而且这个种群还在不断扩大。看来，黄龙山区是最适宜于褐马鸡繁衍生长的地方。

我国在1989年2月发行了《褐马鸡》邮票，一套两枚。第一枚"英姿"，是一只褐马鸡的头部特写，鲜红的脸颊，黄亮尖锐的喙，耸起如翻领的雪白的耳羽，在远处几只觅食的褐马鸡的衬托下，显得十分耀眼。第二枚"双栖"，一对褐马鸡披散着长长的蓬松的翎羽，悠然栖息于草丛间，神态自若，俏丽无比，特别惹人喜爱。2000年国家邮政局在发行《国家重点保护野生动物（Ⅰ级）》邮票时，又有褐马鸡入选，画面上一只正面全身的褐马鸡，侧目翘尾，翩翩而至，显得十分机警、生动传神。

尤其令人骄傲的是，2000年发行的《国家重点保护野生动物（Ⅰ级）》邮票，设计为小版张，让黄龙的褐马鸡和秦岭中的朱鹮、大熊猫、金丝猴共同亮相，在十二枚邮票中占了三分之一，十分难得，显示

《褐马鸡》邮票

了陕西在野生动物保护上得天独厚的特殊地位，让人有了为之一振的兴奋和无与伦比的自豪。

5. 圣洁天使——大天鹅

　　大天鹅最响亮的名字，就是鸿鹄，它是世界上飞得最高、最远的鸟类之一（能和它比高的还有高山兀鹫），能飞越世界屋脊——珠穆朗玛峰。"燕雀安知鸿鹄之志哉"出自《史记·陈涉世家》，"鸿鹄之志"大概就是指飞得高、飞得远的高远之志吧！

　　《吕氏春秋·士容》云："夫骥骜之气，鸿鹄之志，有谕乎人心者，诚也"。《诗经》中有"白鸟洁白肥泽"的记载，"白鸟"就是指大天鹅。天鹅一词最早出现于唐代李商隐的诗句"拨弦惊火凤，交扇拂天鹅"。

　　大天鹅又叫白天鹅、鹄，是一种大型游禽，体长一米五左右，翼展可达两米多。它是一种候鸟，没有亚种分化，是雁形目鸭科雁亚科中

天鹅（西安·惠京鹏摄）

最大的水禽。春秋两季在中国北方、俄罗斯西伯利亚等繁殖地和中国长江流域及以南的越冬区之间进行迁徙。大天鹅全身的羽毛均为雪白色，喙黄色和黑色，头部和喙的基部略显棕黄色，喙的端部和脚为黑色。大天鹅身上的羽毛非常丰厚，可以有效地抵抗严寒的气候，在 –50℃的低温下露天过夜也能安然无恙。它的身体肥胖而丰满，脖子的长度是鸟类中占身体长度比例最大的，甚至超过了身体的长度。

大天鹅飞翔和鸿雁一样，队列整齐，常呈"一"字形、"人"字形或"V"字形。那是为了凭借气流，减少阻力的一种科学的飞行队列组合。显示了大天鹅种群的团队精神，让人感叹而敬服。大天鹅并成一排从天空中飞过，姿态是那么优雅，让人不由得联想到了柴可夫斯基作曲的芭蕾舞剧《天鹅湖》。

大天鹅保持着一种稀有的"终身伴侣制"，一旦结成配偶，便形影不离，终生不再分开。古人用"雌雄一旦分，哀声留海曲"和"步步一零泪，千里犹待君"来形容它们的情深意重。如果一只死亡了，另一只必定为之"守节"，余生单独生活。可以说大天鹅对爱情的忠贞不渝，感天动地。想着它们成双成对地降落在平静的湖面上，有的

天鹅（西安·东曼伟摄）

结伴嬉戏，天真活泼；有的交颈摩挲，温情脉脉；有的以喙理羽，悠闲自得；有的扎入水中，翩翩起舞，千姿百态，真的让人有一种喜爱到永远的感觉。

长时间内，人们都以为美丽圣洁的大天鹅和陕西没多大关系，无非是在迁徙路线上，从高空过境而已。这二十多年逐渐有报道，先是黄河滩上的合阳县洽川湿地发现了大天鹅；接着大荔县黄河滩上出现了大天鹅美丽的身影；再就是秦岭之南的安康市瀛湖和宁陕县的湖泊河流中也出现了大天鹅的踪影；再后来，榆林市的红碱淖这个国家一类保护动物遗鸥的乐园，也有大天鹅飞来，连西安市的浐灞生态区也发现了大天鹅。尤其让人震惊和诧异的是渭北腹地的煤城铜川市新区的玉皇阁水库，从2005年冬春之际大天鹅飞临开始，年胜一年，到2012年，仅有一千二百多亩的玉皇阁湖区，竟然有了二三百只大天鹅在此嬉戏、追逐、觅食，打破了大天鹅迁徙途中只在此做短暂歇息的惯例，这片水泽成了它们越冬的栖居之地，真正让玉皇阁水库成了天鹅湖。想想铜川市当年的煤矿和建材工业的污染之严重，外地人有"铜川飞过去的麻雀都是黑的"的揶揄，如今铜川市新区已建成了一座21世纪新城，环境面貌大变，碧水蓝天才能引得天鹅来呀！

据国际水鸟与湿地研究局（IWRB）1990年组织的亚洲隆冬水鸟调查，在中国仅见到大天鹅四百七十四只。如今经过三十年生态环境的改善，大天鹅在中国各地的种群数量已有明显增加，粗略算一下也上万只了吧。目前中国已将大天鹅列入国家重点保护野生动物名录，并作为二类保护动物受到重点保护。

大天鹅是一种人见人爱的珍禽，它们以高贵、圣洁的形象，飞出一天的洁白，被誉为天的使者，人间的"祥鸟"和"神鸟"。

6. 燕子来时春雨香

燕子，通常也被称为家燕。顾名思义，它们在人类家中搭窝筑巢栖居。家燕背羽大都是蓝黑色，因此，古时把它叫作玄鸟。按动物分类学属雀形目燕科燕属。不过燕子有好几种，

窗花《燕》(耀州·任海侠作品)

家燕是分布最广、数量最多的一种，踪迹遍布我国全境，是园林、风景区较常见的鸟类。

家燕又是一种难得的敢于登堂入室，与人类共处一屋的野生鸟类。好像是与生俱来一般，燕子是与人类最亲切的小生灵。因而唐代诗人孟浩然诗中有："燕子家家入，杨花处处飞。"晋代诗人陶渊明《拟古九首》诗中有："翩

翩新来燕，双双入我庐。"

燕子（西安·东曼伟摄）

20世纪50年代，无论城乡，家燕借民宅筑窝的现象都十分普遍。那时的民房多为土木结构，燕子大多在客厅横梁或墙门间的墙上筑窝。若要追溯，其实燕子与人类早在穴居时代就已经是和睦邻里了，人类有了房子，燕子也就理所当然跟着迁入了。更何况，人们认为燕子进宅能带来福气，使门庭兴旺，所以总是喜欢并善待着这些可亲可爱的小生灵，不准顽皮孩子伤害骚扰它们。杜甫诗中有"自去自来堂上燕"，韩偓诗中有"卷帘燕子穿人去"，范成大诗中有"童子开门放燕飞"。这种和谐亲密无间的关系，到了宋代诗人王安石笔下则成了"莺犹求旧友，燕不背贫家"。此外，唐代诗人刘兼笔下的"栖息数年情已厚，营巢争肯傍他檐"，不管诗歌所涉

及的言外之意，不管诗人借燕子说事论理，隐寓什么，仅从诗之本初之意中，就可一窥人与燕子深厚的情缘。

古人诗写燕子非常细腻而全面。燕子筑巢于屋舍内外墙壁、屋椽或横梁上，而且非常讲究：衔取泥、麻、线和枯草茎、草根，再混

《益鸟》邮票5-2枚"家燕"

以唾液，形成小泥丸，然后再用喙从巢的基部逐渐向上整齐而紧密地堆砌，形成一个非常坚固的外壳；然后用三至五天的时间衔取干的细草茎和草根，再用唾液将它们粘铺于巢底，形成一层干燥而舒适的内垫；最后再垫以柔软的植物纤维、头发和鸟类羽毛。筑好的巢开口向上，呈平底小碗状。杜甫诗中的"燕子衔泥两度新"和"泥融飞燕子"，白居易诗中的"几处早莺争暖树，谁家新燕啄春泥"，张谔诗中的"片片仙云来渡水，双双燕子共衔泥"，刘兼诗中的"江畔春泥带雨衔"，说的都是燕子衔泥筑巢的过程细节，既实在又有趣。

燕子体态轻捷伶俐，两翅狭长，飞行时好像镰刀，尾分叉像一把半张开的剪子。燕子善飞，飞行迅速如箭，大多数时间都成群地在村庄及其附近的田野上空不停地飞翔，有时飞得很高，有时又紧贴水面一掠而过，忽上忽下，时东时西，能够急速变换方向。飞行时张着喙捕食蝇、蚊等各种昆虫。唐代诗人杜甫的"细雨鱼儿出，微风燕子斜"写燕子飞翔时的姿态，惟妙惟肖，极为传神，成为千古佳句。宋代词人史达祖的"爱贴地争飞，竞夸轻俊。红楼归晚，看足柳昏花暝"，更是把燕子捕捉飞虫时贴地而飞，一掠而过的迅疾、轻灵俊俏，表现得淋漓尽致。

燕子是大自然中有名的益鸟，主要以蚊、蝇等昆虫为食，一对家燕三个月就能吃掉二十五万只昆虫，所以得到人们的喜爱。燕子在秋季总要由北方飞向遥远的南方，去享受温暖的阳光和湿润的空气。民谚中有"七九河冻开，八九燕子来"，等到春暖花开的时节，燕子会由南方返回去年落脚过的地方，生儿育女，安居乐业。

燕子（西安·东曼伟摄）

想象着春天燕子飞翔、穿梭在柳枝间，一派春风和煦、春意融融的景象。燕与柳，都是春天的象征。元代诗人张可久的"鸟啼芳树丫，燕衔黄柳花"，宋代文人苏轼的"燕子飞时，绿水人家绕。枝上柳绵吹又少"，描写的就是燕与柳。

燕子以昆虫为食，习惯于在空中捕食飞虫，不善于在树缝和地隙中搜寻昆虫食物，也不能像松鸡那样杂食浆果、种子和在冬季改吃树叶。北方的冬季没有飞虫可供燕子捕食，燕子又不能像啄木鸟和旋木雀那样发掘潜伏起来的昆虫的幼虫、虫蛹和虫卵。食物的匮乏使燕子不得不每年都要来一次秋去春来的南北大迁徙。元代诗人杨维桢的《燕子词》"燕子来时春雨香，燕子去时秋雨凉"正是反映这一秋去春来南北大迁徙的。

燕子素以雌雄颉颃，飞则相随，双双燕子共衔泥。有诗云："思为双飞燕，衔泥巢君屋。"一对燕子经常含情脉脉、卿卿我我地燕语呢喃，以此而成为爱情的象征。《诗经·国风·邶风》中有："燕燕于飞，差池其羽。之子于归，远送于野。"西方人把贵族的礼服称为"燕尾服",中国人对燕子的喜爱更是到了极致推崇的地步。春秋战国时,有以燕为国名的燕国,有以燕为名的山——燕山,乐府曲有《燕歌行》,还有百家姓中就有燕姓,名叫燕子的女孩更是数不胜数。

邮票《家燕》

古有鸿雁传书,也有借燕传书之说,燕、雁有相同的意象。唐代郭绍兰于燕足系诗传给其夫,《寄夫》诗云:"我婿去重湖,临窗泣血书。殷勤凭燕翼,寄与薄情夫。"正是因为燕子有情才促成了丈夫的回心转意,夫妻相会。虽然这仅仅是传说,但借燕传书却给人们留下了一种美好情愫的联想。当然,多数传书,石沉大海、音信皆无,如张可久在《塞鸿秋·春情》中所描写的:"伤情燕足留红线,恼人鸾影闲团扇。"

燕子的意象,给人非常高雅美妙的感情寄托。所以,文人聚会有"燕聚"之说,燕通"宴"。秦观词中有"雅燕飞觞,清谈挥座""燕钗春裊"。唐代诗人韦应物在《郡斋雨中与诸文士燕集》诗中有:"兵卫森画戟,宴寝凝清香。""雅燕""燕钗""燕集""燕寝",都是让人读后心生歆羡,引发美妙遐思的好词。当然还有更多的以燕为典的成语,例如燕雁代飞、燕颔虎颈、柳莺花燕、燕骏千金、幕燕鼎鱼、兔丝燕麦、莺歌燕舞、劳燕分飞、莺俦燕侣等，如果细细琢磨，当有更深之体悟。

很多人小时候都是从唱"小燕子，穿花衣，年年春天来这里，要问燕子你为啥来，燕子说，这里的春天最美丽"的儿歌开始认识和喜欢燕子的。数十年前，西安城墙西门城楼上成群的燕子满天翻飞，尤其是夏天的傍晚，燕子上下穿梭，时而从你面前掠过，时而在城门楼上空飞卷成一团云雾，十分壮观。西安的钟鼓楼及东南西北四个城门楼，都有这种灵巧的叫声啾啾的小生灵。

其实，这不是我们在乡下见的家燕，而是雨燕，也叫楼燕。雨燕与家燕从外观到习性都十分近似，但分属不同目和科。家燕属雀形目燕科；雨燕是雨燕目雨燕科，其科下共有十八属八十四种。雨燕为小鸟中飞行最快者，有"翅膀发达的鸟"之誉。雨燕中著名的金丝燕，筑巢在陡直的悬崖上，其中有些种类完全用唾液将巢筑于洞顶或洞壁，这些巢具有很高的经济价值，因为它们就是山珍海味中"燕窝"的来源。

相传燕子于春天社日南来，秋天社日南归。诗人把它们当作春天的象征。如晏殊《破阵子》："燕子来时新社，梨花落后清明。"苏轼在"有如社燕与秋鸿"的诗句中干脆把燕子称为"社燕"。

唐代诗人、京兆万年（今陕西西安）人韦应物和杜牧，都有描绘记录唐代长安燕子生活情景的诗作。韦应物在《长

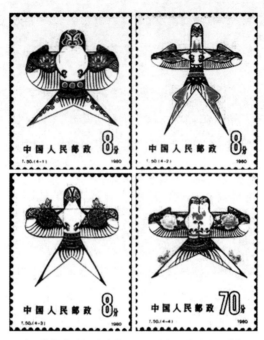

《风筝》特种邮票（选取了四种燕子造型的风筝）

安遇冯著》一诗中有："冥冥花正开，飐飐燕新乳。"杜牧在《村舍燕》一诗中有："汉宫一百四十五，多下珠帘闭琐窗。何处营巢夏将半，茅檐烟里语双双。"

唐诗宋词中描写燕子的可以传颂古今的千古佳句还有刘禹锡的"旧时王谢堂前燕，飞入寻常百姓家"，晏殊的"无可奈何花落去，似曾相识燕归来"，晏几道的"落花人独立，微雨燕双飞"，苏轼的"烟红露绿晓风香，燕舞莺啼春日长"，等等。燕子受人喜爱，更引起古代诗人的特殊关注，写下数也数不清的相关诗作，让人惊异。

7. "黑白双姝"看鹳鸟

鹳鸟，是人们并不熟悉的一种鸟，说实话一般人也难以分清鹳和鹤、鹭等鸟类的区别，尤其是它们在空中飞翔时。这几种鸟长得有点像，都是长足、尖喙、善飞翔、喜水的禽鸟。

《辞海》载："鹳，鸟纲……大型涉禽。形似鹤亦似鹭；嘴长而直。翼长大而尾圆短，飞翔轻快，常活动于溪流近旁，夜宿高树。"

鹳泛指鹳形目鹳科中的诸种鹳鸟，它们体态优雅，尤其是翩翩飞翔的时候，身姿非常优美。全世界有十六种鹳，中国产有四种，其中比较常见的有东方白鹳（下文简称白鹳）和黑鹳两种，均为候鸟。梁代陶弘景论鹳有两种："似鹄而巢树者曰白鹳，黑色曲颈者曰乌鹳。"

《鹳》邮票中的"黑鹳"和"白鹳"

　　黑鹳和白鹳被人们誉为"黑白双姝"，以其超群脱俗、雍容典雅、仪态万方、风情万种的天生丽质深受人们的喜爱。鹳类是比大熊猫还要古老的生物。目前国内仅几千只鹳，属国家一类保护动物。国外亦不多，且多呈小种群，处于濒危或极濒危状态。鹳鸟被视为吉祥鸟，常常在屋顶或烟囱上筑巢。欧洲的欧洲白鹳也是非常有名的祥鸟，是德国的国鸟。在传说中，白鹳会将婴儿送到家中，所以也被称为"送子鸟"。

黑鹳（西安·东曼伟摄）

　　鹳鸟飞行技巧特异而高超，虽然飞姿似鹤，头颈前伸、双腿后掠，但鹳可长时间在空中翱翔，善于借助上升气流，像鹰雕类那样，双翅平展不动，逐步升入高空，为鹤类所远不及。鹳在长距离飞迁时，不需要同鹤、雁、鸭、天鹅等大中型鸟类那样在空中排成一定的队形，以便借助同伴冲开的气流来减低飞行能量消耗。三国时期魏国人阮籍《咏怀八十二首》有："高鸟摩天飞，凌云共游嬉。"山西永济市有鹳雀楼，王之涣诗中的"欲穷千里目，更上一层楼"是否有登楼而观"鹳鸟摩天飞"，需要穷千里目，更上层楼的意思在内呢？

　　鹳鸟的寿命较长，性成熟较晚，食量大，是有名的"大肚汉"。鹳鸟不会发出叫声，但白鹳能用上下喙快速叩击

发出"嗒嗒嗒"敲梆子似的
响声。黑鹳从不鸣叫，有人
认为它是"哑巴鸟"。陕西
是中国北方重要的候鸟迁徙
通道及集散地之一。白鹳、
黑鹳在陕西为冬候鸟，夏季

黑鹳（西安·东曼伟摄）

也曾见到，可能为繁殖鸟。在秦岭北坡的周至县、眉县、
西安市、华阴市、潼关县、大荔县以及陕北的榆林市、神
木市、府谷县等地曾有分布。东方白鹳濒于灭绝，全球仅
存不足七千只，甚为稀少，可近些年却在陕西频频发现。
陕西朱鹮自然保护区、西安泾渭湿地自然保护区、陕西黄
河湿地自然保护区、陕西周至黑河湿地省级自然保护区等
十个湿地类型的自然保护区中湿地面积近八万公顷，在这
些湿地当中，栖息的湿地鸟类九目二十科九十五种，其中
属国家一级保护动物的有朱鹮、褐马鸡、大鸨、遗鸥和极
为珍稀的黑鹳、白鹳，总共六种。子午岭山脉陕西境内富
县西南部，清水河流域的清水河湿地，也发现有黑鹳和白鹳。

　　近十年，在一些湿地保护区之外的地方也发现了黑鹳、
白鹳。例如，2010年5月，秦岭之南洛河的洛南县柏峪寺、
官桥段有上千只白鹭在水中嬉戏、觅食，其中杂有黑鹳和
白鹳。2011年1月，淳化县发现一只黑鹳，因挨饿难飞，
被简单救治后，送到周至的陕西省珍稀野生动物抢救饲养
研究中心继续救治。2011年3月2日下午，在宝鸡市金台

区六川河生态文化旅游区发
现两只白鹳悠闲地漫步河边。
2012 年 3 月西安浐灞生态区
发现一只白鹳。这些美丽的
鸟儿，很有可能是迁徙途中
在陕短暂停留，而良好的环
境成为其迁徙"歇脚"的基础。

黑鹳（西安·东曼伟摄）

较为乐观地推想，那些声称有黑鹳、白鹳的自然条件更优
越的湿地自然保护区，这回肯定是不会少到零星的一两只
了吧。

让人倍感惊喜的是，2014 年 5 月在陕西白水县林皋湖
发现了黑鹳的巢穴，已发现的黑鹳有十二只，正处于繁殖
期。当时一只成鸟正在给巢穴中毛茸茸的幼鸟喂食，另一
只成鸟在附近盘旋守护。这些幼鸟长大后，体长可达一米
多，喙和脚会变成红色。身上的羽毛除胸腹部为纯白色外，
其余会变成黑色，在不同角度的光线下，可以映出多种颜
色。林皋湖一带植被茂盛、环境幽静，是黑鹳理想的栖息地。
湖边有鲫鱼、白条鱼、泥鳅等，湿地条件好，适合野生鸟
类的生存。

这一下打破了人们的怀疑。陕西终于发现黑鹳的巢穴
和种群啦！虽然种群还很小，但肯定会扩大的，当年秦岭
深处发现的朱鹮也才有七只呀！

保护野生动物，不仅要注重对生态环境的改善，也要

加强法制教育，严惩犯罪，杜绝人为的偷猎行为。这样，
在不久的将来，将会有更多的珍稀而美丽的精灵，飞临、
停歇、觅食在三秦大地上，甚至在这里越冬、繁殖。有着
"鸟中熊猫""空中皇后""黑白双姝"美誉的黑鹳和白鹳，
将成为和朱鹮一样种群逐渐扩大、得到良好繁殖的在陕西
的国宝。

8. 黄鹂鸣翠柳

描写黄鹂鸟的诗，给人留下
深刻鲜明印象的，要数诗圣杜甫
的《绝句》"两个黄鹂鸣翠柳，
一行白鹭上青天"了，可谓享誉
千古，冠绝万代。"鸣翠柳"的
"鸣"字用得妙绝，给人入画之
灵动，能想象出黄鹂鸟抓住飘动
的柳丝，荡悠嬉戏时，那种春天
才会萌动的鲜活明丽、益然生机。

《黄鹂》（曾孝濂绘）

黄鹂，雀形目黄鹂科黄鹂属鸟类的通称，因其羽色鲜
黄而名。共有二十八种，中国有六种，黑枕黄鹂为典型代表。

黄鹂的巢颇为奇特，似摇篮一般，悬挂于柔韧的枝柯梢头，随风摇曳，自然灵动中让人感到什么是诗意栖居的恬适。巢呈深环状，用干草、枯枝、竹叶、草茎做成，再用细干草及蛛丝缀合，内铺松针、兽毛、草穗。黄鹂的营巢技术，细腻而精巧，堪称一绝。

黄鹂绀趾丹喙，体形小巧，馨风飘羽，金黄灿亮，令人目眩神迷。明代李东阳有诗"金堤柳色黄于酒，枝上黄鹂娇胜柳"，以明黄的柳色来映衬黄鹂，感觉别有韵致。

《诗经》里的"黄鸟"或指黄鹂，或指黄雀，在《秦风》与《小雅》的篇什之中，各有一篇以"黄鸟"为题，且以黄鸟起兴的诗歌。这是最早记载黄鹂在陕西生活的诗歌了。《秦风·黄鸟》中有"交交黄鸟"，这个"交交"是黄鸟的独叫之声；而《诗经·周南·葛覃》里"黄鸟于飞，集于灌木，其鸣喈喈"中的"喈喈"主要是摹写黄鸟群飞合鸣的和谐。有独唱有合鸣，黄鹂不愧为鸣禽了。

黄鹂又名黄莺，因"莺歌""莺声"而驰名天下，被称作大自然的"歌唱家"，是诗人经常歌咏的对象。鸣声圆润嘹亮，高昂有致，富有韵律，婉转似笙簧，清脆如织机，十分悦耳动听。黄鹂有春天的"东风第一声"之美誉，这出自明代李东阳的《黄莺》一诗："柳花如雪满春城，始听东

《益鸟》邮票中的"黑枕黄鹂"

风第一声。"

古人以莺音入诗，如"娇莺历历啼芳树""春日载阳，有鸣仓庚""莺歌暖正繁""暖入莺簧舌渐调""阴阴夏木啭黄鹂""织锦机边莺语频""树树树梢啼晓莺"等。《世说新语补》载，南朝时的戴塸最爱听莺，春天他常"携双柑斗酒"出游，问他去哪里，回答说"往听黄鹂声"。

黄鹂和画眉、八哥、百灵、云雀等同属鸣禽。鸟类的鸣叫可分为叙鸣与啭鸣两种。叙鸣是日常生活中不分雌雄鸟都能发出的鸣叫，如"交交"之类；啭鸣是雄鸟在繁

黄鹂（西安·东曼伟摄）

殖季节所特有的一种鸣叫，乃鸟类寻找配偶求欢的婚期行为，如"关关"之声——当然，这也可能是鸟类婚期中的雌雄共鸣。

诗圣杜甫也爱莺声，他的《斗莺》诗云："哑咤人家小女儿，半啼半歇隔花枝。"用拟人手法把花枝后面的莺声，比成是妙龄少女的歌声。如今，以"燕语莺音"来形容少女之声，大概就是源出于此吧。

黄莺早在南北朝时就被当作春天的意象符号，丘迟在《与陈伯之书》中就写道："暮春三月，江南草长，杂花生树，群莺乱飞。"唐代韩愈《早春雪中闻莺》一诗写道："朝

莺雪里新，雪树眼前春。"司空曙《残莺百啭歌》一诗写道："送暖初随柳色来，辞芳暗逐花枝尽……共爱奇音那可亲，年年出谷待新春。"白居易《钱塘湖春行》一诗写道："几处早莺争暖树，谁家新燕啄春泥。"还有宋代黄庭坚《调寄清平乐·晚春》一词写道："春无踪迹谁知？除非问取黄鹂。"

诗人也喜欢把黄鹂与"情"联系起来，王安石有："何物最关情？黄鹂三两声。"诗传于世仅《春怨》一首的唐代诗人金昌绪则写道："打起黄莺儿，莫教枝上啼。啼时惊妾梦，不得到辽西。"诗中情怨，意味别具，无须详解，就能感悟到其用情之深了。

唐代吴融在《莺》诗中写道："日落林西鸟未知，自先飞上最高枝。"李商隐在《天涯》诗中写道："莺啼如有泪，为湿最高花。"古人爱黄莺，以"占高枝"形容其地位身份之高贵。元曲四大家的王实甫为他的《西厢记》中的女主人公定名为崔莺莺；曹雪芹的《红楼梦》把薛宝钗的丫鬟起名叫莺儿。如此命名是否象征着崔莺莺、薛宝钗有"占高枝"的意思呢？

奇妙的是，一些文人以咏黄鹂起兴，偏偏能随之吟咏出传颂千古的佳句。例如秦观有词云："夜月一帘幽梦，春风十里柔情……那堪片片飞花弄晚，蒙蒙残雨笼晴。正销凝。黄鹂又啼数声。""春路雨添花，花动一山春色。行到小溪深处，有黄鹂千百。"杜甫的《蜀相》："丞相祠堂何处寻，锦官城外柏森森。映阶碧草自春色，隔叶黄鹂空好音。三顾频烦天下计，两朝开济老臣心。出师未捷身先死，长使英雄泪满襟。"韦应物的《滁州西涧》："独怜幽草涧边生，上有黄鹂深树鸣。春潮带雨晚来急，野渡无人舟自横。"你看，这其中的"夜月一帘幽梦""花动一山春色""野渡无人舟自横""出师未捷身先死，长使英雄泪满襟"无疑都是不可多得、映照古今的警句佳句。

现当代有点影响的有关黄鹂的作品不多，唯有一首中国台湾的很好听并广为流传的叙事性民歌《蜗牛与黄鹂鸟》，歌中骄傲的黄鹂鸟，嘲笑背着重壳的蜗牛。另外还有成语"螳螂捕蝉，黄雀在后"，这黄雀应该就是黄鹂。而埋伏"在后"挺负面的，总给人一种伺机而动的阴险意味。

但这些都影响不了人们对黄鹂的喜爱。因为它是大自然中的精灵，有了它的歌声，世界变得更加美丽。真正是："黄鹂鸣翠柳，东风第一声。先飞最高枝，此鸟最关情。"

9. 如意吉祥鸟——戴胜

戴胜，应当属于所有漂亮的鸟中长相最奇异的了。

戴胜头顶有凤冠状的羽冠，十分醒目，直竖时像把打开的五彩折扇，小嘴细长向下弯曲，羽毛鲜艳，错落有致。它头顶的羽冠也被称作"胜"。唐宋时期，流行"镂金作胜"的风俗，李商隐有诗"镂金作胜传荆俗"。"胜"也就是用纸或金银箔、丝帛剪刻而

戴胜（西安·东曼伟摄）

成的花样，剪成花草形者，称为"华胜"；剪成人形者，称之为"人胜"；剪成旗幡形，就称为"幡胜"。头上戴"胜"，这可能就是戴胜名字的由来。宋代女词人李清照在一首词中写道："烛底凤钗明，钗头人胜轻。"其中就有戴胜头顶金黄色大羽冠很像插着幡胜之意。

这戴胜，名字来头不小，据传说它借指的是古代神话人物西王母，《山海经·西山经》就有"西王母其状如人，豹尾、虎齿而善啸，蓬发戴胜"。戴胜一词，源自戴玉琢之华胜，为西王母的头饰。1986年陕西凤翔县秦公1号大墓出土一件文物"金戴胜"，雀头有冠，五色，现收藏于陕西历史博物馆。

戴胜鸟的名字，还和节气、桑树有关。我国古代将谷雨分为三候："第一候萍始生；第二候鸣鸠拂其羽；第三候为戴胜降于桑。"是说谷雨后降雨量增多，浮萍开始生长；

《益鸟》邮票中的"戴胜"

接着布谷鸟、杜鹃提醒人们开始播种了；然后是桑树上开始出现戴胜，人们要开始采桑养蚕了。唐代诗人白居易有："二月村园暖，桑间戴胜飞。"刘驾有："羞人夜采桑，惊起戴胜鸟。"韦应物在《听莺曲》中描写戴胜鸟"伯劳飞过声踢促，戴胜下时桑田绿"，贾岛在《题戴胜》的诗中有"能传上界春消息"，宋代欧阳修在《啼鸟》诗中有"戴胜谷谷催春耕"。于是，戴胜成为吉祥鸟，成为春归大地的象征。

《戴胜》（曾孝濂绘）

戴胜美丽华彩，飞起来更漂亮、更生动，羽冠一起一伏呈波浪式前进，姿态很像一只翩翩起舞的花蝴蝶，缓缓地扑扇翅膀，灵巧轻盈，美不可言。戴胜在空中飞行时，喉颈部伸长而鼓起，头前伸，一边飞一边不断点头，且是边飞边鸣，时而冠羽耸起，旋又伏下，随着叫声，羽冠一张一合，姿态风趣妙然，煞是可爱。唐代诗人张何在《织鸟》一诗中描写戴胜"映日华冠动，迎风绣羽开"，很是传神。

戴胜鸟（西安·东曼伟摄）

戴胜又名胡哱哱、花蒲扇、山和尚、鸡冠鸟等，栖息在开阔的园林、郊野的树干上。戴胜是有名的益鸟，大量捕食金针虫、蝼蛄、行军虫、步行虫和天牛幼虫等害虫。在保护森林和农田，营造自然生态和谐方面有着极为重要的作用。在陕西，戴胜为夏候鸟和旅鸟，各地都有，尤其是秦岭南北，更是它的最佳栖居地。戴胜温驯，不怎么怕人，动辄就飞到寻常百姓家。当人与之近距离接触时，它小眼睛左右看你一下，与人不即不离，自顾自地在草丛中觅食。

戴胜是美丽的化身，更是如意吉祥的代名词，具有深厚的中国传统文化内涵。千禧之年的 2000 年的春节，中国金币总公司发行了一套中国珍禽系列（戴胜鸟）彩色金银币，就是寓意"千年伊始，戴胜如意"。

10. 秦岭中的猛禽

猛禽是鸟类的一种类型。一般来说猛禽有两大类：第一类是隼形类，如老鹰、秃鹫等，可分为新域鹫、鹫鹰、兀鹰、鹗、隼等五个科；第二类为鸮形类，如雕鸮、长耳鸮、雪鸮、草鸮等。

猛禽喙呈钩状，翼大善飞，脚强而有力，趾有锐利钩爪，性情凶猛，捕食其他鸟类和鼠、兔、蛇等。它们是人类的

《猛禽》邮票中的"红隼"

朋友，有的嗜食鼠类及昆虫，有利于农林牧业；有的专食弃尸和腐肉，能够防止自然环境的污染，被誉为"自然界中的清洁工"。

秦岭中的猛禽，有被列为国家一级保护动物的白肩雕、金雕、玉带海雕、白尾海雕等，也有被列为国家二级保护动物的游隼、红隼、大鵟、秃鹫、鸢、白尾鹞、苍鹰、白腹鹞、鹊鹞、短趾雕、雕鸮等。其中金雕、白肩雕、秃鹫、红隼、大鵟、鸢、白尾鹞、苍鹰和雕鸮、长耳鸮都登上了中国邮政发行的方寸邮票。

1997年在陕西华县泉护村遗址发掘过程中首次发现了全新世猛禽类标本，通过分类学的对比研究，这些标本被鉴定为苍鹰左尺骨、雕右跗跖骨和雕鸮右跗跖骨。这在先前陕西境内其他一些遗址中猛禽类的发现记载里是少有的。它为研究陕西关中秦岭北麓的华县泉护村遗址的古环境、古气候变化和推测遗址中以猛禽类为题材的"陶鸮鼎""隼形陶饰"等陶器上出现的彩绘鸟纹提供了实物参考和人文背景，并成为进一步了解全新世时期古人生活特点的依据。这些骨骼对于鸟类的属种分类鉴定、起源，以及生活区域的分布，具有指示作用。

陕西华县泉护村出土的仰韶文化庙底沟类型的这三种

猛禽标本，在陕西先前考古发掘
中，仅在半坡、姜寨、关桃园等
新石器遗址中发现有雕一种。

　　这里所说的雕应该就是金
雕或白肩雕。这两种雕虽然被列
入一类保护动物名单，属于濒危
种类，但它们在北方，尤其是秦
岭山中还是比较容易见到的。

　　雕类善飞，栖息于深山幽
谷之中，能捕食野兔、小山羊、

《金雕》（曾孝濂绘）

羚羊等较大的动物。这类凶猛禽鸟十分难于捕捉，应该是
泉护村人偶获的，或者说明约六千年前的泉护村人已掌握
较高超的打猎水平。

　　陕西华县泉护村出土的仰韶文化庙底沟类型的"鹰头
形器盖"，鹰头造型为圆盘状，盖纽处理成尖状鹰嘴，用
锥刺法刻出羽毛、双目圆睁、神态机警。这是鹰的形象首
次出现在陶器上，可能有古人崇拜鹰，把苍鹰等猛禽类图
案作为族徽、图腾等原因，像半坡人与鱼一样。

　　无独有偶，1959年华县太平庄还出土了新石器时代的
"陶鹰鼎"，也属于仰韶文化庙底沟类型，现藏于中国国
家博物馆，属于首批禁止出国（境）六十四件（组）国宝
级文物。这件陶鹰鼎造型奇特，整体结构简洁，立体感很强，
鹰桀骜凶猛的气势被淋漓尽致地刻画了出来。鹰的双足和

尾部为鼎足，稳定地撑于地，后收的双翅围过鼎的中后部，形成一种前扑的动势，尖喙大眼，粗壮双足，板状尾巴，显得威风凛凛。尤其是鹰眼锐利，特别逼真传神，怪不得人们常以鹰眼来形容一个人的厉害阴鸷。

现在已知的我国最早的雕刻作品出现于距今六千年的新石器时代中晚期。华县泉护村和太平庄这两处遗址出土的"陶鸮鼎""隼形陶饰"等陶器上的"鹰头形器盖"和国宝级的"陶鹰鼎"，就是最早的文物实证。

而后从周、秦、汉开始，实用装饰的玉雕、青铜器、金银器以及画像砖、壁画等出土文物出现鹰的形象更为普遍。

扶风县玄塘村出土的"西周鹰形玉凤"，喙带钩并很夸张。眉县杨家村出土的"西周逨盉"，口上为鹰钩嘴鸟。流失海外的青铜珍品"鹰尊"，收藏在美国的华盛顿弗利尔美术馆。尊的器盖为一较写实的鹰头，与器一体有榫旋转可紧固，后颈有鸟书铭。尊的外形像一雄鹰，双足落地，威严挺立，两个凸起的眼睛正视前方。整件器物由头部、身躯和双腿三部分组成。1972年在陕西咸阳市周陵乡新庄村汉元帝渭陵遗址出土一件西汉"玉鹰"。和田玉质，器圆雕，技艺精湛，手法纯熟。只见鹰展翅飞翔于空中，动感十足，惹人喜爱，不愧为汉代玉雕精华中之极品。还有陕北绥德县呜咽泉出土的汉画像石上的两只鹰形朱雀，钩状的长喙很显眼。

1981年在西安市大白杨西汉早期墓出土了两件鹰形玉

西汉 玉鹰（陕西咸阳市周陵乡新庄村汉元帝渭陵遗址出土）

西汉 玉鹰剑首（陕西汉中市南郑县龙岗寺遗址出土）

器，现藏于西安市文物交流中心。第一件为"鹰形玉珩"，青白玉，玉质滋润，扁平体，阴刻镂空透雕一展翅侧首呈飞翔状的雄鹰形象，以粗阴线和密集平行的短阴线互相结合刻画细部，形态夸张、生动，动感很强，将雄鹰矫健凶猛的形象表现得相当成功。两面造型纹样相同。第二件为"双鹰纹玉璧"，白玉，玉质温润，有少许土沁，璧两面内外缘均碾琢出一圈凸棱，璧面浅浮雕两只背靠背之雄鹰，双鹰均为回首，其雕琢技法为剔地隐起并加饰阴线，属人体装饰用玉。

西安博物院还藏有一件东汉"鎏金鹰形杖首"，1972年8月于西安市第二机砖厂出土。该杖首上为鹰首形，下呈兽身蹲坐状。全身共六爪，鹰首的眼和冠镶嵌琉璃和绿松石，通体表面鎏金。另外，陕西历史博物馆收藏有一件1957年陕西神木县出土的战国"鹰嘴金怪兽"，圆雕、透雕、浮雕兼施。鹰喙兽身头生双角如鹿，偶蹄，立于四瓣花形托座上，金光灿灿，精美至极，让人一见难忘。陕西西安市的唐大明宫遗址出土的唐代"鹰形玉饰件"，现藏于西安市文物保护考古研究院。青玉，玉质温润细腻，近似长方体，雕出鹰首和前半身，鹰圆目尖喙，双眼是用不同直径的管钻所打，其内的毛刺尚清晰可见，鹰首顶雕出两个小浮突，眼下颈部均以砣具碾琢出凹槽，背身雕出羽毛翅膀，后端平齐，

东汉　鎏金鹰形杖首（西安市第二机砖厂出土）

正中钻一大圆孔，背部亦钻五个圆孔，因此它可能是皇家榻、步辇或宫殿内的装饰构件。

这些与雕、鹰、鸮有关的陕西出土文物，构成了一道色彩斑斓而奇丽的风景线，不仅证明了陕西是鹰类猛禽最重要、最早的发源地、栖息地，而且还呈现出陕西鹰文化的博大精深和丰富多彩。

中国民间文化中的鹰形象，可追溯至原始社会的图腾崇拜。鹰是神的化身，所以华夏民族经常视鹰为神，有"神鹰""天鹰"之誉。《诗经》中描述军队出征："牧野洋洋，檀车煌煌……维师尚父，时维鹰扬。"以鹰象征军容的威猛。《列子·黄帝篇》中记载："黄帝与炎帝战于阪泉之野，帅熊、罴、狼、豹为前驱，雕、

鹘、鹰、鸢为旗帜。""雕、鹘、鹰、鸢"皆为鹰属猛禽。李白在《独漉篇》一诗中有："神鹰梦泽，不顾鸱鸢。"杜甫喜爱鹰，他的咏鹰诗数量特别之多，例如《画鹰》一诗中云："何当击凡鸟，毛血洒平芜。"再有写鹰之"杀气森森到幽朔""乘威灭蜂虿，

战国 鹰嘴金怪兽（陕西榆林神木出土）

戮力效鹰鹯"。《战国策·魏四》中有唐雎对秦王的几句话："夫专诸之刺王僚也，彗星袭月；聂政之刺韩傀也，白虹贯日；要离之刺庆忌也，仓鹰击于殿上。"这句"仓鹰击于殿上"够吓人，据说一贯骄横的秦王，即后来的秦始皇，在秦咸阳宫里听了这番话后，居然神色沮丧，有点儿失魂落魄。

晋代傅玄《鹰赋》中有："左看若侧，右视如倾，劲翮二六，机连体轻，勾爪悬芒，足如枯荆，觜利吴戟，目颖星明，雄姿邈世，逸气横生。"白居易有："鹰翅疾如风，鹰爪利如锥。"柳宗元有："云披雾裂虹霓断，霹雳掣电捎平冈。"都是咏鹰诗的传世之作。这些咏鹰之人基本都与陕西有关，杜甫自称"少陵野老""杜陵布衣"，少陵、杜陵，即在今西安市长安区；傅玄为北地郡泥阳（今陕西铜川市耀州区东南）人；白居易祖籍为太原下邽，而

唐下邽位于今陕西渭南市渭河以北；柳宗元出生地、生长地、中举地和卒葬地都在今西安。

下面就专门介绍和陕西秦岭有关的几种猛禽：

金雕，属于鹰科，别名金鹫、老雕、洁白雕、鹫雕，所谓金色，可能是就它头和颈后羽毛在阳光照耀下反射出的金属光泽而言。金雕是北半球一种广为人知的大型猛禽，被列入国家一级重点保护动物名录，是猛禽类皇冠上的"钻石"，以其突出的外观和敏捷有力的飞行而著名。成鸟的翼展平均超过两米，体长则可达一米，腿爪上全部都有羽毛覆盖。它善于翱翔和滑翔，常在高空中一边呈直线或圆圈状盘旋，一边俯视地面。发现目标后，常以每小时三百千米的速度从天而降，并在最后一刹那猛然止住扇动的翅膀，然后牢牢地抓住猎物。它捕食的猎物有数十种之多，如雁鸭类、雉鸡类、松鼠、野兔、山羊、狍子等，有时也吃梅花鹿、叉角羚甚至大灰狼等大型兽类。金雕猎狼，确实影响很大，曾经有记载一只金雕先后抓获十四只野狼。秦岭山中不少动物保护区和森林公园，都有金雕翱翔其中，不时闪现。

白肩雕，英文名称叫"imperial eagle"，意思是"皇家的鹰"，在我国也有一个类似的名字叫"御雕"。白肩雕是大型猛禽，体长七八十厘米，体羽黑褐色，头和颈羽色较淡，肩部有明显的白斑，在黑褐色的体羽上极为醒目，很远即可看见，这是其区别于其他雕的主要特征，因而得名。

白肩雕滑翔时两翅平直不上举，同时飞翔时尾羽收得很紧，不散开，因而尾显得较窄长。幼鸟头皮黄褐色，背有黄褐色斑点，飞翔时尾常散开呈扇形。栖息于海拔两千米以下的山地森林地带，尤喜混交林和阔叶林，常单独活动，或翱翔于空中，或长时间地停息于空旷地区的孤立树上或岩石上。

《猛禽》邮票中的"白肩雕"

　　秃鹫，又称座山雕或秃鹰，是一类以食腐肉为生的大型猛禽。全身除初级飞羽呈黑色、尾羽呈黑褐色外，颈部和头部裸露处覆有褐色绒羽，其他羽衣均为暗褐色；虹膜、喙端均黑褐色，蜡膜铝蓝色，跗跖和趾灰色，爪黑色。秃鹫栖息山地分布较广。据报道：西安市一市民曾在秦岭山中，花八万元从食客手中买下两只秃鹫在山中放飞，证明秃鹫这种大型猛禽在秦岭中普遍存在。

《猛禽》邮票中的"鸢"

　　鸢，鸟名，属猛禽类，俗称鹞鹰、老鹰。体长约六十五厘米，状类鹰，唯喙较短。上体暗褐杂棕白色，耳羽黑褐色，故又名"黑耳鸢"。下体大部分为灰棕色带黑褐色纵纹，翼下具白斑，尾叉状，翱翔时最易识别。攫蛇、鼠、鸡、雏鸟为食。分布几遍我国各地，终年留居。《诗经·大雅·旱麓》有这样的记载："鸢飞戾天，鱼跃于渊。"

白尾鹞，鹰科，又称灰鹰，体形似雀鹰。古名"鹞子""笼脱"，今通称"鹞鹰""鹞子"。形体像鹰而比鹰小，背灰褐色，以小鸟、小鸡为食。

《猛禽》邮票中的"白尾鹞"

唐代长安城有饲养鹞的官署，称鹞坊，证明早在唐代，长安城中就开始驯养鹞鹰。西岳华山还有一著名景点叫"鹞子翻身"。

苍鹰，中小型猛禽。体长可达六十厘米，翼展超过一米。头顶、枕和头侧黑褐色，枕部有白羽尖，眉纹白杂黑纹，背部棕黑色，尾方形。飞行时，双翅宽阔，翅

《猛禽》邮票中的"苍鹰"

下白色，栖息于不同海拔高度的针叶林、混交林和阔叶林等森林地带，也见于山地平原和丘陵地带的疏林和小块林内。视觉敏锐，善于飞翔。性甚机警，亦善隐藏。通常单独活动，叫声尖锐洪亮。见于整个北半球温带森林及寒带森林。

红隼，别名茶隼、红鹰、黄鹰、红鹞子，栖息于山地

和旷野中，分布活动范围相当大，几乎遍布全国各地，多单独或成对活动。飞行快速，善于在飞行中追捕猎物。以猎食时有翱翔习性而著名。吃大型昆虫、鸟和小型哺乳动物。呈现两性色型差异，雄鸟的颜色更鲜艳，这在鹰中是罕见的。属小型猛禽，大小与喜鹊差不多。尾较长，约占体长一半，背、肩上覆羽多为砖红色，后颈、颈侧蓝灰色，腹部灰白色。红隼不喜筑巢，常侵占鹊、鸦等鸟类巢穴，有趣的是甚至连松鼠的窝也会侵占。

《猛禽》邮票中的"大鵟"

大鵟，为鹰科鵟属的鸟类，是一种大型猛禽，全长约七十厘米，栖息于山地、山脚平原和草原等地区，也出现在高山林缘和开阔的山地草原与荒漠地带，垂直分布高度可以达到四千米以上的高原和山区。喜停息在高树上或高凸物上。在中国终年留居在东北北部、西北和青藏高原等地。大鵟，因体形大，性凶猛，故又被称为"豪豹"或"白豹"。

雕鸮，为鸮类中最大的。面盘显著，为淡棕黄色，杂以褐色的细斑。因其头部似猫，故俗称"猫头鹰"，别名"神猫鹰"，现在用来命名鸮形目猛禽。该目猛禽均为夜行性鸟类，广泛分布于除南极洲外的世界各地，现存约一百四十种，常见的种类还有长耳鸮、短耳鸮、仓鸮、草鸮、雪鸮等，均属于国家二级保护动物。

长耳鸮，别名"长耳猫头鹰""夜猫子"，属于鸱鸮科。中型猛禽，体羽棕黄色，上体密布黑褐色粗羽干纹和虫蠹状细斑。喙铅褐色，爪黑色。栖息于山地森林或平原树林中。主要以鼠类和昆虫为食，对于控制鼠害有积极作用，应大力保护。长耳鸮广泛分布于北半球北部的大陆上。

巍巍秦岭，不仅是哺育中华文明、承载中国历史的"龙脉"之地，也是中国生物物种最为丰富的生物基因库。由于秦岭山地南北存在着地貌气候和植被等自然因素的差异，造成动物生活环境的复杂性和多样性。因之秦岭成了一个真正意义上的动物天堂，当然也是猛禽类动物的天堂。看来，要认识猛禽，首先就应当走进秦岭。

11. 大雁飞过陕西

（1）雁之史话

说到大雁，首先就想起"雁阵"，我们可以看见大雁在天空飞行时，队伍一会儿排成"人"字形，一会儿又由"人"字形换成"一"字形。由有经验的"头雁"带领，大雁懂得借用飞行中产生的气流，减少阻力，从而节省了体力，可见大雁是智慧之鸟。

1985 年陕西神木县店塔村出土了一件西汉彩绘雁鱼铜灯"，灯由衔鱼的雁首、雁身、两片灯罩及带曲錾的灯盘四部分组成，可拆卸。雁身为两范合铸，通体彩绘红、白二色。

元代 玉鸿雁（陕西西安市何家村出土）

两片灯罩可自由转动，能调节灯光照射方向和防御来风。雁腹内可盛清水，灯烟经雁颈溶入水中，可减少油烟污染。构思精巧别致，是汉代灯具中的杰作。现收藏于陕西历史博物馆。1971 年西安市雁塔区三兆村出土一件西汉鸿雁形熏炉，炉体鸭形，额顶浮雕有羽纹，长颈，昂首挺胸，背脊隆凸，为可启闭的子母扣镂空炉盖，饰透雕缠绕卷云纹。秦汉瓦当中有"奔虎逐雁纹""飞鸿纹"，汉代"千秋万岁"文字瓦当中，"千"字就被绘成飞雁形，极富创意。

西汉 鸿雁形熏炉（陕西西安市红庙坡出土）

元代 玉鸿雁（陕西西安市何家村出土）

关于飞雁，《三辅故事》中有记载：楚霸王项羽入关后，曾以三十万人盗掘秦陵。挖掘过程中，突然一只金雁从墓中飞出，这只神奇的飞雁一直朝南飞去。斗转星移几百年，到三国时期的宝鼎元年（266年）的一天，有人给一位在日南做太守的官吏名曰张善送来一只金雁，他立即从金雁上的文字判断此物乃出自始皇陵也。这个神奇的传说，在武伯纶、张文立《秦始皇帝陵》一书中，还得到了一定的肯定："秦国的工匠能制造出会飞的金雁，这是可信的。"因为在司马迁《史记》和班固《汉书》中都有秦始皇陵墓内有"黄金为凫雁"的文字记述。当然也有可能是古代文人借此演绎了这个神奇的飞雁传说。

大雁属鸟纲鸭科，是雁亚科各种类的通称。全世界共有九种，我国有七种，除了白额雁外，常见的还有鸿雁、豆雁、斑头雁和灰雁。

《诗经·小雅·鸿雁》有："鸿雁于飞，肃肃其羽。……鸿雁于飞，集于中泽。……鸿雁于飞，哀鸣嗷嗷。"此诗以鸿雁写流民，其中"鸿雁于飞，哀鸣嗷嗷"，引出"哀鸿"一词，成了苦难流民的代称。《易经·渐》虞翻注："鸿，大雁也。"《毛诗传笺》中有："大

清代文官官服补子上的大雁

曰鸿，小曰雁。"《诗经·国风·邶风》有"鸣雁"之说。

大雁是具有团队精神的群体动物，几千千米的漫长旅途要飞上一两个月，所以必须长时间不停歇地飞。此时单靠一只雁的力量显然是不够的，它们懂得必须互相帮助，才能飞得快飞得远。有劲的大雁在飞的时候，翅膀尖扇起一阵风，从下面往上面送，就把小雁轻轻地抬起来，长途跋涉的小雁就不会掉队。在飞行中，带队的"头雁"体力消耗得很厉害，因而它常与别的大雁交换位置。幼鸟和体弱的鸟，大都插在队伍的中间。停歇在水边找食水草时，总由一只有经验的老雁担任哨兵。"雁阵"之飞，也是一种集群本能的表现。这样还有利于防御敌害：如果掉队的孤雁南飞，就有被天敌鹰雕之类猛禽吃掉的危险。

大雁又称野鹅，属于国家二级保护动物。大雁从不独活，是最忠贞的爱情鸟之一，一群大雁里很少会出现单数。一只死去，另一只也会自杀或者郁郁而亡。所以唐代诗人崔涂在《孤雁》中说："几行归塞尽，念尔独何之。暮雨相呼失，寒塘欲下迟。渚云低暗度，关月冷相随。未必逢矰缴，孤飞自可疑。"

大雁乃是禽中之冠，自古被视为"五常俱全"的灵物。所谓五常也称五德：仁、义、礼、智、信也。

仁心，表现在一队雁群当中，对于不能自己打食的老弱病残之辈，其余的壮年大雁，绝不会弃之不顾，而是会一管到底，养老送终，此为仁者之心。

大雁最重情义，雌雄相恋，绝对从一而终。不论是雌雁死或是雄雁亡，剩下的孤雁到死也不会再找别的伴侣。

天空中的雁阵，飞行时依长幼之序而排，称作"雁序"。一般都是由老雁引领，尤其是猎食栖居之时，壮雁都不会争抢赶超到老雁前边，这是其礼让之德。

大雁又被称为"智鸟"，不仅表现在排"雁阵"上，落地歇息之际，雁群会派出担任警戒的哨雁。所谓犬为地厌、雁为天厌、鳢为水厌，这三种生灵最是敏锐机警。一有什么风吹草动，群雁就会立刻飞到空中躲避，所以不论是猎户还是野兽，都很难轻易接近地上的雁群。

雁之信，不是指替人传书捎信，而是指大雁南北迁徙从不爽期。大雁是候鸟，因时节变换而迁徙，至秋而南翔，故称秋天为雁天。韦承庆的《南中咏雁》："万里人南去，三春雁北飞。"《吕氏春秋》有："孟春之月鸿雁北，孟秋之月鸿雁来。"

（2）落雁之说

中国古代著名的四大美女之一的王昭君，是所谓"闭月、羞花、沉鱼、落雁"中的落雁。而这四大美女中有三位——"羞花"的杨玉环、"闭月"的貂蝉、"落雁"的王昭君，都在长安地区生活过。

"落雁"是一个美丽的传说，说的是昭君出塞，去往一个完全陌生荒凉的地方。前途难卜、心绪难平的她，在坐骑之上拨动琴弦，奏起悲切的离别之曲。南飞的雁听到这悦耳而悲切的琴声，望见了这个坐在马上的美丽无比、清纯如水的女子，被她的倾国倾城之绝色美貌惊呆了，一瞬间，竟然忘记了扇动翅膀，纷纷扑落于平沙之上。从此，昭君就得了"落雁"的美称。

《石湾陶瓷》邮票"昭君出塞"

身处异域苦寒之地，背井离乡，一个孤苦的弱女子，心怀思乡之忧苦伤悲，确实不容易。昭君在《怨词》一诗中倾吐说："父兮母兮，道里悠长。呜呼哀哉，忧心恻伤。"还有北归南飞的大雁，听到昭君孤身塞外弹琴思乡之悲切琴声，主动飞到昭君身旁，为她捎传家书回故乡的故事。

还有《平沙落雁》，是一首古琴曲，有多种流派传谱，最早刊于明代《古音正宗》。其意在借大雁之远志，写逸士之心胸。

《明妃出塞图》(宋·宫素然绘)

昭君出塞是我国历史上的一个真实故事。和被称作红颜祸水、命运悲惨的貂蝉、杨贵妃不同的是，昭君以一个普通宫女的命运，联系上了国家的命运。她毅然请命，即使要远赴人人畏惧、荒凉困苦的大漠塞北，嫁给一个垂老的呼韩邪单于，也要冲破如同牢笼的汉宫，不甘花尽残红，青春凋谢，青丝变白发。昭君的这种选择，有着对自由的渴望，也有牺牲自己、奉献国家的大义，这无疑是一种伟大的选择。

历史让一个柔弱女子担当起了"宁胡"和亲匈奴的责任。正如东汉班固《汉书·匈奴传赞》记载，昭君出塞六十年，"边城晏闭，牛马布野，三世无犬吠之警，黎庶亡（无）干戈之役"。可以说，昭君不辱使命。在中国四大美女中，王昭君的人生最光彩最灿烂。

《昭君出塞》邮票

昭君出塞时的真实历史背景表明了，汉家和亲政策的正确和战略意义，并非和后世的南宋向金议和，清末的丧权辱国、割地赔款、签订不平等条约等同。是大汉一直扶持援助的呼韩邪单于称臣后，为了表明自己的诚意，于竟宁元年（前33年）春正月，第三次来汉朝觐见，提出"愿婿汉氏以自亲"。汉元帝因其不忘恩德，乡慕礼义，复修朝贺之礼，才决定把昭君赐婚给单于的。此举进一步消除了汉匈之间的戒备心理，成为造福汉匈老百姓的千秋大计。

当时西域各国听到匈奴和汉朝和好了，也都争先恐后地同汉朝修好来往，一时间边境和睦、贸易发展、百姓幸福、安居乐业。虽然这和平只延续六十年，但于民于社稷，仍是功莫大焉。

而汉元帝是延续他父亲汉宣帝的国策。史载，呼韩邪是第一个到中原来朝见的单于，汉宣帝像招待贵宾一样招待他，亲自到长安郊外去迎接，为他举行了盛大的宴会。呼韩邪单于在长安住了一个多月，他请求汉宣帝帮助他回去。汉宣帝答应了，派了两个将军带领一万名骑兵护送他到了漠南。这时候，匈奴正缺少粮食，汉朝还送去三万四千斛（古时候十斗为一斛）粮食。

民间传说中，王昭君有皓月之称，集山水阴柔和天地温和之气，与山间溪流、空壑皓月同色。昭君虽然早在两千年前就离我们而去了，但她灿如皓月的光辉，照亮了中国历史，也给中国四大美女四射的艳光中，增添了一道最亮丽、最清纯的光。

（3）鸿雁传书

说"鸿雁传书"，首先要说"苏武牧羊"，因为故事因此而起。故事源于《汉书·李广苏建传》。

据载，汉武帝天汉元年（前100年），苏武出使匈奴，被长期拘留，关押在北海（今贝加尔湖）苦寒地带，十九年不得归。后汉匈通好，而匈奴单于却诡称苏武已死。汉使至匈奴，与苏武一同出使匈奴的常惠秘密地见到了汉使者，告知苏武并没有死，并让他对单于说：天子射猎长安上林苑，得一雁，足系帛书，言武在某一大泽中。单于闻言，惊视左右，遂向汉使谢罪，只得把苏武放归汉朝。于是，"鸿雁传书"便传为千古佳话。而鸿雁，也就成了信使的美称。

《苏武牧羊图》（清·黄慎绘）

　　苏武（前140~前60年），字子卿，汉族，父苏建，杜陵（今陕西西安市东南）人，西汉武帝时为郎。天汉元年（前100年）奉命以中郎将持节出使匈奴，被扣留。面对威逼利诱，持节不屈，誓死不降匈奴。他义正词严地回答来劝降的李陵："常愿肝脑涂地。今得杀身自效，虽蒙斧钺汤镬，诚甘乐之。"而"斧钺汤镬"也成为流传至今很有名的一个成语，泛指各种酷刑。斧钺，古代军中刑戮。汤，滚开的水；镬，古代的大锅；汤镬，古代一种酷刑，把犯人投入滚水中煮死。

　　苏武去世后，汉宣帝将其列为麒麟阁十一功臣之一，彰显其节操。确实，每当想象着风雪之中，白发苍苍的苏武持节在苦寒之地牧羊的画面，眼前就一片泪花，好一个不辱使命，出在我们陕西的、光照千秋的民族英雄。

　　陕西武功县武功镇龙门村有苏武墓，为陕西省重点文物保护单位。而苏武故里，一说在今陕西武功县苏坊镇的苏坊村，古称苏台。另一说则是史书载的杜陵（在今陕西西安市东南长安区）。

王宝钏"大雁捎书"纹裹肚(富平·惠广义藏)

关于"鸿雁传书"还有一个版本也是发生于陕西，而且是更为人所熟知、所喜欢的故事：唐代薛平贵远征在外；王宝钏苦守寒窑十八年，矢志不渝等待丈夫。一日，王宝钏正挖野菜，忽闻空中鸿雁连声呼唤，遂请求其代为传书于平贵夫郎。谁料想鸿雁有情，竟落在王宝钏身旁。然宝钏一时难寻笔墨，情急之下，撕下罗裙，咬破指尖，写下血泪书信。这寒窑遗址就在今西安之南的曲江，亦称五典坡。

这两则传说，一悲壮，一凄美，均出自陕西，实在让人慨叹。看来，中国书信文化的渊源应当是非陕西莫属了。

"鸿雁传书"是古时人们一种思念、乡愁的寄托和美妙奇幻的想象。所以，鸿雁成为诗歌的托情意象，历代均有咏"雁"之诗。有影响的咏"雁"诗，有蔡文姬的《胡笳十八拍》："雁南归兮欲寄边声，雁北归兮为得汉音。雁飞高兮邈难寻，空断肠兮思喑喑。"到了唐代，诗人刘商拟蔡文姬所作《胡笳十八拍》："当日苏武单于问，道是鸿雁解传信。学他刺血写得书，书上千重万重恨。"把苏武牧羊故事中的"鸿雁传书"和蔡文姬思乡之情联系在一起。

此后，咏雁的诗词就非常普遍了。有杜甫《天末怀李白》："鸿雁几时到，江湖秋水多。"李商隐《离思》："朔雁传书绝，湘篁染泪多。"李白《与夏十二登岳阳楼》："雁引愁心去，山衔好月来。"赵嘏《长安秋望》："残星几点雁横塞，长笛一声人倚楼。"褚亮《秋雁》："日暮霜风急，羽翮转难任。为有传书意，翩翩入上林。"沈如筠《闺怨》："雁尽书难寄，愁多梦不成。"李清照的《一剪梅》："云中谁寄锦书来？雁字回时，月满西楼。"苏轼的《浣溪沙》："沙上不闻鸿雁信。"还有南朝乐府民歌《西洲曲》中的"忆郎郎不至，仰首望飞鸿"等。

"鸿雁"很早就成为中国邮政的标志。1897年清代的大清邮政发行的普通邮票中，除过"蟠龙""跃鲤"，就是"飞雁"。中华人民共和国成立后，1950年中华邮政发行了"飞雁图基数邮票"；到了1958年7月10日，邮电部发行了《莫斯科社会主义国家邮电部长会议》纪念邮票一套两枚，其主要图案就是广播发射塔和正在蓝天上展翅飞翔的大雁；再有1987年7月1日发行的《邮政储蓄》邮票，整版票分上中下三格，两个过桥上印有绿色鸿雁图案；2005年发行的《信达天下》邮资明信片上，邮资图案采用的也是翩翩飞翔的大雁。

另外，台湾地区邮政部门在20世纪60年代更是接二连三地发行大雁邮票：1966 年 10 月发行《雁行图》邮票一套九枚，每枚邮票上的大雁多达六只；1968 年发行的邮票和小全张上，采用的均为"雁行图"。

汉唐时代，鸿雁可能一次书信也不曾传递过，人们还是称其为"雁使"，称信使为"雁足"。但是，在南宋末年，真还有一只鸿雁充当了元朝的国信大使。说的是：元使郝经出使于宋，被禁于真州(今江苏仪征市)十六年，后得一雁，手写帛书，系之雁足，而纵之，其书曰："霜落风高恣所如，归期回首是春初。上林天子援弓缴，穷海累臣有帛书。"又于诗后书曰："中统十五年九月一日放雁。获者勿杀国信大使。郝经书于真州忠勇军营新馆。"帛书共五十九字。秋季放雁，次年春，果为北方元人得获，进呈于元世祖。忽必烈见书恻然良久，遂决意南伐。两年后，南宋灭亡。这封"雁足书"后珍藏于元朝秘书监，即北京元大都的皇家档案馆。

"鸿雁传书"之前，还有"青鸟传书"的故事。"青鸟传书"源自《山海经》，也和陕西有关系。

传说居住在昆仑山的玉山上的西王母，要前往西汉长安城的未央宫。青鸟前去传书，一直飞到了承华殿前。汉武帝看到这只美丽可爱的鸟儿，甚为惊奇，便

《红嘴蓝鹊》（曾孝濂绘）

问大臣东方朔这鸟叫什么名字，是从哪里飞来的。东方朔告诉武帝说，这只鸟叫青鸟，是西王母的使者，现专门为报信而来的，西王母很快就要来了。果然过了一会儿，西王母就由大鵹、少鵹两只美丽的鸟儿左右扶持着，来到了殿前，汉武帝与群臣赶忙迎接。唐代诗人韦应物有诗专门叙说此事："欲来不来夜未央，殿前青鸟先回翔。"还有崔国辅的诗句："遥思汉武帝，青鸟几时过。"

据《山海经》记载，这青鸟共有三只，"三青鸟赤首黑目，一名大鵹，一名少鵹，一名青鸟。居三危之山，为西王母取食"。这三只赤首黑目的神鸟，是西王母的随从与使者，具三足，乃力大健飞之猛禽，它们不但为西王母觅取食物，还能飞越千山万水为西王母传递信息。陶渊明《读山海经十三首其五》云："翩翩三青鸟，毛色奇可怜。朝为王母使，暮归三危山。我欲因此鸟，具向王母言：在世无所须，惟酒与长年。"

美丽的青鸟，美好的传说，引得古往今来多少文人墨客争相赋诗吟颂：李璟有诗"青鸟不传云外信，丁香空结雨中愁"；李白有诗"愿因三青鸟，更报长相思""三鸟别王母，衔书来见过"；李商隐有诗"青鸟西飞意未回，君王长在集灵台""蓬山此去无多路，青鸟殷勤为探看"；曹唐有诗"歌听紫鸾犹缥缈，语来青鸟许从容"；胡曾有诗"武皇无路及昆丘，青鸟西沈陇树秋"；曾士毅有诗"幡影不随青鸟下，洞门空闭紫霞微"；姚孟昱有诗"穆王驭骏旧时游,青鸟书传信久幽";杨巍有诗"青鸟已无白鸟来,汉皇空筑集灵台";张帮教有诗"黄竹歌堪听,青鸾信可通";练国士有诗"蟠桃难定朝天日,青鸟依然入汉时";万象春有诗"一双青鸟归何处?千载桃花空自疑";梅询有诗"青鸾消息沉桑海,目新金鳌第一峰"。

这些诗作借用的均是"青鸟传书"的典故。从中可以感觉到,青鸟已从《山海经》中所描述的神力无限的猛禽,变成了善解人意、温和良善、体态轻盈、可亲可爱的"信使"了。

《云锦》邮票3-3枚"吉庆双全"

还有"鲤鱼传书",典出汉代乐府民歌《饮马长城窟行》(汉代《昭明文选》标明为蔡邕所作),辞曰:"客从远方来,遗我双鲤鱼。呼儿烹鲤鱼,中有尺素书。"因这首烹鱼得书的民歌,铺衍出了鲤鱼传书的故事。唐诗人孟浩然的诗中也说得很明白:"尺书如不吝,还望鲤鱼传。"

其实,这故事的源流还更久远,也和陕西有关。早在周灭商之前,传说姜太公在渭水边垂钓的时候,曾捕获一条鲤鱼,鱼肚里有一封信,信中预告他以后将被封在某地。后来他辅助周武王打天下成功,果真被封在那里。姜太公渭水边垂钓,历史上确有其事,《史记》中亦有记载。这垂钓处就位于西周发祥地的周原(今陕西岐山县、扶风县)西南边的宝鸡市磻溪河畔。

唐代诗人王昌龄有诗曰:"手携双鲤鱼,目送千里雁。"这里说的"双鲤鱼",并非真是两条鲤鱼,而是形若鲤鱼的信函,在此用以代称书信。李商隐有诗曰:"嵩云秦树久离居,双鲤迢迢一纸书。"这里的"双鲤",也是指的书函。唐代自贞观(627~649年)年间始,就用厚茧纸制信函,形若鲤鱼,两面俱画鳞甲,腹中可以藏书,名曰"鲤鱼函"。信函为何制成鲤鱼之形呢?就因了这鲤鱼传书的故事。

"鸿雁传书"和"鲤鱼传书"结合在一起,又被称为"鱼雁传书"。晏殊《清平乐》中有:"鸿雁在云鱼在水,惆怅此情难寄。"

其实在中国通信传书历史上,真正有记载并普遍使用的是鸽子,也叫信鸽。五代王仁裕的《开元天宝遗事》一书中有记载:"张九龄少年时,家养群鸽。每与亲知书信往来,只以书系鸽足上,依所教之处,飞往投之。九龄目为飞奴,时人无不爱讶。"这里鸽子又被称为"飞奴"。

但作为信使或者邮政的象征,信鸽却远远没有鸿雁、鲤鱼、青鸟有名,而作为第一位的当然是传书鸿雁。

(4)西安大雁塔传说

大雁塔,是西安的标志,具体点说应是大慈恩寺的标志,大雁塔与大慈恩寺是不可分割的前寺后塔的一体。

《中国古塔》邮票 4-1
枚"西安慈恩寺大雁塔"

2014 年在第 38 届世界遗产大会上，"丝绸之路：长安—天山廊道路网"被正式列入《世界遗产名录》，其中包括西安的大雁塔。

大慈恩寺修建于唐贞观二十二年（648 年），是太子李治为追念亡母文德皇后而修建的，因而寺名为"慈恩"。

由大慈恩寺就引出了这里的第一位住持，被唐太宗李世民称为"法门领袖"，鲁迅称为"民族脊梁"的玄奘法师。唐僧西天取经，历经九九八十一难，因中国的四大古典名著之一《西游记》而传播久远，妇孺皆知。但真实的唐僧——玄奘法师，绝不同于小说中虚构的那位善良却显得优柔寡断、懦弱无能的唐僧。

大雁塔建于唐代，历经千年风霜，毁了再建，废了又修，如今仍巍然耸立。大雁塔高七层，塔身为方形四角锥体，唐代诗人岑参有"四角碍白日，七层摩苍穹"的描写，夸张得神驰意飞，再加上"突兀压神州，峥嵘如鬼工"两句赞叹，更让人心怀一种敬畏。走近大雁塔时，唯有仰视，那种庄严肃穆的神圣感，会不由自主地从内心深处滋生。

大雁塔名字从何而来？有几种传说。一说是有一天一行大雁从慈恩寺上空飞过，一僧人半开玩笑说："今日众僧没有什么充饥，菩萨应当知道。"谁知，话音未落，一

西安大雁塔（西安·林安今摄）

只大雁投身死在这个僧人脚前。僧人又惊又感动，告知众僧，闻者皆潸然泪下，悲哀不已。随之建塔葬雁，以示纪念，塔便被称为大雁塔。

而清代陕西巡抚毕沅《关中胜迹图志》载："天竺记达亲国有迦叶佛伽蓝，穿石作塔五层，最下一层作雁形，故谓之雁塔，盖此意也。"

但不管怎么说，模糊一点更神秘。塔名大雁，确实充满诗意和一种不可言传只能意会的境界。当大雁在空中排成"人"字形飞行时，你能从这些充满灵慧的大鸟身上悟出点什么呢？而当登临大雁塔时，感觉"登高适梵天"，却有大雁振翼鼓翅的颤动感和飞临云天外的失重感，虽然这是错觉，但回味起来却是多么美妙，似乎身心俱醉、飘飘欲仙了。

2014 年在第 38 届世界遗产大会上，被正式列入《世界遗产名录》的还有小雁塔。小雁塔正式称谓应为"荐福寺佛塔"，位于陕西西安市小南门外的荐福寺内，属于保护得比较好的著名唐代佛塔。小雁塔的塔形秀丽，被认为是唐代精美的佛教建筑艺术

西安小雁塔

遗产。

　　小雁塔始建于公元 707 年（唐代景龙元年），是一座典型的密檐式砖塔。小雁塔与大雁塔是唐代长安城保留至今的两处标志性建筑。两塔各具特色，相映成趣，大雁前飞小雁随，组成了如今西安最美的一道风景线。小雁塔与大雁塔相距三千米。因规模小于大雁塔，故称小雁塔。

　　小雁塔规模虽不及大雁塔宏大，但环境清幽，风景优美。"雁塔晨钟"是"关中八景"之一。

第三章

嘉木奇卉驻长安

1. 名木国宝——银杏

银杏，又名白果、公孙树、鸭脚子、鸭掌树、灵眼、佛指甲、佛指柑等。属裸子植物银杏科，雌雄异株，落叶大乔木，高可达四十米，胸径四米。银杏叶形似小扇，又颇像鸭掌。种子即白果，呈椭圆形或倒卵形，可食用及药用。

银杏属于在地球上生存了近三亿年的子遗植物，比恐龙还早，被我国列为重点保护植物，素有"植物界的大熊猫"之称。是目前地球上最古老的植物之一。

所谓子遗植物，就是在和它同科同属、近缘类群的植物多数已灭绝后幸存下来，并保留了可在化石中发现的已灭绝的同类共同祖先原

《子遗植物》邮票
4-1枚"银杏"

始特征的植物。由于秦岭、巴山高山地带原始植被完整，未遭受第四纪大陆冰川的直接侵袭，尚保留若干第三纪古老的孑遗植物，秦岭、巴山也被称为"古老孑遗植物的避难所"。

陕西周至县楼观台
古银杏树

国家林业局、中科院、陕西省及西安市人民政府共同建立的"陕西秦岭国家植物园"，总面积四百五十八平方千米。其生物多样性居全国第一，为特大立体型植物园，海拔从四百八十米到三千米，南北跨度四十多千米，为进一步保护秦岭古老的孑遗植物提供了有力的保障。

陕西蓝田县王维手植
银杏树

中国是裸子植物的故乡，银杏为中国特有的古老树种。它原产于长江中下游，后被各地引种，历史悠久。

秦岭、巴山各个自然保护区中，银杏都被列为重点保护对象。在秦岭南北带有编号的古树名木中，就有不少古银杏树，如周至县楼观台宗圣宫传说为老子手植的有两千多年树龄的雄株银杏树；城固县老庄镇徐家河村相传为战国医学家扁鹊手植，被誉为"白果仙"的银杏树；长安区东大街办罗汉洞村古观音禅寺有一颗一千四百多年树龄的银杏树；蓝田县辋川鹿苑寺传说为唐代诗人王维手植的有一千三百多年树龄的银杏树，王维在《辋川二十咏·文杏馆》一诗中有"文杏栽为梁，香茅结为宇"；略阳县青泥河乡的"李白手植银杏"；太白山下的太白县二郎坝乡皂角湾村有一株树龄九百多年的雌株古银杏树，其主干合抱一棵雄株银杏，雄花雌果，雌雄一体，因此果实累累，甚为奇异，被当地人赞为"合欢树""鸳鸯树"，成了香火旺盛的"神树"，老百姓取其吉祥之意，以求"多子多福"；南郑县秦家坝乡有"银杏抱女贞"；还有镇巴县赤南乡的"千年白果王"，长安区的"百塔寺银杏"，鄠邑区祖庵镇的"断绳宫银杏"，宝鸡市磻溪宫石刻保护区传说为元代全国道教统领、成吉思汗的国师丘处机手植的有八百年树龄的银杏树，明代《群芳谱》记有"蒲城白果一树，世传仙人所掷"的蒲城银杏树，等等。

鄠邑区重阳宫千年银杏树，苍老遒劲，冠幅绿荫亩余，树干空心处还长出一棵柏树，故又称"千年银抱柏"。相传是丹阳真人为师守墓时所植，树龄八百多年。20世纪七八十年代，这株弥足珍贵的古银杏因无人看管，村民环树堆放玉米秆，被顽童玩火致焚，基本奄奄一息，了无生机。谁知十年后再发新枝，竟又开花结果，堪称神奇。

陕西延安市甘泉县白鹿寺有
一棵千年雌株古银杏，民间还流
传此树与周至县楼观台银杏树南
北呼应而结缘，有"千里姻缘一
线牵"之说，所谓的"南有楼观
雄株，北有白鹿雌树"。

西安市鄠邑区重阳宫银杏树

银杏生命力顽强，能存活数
千年，堪称树木中的老寿星。民
间有"公种而孙得食"的说法，
即爷爷栽植而后辈儿孙享用，这也是其名为"公孙树"的
原因。

而在秦岭南麓的柞水县东甘沟村有一对盘根错节、纠
缠在一起的古银杏树，一雌一雄，当地人称"夫妻树"，
树龄有一千七百多年，如今仍枝繁叶茂、果实累累，显示
出勃勃生机。无独有偶，关中道上麟游县九成宫北门外塬
上，也生长着两棵古银杏树。据方志记载，雄性银杏树高
二十三米、胸径近两米，雌性银杏树高二十九米，均为唐
代遗留之名木。两树相距不远，遥遥相望，已有一千多年，
亦被称为"夫妻银杏树"，成为麟游县麟山十二景之一的"银
杏映碧"。

西岳华山玉泉院旁朝阳观原有一株宋代银杏树，有两
根老藤攀缘树身，被喻为"二龙戏珠"，稀罕珍奇，可贵至极，
可惜于1978年12月被当地公社领导下令砍倒为其母做棺

材，使此银杏树不复存在。西安市长安区灵感寺里原有两棵高达三十余米的古银杏树，明代《殿堂图》中尚有镌记，后来也被一个单位擅自伐掉，让人痛惜。

那棵闻名于世的周至县楼观台宗圣宫的老子手植银杏树，较之莒县定林寺的"天下第一银杏"还粗，1972年秋收后，农民将玉米秸秆围于树周，小孩玩火，引起火灾，主干几乎焚尽。幸赖生命力顽强，过了五六年主干上部生出新枝，又得以复生。

周至作家、文化学者张长怀在他的散文《老子手植银杏树》中，记有楼观台银杏树的传奇故事："道家崇尚阴阳和谐。因而，楼观的古银杏树也有雌雄两株。雄株在宗圣宫，

陕西西安市周至县楼观台宗圣宫
老子手植银杏

雌株在说经台。据说，两株银杏树皆为老子亲手所植。后来雌株毁于兵乱，宋代道士复植，距今亦近千年。

"雌雄二树还有一段传说故事：20世纪'文化大革命'中，楼观的庙宇被拆，道士被逐，碑石被毁。在一片狼藉的凄凉境况下，宗圣宫中的古银杏树也莫名其妙地突然叶落枝枯了。此前，尽管台上台下雌雄两株银杏树相隔二里之遥，因为异花授粉的缘故，台上的雌树年年硕果累累，金叶唱秋。自从雄树枯萎之后，雌树再也不结果了。

'文革'结束后的 1977 年春天，宗圣宫的古银杏树奇迹般发芽绽叶了。当年，台上的雌株银杏树也随之奇迹般地繁果压枝、幽香四溢。当地老百姓说，这是老君显灵，兆应盛世。"

想着这棵被认为是老子手植的银杏树，历经了多少风雨，曾迎接过雷击火焚，如凤凰涅槃，死而复生。如今，历尽磨难仍新枝嫩叶郁郁葱葱，其树冠蓬大，使斜出的那一枝难堪重负，好在已用支架撑着护住了这一片繁茂。苍凉与生机和谐在这有着两千多年树龄的长寿树上，似乎也象征着宗圣宫的荣与衰。这里遗存的古银杏树好像自含仙气，仿佛与圣哲老子融为一体，早已人格化了，自有一分清奇潇洒、仙风道骨，让人喟叹。

最让人称奇的是在洋县茅坪镇新华村存活有十余株古银杏，并发现了一株果实结在叶子上的银杏树。这株银杏树的叶子既是叶子又是花萼，专家们将它定名为"叶籽银杏"。无独有偶，白河县构杌镇坪岩村也发现有一株"叶籽银杏"。

据鉴定，叶籽银杏是我国银杏树的八个变种之一，是银杏树生长过程中出现的一种返祖现象。在位于秦岭南麓的洋县发现叶籽银杏，说明秦岭植物资源不仅物种丰富，而且具有明显的地带过渡性与科学性，为研究我国植物进化提供了新的资料。

银杏树姿雄伟，叶形奇特，能耐烟尘，木材纹理细致，富有弹性,不易变形,是美化庭园和城市,制作家具、绘图板、雕刻工艺品等用材的良好树种。

近十几年来,古城西安栽种了不少银杏树,例如西安市中心钟楼之南的南大街,2004 年种植了九百余株银杏树,如今郁郁葱葱,2007 年已开始结果,树都被压弯了。此外,大明宫国家遗址公园、曲江池遗址公园、汉城湖遗址公园、环城公园等各大公园内,也都随处可见银杏树摇曳挺拔、风情万种的身影。

2. 中国的鸽子树——珙桐

珙桐为蓝果树科珙桐族仅有的一属,是世界珍稀、古老的孑遗植物。主要分布在陕西东南部秦巴山区,以及鄂、湘、云、贵、川等地,是国家一级濒危重点保护植物。落叶乔木,高可达二十米。春末夏初开花,花朵奇特,色彩多变,次第开放,异彩纷呈。被誉为"一树奇花"。花形似鸽子展翅,白色的大苞叶似鸽子的翅膀,

《孑遗植物》邮票 4-3
枚"珙桐"

暗红色的头状花序如鸽子的头部，绿黄色的柱头像鸽子的喙，盛开时，犹如白鸽落满树。它是中国特有的物种，是闻名于世的观赏树种，被世界誉为"中国的鸽子树"。

植物学家称珙桐为"林海中的珍珠""植物大熊猫"。早在第三纪 (6550 万～180 万年前)，珙桐科植物就广泛分布于世界各地。到第四纪大冰期（300 万～1 万年前），该科所有物种除珙桐外全部灭绝，所以珙桐在植物区系研究上的价值就非同寻常了。此树在陕西主要分布于秦岭南麓宁强县的青木川、镇坪与平利县的化龙山和西乡县的龙池，还有周至县与眉县的太白山等自然保护区。

关于珙桐有一个非常凄美的传说：中国四大美女之一的王昭君，出塞嫁于匈奴后，日夜思念家乡，常写信让白鸽为她带回故乡。白鸽搏击风雨，穿云破雾，终于飞到昭君的故里湖北秭归县附近的万朝山，精疲力竭地栖在一棵珙桐树上，最后被冻僵在枝头，化成了美丽的花朵。这就是"鸽子树"的来历。

3. 孑遗植物之鹅掌楸

鹅掌楸，木兰科鹅掌楸属，又名马褂木、鹅掌树、鸭

掌树。因叶形而得名，高达六十米，
胸径可达两米多。树皮皱裂，灰白
色，是具有一亿年以上历史的古老
被子植物。

《鹅掌楸》（曾孝濂绘）

在日本、法国的中生代白垩纪
地层中发现有这种植物的化石。在
第四纪冰川期后该属植物残存有两
种：一种在北美，称"北美鹅掌楸"；
另一种就在中国及越南北部，生长
在湿润山地阔叶林中。我国陕西、安徽、浙江、江西、湖南、
湖北、广西，以及云贵川等省为其主要分布地区。陕西主
要分布在秦岭巴山之间的镇坪县化龙山、宁陕县平河梁、
留坝县的桑园和摩天岭自然保护区，还有汉中市南郑等山
区，被称为植物的活化石，属于稀有
濒危的孑遗植物。

鹅掌楸的叶片像挂在树上的大
马褂，叶片顶部缺裂，犹如马褂的下
摆，叶片两侧平滑，略弯曲似马褂的
腰，叶片两端向外突出，又仿佛是伸
出的两只袖子。秋叶金黄时像一个一
个的大黄马褂，甚为奇特。树干通直
光滑，高大挺拔，生长快，耐旱耐寒，
抗病虫害极强。

《孑遗植物》邮票 4-4
枚"鹅掌楸"

鹅掌楸的花大而美，呈花杯状，酷似娇艳的郁金香，但和荷兰的郁金香没什么渊源，属两种不同植物。可鹅掌楸的英文名称翻译过来还真是"中国的郁金香树"。

鹅掌楸叶奇花俏，奇特古雅，绿荫如盖，春季萌芽早，秋季落叶迟，是优良木材树种及庭园的优美观赏树。

令人欣喜的是，在西咸新区沣东新城一座现代都市农业示范园中，发现了数株挂着标志牌新栽植的鹅掌楸，都长得生机勃勃。看来这珍罕的孑遗植物，也能在秦岭以北生长繁殖了。

陕西秦巴山地的国家珍稀的野生保护植物银杏、珙桐、鹅掌楸还一起登上了中国邮政发行的《孑遗植物》邮票。另外，秦巴山地还有连香树、独叶草、太白红杉、秦岭红豆杉、秦岭冷杉、紫斑牡丹等，也都是国家珍稀植物，但愿它们也能早一天登上有国家名片之誉的邮票，让我们的秦岭巴山闻名天下，享誉世界。

4. 古柏千年佑三秦

（1）黄帝陵的世界古柏之父

号称"世界古柏之父"的柏树就是耸立在陕西黄帝陵

轩辕庙门内左侧的"轩辕柏"。

《黄帝陵》金币

此柏高二十多米，树身下围约八米，七个小伙子都抱不住，当地人称"七搂八拃半，疙里疙瘩不上算"。相传此柏为黄帝亲手所植，因而被称作"黄帝手植柏"。它遒劲苍翠、拂云摩天、伟岸挺拔，历经数千年沧桑，依然枝繁叶茂、铁骨铮铮、直插云霄，可以算作植物界最长寿的活化石了。

1982 年，致力于世界林业资源研究的英国林业专家罗皮尔先生，在有选择地对二十七个国家的林业资源进行探索发掘和实地考察的科研活动中，最先发现了集中分布于桥山的世界最大古柏群和世界最长柏树树龄，称黄帝手植的轩辕柏为"世界柏树之父"。

这历经数千年风霜雨雪，依然生机勃勃、郁郁葱葱的古柏，与陵冢庙堂一样，无疑已成为人们顶礼膜拜的对象，象征着中华民族伟大坚强、屹立不倒的精神。

《黄帝陵》邮票

　　黄帝陵中另一棵名闻天下的古柏，则名为"将军树"，又称"挂甲柏"，在轩辕庙内人文初祖殿前左边。

　　这棵高耸摩天的古柏甚是奇特，伟岸的树干上斑痕密布，纵横成行，似留有古时兵将身披的铠甲的痕迹。树身上隐约可见洞孔排列，像有断钉在内。每年清明节柏树开花时，晶莹闪亮的柏液就会从这些钉痕一样的孔洞里溢出，状如眼泪，更增添了质感，让人真假莫辨。而如此奇幻，堪称"柏树之奇"的挂甲柏，无论经过多少次科学鉴定也无法破译其为什么会从身上渗出柏液，因此，这神奇的"挂甲柏"被断定为柏树中极珍稀的树种。

焦墨画《挂甲柏》（西安·梁耘绘）

　　挂甲柏乃千古奇柏，更有神话般的传说，汉武帝征朔方还时，驻跸挂金甲印烙于此，让人不能不为如此神异绝妙的智慧联想而拍案称奇，汉武帝挂甲柏因此而传世，誉满天下。

　　黄帝陵周围的桥山上现有八十九公顷八万多株的柏树，树龄上千年的就有三万多株，是我国最大的古柏群。仅陵园内就有千年以上古柏六十九棵，除过轩辕柏、挂甲柏，还有那矗立在黄帝陵之后的两株"龙角柏"，螺旋式上升，与天争锋；还有七扭八拧、如同麻花一样的"麻花柏"。真正是瑰丽神奇的古柏奇观，"老柏虬龙化，盘根绕帝陵"，让人在领略感悟着大自然鬼斧神工的造化之力时，油然发出"桥山古柏甲天下"的赞叹。

几千年以来，黄帝陵便成为华夏民族追本溯源的根之所在，牵系着海内外炎黄子孙寻根问祖的赤子之情。而我们唯有在黄帝陵扎下千年之根的古柏身上，来寻觅探究历史为人们留下的些许密码了。

（2）三大古柏群之一的仓颉庙古柏

说到中国的文字之祖，历代认可的就是仓颉。现在全国多处传说有仓颉活动遗迹的地方，都在争仓颉故里，各有各的依据道理，各有各的优越条件，争得是不亦乐乎。

陕西白水县遗存有汉代建的已被国务院列为国家级重点文物保护单位的仓颉庙和仓颉墓，在这场仓颉故里之争中自然占有显著的优势地位。中国著名的历史学家范文澜先生在他所撰的《中国通史》中肯定了仓颉故里白水说："'仓颉造文字。'至今庙宇、墓冢、历代石碑、历代千年之古柏四十余株，皆妥为保护。仓颉生长卒葬于此无疑。白水人民至今颂为'一圣'。"

范先生文中提到的这些历经千年之四十余株古柏，因为它们的树龄等信息，成

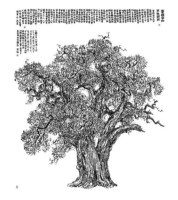

焦墨画《仓颉手植柏》（西安·梁耘绘）

了确定"仓颉故里白水说"的重要证物之一。

白水仓颉庙古柏是我国三大古柏群之一，与陕西黄帝陵、曲阜孔庙并称为"中国三大古庙柏树群"。这里的古柏以树龄最长、传说为"仓颉手植柏"的"奎星点元"为首，此柏腰围超过七米，根围超过九米，高十七米，从稍远处看，庞大柏树的树枝婆娑摇曳，像一股巨瀑四下飞泻，卷起无数水花，故而人们又称其为"瀑布柏"。林业专家断定它足有五千年树龄，可媲美黄帝陵的"黄帝手植柏"，陕西大地上的这两棵柏树，堪称中国古柏之最的"双姝奇葩"。

俗话说："天下名山僧占多。"历代僧侣道士及信徒们在开拓名山建寺观的过程中，为了造就恬静肃穆的环境和气氛，非常注意保护原来的天然植被，因而佛道庙观又有"禅林""丛林"之称。"丛林"意指这些地方"譬如大树丛聚是名为林"，另一方面则表示寺观多建于山林之地。在寺观建成时他们会栽植一些具有某种象征祥瑞意义的树木以示虔敬。而一些上古圣贤历史名人的墓地、祠堂等，有些也被称为庙，例如仓颉庙，栽植瑞树嘉木也就成为必然了。

柏树寓意常青，素为正气、高尚、长寿、不朽的象征。尤其柏树四季常绿，斗霜傲雪、坚毅挺拔，乃百木之长。柏树的枝叶树干还散发出一种清香之气，更能营造一种肃穆、神圣、静幽的气氛。中国传统中医学认为，柏树发出的芳香气体具有清热解毒、燥湿杀虫的效能，可祛病抗邪，培养人体正气，还能宁神静气、松弛紧张的精神、缓解和稳定情绪，所以栽植在墓地四周，最能表达后人对前人的敬仰和怀念。因之柏树也就成为墓地祠堂、园林寺庙、名胜古迹栽植树木的最佳选择。在我国的园林寺庙、名胜古迹处，常常可以看到古柏参天，荫蔽全宇。人们还常以松柏常青来比喻高风亮节，君子风范。荀子曾说："岁不寒，无以知松柏；事不难，无以知君子。"

仓颉庙四十八株古柏都有独具深意的名字和神奇玄妙的传说。例如"生死柏""丹凤朝阳柏""蛇戏柏""瀑布柏""二龙戏珠柏""柏抱槐""喜鹊柏""惊贼柏""孔屏柏""卧鹰柏""望乡灯柏"等。首先说大门外的"惊贼柏"。相传，有两个贼娃子想翻墙进庙偷东西，刚爬上门楼，这棵古柏就发出了刺耳的声响，闪射出耀眼的红光，两个小贼一个被吓得从门楼上摔了下来，当场丧命；一个摔断了腿爬了回去，此后便丢魂落魄吓破了胆，整天嘴中念叨："古柏显灵啦！古柏显灵啦！再不敢去圣庙做贼啦！"

再说"柏抱槐"。不知哪一年，树中间长空了，有槐籽落进去，长出了一棵槐树，于是，古柏抱槐，共生千年，孕育形成了这罕见的"柏抱槐"奇观。1987年被中华古树名木公选养护委员会列为中华百棵名树之一，据林业专家推测，此柏约两千岁。

令人难解的是一棵长在仓颉墓顶的古柏，枝干四出，每年轮流枯荣，相传能以枯荣预知所指方向的收成好坏，称"转枝柏",可惜"文革"期间被毁了;庙院内还有一棵"二龙戏珠柏",这古柏上两根干枯树枝左右张开,像两条空中飞翔的龙,围绕着中间看似"珠子"的圆树头盘旋,加之此柏的树皮皱裂,揭起来似一片片"龙鳞",因而得名。

其他的就是"猴子倒挂""干枝梅""飞檐走壁"等古柏,每个都有一番说辞,形象殊异,引人遐思。这仓颉庙四十八株有点灵异的古柏,能让人在欣赏品味其英姿俊逸、风神潇洒时,一悟仓颉造字,依类象形,似乎与这些古柏也存在着一种奥妙的联系。

总之,这白水仓颉庙古柏和《史记》《汉书》等古籍记的"仓颉造书"相互辉映,见证了揭开华夏文明帷幕的"文字之祖"仓颉千古不朽的不世奇功。

（3）楼观台宗圣宫"三鹰柏"与"系牛柏"

陕西西安市周至县楼观台宗圣宫
三鹰柏

西安之西的周至楼观台下院的宗圣宫,以其周围风姿卓异的参天古柏而远近闻名。其中一株古柏,树龄一千余年,树已衰老枯死多年,但仍然昂首挺立。在现存高九米的主干顶端分杈处有自然长成的三个木瘤,酷似三只老鹰停在树上,姿态各异,栩栩如生,故名"三鹰柏"。

　　这棵古柏虽死犹生，成为楼观台宗圣宫里一道最耀眼的特异景观。它有"死而不亡者寿"之美誉，无枝无叶亦无树皮，裸着一身遒劲的筋骨，挺立在每一位拜谒老子的游客惊异而歆羡的视线里。那三只神鹰，仍各自保持着欲飞的姿态，随时准备着去搏击风云。这自然天成的"树雕"，给人一种精神永存的感慨，让每一个仰望者都有一种发自心底的激励。

　　楼观台宗圣宫还有一株"系牛柏"，传为春秋时期思想家老子至此讲经时在树上系过他骑的青牛，还有一说是驾车的牛。专家也不明确这古柏是秦始皇时修庙或汉武帝扩建时的遗物，还是"晋惠帝元康年间（291~299年）在这里植树十万"的遗物，反正西安市林业局给这棵古柏标的树龄是一千七百多年。树龄虽有争议，但都不妨碍这棵和道教始祖老子有关系的"系牛柏"成为名柏中的名柏。

　　据《古楼观台志》记载，此树系老子入关时驾车的牛。又据载，元世祖至元十五年（1278年），安西王曾遣人琢石牛置于树下，以示当年遗迹。如今这只石牛已被置于一个无水的水池中，不知是系牛的缰绳早已朽腐，还是水池外的那棵"系牛柏"已然垂暮，反正这石牛已是

陕西西安市周至县楼观台宗圣宫
古柏树

自由身了。望着这通灵的石牛与"系牛柏",似乎它们已得道多年了,全身笼罩在一团祥瑞的薄云淡紫之气中。

围绕着老子到楼观台讲经,还有一棵"再生柏"的传奇,并记入多种方志。清雍正十三年(1735年)修的《陕西通志·卷四十四》,引康熙六年(1667年)的《陕西通志》称:"周至升天台上有再生柏,世传老子说经于此,见二柏枯,以针灸之,复生,今尚郁茂。"20世纪80年代出版的《草木趣典》引《周至县志》:"再生柏二,一曰针,二曰灸。俱在说经台老子庙前,世传老子驻车说经于此,二柏枯,而针灸之复生,人以为灵异。"这种"世传"的传奇,非常有意思,虽有附会之嫌,但千古文章一大套,看你套得妙不妙。这传奇故事还真做足了功课,给这些神奇的古柏,增添了不少难得的人文内涵,信与不信,已无关紧要。无论老子"系牛柏",还是被针灸过的"再生柏",都成了担负历史责任、寄托后人愿望的信物。

老子《道德经》有"合抱之木,生于毫末",还有"草木之生也柔脆,其死也枯槁""物壮则老"等以树木喻"道"喻"人"的哲言。这些与老子有渊源的古柏,尤其那棵"死而不亡者寿"的"三鹰柏",则告诉人们一种"道生万物"的精神,永世长存。

(4)药王手植柏

药王山位于铜川市耀州区,是一处千古名胜之地。在药王山顶凭栏远眺,就会在一览诸峰秀岭、丘壑纵横、山峦叠嶂中发现那满山如涛之翠柏，这一大片古柏林，可以和黄帝陵万株柏林相媲美，让人充分领略药王山绿意盈目、柏香扑鼻，真可谓"万株古柏舞东风，兀盘龙虬腾云中"。

药王山有两大景区：北洞、南庵。传说是先有南庵，于是在南庵大殿周围就存活有千年古柏十二株，苍劲挺拔，枝繁叶茂。最为著名的是"药王手植柏"，又称"唐柏"，"虬枝伛偻已千春"了。此柏高十三米多，腰围约四米，主干如柱，擎天而立，一枝斜出，如翔凤展翼。

陕西铜川市药王山药王手植柏

再有，南庵之山门上的文昌阁，也叫魁星楼，长有一棵奇柏。引人注目的是，此柏穿楼角屋檐而长，楼抱柏，柏插楼，真乃千古之奇观。而且药王山北洞药王大殿西侧门洞上，也有一古柏从石墙中钻出，曲身下探，飘飘欲飞，下临洗药池，水波倒映似有蛟龙戏水。这二株古柏，一南庵穿楼，上指青天，一北洞钻墙，下探碧水，可称双绝。

南庵还有几棵高数丈、粗几围的巨柏，都属于转纹柏。据《耀州志·五台山志》载："转纹柏，立元殿前，古柏五株皆合抱材，其木理转纹如缠丝，然信奇绝瑰，异树也。"此等绝奇之异树，曾引来无数诗人赞美咏叹。明人乔因阜诗曰："鼎峙连抱蔽阶墀，黛色英蔚如翠盖。柯干从根皆

陕西铜川市药王山南庵文昌阁楼抱柏

纽丝，倒生轮困也所称。"清人宋梓庵诗曰："断崖悬千尺，老柏雄万丈。"这些咏柏之佳句，都会让人对这几株千年古柏肃然起敬、刮目相看。

药王山满山皆柏，形态千变万化，如仙鹤，似虬龙，郁郁葱葱，遮天蔽日，聚拢起无尽之仙气。而古柏有情，也千年不悔不倦地为药王站班，卫护着药王的清誉美名。

另外，药王孙思邈喜爱崇敬古柏，与古柏灵气相通。耀州老县城东的静应庙院内有五株合抱古柏，也传为药王亲手所栽。离药王山有五公里的耀州区药王故里孙家原，

药王孙思邈诞生地，有"药王幼读处"和为祭祀药王的祠堂"真人祠"。进门走至西边一个高台，映入眼帘的是一棵"挂药柏"，为一横卧如虬龙之古柏，传说乃药王悬挂药葫芦之古柏。

陕西省铜川市药王故里挂药柏

这些生长在药王故里的古柏啊，象征着药王"真人高风垂千古"，象征着药王拯衰救危、济世治人、大医精诚

的奉献精神，而这种精神不老，像翠柏一样万古长青，"岁久色苍碧"。

（5）陕西古柏趣事逸闻

在秦岭之东南商洛市的丹凤县南镇，有两棵古侧柏，树龄约两千一百年。传说秦始皇三十四年（前213年）发布"焚书坑儒"令时，有四位白发老人曾隐居于此，故名"四皓古柏"。

这四皓名东园公、夏黄公、绮里季和甪里先生，称"商山四皓"，是秦始皇时七十名博士官中的四位，《史记·留侯世家》中有记载。后来"商山四皓"出山到长安做了太子刘盈（即后来的汉惠帝）宾客，曾经讽谏汉高祖刘邦不可废去太子刘盈。刘邦久闻四皓的大名，看他们有辅助太子之心，也就听其劝告。进入关中与楚霸王争天下时，刘邦曾请"商山四皓"出山为官，但被拒绝。他们宁愿过清贫安乐的生活，还写了一首《紫芝歌》以明志，歌曰："莫莫高山。深谷逶迤。晔晔紫芝，可以疗饥。唐虞世远，吾将何归？驷马高盖，其忧甚大。富贵之畏人兮，贫贱之肆志。"

这得名于"商山四皓"的古柏，自然树龄超千年，成了陕西古树名木家族中的一员，因而卓然不凡。至今，这两棵千年的"四皓古柏"，仍苍劲挺拔、枝叶繁茂，成为当地老百姓心中的神树。

周公庙位于岐山县城西北七千多米的凤凰山南麓，

即《诗经》记载的"凤凰鸣矣，于彼高冈"处。周公庙内古树参天，长有四株唐柏，闻名遐迩。传说唐武德元年（618年），高祖下诏于岐山之古卷阿腹地为周代开国元勋、制周礼的周公姬旦建祠，以缅怀其德贤勤政。而这四株还活着的唐柏，即此时遗物。其中周公殿侧有两株，大门两侧各有一株。四棵唐柏都经历不凡，曾见证历史，留下英名。

史料记载，僖宗广明二年（881年），黄巢农民起义军自长安西攻凤翔。凤翔节度使郑畋命司马唐宏夫伏兵周公庙迎击之，唐出击前斩门前西侧古柏以誓军。庙内存的明嘉靖十三年（1534年）刻的石碑，也记有此事："台西一柏，父老谓黄巢之乱，屯兵于庙，斩此以誓军令，斧痕犹在，半身已枯，而枝叶复荣。"此唐柏如今为"周邸八景"之一，即"枯柏复生"。至今斧痕历历在目，不由得人不信。

宝鸡市天王镇因为"姜太公钓鱼"而闻名天下，建有姜太公庙。庙门外有四棵苍翠古老的唐柏，更为太公庙增添了几分庄严和古朴。据《新唐书·礼乐志第五》，唐玄宗"开元十九年（731年）始置太公尚文庙"，地址在今天王镇瓦家坡村。太公庙当地称"四柏二石三间庙"，"四柏"即庙前巍峨屹立的四株唐柏，"二石"指钓鱼石和题有"孕璜遗璞"四个字的璜石。璜石顶部原有五棵小柏树，故曰"一石驮五柏"，曾为钓鱼台的一大景观，可惜五柏已毁。在此钓鱼台名胜区尚有一"石生翠柏"景观。传说姜子牙隐居垂钓之前，这里全是光秃秃的石山。子牙来后，借得太上老君的青牛，每日耕山犁石，播下柏树种子，才有了这片翠柏林木。石上生柏，满目葱茏。

勉县武侯墓内现存的古柏，千年以上古柏四十余株，其中一千七百余年树龄的二十二株，汉桂两株。于1979年5月经北京林学院陈俊宇教授等用同位素碳14法测定，古柏的树龄为一千七百多年，与清嘉庆时成书的《忠武侯祠墓志》所载"武侯祠与墓多古柏，祠凡六十四株，墓凡五十四株……相传为蜀汉炎兴元年（263年）植"的树龄基本一致。

勉县还有武侯祠，其拜殿前汉柏上缠绕着一蔓生植物，名"凌霄花"，俗名"爬柏凌霄树"。叶似香椿而色翠，花似牵牛而色赤，每年自夏至开花到立秋止，花期长达百日之久。花季，朝开暮落，遍地红英；望之，苍苍翠柏，点缀奇花。柏显高洁，花名凌霄，象征诸葛亮羽扇纶巾、风神潇洒的儒雅气质和"鞠躬尽瘁，死而后已""大名垂宇宙"的精神光华。

司马迁祖籍韩城市，其墓祠在市南，距禹凿龙门不远，东邻黄河，西枕梁山，溻水冲前，芝水环绕而过，祠院内古柏参天，尤其墓顶上植有古柏数株，枝丫遒劲，浓密青翠。传说植于汉代。正如郭沫若为太史公祠所作五律诗："龙门有灵秀，钟毓人中龙。学殖空前富，文章旷代雄。"这"钟毓人中龙"与"古柏若蛟龙"，皆让人高山仰止。

晋武帝太康八年（287年），弘农郡太守魏君实在华山植树，传为华山神所植，构成华山云台观盛景的"一百（柏）一十（石）一眼井"的柏，即为"晋柏"。当年，他还在西岳庙至华山的路旁植下几千棵柏树。这些柏树四季常青，木质坚硬，生命长久，增加了西岳庙的庄重、森严的气氛。这些晋柏历经一千多年，1949年后尚有不少存活，自西岳庙经兴建堡、小张村、云台观（现在华山中学）至玉泉院到华山的路上均有。可惜后来惨遭破坏，已所剩无几了。

神木县解家堡"九龙古柏"
（神木·刘春生摄）

陕西乾县师范学校原系乾县文庙，院内有一棵古侧柏，据史志记载为唐初栽植，形态奇绝苍劲，1981年被乾县人民政府列为重点保护文物。榆林市上盐湾乡柏树沟村有一棵五百多年的古侧柏，当地群众奉为"风水树"加以保护。平利县金石乡王家院子村民王永家门前有一棵刺柏，树龄八百多年，此树被视为护庄的"祖先树"。还有凤县双石铺的侧柏、长安区鸣犊街道的"龙柏"、宝鸡市凤阁岭的侧柏等。

陕西这些古柏，令人仰止，属于"中国人文的有生命的纪念塔"，代表着中华民族坚韧不拔、顽强奋斗、追求高尚的性格特征，如生命一样壮丽神圣，象征着生机勃勃的民族精神灵魂，成为华夏民族永远的图腾，成为一个民族生生不息的崇高意象。

5. 国树以槐位至尊

（1）长安国槐溯源

中国人对槐树有一种特殊的感情，除过实用价值，更赋予了槐树丰厚的文化内涵，槐树应该是中国第一的文化之树。

西安书院门老槐树（西安·骆延锋摄）

槐树生长茂盛，生机勃勃，古人看重它生命力的旺盛，视其为吉祥、祥瑞的象征，并视槐树为神。老百姓还认为槐树进禄、招财，喜欢在门前、庭院栽种。民间俗语有："门前一棵槐，不是进禄就是进财。"这种对槐树的崇拜，已根深蒂固为一种信仰。

《春秋·纬·说题辞》载："槐木者，虚星之精。"《汉书·五行志》记载："昭帝建始四年，山阴社中大槐树，吏人伐断，其夜复自立如故。"《因话录》说"古槐之上常有仙人出游"。在古人心目中，槐树确实神异非常。另外，槐树被称为"星之精"，似乎已彻底被神化。

三国曹魏时曹丕、曹植兄弟都撰有《槐赋》。曹丕赋槐树曰："有大邦之美树，惟令质之可嘉。托灵根于丰壤，被日月之光华。"曹植赋槐树曰："羡良木之华丽，爰获贵于至尊。凭文昌之华殿，森列峙乎端门。观朱榱以振条。据文陛而结根。扬沈阴以博覆，似明后之垂恩。在季春以初茂，践朱夏而乃繁。覆阳精之炎景，散流耀以增鲜。"一句"爰获贵于至尊"可以看出槐树在中国人心目中的至尊之位。

槐树在中国广泛栽种，亦是陕西关中地区最主要的乡土树种，不仅易于栽植生长，而且叶密荫浓，可以绿荫夹道，遮阳纳凉。

槐树之所以被称为"国槐"，有几种说法。

第一是周代长安丰、镐二京的宫殿外，有三棵大槐树，这三棵槐是朝廷所植的"社树"，我国古代有"社坛立树"的礼仪，而宫廷的"社树"就有槐树。《太公金匮》载："武王问太公曰：'天

陕西西安市周至县翠峰乡古槐（西安·林安令摄）

下神来甚众，恐有试者，何以待之。'太公请树槐于王门内，有益者入，无益者拒之。"说明槐树就是社神所凭依之"主"。

三公（太师、太傅、太保）朝天子时，面向三槐而立。《周礼·秋官》中有记载，苏轼诗中有"周章危立近三槐"，应该说的是同一件事。后来这三棵大槐树就成了古代三公宰辅之位的象征，俗称"槐位"，即指三公之位。槐树因此成为中国著名的文化树种，估计这就是把槐树称作国槐的缘由。

古代汉语中槐官相连。如槐鼎，比喻三公或三公之位，亦泛指执政大臣；槐卿，指三公九卿；槐衮，也喻指三公；槐宸，指皇帝的宫殿；槐掖，指宫廷；槐望，指有声誉的公卿；槐绶，指三公的印绶；槐岳，喻指朝廷高官；槐蝉，指高官显贵。此外，槐府、槐第，是指三公的官署或宅第。

第二则有传说国槐为唐高祖李渊在长安时所封，因之得名。

还有一说是为了区别于洋槐树，原产中国的乡土树种槐树就被称为"中国槐"，简称"国槐"，老百姓也叫"家槐"，是植物树木中唯一以中国命名的树。

洋槐是原产北美的树种，学名刺槐（国槐不长刺），1877年后引入中国。洋槐春末时开白色花，花香浓郁，采摘下拌上面粉蒸着吃，叫槐花麦饭。而国槐开花要到夏天，花为淡黄色，发绿，有的还显紫色，没什么香味，有微毒，味涩不好食，能入药。但国槐叶可食，可做成槐叶饼。杜甫《槐叶冷淘》诗云："青青高槐叶，采掇付中厨。新面来近市，汁滓宛相俱。入鼎资过熟，加餐愁欲无。碧鲜俱照箸，香饭兼苞芦……"说明在唐代，槐叶饼就是普通百姓品食的佳肴。北宋苏颂《图经本草》说槐树："初生嫩叶可炸熟，水淘过食。亦可作饮代茶。或采槐子中畦中，采苗食之。"

在汉代，《淮南子》说老槐可以生火，取火留火种；而从唐人元稹《遣悲怀》"落叶添薪仰古槐"诗句可知，槐枝槐叶也成为百姓家添薪助火的燃料。

（2）长安城"天街"称"槐街"

我国植槐起源于周代，《穆天子传》载："天子遂驱升于弇山，乃纪丌迹于弇山之石，而树之槐。"《管子》载："沃之土其木宜槐。"可见先秦时期已注重植槐的土壤选择。自汉代开始长安大道两侧尽植槐树，称"槐路"。

长安城中的槐树从隋初营都大兴城时开始大量种植，至唐代栽植更为普遍。唐时，长安城中的通衢大街及坊巷街道两旁的行道树主要栽种槐树，这是从汉代沿袭下来的传统。朱雀大街两旁，槐树排列尤为整齐，因此朱雀大街才有"槐街"之美誉。

当然"槐街"这名字也并非朱雀大街专用，以后凡槐树夹道的大街皆被称为"槐街"。白居易的《寄张十八》和《永崇里观居》中有"迢迢青槐街，相去八九坊"和"永崇里巷静……满地槐花秋"的诗句，王维的《登楼歌》中有"俯十二兮通衢，绿槐参差兮车马"，韩愈的《南内朝贺归呈同官》中也有"绿槐十二街，涣散驰轮蹄"。另外，宋代大诗人苏轼《次韵曾子开别驾》也有"槐街绿暗雨初匀，瑞雾香风满后尘"的诗句，称颂"槐街"。《苻坚载记》云："自长安至诸州，皆夹路树槐柳，百姓歌之曰：'长安大街，夹树杨槐。'"这些描写说明槐树当时为长安主要行道树。

朱雀大街为唐皇城南北大街，与之相交的是皇城与宫城之间承天门处的东西向第一横街，这街中间（今西安教场门南口）曾有一棵颇有传奇色彩的隋槐。这棵古槐历代史书里均有记载。当年，隋文帝长安选址建皇城时，发现这一带有村子名杨兴村，预兆他们杨家该兴，于是以此为中心建城，建成时命名为大兴城，以此处一棵大槐树为标志，槐树就屹立于皇城第一横街的承天门西边。后来在横街两侧栽种了一排槐树，可是这棵古槐与新栽植的树行不齐，有司请示欲将此树伐除，隋文帝知道后急令保存。到了唐代，这棵槐树仍因挡道面临被伐，传说唐太宗李世民下手谕，令妥善保护这棵槐树。民国十七年（1928年）宋联奎编撰《咸宁长安两县续志》时，亲自到这一带查看，发现这棵隋槐仍在。

《旧唐书》记载：唐德宗时，有一个名叫吴凑的京兆尹，当时官街槐树缺少了一些，所司就以榆树补缺，吴凑知道后就说"榆非九衢之玩"，即榆树根本配不上九衢大街的气势。于是立即下令让换栽槐树。那时长安大道宽阔笔直，坦荡如砥，两边槐树森茂如仪仗，如同衙门守卫甲士，人们也将"槐街"称为"槐衙"。

这国槐当年确实为人们所崇拜,并引出不少趣事逸闻。按《三辅黄图》载:汉代在太学附近街上种有一排排槐树,太学士每月初一和十五聚会,交换生活学习用具,人们称之为"槐市"。唐代武元衡《酬谈校书长安秋夜对月寄诸古旧》诗云:"蓬山高价传新韵,槐市芳年挹盛名。"可见唐代长安学宫中的情调。人们还常以槐指代科考,考试的年头称"槐秋",举子赴考称"踏槐",考试的月份称"槐黄"。唐代李淖《秦中岁时记》载:"进士下第,当年七月复献新文,求拔解,曰:'槐花黄,举子忙。'"宋代诗人杨万里《槐》诗里也描写有:"阴作官街绿,花开举子黄。公家有三树,犹带凤池香。"

槐象征着三公之位,举仕有望,且"槐""魁"古音相近,长安人自然企盼子孙后代得魁星神君之佑,而登科入仕。

其时,皇宫内广种槐树,称为"守宫槐";官员官署门前植槐,称"槐府",槐树因此亦被称为"官槐"。这就是西安城中街道旁遗存的古树名木多为国槐的原因。

(3)西安市的市树——槐树

长安是周秦汉唐等十三朝古都的所在地,有关槐树的历史躲不开这块风水宝地。从周代宫廷前有"三公"之喻的三棵大槐树,唐长安城"天街"称"槐街",到如今西安市内仍存活有千年以上历史的古槐不下四十棵,千年古槐树数量居全国城市第一,在全国都有相当高的知名度。

西安市的市树自然非国槐莫属。

现在整个城区的行道树和公园林带的绿化树，数量最多的就是槐树，真正是绿荫气爽，避暑飘香。夏日黄花满树，灿烂夺目；入冬如念珠状的荚果悬挂于树上，经久不落。青槐树姿优美，树冠庞大，枝繁叶茂，绿荫如盖，行走树下，谁能不爱？

唐人子兰的《长安早秋》诗和韦庄的《惊秋》诗，也分别有"风舞槐花落御沟，终南山色入城秋"和"长安十二槐花陌，曾负秋风多少秋"。

小雁塔唐代荐福寺遗址里几棵大槐树都是有千年历史的唐槐。西安城内碑林博物馆四周的长安学巷、三府街、府学巷有五六株唐槐，因在

陕西省西安市小雁塔唐槐

书院门内，人称"书院槐"。东关南街大新巷和卧龙巷等处都保存有千年以上的唐槐，其中一株树龄一千二百年以上的古槐，名"神龙槐"。树高二十余米，树围四余米，树冠一百七十余平方米，如虬龙摩天，气场绝对强大，当你靠近之际，唯有谦恭仰视了。西安市的南五台、内苑乡、木塔寺、沣峪口等地也有不少唐槐，虽然不曾亲临瞻仰，但名称各有不凡。申店乡的"十二神龙槐"，想是巍巍堂堂；

鄂邑区草堂寺的"杨抱槐"一定是神中见奇；西安市雁塔区的木塔寺有两株倒栽古龙爪槐，相传为玄奘大师西天取经回到长安后所植，树姿雄奇，枝叶宛若游龙，如鸾凤飞腾，寺院早已颓废，唯此槐仍苍劲古朴，真正难得。

临潼县（今西安市临潼区）晏寨乡胡王小学院内生长有一棵古槐，树龄约两千三百年，树高超过二十三米，胸围超过七米，树冠面积三百三十多平方米，远望犹如一把浓郁葱绿的巨伞，擎天而立。相传楚汉相争时，项羽在骊山脚下摆下"鸿门宴"，想借机除掉刘邦，还上演了一出惊险万分的"项庄舞剑，意在沛公"的活剧。据《临潼县志》记载，刘邦与樊哙在鸿门宴中借着如厕脱身而逃，本想直奔刘邦驻兵的灞上，但因天色已晚，迷失方向，藏匿在此树之下，躲过项羽的追杀，保全了性命。刘邦称帝后，封此树为"护王槐"。

位于西安市长安区终南山北麓的净业寺，为佛教律宗祖庭。净业寺门前孑立着一棵数抱粗之古槐，绿云覆盖，云拥雾绕，形如宝盖，集幽雅静于一身，有六百五十余年树龄。这古槐曾经树干空心，主干有三个洞，四根主枝一枝枯死，气息奄奄，从 20 世纪 40 年代开始不发枝叶。有人以为死了，要伐，被寺院住持和僧众

陕西西安市长安区净业寺古槐

阻止，仍按活树对待，浇水养护。谁知到1981年春，此槐又萌发新枝，逐日染翠。历经三十多年而能复生，已罕见至极，接着又越活越旺，再现满树绿荫，更是堪称植物界生命奇迹，于是此槐得名"苏醒槐"。

"苏醒槐"死而复生，从科学上讲这是一种假死现象，古槐老根死而未僵，待环境适宜，侧根慢慢发出，代替老根，复苏而生。但人们认为这是佛祖显灵，是净业寺历代僧人慈悲为怀感动天地的善果。无论什么原因，毕竟是人为心愿，扶助善待古槐，才使得枯木逢春，复生苏醒。这应当为西安人爱树护树感天动地第一例。

在保护树木上，净业寺是有传统的，这里竖有一块清代道光五年（1825年）为古松柏立的保护碑。碑文中有："其古松柏，不知几百年于今分。是乃丛林风景，寺内壮观，断不可伐，第恐后来无知之辈，为利生端，伐卖树株，是不可料，故勒石以示……"

西安市西门外的西关正街的老国槐有近一千年的历史，是西安市树的典型代表，在全国都有相当高的知名度。逢西安城市建设扩展整修道路时，这棵古槐占路中，需或移或伐，但为了保护古槐，市上有关部门决定将这棵古槐留在原地，为此专门在其周围建了高台围墙，所经车辆必须避让，古槐占道反而成为西安一景。此槐应称"路中槐"，或"避路槐"。由此可见西安人爱槐之一斑。

"长安九逵上，青槐荫道植。""落日长安道，秋槐满地花。"现在整个西安城区的行道树和公园林带的绿化树，数量最多的仍是槐树。无论古之长安还是今之西安，都与这大名叫中国的槐树结下了不解之缘。但愿国槐荫佑西安永远瑞雾香风，满城绿意，幽雅静谧，生机盎然，平安吉祥。

（4）陕西古槐树趣闻典故

陕西古树名木众多，各有各的趣闻逸事、历史典故。

陕西铜川市药王故里孙家原唐槐"陪读槐"

渭南市白水县云台镇，有一棵树龄两千多年的古槐，黛色苍苍，葳蕤蓊郁，其冠遮天蔽日，肃穆而壮观。因为槐树寿龄尚比不得银杏和柏树，两千年就属于十分稀罕的了，所以该树被列入"陕西十大古树名木"之中，号称"天下第一槐"。

铜川市耀州区孙家原药王故里的"药王幼读处"，在村北一个幽静的小巷里，此处旧称"鱼儿岭"，是孙思邈幼年读书的地方。院内有一棵号称"陪读槐"的"千年古槐"，树围粗壮，树叶繁茂，荫盖一二亩之广，树龄在一千四百年上下，历经千年风雨沧桑。

武功县武功镇有一棵槐树，相传为唐代所植，至今保存完好，枝叶茂密，生长旺盛，已被武功县人民政府列为重点保护文物。澄城县赵庄镇虎佃村有一棵千年古槐，被当地村民视作神树，多年来仰赖众村民尽心保护，才免遭盗卖和砍伐。

兴平市古代名为"槐里"，即槐树之故里。汉武帝早早就把自己的陵墓选择在这"槐树故里"，即位第二年开始营建，共历时五十三年。《三辅黄图·卷六·陵墓》："武帝茂陵……本槐里之茂乡，故曰茂陵。"兴平市马嵬镇黄山宫村的一株树龄一千二百多年的槐树，相传系唐玄宗栽植，后被唐肃宗封为"太上槐"，为槐树故里增了色添了彩。

陕西古树名木不少，虽然也是会逐渐自然消失的，但若是因为人祸而湮灭，这就叫人遗憾万分了。

长安区五台街道刘村四个村门口原有四株四人合抱的参天"唐槐"，在"文化大革命"中被当作"四旧"伐掉。

陇县有一奇树为"十柏抱槐"，在陇县城关镇北门外药王洞院内。原有十株古柏，根盘一处，形若丛生。十株树均匀排列围成圆圈，树根部相距一般只有两三厘米，有的已紧紧相连，树高十米左右，胸径三十厘米左右，树干相互离心外倾，树冠参差成一体。圆圈中央生长着一棵槐树，高六七米，树干古朴，为十棵柏树所怀抱，蔚为壮观。清康熙《陇州志》记载："柏中有一清泉，四时不涸。"可惜泉水已塞竭多年，十柏一槐也在"文化大革命"中全遭砍伐，真让人欲哭无泪。

（5）董永与七仙女的故事在陕西

在槐树之故里的兴平市子孝村村南，有一棵千年古槐至今依然根深叶茂，树冠硕大，郁郁苍苍，遮天盖地，故称"槐荫树"。有意思的是这里也有董永与七仙女《天仙配》的民间故事流传。

《董永与七仙女》邮票
5-5枚"天地同心"

董永为孝子，就生在子孝村。传说董永和七仙女喜结连理却没有媒人，他们走到这棵树下时，槐树开口说话，要为他们做媒，于是就有"指槐为媒"的典故。此说虽有争议，但兴平还有人文景观遇仙桥、双冢、千年汉槐、仙女湖遗址等，流传也不是一天两天，而是上千年了。

关于董永故里，陕西还有周至一说，即周至县司竹镇阿岔村。据周至作家、西安市作协副主席张长怀先生考证，有五点可以佐证。

第一，在《四库全书》收录的《关中胜迹图志》中，有一幅清乾隆四十一年（1776年）陕西巡抚毕沅所绘的"渭河图"，其中明确标明董永墓的位置在骆谷水与黑水河之间，即司竹镇阿岔村所在位置。

第二，在不同时期的《周至县志》中，都有董永墓的记载。乾隆年间的《盩厔县志》显示：董永墓在阿岔村，旁有神女庙。相传董永纯孝格天，天降神女为之妇，故后人为之立庙。

《董永与七仙女》邮票
5-2枚"大槐树下"

　　第三，《周至古籍钩沉》一书，收录有清朝嘉庆年间周至才子诗人王禹堂诗一首："一孝珍千里，佣身事也长。槐荫夫妇散，仙女事荒唐。"写的就是董永与七仙女的传说。

　　第四，西汉刘向的《孝子传》中有"董永家住丹阳"的记载。而就在距离阿岔村十多里路的竹峪镇，就存在一个丹阳村，因为这里有座名声极大的丹阳观，民间有"先有丹阳观，后有周至县"的说法。

　　第五，阿岔村和丹阳村之间的翠峰镇官庄村，有一棵巨大的千年古槐。槐树枝繁叶茂，树冠犹如华盖一般，粗壮的树干至少需要五六人合抱才能抱得过来。

官庄古槐（周至·刘永星摄）

据传说，这棵槐树是唐代开元年间所植的古槐。

　　20世纪80年代，周至籍老作家周明先生还曾为这棵古槐前立的石碑题写碑文。周明回忆，听老辈人说，董永和七仙女曾指槐为媒，这棵大槐树就是他们订婚的媒人。他还讲道，董永和七仙女的传说在民间流传很广，"小时候我姨家就住在司竹乡，当时村里每逢正月十一，在仙姑庙附近都要举行一场很盛大的灯笼会，给孩子们送红灯笼。大家都传说是当年七仙女被迫与孩子分开，送灯笼寓意孩子提着灯笼尽快找到妈妈。而在七月初七，村里的乞巧节也非常盛行"。

陕西的秦腔戏就有反映董永与七仙女传说的古本《槐荫媒》。因了戏中有槐荫下判定婚事，指槐为媒，后又送子槐下的情节，"天仙送子"也就缘于这出秦腔戏而流传开来。因槐树有灵，再因"槐籽"与"怀子"谐音，一些地方的人们视槐树为祈子的神树。育龄妇女要吃槐树籽，在槐树上挂红布条，并烧香拜槐祈祷，以望早日"怀子"。

6. 灵树良木说梧桐

（1）梧桐栖凤凰

梧桐树栖凤凰，见于《诗经·大雅·卷阿》的"凤凰鸣矣，于彼高冈。梧桐生矣，于彼朝阳"之句，成为梧桐引凤凰传说的最早来历。卷阿，今陕西扶风县周公庙遗址。

梧桐树是高贵的象征，也是祥瑞的象征，因此凤凰非它不栖。宋代邹博的《见闻录》说："梧桐百鸟不敢栖，止避凤凰也。"在中国的神话传说中，凤是神鸟。能引来凤凰的梧桐，自然也是祥瑞的嘉木、神树。

梧桐还被视为"灵树"，具灵性之说，有应验时事之能。《太平御览》引《王逸子》说："扶桑、梧桐、松柏，皆受气淳矣，异于群类也。"《瑞应图》说："王者任用贤良，则梧桐生于东厢。"梧桐的灵性还反映在它能知岁时，宋代司马光《梧桐》诗曰："初闻一叶落，知是九秋来。"所谓"一叶知秋"之典故也。唐代诗人崔曙《山下晚晴》早已有类似意象："寥寥远天净，溪路何空濛。斜光照疏雨，秋气生白虹。云尽山色暝，萧条西北风。故林归宿处，一叶下梧桐。"《花镜》记载：梧桐"每枝十二叶，一边六叶，从下数一叶为一月，有闰月则十三叶。视叶小处，即知闰何月也。清明后如梧桐不开花，此年必大寒"。

梧桐

祥瑞的梧桐常在民俗图案中与喜鹊合构，谐音"同喜"，亦是寓意吉祥。

梧桐有青桐、碧梧、青玉、庭梧之名称。陈翥在《桐谱》中说："桐之材，采伐不时而不蛀虫，渍湿所加而不腐败，风吹日晒而不折裂，雨溅污泥而不枯藓，干濡相兼而其质不变，楠虽寿而其永不敌，与夫上所贵者旧矣。"

汉代梧桐树被植于皇家宫苑，《西京杂记》载，"上林苑桐三，椅桐、梧桐、荆桐""五柞宫西有青梧观，观前有三梧桐树"。汉代五柞宫，故址在今陕西周至县东南。

魏晋时种植梧桐树开始增多，晋代夏侯湛《桐赋》曰：

"有南国之陋寝，植嘉桐乎前庭。"南朝著名诗人谢朓《游东堂咏桐》诗曰："孤桐北窗外，高枝百尺余。叶生既婀娜，落叶更扶疏。"都说的是在庭院中植桐。

西晋傅咸《梧桐赋》则述说了门前列行植梧桐树招引凤凰的盛况："美诗人之攸贵兮，览梧桐乎朝阳……郁株

梧桐

列而成行，夹二门以骈罗，作馆宇之表章。停公子之龙驾，息旅人之肩行。瞻华实之离离，想仪凤之来翔。"傅咸(239~294 年)，西晋文学家，字长虞。北地泥阳(今陕西铜川市耀州区东南)人，傅玄之子。曾任太子洗马、尚书右丞、御史中丞等职，史载他为官峻整，疾恶如仇，直言敢谏。

大规模种植梧桐树则是前秦苻坚在长安当皇帝时。《晋书·苻坚载记》有"坚以凤凰非梧桐不栖，非竹实不食，乃植桐竹数十万株于阿房城以待之"的记载，这个"阿房城"，即长安秦之阿房宫。

唐代种植梧桐树则变得极为普遍。《隋唐嘉话》的"唐初宫中，少树，孝仁后命种白杨……更树梧桐也"是在皇宫中种植梧桐树的写照。唐代王昌龄《长信秋词五首》的"金

井梧桐秋叶黄，珠帘不卷夜来霜"，李贺《天上谣》的"秦妃卷帘北窗晓，窗前植桐青凤小"，则是庭院中种植梧桐树的写照。

从以上史籍、诗词歌赋中，可以看出梧桐与陕西渊源深厚。

（2）华山种梧桐及其他

北宋时徐积《华州太守花园》诗"却是梧桐且栽取，丹山相次凤凰来"，描述了陕西关中华州城官家园林中种植梧桐造景的情景。

古代传说梧是雄树，桐是雌树，梧桐同长同老，同生同死。

也可能因了这些传说，梧桐在古代诗人的意象中，都和凄美爱情、离愁别绪、怨忧情感相连。例如唐代薛涛《别李郎中》诗有："花落梧桐凤别凰，想登秦岭更凄凉。"宋代贺铸的《鹧鸪天·重过阊门万事非》中有："重过阊门万事非，同来何事不同归。梧桐半死清霜后，头白鸳鸯失伴飞。""半死桐"之说，源于汉赋大家枚乘的《七发》赋，赋中有句"龙门之桐……其根半生半死"。龙门就在陕西与山西交界的韩城黄河禹门口。白居易《和梦游春诗一百韵》也有"全凋蕣花折，半死梧桐秃。暗镜对孤鸾，哀弦留寡鹄"的说法。白居易在《长恨歌》中还有"春风桃李花开日，秋雨梧桐叶落时"的诗句。而元代杂剧四大家之一的白朴，还根据陈鸿的传奇小说《长恨歌传》和白居易的《长恨歌》

创作出了杂剧《唐明皇秋夜梧桐雨》。

此外，李清照《声声慢》的"梧桐更兼细雨，到黄昏，点点滴滴。这次第，怎一个愁字了得"，李煜《相见欢》中的"无言独上西楼，月如钩，寂寞梧桐深院锁清秋。剪不断，理还乱，是离愁，别是一般滋味在心头"，杜甫《宿府》的"清秋幕府井梧寒，独宿江城蜡炬残"，李贺《秋来》的"桐风惊心壮士苦，衰灯络纬啼寒素"表达的则是另一种感情。而苏轼的疏桐之唱"缺月挂疏桐，漏断人初静。谁见幽人独往来，缥缈孤鸿影。惊起却回头，有恨无人省。拣尽寒枝不肯栖，寂寞沙洲冷"，又充满着凄美寂寞和悲凉意味。

（3）"焦尾琴"的传说

梧桐宜制琴。王充在其《论衡》中说："神家皇帝削梧为琴。"《诗经·鄘风·定之方中》云："树之榛栗，椅桐梓漆，爰伐琴瑟。"《齐民要术》说："梧桐山石间生者，为乐器则鸣。"

《伯牙鼓琴图》（元·王振鹏绘）

《警世通言》第一卷"俞伯牙摔琴谢知音"载有："此琴乃伏羲氏所琢，见五星之精，飞坠梧桐，凤凰来仪。凤乃百鸟之王，非竹实不食，非梧桐不栖，非醴泉不饮。伏羲氏知梧桐乃树中之良材，夺造化之精气，堪为雅乐。"说的都是梧桐宜制琴的事。

"俞伯牙摔琴谢知音"还引出了"高山流水觅知音"的典故，说是俞伯牙与钟子期结识时，当伯牙弹奏的琴声雄壮高亢的时候，他的知音子期说："这琴声，表达了高山的雄伟气势。"当琴声变得清新流畅时，子期说："这后弹的琴声，表达的是无尽的流水。"于是他们相见恨晚，结为兄弟。可当第二年伯牙去访子期时，才知子期不幸染病

清代木雕《俞伯牙遇钟子期》
（韩城市党家村藏，王山水摄）

去世，伯牙遂在子期墓前凄楚地重弹这首《高山流水》，以祭奠子期。一曲终了，伯牙挑断琴弦，把心爱的瑶琴摔碎在青石上，悲伤地说："我唯一的知音已不在人世了，这琴还能弹给谁听呢？"

后来，人们在二人相遇的地方，筑起了一座琴台，纪念两位"知音"感天动地、千古不朽的友谊。

还有一件梧桐制焦尾琴的故事，也十分感人。焦尾琴为中国古代四大名琴之一，《后汉书》记载："蔡邕泰山行，见焚桐，闻爆声曰'此良木也'，取而为琴。"是为"焦尾"名琴。而唐代李颀《题僧房双桐》诗则记有东汉蔡邕与焦

尾琴之遗事："青桐双拂日，傍带凌霄花。绿叶传僧磬，清阴润井华。谁能事音律，焦尾蔡邕家。"

蔡邕

蔡邕是文学和书法名家，蔡邕的女儿蔡文姬也是一位音乐天才，《三字经》中都有一句"蔡文姬，能辨琴"，可见其影响之深远。蔡文姬出嫁的时候，焦尾琴成了她的嫁妆。蔡文姬出嫁以后命途多舛，辗转各地，相传这把焦尾琴一直伴在她身边。战乱年代，新寡的蔡文姬被掳到匈奴，成了匈奴左贤王刘豹之妻，后曹操平定北方，派出使者把她赎了回来。蔡文姬作传唱千古的绝响——《胡笳十八拍》，被后人称为自屈原《离骚》之后，最值得欣赏的长篇抒情诗。

蔡文姬归汉后，在曹操的安排下，与屯田都尉董祀再结连理。后董祀犯了死罪，蔡文姬去向曹操求情得免。董祀感念蔡文姬的恩德，后来与她溯洛水而上，隐居山林。这隐居之地实际上是陕西蓝田县终南山下的蔡邕庄。若干年以后，曹操行军路过，前去探视。《三国演义》第七十一回这样记载："操在马上望见一簇林木，极其茂

《蔡文姬》银币

盛，问近侍曰：'此何
处也？'答曰：'此名
蓝田。林木之间，乃蔡
邕庄也。今邕女蔡琰，
与其夫董祀居此。'"

《文姬归汉图》（局部）（金 张瑀绘）

　　隐居蓝田的蔡文
姬，专心致志地抄录蔡
邕遗著，回忆编写蔡邕
文章四百余篇，完成了《续后汉书》这浩瀚的文化工程。
她死后，后人按她遗愿将她埋在蔡王村旁。蔡文姬墓位于
今西安城东南蓝田县三里镇蔡王庄村西北约一百米处。

　　"文姬归汉"和"昭君出塞"一样，成为汉代最让人
感伤、让人同情和敬佩的经典故事，这两位名女子的一归
一出，也成了中国历史上最让人难忘的两个故事。宋代陈
造《赠琴妓二首》诗云："梦中曾揖蔡文姬，焦尾亲传半夜衣。"
蔡文姬纪念馆前的汉白玉雕像，就是她弹焦尾琴的造型。

7."天香"桂花

　　我国十大传统名花之一的桂花，开花时馨香扑鼻，芬

芳馥郁，沁人心脾，且香中带甜，优雅怡人，香气四溢，弥漫数里，深为老百姓喜爱。唐代宋之问诗夸桂花："桂子月中落，天香云外飘。"人们遂称

桂花

桂花为"天香"。宋代洪适诗夸桂花："共道幽香闻十里，绝知芳誉亘千乡。"人们因此也把桂花称为"十里香"。而宋代女词人李清照更是高调称桂花"自是花中第一流"，宋代韩子苍则宣称"月中有客曾分种，世上无花敢斗香"。看来，桂花之香，确是冠绝天下。

桂花，也是贵花，珍贵之花。有歌唱道："桂花开在贵石岩，桂花要等贵人来，桂花要等贵客到，贵客来到花才开。"桂花花不大，花形也一般。但人们因其香，赋予其深邃的内涵，让它生活在寄托着人们无数美好愿望遐想的月亮上，称它为月桂，让美丽得不食人间烟火的嫦娥仙子陪伴着它，成为仙树。而且任吴刚日夜用斧砍伐，就是立而不倒，特具象征意义。

而一代代的文人，更是对桂花喜欢得一塌糊涂。这是因为人们把科举及第、中榜登科，称为"折桂"，而如此比喻，则是因了我国古代的乡试、会试一般都在农历八月间举行，其时正值桂花盛开时节。

桂花主要有四种，除过不太香的四季桂，还有丹桂、

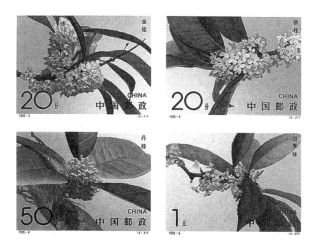

《桂花》邮票

金桂、银桂，宋代与苏轼交游唱和的僧仲殊有词赞美桂花曰："花则一名，种分三色，嫩红、妖白、娇黄。"人们以此三桂，对应中榜的三甲：红是状元（丹桂），黄为榜眼（金桂），白是探花（银桂）。另外，获得大成就者则被誉为戴上了"桂冠"，尤其是诗人，不是当今的诗界还在评选"桂冠诗人"吗？

　　桂花，为木犀科木犀属植物，原产我国西南、华南及华东地区，现四川、陕西、云南、贵州、广东、广西、湖南、湖北、浙江等地有野生资源。桂花适生于我国北亚热带和中亚热带地区，耐高温，不很耐寒。人们开始以为这属于南方树木的桂花，不适宜秦岭以北。2006年春天，西安市在整修北大街的绿化时，把桂花作为行道树，东西两行广植五里之长八百多棵。加上环城西苑公园、大明宫国家遗址公园、丰庆宫公园等园林中的桂花树，每到八月十五前后满街满城飘香，才意识到之前的少见多怪。

后来一查资料，方知我们的园林部门是从历史上借鉴而栽种的这些桂花树。早在西汉时，桂花就已成功引种汉之长安城了。西汉刘歆的《西京杂记》记载：汉武帝初修上林苑，群臣都献名果异树奇花两千余种，其中有桂十株。公元前111年，武帝破南越，接着在上林苑中兴建扶荔宫，广植奇花异木，其中有桂一百株。当时栽种的植物，如甘蕉、蜜香、指甲花、龙眼、荔枝、橄榄、柑橘等，大多枯死，而桂花有幸活了下来。汉代司马相如《上林赋》中也提到桂花树："行乎洲淤之浦，经乎桂林之中，过乎泱漭之野。"看来桂花引种汉长安城宫苑已形成一定规模。晋代时，桂花的栽培得到进一步推广和发展。唐宋时期，引种桂花更为普遍。自汉代至魏晋南北朝时期，桂花成为名贵的花卉与贡品，并成为美好事物的象征。诗仙李白《咏桂》诗有："安知南山桂，绿叶垂芳根。清阴亦可托，何惜树君园。"卢照邻《长安古意》诗中也说："独有南山桂花发。"这两首诗中都提到南山桂，莫非秦岭终南山下，从汉武帝时就引种了上林苑的桂花树吗？

金桂

地处秦岭之南的汉中地区，是最适宜桂花树生长的地方。不但秦巴山中生长有野生品种，而且各地都广为栽种。留坝县城沿河堤植有数十株桂花树，每逢花期，花便开得烂漫恣肆，香气袭人，闻之欲醉。金桂、丹桂、银桂、四季桂竞相吐芳，眼前展现出"一树银花一树金，还有丹桂在前面"的迷人美景。

据历史记载，中国桂花的栽培历史达两千五百年以上。在众多名花中，桂花是一种长寿植物。汉中市区东南七千米的南郑区圣水寺内有一棵存世最古老的桂花树，经科学测定，树龄一千多年。这株汉桂，粗需四五人合抱，每年开两次花，主花期在农历七八月份，第二次在农历十月份。这株汉桂开花五到七瓣，比普通桂花多二到三瓣，花径大，花期长，以秋季为盛。每次花期二十至三十天，甚为殊异。相传这棵桂花树是西汉初年，汉高祖刘邦的大臣萧何亲手栽植，故称"汉桂"。勉县武侯墓还有树龄约一千七百年的桂花树。因而汉水、汉代发源之地的汉中市，就理所当然地把桂花树定为了市树。

而在我国古代神话传说中，唐明皇游月宫，就借助了桂花树。据《唐逸史》记载，天宝初年的一个中秋之夜，玄宗与道士罗公远在唐长安的宫中赏月。罗公远说："陛下愿意跟臣一道到月宫中游玩吗？"玄宗听了欣然接受，罗公远折取一桂枝，向空中掷去，桂枝化为一座绿色的长桥，罗公远与玄宗一同登上长桥，步入一座魏峨的城阙，这就是月宫。在月宫，玄宗见数百个穿着白色羽衣的仙女，翩翩起舞，舞曲曼妙，舞姿婀娜。舞毕，玄宗上前询问这是什么舞，仙女回答说这叫"霓裳羽衣舞"。随后玄宗与罗公远沿着桂枝化作的长桥返回。第二天，玄宗根据自己的记忆，创作出著名的《霓裳羽衣曲》。这个美妙至极的传说，《开元天宝遗事》中也有记载。

桂花和陕西渊源十分深厚，秦岭南北皆能生长。从汉武帝上林苑中引种的桂花树到李白诗中的"南山桂"、南郑圣水寺萧何手植的桂花树、汉中的"市树"桂树、汉桂之名的来源、桂花树化长桥唐明皇游月宫、留坝河堤上品种齐全的桂花树、西安北大街八百棵桂花行道树，原来桂花与我们距离如此之近，真乃是：待到八月秋风来，秦岭南北桂花香。

8. 牡丹之宗在陕西

牡丹别名鼠姑、鹿韭、白茸、木芍药、百雨金、富贵花，有花中之王之称。

牡丹为毛茛科芍药属落叶小灌木，有三十多种。李时珍在《本草纲目》里对牡丹的名称解释为："虽结籽而根

上生苗，故谓牡，其花红色，故谓
丹。"看来当时牡丹是以红色为上
品的。《神农本草经》载："牡丹
味辛寒，一名鹿韭，一名鼠姑，生
山谷。"牡丹最早是因药用而被载
录的，北宋李昉主编的《太平御览》
亦将牡丹收入卷992《药部》。20
世纪70年代初甘肃武威板树乡东汉

《牡丹》邮票15-1枚"胜
丹炉"

早期圹穴出土医简中，有用牡丹治疗"血瘀病"的处方，
是迄今已出土文物中有关牡丹最早的文字记载。

　　北宋欧阳修《洛阳牡丹记》中有："牡丹初不载文
字，唯以药载《本草》。然于花中不为高第，大抵丹、
延以西及褒斜道中尤多，与荆棘无异，土人皆取以为薪。"
丹指陕西宜川县，延指延安市，褒斜道中则指秦岭山中。
秦岭是动植物天然的基因库，牡丹出于秦岭，古有记载，
而褒斜道穿越的秦岭主峰太白山，
现仍保留有牡丹的野生品种紫斑牡
丹。而陕北延安市的万花山，也叫
牡丹山，现仍有野生牡丹五万多株，
二十七个品种，总面积一千多亩，
被列为国家三级保护野生植物。宋
《图经本草》载："今丹、延山中
皆有，但花有黄紫红白数种。"《大

《牡丹》邮票15-4枚
"赵粉"

清一统志》载："牡丹山，在肤施县（今属延安市）南四十里，其地多产牡丹。山为花占，故万花山得名于牡丹，又荣于牡丹。"

延安万花山牡丹经专家鉴定为中国牡丹原生种之一，具有很高的科研和种群保护价值。日本专家亦认为万花山的牡丹全是难得一见的稀有品种，除了大红、粉红、白、黄、紫等常见颜色外，还有黑牡丹和绿牡丹。欧阳修的《洛阳牡丹记》有"牡丹出丹州、延州"，并在《花谱》中载有延安红、丹州红。《名医别录》说"牡丹生巴郡山谷及汉中"，李时珍《本草纲目》中亦有此说。看来陕南的汉中及大巴山也是牡丹的原生地。故洛阳牡丹之宗在陕西，天下牡丹之宗也在陕西了。

牡丹应该是在唐代才作为观赏花卉为世人所认识的。明人徐渭《牡丹赋》载："兹上代之无闻，始绝盛于皇唐。"

唐代诗人咏长安牡丹的诗词有数百首之多，蔚为大观。白居易描绘长安赏牡丹时之盛况："花开花落二十日，一城之人皆若狂。"刘禹锡诗云："唯有牡丹真国色，花开时节动京城。"一个"狂"字，一个"动"

清代石雕《凤戏牡丹》（神木，王山水摄）

字,真乃写尽了长安人争赏牡丹的热烈与痴迷。卢纶诗有"长安豪贵惜春残,争赏街西紫牡丹",王毂有"牡丹娇艳乱人心,一国如狂不惜金",白居易还有"家家习为俗,人人迷不悟"。白居易在《看恽家牡丹花戏赠李二十》一诗中,对身在长安的李绅说道:"人人散后君须看,归到江南无此花。"当时白居易任杭州刺史,诗中的"江南无此花",当然是指牡丹盛在长安。

白居易赞美牡丹"绝代只西子,众芳唯牡丹",晚唐诗人皮日休说"落尽残红始吐芳,佳名唤作百花王。竞夸天下无双艳,独立人间第一香",徐寅则直书牡丹"万万花中第一流"。而牡丹"国色天香"之誉也始于唐代。唐敬宗时,李正封《咏牡丹》诗云:"国色朝酣酒,天香夜染衣。"从此,牡丹有了"国色天香"的美誉。大和、开成间,唐文宗还特为打听京城传唱的牡丹诗中"谁为首出",得到的回答是,中书舍人李正封,句有"国色朝酣酒,天香夜染衣",文宗闻之"嗟赏移时"。帝王的知遇,朝野的推崇,自然就令牡丹身价扶摇直上或曰身价百倍了。《唐国史补》曰:"京城贵游,尚牡丹三十余年矣。每暮春,车马若狂,以不耽玩为耻。执金召铺,宫围外寺观,种以求利,本有值数万者。"当朝诗人亦有"近来无奈牡丹何,数十千钱买一颗"(柳浑)、"此物疑无价,当春独有名"(裴说)等描述。

牡丹又被誉为"花品第一"。舒元舆的《牡丹赋》说得明白："我案花品，此花第一。脱落群类，独占春日。其大盈尺，其香满室。叶如翠羽，拥抱栉比。蕊如金屑，妆饰淑质。玫瑰羞死，芍药自失。夭桃敛迹，秾李惭出。蹁躚宵溃，木兰潜逸。朱槿灰心，紫薇屈膝。皆让其先，敢怀愤嫉。"段成式《酉阳杂俎》记载，长安兴唐寺有牡丹一株，唐元和中有一年春天，长出二千一百朵花，其色有正晕、倒晕、浅红、浅紫、深紫、黄、白、檀等，有的花面径达七八寸。

传说的武则天把牡丹贬于洛阳，其实是小说家贬损武则天的虚构之言，见于明人冯梦龙《醒世恒言》卷中的《灌园叟晚逢仙女》。其中大意是武则天于冬月之间要游后苑，写出四句诏来，道："来朝游上苑，火速报春日。百花连夜发，莫待晓风吹！"于是，百花不敢违旨，一夜发蕊开花。次日，只见千红万紫，芳菲满目。单有牡丹花不肯奉迎，一片叶儿也没有，则天大怒，贬之于洛阳，后来才有了"洛阳牡丹冠于天下"的口实。

《中国 2009 世界集邮展览》邮票小型张"国色天香图"

这传说，肯定不足为信，因为唐初至武则天在世时牡丹之名还不盛行，如欧阳修所言"牡丹初不载文字，唯以药载《本草》。然于花中不为高第"，当时的唐诗中还没有咏牡丹之诗，据考证当时也称牡丹为木芍药。但设想武氏将长安牡丹携至洛阳，也是有可能的。

　　到了天宝年间，诗仙李白在长安城兴庆宫，以牡丹比杨贵妃，写下了极负盛名的《清平调》三首。其中的"云想衣裳花想容""名花倾城两相欢"已成为流传千古的名句。但"名花倾城"的名花并未点明就是牡丹，看来牡丹已有实而名尚不显。

　　中国四大美女以沉鱼落雁、闭月羞花而闻名天下，杨贵妃有"羞花"之美，这所羞之花就是牡丹。唐玄宗与杨贵妃还在华清宫"宿酒初醒，凭妃子肩，同看木芍药。上（皇帝）亲折一枝，与妃子递嗅其艳。帝曰：不惟萱草忘忧，此花香艳，尤能醒酒"。

《牡丹》邮票 15-10 枚"蓝田玉"

　　唐玄宗称牡丹为"花木之妖"。宋代苏轼《牡丹记叙》也称其"穷妖极丽，以擅天下之观美"。一个"花木之妖"，一个"穷妖极丽"，以"妖"来形容牡丹，真可谓意味深长，观赏牡丹者如何能不为其所惑呢？

　　1964 年 8 月 5 日，邮电部发行特 61《牡丹》邮票，收录的都是最为名贵的牡丹品种。其中的"蓝田玉"，以产于西安蓝田的蓝田玉为名，与"丹州红""延州红""延安黄"同列宋代的牡丹花谱之中。

9. 天然名花杜鹃花

（1）花中杜鹃似西施

杜鹃花令人印象深刻是因为唐代诗人白居易。

白居易是诗坛咏花的顶尖高手，他痴爱迷恋杜鹃花的程度令人惊异。他赞美杜鹃花，好似眼中再无其他花了。先一句"回看桃李都无色，映得芙蓉不是花"，再一句"花中此物似西施，芙蓉芍药皆嫫母"，还有一句"细看不似人间有"，真正是把话都说绝了。就这还不遂心，一会儿"此时逢国色，何处觅天香""花中无此芳"，一会儿竟要"好差青鸟使，封作百花王"，如此连篇累牍，不厌其烦地作诗赞美杜鹃，白居易堪称古今第一人。

在中国十大名花中，杜鹃花排位第六。杜鹃花有映山红、山石榴、山踯躅、红踯躅等许多别名。在中国文化中，杜鹃花与报春花、龙胆花合称"三大天然名花"。它种类多，花期长，五颜六色，璀璨夺目。春暮繁花似锦，夏日茂密青翠，秋冬又有色叶，四季可赏，在所有观赏花木中，堪称花叶兼美。

《杜鹃》邮票套票

唐代宗大历十年（775年），进士王建作"宫词"百首，其中之七十四首曰："太仪前日暖房来，嘱向朝阳乞药栽。敕赐一窠红踯躅，谢恩未了奏花开。"其中太仪指公主母亲，"暖房"是唐人礼俗，甫迁新居，提前赠送礼品，谓之暖房。说明其时长安大明宫等宫殿中已种植有红踯躅（红杜鹃），在"暖房"这种唐人宫廷礼俗中，作为"敕赐"礼品。

白居易的"花中此物似西施"句，出自《山石榴寄元九》这一首长诗："九江三月杜鹃来，一声催得一枝开。……日射血珠将滴地，风翻火焰欲烧人。闲折两枝持在手，细看不似人间有。花中此物似西施，芙蓉芍药皆嫫母。……拾遗初贬江陵去，去时正值青春暮。商山秦岭愁杀君，山石榴花红夹路。题诗报我何所云，苦云色似石榴裙。"诗中的山石榴花即杜鹃花。据此可以看出，白居易写的杜鹃花就是生长在秦岭之南商山的了。商洛市柞水县牛背梁山顶有万亩杜鹃花海，这里生长的杜鹃花为高山杜鹃，一丛千朵，烂烂漫漫，赪如丹砂，灿若堆锦，奇芳绝艳，嫩紫殷红。主要品种有太白杜鹃和金背杜鹃。太白杜鹃细分还有紫红色的"秀雅杜鹃"，紫中带蓝的"密枝杜鹃"，而花为粉红色的就直接叫"太白杜鹃"了。粉红杜鹃数量最多，如胭脂一般妍红娇嫩，霞染一般火焰欲燃，是牛背梁万亩杜鹃花海的主色调。至于诗中的"苦云色似石榴裙"一句，则

杜鹃花（西安·林安令摄）

让人联想到美女身上的石榴裙，原来这石榴裙和被称为山石榴的杜鹃花也有关系。而杜牧《山石榴》赞美杜鹃花"似火山榴映小山，繁中能薄艳中闲。一朵佳人玉钗上，只疑烧却翠云鬟"，又让杜鹃成了"佳人头上的玉钗"。

牛背梁杜鹃花

秦岭杜鹃野生品种资源有二十八种，占我国杜鹃种类的百分之五，主要分布在眉县太白山、镇安县木王、宁陕县平河梁、蓝田县王顺山、佛坪县凉风垭、周至县楼观台、柞水县牛背梁、商洛市金丝大峡谷等国家森林公园和风景区。离柞水县牛背梁不远的蓝田县王顺山国家森林公园内，还生长着一大片野生杜鹃林。其中有一株杜鹃巨人，树龄超过千年，树围接近一米八，属

于罕见杜鹃珍品，被誉为"千年杜鹃王"。

（2）太白五月杜鹃花

太白山的杜鹃花有万亩之多。每当农历五月，只见满山杜鹃一片雪白，花开恣肆，声势浩大，把太白山装点得素洁娴雅，格外好看。

其实如果深入杜鹃林中近距离观赏品评，就会看到这雪白的杜鹃花，花蕊是金黄色的，花瓣上一抹浅红色斑点，显得娇艳无比。而含苞待放的花蕾，

蓝田县王顺山杜鹃花

却是胭脂一般妍红含露，如美人初醉；当花苞初绽时，则如霞染般红粉黄嫩了。置身林中，只见花开枝头，数十朵挤成一团，聚拢着一种内敛的狂放，那花团锦簇的热烈，让人感悟尤深。

杜鹃花被诗人比作"花中西施"。这白色如雪的杜鹃，也叫金背杜鹃，矮丛，高丈许，树干粗若碗口，树皮皲裂，黑如铁质，枝干上附生着褐中泛绿斑斑驳驳的苔藓。而叶子却绿油油的肥硕光鲜，椭圆形的叶片，手掌般大小，质感厚实。叶子背面却泛出橙黄之色。原来，金背杜鹃的名字由叶子而来。

站在杜鹃林中放眼望去，只见在缕缕阳光照射下，如镶金边的叶片闪闪烁烁，甚是灿亮。这金背杜鹃生性喜阴，

好酸性疏松肥沃腐殖土，生长在海拔三千米左右的高寒之地，可以算得上是凌寒眠霜，耐久芳馨，铅华洗尽，自然有精神了。

其实太白山的杜鹃花除过金背杜鹃是白色的，其他品种如秀雅杜鹃，花是紫红色的；密枝杜鹃，花是紫中带蓝的，花开时一花双色，密枝秀雅竞风

杜鹃花（西安·林安令摄）

流，煞是好看。杜鹃花又名映山红，而太白山的这两个品种却是映山紫，颜色独异，霞染紫气，一派玉宇清平、仙风和畅的景象。《录异记》中说太白山"时有紫气覆之"，大概就是应在这两款杜鹃花上。而紫气东来是道家所谓祥瑞之兆。《三十六洞天记》称太白山是道教三十六洞天中的第十一洞天，亦称"玄德洞天""德元之天"。又说太白山三十六洞皆列有名，以鬼谷子洞为首，次为大雪岩、香引山、上板寺、钟吕坪、青牛洞等，均为道家圣地。太白山杜鹃盛开，紫烟蒸腾，不愧为道家的福地仙山。

太白山杜鹃中还有一个品种，直接就叫太白杜鹃，花为粉红色，枝干细高，长势较弱，天然窈窕，娉娉袅袅，更显玉人仙姿。

说到杜鹃花如玉人仙姿，还真有传说，这就是太白山的七女峰。传说王母娘娘有七个女儿，生长在太白山，后

来有六个忍受不了太白山的寒冷和寂寞，先后离开了太白山，只有名叫杜鹃的七仙女，心地善良，能吃苦耐寒，留在了太白山。人们怀念这位杜鹃仙子，就把这座山峰称为七女峰。

而如今，有一部分人认为这传说不妥，因为神话传说中的七仙女，从来都是姐妹情深、友爱团结，她们绝不会丢下哪个不管的。这七女峰应该是七位仙女共同化身的山峰，她们姐妹为太白山神奇壮丽的风光所吸引，寂寞守望，不离不弃，情义无价，感天动地。

每当我们远眺七女峰时，都在细数着这堪称太白山最为秀美的七座峰头。想象着七位仙女白衣霓裳，迤逦而行，携手飘然而至，在青山

太白山七女峰

巍峨、紫烟轻岚，一片圣洁之光的映衬下，婀娜多姿，顾盼生辉，艳光四射，逼迫得人们不敢仰视。真乃"云中仙袂飘飘举，霞裙风帔影翩翩。雪肤花貌绰约姿，冰肌玉滑擅无双"也。

在中国人的心目中，仙女们都是纯洁得不食一丝人间烟火的天使，是美丽、善良、智慧的化身，深受百姓的倾慕、爱戴和仰敬，对她们的形象不容有一丝的亵渎和轻慢。

太白山的七女峰，这座有着美丽传说的山峰，和太白

山的杜鹃花这个大自然创造的花海奇观，组成了太白山最为亮丽的一道风景。

太白山因杜鹃花而美丽！太白山因七女峰而神奇！

（3）花鸟同名曰杜鹃

据说鲜红的杜鹃花，是杜鹃鸟啼血染成，杜鹃花因此得名。

当然这只是历代诗人的联想而已。唐代成彦雄《杜鹃花》："杜鹃花与鸟，怨艳两何赊。疑是口中血，滴成枝上花。"杨行敏《失题》："杜鹃花里杜鹃啼，浅紫深红更傍溪。"韩偓《净兴寺杜鹃花》："一园红艳醉坡陀，自地连梢簇蒨罗。蜀魄

红杜鹃

未归长滴血，只应偏滴此丛多。"李绅《新楼诗》："惟有此花随越鸟，一声啼处满山红。"

"杜鹃"是树名，是花名，还是鸟名。这种动植物同名的现象极为罕见。而从杜鹃之名的渊源来看，这其中还承载着一桩千古不朽的爱情传奇故事呢。

千百年来，流传着"杜鹃啼血，子归哀鸣"的悲情故事。白居易《琵琶行》："其间旦暮闻何物？杜鹃啼血猿哀鸣。"传说古代蜀国有位蜀王，名叫杜宇。他是一个非常负责而且勤勉的君王，深爱百姓，也与王后恩爱有加。后因奸人

所害，悲惨而死，其灵魂化作杜鹃鸟，每日在王后花园啼鸣哀号。王后听闻杜鹃鸟哀鸣，悟为丈夫阴魂，亦日夜哀号"子归，子归"，终亦郁郁而逝，化为杜鹃花，与杜鹃鸟相栖相伴。

还有一说是：蜀王杜宇亦曰杜主，自天而降，也称望帝，传说是周朝末年蜀地的君王，后禅让退位，归隐深山。不幸国亡身死，死后灵魂化为杜鹃鸟。每年暮春杜鹃花开时节，日夜悲鸣不已，直到口中滴血。其声凄切，所以人们借以倾诉悲苦和哀怨之情。杜甫的《杜鹃行》以杜鹃之哀惨，叹唐玄宗失去帝位之悲，寓意深长："古时杜宇称望帝，魂作杜鹃何微细。跳枝窜叶树木中，抢翔瞥捩雌随雄。毛衣惨黑自憔悴，众鸟安肯相尊崇。隳形不敢栖华屋，短翮唯愿巢深丛。穿皮啄朽觜欲秃，苦饥始得食一虫。谁言养雏不自哺，此语亦足为愚蒙。声音咽哕如有谓，号啼略与婴儿同。口干垂血转迫促，似欲上诉于苍穹。蜀人闻之皆起立，至今相效传遗风。乃知变化不可穷，岂知昔日居深宫，嫔妃左右如花红。"此外，杜甫还写过《杜鹃》《子规》等集中笔墨描摹杜鹃的诗，其《玄都坛歌寄元逸人》中的"子规夜

石雕《杜鹃》（西安·林安令摄）

啼山竹裂"，《客居》中的"子规昼夜啼，壮士敛精魂"，《秋日夔府咏怀奉寄郑监李宾客一百韵》中的"伤春恔杜鹃"，《虎牙行》中的"杜鹃不来猿狖寒"等，都堪称佳句。

与杜甫合称"大杜小杜"的杜牧，也有一首《杜鹃》诗："杜宇竟何冤，年年叫蜀门。至今衔积恨，终古吊残魂。芳草迷肠结，红花染血痕。山川尽春色，呜咽复谁论。"其《惜春》一诗："花开又花落，时节暗中迁。无计延春日，何能驻少年。小丛初散蝶，高柳即闻蝉。繁艳归何处，满山啼杜鹃。"其中同样提到了杜鹃。

可见二位诗人都有一种杜鹃情结。不知是因了他们都姓杜，还是都对杜鹃花与鸟以及人的挚爱沉潜于心，而"感时花溅泪"了。

"血染杜鹃花"也有一说是：西楚霸王身陷十面埋伏，四面楚歌之中，演绎了一幕悲壮史剧"霸王别姬"。当霸王爱妻虞姬为了重振霸王士气，挥剑自刎，她的血溅到杜鹃花

《益鸟》邮票小型张"杜鹃"

上，一夜间，满山遍野杜鹃花全部变成了血红的颜色。

杜鹃鸟身体黑灰色，尾巴有白色斑点，腹部有黑色横纹，春末夏初时常昼夜不停地鸣叫，是一种富有灵性和神奇传说的益鸟。杜鹃鸟又叫杜宇、布谷、子规、望帝、蜀鸟等。《华阳国志》有子规鸣声凄厉，最容易勾起人们别

恨乡愁的说法。杜鹃的鸣声很像人说"不如归去"，所以又叫思归、催归。

韦应物《子规啼》云："高林滴露夏夜清，南山子规啼一声。邻家媚妇抱儿泣，我独展转何时明。"一句"南山子规啼一声"格外凄清，寄托了诗人的无限伤感和哀怨，强化了杜鹃悲情感人的意象。因之中国历代的文人骚客，都似乎把杜鹃当作一种悲鸟来咏叹了。

写杜鹃的诗还有李白的《宣城见杜鹃花》："蜀国曾闻子规鸟，宣城还见杜鹃花。"王维的《送梓州李使君》："万壑树参天，千山响杜鹃。"白居易的《江上送客》："江花已萎绝，江草已消歇。远客何处归？孤舟今日发。杜鹃声似哭，湘竹斑如血。共是多感人，仍为此中别！"而下边两首诗均把杜鹃和陕西蓝田联系起来，一是李商隐的《锦瑟》："锦瑟无端五十弦，一弦一柱思华年。庄生晓梦迷蝴蝶，望帝春心托杜鹃。沧海月明珠有泪，蓝田日暖玉生烟。此情可待成追忆，只是当时已惘然。"二是李贺的《老夫采玉歌》："采玉采玉须水碧，琢作步摇徒好色。老夫饥寒龙为愁，蓝溪水气无清白。夜雨冈头食蓁子，杜鹃口血老夫泪。蓝溪之水厌生人，身死千年恨溪水。"蓝溪，就指古代以产玉著称的蓝田山下一条三十里长的河流。

南宋诗词大家陆游《鹊桥仙·夜闻杜鹃》云："茅檐人静，蓬窗灯暗，春晚连江风雨。林莺巢燕总无声，但月夜常啼杜宇。催成清泪，惊残孤梦，又拣深枝飞去。故山犹自不堪听,况半世飘然羁旅。"这是陆游在宋孝宗乾道八年(1172年),在陕西南郑参加抗金战争并取得显著战绩后,被调任成都府路安抚司参议官,离开抗金前线时创作的诗。此时的陆游极为苦闷,此作就是"借物寓言"。诗人从杜鹃夜啼而思归,希望重回抗金前线,报效国家。但主和派当权,诗人只能无奈地发出报国无门的悲叹。

杜鹃鸟灰黑色的毛羽并不美,可是文人对它的礼遇和尊重,恐怕任何鸟也不及。

我们常见的杜鹃鸟有大杜鹃和四声杜鹃(小杜鹃)。分布地包括中国大陆的东部自河北至陕西以南。大杜鹃的叫声好像是"布谷!布谷",所以又称"布谷鸟";四声杜鹃的叫声特点是四声一顿,让陕西的关中人以他们方言口音来听,就听成了"算黄算割",因此关中人都把杜鹃叫"算黄算割"。

因为过去在关中农村,夏收也叫抢收。麦子熟得快,割得慢了麦粒就会从麦穗上爆裂掉到地上。更害怕的是遇暴雨,关中夏天雨来得猛。如果雨来了麦子让雨一泡还会发芽,那就减产得厉害,而人们就得吃发芽的麦子。就是麦子堆在麦场上,也要赶快碾场、扬场,把麦子收回家。否则一场暴雨就会把他们一年的希望都浇灭。"算黄算割"意思是麦子黄一块就赶紧收割一块,意在提醒人们不要错过农时。这里的农人都认为杜鹃鸟是吉祥鸟,加上杜鹃鸟吃害虫,也是人们公认的益鸟。

其实，杜鹃毛病也很多，有些种类是一种夏候鸟，既不营巢，也不孵卵哺雏。关中有的地方也依其习性和叫声，叫它"光棍好过"，指它到了生殖季节，把卵产在柳莺等鸟的巢中，破壳后，便把雏莺一个个挤出巢外，任其自谋生路，鸠占鹊巢。《诗经·召南·鹊巢》有云："维鹊有巢，维鸠居上。"这鸠，就是杜鹃。

10. "梨花一枝春带雨"

唐代的白居易早在《长恨歌》中就用"玉容寂寞泪阑干，梨花一枝春带雨"来形容倾国倾城的杨玉环。宋代诗人汪洙的《神童诗》："一枝轻带雨，泪湿贵妃妆。"朱淑真《梨花》："朝来带雨一枝春，薄薄香罗蹙蕊匀。冷艳未饶梅共色，靓妆长与月为邻。许同蝶梦还如蝶，似替人愁却笑人。须到年年寒食夜，情怀为你倍伤神。"宋代诗人秦观的《春日》："有情芍药含春泪，无力蔷薇卧晓枝。"这些诗都是由白居易的诗意引发的，可见白诗用梨花状写美人的成功。

杜牧有一首诗《鹭鸶》写到梨花："霜衣雪发青玉嘴，群捕鱼儿溪影中。惊飞远映碧山去，一树梨花落晚风。"

梨花（西安·骆延锋摄）

透着一种难得的高远旷达的意境。杜牧还有一首《残春独来南亭因寄张祜》，其"带叶梨花独送春"一句，亦写得不俗。诗仙李白在长安奉诏为唐玄宗所作的《宫中行乐词八首》其中一首有句"梨花白雪香"，名家出手，同样不凡。

唐诗中有无名氏所作《杂诗》曰："旧山虽在不关身，且向长安过暮春。一树梨花一溪月，不知今夜属何人？"说明长安的梨花开得好，有意境。

天下之花，要说以白取胜，当数梨花。春风荡漾，梨树花开，千朵万朵，压枝欲低，冰肌雪貌，玉骨晶莹，素面淡雅，靓艳含香，风姿绰约，谓其"占断天下白，压尽人间花"，虽有夸饰，亦不远分。

陆游如此颂赞梨花："粉淡清香自一家，未容桃李占年华。常思南郑清明路,醉袖迎风雪一权。"他意象中的梨花，应该是在陕西的汉江畔的抗金前线南郑看到的。

梨树，蔷薇科梨属植物，多年生落叶果树，乔木，叶为卵形，花多白色，果子多汁、可食。八九月间果实成熟时采收，鲜用或切片晒干。主要品种有秋子梨、白梨、沙梨、洋梨四种及其亚种。原产于中国西部。

《诗经·秦风·晨风》中有："山有苞棣。"苞棣，就是梨的古称。梨在先秦古籍《庄子》《韩非子》中都有记载，说明其在中国的栽培历史可追溯到西周或先秦。从长沙马王堆西汉墓中出土的梨子实物

梨花（西安·骆延锋摄）

来推测，汉代已有较大规模的梨园了，且育出了优良品种。《史记》中记录了大如拳、甘如蜜、脆如菱的"真定御梨"。《西京杂记》中，也记录了上林苑出产的紫梨、芳梨、大谷梨、细叶梨、瀚海梨等。公元2世纪，梨传入印度、波斯等国。梵文里称梨为"秦地王子"，也证明了梨来源于中国的秦地。

　　古老的梨树，与长安结下了不解之缘。唐玄宗李隆基爱好文艺，参与创作《霓裳羽衣舞》，他所创办的乐舞教习所，就选在长安三大宫之一的大明宫会昌殿附近的一片皇家梨园里。《新唐书》记载：相传唐玄宗既知音律，又酷爱法曲，选坐部伎弟三百教于梨园，声有误者，玄宗必予纠正，号"皇帝梨园弟子"。另外，天宝时，选宫女数百人置于东宫宜春北苑教习乐舞，此虽不在大明宫梨园，然在此习乐舞之宫女，亦称为"梨园弟子"。从此，后人便以"梨园弟子"来泛指戏曲演员，戏曲行称"梨园行"，唐玄宗也被戏人尊为"梨园祖师"。

　　杜甫在《观公孙大娘弟子舞剑器行》中说："梨园弟子散如烟，女乐余姿映寒日。"白居易在《长恨歌》里说：

"梨园弟子白发新，椒房阿监青娥老。"

梨，不光花美，果实更被人看重。梨子的顶部有一圆圆的浅窝，还引出了"梨涡浅笑"的故事。《宋史·胡铨传》记载有：宋朝人胡铨，饮于湘潭胡氏园，旁有侍妓梨倩。胡铨尽兴题诗云："君恩许归此一醉，傍有梨颊生微涡。"后来朱熹诗中亦有一句："归时梨涡却有情。"从此，人们便以"梨涡"来指女子面颊上的酒窝了。

梨树的果实梨，是水果中的珍品。梨外皮呈现出金黄色或暖黄色，里面则为通亮白色，鲜嫩多汁，口味甘甜。而且梨的药用价值也很高，味甘性寒，有润肺、消痰、止咳、降火、清心之功效，有"百果之宗"的美誉。《名医别录》《清异录》《三秦记》《物类相感志》《名医类案》《本草纲目》《本草经疏》《本草图经》《寿世传真》《重庆堂随笔》《本草衍义》等古籍中，对梨的品种及药用，都有比较详尽的记录。

11. "雄冠华夷"玉兰王

陕西周至县终南山下的黑河国家森林公园内有一株古玉兰树，树龄一千多年，令人惊异的是一树盛放白、红、

紫三色花朵，被视作世所罕见之
绝品。花开之际，香飘数十里，
花团锦簇，白若碧玉晶莹，红艳
似火染霞，紫气弥漫其间，非常
奇美壮观，树冠荫蔽面积两亩有
余，真乃一树三色玉兰花，一座
花的峰峦。国家林业局有关专家
赞其是"雄冠华夷"的玉兰王，

《玉兰花》（曾孝濂绘）

是迄今为止，中国国内发现的最大的一株玉兰树。

　　玉兰是木兰科木兰属落叶小乔木。玉兰和木兰同属一
科，但有区别，可是古人在典籍及诗歌中经常是把木兰和
玉兰混为一谈，有时分有时合，混淆不清，所以我们在说
玉兰时也只能继续混淆了。

　　玉兰早在战国、秦汉之时已有栽培。战国时期楚国诗
人屈原《离骚》中就有"朝饮木兰之坠露兮，夕餐秋菊之
落英"的佳句，以示其高洁的品格。《三辅黄图》载："阿
房宫以木兰为梁，以磁石为门。"这里的木兰，应该是指
玉兰。汉代司马相如和东方朔描述秦代上林苑种植的花木
文章中，就有木兰；扬雄《蜀都赋》也有"被以樱、梅，
树以木兰"等记述。

　　玉兰是我国最具代表性的早春名贵花木。喜光，稍耐
阴，具较强的抗寒性。原产印度、爪哇以及我国中部山区，
自秦岭到五岭均有分布。玉兰树高可达十米，因其花朵色

白微碧，香味似兰，所以叫作玉兰。玉兰，又名白玉兰、应春花、望春花、玉堂春，有白、黄、紫红诸色，以白色为主。白玉兰先花后叶，花洁白、美丽且清香，早春开花时犹如雪涛云海，蔚为壮观。古时常在住宅的厅前院后配置，名为"玉兰堂"。想着满园蝴蝶般的玉兰花瓣飞舞起来，"微风吹万舞，好雨尽千妆"，其景致，其情韵，该是何等地销魂。

明代文徵明《咏玉兰》曰："绰约新妆玉有辉，素娥千队雪成围。我知姑射真仙子，天遣霓裳试羽衣。影落空阶初月冷，香生别院晚风微。玉环飞燕元相敌，笑比江梅不恨肥。"用词华美，用典博雅。以唐玄宗在长安梨园排演最负盛名的"霓裳羽衣舞"来比喻玉兰花摇曳的姿态，同时借古代著名美女杨贵妃和赵飞燕的舞姿、体态、神韵来衬托玉兰花盛开的芳容。明代睦石《玉兰》

玉兰花

诗曰"霓裳片片晚妆新"，沈周《题玉兰》诗曰："翠条多力引风长，点破银花玉雪香。韵友自知人意好，隔帘轻解白霓裳。"清代查慎行《雪中玉兰花盛开》诗曰："阆苑移根巧耐寒，此花端合雪中看。羽衣仙女纷纷下，齐戴华阳玉道冠。"其中均有以"霓裳羽衣"来形容玉兰的诗句，可见写诗"英雄们"所见略同。

再有，玉兰树也有形容英俊潇洒美男子的成语"玉树临风"，出自杜甫《饮中八仙歌》的"宗之潇洒美少年，举觞白眼望青天，皎如玉树临风前"。长篇小说《七侠五义》中主角"锦毛鼠"就名为白玉堂，帅气英俊、气宇轩昂、风流倜傥、风度翩翩。中国戏曲中流传最广的剧目就有《玉堂春》，说起其中经典"苏三起解"一折，京剧票友谁个不熟呢？

说到玉兰和木兰的区别，其实还是很明显的。玉兰为高大乔木，花朵大，而不怎么香。木兰为灌木或小乔木，花小而香气较浓郁。木兰别名有林兰、桂兰、紫玉兰、木莲、女郎花等，中国古人还把木兰称为"辛夷"，因其花蕾很像毛笔头又称木笔花。屈原《楚辞·涉江》中云："鸾鸟凤凰，日以远兮。燕雀乌鹊，巢堂坛兮。露申辛夷，死林薄兮。腥臊并御，芳不得薄兮。阴阳易位，时不当兮。"其中的辛夷和木兰是一回事。自号少陵野老的杜甫曾有诗："辛夷始花亦已落，况我与子非壮年。"在周至做过县尉的白居易，也有诗《题灵隐寺红辛夷花，戏酬光上人》："紫粉笔含尖火焰，红脂胭染小莲花。芳情乡思知多少，恼得山僧悔出家。"王维《辛夷坞》诗云："木末芙蓉花，山中发红萼。涧户寂无人，纷纷开且落。"诗名的"辛夷坞"，则是他在秦岭山中蓝田辋川别业的一处胜景，因广种木兰而称之。

《玉兰花》邮票

据传说，辛夷得名于一个美丽的故事。古有一秦地举人，他的家乡流传着一种怪病，患者常常头痛头昏，流浓鼻涕，腥臭难闻。秦地举人也被传染上了，他四处求医问药，终无疗效。后他来到一个夷族居住的地方，遇一鹤发童颜的老者，便向其求治。那老人见秦地举人彬彬有礼，就笑道："这有何难？"老人爬上一棵高大的开着像莲花一样的花的大树上，采了几十朵泛着紫红色的酷似笔椎的花蕾，让他每日一次，配煮鸡蛋而食。不足半月，秦地举人的怪病就痊愈了。他后来还特地去拜谢老人，并带回"笔椎花"种子，种在秦地自家门前屋后，待其长大后结出花蕾，赠予和他一样患此怪病的病人治疗，无不见效。别人问此为何花，他一时答不上来。他想这是在夷人处获得的，便随口答道："这叫辛夷花。"辛夷因此得名。

唐代陆龟蒙《和袭美扬州看辛夷花次韵》曰："柳疏梅堕少春丛，天遣花神别致功。"则称辛夷为"花神"。

古有"鲁班刻木兰舟"的传说。用木兰建造的船叫"兰舟"或"兰桡"，于是"兰舟"就成了船之美称。李时珍的《本草纲目》载："木兰枝叶俱疏，其花内白外紫，亦有四季开者，深山生者尤大，可以为舟……"看来，辛夷不仅花能入药，木还可制舟，真乃富贵双全，吉祥嘉瑞，于世有奇功之树与花。

白居易《题令狐家木兰花》云："从此时时春梦里，应添一树女郎花。"直呼辛夷花为"女郎花"，这是因为北朝乐府《木兰诗》中女扮男装、替父从军的主人公名木兰，诗中也有"不知木兰是女郎"一句，文人们

《花木兰》银币背面

就乘机把"木兰"戏称为"女郎"了。陆游不少诗就是这样用的，如《病中观辛夷花》："粲粲女郎花，忽满庭前枝。繁花虽少减，高雅亦足奇。"《春晚杂兴》诗之五："笑穿居士屩，闲看女郎花。"《春晚出游》："王孙草生与阶齐，女郎花发乳莺啼。"因花引出一位忠孝双全的巾帼女英雄花木兰，还真巧合成一桩传颂古今、光耀史册的千古奇闻。

木兰替父从军的传奇故事就发生在陕西，而被认定的

木兰故里首先是延安。因为元人侯有造《孝烈将军祠像辨正记》记载："其所据之地域为河套……延安郡。"且豫剧大师常香玉所主演的1956年长春电影制片厂拍摄成电影的河南豫剧《花木兰》中，花木兰在从军的路上向相遇的从征伙伴自我介绍时，就明确地说，她是延安府尚义村人。另外，在新中国成立前后一些著名的剧作家在他们所创作的戏剧中，不论京剧、越剧、河北梆子，均称花木兰系延安府人氏。

而豫剧《花木兰》中所提到的延安府尚义村，就是今延安市的花源屯村，位于延安市西南四十里的杜甫川。此地的山上建有木兰陵园，还有最高一层绕山而筑的木兰墓，山顶上有传说为木兰跑马习武的跑马梁。1984年恢复重建的木兰陵园，为古典式建筑群，有被称为"红军书法家"的原中国书协主席舒同先生题书的《木兰诗》和"花将军之墓"，还有廖沫沙先生题写的"木兰祠"。

陕西周至县黑河国家森林公园内有一株千年古玉兰王树；而西安市长安区终南山北麓南五台弥陀寺内也有两株千年古玉兰树，不过花是红色的。这三株千年玉兰树，皆属珍贵嘉木奇树，都被当地人视为"神树"，经常有人去拜谒，树上挂满了祈福纳祥的红布条。这三株千年玉兰树，亦证明了陕西秦岭山区为玉兰树最重要的原生之地。

另外，陕西富平县觅子乡西闾村唐代大将军李光弼的墓园内还有一株千年古玉兰，高十二米，胸围三米，可惜经过漫长岁月的侵蚀摧残，已于 1986 年自然枯死。

值得一说的还有汉中市勉县武侯祠院内生长的一株落叶乔木旱莲。旱莲属木兰科，属于玉兰花的变种，因其花开之时，花朵酷似莲花，而生于旱地，故有旱地莲花之美誉。这株古旱莲已有四百余年的历史，树高超过十三米，胸围超过一米。这株古旱莲，是迄今世界上发现的唯一一株古旱莲，每年三月上旬开花，花期半个月。初春满树鲜花，十分喜人，花开后枝叶繁茂，五月长出花蕾。此花蕾要在树上孕育十个多月，经历夏、秋、冬，来年才绽放，俗称之"十月怀胎"。夏至后，花树结籽，籽如红豆，碧光坚硬。旱莲花初开时呈红色，盛开时花朵颜色变成红白相间，花蕊略呈粉红色，清丽绝俗，粉嫩欲滴，妖娆多姿，纯真无瑕，呈现出"红胭脂染小莲花"的靓影。这世间罕见的古树，花开在阳春三月，故又称其树为"武当木兰""应春玉兰"。

这棵古旱莲，因其珍罕少见，曾被视为"绝后"之花。令人高兴的是，经过多年辛苦试验，当地已培育出一批旱莲新苗，如今移栽至汉中市天汉大道两侧，已花苞初绽，使旱莲这一古老而珍罕名贵花卉得以延续，实为难得。

旱莲于 2000 年被汉中市政府确定为汉中市"市花"。旱莲

陕西省汉中市勉县武侯祠院
内的旱莲

也被当地老百姓视为祥瑞之花，汉中市有关部门还为它举办了旱莲文化节和祈福活动，吸引各方的游客前来品花赏花，借旱莲（玉兰花）的祥瑞之气，福佑"天汉"这一有"汉家发祥地，中华聚宝盆"美誉的风水宝地。

12."西府海棠"第一品

海棠花是我国的传统名花之一，花姿潇洒，花开似锦，素有"花中神仙""花贵妃""国艳"之誉。

"西府海棠"为海棠花四品中第一品。明代《群芳谱》记载，海棠有四品，皆木本。四品指：西府海棠、垂丝海棠、木瓜海棠和贴梗海棠。但按今天的植物

西府海棠（西安·骆延锋摄）

分类法来看，它们虽都同为蔷薇科，却并不同属：西府、垂丝海棠为苹果属，贴梗、木瓜海棠为木瓜属，差异颇大，但古人因为它们有许多相似之处，把它们捏合在一起，号为"海棠四品"，芳名昭彰，我们也只能将错就错了。

海棠花开娇艳动人，但一般的海棠花无香味，唯有"西府海棠"既香且艳，是海棠中的上品。其花含苞时，花蕾红艳欲滴，似胭脂点点，绽放后渐变粉红，犹如晓天明霞，娇嫩无比。

花名西府，是因晋朝时生长于关中西府而得名。西府一般指咸阳市以西，北至彬州市，中含武功县、兴平市、礼泉县，西至宝鸡市境内三区九县。在这里，西府不仅是个地理概念，更多的是含有深厚的历史蕴味。于是 2009 年 4 月 24 日，宝鸡市选海棠花为"市花"。

"西府海棠"最为唐宋八大家之一的苏轼所赏识。可能和他一出道，即走上仕途之初，就在西府的凤翔府任签书判官有关。对于西府的海棠花，可能一见难忘，终身结缘吧，苏轼无论走到哪里，都有此花陪伴。他无限深情地咏赞《海棠》："东风袅袅泛崇光，香雾空蒙月转廊。只恐夜深花睡去，故烧高烛照红妆。"诗中借用唐明皇和杨贵妃的一则传说：昔明皇在长安兴庆宫沉香亭召贵妃同宴，而贵妃宿酒未醒，帝曰"海棠睡未足也"。苏轼以此传说"只恐夜深花睡去"戏之，暗以花比易醉嗜眠的美人，莫让她到了夜色深沉、月转回廊的时候蔫蔫然慵睡不醒。这首海棠诗历来脍炙人口，传为经典。

宋代释惠洪《冷斋夜话》卷一也记载："东坡作海棠诗曰'只恐夜深花睡去，故烧高烛照红妆'，事见《太真外传》：'上皇登沉香亭，诏太真妃子，时妃子卯醉未醒，命力士从侍儿扶掖而至，妃子醉颜残妆，鬓乱钗横，不能再拜。上皇笑曰：岂是妃子醉，真海棠睡未足耳。'"这也是海棠花得名"花贵妃"最早的出处吧。

其实，以海棠花比美女晋已有之。据《王禹偁诗话》载，西晋开国元勋石苞的第六子，荆州刺史石崇，曾对着盛开的海棠说："汝若能香，当以金屋贮汝！"所谓"金屋贮汝"用的是《汉武故事》中的典故：汉武帝还在儿时，长公主抱他于膝上，问他以己女阿娇配之好否？他笑曰："好！若得阿娇作妇，当作金屋贮之也。"而唐代诗人何希尧在他的《海棠》一诗中也用了"金屋藏娇"这个典故："著雨胭脂点点消，半开时节最妖娆。谁家更有黄金屋，深锁东风贮阿娇。"

苏轼与石崇把海棠花比作美女，也算异曲同工之妙，各擅胜场了。当然，同样是以海棠比中国四大美女之一的杨贵妃，宋代陈与义《海棠》"却笑华清夸睡足"，

苏轼像

宋代彭渊材《海棠》"雨过温泉浴妃子"，以贵妃出浴喻海棠，似乎更为香艳娇美。宋代刘克庄《黄田人家别墅缭山种海棠为赋二绝》则说："海棠妙处有谁知，今在胭脂乍染时。试问玉环堪比否，玉环犹自觉离披。"发出海棠

妙处，胭脂乍染，试问玉环堪比否的疑问。

海棠花有"睡美人"之誉，陆游有"何似多情睡海棠"句，"睡海棠"应该也是指杨贵妃睡态若海棠这个典故了。明代唐寅所画《海棠春睡图》中题画诗《题海棠美人》"褪尽东风满面妆，可怜蝶粉与蜂狂。自今意思谁能说，一片春心付海棠"，把海棠比作睡美人应和陆诗同出一典。

海棠还有雅号"解语花"，意指花能解人意。典出《开元天宝遗事》："帝（唐明皇）与妃子（杨贵妃）共赏太液池千叶莲，指妃子与左右曰：'何如此解语花也。'"也就是说杨贵妃就是"能说话的名花"，后遂用"解语花""解语倾国"等比喻美女，或指美女可人，黄庭坚《饮润父家》诗中就有"一醉解语花"句。

另外，还有唐代刘兼的《海棠花》："淡淡微红色不深，依依偏得似春心。烟轻虢国鬘歌黛，露重长门敛泪衿。低傍绣帘人易折，密藏香蕊蝶难寻。良宵更有多情处，月下芬芳伴醉吟。"其中"烟轻虢国鬘歌黛"，又把海棠花比作杨贵妃的姐姐，艳绝长安、《丽人行》中的虢国夫人了。唐代诗人张祜在其诗《集灵台·其二》中描述虢国夫人："却嫌脂粉污颜色，淡扫蛾眉朝至尊。"虢国夫人淡扫蛾眉、不施脂粉，反显其清丽绝俗、丰姿绰约，比之海棠似乎自有道理。

苏轼不单写诗以赞海棠花，他还亲手培育栽种过海棠。据宜兴《邵氏家谱》记载，苏轼与宜兴人邵民瞻是嘉祐年间（1056～1063年）同榜进士，二人当年过从甚密，一次在邵氏家中做客时，东坡乘兴在邵氏庭园中栽种了一株西府海棠。九百五十多年过去了，令人惊异的是，这株长寿海棠六枯六荣，原树胸围一抱，高约两丈，枝枯中空，1953年被台风刮断，后从树干基部萌生新枝，一直顽强地活了下来，目前新形成的植株主干有碗口粗，高一丈多。今天，被中国著名报人，创办《文汇报》《大公报》的徐铸成先生叹为"稀有的宝贝"的这株西府海棠犹盛开不衰，不仅成了中外游客慕名而至的一处名胜，也成了闻名天下的西府海棠最古老的实物见证。

唐代德宗、顺宗、宪宗三朝宰相贾耽著的《百花谱》，就有"海棠为花中神仙"之说。唐代李绅《新楼诗二十首·海棠》中进一步诠释："海边佳树生奇彩，知是仙山取得栽。琼蕊籍中闻阆苑，紫芝图上见蓬莱。浅深芳萼通宵换，委积红英报晓开。寄语春园百花道，莫争颜色泛金杯。"到宋代时已普遍地称海棠为花仙了，如洪适《黄海棠》曰："汉宫娇半额，雅澹称花仙。"杨万里《海棠》曰："艳翠春销骨，妖红醉入肌。花仙别无诀，一味服燕支。"而唐代吴融《海棠》诗云："雪绽霞铺锦水头，占春颜色最风流。若教更近天街种，马上多逢醉五侯。"一句"最风流"不过瘾，又说如在更近于长安城中央大街的天街栽种，那就会把上朝的众多高官"五侯"都醉倒了。

王象晋《二如亭群芳谱》赞曰："其花甚丰，……望之绰约如处女，非若他花冶容不正者可比。盖色之美者，惟海棠，视之如浅绛外，英英数点，如深胭脂，此诗家所以难为状也。"那红中有白、白中泛红、雪白霞红的花色，"绰约如处女"，或者恰似少女的唇颊，不胜娇羞，而绝无做作之丽质天生、纯真之美，令人爱怜无限。

古人对海棠的评价，曾引出海棠与有花魁、花王之誉，国色天香的梅花、牡丹争雄媲美，攀比风头，以争高下的情景。如陈思《海棠谱序》说的："梅花占于春前，牡丹殿于春后，骚人墨客特注意焉。独海棠一种，丰姿艳质，固不在二花之下。"还说"到了本朝，由于真宗皇帝的品题，被列为圣品，从此烜耀千古"。吴芾在《和陈子良海棠四首》中甚至认为海棠应居花中第一："十年栽种满园花，无似兹花艳丽多。已是谱中推第一，不须还更问如何。"宋代祖秀《华阳宫记》甚至说："望湖亭前有西府海棠一株，所谓汉宫三千，赵姊第一，良非虚语。"

宋代王禹偁《商山海棠》诗曰："春里无勍敌，花中是至尊。"这是王禹偁遭贬为商州团练副使时所写。商山、商州，即今陕西商洛市。看来，商山海棠也是世之绝色了，又因为"锦里名虽盛，商山艳更繁"，才使王禹偁得出海棠"花中是至尊"的最高评价。

其他还有陆游的"一梢初放海棠红""一枝气可压千林""海棠尤可念""猩红千点海棠开"，李清照的"试问卷帘人，却道海棠依旧。知否，知否？应是绿肥红瘦"，等等，都是咏海棠的名句。

《广群芳谱》《阅耕余录》均记载：南宋淳熙年间（1174～1189年）秦中（今陕西中部）有双株海棠，其高数丈，与周围矮小纤弱的花木相比，"翛然在众花之上"。

关于海棠花，自古亦有"蜀中海棠甲天下"之称。沈立《海棠记》中有"大足（原属四川省，今属重庆市）治中，旧有香霏阁，号曰海棠香国。""岷蜀地千里，海棠花独妍；万株佳丽国，二月艳阳天"之说。蜀中海棠也称西府海棠，应属从陕西西府引进的同源之花。海棠在我国分布很广，南北都可种植，北京可以露地越冬，颐和园和故宫御花园都栽有海棠。

唐宋时陕西秦中海棠尚闻名全国，明清至今却渐渐式微，甚为可惜。但想着每到春夏之交，海棠花开，迎风峭立，明媚动人，楚楚有致，心中就如春花般灿烂。

自古画家把海棠与玉兰、牡丹、桂花绘在一幅图上，形成吉祥花卉图"玉棠富贵"，那眼前就一定是花团锦簇、姹紫嫣红了。而且这四种名花，皆与陕西有缘：西安市周至县厚畛子镇八斗河村有树龄约一千年的"中国玉兰王"；出自陕西宝鸡市的西府海棠为海棠花四品中第一品；陕西延安市和太白山褒斜道是中国牡丹之宗所在地；汉中南郑县（今南郑区）圣水寺有树龄一千八百多年的萧何手植桂花树，勉县武侯墓有树龄约一千七百年的桂花树。真可谓"玉棠富贵"在陕西！

参考书目

［1］司马迁.史记［M］.北京：中华书局，1982.

［2］班固.汉书［M］.北京：中华书局，2007.

［3］朱景玄.唐朝名画录［M］.

［4］张彦远.历代名画记［M］.

［5］朱熹.注解诗经［M］.西安：三秦出版社，1996.

［6］骆天骧纂修.类编长安志［M］.

［7］吴承恩著.西游记［M］.西安：陕西人民出版社，
　　　1995.

［8］许仲琳著.封神演义［M］.西安：三秦出版社，2005.

［9］冯梦龙编.警世通言［M］.西安：三秦出版社，2003.

［10］冯梦龙编.醒世恒言［M］.西安：三秦出版社，
　　　2003.

［11］冯梦龙编.喻世明言［M］.西安：三秦出版社，
　　　2003.

［12］凌濛初编.（初刻）拍案警奇［M］.西安：三秦出版社.
　　　2003.

［13］凌濛初编.（二刻）拍案警奇［M］.西安：三秦出版社.
　　　2003.

［14］西安半坡博物馆编.半坡史前文物精华［M］.西安：
陕西旅游出版社，1995.

［15］李域铮编著.陕西古代石刻艺术［M］.西安：三秦
出版社，1995.

［16］刘士莪编.西北大学藏瓦选集［M］.西安：西北大
学出版社，1987.

［17］何志明.潘运告编.唐五代画论［M］.长沙：湖南
美术出版社，1997.

［18］张永禄主编.汉代长安词典［M］.西安：陕西人民
出版社，2012.

［19］张永禄主编.唐代长安词典［M］.西安：陕西人民
出版社，2011.

［20］萧涤非，周汝昌，程千帆，等编著.唐诗鉴赏辞典［M］.
上海：上海辞书出版社，1983.

［21］庞进.凤图腾［M］.北京：中国和平出版社，2006.

［22］庞进.中国祥瑞·凤凰［M］.西安：陕西人民出版社，
2012.

［23］庞进.中国祥瑞·龙［M］.西安：陕西人民出版社，
2012.

［24］庞进.中国祥瑞·麒麟［M］.陕西：陕西人民出版社，
2012.

［25］庞进.中国祥瑞·貔貅［M］.西安：陕西人民出版社，
2012.

［26］李林，康兰英，赵力光，编著.陕北汉代画像石［M］

西安：陕西人民出版社，1995.

［27］舒惠芳，沈泓.门神文化［M］.北京：中国财富出

版社（原中国物资出版），2012.

［28］陕西省文化厅、陕西省非物质文化遗产保护中心编.

陕西剪纸（延安卷、榆林卷、西安卷、宝鸡卷、铜川卷、

汉中卷、安康卷、商洛卷、渭南卷、咸阳卷）［M］.

西安：陕西人民美术出版社，2012.

［29］陕西省艺术馆.民间画师手稿精品集［M］.西安：

陕西人民美术出版社，2012.

［30］王山水，张月贤.，陕西民居木雕集［M］.西安：三

秦出版社，2008.

［31］王宁宇，杨庚绪.，母亲的花儿——陕西乡俗刺绣艺

术的历史追寻［M］西安：三秦出版社，2002.

［32］常怀林.中国善良［M］.北京：北京工业大学出版

社，2012.

［33］李志慧.汉赋与长安［M］.西安：西安出版社，

2003.

［34］田旭东主编.话说陕西——远古西周卷［M］.西安：

西北大学出版社，2009.

［35］贾志刚主编.话说陕西——隋唐五代卷［M］.西安：

西北大学出版社，2009.

［36］张铭洽，卢鹰.话说陕西——汉魏六朝卷［M］.西安：

西北大学出版社，2009.

［37］徐卫民.话说陕西——秦卷［M］.西安：西北大学
　　　出版社，2009.

［38］王建军主编.话说陕西——民国卷［M］.西安：西
　　　北大学出版社，2009.

［39］丛苍，满祥，鲁旭，赵戈，凤翔民间艺术［M］.西
　　　安：陕西人民出版社，2010.

［40］殷伟，殷斐然.中国寿文化［M］.昆明：云南人民
　　　出版社，2005.

［41］陈纪元主编.陕西汉剧脸谱［M］.2003.

［42］蔡昌林.唐墓壁画中的动物［M］.

［43］蔡昌林.唐墓壁画的研读与欣赏［M］.

［44］蔡昌林.我的周秦汉唐梦——虎伏羲与龙女娲［M］.

［45］王耀林.古人咏花木诗选［M］.香港：中国文化出版
　　　社，2007.

［46］郭志东，陈喜炜编著.守望剪刀［M］.西安：陕西
　　　人民美术出版社，2014.

［47］郭志东编著.陕北的魂魄［M］.西安：陕西人民美
　　　术出版社，2014.

［48］郭志东编著.母亲的艺术［M］.西安：陕西人民美
　　　术出版社，2014.

［49］刘合心，雒长安主编.韩城古代建筑壁画［M］.北京：
　　　世界图书出版公司，2008.

长安吉祥说

CHANGAN JIXIANG SHUO

| 第三册 |

龙飞凤舞绕长安

LONG FEI FENG WU RAO CHANGAN

◎朱文杰　著

陕西新华出版传媒集团

太白文艺出版社

图书在版编目（CIP）数据

长安吉祥说. 龙飞凤舞绕长安 / 朱文杰著. — 西安:
太白文艺出版社, 2021.11
ISBN 978-7-5513-1966-9

Ⅰ.①长… Ⅱ.①朱… Ⅲ.①中华文化—通俗读物②
长安(历史地名)—文化史—通俗读物 Ⅳ.①K203-49
②K294.11-49

中国版本图书馆CIP数据核字(2021)第218970号

长安吉祥说：龙飞凤舞绕长安

作　　者	朱文杰
责任编辑	史　婷　张　鑫
封面设计	郑江迪
版式设计	建明文化
出版发行	陕西新华出版传媒集团
	太白文艺出版社
经　　销	新华书店
印　　刷	西安市建明工贸有限责任公司
开　　本	889mm×1194mm　1/32
字　　数	120千字
印　　张	5.875
版　　次	2021年11月第1版
印　　次	2021年11月第1次印刷
书　　号	ISBN 978-7-5513-1966-9
定　　价	88.00元（全四册）

目 录
Contents

第二章　凤在长安

第一章

龙在长安

1. 龙文化之内蕴

　　龙是十二生肖之中唯一的"意象造型"，是集多种动物和自然天象之大成的多元融合体，龙是中国人创造的神物，龙之形象是中国人数千年智慧和理想的结晶，具有丰富的艺术内涵和独特的美学意义。

窗花《龙》（安塞·王福丽作品）

　　中国人自诩为龙的传人。龙，自然成为中华民族发祥和文化肇端的象征。中华始祖伏羲呈龙瑞，以龙纪官，号曰龙师，是为中华龙的"龙头"。《拾遗记》中有，伏羲"长头修目，龟齿龙唇"。《白虎通》说伏羲"鼻龙状"。《列子·黄帝篇》中有："庖羲氏……蛇身人面。"中华

陕西绥德张家砭汉画像石，图中竖状框中有
伏羲、女娲人身蛇尾形象

另一始祖女娲，与伏羲一样，也是蛇身人面，《鲁灵光殿赋》有："伏羲鳞身，女娲蛇躯。"《帝王世纪》也说，女娲"蛇身人首"。在长沙马王堆汉墓帛画中，在汉代画像石中，伏羲、女娲都是蛇身人面，蛇身即龙身。

　　我国多地都有伏羲、女娲的传说和遗迹，陕西当然也有。传说女娲姓风（凤），出生于秦岭之中的陕西凤县。陕南平利有女娲山，古称中皇山，山中有女娲庙以及女娲"抟土造人"遗址。唐末五代著名道教人物杜光庭的《录异记》中最早记载了女娲庙在平利："房州上庸界，有伏羲女娲庙，云是抟土为人之所，古迹在焉。"平利就属于房州上庸界。《路史》云："女娲始治于中皇山，继兴于骊山之下，中皇山即女娲山，有天台鼎峙，今建女娲庙。"唐宋以来，女娲庙历经修葺扩建，尤其是清乾隆元年（1736年）重修后，拥有正殿四重，房屋百余间，是当时平利最大的庙宇，被誉为"名胜之方"。

　　《录异记》还记载："华、陕界黄河中有小洲岛，……

云是女娲墓。"可见,女娲墓应在陕西潼关、山西芮城界风陵渡一带。《陕西通志》有:"上古风陵,即女娲氏陵,在潼关卫城北黄河中。"陕西关中的临潼骊山,有供奉女娲、伏羲的"人祖庙"。康熙本的《临潼县志》记载:"人祖庙祀女娲、伏羲像,俗称人祖。"临潼还有"女娲炼石""抟土造人"的遗迹。乾隆本的《临潼县志》记载:"丽(骊)戎国,古女娲氏,继兴于此。"

和临潼相连的蓝田也有女娲的"补天台"。相传伏羲和女娲为兄妹,结为夫妻。明清记载的华胥在陕西蓝田,今蓝田县华胥镇孟岩村有华胥陵,相传是上古时代伏羲和女娲之母华胥氏的陵冢。

陕西为中华文明重要的发源地,而龙是活跃在三秦大地上的黄帝部落的图腾。司马迁的《史记·天官书》载:"轩辕,黄龙体。"王充《论衡·骨相》有"黄帝龙颜"的说法。而黄帝,则是华夏民族公认的"龙祖"之一,是古人将龙崇拜与祖先崇拜结合在一起的"人文始祖"。

民间传说中也有炎帝为"龙子神童""是谓神农"之说。皇甫谧《帝王世纪》曰:"有蟜氏之女,名女登,为少典妃。游于华阳,有神龙首感女登于常羊(今陕西省宝鸡市渭滨区神农乡),生炎帝。"《春秋纬·元命苞》曰:"少典妃女登游于华阳,有神龙首,感之于常羊,生神子,人面龙颜,好耕,是谓神农,始为天子。"历史典籍记载中的神农氏和炎帝是不同的人,但也有很多记载说,神农氏就是炎帝。据此而论，炎帝也是华夏民族的"龙祖"之一。

《国语·晋语》载："昔少典氏娶于有蟜氏，生黄帝、炎帝。黄帝以姬水（今陕西省岐山县南横水河）成，炎帝以姜水（陕西省宝鸡市清姜河）成。成而异德，故黄帝为姬，炎帝为姜。二帝用师以相济也，异德之故也。"这是中国历史最早记载炎帝、黄帝与陕西相源的史料。后来，炎黄部落争夺领地，黄帝打败了炎帝，两个部落渐渐融合成华夏族，即后来的汉族。

有人认为，中国龙的形象源自于图腾文化，是说古代炎黄统一中原各部落后，黄帝部落以黄龙体图腾为主，糅合了各氏族的图腾形成了一种新的形象组合，即龙的早期形象。也有人认为，虽然中国龙最早源于原始图腾文化，但本质与主流却不能简单归结为原始图腾文化。中国的龙与原始图腾有着重大差异，因而应该是源于图腾又超越图腾的。中国龙不是实物崇拜，而是文化创造，虽可以在自然界中找到某些原型参照物，但本质上并不是自然界中的现有实物，是基于民族文化精神、观念的一种文化创造而形成的文化符号。

陕西韩城昝村镇普照寺大殿壁画《云龙》

壬辰年（2012 年）生肖龙彩色金银币

　　《辞源》说："龙是古代传说中的一种善变化能兴云雨利万物的神异动物，为鳞虫之长。"《辞海》说："龙是古代传说中一种有鳞有须能兴云作雨的神异动物。"东汉许慎《说文解字》言龙："能幽能明，能细能巨，能短能长，春分而登天，秋分而潜渊。"《管子·水地篇》言龙："龙生于水，被五色而游，故神。欲小则化如蚕蠋，欲大则藏于天下，欲上则凌于云气，欲下则入于深泉，变化无日，上下无时，谓之神。"韩愈《杂说一·龙说》言龙："龙嘘气成云，云固弗灵于龙也。然龙乘是气，茫洋穷乎玄间，薄日月，伏光景，感震电，神变化，水下土，汩陵谷，云亦灵怪矣哉！"这些都告诉你龙的神奇灵异和善于变化，"神龙见首不见尾"。

　　龙是智慧和威力的象征。《左传·昭公二十九年》所说的"虫莫知于龙"，意思是天下没有比龙更智慧高超的虫了。

宋人罗愿在《尔雅翼》中提到龙有九似说："龙者鳞虫之长。王符言其形有九似：头似牛，角似鹿，目似虾，耳似象，项似蛇，腹似蜃，鳞似鱼，爪似凤，掌似虎，是也。其背有八十一鳞，具九九阳数。其声如戛铜盘。口旁有须髯，颔下有明珠，喉下有逆鳞。头上有博山，又名尺木，龙无尺木不能升天。呵气成云，既能变水，又能变火。"相传民间的画龙口诀，也特别有趣："一画鹿角二虾目，三画狗鼻四牛嘴，五画狮鬃六鱼鳞，七画蛇身八火炎，九画鸡脚画龙罢。"

龙的多元融合，如海纳百川，集珍禽瑞兽灵虫于一身，龙的精神内质所体现的这一特征，和中华民族形成的多元性与混合性奠定的中国传统文化的包容性达到高度一致，让人们明白，龙为什么能代表中国。

龙的形象是在不断变化的，丰富多样的龙之形象组成了龙文化传承久远的主体。有蟠龙、团龙、云龙、飞龙、走龙、卧龙以及一足独立的夔龙。神话传说中的龙，有鳞的龙叫蛟龙，为水龙；有翼的叫应龙，为天龙。中国古代哲学中的五行观念，将龙分为金龙、木龙、水龙、火龙、土龙。五行配五色，龙也分五色，白、青、黑、红、黄。再有民间工艺中创造的各种龙的形象，舞龙灯、剪纸龙、风筝龙、板凳龙等。无论祥瑞喜庆、平和温顺、富贵华丽、凶神恶煞、威武雄霸，还是卡通现代、顽皮淘气，中华龙之图谱，洋洋大观、五彩纷呈、气象万千。

中华龙文化其实也是一种道文化，有道而为龙，无道而为虫，龙蛇会互变，龙也分善恶。

龙象征皇权，最早是从《史记》开始记载的，太史公称颂秦始皇为"祖龙"，把汉高祖刘邦视为"真龙天子"。历代帝王都自命为龙，使用器物也以龙为装饰。龙被中国先民作为祖神敬奉，诞生建都于陕西的西周以龙比喻贵族，故他们使用龙旗。韦孟的《讽谏诗》曰："肃肃我祖，国自豕韦，黼衣朱绂，四牡龙旂。"

在终南山下楼观台讲《道德经》的圣哲老子，也被世人称为龙。孔子感慨说："吾所见老子也，其犹龙乎？学识渊深而莫测，志趣高邈而难知；如蛇之随时屈伸，如龙之应时变化。老聃，真吾师也！"

秦岭被称为华夏文明的龙脉。中国版图上最重要的河流就是长江和黄河，而秦岭不仅仅是中国南北的分界线，更是长江、黄河的分水岭，秦岭北麓的水注入黄河，南麓的水则注入长江。因此，在秦岭上形成了一股无可匹敌的龙脉之气，不仅仅是中国诸多龙脉中的一股，而且是一股君临天下的王者龙脉。秦岭的华夏龙脉衍生了世界四大文明古都之一的西安，成为中国历史上建都时间最长、建都朝代最多的龙脉之地，中国历史上影响最大、最辉煌的周秦汉唐都建都于此。

《雍录》卷五称："秦岭'居天之中，都之南'，称'中南'。"成书于战国时期的《尚书·禹贡》则称："秦岭

汉四神瓦当之"青龙"（拓片）

居中，列为中条；……昆仑有三龙，而秦岭为中龙；葱岭有三干，而秦岭为中干。"

"居天之中"以及"中条""中龙""中干"，均明确地表明了秦岭最重要的地理文化特征——居中。中国的大地原点在秦岭北麓的陕西泾阳，西安临潼有中国标准时间"北京时间"的发布授时中心。因此，秦岭被誉为中国的父亲山、中国的屋脊之山、中国的国家中央公园，当之无愧。

青龙、白虎、朱雀、玄武被称为"四神"，也称"四灵"，被古人奉为镇守四方、驱邪除魔的神灵。龙居四神之首，代表东方，而中国为东方大国。所以有歌唱道："古老的东方有一条龙，它的名字就叫中国。"

1979年，在陕西省淳化县一座西周墓葬中出土了青铜器"牛首夔龙纹鼎"，因出土于淳化又称"淳化大鼎"。2003年宝鸡眉县杨家村出土了青铜器"逨鼎"，鼎外口沿饰变体龙纹。陕西咸阳出土的秦代空心砖上有龙纹，龙身躯弯曲像蛇，头和双角似牛，特别精美。出土于临潼秦始皇帝陵建筑遗址中的"夔龙纹半瓦王"，确实难得，中国国家博物馆、秦始皇兵马俑博物馆、临潼博物馆均有收藏。

西汉有"四神瓦当"。其中，青龙瓦当多出土于西安汉长安城遗址，为汉长安皇城建筑所用。

1958 年，陕西宝鸡北首岭遗址出土了距今达七千年的彩陶鱼鸟纹细颈瓶，现为中国国家博物馆馆藏文物。瓶身上用墨彩以简洁洗练的粗线条勾画了水鸟和鱼的图案：一只不大的水鸟，叼住了一条鳞鳍齐备的大鱼的尾巴，大鱼回首挣扎，水鸟紧咬不放，画面气氛异常紧张、生动。尤其是鱼比水鸟还大，加上对鱼器官的强化和夸张，给人以鱼化龙之感觉。有人认为它反映了以鱼图腾和鸟图腾为代表的两个氏族的争斗，还有人认为鸟啄鱼纹大致反映了"鲲化为鹏"的过程。《庄子·逍遥游》："北冥有鱼，其名为鲲。鲲之大，不知其几千里也。化而为鸟，其名为鹏。"鲲鹏实为龙凤神化的变形，鹏即为凤，鲲即为龙。

2. 龙之原型说

中国人创造了很多世间并没有的动物。例如龙、凤、朱雀、玄武以及麒麟、天禄、獬豸、辟邪等，都是吸纳多种动物的部分形象元素，从而创造出的虚拟的新形象。文物中也有各种虚拟的形象。例如，西周青铜器折觥，民间工艺品面花中的大谷卷、混沌礼馍，等等。其中创造出的最复杂、最经典的形象应该是中国龙。

安塞农民画《蛇盘兔》（安塞·潘常旺作品）

关于龙的原型，可谓众说纷纭，莫衷一是。归纳起来，有二三十种。下面说说几种重要的龙的形象源头，鳄、蛇、蜥蜴、鱼、马、闪电、鸟、鹿等，拼凑起来的角色形象还有"云从龙""龙源于水牛""龙由猪演变而来""龙与犬有联系""龙形由星象而来"等五种说法。正如中国龙文化研究专家庞进先生所说，这些角色形象"是龙的主要的、重要的融合对象之一，但只能是'之一'，而非'唯一'"。

（1）龙源于蛇说

《史记·外戚世家》褚少孙引："传曰：蛇化为龙，不变其文。"这里的"文"作"纹理""花纹"解。那么全句意思就是：蛇变化为龙，连其身上原来用鳞片组成的花纹都未改变。

《抱朴子》载："有自然之龙，有蛇蠋化成之龙。"《述异记》载："虺五百年化为蛟，蛟千年化为龙。"虺是体型小且有毒的蛇。另一类说法，是将蛇龙类同、混代。《洪范五行传》郑玄注："蛇，龙之类也。"即使是同一个人物，一会儿被说是"蛇身"，一会儿又被说是"龙身"。如轩辕黄帝，《山海经·大荒经》说："人面蛇身。"《山海经·海内东经》说："龙身而人头。"再就是视龙蛇为一体，或同类予以并称。如《易·系辞》说：

安塞农民画《人首蛇身舞花图》
（安塞·潘常旺作品）

"龙蛇之蛰，以存身也。"《左传·襄公二一年》说："深山大泽，实生龙蛇。"《汉书·扬雄传》说："君子得时则大行，不得时则龙蛇。"

《韩非子·难势》说："飞龙乘云，腾蛇游雾。"《荀子·劝学》说："螣蛇无足而飞。"另据《本草纲目》载，螣蛇又叫鳞蛇，"巨蟒也，长丈余，有四足，有黄鳞黑鳞二色，能食麋鹿，春冬居山，夏秋居水"。

蛇一生至少要蜕七次皮，有的甚至多达十几次，称之为"蜕变"。蛇只有经过痛苦的蜕变，才会重获新生得以升华。古人就想象：龙即蛇蜕变而成，蛇即龙前身，龙蛇同类，皆为神物。

《山海经》一书中的许多神灵都被称为蛇身、蛇首。

中华始祖伏羲呈龙瑞，以龙纪官，是为中华龙的"龙头"。在汉画像石中，伏羲、女娲蛇身人面，蛇身即龙身。《山海经·大荒北经》中有："北海之渚中，有神，人面鸟身，珥两青蛇，践两赤蛇。"闻一多《伏羲考》中则说："它（龙）是一种图腾，并且是只存在于图腾中而不存在于生物界中的一种虚拟的生物，因为它是由许多不同的图腾糅合成的一种综合体。"又"龙图腾，不拘它局部的像马也好，像狗也好，或像鱼、像鸟、像鹿都好，它的主干部分和基本形态却是蛇。这表明在当初那众图腾单体林立的时代，内中以蛇图腾最为强大，众图腾的合并与融化，便是这蛇图腾兼并与同化了许多弱小单体的结果"。

对于龙的主体原型的探讨，专家学者们做过许多研究。有鳄鱼说、蜥蜴说、马说等，但普遍认同龙的基调是蛇。最初系统提出这一见解的是闻一多的名篇《伏羲考》：龙"在最初本是一种大蛇的名字"。闻一多认为，蛇氏族兼并别的氏族以后，"吸收了许多别的形形色色的图腾氏族，大蛇这才接受了兽类的四脚、马的头、鬣的尾、鹿的角、狗的爪、鱼的鳞和须"。

2012泰国龙年邮票
（其中的龙像蛇一样）

四川东部和重庆一部

分为古代巴国所在之地。"巴"本义指古代传说中的一种大蛇,《说文》:"巴,虫也。或曰食象蛇。象形。"陕西南部的大巴山就处在陕西与川渝等五省、市边界上,大巴山之"巴"也应是指这种蛇。

蛇类家族成员众多,也有龙源于蟒蛇、草蛇、毒蛇、水蛇或某一种大型蛇之说。陕北绥德、米脂出土的不少东汉画像石上描绘的青龙头很小,像蛇头。

唐孟云卿有诗句"古树藏龙蛇"。唐李白有诗句"时时只见龙蛇走",形容书法运笔如龙蛇。

其实,蛇与龙肯定是有较大区别的。蛇无角和足,而龙有。所以,蛇仅是龙原型的一种,或者说是最重要的模特。我国著名历史学家李埏说,龙"大概古人以蛇为蓝本,依照蛇的形状和特征,再附加某些想象,而塑造出来的"。

（2）龙源于鳄说

鳄,是在三叠纪至白垩纪的中生代由两栖类进化、与恐龙同时代的一种爬行动物。中国现存的鳄仅有扬子鳄一种。

在古代中国大陆确曾存在过多种鳄鱼。现今仍有一种体型较小性情亦较温顺的扬子鳄,古称"鼍""土龙""猪婆龙"等。

扬子鳄（鼍）

《真腊风土记》中有："鳄，大者如船，有四脚，绝类龙。"《本草纲目》引《藏器》："鼍，形如龙，声甚畏，长一丈者，能吐气成云致雨。"《物类相感志》引晋代孙炎语："鳄，兽中最大者，龙头、马尾、虎爪。"由这些记述中，我们可以看出古人认为鳄是一种与鼍——即与扬子鳄形状相似但类属和体型并不相同的动物，而且古人也明确地注意到了它与龙的类同关系。这种巨鳄，其实就是上古"所谓神龙"的原型和本体。有意思的是，从商周鼎纹及战国秦汉人所绘制的"龙"图中，依稀可以辨认出鳄的基本特征：披满鳞甲的身躯、长颚大口和位于头顶的翘鼻、锋芒毕现的锥形尖牙、大而圆凸的眼睛、粗壮的长尾、强健的四肢和五指利爪、有横条纹的腹部、狰狞粗糙皱褶的脸，窄而扁长的嘴。

这种鳄与现代龙的最大区别就是龙头上的角和龙须。这是因为龙的原始形象尚在衍化之中，而中国早期的龙是无角的。有角的龙最早见于商代甲骨文和青铜器。

在中国远古时代，同样也曾存在过一种性情凶残，令人恐怖的巨鳄，也就是现代生物分类学中的"湾鳄"。湾鳄，古称蛟。《说文解字·虫部》对蛟的解释是："龙属，无角曰蛟。从虫，交声。池鱼满三千六百，蛟来为之长。能率鱼而飞，置笱水中即蛟去。"

《异物志》载："鳄鱼长二丈余，有四足，似鼍。喙长三尺，甚利齿。虎及大鹿渡水，鳄击之皆中断。生子则出在沙上产卵。"晋代张华《博物志》载："南海有鳄鱼，似鼍。"

湾鳄体型庞大，可吞食虎、豹；又背部有厚甲，"可御兵"（《山海经》）。因此，石器时代的人类肯定是对其唯恐避之不及。这种巨鳄其寿命据说可达百年，甚至数百年，常生活于江河湖泊、湿地、沼泽地带，善于潜伏隐蔽而突然发难袭击靠近的人、兽。在当时人类所必须面对的各种猛兽中，这种巨鳄毫无疑问是最具有威胁性的。在对它的恐惧中，人类又产生了敬畏和崇拜，视之为神，称之为"隆"（"隆"与"龙"古字通用）。

据《广雅》中说："有翼曰应龙。"翼就是翅膀。其实，在古汉语中，翼有多种样式，动物背部的鬣鬃也可以称作"翼"（《经籍纂诂》）。传说中龙所谓的翅膀，自然也可能是对湾鳄背部鬣鬃的形象夸张。

湾鳄虽然没有那种鹿形的犄角，但是湾鳄"从吻部到眼前生有两道角状隆起物"。湾鳄的重要分类特征之一的"角状隆起物"，是否也被远古人类视为"角"呢？

韩愈《驱鳄鱼文》注中，曾详细描述了这种鳄的形态："鳄鱼之状，龙头虎爪，蟹目鼍鳞。齿大如锯，尾长数丈。芒刺成钩，上有胶粘。潜伏水滨，人畜近则以尾击之而食。"

从以上记载分析，无论说鳄是"土龙""猪婆龙"，还是"蛟龙""鳄龙"，都和龙紧密相连。因此，不少专家都认为龙即鳄。

1987 年出土于河南濮阳西水坡仰韶文化遗址的蚌壳龙，同样以鳄为原型。它距今已有六千多年的历史，被称为"中华第一龙"。

（3）龙源于蜥蜴说

蜥蜴也应当是龙形象的重要构成。蜥蜴像龙，民间称蜥蜴为石龙子、山龙子。《淮南子》中有："视龙犹蝘蜓。"蝘蜓是体型较小的蜥蜴。《中华古今注》卷下有："蝘蜓，一曰守宫，一曰龙子，善于树上捕蝉食之，其细长五色者，名曰蜥蜴；其长大者，名曰蝾螈。"守宫，即壁虎。《本草纲目》："生山石间者曰石龙，即蜥蜴，俗呼猪婆蛇。似蛇有四足，头扁尾长，形细，长七八寸，大者一二尺，有细鳞金碧色。"我国香港、广东、海南、广西、云南等地生活有一种圆鼻巨蜥，长一至两米，为国家一级保护动物，俗称"五爪金龙"。

生活在树上的一种会变色的蜥蜴叫作"变色龙"，山上的蜥蜴叫"石龙子"，水里的蜥蜴叫"泉龙子"。地上爬的蜥蜴其实又叫"蛇头蝎子"，而螭龙恰是没有角的龙。

这就是说，中国古代有段时间是把蜥蜴当成龙的。传说伏羲和女娲都是人首龙身，汉代的画像石上有人首蜥蜴身的"怪物"。距今五千余年的庙底沟文化时期的陕西高陵杨官寨遗址出土有蜥蜴纹彩陶盆，光洁的外壁有在红褐底色上以黑色颜料绘制的形似蜥蜴的纹饰图案，手法简洁抽象，寄寓着远古人类的奇幻想象，十分罕见。

这种把蜥蜴绘于祭祀礼器上的行为，表明远古人类首先注重的是蜥蜴的神性。

蜥蜴纹彩陶盆（陕西高陵杨官寨遗址出土）

刘城淮《略谈龙的始作者和模特儿》一文有："蜥蜴类有四肢，皆具钩爪，龙亦然。蛇类却没有，比起蛇类与龙来，蜥蜴类与龙尤其相像。"何新《中国神龙之谜的揭破》一文有："其实所谓'龙'就是古人眼中鳄鱼和蜥蜴类动物的大共名。"

（4）龙源于马说

我国古代对于龙的想象性描述最早可追溯到东汉王充的《论衡·龙虚》："世俗画龙之象，马首蛇尾。"《周

南北朝画像砖（马龙）图案

礼·夏官》：“马八尺以上为龙。”《山海经·图赞》：“马实龙精，爰出水类。”吴承恩诗文集《送我入门来》：“马有三分龙性。”甲骨文中的某些龙字，头部窄长，就比较像马的头。1991年咸阳渭城湾村出土一件战国龙形玉佩，其龙头酷似马头。陕北绥德、米脂、神木出土的东汉画像石上描绘的龙中就有马首龙。汉代瓦当中就有龙纹马头的半瓦当，龙变马神话故事中最脍炙人口的就是《西游记》中龙王三太子化作白龙马，驮着唐三藏西天取经，忍辱负重，还经常挺身而出和魔怪搏斗。

《太平广记》引《录异记·王宗郎》：“有群龙出水上，行入汉江，大者数丈，小者丈余，如五方之色，有如马、驴之形。”《全唐文·上龙马奏》载：“有马生龙驹……身有鳞而不生毛。”《易经》的乾卦是阳刚的象征，因而又被称为“龙卦”。龙卦所象征的刚猛精进的精神被称为“龙马精神”。《尚书注》谓：“伏羲氏王天下，龙马出河。”龙马出河是伏羲氏王天下的瑞应。《尚书·中侯》有：“龙马衔甲，赤文绿色。”注者谓：“龙形象马，甲所以藏图也。”图即河图，世有所谓河图洛书者也。《礼记·礼运》有“河出马图”之语，孔颖达疏谓：“龙面形象马，故云马图，是龙马负图而出。”

周穆王为中国历史上有名的风流天子，传说曾驾八骏龙驹周游天下，到了天山之天池，见到了西王母，并与其陷入热恋，后不得不与西王母告别，西王母唱《白云谣》

唐代赤金走龙（陕西历史博物馆藏）

相送，情意绵绵。因有龙马骏蹄，万里不为远，千峰难为限。后世艺术家笔下的《八骏图》多与之相关。《述异记》中记载："东海岛龙川，穆天子养八骏处也。岛中有草，名龙刍，马食之，一日千里。古语曰：'一株龙刍化为龙驹。'"食"龙刍"，凡马亦可化为"龙驹"。周穆王为西周第五任帝王，穆天子的八骏十分有名。八骏号称天马龙驹，名为赤骥、盗骊、白义、逾轮、山子、渠黄、华骝、绿耳（见《穆天子传》卷一）。这是发生在陕西的凡马化龙驹的传说故事之一。

当然，马化龙之传说发生在陕西的故事甚多，下面试举几例。柳宗元《龙马图赞》："明皇时，灵昌郡得异马于河，其状龙鳞、虺尾……后帝西幸，马至咸阳西入渭水化为龙，泳游去，不知所终。"

西汉时陕西韩城人司马迁在《史记·平准书》中有："天用莫如龙，地用莫如马。"东汉时陕西扶风人班固在《汉书·冯奉世传》中有："奉世遂西至大苑。大苑闻其斩莎车王，敬之异于它使。得其名马象龙而还。上甚悦，下议封奉世"。

唐代京兆长安（今西安）人李郢有诗《上裴晋公》："四朝忧国鬓如丝，龙马精神海鹤姿。"李郢还有一首诗《赠羽林将军》："虬须憔悴羽林郎，曾入甘泉侍武皇。雕没夜云知御苑，马随仙仗识天香。"其中"虬须憔悴""马识天香"，后人评价极高，称之为"见首而不见尾，将军其犹龙乎？"

清代皮影《鳌》（陕西省艺术馆藏）

马与龙，在唐代特别为诗人所青睐。唐太宗有《咏饮马诗》"腾波龙种生"。诗仙李白有《天马歌》："天马来出月支窟，背为虎文龙翼骨。……天马呼，飞龙趋，目明长庚臆双凫，尾如流星首渴乌，口喷红光汗沟朱，曾陪时龙蹑天衢，羁金络月照皇都。"诗中描写天马，又是文龙、飞龙、龙蹑，真正是天马如龙。诗圣杜甫有《丹青引赠曹将军霸》："斯须九重真龙出，一洗万古凡马空。"

另外，薛曜《舞马诗》有"星精龙种竞腾骧"，诗名中的"舞马"即能跳舞的马。西安何家村窖藏的出土文物中有"鎏金舞马衔杯银壶"，表现的就是舞马口衔着酒杯给玄宗皇帝祝寿的场景。唐代宰相诗人张说有诗赞之："将共两骖争舞，来随八骏齐歌。"用的是羲和驾龙车的典故。

杨师道《咏饮马应招诗》有"清晨控龙马"；李峤《咏马诗》有"天马本来东，嘶惊御史骢。苍龙遥逐日，紫燕迥追风"；李贺《马诗》有"龙脊贴连钱，银蹄白踏烟"；韩琮《咏马》有"曾经伯乐识长鸣，不似龙行不敢行"。这些龙马之美名读来让人眼花缭乱，方知龙马不可分。

（5）龙源于鱼说

鱼化龙的神话传说就是"鲤鱼跳龙门"。龙门在陕西韩城。《三秦记》曰："龙门之下，每岁季春，有黄鲤鱼自海及诸川争来赴之，一岁中登龙门者不过七十二。初登龙门即有云雨随之，天火自后烧其尾，乃化为龙矣。"

闻一多《伏羲考》中说。龙吸取"鱼的鳞和须"，《尔雅翼》载："龙鳞似鱼。"鱼与龙都生活在水中，龙是作为主水神灵被创造出来的。

鱼龙是鱼与龙的联姻，鱼类与龙性相近的除鲤鱼外，还有鳗鱼、鳝鱼、

清代石雕《鲤鱼化龙》
（泾阳县安吴，王山水摄）

鲟鱼等。

中国人对鱼的崇拜很久远。西安半坡仰韶文化遗址出土的"人面鱼纹彩陶盆",就是这种崇拜的实物依据。"人面鱼纹盆"以它最具有特异神秘的文化内涵、图腾符号的唯一性,成为中国彩陶不可替代的标志物,属"国宝级"文物,是国家博物馆的"镇馆之宝"。

临潼姜寨遗址以及宝鸡、汉中的新石器时代遗址,也出土了类似的人面鱼纹盆。截至目前,陕西地区共出土类似这件人面鱼纹盆的器物三十件。这样的彩陶盆属于原始人使用的"神器"。有学者根据《山海经》中某些地方曾有巫师"珥两蛇"的说法认为人面鱼纹表现的是巫师"珥两鱼",寓意巫师请鱼附体以通天。国内外不少专家也认为人面鱼身纹样,是传说中龙的形象,是原始龙的雏形。

古人将鱼化石也看作鱼龙。《尔雅翼》中说:"陇西有地名鱼龙,出石鱼,掘鱼龙……遇岸颓塞,久而土凝为石,故中有鱼形耶。"

文物专家、陕西省考古研究所所长石兴邦先生在《中华龙的母体和原型是"鱼"》一文中说:"我是主张'鱼龙说'的,我认为中华龙的母体和原型是'鱼',就是仰韶文化

陵鱼(西安·侯琳作品)

的'鱼'发展演变来的。"

比半坡稍晚的渭南史家遗址中，彩陶图案中有两条怪鱼，张牙露齿，半圆形鼻，构成正面"猪面"。石兴邦称之为"猪嘴鱼"，认为是古籍中记载的陵鱼。《山海经·海内西经》："龙鱼陵居，状如鲤。"

石兴邦先生进一步谈道："具体说是'陵鱼'，它是中华龙的母体和原型，现在行世的龙，是鱼龙升华后所形成的影史形象，怎么变它也不会离开本象的。"

（6）龙源于大鲵说

大鲵为国家二级保护动物。陕西秦岭巴山以及汉中盆地是大鲵的主要原产地，而汉中大鲵这一珍稀养殖品种是中国地理标志保护产品之一。

西汉司马迁所著之《史记·秦始皇本纪第六》中有关于"人鱼"的记载。其中提到："始皇初即位，穿治骊山，及并天下，天下徒送诣七十余万

新石器时代鲵鱼纹彩陶瓶

人，穿三泉，下铜而致椁，宫观百官奇器珍怪，徙臧满之。令匠作机弩矢，有所穿近者辄射之。以水银为百川江河大海，机相灌输，上具天文，下具地理。以人鱼膏烛，度不灭者久之。"人鱼膏烛，即用大鲵的油点的灯。

有龙文化专家以此推测烛龙的神话，其特点正是烛龙给人间带来光明。显然，这也是因为古人曾经用大鲵（龙）的油点灯而衍生出来的神话。

考古发掘出土文物中有以鲵为原型的龙。例如：甘肃甘谷西坪遗址出土鲵形原龙纹彩陶瓶（属仰韶文化庙底沟类型），和甘肃武山先夏时期遗址出土的人面鲵鱼纹彩陶瓶（属早期马家窑文化石岭下类型），就是一种典型的早期龙纹。这两种"鲵龙"都被描绘为像娃娃一样，面对着正前方站立，瞪眼张嘴，双手高举，脸现出惊异不解神态，似乎是在表示一种神性的呼唤。

中国古代典籍记载的"鲮鱼人貌""陵鱼人面""龙鱼陵居"和"人鱼"类似。而很多学者都认为这些鱼指的是鲵。

传说中龙的第五子饕餮是一种存在于想象中的神秘怪兽。古书《山海经》介绍其特点是："其状如羊身人面，其目在腋下，虎齿人爪，其音如婴儿。名曰狍鸮，是食人。"狍鸮即指饕餮。

据《山海经·北山经》记载："又东北二百里，曰龙侯之山，无草木，多金玉。决决之水出焉，而东流注于河。其中多人鱼，其状如鱼，四足，其音如婴儿，食之

鲵龙（西安·蔡昌林绘）

无痴疾。"这是《山海经》又一次提到"其音如婴儿"。郭璞注："或曰,人鱼即鲵也,似鲇而四足,声如小儿啼,今亦呼鲇为。"

看来,鲵为龙之原型之一,是无疑问的了。

（7）龙源于鹿说

龙的最主要特征之一就是龙角,而龙角源于鹿角。鹿角不光威风凛凛、引人注目,还是公鹿防卫及争夺领地、吸引配偶的武器。从大量的出土文物看,有不少鹿角工具化石,大多为原始人类手中防卫作战的武器,那是远古人类对鹿角简单的利用。

而鹿比喻帝位、政权,所谓"逐鹿中原",司马迁《史记·淮阴侯列传》中有："秦失其鹿,天下共逐之。"这些都和鹿之权力的象征物鹿角相联系。所以,给龙头上安上鹿角,应当象征权力和王位。这才使龙有了统领一切、至高无上、唯我独尊的地位。

鹿文化是中国传统文化的重要源头之一,道教强调鹿的神性,并把鹿作为"三轿"之一。这里的"三轿",一曰龙轿,二曰虎轿,三曰鹿轿。道教的三轿主要是作为上天入地的乘骑工具。在这里,鹿与龙是并列的。

佛教强调的是鹿的善性,释迦牟尼的前身就是鹿。

陕西华州泉护村遗址发掘过程中就发现有梅花鹿和马鹿化石。泉护村遗址为仰韶文化类型,这说明约六千年前,陕西就有鹿在此繁衍生息。

　　而内蒙古赤峰敖汉旗赵宝沟文化类型南台地遗址出土的泥质陶尊上刻画有"鹿形原龙"，距今六七千年。在鹿身上饰以龙鳞纹，这种带有龙鳞纹的鹿首龙躯自然被视为"鹿首龙"。《敖汉旗南台地赵宝沟遗址调查》载："鹿龙均奔鹿式，昂首多枝长角，做疾速奔驰状。"陕北绥德、米脂、神木出土的汉画像石上描绘的双头鹿怪兽形体，也具备龙的特征，应是鹿首龙躯的一种。

内蒙古赤峰敖汉旗赵宝沟文化类型南台地遗址出土的
泥质陶尊上刻画有"鹿形原龙"

（8）龙源于猪说

　　古谚就有"猪乃龙象"。这句话绝非空穴来风。远古时期，猪在畜牧业中占有重要地位，古人除了把猪作为食物以外，还把它奉为"水兽""雷雨之神"。

　　《周易》里有见猪"负涂""遇雨"则吉，暗示猪是雨水之神。唐代段成式的《酉阳杂俎》载："唐贞元年，宣州忽大雷雨，一物堕地，猪首，手足各两指，执一赤蛇啮之。俄顷云暗而失，时皆图而传之。"可见，猪首神可

兼为雷公雨师。远古人类在祈
天、求雨、防洪等祭祀中，逐
渐把猪抽象神化。

内蒙古赤峰市敖汉旗赵宝
沟文化类型小山遗址中出土的
猪龙、飞鹿和神鸟，令世人不
得不赞叹其巧妙的艺术构思。
猪首蛇身尊形器是我国目前发
现最早的中华龙崇拜的实证之
一：其为猪首，蛇形身子蜷曲
着，呈飘逸腾飞状。

《龙（文物）》系列邮票之《新
石器时代·玉龙》

1971 年，被考古界誉为红山文化象征的"中华第一龙"
碧玉龙在内蒙古赤峰市翁牛特旗境内出土。碧玉龙是以龙
的身躯为主体的多种动物的复合体。其中有一种红山遗址
出土的玉猪龙，猪首龙身，肥头大耳。此亦猪亦龙的玉猪
龙，被认为是龙的祖型。

内蒙古赤峰市敖汉旗的兴隆洼文化遗址一个大的灰坑
里发现了由许多石块和陶片组成的 S 形动物。很明显，那
是距今八千年以前的龙的形象。更让人吃惊的是，在这条
龙的头部，竟然摆放着一只野猪的头骨。生活在八千年前
的兴隆洼人用野猪的头颅作为龙的头，充分说明了先民们
对野猪的崇拜。

1983 年，在辽宁凌源和建平交界处的牛河梁，出土了

一件五千年以前红山文化时期的玉猪龙。

赵宝沟猪龙与红山文化碧玉龙之间必然有着密切联系。龙、凤、飞鹿等尊形器，说明了当时社会分化已很明显。这类最早的"艺术神器"，比距今约六千年的河南濮阳西水坡的龙虎堆塑早一千余年。

玉猪龙（韩城梁带村芮国遗址出土）

龙首的猪，也指安禄山。宋代乐史《杨太真外传》卷下：唐玄宗与安禄山在长安皇宫"尝与夜燕，禄山醉卧，化为一猪而龙首。左右遽告帝。帝曰：'此猪龙，无能为。'终不杀，卒乱中国"。宋代范成大《题开元天宝遗事》诗之三"忽报猪龙掀宇宙"的猪龙，说的就是安禄山。

（9）龙源于牛说

龙之角源于鹿，也源于牛，牛角显示出龙的力量和神性。《诗经·周颂》中有赞美牛角的句子："杀时敦牡，有捄其角，以似以续，续古之人。"诗句的大意是：杀了那头公牛吧，它的角又弯又美，用它来祭祀天地社稷，就可以继承祖先的神力。古人给本来无角的原龙加上各种角，是因为他们认为角有神性，有了角，龙就更有了沟通天地的神

西周青铜器牛头双耳方座簋局部（陕西宝鸡出土）

性了。在陕西扶风出土的西周青铜器"史墙盘"上有铭文曰："多髦，角光，义其祀。"意思是牛首有角，平齐有光泽，用来祭祀正好。

《列子·黄帝篇》有"庖羲氏……蛇身人面，牛首虎鼻"，《春秋合诚图》说，伏羲"龙身牛首"。中华民族始祖伏羲被古人视为龙，而他又是牛首，应当是牛首原龙。

1979年，在陕西淳化史家源村出土的西周早期青铜器牛首夔龙纹鼎，又称淳化大鼎，是目前发现的西周最大铜鼎。鼎身上的主体图案，正是牛头蜴身龙纹。它有牛的头型，牛的眼睛，牛的鼻孔，牛的双角；牛头的两侧，却分别长出蜥蜴的身躯，分出四趾，浑身长满鳞片，尾巴蜷曲向上。

陕西咸阳出土的秦代空心砖上有龙纹，身躯弯曲像蛇，头和双角似牛。陕北绥德、米脂、神木出土的汉画像石上描绘的龙的形象，也有头像牛的。

皇甫谧《帝王世纪》曰："有蟜氏之女，名女登，为

《西周青铜器》系列邮票之
《牛首夔龙纹鼎》

少典妃。游华阳，有神龙首感女登于常羊，生炎帝，人身牛首。"这里龙首与牛首的关系有亲缘传承的一致性。《尔雅翼·释龙》载："（龙）耳似牛。"《水经注·漯水》载："（龙）类青牛。"还有"龙起源于水牛"之说。距今五千多年的安徽含山凌家滩遗址出土有一件环形玉雕龙，头有双角，龙头似牛像虎。

古人认为牛拥有五行中土属性和水属性的神力，是风调雨顺、国泰民安的象征。五行中讲水能生木，所以牛的耕作能促进农作物生长；又讲土能克水，所以古人在治水之后，常设置铜牛、铁牛以镇水魔。黄河铁牛（开元铁牛，亦称唐代铁牛），位于山西永济古蒲州城西的黄河古道两岸。

水是龙的乐园，牛能镇水，可见牛之神力。

（10）龙源于鸟说

炎帝部族的一支，是以凤（鸟）为图腾的。这一点，我们可以通过炎帝之女精卫填海的神话传说而得知。《山海经》载："又北二百里，曰发鸠之山，其上多柘木，有鸟焉，其状如乌，文首，白喙，赤足，名曰'精卫'，其鸣自詨。是炎帝之少女，名曰女娃。女娃游于东海，溺而不返，故为精卫，常衔西山之木石，以堙于东海。"

炎黄部落的结盟，也可以说是龙凤合体的"凤首龙身"或者说"鸟首蛇身"图腾诞生的缘由。

陕西渭南仰韶文化庙底沟类型遗址出土的断代在公元前四千年（距今六千多年）的鸟龙彩陶盆，就是炎黄两大氏族融合后为"祭天"而制作的一件法器。

鸟龙彩陶盆
（陕西渭南仰韶文化遗址出土）

这件鸟龙彩陶盆，高二十二厘米，口径三十二厘米，图案口沿下，绘右向腾空飞动的鸟首蛇身"四翼鸟龙"一条。紧随其后，又绘腾空飞动"三翼鸟龙"。两条"鸟龙"环绕盆腹上部（口沿下），盆腹围最大处一周一百厘米，首尾相接，呈飞腾追逐之状。"鸟龙"头前，又各绘与口沿四组图案中的圆点大小相似的圆点一个，给人以"鸟龙逐日"的联想。飞腾追逐的两条"鸟龙"下，又绘半厘米宽黑线一周，好像地平线一般。

距今五千多年的安徽含山凌家滩遗址出土一件玉鹰。玉鹰腹部雕有八角星，两边伸展开猪首形的双翅，其寓意

是当时的人们想让雄鹰飞上天把牲品带给太阳神，反映了
凌家滩先民的原始宇宙观和宗教崇拜的虔诚。

古人希望自己创造的龙具备风雨雷电那样的力量，高
山峻岭那样的雄姿，像鱼一样能在水中游弋，像鸟一样可
以在天空飞翔。因此，许多动物的特点都集中在龙身上。
龙的形象中有翅膀者称为应龙，另称鸟龙。例如，陕北绥
德、米脂、神木出土的汉画像石上描绘的龙的形象也有头
像鸟的，而且从《陕北汉代画像石》一书中所涉及的几百
种龙形象看，基本都是带有翅膀的翼龙。陕北汉代画像石
基本出土于墓室之中，画像石上的龙一律被刻画为有翅膀
的翼龙，这可能和祈祷墓主人能早日骑龙升天有关。虽说
龙可以无翼而飞，但在两千年前陕北人的心目中，有翅膀
的龙还是更神通广大一些。根据以上资料分析，鸟也是中
华龙的原型之一。四川出土汉画像砖上的西王母坐在龙虎座
上，有的龙就有翅膀。

3."药王洞"与"龙穿洞"

陕西铜川耀州药王山上有祭祀药王孙思邈的大殿，孙
思邈的塑像两边有东海龙王和敬德为他站班，塑像背后有

一古洞叫"太古玄洞"，俗称"药王洞"。这个洞就是龙王为报答药王给他治病，帮助药王准时返回五台山（后改为药王山）修成正果亲自穿出的一条洞，故这个洞也叫"龙穿洞"。

传说一次孙思邈正在出诊途中，忽然遭遇狂风暴雨，难以行路。药王抬头望天，忙对随行的徒弟说："快走，病龙行雨，咱们得去为病龙治病。"空中正在行雨的东海龙王听了孙思邈的话，心里一怔，

药王山大殿孙思邈与东海龙王塑像

心想这医生观我行雨便知我有病，一定是位神医，遂摇身一变，化为一位白发老头，来到孙思邈面前请求他为自己医治。

于是，孙思邈就在路旁一块大石头旁扶老头坐下给他诊脉。诊脉后孙思邈言道："从脉象看，你乃天上龙王，快快显出真形，我方能给你治疗。"东海龙王无奈现出龙身，言说他咽喉疼痛难忍，食不下咽。此时，只见药王用手掰开龙口，发现龙王喉中生有一恶疮，遂从药箱中取出一支银针，瞅准恶疮，又稳又准地扎去。霎时，龙口大张，脓血直淌。待脓血排尽，药王孙思邈又给伤口上敷了些药膏，

说："休息一晚，明日辰时，定会痊愈。"果然，药王手到病除，第二天精神大振的东海龙王就千恩万谢别了药王，急着升空为黎民行云布雨去了。

后来，龙王听说药王孙思邈要在耀州五台山修成正果，但药王正在给一重病之人诊治，脱不开身，眼看着要误了吉时。为了报答诊病之恩，着急万分的龙王大发神威，钻出了一个四十多里长的石洞，驮着药王于农历二月初二准时赶到五台山赴位成果，并给药王站班。

这四十里石洞前洞在药王山大殿，后洞要到北边黄堡镇一山沟中。耀州流传有民谣说："前洞烧香，后洞冒烟。"意思是，人们每逢农历二月初二拜药王，来药王大殿焚香，烟气竟能从四十里外黄堡后洞冒出。看来，这龙王还真把山钻出了个洞呢！

《耀州志》记载的不仅有"龙穿洞"的故事，还有更神奇的"龙王献方"的故事。

药王大殿前面有一碑亭。其中，除过由四通石碑组成的千金宝要碑，刻于宋徽宗宣和六年（1124年）。还有另一通石碑为《海上方》。这《海上方》还引出一民间故事"龙王献方"。传说孙思邈为东海龙王治病，老龙王感恩不尽，将宫中珍藏的《海上仙方》赠予孙思邈。还有一版本，说孙思邈曾救过东海龙王的大太子——

有一天，药王在太白山下见一群孩童玩耍一条小蛇，小蛇见到药王，流泪求救。药王就拿出身上仅有的一点儿

药王故里石雕龙

银两，又脱下衣服从这群孩童手中把小蛇交换过来，带回精心疗养，等它康复后放生于渭水。

原来，药王救的那条小蛇，就是东海龙王的大太子出海到渭水游玩时，不幸搁浅在沙滩上变的。于是，东海龙王和他的大太子请药王进水晶宫，要报答他救命之恩。一会儿要送药王一对夜明珠，一会儿让药王在龙宫宝库中随便挑选奇珍异宝，一会儿又让药王留在龙宫享尽人间没有的荣华富贵，但都被药王拒绝了。药王道："医者应'先发大慈恻隐之心，誓愿普救含灵之苦'，而珍宝乃身外之物，且寿有短长，不能违天呀！"

一席话，说得义正词严，让东海龙王和他的太子是又敬又服。突然老龙王想起龙宫里珍藏的一套《海上仙方》，就决定赠给药王，并说："孙真人巍巍堂堂，不愧人世间千秋万代之苍生大医，本龙王愿以东海《海上仙方》，助您拯衰救危、济世救人，以遂医者大慈大悲之心愿。"

药王孙思邈得此《海上仙方》，自然甚是喜欢。从此以后，药王不仅有了著名的《千金要方》《千金翼方》，还有了《孙真人海上方》。

4. 柳毅传书

"柳毅传书"的故事极富浪漫色彩，讲的是：

《柳毅传书》小本票封面

书生柳毅长安赶考，访友到泾阳。在泾河岸，邂逅河滩牧羊的龙女，听龙女哭诉，方知她就是洞庭龙君之女，嫁于泾河龙君之子，受到虐待，被赶出龙宫在此牧羊。书生一时义愤填膺，接受龙女托书，日夜兼程去往洞庭送信。

后龙女叔父钱塘龙君赶赴泾河，杀了泾河龙君之子，救出龙女，一家骨肉团聚。龙女感恩，对柳毅产生爱慕之心，被其叔父钱塘君看出，遂令柳毅与龙女成婚。柳毅认为自己传信乃急人所难，并无一点儿私意，加之不堪钱塘君专横，故严词拒绝而去。后龙女冲破重重阻碍，有情人终成眷属，演绎了一场义重情深的传奇爱情故事。

　　"柳毅传书"缘于唐代传奇小说《柳毅传》。《柳毅传》是一篇唐代传奇，据《西安市志》第六卷《文化艺术志》介绍，由李朝威创作于唐代长安（今西安）。李朝威为唐贞元年间吏部任职的一名小官，喜欢编写神怪故事。他到长安郊区专访退休的京官薛嘏。薛嘏给他讲了其表兄柳毅为龙女传书的传奇故事。李回家后修改撰写成《柳毅传》，被编入唐人陈翰的《异闻集》，成为唐代以来传奇小说领域里最有成就的名篇之一，在中国文学史上占有一席之地。

《柳毅传书》系列邮票之《龙女托书》

　　《柳毅传》历代均有抄本，北宋《太平广记》亦记载有柳毅传书的故事，元代尚仲贤改编为杂剧《洞庭湖柳毅传书》，后世很多戏曲作品均取材于此。但《柳毅传书》2004年却作为民间传说登上了有国家名片之誉的邮票。其实严格点儿讲，《柳毅传书》应该属于中国古典文学系列，因为它源于有著作者和创作之地的《柳毅传》。

　　"柳毅传书"的故事中，传书的起点是今陕西泾阳县泾干镇花池渡村，在村西的泾河滩上被称为"龙陂"的地方，有龙女牧羊、柳毅传书的遗址景点，而泾阳八景中就有"龙陂丛绿"，终点为湖南洞庭君山，组成了原始状态的传书通信的形式，有着丰富的文化内涵。

"柳毅传书"歌颂了柳毅的见义勇为和龙女的一往情深，彰显了中华民族尚义重情、诚信厚德的传统美德。另外，还有一定的现实意义，那就是提请社会关注妇女问题，保护妇女的合法权益。当时，作者创作此传奇，应有所指。试想，连龙王之女都受虐待，"误嫁匪类，困辱于泾川龙子"，更不要说，一般社会底层的妇女了。重读"柳毅传书"，是否能提请社会来谴责泾河龙王之子，给人们一个警示呢？

5. 韩湘子吹箫会龙女

韩湘子，字清夫，是神话传说八仙中的一员，拜关中逸人吕洞宾为师学道。道教音乐《天花引》相传为韩湘子所作。传说韩湘子为唐宋八大家之首韩愈的侄孙（一说是侄子），父母早亡。韩愈任过唐都长安京兆尹，韩湘子年幼时曾随他居长安。如今西安南门（永宁门）里西边有一条湘子庙街，其中之湘子庙据说是韩湘子故居。

韩湘子也曾隐居在秦岭东南方向的蓝关，在陕西蓝田有湘子洞，纪念他在蓝关点化韩文公（韩愈），韩愈有诗《左迁至蓝关示侄孙湘》，其中"云横秦岭家何在，雪拥蓝关马不前"提到秦岭。

剪纸《韩湘子》（澄城县文化馆藏）

韩湘子在八仙中是个风流俊俏的书生形象。他手中的神器名为紫金箫，是用南海紫竹林里的一株神竹所做。有一个美丽的神话，说韩湘子这支神箫是东海龙王的七公主赠送给他的。

有一年，韩湘子漫游名山大川，到东海之滨，听说东海有龙女，善于音律，精于歌舞，于是很想一会。因之，韩湘子经常到东海边去吹箫。终于，在三月初三这一日，龙女出海春游。在蓬莱仙岛，她听见海边传来一阵沉郁悠扬、柔美悦耳的箫声，妙音摄魂，竟听得有点儿呆了。

韩湘子的箫声扰乱了龙女的心，她不由自主地向海边走来，化作一条银鳗来会吹箫郎。韩湘子一曲吹罢，就见海潮退去十里远。这时，他突然发现滩头上有一条搁浅的银鳗，正泪光莹莹地凝目于他，神情痴迷，似乎还沉浸在乐曲之中，韩湘子笑着说："鳗儿啊鳗儿，你是否也懂得箫中的妙意？若为知音，请把我的情意传到水晶龙宫去吧！"银鳗听得连连点头。韩湘子惊异，他又吹起了玉箫。想不到，银鳗居然在柔和的月光下翩翩起舞，曼妙的舞姿，传神的情态，世所罕见。那银鳗在月色笼罩下，腾跃挪闪，翩若惊鸿，婉若游龙，轻盈旋转……速度越来越快，节奏越来越紧，刹那间银光一闪，只见月影中银鳗已化为天仙般美丽的龙女，韩湘子惊艳得头晕目眩。忽然，一个浪头扑来，龙女不见了。这般情景，一连出现在三个晚上。

第四天，韩湘子又来到海边吹箫。吹了大半天，龙女就是不出海来。难道玉箫失灵了？韩湘子只好沮丧地离开海边，忽闻背后有人喊他，回头一瞧，是个老渔婆。老渔婆告诉韩湘子，前几夜在月下伴箫而舞的乃是东海龙王的七公主。因事泄露，老龙王怪罪龙女私会凡人，已将她关入深宫，她再也不能前来相会了。老渔婆拿出一支竹子说，这是南海普陀神竹一枝。龙女赠予相公神竹，望相公制成仙箫，谱写神曲，以拯救龙女脱离苦海！说罢，老渔婆递上神竹一支，便化成一阵清风不见了。

此后，韩湘子将神竹制成紫金箫，从此断绝了在尘世厮混的念头，进了深山古洞，日夜吹箫谱曲，果然练出了超尘拔俗的本领。

后来，八仙过海，韩湘子神箫收蛇妖，妙曲镇鳌鱼，大显仙家神通；而东海龙女呢，被观音菩萨救出龙宫苦海，

韩湘子成仙之地——蓝关

也修成正道，做了观音菩萨身旁的侍女，与善财童子成了一对金童玉女。

民间有传说，东海岸边至今还常常有人能听到，从缥缈云海中传来沉郁悲凄的缕缕箫声，那是韩湘子思念龙女，在云端吹箫呢！

6. 唐代盘龙纹铜镜

出土于西安的唐代盘龙纹铜镜，是中国龙文化中最具标志性的珍贵文物。

唐代盘龙纹铜镜上的龙图案，为飞腾之龙，曲颈四顾，张口吐舌，四朵祥云簇拥，寓意飞龙在天，一飞惊世。在中国古代，龙是帝王的象征，所以盘龙纹镜又称"天子镜"。唐代诗人白居易的《新乐府·百炼镜》中有"背有九五飞天龙。人人呼为天子镜"之句。

开创了"贞观之治"的唐太宗李世民说过："夫以铜为镜，可以正衣冠；以古为镜，可以知兴替；以人为镜，可以明得失。"看来，唐之"天子镜"，映照的是盛唐的历史，当然包括盛极而衰的兴替中，"安史之乱"后中唐、晚唐的历史了。

盛唐时期的云龙纹镜被作为百官朝贺的礼品献给皇帝，叫"贡镜"；皇上赏赐给臣子的铜镜，叫"御镜"。云龙纹镜也称盘龙镜，边缘铸有"千秋"铭。这种千秋镜可能即是云龙镜。史载唐玄宗铸"千秋镜"，在八月初五生日时赏赐

《龙（文物）》系列邮票之
《唐·盘龙纹铜镜》

群臣，有诗为证："铸得千秋镜，光生百炼金。分将赐群后，遇象见清心。"《旧唐书·卷八·玄宗纪》记载：开元十八年（730年），"八月丁亥，上御花萼楼，以千秋节百官献贺，赐四品以上金镜"。花萼楼就在长安三大宫的兴庆宫中。《新唐书·张九龄传》也有这么一段："（玄宗）千秋节，公、王并献宝鉴，九龄上事鉴十章，号《千

秋金鉴录》，以伸讽喻。""千秋节"不难理解，是玄宗的生日，王公自当庆贺，有宝物献上，但"金鉴"究竟为何物？细一考证，原来竟是铜镜。因之大唐王朝，上行下效，每至八月初五，也就是玄宗生日之时，人们相互赠送铜镜，一是遥祝吾皇虚怀大德，二是由此及彼，互祝长寿、安康。进而演变成了"千秋金鉴节"，俗称"铜镜节"，也就成了唐朝的一个重要节日。

唐诗中也有提及赏赐"龙镜"的，如席豫《奉和敕赐公主镜》："令节颁龙镜，仙辉下凤台。"《旧唐书·卷七十八·高季辅传》还记载有贞观年间唐太宗李世民赏赐"金背镜"之事：贞观十八年（644年）"太宗赏赐金背镜一面，以表其清鉴焉"。另据考古发现，曾是李世民手下战将的东方合墓出土的"秦王镜"铭文上有："赏得秦王镜，判不惜千金。非关欲照胆，特是自明心。""金背镜"和"秦王镜"自然比"盘龙纹镜"或"千秋镜"要早，或为唐镜之源。

唐诗中吟咏盘龙镜的有孟浩然的《同张明府清镜叹》"妾有盘龙镜，清光常昼发"，李白的《代美人愁镜二首》"明明金鹊镜，了了玉台前"，龙护老人的《铸镜歌》"盘龙盘龙，隐于镜中。分野有象，变化无穷。兴云吐雾，行雨生风。上清仙子，来献圣聪"，以及沈从文《唐宋铜镜》中录的"舞凤归林近，盘龙渡海新"等。

从已发表的考古资料看，盘龙镜的主纹多为单龙纹，而传世品中亦见有双龙纹的。白居易《感镜》一诗中有："照罢重惆怅,背有双盘龙。"

从秦汉开始,龙与皇帝就有了较多的联系,例如:龙纹的秦砖汉瓦、玉雕玉器,汉宣帝刘询以"黄龙"为年号。把龙和皇权紧密联系起来,提升到一个特别的高度,应该是从唐代开始的。具体的表现就是唐玄宗的"千秋节"时的既是御镜,又是贡镜,名为"千秋镜"的盘龙镜。

7. 壬辰年的生肖龙邮票

2012年即壬辰年的生肖龙票,一经亮相,就给人一种骇俗的惊艳。当然这种"艳",不是艳压群芳、艳光逼人的艳,而是威严雄强、庄重高贵,甚至有点儿霸气的凶猛。

壬辰年的生肖龙邮票,设计与往年不同,选用的龙之形象,有着清朝大龙邮票的影子,类似于清朝蟠龙票的造型,也可以说是团龙的造

2012 年生肖龙邮票

型，或称正座团龙。正座团龙寓意当班值岁，卫护天下太平。其设计灵感，也可以说，源于皇帝龙袍前胸织绣和清代琉璃九龙壁的造型及色彩。清代是龙之形象全盛发展的顶点，此时之龙形象有着严格的皇家规范。蟠龙龙体盘曲，以龙首居中，头尾呼应，形成团曲之状，正面而坐，给人威严肃穆、震慑和神圣感。龙之面目表情也狰狞可畏，甚为可怖，让人产生一种不敢亲近的敬畏感。

这张邮票引起现今一些看惯了龙温驯、祥瑞、敦厚等形象的人们一片争议。其实，壬辰龙票是龙之形象的一种本相回归，是龙之根本形象的体现。因为龙是神，是中华民族的图腾，是司水灵物，代表天。也可以说，代表着不为人知的大自然，是掌管行云布雨的主水之神。龙是权威、神武和力量的象征，是原始先民对超自然力量的"天威"的向往。龙是通天神兽，汉代的青龙瓦当，就被称为四神之首。在农耕时代，人们祈盼丰收，风调雨顺，在旱灾降临之时，必然会祈雨祭拜龙王。那种虔诚，最残忍的竟有把童男童女扔进江河湖海之中，所以龙也是主宰着人们命运的神。在老百姓眼中，龙的形象反映出的功能，主要是辟邪驱魔、

《龙（文物）》系列邮票之
《汉·青龙瓦当》

纳祥降福。

壬辰年生肖龙邮票的设计者陈绍华认为：龙是神，神是不能随意更改异化的。而壬辰龙票的蟠龙，早在西周青铜器上就出现过。唐代诗人李白、白居易、孟浩然等都有对蟠龙的描绘。例如，李白的"盘龙之宝镜"，白居易的"背有双盘龙"。

壬辰龙票，包含有龙的象征意义的多重性，龙首居中显示正气，宽额生出智慧，亮睛表示神采，剑眉象征英武，狮鼻寓意富贵，鹿角表示长寿，鹰爪锐利，牛耳则有独占魁首之意。这枚壬辰龙票，给人第一感觉有浴火之龙的强烈视觉冲击：中间蓝色水晶般的龙珠四周被火焰缠着，龙之血盆大口似有火喷出，龙髯、龙尾、龙爪都似火焰之形，给人以极其热烈红火之感。尤其是四只龙爪，舞动天地，活力四射，雄霸四方，展现出真龙的风采。整个票面上以红、黄两色为主，辅以青、蓝、绿色，给人五彩斑斓、华丽富贵之鲜活感，在用色上突出宫廷龙和民间龙诸元素的有机结合，有着强烈的现代装饰味道。从美学角度赏析，这条龙在看似狰狞的神秘恐怖氛围中，无疑包藏着一种原始的拙朴真趣及野性之美。壬辰龙票，既有传统的深厚渊源，又能推陈出新，显示了中华文化传承久远，艺术魅力无穷。

中国发行的第一套邮票就是清朝的大龙邮票。可以说中国的邮票史是从龙票开始的。有关中国发行的龙邮票，除过十二生肖每一轮都有龙票外，还有出土文物、民间艺术，以及专门为龙文化发行的邮票。陕西题材的龙邮票有2000年发行的《龙（文物）》邮票中的"汉·青龙瓦当"和"唐·盘龙纹铜镜"两枚，其中涉及的文物均出自陕西。

《龙（文物）》邮票上的"汉·青龙瓦当"现藏陕西历史博物馆。2000年庚辰年生肖龙票图案是青龙瓦当拓片，此瓦当为西汉早期的另一种组合的青龙瓦当，有蜷曲飞腾之势，体现蛇身之主要特征。其瓦当实物藏于西安博物院。而《龙（文物）》邮票上的瓦当，中间有一圆形乳钉，龙的形象被表现为翘首抬足、卷尾上扬的样式。龙昂首阔步，体型硕壮，呈S形，主体为兽身，似行走之龙。两个不同组合的青龙瓦当，龙的形象均灵动瑰奇，充满了勃勃生气、动感和张力。"唐·盘龙纹铜镜"邮票上选用之龙，为飞腾之龙，曲颈四顾，张口吐舌，龙身周围的四朵祥云寓意飞龙在天，尾腿缠绕是唐代龙纹的标志性特征。这两枚龙票的图案，一为汉代瓦当，一为唐代铜镜，体现的是汉唐盛世雄风，洋溢着蓬勃向上的精神力量。

2012年壬辰龙票，回归龙之本来面目，体现龙的原始精神，独树一帜。票面无论从设

2000 庚辰年《龙》邮票

计还是色彩来看，都新颖而鲜亮，既传统又现代，有一种
陌生中的熟悉。一枚图案刚猛有力、威严自信的五爪金龙
邮票，已然赢得了不少人的喜爱和追捧。

8. 从龙生九子认识龙

　　每种文化皆需辩证地去认识，龙文化亦然，肯定有其
丰富光彩的一面，也有其历史局限的一面。

　　民谚云："龙生龙，凤生凤，老鼠生儿会打洞。"其
实，龙未必生龙，中国早就有"龙生九子，各有不同"一
说。这不同即：九个儿子都不成龙。明朝内阁首辅大臣李
东阳《怀麓堂集》载："龙生九子不成龙，各有所好。"

　　龙生九子是中国古代的一种传说，出自明代徐应秋《玉
芝堂谈荟·龙生九子》。
其中九为民间流传的虚
数，个别流传的名称也有
差异。事实上，龙生九子
的"九"并不是一个确切
的数字，并非龙恰好生九
子。在中国古代，由于九

龙（西安·陶浒绘）

是个位数字中最大的一个，因此被认为是一个至阳的虚数、极数，表示最多、无数的意思。九为至尊之数，有至高无上的象征意义。如：九天、九重霄、九重天、九霄、九幽，以及九九归一、一言九鼎等。

龙的九子究竟是什么样的，一直没有具体说法，到了明朝时才出现了较为明确的说法，但说法依然不一，没有一个统一的标准。

龙生九子的最早版本产生于明代。传说一次早朝，明孝宗朱祐樘突然心血来潮，问以饱学著称的礼部尚书、文渊阁大学士李东阳："朕闻龙生九子，九子各是何等名目？"李东阳仓促间难以回答，退朝后思来想去，斟酌思量，又向几名同僚请教咨询，糅合神话传说，才拼凑出了一张清单，向皇帝交了差。按李东阳的清单，龙的九子是：趴蝮、嘲风、睚眦、赑屃、椒图、螭吻、蒲牢、狻猊、囚牛。

但同是李东阳，他在《怀麓堂集》一书记载的龙之九子又有不同，变成了：囚牛、睚眦、嘲风、蒲牢、狻猊、赑屃、狴犴、负屃、螭吻（鸱尾）。和他向皇帝交的清单一对照，发现少了趴蝮、椒图，多了狴犴、负屃。

而明代杨慎的《升庵外集》中记载："龙生九子"中龙的九个儿子分别是：屃赑，形似龟好负重，即碑下龟；螭吻，形似兽，性好望，站屋脊；饕餮，好食，立鼎盖；蚣蝮，好立，站桥柱；椒图，似螺蚌，性好闭，立于门首；金猊（狻猊），形似狮，好烟火，立于香炉；再加上蒲牢、狴犴、睚眦三个，恰为龙之九子。

而目前流传最广的是 2008 年由工人出版社出版的《中国吉祥图说》的说法，集结了前人各种说法并具体展示了龙之九子的形态与习性：老大囚牛，喜音乐，蹲立于琴头；二子睚眦，嗜杀喜斗，刻镂于刀环、剑柄吞口；三子嘲风，形似兽，平生好险又好望，于是成了殿台角上的走兽；四子蒲牢，受击打就大声吼叫，被充作洪钟提梁的兽钮，助其鸣声远扬；五子狻猊，形如狮，喜烟好坐，所以形象一般出现在香炉上，随之吞烟吐雾；六子霸下，又名赑屃，似龟有齿，喜欢负重，是碑下龟；七子狴犴，形似虎好讼，狱门或官衙正堂两侧有其像；八子负屃，身似龙，雅好斯文，盘绕在石碑头顶；九子螭吻，又名鸱尾或鸱吻，口润嗓粗而好吞，遂成殿脊两端的吞脊兽，取其灭火消灾之意。

龙生九子还有几种排序：霸下、螭吻、蒲牢、狴犴、饕餮、狻猊、囚牛、睚眦、椒图，赑屃（霸下）、螭吻、蒲牢、狴犴、饕餮、蚣蝮、睚眦、狻猊、椒图，等等。

有的说法把麒麟、朝天吼（犼）、貔貅也列入龙子中。因而所谓龙生九子，早已超过了九，而是十五个左右。下面就选主要的做个介绍，已无法排谁老大、谁老九了。

（1）龙之九子中的囚牛

囚牛，中国古代神话传说中的神兽，为鳞虫之长的瑞兽，形状为有鳞角的黄色小龙。在不同版本的龙生九子中排过老大，也排过老七，甚至排过最末的老九。囚牛平生爱好音乐。民间传说有囚牛因听人言"对牛谈琴，牛不知音"，就极不服气，立志要扭转俗人的这一偏见。于是，它专门去寻访一位居住在深山里善弹琴的仙师，跟随其苦修三载，终于也成为一位懂音律、善操琴的大师。

囚牛（西安·陶浒绘）

《治世余闻》有云："囚牛，龙种，性好音乐。"传说囚牛是众多龙子中性情最温顺的一位，它不嗜杀喋血、不逞强耍狠，专好音律。龙头蛇身的他耳音奇好，能辨万物声音，他常常蹲在琴头上欣赏音乐。因此，琴头上常刻有它的形象。

关于囚牛之源，一说囚牛是龙与原配雌龙所生，是正经八百的纯种血脉；一说龙与犀交合，则生囚牛。据《五杂俎》载："故与牛交，则生麟。"

明代李东阳《记龙生九子》中有："囚牛，龙种，平生好音乐，今胡琴头上刻兽是其遗像。"《渊鉴类函·鳞介·龙》引明陈仁锡《潜确类书》："囚牛好音，形胡琴上。"琴头雕龙一直沿用至今，凡是贵重的胡琴头部，都雕刻有龙头的形象，称其为"龙头胡琴"。

（2）龙之九子中的睚眦

睚眦，龙之九子排第二，也排过老三、老四、老七、老八。睚眦豹身龙首，为龙和豹所生。古代史书记载其性格刚烈、好勇擅斗、嗜血凶残、杀戮成性，而且总是嘴衔宝剑，怒目圆睁，常被刻镂于刀环、剑柄吞口。明代杨慎《升庵外集》："七曰睚眦，性好杀，故用于刀镮。"

睚眦（西安·陶浒绘）

睚眦的本意是怒目而视，《史记·范雎传》载："一饭之德必偿，睚眦之怨必报。"报则不免腥杀，睚眦变成了格杀一切邪恶的化身。

据神话传说言之：睚眦者，虽为龙种，然身似豺狼，相貌丑陋。其父嗔，欲弃之，幸而母亲哀求，得以苟全性命。到它十年长大时，就拜别家门，奔天涯而去。曾发誓"成大事，以正龙子睚眦之名"，最后入西岐，相助于周文王姬昌，以抗暴君商纣王，立下不世之奇功。而当武王伐纣，天下归周之日，睚眦却不辞而别，武王噫嘻不已，乃亲自命工匠铸睚眦像于刀剑吞口，世代相传，以谢龙子睚眦辅周之恩。

因了史圣司马迁在《史记》中一句"睚眦之怨必报"，使龙子睚眦的传奇经历演变为成语"睚眦必报"，而让世人忽略了其龙子身份。

（3）龙之九子中的嘲风

嘲风，龙生九子中有的排名它为二子，有的排名它为

三子。嘲风平生好险
又好望，常以其形象
作为殿角的装饰。

《窭存》中云：
"蚩吻一云嘲风。"
《渊鉴类函·鳞介·龙》

建筑物上的嘲风（西安·白鹭摄）

四引明陈仁锡《潜确（居）类书》云："龙生九子，……
嘲风好险，形殿角上。"明代李东阳《怀麓堂集》中载："嘲
风，平生好险，今殿角走兽是其遗像。"

嘲风象征吉祥，具有威慑妖魔、清除灾祸、辟邪安宅
的作用。在宫殿建筑上安置嘲风，能起到祛邪避灾、震慑
四方的作用，并使整个宫殿的造型既庄重又富于变化，给
高耸的殿堂平添神秘氛围。

（4）龙之九子中的饕餮

饕餮，又名狍鸮，是中国古代神话传说中的一种贪食
怪兽，是四大凶兽之一。因其作恶多端，不修德，被贬至
凡间而变成这般怪模样。

其名饕餮，比喻贪婪好吃之徒。传说饕餮因贪吃，最
后把自己都给撑死了。人们一般称贪吃、爱吃、会吃的为
"老饕"。古代钟鼎彝器上多刻其头部形状作为装饰。
《吕氏春秋·先识览》中有："周鼎著饕餮，有首无身，
食人未咽害及其身，以言报更也。"

《山海经·北次二经》介绍其特点是：形状如羊身人

面，眼在腋下，虎齿人爪，大头大嘴。《左传·文公十八年》云："缙云氏有不才子，贪于饮食，冒于货贿，侵欲崇侈，不可盈厌；聚敛积实，不知纪极；不分孤寡，不恤穷匮。天

饕餮（西安·陶浒绘）

下之民以比三凶，谓之饕餮。"明代陆容的《菽园杂记》中所记饕餮却是"性好水，故立桥所"。明代杨慎《升庵外集》中，把饕餮排为龙之三子，而民间将其排名第五。

饕餮纹是青铜器上常见的纹饰。出土于陕西的四大国宝重器，其中两件都饰有饕餮纹。其一是出土于宝鸡的虢季子白盘，四周铸有八只饕餮衔环；再就是出土于宝鸡眉县礼村的大盂鼎，颈部饰带状饕餮纹，足上部饰浮雕式饕餮纹。再有出土于宝鸡眉县杨家村的逨鼎，足根部外侧面亦饰饕餮纹。出土于陕西淳化的淳化大鼎上也饰有饕餮纹。

1982 年，登上《西周青铜器》特种邮票的几件堪称国宝重器的西周青铜器，其身上都饰有饕餮纹。例如，出土于陕西宝鸡贾村镇，被列入中国首批禁止出国（境）展览的文物"何尊"，整个尊体上有卷角饕餮纹，圈足处也饰有饕餮纹，现藏于宝鸡青铜器博物馆。还有出土于陕西临潼零口镇的西周青铜器"利簋"，器身簋腹和方座亦饰有饕餮纹。而为了显示簋主人的贵族权势，两面和方座的四面各铸一只突睛龇牙的饕餮，狰厉可怖，森然逼人，现收

藏于中国国家博物馆。再有出土于陕西扶风庄白村的西周青铜器"折觥"，颈部以下有饕餮纹，充满夸张变形之奇思妙想，弥漫着一种既狞厉冷峻，又和顺祥瑞之美。出土于陕西扶风齐家村的西周青铜器"日己方彝"，为酒器，出土时与日己方尊和日己觥三件成套，以饕餮纹为主题纹饰，显示一种神秘的威力和狞厉的美，现藏陕西历史博物馆。

当然，出土于陕西的西周青铜器上饰有饕餮纹的还有不少，就不一一介绍了。

另外，陕西绥德出土一件五彩饕餮纹瓷方鼎，是很少见的珍品，现由陕西历史博物馆收藏。中国古代建筑材料中也通常用饕餮纹来装饰，如饕餮纹半瓦当。

（5）龙之九子中的负屃

负屃，身似龙，雅好斯文，在龙之九子中有时排行老八，有时又没有它的位置。负屃经常被雕刻在石碑顶端。

中国碑碣的历史久远，它们大多造型古朴，碑面细滑，刻制精致，书法名家之作荟萃，书体龙飞凤舞，千古称绝。而负屃迷恋诗词歌赋、文章书法，它有点像是龙之九子中的"秀才"。十分爱好这种闪耀着艺术光彩的碑文，它甘愿去衬托这些传世的书法艺术珍品，把石碑装饰得更为典雅秀美。尤其是负屃和碑底座的霸下（即赑屃）一碑顶，一碑座，上下相配，更觉大气壮观，成为装点锦绣文章、书法精品的图腾。

还有传说称，春秋时期晋国太辰宫的"九龙子"祭司之一桓远之，人称"肆龙子"，代号为"负屃"。还说他的师父是睚眦，师叔是囚牛，师兄是螭吻，师弟是嘲风。这一下反而把同为龙生九子的辈分搞乱了。看来，传说当不得真，姑妄一听而已。

（6）龙之九子中的趴蝮

趴蝮，亦名"蚣蝮"，又名"避水兽"，是神话中龙的九子之一，排名曾排过第一、第四、第六。趴蝮头部有点儿像龙，不过比龙头扁平些，更接近于兽类，有点儿狮子相，头顶有一对犄角。身体、四条腿和尾巴上都有龙鳞。

根据神话记载，几千年前趴蝮的祖先因为触犯天条而被贬下凡，被压在巨大沉重的龟壳下看守运河。千年

趴蝮（西安·蔡昌林提供）

后它终于脱离了龟壳重获自由。人们为了纪念表彰趴蝮家族护河有功，按照它的模样雕成石像放在河边的石磴上。据说，这样就能镇住河水，防止洪水侵袭。

趴蝮水性非常好，修桥之时，常塑其像放于桥头或桥身。且趴蝮嘴大，肚子里能盛非常多的水，所以，多用在建筑物的排水口处。也有传说，它能吞江吐雨，负责排去雨水。在故宫、天坛等中国古代经典的宫殿建筑上，经常

可以看到趴蝮的身影。

趴蝮，性善好水，又称吸水兽，会调节水量，使河水"少能载船，多不淹禾"，保佑一方平安，备受百姓崇敬。以此灵异之物镇于桥顶两侧，寓示大桥会永避水害，长存永安。趴蝮平生最喜弄水，长年累月在河水中玩耍，伴水而居。趴蝮还被称为"帆蚣"，喜欢吃水妖。据传说，趴蝮还是龙王最喜之子。

（7）龙之九子中的椒图

椒图，性好闭，最反感别人进入它的巢穴。铺首衔环为其形象。龙生九子中排为第五，也有版本把椒图排在第九。

椒图形态像螺蚌，遇到外敌侵犯，总是将壳口闭紧。人们将它用在门上，除取"紧闭"之意，以求平安外，还因其面目狰狞以负责看守门户，

椒图

椒图（西安·陶浒绘）

镇慑邪妖。另外，椒图"性好僻静"，忠于职守，故常被装饰于大门上作铁环兽或挡门的石鼓，让其护佑一家的安宁，民间认为他是性情最温顺的龙子。

椒图文化兴盛于明清，最早的记录出现在汉代。椒图在明清以前叫"铺首衔环"，由青铜器肩部装饰的衔耳环兽演变而来。汉代铺首表现虎、螭、龟、蛇等面部形象。一般"铺首"嘴里衔的圆环，用来开关大门和叩门。《汉书·哀

帝纪》曰："孝元庙殿门铜龟蛇铺首鸣。"唐代颜师古注曰："门之铺首，所以衔环者也。"

陕西绥德延家岔出土的东汉画像石墓刻画有铺首衔环。这种铺首比较特殊，上为长发，双眼圆睁，长髯飘飘，上面有正在欢跃跳舞的凤凰。

（8）龙之九子中的狴犴

狴犴，在龙的九子中一会儿排老四，一会儿排老七。狴犴又名宪章，平生好讼，形似虎，而显虎威，牢狱门上部那虎头形的装饰便是其形象。

《龙经》说："狴犴好讼，亦曰宪章。"传说狴犴不仅急公好义，仗义执言，而且能主持正义，明辨是非，秉公而断，再加上它的形象威风凛凛，因此，它常被装饰在狱门上，或匍匐在官衙的大堂两侧。行政长官衔牌和肃静回避牌的上端，也有它的形象。每当衙

狴犴

狴犴（西安·陶浒绘）

门长官坐堂，它也虎视眈眈、环视察看，维护公堂的肃穆正气。狴犴既是牢狱的象征，又是黎民百姓的守护神。

《天禄识余·龙种》中载："俗传龙子九种，……四曰狴犴，似虎有威力，故立于狱门。"

关于狴犴的渊源，明代李东阳《怀麓堂集》中记载：南宋时，有个专管牢狱的人叫犴裔。犴裔看管监狱时，对

待犯人就像对待自己的家人一样和善，每天都给犯人讲解出狱后怎样做一个好人，因此很多贪官都妒忌他，一直想找机会把他杀掉。传说当时的昏庸皇帝赵构很迷信，犴裔被人诬告为瘟神而被赵构下令捉拿。犴裔被押赴刑场时，他对天大声喊冤，还痛斥奸臣。就在他被斩之时，天空中突然电闪雷鸣，一头怪兽出现在云头，麟头豸尾龙翼，足踏祥云。这头怪兽用一阵龙卷风把诬陷犴裔的奸人都卷上了天，又摔在山头裂开的一条缝隙中。这头怪兽叫狴犴，因被犴裔的义行所感动，从天而降，为犴裔讨回公道。民间又说，狴犴就是犴裔的化身。

民间传说中还有说狴犴和獬豸一样，皆相貌堂堂，威严而有一种震慑力，所以人们把它雕刻、绘饰在了公堂之上。

苏轼在《艾子杂说》中讲了"獬豸辨好"的寓言故事。一次，齐宣王问艾子道："听说古时候有一种动物叫獬豸，你熟悉吗？"艾子答道："尧做皇帝时，是有一种猛兽叫獬豸，被饲养在宫廷里。它能分辨好坏，发现奸邪的官员，就用角把他触倒，然后吃下肚子。"艾子停了停接着感慨地说："如果今天朝廷里还有这种猛兽的话，我想，它不用再寻找其他的食物了！"这就将獬豸的能辨是非，引申到了官场，以官员为其审视监督的对象。

狴犴与獬豸在我国古代法制监督史上有着非凡的含义。由于獬豸是"法"的化身这一特性，从先秦到明清，獬豸形象被当成监察、审计和司法官员廉明正直、执法公正的象征。春秋战国时，獬豸的形象还被制成衣冠，称"法冠"又名"獬豸冠"。唐代诗人岑参在《送韦侍御先归京》诗中有"闻欲朝龙阙，应须拂豸冠"的描述。

因此，民间还说，獬豸和狴犴都是龙的九子之一。甚至说，狴犴承继了獬豸的神威，被画在牢狱的墙上以象征法律的尊严，云云。狴犴与獬豸虽然都是中国传统文化中公平与正义的化身，但与獬豸不同的是，狴犴被更多地和公堂、牢狱联系了起来，因此，后来狴犴也被引申为监狱。

（9）龙之九子中的狻猊

狻猊，形如狮，是传说中龙的九子之一。一说是第五子，另说是第八子。平生喜静不喜动，好坐，又喜欢烟火，佛祖见它有耐心，便收在座下当了坐骑，因此它的形象一般出现在佛座上。佛座上装饰的狻猊是随着佛教在汉代由印度传入中国的。狻猊喜烟火，亦出现在香炉上，随之吞烟吐雾。此外，还常出现在中国宫殿建筑之上。

古书记载狻猊外貌与狮子相似，是能食虎豹的猛兽。"狻猊"一词，最早出现在《穆天子传》："名兽使足走千里，狻猊、野马走五百里。"晋代郭璞注曰："狻猊，狮子。亦食虎豹。"

狻猊

狻猊（西安·陶浒绘）

狻猊是狮子的古称，除了在龙之九子名目中说它属于龙族之外，其他地方皆是指狮子。

唐代诗人和凝描写唐长安城大明宫的《宫词百首》其一中有："莺锦蝉罗撒麝脐，狻猊轻喷瑞烟迷。"这首诗写到大明宫中的含元殿、银台门、五凤楼等。诗中宫人身着熏得香喷喷的锦衣罗裳，旁边放着做成狮子样的小香炉，也正喷着袅袅香烟。《香谱》载："香炉以涂金为狻猊之状，空其中以燃香，使香自口出。"唐代牛上士《狮子赋》载："穷汗漫之大荒，当昆仑之南轴，铄精刚之猛气，产灵猊之兽族。""灵猊"即狻猊。

明清之际的石狮或铜狮颈下项圈中间的龙形装饰物也是狻猊的形象，它使守卫大门的中国传统守门狮更加威风凛凛。

（10）龙之九子中的蒲牢

蒲牢在中国古代神话传说中为龙九子之一，在各种龙生九子的版本中排过第三、第四，也排过第七。平生好音好吼，洪钟上的龙形兽纽多是它的形象。

传说，原来蒲牢居住在海边，虽为龙子，却一向害怕庞大的海洋生物之一——鲸。当鲸一发起攻击，它就吓得大声吼叫。人们根据其"性好鸣"的特点，"凡钟

蒲牢（西安·白鹭摄）

欲令声大音"，即把蒲牢铸为钟钮，而把敲钟的木杵做成鲸的形状。敲钟时，让鲸一下又一下撞击蒲牢，使之"响入云霄"且"专（传）声独远"。

汉代班固《东都赋》曰："于是发鲸鱼，铿华钟。"三国薛综《西京赋·注》曰："海中有大鱼曰鲸，海边又有兽名蒲牢。蒲牢素畏鲸，鲸鱼击蒲牢，辄大鸣。凡钟欲令声大者，故作蒲牢于上，所以撞之者为鲸鱼。"后因以蒲牢为钟的别名。唐代诗人皮日休《寺钟暝》中有："重击蒲牢啥山日，冥冥烟树睹栖禽。"

（11）龙之九子中的螭吻

螭吻，又名鸱尾、鸱吻。一般被认为是龙之九子之一，排过老二、老六、老九。螭吻平生好吞，殿脊的兽头之形是其形象。螭吻喜欢东张西望，经常被安排在中国宫殿建筑的屋脊上，呈张口状。这个装饰一直沿用下来，在寺院道观及老民宅的建筑上能够见到。而在古代中国宫殿建筑中，五脊六兽只有官家才能拥有，部分民居会装饰小巧的螭吻。

中国古建大都为土木结构，屋脊是由木料上覆盖瓦片构成的。因此，最怕火灾。"螭吻好吞"，首先是喜欢吞火，用它的形象做屋脊装饰取消灾灭火之意。虽然心理作用大于实际作用，但却是包含着人们避祸灭灾、祈福呈祥的一种美好愿望。

《太平御览》转引《唐会要》曰："汉柏梁殿灾后，

越巫言'海中有鱼虬，尾似鸱，激浪即降雨'遂作其象于屋，以厌火祥。"

文中所说的"巫"是方士之流，"鱼虬"则是螭吻的前身。"鸱"最早出现在《山海经·西山经》中，原文是："有鸟焉，一首而三身，其状如乐鸟，其名曰鸱。"螭吻属水性，常用它做镇邪之物以避火。

螭吻由鸱尾、鸱吻演变而来，又称"龙吻"，中国古代建筑屋脊正脊两端的一种饰物，因此也成为吻兽的别称。初作鸱尾之形（一说为蚩尾之形），象征辟除火灾。唐代苏鹗《苏氏演义》卷上："蚩者，海兽也。汉武帝作柏梁殿。有上疏者云：'蚩

螭吻（西安·陶浒绘）

尾水之精，能辟火灾，可置之堂殿。'今人多作鸱字，见其吻如鸱鸢，遂呼之为鸱吻，颜之推亦作此鸱。"

唐朝以前的鸱尾加上龙头和龙尾后，逐渐演变为明朝以后的螭吻，其外形像蜥蜴剪去了尾巴。螭吻后来演变成鳌鱼，中国民间也称鳌龙。

据北宋吴处厚《青箱杂记》记载："海为鱼，虬尾似鸱，用以喷浪则降雨。"因之在房脊上安两个相对的螭吻，避火灾。不论是建筑等级高或低的宅主均在饯脊端、角脊上饰螭吻来辟邪，并以此来显示宅主的身份和地位。

螭吻的前身是"鱼虬"，螭吻又叫鱼龙，龙头鱼身，是鱼和龙的结合体。螭吻源于印度佛教，相传大约在南北朝时，由印度摩羯鱼随佛教传入中国后变化而来。摩羯鱼是佛经中雨神座下之物，能够灭火。螭吻，其寓意驱凶辟邪，为佛教护法。

从远古图腾崇拜的演变来看，鱼变成龙是因古代以鱼为图腾的氏族融合到了龙图腾的民族，作为族徽的图腾形象也跟着变化，变成了龙头鱼身的鱼龙。鱼龙的形象种类很多，有的龙特征多一些，有的鱼特征多一些。"鲤鱼跃龙门"即渊源于此，《三秦记》中有记载。其中一句："初登龙门，即有云雨随之，天火自后烧其尾，乃化为龙矣。"可见，鱼化龙过程之艰难异常。

到了明清时期，龙的造型成了皇权的象征，螭吻的造型也就变成了我们如今在皇宫遗址及古寺庙所能看到的，具体形象是龙头硕大，双目圆睁，大口张开，正脊上部向内弯曲后又向下卷曲，而且身体上还雕刻出栩栩如生的龙鳞，已经很难看出鱼的形状了。

（12）龙之九子中的霸下

霸下，又名赑屃、龟趺、填下、龙龟等，是长寿和吉祥的象征。霸下是中国古代传说中的神兽，为鳞虫之长的瑞兽，龙之九子中一般排名第六，也排过老大、老四。形象似龟，喜欢负重。它总是奋力地昂着头，四只脚顽强地撑着努力向前走。

霸下的原型可能为斑鳖之类的龟，但经过艺术加工，二者却有差异，霸下口中有一排牙齿，而龟类却没有，背甲上甲片的数目和形状也有差异。

《坚瓠集》云："一曰赑屃，形似龟，好负重。今石碑下龟趺是也。"明代沈德符《万历野获编》载："赑屃贝财好文，今为碑两旁蜿蜒。"

霸下名字虽怪，但寓意却吉祥，象征着长寿和财富。而且霸下乐于助人、积极进取、奋发有为。

据《怀麓堂集》记载，霸下在上古时代表现并不怎么好，常背起三山五岳来兴风作浪。后来归服大禹，在大禹治水时立下奇功。治水

霸下（西安·陶浒绘）

成功后，夏禹就把它的功绩刻在石头上，让它自己背着。故而，它成了负重的碑下龟趺。当然它此时托的碑已不是记载自己功绩的功德碑了，霸下甘愿负重托碑而身处下位的形象，一下子在人们的眼前高大了起来。其负重而行的精神象征，带给我们以极深邃的启悟。

关于霸下起源，有两种说法：其一说，它是龙与龟图腾的直接结合；另一说，它是玄武的变体。

图腾说认为，霸下是以龟图腾为主、龙图腾为辅的一个复合衍生族徽，是一个氏族的象征。

玄武说如《楚辞·远游》："召玄武而奔属。"王逸注："呼太阳神使承卫也。"洪兴祖《楚辞补注》曰："玄武谓龟蛇，位在北方，故曰玄，身有鳞甲，故曰武。"蔡邕曰："北方玄武，介虫之长。"《文选》注："龟与蛇交，曰玄武。"《礼记·典礼》注："行前朱鸟而后玄武。"孔颖达疏："玄武，龟也。"《后汉书·王梁传》："玄武，北方之神。"霸下的龙头龟状，也是中国民间流传很广的玄武形象。

看来，玄武说有一定的依据。因为唐之前的霸下头为龟形、状玄武，以后逐渐龙化，至明清纯为龙首、独角于头顶中生。

（13）龙之九子中的貔貅

貔貅，别称辟邪、天禄，是中国古书记载和民间神话传说中的一种凶猛的瑞兽。传说貔貅也是龙的儿子，但非九子之一，因九在古人说法中是虚数，排名第几已无关紧要。其实，更多的传说是把貔貅与龙、凤、麒麟列在一起。

貔貅，其首尾似龙，其身形如虎豹，其色亦金亦玉，其肩长有一对羽翼却不可展，其头生一角并后仰。

相传貔貅这种猛兽分有雄性和雌性，雄性名为"貔"，雌性名为"貅"。也分一角或两角的，一角称为"天禄"，两角称为"辟邪"。

貔貅

貔貅（西安·陶浒绘）

貔貅造型多为单角。

中国古代风水学者认为貔貅是转祸为祥的吉瑞之兽。传说貔貅除了开运、辟邪的功效之外，还有镇宅、化太岁、促姻缘等作用。中国传统有用貔貅装饰的习俗，貔貅寓意丰富，人们相信它能带来欢乐及好运。古时候人们也常用貔貅来作为军队的称呼。

传说貔貅原先在天上负责巡视工作，阻止妖魔鬼怪、瘟疫疾病扰乱天庭。后因触犯天条，玉皇大帝罚它只以四面八方之财为食，吞万物而不泄，可招财聚宝，只进不出，神通广大。这个典故传开来之后，貔貅就被视为招财进宝的祥兽了。很多中国人佩戴貔貅的玉制品正因此典故。

《史记·五帝本纪》中记载，四千多年前，黄帝驯养虎、豹、貔貅等威猛动物为军队冲锋陷阵，在阪泉（今河北涿鹿东南）战败了炎帝。看来，貔貅还是黄帝背后的一大功臣。陕西周至楼观台下有财神庙，财神庙门外广场上塑有貔貅雕像，煞是威武。

现今，在很多人的心中对龙象征皇权、代表天子的观念仍根深蒂固，认为龙不能随意去冒犯。陕北不少民间剪纸艺人剪窗花从来不剪龙。如果问他们为什么从不剪龙窗花。他们多半会这样回答：在陕北一般人不剪龙，因为从老几辈传下来说，咱们小老百姓命薄，承不起龙。龙是皇上或王侯贵族人家才配用的。咱们用了，反而会引来灾祸呢！还有，龙是龙王，管着老天下雨呢，把龙贴在窗户上，怕下暴雨时引来闪电雷击，伤家里人。

帝王们用龙来维护他们的政权，必然赋予了龙不少权力和光环。但民间传说中也有不少反映恶龙孽龙的神话故事，算是给这个世界一点儿清醒。《封神演义》中有哪吒拳打恶龙，揭龙鳞，抽龙筋，看似残忍，但那是对恶龙的惩罚，向皇权、龙子权势的挑战。侠义小说中有屠龙刀、诛龙剑，还有打龙鞭、打龙棍。

说到底，我们的老祖先创造的中国龙，其博大、雄浑、丰富多彩的精神内涵还是特别值得宣扬和传播的。所以，中国龙文化在挖掘龙的精神道德、民族传统及祥瑞吉庆层面的积极意义时，一定要注意对龙文化中天命观念、封建迷信、皇权意识的批判。对于恶龙，那也是该惩罚一定要惩罚，惩恶以扬善。

我们的中国龙，一定是新世纪的文明象征，是中华民族魂的体现，是嘉瑞的龙、吉祥的龙、喜庆的龙、福满天下的龙。

9. 石峁发现了鳄鱼骨板

石峁龙山文化遗址被认为是探寻中华文明起源的窗口，

这个窗口就位于陕西省神木市高家堡镇石峁村的秃尾河北侧的山峁上。

　　石峁遗址创造了目前中国多项考古之最。2006年，被公布为全国重点文物保护单位，并以"中国文明的前夜"入选2012年十大考古新发现，还获得"世界十大田野考古发现""21世纪世界重大考古发现"等荣誉。

　　2012年，在石峁遗址后阳湾的一座房址附近发现了鳄鱼骨板。这块鳄鱼骨板整体呈正方形，正面有许多点状小孔。它应为扬子鳄之骨所制。

　　有专家从那块鳄鱼骨板上判断，那个时代的黄土高原气候湿润，适宜扬子鳄生长，也和当时"陕北曾湖泊遍地、森林茂密、自然环境极好"的说法相印证。陕西省考古研究院副院长、石峁遗址考古领队孙周勇认为："这块鳄鱼骨板是包括陕晋中北部、内蒙古中南部在内的河套地区的首次发现，所以也推断这条鳄鱼未必生长于此，极有可能来自遥远的南方。根据史料记载，上古时代有一种鼓名叫鼍鼓，是用扬子鳄的皮革制作而成，是等级的象征。《诗经·大雅·灵台》中有"鼍鼓逢逢，矇瞍奏公"的诗句。古称扬子鳄皮坚厚，宜冒鼓，其皮制作的鼓，鼓声仿佛鳄鸣，故而称鼍鼓。鼍鸣声似桴鼓，因之称鼍鸣为鼍鼓。因为"鼍"便是扬子鳄的古称，按照学界最流行的观点，这些骨板很可能和制作鼍鼓有关。《山海经·中次九经》载："岷山，江水出焉，东北流注于海，其中多良龟，多鼍。"

郭璞注："似蜥蜴，大者长二丈，有鳞彩，皮可以冒鼓。"

专家推测，鳄鱼骨板出现在神木石峁，可能是当时上层社会将它作为奢侈品交流而来的，交流的方式也包括掠夺和纳贡。

扬子鳄别名土龙、猪婆龙，也被称为"鼍龙"，"鼍"为龙之原型之一。据说，石峁出土了两块鳄鱼骨板，这两块鳄鱼骨板是否证

石峁龙山文化遗址
（西安·白鹭摄）

明这里的人把"鼍"视为龙而供养呢？皇城台顶发现有池苑遗址，现存面积约三百平方米，深逾两米。当时人是否就在此池中养过扬子鳄？

史载，中国很早就有驯龙高手，古籍中也记载有豢龙氏和御龙氏。据不少专家推断，古人养的龙其实就是扬子鳄。

地质学家章鸿钊以近代生物科学为依据，在1919年撰写《三灵解·龙解》，认为"古文龙或作竜，以象形言，当与鳄鱼为近"，提出了龙应为"鼍龙"（扬子鳄）的"鳄鱼说"。这一观点在章太炎的《杂说·说龙》中，也以"鼍鳄即龙属"的判断被提出。1957年，中国古脊椎动物学的奠基人，号称"中国恐龙研究之父"的陕西华县（今华州区）人杨钟健，在其《演化的实证与过程》的论著中提出"蛇蜥鳄混合说"，其基本倾向依旧认同鳄鱼即为龙形象

的主要来源。他还对"恐龙
说"予以彻底否定,认为无
论是从化石发现还是文化普
及,"我们的先民绝对不是
由此开始获得对龙的真实意

1983 年《扬子鳄》邮票

义的"。当代学者何新在其 2002 年《龙:神话与真相》
的著作中,也重提论证"龙鳄同源"。鳄鱼以其"最为形
似"且为实有生物,成为目前龙的生物原型中相较其他动
物更为人所接受的形象来源。

专家研究推测,石峁遗址极有可能是传说中黄帝部
落的都城昆仑城。虽然这只是一种猜测,但如果后面的考
古能进一步确定石峁遗址和黄帝的都城昆仑城有关系,那
么,昆仑城和扬子鳄将为中国的龙文化渊源的研究增添浓
墨重彩的一笔。

10. 平利的龙文化

平利县,位于陕西省南部的安康市,地处秦岭褶皱系南
侧和大巴山弧形构造的东缘,地貌参差嵯峨,绵亘蜿蜒,山
挟川而入胜,川带河而迤逦。最高点化龙山,海拔 2918 米。

平利龙文化源远流长，首先是因化龙山，化龙山为大巴山群峰最高峰。大巴山之"巴"本义指古代传说中的一种大蛇。《说文》中有："巴，虫也。或曰食象蛇。"传说化龙山为蟒蛇所化。《洪范·五行传》郑玄注："蛇，龙之类也。"闻一多《伏羲考》中有："龙即大蛇，蛇即小龙。"龙"在最初本是一种大蛇的名字"。

在汉画像石中，伏羲、女娲蛇身人面，蛇身即龙身。平利为女娲故里，有女娲山，古称中皇山，山有女娲庙，以及女娲"抟土造人"遗址。五代蜀杜光庭《灵异记》最早记载女娲庙在平利："房州上庸界，有伏羲女娲庙，云是抟土为人之所，古迹在焉。"

伏羲女娲

《平利地名的巫文化底蕴》一文中有：平利是龙巴庸国发祥地之一，平利老县有盘龙殿，其地出土的春秋编钟，即龙巴庸人的宗庙祭祀乐器。平利县有龙古村，"龙古"地名据载与盘古雷神有关。《山海经·海内东经》云："雷泽中有雷神，龙身而人头。"

平利锦屏出土有"龙虎"汉代画像砖，老县出土有"西城虎"汉代画像砖。"四神"中的龙虎文化，在平利也源远流长。

平利县文物保护管理所藏有唐代盘龙纹镜。平利有盘龙纹镜，可能是唐代京城长安的高官中有平利人，得到皇帝的赏赐而携回家，以光宗耀祖。

盘龙纹镜

平利还有龙门、龙门村，兴隆镇有鲤鱼庙村，鱼化龙的神话传说就是"鲤鱼跳龙门"。《平利文物》中载：长安镇兴隆村涧池沟清墓群中一通青石碑楼顶部饰有摩羯鱼。而摩羯俗称"鱼龙"。平利老县镇稻草街古汉墓中出土汉代文字砖"鱼龙变化"，似乎证明了龙文化中的鱼化龙神话，平利早在两千年前就有流传。

平利的地名中含有龙的不胜枚举，有龙洞崖、龙洞河、龙头村、龙王沟、龙家坪、龙山村。平利八仙镇的龙尾子吴家寨址、九龙寨址、龙须垭庙址；平利洛河镇的龙洞湾栈道遗址；平利正阳镇的二龙山祖师庙遗址；平利兴隆镇的九龙池、白龙寺、马龙庙遗址；平利城关镇的龙古崖墓群；平利西河镇五郎沟龙井；平利三阳镇有黑龙潭，北临黄龙滩，摩崖石刻有"老神正当命为黑龙神洞"。

这些有关龙文化的地名如此集中，可见，平利是陕南地区的龙文化中心。这里山如龙，水如龙，让你感叹这里龙文化无处不在的繁盛。

11. 龙的文化意象

（1）《周易》蕴含的龙文化意象

从《史记》记载的"文王拘而演《周易》"这句话中我们明白了是生活在陕西的周文王创造了《周易》。

"文王演《周易》"是因为有崇氏的首领崇侯虎向殷纣王告状，纣王发怒才"囚西伯于羑里"。周文王姬昌在羑里被囚的漫长岁月里，潜心研究伏羲八卦，将伏羲八卦演为六十四卦、三百八十四爻，并提出"刚柔相对，变在其中"的富有朴素辩证法的观点，用了整整七年的时间，著成《周易》一书。

后来周文王征伐崇侯虎，营建了丰邑，从岐下（今宝鸡岐山）迁都到丰京（今西安市长安区沣河以西）。

谈《周易》蕴含的龙文化意象，要明白意象理论的雏形始自《周易》，因为《周易》中提出了"观物取象"的理论。《周易》是中国文化的源头之一，对中华龙的意象，有最早也最完整的阐发。

中国龙具有什么样的精神？包含着什么样的思想哲学形象呢？这些问题，在《周易》中都能得到较详细的解答。《周易》中的乾卦直接指明，乾卦和阳爻即是龙，龙的德与行即是乾道。

根据史书记载，上古伏羲氏以龙为标记，以龙命官，号曰龙师；大禹治水，就有应龙助大禹，甘愿为大禹驱使。另外值得称道的是，中国人一方面尊崇龙，但却并不盲目崇拜，其中具有自然朴素而又博大崇高的历史文化内涵。

《龙》（西安·蔡昌林绘）

《周易》里的乾卦也被称为"龙卦"。它的内容都是讲龙在天空中的飞行情况的。所谓乾卦"六龙御天"，其实指的是角、亢、氐、房、心、尾这六宿组成的"龙星"。

《周易》中乾卦的爻辞是："初九，潜龙勿用；九二，见龙在田，利见大人；九三，君子终日乾乾，夕惕若厉，无咎；九四，或跃在渊，无咎；九五，飞龙在天，利见大人；上九，亢龙有悔；用九，见群龙无首，吉。"这些话都意蕴深远，把乾卦六爻逐一分析研究，其中的密码告诉我们的就是六个字：潜（潜龙）、见（见龙）、惕（惕龙）、跃（跃龙）、飞（飞龙）、亢（亢龙）。

乾卦六爻第一叫"潜"。"潜龙勿用"，就是说秋冬黄昏的时候，整个"龙星"慢慢隐没在地平线以下，最

汉中留坝张良庙石雕龙
（西安·白鹭摄）

后看不到了。也就是古人说的，龙"秋分而潜渊"，"渊"

是地平线以下的空间。

第二叫"见"。"见龙在田",从坤变乾,阳长到二爻,卦变为临,九二在临卦互震里,震为龙,龙出现在地表之上,故为"见龙在田"。

"见龙在田,利见大人。"古人注解说,"田"就是地面。是说春分前后,"龙星"开始从地平线冒出来,先出来的是其中的"角宿",也就是龙角。这就是民间所说的"二月二,龙抬头",也就是古人说的龙"春分而登天"。

关于民间所说的"二月二,龙抬头",即农历二月初二,是俗称龙抬头的日子。据《周易》中的说法,这一天之前,虽然已属春天,但龙还蛰伏着,称之为"潜龙在渊";这一天之后,阳气上升,春意隐约可见,故曰"见龙在田"。顾名思义,龙出现了,一切都开始焕发生机。

第三叫"惕","君子终日乾乾,夕惕若厉,无咎",是警惕且小心谨慎的意思。如果你不表现,也不太警惕,虽有险,倒不会有灾祸,或可说有惊无险;一旦表现了,还不警惕,那么你的缺点、毛病都会慢慢暴露出来。意思是君子朝夕戒惧,如临危境,不敢稍懈,这样才会安全。

第四叫"跃"。"或跃在渊",意思是指龙或跃上天空,或停留在深渊,表示只要根据形势时机的需要决定是进是退、是潜是跃,这样一般就不会犯错。所以要有策略,有步骤,找机会去跃。抓住机会,还要看你跃不跃得过去。

如鲤鱼跃龙门。《三秦记》中有:"大鱼集龙门下数

千，不得上，上者为龙，下者
为鱼。"以及神话传说的"每
岁季春有黄鲤自海及诸川争
来赴之，一岁之中，登龙门
者不过七十二，初登龙门即
有云雨随之，天火自后烧其

2000 年邮票《鲤鱼跳龙门》

尾，及化为龙"。其中"登龙门者不过七十二"，意指孔
子的门徒七十二贤人。

第五叫"飞"。"飞龙在天"，这是人生的一个转折点，
跃上去，飞龙在天，不得了，所以叫飞。引申意为自强不息。

第六叫"亢"，警惕意味很重。飞龙在天，很荣光，
可是《周易》劝我们，当发展到第五个阶段的时候，大概
要适可而止了，不能再过分了，再过分就会高傲。所以，
第六个阶段叫作亢。"亢龙有悔"，意为进退有道，或者说，
能屈能伸。

《周易》中虽然多次提到龙，但对龙的认识应该是处
于一种模糊状态，对龙的具体形态也并没有具体的记载，
只是一些意象中的形象。

古人把天空中的星宿划分为二十八组，称为"二十八
宿"，又分别与四个地平方位、四组动物形象、四种颜色
相匹配，叫四象，分别是东方青龙、西方白虎、南方朱雀、
北方玄武。青龙七星又称为龙星，分为角、亢、氐、房、心、
尾、箕这七宿，各个星辰连起来，是一条龙的形象。"角"

就是龙的角，"亢"就是龙的脖子，"氐"是龙的爪子，"房"是龙的躯干，"心"是龙的心脏，"尾"是龙的尾巴，"箕"是尾巴的末端。

虽然至少在两千年前的汉代人眼里，龙已经是传说中的一种神圣的动物了，但它不是当时人们能亲眼看见的真实存在，应该仅仅是人们意象中再创造出的一种神物。

从现存较早的古籍中，我们看不到对龙的具体记载。留在人们心目中的龙，都带有传奇神话色彩。《左传·昭公十七年》中记载："大皞氏以龙纪，故为龙师而龙名。"文中这个大皞氏不但用龙纪事，在设置各部门长官时，还用龙来命名。说到的这些龙，同样没有具体形状和特性。

东汉王符著《潜夫论》也有类似记载："大人迹出雷泽，华胥履之生伏羲。其相日角，世号太暤。都于陈。其德木，以龙纪，故为龙师而龙名，作八卦，结绳为网以渔……"

《韩非子·说难》中有："龙之为虫也，柔可狎而骑也。然其喉下有逆鳞径尺，若人有婴之者，则必杀人。"在韩非子的笔下，龙确实存在，它不仅有形状，而且喉下还有逆鳞，凶猛能咬人。《管子》中也曾记载："龙被五色而游，故神。欲小则化为蚕蠋，欲大则极于天下，欲上则凌于云气，欲沉则入于深泉，变化无日，上下无时，谓之神。"管子不仅说龙能飞能潜，而且善于变化，能大能小。中国民间俗语中有相似说法，如"能大能小是条龙"。

1987 年，在河南濮阳西水坡仰韶文化遗址墓葬中，发现了距今 6000 年的蚌砌龙，龙身是用未加工的自然蚌壳摆塑而成，头颅高抬，半张开的大嘴巴，短粗的腿前伸，五爪抓地。形体与故宫的龙有类似之处。据专家具体测量，这条蚌砌龙，与古代一种食肉巨蜥身体

《马龙》（西安·蔡昌林绘）

比例关系相差不大。蜥蜴与扬子鳄是可以蓄养的，陕西石峁遗址就发现了扬子鳄骨板。还有学者认为，《周易》之"易"，就是蜥蜴，也就是《周易》卦辞中所谓的龙。由于蜥蜴肤色能随季节的变化而变化，所以，"易"又有变化之意。

（2）《诗经》蕴含的龙意象

《诗经》诞生于周，是在周之都城丰、镐两京编辑整理的。周原以及丰镐先后作为西周的政治中心，《诗经》中很多重要的优秀诗篇必然和它们所在之今陕西有千丝万缕的联系。《诗经》分为风、雅、颂三部分："风"是周王室专门派人采集而来，以推广诗教，宣扬周礼的；"雅"是"王畿之乐"；"颂"是专门用于宗庙祭祀的音乐。

《诗经》是中国古代最早的一部诗歌总集，西汉时被尊为儒家经典。后世无数文人和作品皆以此为宗，源源不断地从中汲取着养料。而作为中华传统文化中的龙文化，

自然在《诗经》这部最早的诗歌总集中有所反映。而通过《诗经》中这些与"龙"相关的诗句，来探寻、挖掘早期龙意象所具有的文化内涵和精神所在，对我们较全面地认识中华龙文化，自然意义非凡。

《诗经》中含"龙"的诗句不少，风、雅、颂均有涉及。

《诗经·小雅·蓼萧》中有："既见君子，为龙为光。"为被天子恩宠而荣幸。《诗经·周颂·酌》中有："我龙受之，蹻蹻王之造。"《诗经·商颂·长发》中有："受小共大共，为下国骏厖，何天之龙。"

这三首诗的句子中"为龙为光""我龙受之""何天之龙"的解释历来存在争议。《郑笺》有："龙，宠也。为宠为光，言天子恩泽光耀被于己也。"将"龙"解释为天子的光耀和恩宠，用龙而不用宠，应该藏有天子龙身之意。毛亨将《诗经·小雅·蓼萧》中的"为龙为光"解释为"宠"，但又将《诗经·周颂·酌》中的"我龙受之"和《诗经·商颂·长发》中的"何天之龙"解释为"和"。郑玄则认为三处皆是"宠"，其是"荣名之谓"。曾奉唐太宗命，主持编纂集魏晋南北朝以来经学大成的著作《五经正义》的《诗经》研究专家孔颖达，也提出了质疑，并指出"龙之为和，其训未闻"。看来，"龙为和"

《汉龙》（西安·蔡昌林绘）

还是有点牵强。中国现代著名的《诗经》研究专家，曾任华东师大古籍研究所教授，著有《诗经译注》等书的程俊英，则认为三处皆从"宠"。再者，甲骨文中的"宠"字，最直接最显著的意思就是家中有龙。因之"龙"与"宠"字形相近，字意上也相通。如此认定，"为龙为光""我龙受之""何天之龙"，可归为"龙宠通用"的"宠"。

从《诗经·周颂·酌》这首诗的内容来看，前五句是成王歌颂王师的战绩，并对统兵出征的统帅周公表示感激之情，并歌而颂之。后三句是成王任命周公、召公分职而治天下。这时是周公摄政，但任命之事则不能不以成王的名义。因为武王灭商建立西周后不久便去世，其子成王继位，自然是真龙天子。成王感激歌颂周公的同时，也不忘表示自己身为真龙天子，受宠于天的至尊地位。联系此诗写作时的背景，再把"龙"和天子加以联系，可能更为接近历史真实。

《诗经》中的"龙"，已全然不是作为动物"龙"的具体形态，"龙"的意象和文化意蕴已经上升到一种精神层面。

《国风·郑风·山有扶苏》中有"隰有游龙"。毛亨注曰："龙，红草也。"郑玄笺曰："游龙，犹放纵也。"此诗中的"龙"，指水荭、荭草，属蓼科，是一种一年生草本植物。"游龙"，是用来形容荭草茂盛恣意生长。"隰"指植物生长的地方是低洼的泽国湿地。这说明，先民们认为龙适宜生活在水之中。《周礼·冬官·画缋》说："火以圜，山以章，水以龙。"郑玄注曰："龙，水物。"《楚辞·九歌·湘夫人》中亦有："蛟何为兮水裔？"提出"蛟龙为何被困水边"的疑问，则印证了龙与水之间的联系。民间俗语还有"水为龙世界"，把龙与水联系在一起，龙也就成了水的象征。

龙还进一步成为一种身份的象征物——"龙节"。《周礼·秋官·小行人》中说："达天下之六节：山国用虎节，土国用人节，泽国用龙节。"这里所谓的"节"，指当时诸侯国的使者出境时所使用的一种标志物，后来称节符，使者因而也叫使节。

《诗经·秦风·小戎》中有"龙盾之合，鋈以觼軜"，意为古代贵族的龙盾上加个白铜环，环有舌钳入盾上。车厢裏钉上白铜槷柱，盾就挂在上面。毛亨传曰："龙盾，画龙其盾也。合，合而载之。"孔颖达疏曰："其车上所载攻战之具，则有龙盾之合，画龙于盾合而载之以蔽车也。"此处所言的"龙盾"，是战车之上一种十分重要的防御装备。盾也称盾牌，能阻挡住敌人刀箭的攻击。盾牌上画有龙纹，就成了"龙盾"。

《豳风·九罭》有："我觏之子，衮衣绣裳。"指遇见之人穿戴为"衮衣绣裳"，所谓"衮衣"是古代一种特殊的礼服，也可以说是古代帝王所穿的龙服。毛传曰："衮衣，卷龙也。"孔颖达疏曰："画龙于衣谓之衮。"陆德明《孝经音训》曰："天子画升龙于衣上，公但画降龙。"《大雅·韩奕》另有："玄衮赤舄。"（玄衮：黑色龙袍，周朝王公贵族的礼服。赤舄：红鞋。）

药王故里墙花上的龙
（西安·白鹭摄）

可见，"衮"当为一种绘龙于其上的冕服。"衮衣"也称"衮龙"，指衮龙袍。汉代徐干《中论·治学》："视衮龙之文，然后知被褐之陋。"宋代陆游《贺寿成皇后笺》："衮龙兼彩服之纤，褕翟焕玉厄之奉。"唐代王维《和贾至舍人早朝大明宫之作》："绛帻鸡人送晓筹，尚衣方进翠云裘。九天阊阖开宫殿，万国衣冠拜冕旒。日色才临仙掌动，香烟欲傍衮龙浮。朝罢须裁五色诏，佩声归向凤池头。"民间还有引申为衮龙桥、衮龙沟的传说。

《诗经·商颂·玄鸟》中有"龙旂十乘"，形容绘有龙纹的旗帜神圣庄严的样子。《诗经·周颂·载见》中有："龙旂阳阳，和铃央央。"形容绘有龙纹的旗帜迎风猎猎的神圣庄严场面。《诗经·鲁颂·宫》中有："龙旂承祀，六辔耳耳。"龙旂指龙旗仪仗去祭祀先祖，驾车的六条辔绳柔顺从容。这三首诗中的旂都标明是"龙旂"。"旂"，乃旗之古字。

《诗经·大雅·韩奕》中有："王锡韩侯，淑旂绥章。""淑旂"指色彩鲜艳绘有交龙、日月图案的旗子，"绥章"

指旗上图案花纹优美。《诗经·鲁颂·泮水》中有："鲁侯戾止，言观其旂。其旂茷茷，鸾声哕哕。"此处之"旂"亦指绘有龙形图案的旗帜。虽没有说是"龙旗"，但实际上都是绘有龙的旗。

《诗经》这些篇目中均提到了"旂"或"龙旂"。而什么是龙旂呢？《周礼·春官·司常》说："司常掌九旗之物名，各有属，以待国事。"又云"日月为常，交龙为旂"。因此，"旂"当为画有交龙图案的旗帜。交龙图案指的是两龙盘结的图案。《周礼》中提到的这些"旂"，主要为诸侯所使用，在阅兵、祭祀、会同、招待、大丧、军事、致民、田猎等多个场合，均须建交龙之旂。

《诗经》中的诗句也从侧面印证了这一点。如"王锡韩侯，淑旂绥章""载见辟王，曰求厥章，龙旂阳阳，和铃央央"，即为会同之用旗。会同，就是四方齐会，六服皆来，而且既可以在京师，也可以在别地，甚至在王国境外。由于会同是各方诸侯同聚一堂，因此，也就成为诸侯大国炫耀实力的大好时机。

"龙旂承祀，六辔耳耳""龙旂十乘，大糦是承"即为祭祀之用旗。

从《周礼》和《诗经》记载看，周代的旗帜颜色有红色和白色两种，旗标图案多是双龙交会。《诗经》中不少篇章写到"旂"或"旐"，旐也是一种大旗。《诗经·小雅·六月》中有："猃狁匪茹，整居焦获。侵镐及方，至于泾阳。织文鸟章，白旆央央。元戎十乘，以先启行。"
不仅说到旗的颜色是白的，还说到旐纹、旗标。

由《诗经》蕴含的龙意象可以见识到"龙"在当时的盾牌、冕服、旗帜上均是极重要的、有专门用途的纹饰。这不但是当时分封等级制度和礼乐制度的体现与标识，而且也具有前人遗传下来的图腾意识和历代奴隶君主、封建帝王的屡屡强化下尊龙观念的不断提升，最终有龙纹的物品成了至高皇权的代名词。当然也可以说，《诗经》中的龙，源于原始图腾，但已经超越了图腾。龙也被塑造为一种通天的神兽、吉祥的瑞兽，人们甚至把龙当作我们民族发祥和文化肇端的象征。

（3）《汉赋》中的龙意象

《汉赋》中龙的意象俯拾皆是，如具体分析，则需从汉赋四大家说起。因为他们的代表作都与汉代长安有关。汉赋四大家，约定俗成的是指汉代的司马相如、扬雄、班固、张衡四人。

司马相如与汉长安有着非常重要的联系。可以说，是长安成就了他。他前后两次入长安，第二次，是以他的一篇《子虚赋》惊动了汉武帝，才风风光光地被天子请入长安的。这次入长安，他长居十八年之久，一直到公元前118 年病逝于家居的茂陵。

司马相如《子虚赋》中有："众色炫耀，照烂龙鳞。"颜师古注："言采（彩）色相耀，若龙鳞之间杂也。"意思是多种色彩炫人眼目，像龙鳞一样灿烂照耀。

　　承继《子虚赋》而来的《上林赋》中则有："于是乎鲛龙赤螭，鰅鳙鳍离，鳂鲉鳍鮀，禺禺魼鳎，捷鳍掉尾，振鳞奋翼，潜处乎深岩，鱼鳖讙声，万物众伙。"螭，传说中蛟龙一类动物，无角。赤螭即"赤龙"。郭璞注："文颖曰：'龙子为螭。张揖曰：'赤螭，雌龙也。'"

　　此赋中还有"青龙蚴蟉于东厢，象舆婉僤于西清，灵圄燕于闲馆"。"青龙"一句是说，青龙驾的车子可以在东厢房行进，极力形容房屋的宽阔。蚴蟉，龙行的样子，此处用以形容车子。

龙壁画（西安·白鹭摄）

　　青龙，是中国古代神话中的四灵之一，源于远古星宿崇拜，是代表太昊与东方七宿的东方之神。《淮南子·天文训》记载："天神之贵者，莫贵于青龙。"汉代瓦当之中，青龙就以生有羽翼的应龙形象出现。有种说法："苍龙有翼，方为真龙。"即有羽翼的青龙，才是真龙。汉时谶纬学说兴起，龙的象征含义又多了生机、甲乙、仁德，汉以后道教将其吸纳为护法神，称孟章神君。

　　《上林赋》中有："西驰宣曲，濯鹢牛首，登龙台，掩细柳。"其所登的龙台，即今西安市鄠邑区东北十五公里的龙台坊。张揖曰："观名也。在丰水西北，近渭也。"

《上林赋》中还有："撞千石之钟，立万石之虡，建翠华之旗，树灵鼍之鼓。"其中"建翠华之旗，树灵鼍之鼓"在《史记·李斯列传》也有："有随、和之宝，垂明月之珠，服太阿之剑，乘纤离之马，建翠凤之旗，树灵鼍之鼓。"

司马相如还有一首《大人赋》，赋中的"大人"指汉武帝，写汉武帝驾云乘龙遨游仙界。原文是这样描述的："驾应龙象舆之蠖略逶丽兮，骖赤螭青虬之蚴蟉蜿蜒。低印天蟜据以骄骜兮，诎折隆穷蠼以连卷。沛艾赳螑仡以怡儴兮，放散畔岸骧以孱颜。蹠踱輵辖容以委丽兮，绸缪偃蹇怵鞨以梁倚。纠蓼叫奡蹋以艐路兮，蔑蒙踊跃腾而狂趡。莅飒卉翕熛至电过兮，焕然雾除，霍然云消。"

译成白话就是，驾着应龙、象车屈曲有度地前行，以赤螭、青虬为骖马蜿蜒行进。有时龙身屈曲起伏，昂首腾飞，恣意奔驰，有时又屈折隆起，盘绕蜷曲。时而摇头伸颈、起伏前进；时而举首不前；时而放任散漫、自我放纵；时而昂首不齐。有时忽进忽退、摇目吐舌，如趋走飞翔之鸟，左右相随；有时龙头摇动，屈曲婉转，像

皮影《龙》

惊兔奔跑，如屋梁相互依靠。或缠绕喧嚣踏到路上，或飞

扬跳跃、奔腾狂进，或迅捷飞翔。飞奔追逐如火光闪电，突然雾散云消。

"赤螭"为传说中的赤色无角小龙（一说雌龙）。"青虬"即青龙。在屈原《九章·涉江》中就有"驾青虬兮骖白螭"。这里"青虬""白螭"即青龙、白龙。

其次介绍扬雄赋中的龙意象。

司马相如和扬雄虽都是西蜀之人，但这两位并称"马扬"的赋家，都曾入长安，在长安生活了不短的时间。扬雄在长安生活了三十多年，曾校书于天禄阁。

司马光尊他为孔子之后超过荀子孟子的一代"大儒"，所以世人有"孔孟荀扬"之说，"扬"指的就是扬雄。

扬雄《甘泉赋》中有："捎夔魖而抶獝狂。"其中的"夔"，有注解曰："木石之怪曰夔，如龙有角，人面。"

下面两段中，既有龙意象，也有凤凰意象。

其一，"于是乘舆乃登夫凤皇兮翳华芝，驷苍螭兮六素虬，蠖略蕤绥，漓虖幓缅"。凤皇为车饰也。坐的"苍螭"为龙之子；"六素虬"在《上林赋》中为"六玉虬"。"虬"，古代传说中指有角无须的小龙。《春秋命历序》曰：皇伯乘六龙。句中的"蠖略蕤绥"，龙行之貌也。"漓虖幓缅"，龙翰下垂之貌也。宋《瑞应图》："龙马神马，河水之精也，高八尺五寸，长颈骼，上有翼，修垂毛，鸣声九音。有明王则见。"虬龙则是传说中的瑞兽，"神马"，"马八尺以上为龙""两角者虬"。《广雅·释鱼》

中说："有鳞曰蛟龙，有翼曰应龙，有角曰虬龙，无角曰螭龙。"《抱朴子》中说："母龙曰蛟，子曰虬，其状鱼身如蛇尾，皮有珠。"

其二，"漂龙渊而还九垠兮，窥地底而上回。风傱傱而扶辖兮，鸾凤纷其御蕤"。九垠，九重也。傱傱，疾貌也。蕤，绥也。这里描写车辖向下奔驰，飘过龙渊回到九陔，窥见地底又回到地面。风疾驰扶辖，鸾凤衔着缨蕤，渡过弱水。

扬雄《羽猎赋》中亦有龙凤之意象，赋前半部有："凤凰巢其树，黄龙游其沼，麒麟臻其囿，神爵栖其林。"赋中后段还有："发黄龙之穴，窥凤凰之巢，临麒麟之囿，幸神雀之林。"似乎前后两段仅变动了几个字，给人感觉有点儿重复，但这种重复咏叹，也有加深印象的作用。

再有，"鳞罗布列，攒以龙翰"。龙翰，犹龙毛、龙鳞。颜师古注："言布列则如鱼鳞之罗，攒聚则如龙之豪翰。"唐代杨炯《大唐益州大都督府新都县学先圣庙堂碑文》："自太平王佐，委龙翰于芳年；礼乐霸臣，摧虎文于华月。"《羽猎赋》中，继《甘泉赋》，又提到了蚩尤，"蚩尤并毂，蒙公先驱"。

另外，有"薄索蛟螭，蹈獭獭，据鼋鼍，拔灵蠵。入洞穴，出苍梧，乘巨鳞，骑京鱼"。蛟螭，犹蛟龙，亦泛指水族。鼍，即扬子鳄。

扬雄《甘泉赋》《羽猎赋》在艺术上铺陈夸张，借助龙意象，使他的赋气魄宏大，文采焕然，气势磅礴，最是宏丽温雅。

再次要说班固赋中的龙意象。

班固是汉赋四大家中唯一一位陕西人。班固（32—92年），字孟坚，扶风安陵（今陕西咸阳东北部）人。东汉时著名史学家、文学家。他潜心二十余年，修成《汉书》，当世重之。在文学上他也是地位显赫。班固《两都赋》影响深远，由于被萧统《文选》列于卷首，而受到后世的普遍重视。因为这部编于南北朝梁代的《文选》，是中国现存最早的一部总集，代表了汉魏两晋南北朝文学最重要的成就。

班固《两都赋》序中有："福应尤盛，白麟、赤雁、芝房、宝鼎之歌，荐于郊庙。神雀、五凤、甘露、黄龙之瑞，以为年纪。"意思是对大汉的丰功伟业予以弘扬。于是广大百姓心情欢畅，各种瑞物呈示吉祥。白鹿、赤雁、芝房、宝鼎纷纷出现，据以作歌并进献祖先。神雀、五凤、甘露、黄龙不断降临，据此瑞物而改变纪年。其中，瑞物就有龙凤文化中的黄龙和五凤。

黄龙是中国古代神话传说中的神兽。据古籍记载，黄帝及大禹都是黄龙的化身。司马迁所著的《史记·天官书》中记载有"轩辕黄龙体"，还记载：大禹的父亲"鲧"因治水不力被处死，腹中出现一条黄龙，这便是大禹。大禹治水有功，后建立了夏朝。

五行思想将黄龙看作是五龙之一。有四大神兽之外的"第五灵"甚至四灵之长的说法，"中央黄为土"就是黄龙。再者黄帝陵就建在陕西的黄土高原上。

著名神话学家袁珂认为，黄龙即是黄帝时期的应龙。黄龙是古代中国神话传说中一种有翼的龙，也叫飞龙。传说中的应龙以庚辰为名，居于天，曾作为黄帝手下的大将斩杀蚩尤，并助大禹治水。应龙于五方主中央、五行司土，为云雨雷霆、沟渎河川之神，亦是天龙之神。据《淮南子》记载，黄龙是四方神兽的中央之兽。因此，黄龙居中，比四种神兽的地位高。龙逐渐成了中华民族的图腾和皇权的象征，后世皇帝称自己为"真龙天子"，皇帝穿的"龙袍"被叫成"黄龙袍"。

班固在《西都赋》中更进一步说："周以龙兴，秦以虎视。"此处的龙，是说像龙一样飞腾而兴盛。意思是说，周朝凭长安这块"九州之上腴"的风水宝地而如龙飞腾，秦朝凭此而虎视东方。龙，成了一种比喻形容的意象。

《西都赋》中还有："沟塍刻缕，原隰龙鳞，

壁画上的龙

决渠降雨，荷插成云。"意思是平原和低地的块块田畴，像龙的鳞片一样整齐。原隰，即广平与低湿之地。《国语·周

语上》："犹其原隰之有衍沃也。"韦昭注："广平曰原，下湿曰隰。"

"抗应龙之虹梁"意指汉长安城未央宫殿上横架着形如飞龙、曲如彩虹一样的殿梁。"于是后宫乘辁辂，登龙舟。张凤盖，建华旗。"意指后宫嫔妃女官，乘卧车，登龙船，凤盖高举，彩旗招展。

班固在写《答宾戏》时，仍重视龙意象的表现。此作属另外一种文体的"设论"，即围绕着一个问题，假设两人对话。《文心雕龙》对《答宾戏》的评价最高，是班固文学成就的标志之一。

《答宾戏》中有："鸞龙虎之文。"李善注："孟康曰：'鸞，被也。'苏林曰：'谓被龙虎之衣也。'"

"应龙潜于潢污，鱼鼋媟之，不睹其能奋灵德，合风云，超忽荒而躔昊苍也。故夫泥蟠而天飞者，应龙之神也；先贱而后贵者，和隋之珍也。"意为应龙盘伏污泥而能飞腾天际的道理，是飞龙的玄妙。《三国志·吴书·吾粲》中曾提到："夫应龙以屈伸为神，凤皇以嘉鸣为贵。"随着对应龙不断地神化，清康熙年间（1662—1722 年）东轩主人在其所著《述异记》中又加以渲染："虺五百年化为蛟，蛟千年化为龙，龙五百年为角龙，千年为应龙。"由此说来，应龙竟然是修炼千年的角龙，这将应龙描绘得越发非比寻常。

《山海经·大荒北经》中记载："蚩尤作兵伐黄

帝，黄帝乃令应龙攻之冀州之野。"沈约在《宋书·卷二十七·符瑞上》中也记载："应龙攻蚩尤，战虎、豹、熊、罴四兽之力。"说明应龙还是黄帝手下的一员得力战将，不仅仅只是传说中的神兽。

班固《西都赋》以及《答宾戏》中，对龙意象运用表述十分出彩，对我们比较深入认识并理解汉代龙文化的兴起和发展，帮助不小。

最后说的是张衡赋中的龙意象。

张衡在四大赋家中独树一帜。他既是一位文学家，还是一位科学家。其赋作的名篇是《二京赋》，即《西京赋》和《东京赋》。《西京赋》西汉国都长安的景象，其中不乏龙意象的代入。

《西京赋》中有"疏龙首以抗殿"，意指疏通龙首山以高筑宫殿。"麒麟朱鸟，龙兴含章，譬众星之环极"，意为麒麟、朱鸟、龙兴、含章诸宫殿，如众星环绕北极一样。"想升龙于鼎湖"，意为想到黄帝在鼎湖乘龙升天。黄帝乘龙升天的鼎湖，据车宝仁教授等专家考证，为今陕西蓝田县焦岱镇。《史记·封禅书》云："公孙卿曰：'……黄帝采首山铜，铸鼎于荆山下。鼎既成，有龙垂胡髯，下迎黄帝。黄帝上骑，群臣后宫从上者七十余人。龙乃上去，余小臣不得上，乃悉持龙髯，龙髯拔堕，堕黄帝之弓。百姓仰望黄帝既上天，乃抱其弓与胡髯号，故后世因名其处曰鼎湖，其弓曰乌号。'"《汉代长安词典》载：鼎湖宫，西汉离宫。汉武帝时营造，位于上林苑东南边界……天上有龙降临，迎黄帝升仙。黄帝的随从小臣攀龙髯而上者有七十二人。汉武帝即因黄帝升天的故事命名该宫。汉代鼎湖延寿宫遗址于1958年发现，位于蓝田县焦岱镇西南。还有，《列子·黄帝》载黄帝"昼寝而梦，游于华胥氏之国"。"华胥氏之国"在今陕西蓝田的华胥镇。需要说明的是，黄帝铸鼎于荆山，是陕西西安阎良区与渭南富平县之间的荆山。

赋中的"千乘雷动，万骑龙趋"，意为千辆战车如雷滚动，万匹战马似龙奔腾。"白虎鼓瑟，苍龙吹篪"，意为白虎前来鼓瑟，苍龙前来吹篪。"海鳞变而成龙，状蜿蜿婉以蜑蜑"，意为海中的鱼变化成了龙，其形状蜿蜿蜒蜒。

《西京赋》中还有"挂白鹄，联飞龙"句。李周翰注："飞龙，鸟名。"明代焦竑《焦氏笔乘·飞龙》："飞龙，鸟名，凤头龙尾，其文五色，以象五方，一名飞廉，一名龙准。"《西京赋》："若神龙之变化，章后皇之为贵。"薛综注："龙出则升天，潜则泥蟠，故云变化。"

张衡作为汉赋四大家之一，他对汉代龙的文化意象有着十分敏锐独到的认识。他能驾轻就熟自然而恰当地借助龙的意象，让自己的辞赋具有意象丰沛的神学思

张衡邮票龙

维。值得特别强调的一点是，张衡作为中国古代卓越的科学家，他在发明世界上第一台候风地动仪时，就采用龙的意象元素，在用精铜铸造出的候风地动仪里面装置有一根粗大的铜柱，铜柱周围伸出八条滑道，外面有八条铜龙，龙口各含一枚铜丸，每条龙下面都对应着一只蟾蜍，蟾蜍张着嘴巴，准备接住龙口吐出的铜丸。

其构思之神妙，真是匪夷所思，莫非他正是受到龙意象的启悟，灵智大开，才让神话一般的龙与科学技术完美地结合起来？

12. 唐诗中的龙意象

（1）李白诗中的龙意象

龙意象，是李白在诗歌创作中最为钟爱的意象之一。龙是我国古代传说中的神异动物，象征着祥瑞。李白诗中反复出现大量的龙意象，绝对是前无古人。这使有诗仙之称的"谪仙人"李白的诗，在表现手法上更为奇幻玄妙、色彩斑斓，进入一种物我两忘的境界。

龙的意象在李白的笔下已然不再是单纯的意象本身，诗人赋予它们感情和生命，起到了深化诗歌精神内涵的作用。

　　首先，李白《蜀道难》中的龙意象就语出惊人，例如其中的"上有六龙回日之高标，下有冲波逆折之回川"。这其中的"六龙回日"是我国的古代神话。传说日神羲和驾六龙以乘车，载着太阳在天空运行，从扶桑至虞泉循环往复，形成昼夜。"六龙回日"也用来比喻太阳神。李白诗中则通过"六龙回日"这个典故，体现蜀道穿越秦岭及主峰太白山之高峻，仿佛可以触碰到天上驾驭六龙的羲和（或太阳），体现了浪漫主义诗人诗仙李白诗歌奇幻的艺术魅力。

　　李白是清醒的，他在《日出入行》中提出："六龙所舍安在哉？"这一对"六龙回日"神话的质疑，让你认识到，作为一位伟大诗人的不同凡响之处。他在形象思维中仍然重视科学思维的态度，令人感叹。

　　李白有一句诗"骑二茅龙上天飞"，出自《西岳云台歌送丹丘子》，这首诗也是写西岳华山与黄河最具有代表性的作品。这首诗中"骑二茅龙上天飞"一句中的茅龙，据《列仙传》说，仙人使卜师呼子先与酒家妪骑二茅狗，骑上后立即变成飞龙，升天成仙。呼子先是汉中郡城关外的卜师，高寿一百多岁。临近离开汉中，他对卖酒人家的老妇人说：赶快装束，当与你一起到中陵王那里去报到。夜里有仙人拿着两只茅草编扎的狗来，喊子先，子先把其中的一只给了卖酒的老妇人。二人骑上之后发现，茅草狗竟然是龙。他们一同上了华山。

丹丘子即元丹丘，是一位"素与烟霞亲"的游仙，其一生与李白关系密切，诗仙、游仙，情志相投，友谊深厚。李白与之从游甚久，赠诗亦特多。根据裴斐《李白年谱简编》，这首诗是在唐玄宗天宝三载（744年）李白送别丹丘子归赴长安时写的，诗写于华山云台峰（北峰）。当时李白四十四岁，已经被赐金放还，离开长安。

李白在诗中幻想着丹丘子从蓬莱西归京师，出入于九重之中，沐浴着圣上的光辉。倘若丹丘子的玉浆能赐故人一饮的话，他将与丹丘子像传说的汉中卜师、酒店老妇一样，骑上仙人的茅狗，刹那间化作飞龙，直飞上云天。这也表现出诗人对成仙飞升的向往与仰慕。

李白《闻王昌龄左迁龙标遥有此寄》诗中有："闻道龙标过五溪。"龙标：古地名，唐朝置县，属巫州，治所在今湖南怀化黔阳县。诗中的"龙标"指王昌龄，古人常用官职或任官之地的州县名来代指某人。

李白《梦游天姥吟留别》诗中有："熊咆龙吟殷岩泉。"诗人以龙吟来形容岩泉震撼，使得诗歌中的浪漫主义色彩更加浓郁。

李白《梁甫吟》一诗写道："我欲攀龙见明主。"这首诗可能是天宝三载（744年）李白离开长安时所写。作者通过吕尚、郦食其等人物的故事和一些神话传说，表达遭受挫折的愤懑，期盼"攀龙见明主"，得到皇帝的赏识

和重用。全诗纵横跌宕，变幻惝恍，淋漓悲壮。诗中还有
"张公两龙剑，神物合有时"。张公，指西晋张华。据《晋
书·张华传》载：西晋丰城
（今江西丰城）县令雷焕掘双
剑，即古代名剑干将、莫邪，
雷焕把干将送给张华，自留莫
邪。后来张华被杀，干将失落。
雷焕死后，他的儿子雷华有一
天佩带着莫邪经过延平律（今

龙纹窗

福建南平市），突然，剑从腰间跳进水中，与早已在水中
的干将会合，化作两条蛟龙。这个故事表明，李白仍希望
着有一天自己会得到明君赏识。

令人惊叹的是，李白在《永王东巡歌十一首》中有六
处含有龙的句子。分别是："天子遥分龙虎旗""龙蟠虎
踞帝王州""征帆一一引龙驹""何似龙骧出峡来""祖
龙浮海不成桥""汉武寻阳空射蛟"。

一组十一首四十多行的诗中，竟连续出现六处有龙的
句子，并贯穿全诗，这在唐诗中极为罕见，也让我们见识
了诗仙李白对龙意象的钟爱和推崇。

（2）唐诗中的"一龙"至"九龙"

李白的诗，常用龙来比喻事物，形成了一种大意象。
这种意象承载了非常丰厚的艺术内涵，使作品主题更加鲜
明集中，作品因而更加光彩四溢，引人注目。

《留别金陵诸公》中有："三龙纷战争。"《金陵望汉江》中有："派作九龙盘。"加上前面提到的《蜀道难》中有："上有六龙回日之高标。"这些诗中写龙带数字的句子，恰巧为"三龙""六龙""九龙"，包括了中国的吉祥数字"三、六、九"。

李白诗中写到了"三龙""六龙""九龙"。周朴《哭李端》诗中有"一龙"，即"竹在晓烟孤凤去，剑荒秋水一龙沉"。"孤凤去"与"一龙沉"，婉言人逝世。这两句还是有凤有龙的对仗句。

贯休《题成都玉局观孙位画龙》诗中有"二龙"，即"金城柱上有二龙"。李白《古风·宝剑双蛟龙》中亦有："宝剑双蛟龙。"双即为二。

李咸用《西门行》诗中有"四龙"，即"四龙或跃犹依泉"。西汉《淮南子》一书中提到的万物初祖，是始祖的嫡系后代。四龙，分别是飞龙（羽族之祖）、应龙（毛族之祖）、蛟龙（鳞族之祖）、先龙（介族之祖）。

应物《龙潭》诗中有"五龙"，即"五龙潜处野云闲"。《春秋命历序》中有："皇伯、皇仲、皇叔、皇季、皇少，五姓同期，俱驾龙，号曰五龙。"《鬼谷子·本经阴符》："盛神法五龙。"陶弘景注："五龙，五行之龙也。"《文选·郭璞〈游仙诗〉》："奇龄迈五龙，千岁方婴孩。"李善注引《遁甲开山图》荣氏解："五龙，皇后君也，昆弟五人，皆人面而龙身。长曰角龙，木仙也。次曰徵龙，火仙也。

次曰商龙，金仙也。次曰羽龙，水仙也。次曰宫龙，土仙也。"亦谓五龙的法术。

李白《游泰山六首》中有："六龙过万壑，涧谷随萦回。马迹绕碧峰，于今满青苔。"其中将皇帝所驾车辇称为"六龙"。

李颀《王母歌》中有"七龙"，即"七龙五凤纷相迎"。而一句诗中兼有龙凤意象，也较难得。

贯休《少监·益友相随益自强》中有"八龙"，即"八龙三虎森如也"。八龙，神话中的八匹龙马。后以"八龙"称誉才学出众之士。唐代沈佺期《夏日梁王席送张岐州》中亦有"人擅八龙奇"。传说中的伏羲兄弟八人，世号八龙。除过李白诗中的"派作九龙盘"，武则天《游九龙潭》中亦有："潭心倒九龙。"

唐诗中写龙带数字的从一到九竟然全有，而李白占了三句，如算上"双蛟龙"，那就占到四句了。真称得上是唐代第一的"龙诗人"！

（3）杜甫诗中的龙意象

龙，作为中华民族的图腾，是唐代诗歌中常用的文学意象。龙图腾本身是多重图腾结合的产物，龙又是在中华民族历史长河中出现的一种极具代表性和想象性的"动物"，也是中华民族创造出来的一种代表天地的"神物"，赋予其更深层的精神内涵。龙意象在唐代诗歌中更是被表现得淋漓尽致。

下面就从诗圣杜甫诗中的龙意象说起。

杜甫《渼陂行》诗中有："此时骊龙亦吐珠，冯夷击鼓群龙趋。"诗人写月下见闻之状，映入水中的繁星，灯火遥映，如骊龙吐珠；音乐远闻，如冯夷击鼓；晚舟移棹，如群龙争趋。骊龙吐珠，群龙争趋，给人一种神极妙极的审美愉悦。

《长安志》载：渼陂，在鄠县（今西安市鄠邑区）西五里，出终南山诸谷，合胡公泉为陂。冯夷，华阳潼乡人，中国古代神话中的黄河水神。华阳，在今陕西秦岭以南，勉县西北，南北朝时曾为华阳郡治所。

"骊龙"出自《庄子·杂篇·列御寇》，是由庄子记述的一段故事。骊龙：纯黑色的龙。"河上有家贫恃纬萧而食者，其子没于渊，得千金之珠。其父谓其子曰：'取石来锻之！夫千金之珠，必在九重之渊而骊龙颔下。子能得珠者，必遭其睡也。使骊龙而寤，子尚奚微之有哉！'"译成白话就是：河上有一个家庭贫穷靠编织苇席为生的人，他的儿子潜入深渊，得到一枚价值千金的宝珠，父亲对儿子说：拿石块过来砸坏这颗宝珠！价值千金的宝珠，必定出自深深的潭底黑龙的下巴下面，你能轻易地获得，一定是正赶上黑龙睡着了。倘若黑龙醒过来发现你拿了宝珠，你还能活吗？以此看来骊龙之珠何其难得。

杜甫《哀王孙》诗中有："高帝子孙尽隆准，龙种自与常人殊。"此诗作于唐天宝十五载（756 年）安禄山犯长安后几个月。此诗写"安史之乱"起，唐玄宗仓促逃往成都的情境，再记叙王孙亲贵避乱匿身之窘状，此诗还有"豺狼在邑龙在野，王孙善保千金躯"。豺狼在邑，指安禄山占据长安。邑，京城。这里连用"龙种"与"龙在野"。龙种指代皇家子孙，而龙在野指唐玄宗奔逃在外至蜀地。诗中情感复杂，鲜明地突显了"与常人殊"的龙子龙孙，也有凤凰落架不如鸡的背时霉运。

杜甫《丹青引·赠曹将军霸》中有："斯须九重真龙出，一洗万古凡马空。"此诗写曹霸给玄宗皇帝画御马"五花骢"，片刻间九天龙马在绢上显现，一下子比得万代凡马皆成平庸。

《曲江对雨》中有："龙武新军深驻辇。""龙武新军"，即龙武禁军；"深驻辇"，即当年曾经的皇帝出行仪仗车辇自夹城趋芙蓉园，箫鼓齐鸣，车声雷动，旌麾蔽日，气势如虹。而如今，驰道依存，殿门深锁，只留下废弃的车辇停驻在此。"曲江"为唐长安城南一景。

杜甫像

杜甫《骊山》一诗中有："鼎湖龙去远。"指帝王去世。此诗借用"鼎成龙去"的典故。骊山在唐长安城东的临潼，鼎湖在唐长安城东南的蓝田。而阎朝隐也写过《奉和登骊山应制》一诗，诗中有"龙行踏绛气"一句。

杜甫《梅雨》中有："竟日蛟龙喜，盘涡与岸回。"意思是河中仿佛整日有蛟龙在嬉戏，形成一个个漩涡达到河岸又返回来。杜甫《绝句·欲作鱼梁云复湍》中有："青溪先有蛟龙窟，竹石如山不敢安。"意思是，清溪有蛟龙的居所，但是迫于地势险要所以不敢居住。

杜甫《韦讽录事宅观曹将军画马图》中有："龙池十日飞霹雳。"意思是，曹霸所画名马"照夜白"，形象逼真，感动龙池里的龙，连日挟带风雷飞舞。诗中另有一句"龙媒去尽鸟呼风"。龙媒，

《龙》（老连提供）

骏马。语出《汉书·礼乐志》："天马来，龙之媒。"此句诗意思是"安史之乱"后，唐玄宗陵前松柏里，骏马都逃离不见了，只剩下鸟儿在松风中鸣叫。

杜甫的诗，全方位地反映了唐由盛至衰的过程，因此，被称为"诗史"而独尊于世。"诗史"是对一位诗人诗作的最高称誉之一。杜甫所写的有关龙意象的诗，其中大多数也是他"以诗为史"的代表作。

（4）诗人聚首咏"龙池"

杜甫诗中提到的"龙池"，也指隆庆宫。《旧唐书·音乐志》载："玄宗龙潜之时，宅在隆庆坊。""玄宗正位，

以坊为宫，池水逾大，弥漫数里。"又据《新唐书·音乐志》载："初，帝赐第隆庆坊，坊南之地变为池，中宗常泛舟以厌其祥。帝即位，作《龙池乐》，舞者有十二人。"玄宗所居之隆庆坊，即今西安东关的景龙池。

另外，李商隐专门写过《龙池》一诗，其中有："龙池赐酒敞云屏。"龙池在长安三大宫的兴庆宫内。诗中描写唐玄宗于龙池宴饮作乐，敞开分隔内外的云母屏风，表明这是玄宗在宫中摆设的不分内外的家宴，参加者除玄宗、诸王外，自然也包括宫中新宠杨贵妃在内。中晚唐以后，诗人咏

雕塑龙（西安·白鹭摄）

玄宗与杨贵妃的作品渐多。而李商隐的这首诗，结尾一句"薛王沉醉寿王醒"把讽刺的矛头直指最高统治者，对虚伪的封建伦理道德进行了嘲讽。人世间如此身正骨硬的诗人真正是太稀罕了！

写龙池的诗还有不少，唐代诗人在诗中多以"龙池"来象征"真龙天子"唐玄宗登基。如唐代有名的贤相张九龄《奉和圣制龙池篇》中有"天启神龙生碧泉"与"飞龙已向珠潭出"。

唐玄宗李隆基当政时，还出现一组十章（十首）由十位诗人来写的同题诗《郊庙歌辞·享龙池乐章》。

唐玄宗时宰相姚崇《郊庙歌辞·享龙池乐章·第一章》中有"此时舜海潜龙跃"。左拾遗蔡孚《郊庙歌辞·享龙池乐章·第二章》中有"神马龙龟涌圣泉"，以及"只

雕塑龙（西安·白鹭摄）

为从龙直上天"。唐玄宗时宰相卢怀慎《郊庙歌辞·享龙池乐章·第四章》中有"代邸东南龙跃泉"。封齐国公的崔日用《郊庙歌辞·享龙池乐章·第六章》中有"龙兴白水汉兴符"。玄宗时袭封国公、同紫微黄门平章事的苏颋《郊庙歌辞·享龙池乐章·第七章》中有"西京凤邸跃龙泉"。刑部尚书李乂《郊庙歌辞·享龙池乐章·第八章》中有"晋家藩邸化龙初"。袭封郕国公的姜晞《郊庙歌辞·享龙池乐章·第九章》中有"始见龙台升凤阙"。兵部郎中裴璀《郊庙歌辞·享龙池乐章·第十章》中有"乾坤启圣吐龙泉，泉水年年胜一年。始看鱼跃方成海，即睹龙飞利在天"。

追赠泽州刺史、吏部尚书的姜皎《郊庙歌辞·享龙池乐章·第五章》中的"龙池初出此龙山，常经此地谒龙颜"两句诗中出了三个龙，"龙池、龙山、龙颜"，意象之密集，令人慨叹。

官居太府少卿的沈佺期《郊庙歌辞·享龙池乐章·第三章》一首诗中更是五次说到"龙"，头一句"龙池跃龙

1987年《龙》邮票

龙已飞"就是三个龙，吟咏起来如绕口令一般。此诗中还有"龙德光天天不违"和"龙向天门入紫微"两句，紫微代表了天宫，紫微星亦被当成帝星。

龙文化博大精深，已成为中国传统文化中重要的、不可缺失的一部分，而唐诗作为中国古代文学艺术顶峰的世纪精品，其浩瀚的诗之海洋中，龙的意象，以及诗人们以龙为主题所涌现出的警句、佳句，可以说随处可见、俯拾皆是，给爱好唐诗的人们以深度震撼，也让我们沉浸在中华龙文化所蕴含的诗之大美境界中。

第二章

凤在长安

1. 凤文化之内蕴

　　凤凰是中国古代传说中有"百鸟之王"之誉的神鸟，与龙同被奉为华夏民族的广义图腾。凤凰与龙一样都是中国人创造的集多种动物和自然天象之美的多元融合体，是一种"意象造型"。凤凰与麒麟一样是雌雄合称，雄为凤，雌为凰，合称为凤凰。它是中国人心目中美丽的化身，象征祥瑞。凤凰性格高洁，非晨露不饮，非嫩竹不食，非

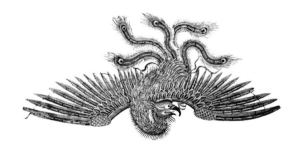

清代皮影《火凤凰》（陕西省艺术馆藏）

千年梧桐不栖。《论语摘衰圣》曰："凤有六像九苞。六像者：一曰头像天，二曰目像日，三曰背像月，四曰翼像凤，五曰足像地，六曰尾像纬。九苞者：一曰口包命，二曰心合度，三曰耳听达，四曰舌诎伸，五曰彩色光，六曰冠矩州，七曰距锐钩，八曰音激扬，九曰腹文户。行鸣曰归嬉，止鸣曰提扶，夜鸣曰善哉，晨鸣曰贺世，飞鸣曰郎都。知我唯黄，持竹实来，故子欲居九夷，从凤嬉。"宋均曰："纬，五纬也；度，尺也；州当作采，朱色也；户，所由出入也，应天下和平者也；黄，黄中通理也。凤遇乱则潜居九夷。"

凤凰文化是中国独有的文化精华之一，是对世界文化的一种贡献。

《尔雅·释鸟》："鹓，凤。其雌，皇。"郭璞注："凤，瑞应鸟。鸡头，蛇颈，燕颌，龟背，五彩色，其高六尺许。"

凤凰被称为"神鸟""仁鸟""灵鸟"，确实是被赋予了极其神圣高贵的品质。《说文》上有："凤，神鸟也。"《瑞应图》有："凤凰，仁鸟也。"《诗》有："凤凰灵鸟。""天老曰：凤之象也，麟前鹿后，蛇头鱼尾，龙文龟背，燕颌鸡喙，五色

剪纸《凤鸟》（安塞·潘常旺作品）

备举。出于东方君子之国，翱翔四海之外，过昆仑、饮砥柱，濯羽弱水，暮宿风穴，见则天下大安宁。"凤凰"五色"后来就被看成是维系古代社会和谐安定的"德、义、礼、仁、信"五条伦理的象征。如《山海经·南山经》说："（凤凰）首文曰德，翼文曰义，背文曰礼，膺文曰仁，腹文曰信。"《山海经·海内经》也说："鸾鸟自歌，凤鸟自舞。凤鸟首文曰德，翼文曰顺，膺文曰仁，背文曰义，见则天下和。"陕西作家、著名龙凤文化研究学者庞进先生把凤凰文化精髓概括提炼为"和美"，简洁而充分地给予博大精深的中国凤凰文化以准确定位。

《韩诗外传》记录了一个关于"百鸟朝凤"的传说：黄帝即位，自觉天下太平，想亲眼看看传说中的凤凰。为此，他请教天老。天老回答：凤凰显形乃是祥瑞的预兆，只有在太平盛世才出现。见到它一掠而过，已是很不容易，如果能看到它在百鸟群里飞舞，那就是千载难逢的祥瑞了。黄帝听后很不高兴，他说：我即位以来，天下太平，为什么连凤凰的影子都没有看见？天老说：东有蚩尤，西有少昊，南有炎帝，北有颛顼，四方强敌虎视眈眈，何来太平？黄帝听罢便率兵讨伐，于是天下一统。他看见一只身有五彩翎毛的大鸟在天空翱翔，而数不清的奇珍异鸟围着它翩翩起舞。黄帝知道，这只大鸟就是凤凰，也是他想看到的瑞象——"百鸟朝凤"。

黄帝，虽然以龙为图腾，但对玄女鸟神也是顶礼膜拜。

剪纸《凤凰》（富县·段金梅作品）

《全上古三代文》辑《黄帝问玄女兵法》："黄帝与蚩尤九战九不胜。黄帝归于太山，三日三夜，雾冥。有一妇人，人首鸟形，黄帝稽首再拜，伏不敢起。妇人曰：吾玄女也，子欲何问？黄帝曰：小子欲万战万胜，万隐万匿，首当从何起？遂得战法焉。"

张三丰拜谒黄帝陵后，站在桥山上将黄帝陵山环水绕的形势比作"凤阙""仙岛"，留下了《谒桥陵》中"巍巍凤阙迎仙岛"的美丽诗句。陕西省社会科学院古籍研究所所长何炳武认为：黄帝陵巧居盘龙脉象之中，轩辕庙恰处凤岭翼护之下，左青龙，右白虎，前朱雀，后玄武，四周护拱，瑞祥之气生矣，是黄土高原上一处十分难得的符合传统的"龙凤呈祥"的风水宝地。

陕北黄陵有黄帝陵，为人文初祖轩辕黄帝的陵寝。据史料记载和民间传说，黄帝的正妃嫘祖曾在紧挨黄陵之南的宜君教民种桑、养蚕、织布、酿酒。凤凰的来源也和嫘祖有关。传说嫘祖受到黄帝制定的新图腾的启示，把剩余下来各部落的图腾，经过精心挑选，也仿照黄帝制定龙图腾的方法：孔雀头，天鹅身，金鸡翅，金山鸡羽毛，金色雀颜色，组成了一对漂亮华丽的大鸟。造字的仓颉替这两只大鸟取名叫"凤"和"凰"。

炎帝以姜水为其发源地，姜水即今陕西宝鸡清姜河，此处今建有炎帝陵。炎帝时代，也有凤凰的传说。《拾遗记》卷一说："（炎帝）时有丹雀衔九穗禾，其坠地者，帝乃拾之，以植于田，食者老而不死。"所谓"丹雀""阳鸟""鸾鸟"，就是凤凰神鸟的原型。《广雅》云："鸾鸟，凤皇属也。"

唐代诗人李白《寓言三首·其二》："摇裔双彩凤，婉娈三青禽。往还瑶台里，鸣舞玉山岑。以欢秦娥意，复得王母心。区区精卫鸟，衔木空哀吟。"

陕西白水有造字之神仓颉的庙。仓颉是黄帝的史官，受黄帝之命要创造一种更为简便的记事方式，以改变、代替旧的结绳记事。当仓颉在白水造屋住下，寻思造字时，一只凤凰从天上飞来，嘴里衔着一块树皮，正好掉在仓颉面前，仓颉看到上面有一个蹄印，受到启发，认为万物皆有自己特征，兽有蹄印，虫有虫迹，鸟也有鸟迹。若能抓住这些特征，画出图像以记之，不是比结绳记事更明白方便了吗？这就是"凤凰衔书"助仓颉造字成功的神话传说。

陕西岐山是周王室发祥地，"凤鸣岐山"的典故就发生在距今三千年前岐山周公庙古卷阿北部的凤凰山上。还有"凤鸣岐山，十年不鸣，一鸣惊人"的说法。《诗经·大雅·卷阿》篇描述此处为"有卷者阿，飘风自南"，故后

韩城新城周原村大禹庙壁画《萧史弄玉图》（局部）

世称这里为古卷阿。"卷阿"今宝鸡方言读"圈窝"，即山蜿蜒凹进去的部分。

《国语·周语上》就有周朝兴起之时，有凤凰一类的鸟在陕西岐山上鸣叫的记载。而西周晚期的《诗经·大雅·卷阿》也有诗句曰："凤凰于飞，翙翙其羽，亦傅于天……凤凰鸣矣，于彼高冈。"也是讲凤鸣岐山之事，因此西周之时将凤凰视为神奇的吉祥生物，器物之上颇重凤鸟纹。

而这句"凤凰于飞，翙翙其羽"本义是凤和凰相偕而飞，指男女结合新婚之喜，后来也用来比喻夫妻和谐相爱的"于飞之喜"。陕西叫"凤凰之喜"，好像较"于飞之喜"更为普遍。

《春秋繁露·同类相动》中，董仲舒说："美事召美类，恶事召恶类，类之相应而起也。……帝王之将兴也，其美祥亦先见；其将亡也，妖孽亦先见。物故以类相召也……《尚书》传言：'周将兴之时，有大赤鸟衔谷之种，而集王屋之上者。武王喜，诸大夫皆喜。周公曰：茂哉！茂哉！天之见此以劝之也。'恐恃之。"这大赤鸟即红凤凰。关于西周"凤凰衔谷种"之祥瑞说，与前已有的炎帝时"丹雀衔九穗禾"说，一脉相承，都与陕西这块中国农耕文明的肇始之地有关。

春秋秦穆公时，定都于雍（今陕西凤翔），在这里还发生了非常美丽动人的"萧史弄玉，吹箫引凤"的神话故事。先是秦穆公爱女弄玉梦见在西岳华山修行的萧史。接着，萧史从华山被请入秦宫吹箫，他的箫声一起就从天上引来凤凰和鸣、舞蹈，

清代石雕《凤穿牡丹·玉堂富贵》
（白水·王山水摄）

最后两人骑龙跨凤一起飞升，离开了秦宫，从此这里被称为凤翔。

关于凤翔得名之说，还有源于"金凤踏雪"的传说。据《凤翔县志》载：唐代"安史之乱"爆发，叛军马上要逼近雍城。太守广征民夫构筑新城以防不测，但屡筑屡塌。这天夜里突然天降大雪，筑城更加难以完成。清晨之时，正当人们心急如焚之际，突然从东边天际飞来一只金色凤凰，金凤先在柳林上空盘旋了一阵，又绕回雍城。它昂首高鸣，直冲云霄，霎时风止雪停，霞光满天。在灿烂的霞光里，金凤踏雪而行，走了一个四方形的范围，之后飞往柳林饱饮了柳林泉水，然后迎着太阳飞去。太守得知此事后亲自查看，便在凤凰所踏之足迹上筑城。不久，一座新城便巍然屹立在旧城一侧。后来唐肃宗在雍城继位，他根据"金凤踏雪，绕城飞翔"之意，下令将雍城改名为"凤翔"。为了纪念此事，人们还将凤凰饮用过的水泉易名为"凤凰泉"。传说产自凤翔的西凤酒最早就是用这眼泉的水酿造并因此而得名的。

西汉时期汉武帝长安城建章宫有宫阙，名叫凤阙，高大雄伟。《史记·孝武本纪》："其东则凤阙，高二十余丈。"是西汉长安城最高的建筑。阙楼上有一尊高五尺的铜凤凰，它是我国最早测量风向、风速的仪器。

另外，有凤凰来仪的传说：凤凰飞来起舞，仪态优美。古代用以比喻吉祥的征兆和祥瑞的感应。《汉书·王莽传上》

中："甘露从天下，醴泉自地出，凤凰来仪，神爵（雀）降集。"而王莽篡汉，建立新朝，世称"新莽"，建都长安（今陕西西安），并更名为常安。王莽新朝的第二个年号就被定名为天凤。

《尚书·益稷》亦有记载："《箫韶》九成，凤凰来仪。"《王道》也记载："王正"之时，五帝三王治天下之时，"故天为之下甘露，朱草生，醴泉出，风雨时，嘉禾兴，凤凰麒麟游于郊"。三国时期魏诗人阮籍的《咏怀·林中有奇鸟》："林中有奇鸟，自言是凤凰。清朝饮醴泉，日夕栖山冈。高鸣彻九州，延颈望八荒。"其中多处提到的"醴泉"，和《礼记·礼运》中述"天降甘露，地出醴泉"，《论衡·是应》中说"泉从地下出，其味甘如醴，故曰醴泉"同义，都指的今陕西礼泉，这个"礼"字是从"醴"改成的。其实，"醴"字并无简化字，是该县改字时借用了"禮"的简化字"礼"。

古代周族的始祖，名后稷，其母有邰氏之女姜嫄为帝喾元妃。姜嫄出野，见巨人足迹，践之而动如孕。生一子，以为不祥，弃之隘巷，马牛从他旁边过都不踩他；徙置之林中，适会山林多人，迁之；而弃渠中冰上，飞鸟以其翼覆荐之。姜嫄以为神，遂收养长之。初欲弃之，因名曰弃。弃成人后，好耕农，相地之宜，善种谷物稼穑，民皆效法。尧听说，举为农师，天下得其利，有功。舜曰："弃，黎民始饥，尔后稷播时百谷。"封弃于邰（今陕西杨凌），

凤鸣岐山（西安·蔡昌林绘）

号曰后稷，别姓姬氏。后世执掌农业的最高官员也被称为后稷。

1981年，丰镐遗址出土一件西周青铜器"接篚"，颈部饰凤鸟八只，腹部饰凤鸟四只，两侧有凤鸟形耳，方座四面各饰凤鸟六只。一件青铜器上饰有三十八只凤鸟，真稀罕。

由此可以看出，西周时凤凰图饰文物在陕西之盛行，再加上"凤鸣岐山"的传说，以及凤翔与凤县分布在秦岭南北，可以看出陕西不愧为凤凰之故乡。

2003年，陕西西安枣园汉墓出土一件西汉早期的"凤鸟鎏金钟"，该钟盖面中央铸一立姿凤鸟形钮，昂首翘尾，口中含珠，双翅拢于背，线条极为流畅，形象栩栩如生。1988年，西安张家堡出土一件"汉代鎏金凤鸟镇"，凤鸟呈伏卧状，回首啄整背部羽毛，双翼微微振起，尾铺地，双足曲卧，冠为如意形。1964年，西安南小巷出土一件"汉代博山熏炉"，炉柱为凤鸟形，座是龟蛇合体的玄武。西安范南村出土过"西汉龟座凤鸟"。西安东郊西汉窦氏墓出土了一组玉佩，两件形制大小相同，整体为一透雕站立凤鸟，昂首曲颈，高云冠，圆眼，尖喙回勾，展翅，尾

西汉凤鸟鎏金钟（西安枣园汉墓
出土）

朱雀双凤马勺脸谱
（宝鸡·张星作品）

呈"S"形，与腿相连。

　　1956年陕西绥德县四十里铺出土、现藏于西安碑林博物馆的东汉画像石上有"双头凤"。1975年，绥德县路沟出土、原石藏绥德博物馆的东汉画像石，上半部中心图案为单足独立朱雀，与凤凰造型基本一致，空中还飞有一凤鸟，特别精美，有韵味。绥德出土的东汉画像石，多为朱雀图形，配青龙、白虎，朱雀与凤凰造形酷似，实为其一大特色。

　　1970年，陕西西安何家村出土的唐代金银器中有"鎏金凤鸟纹六曲银盘""鎏金翼鹿凤鸟纹银盒""蔓草龙凤纹银碗"以及"葡萄龙凤纹银碗"。如此之多的凤鸟纹古物，可以看出凤作为祥瑞之兆，在唐代已广泛流行。

历代帝王都把"凤鸣朝阳""百鸟朝凤""龙凤呈祥""凤凰来仪""鸾凤和鸣"当成盛世太平的象征，为祥瑞之兆。凤凰显形，千载难逢，天下大安宁。南北朝诗人谢朓《永明乐·彩凤鸣朝阳》："彩凤鸣朝阳，玄鹤舞清商。瑞此永明曲，千载为金皇。"

唐高宗上元三年（676年），"陈州言凤凰见于宛丘"，武则天抓住这个"凤瑞"，改元"仪凤"，表达的基本愿望是祈求祥瑞。

陕西西安在汉唐盛世之时，曾被称为"花城"和"春城"，也被称作"凤城"。可唐代诗人咏长安"春城无处不飞花"引出的春城、花都之称，早被确定为广州、昆明等城市的形象符号，只剩下"凤城"之名还没有"归属"。

而如今西安在汉长安城遗址附近命名了从凤城一路到凤城十二路的新街名，也修复了大明宫的丹凤门，加之，西安城墙唐代皇城的朱雀门与朱雀大街还有名在，汉长安城建章宫凤阙遗址成为国家重点文物保护单位，还有西安南郊的凤栖原，这些记忆的复活，都给我们在"'凤城长安'说凤凰"时增加了点儿底气。

2. 凤之原型说

（1）凤源于鸡说

说到凤凰形象源于鸡，大概有不少人会嗤之以鼻。确实，鸡怎么能和凤凰比呢？俗话有：脱了毛的凤凰不如鸡。当然，这句话里面有误区，很多人以为，这里的"鸡"就是家中养的那种家禽。

二品官服补子锦鸡图案

其实，鸡属于一个庞大的种群——雉科。而雉科的雄性常有极端华丽的羽毛，属于最美丽的鸟类之列。雉科包括原鸡属、马鸡属、长尾雉属、孔雀属、孔雀雉属、鹇属、血雉属、勺鸡属、雪鸡属、竹鸡属、石鸡属、雉鹑属、山鹑属、鹧鸪属、锦鸡属、角雉属、虹雉属等四十四个属。据专家分析，家鸡源于雉科的原鸡属。

《禽经》中有："首有彩毛曰山鸡，腹有彩色曰锦鸡。"《山海经·西山经》："曰小华之山，……鸟多赤鷩，可以御火。"赤鷩即锦鸡。

唐代诗人李白《赠从弟冽》曾记一事："楚人不识凤，

中瑞联合发行《珍禽》邮票之《白腹锦鸡》

重价求山鸡。"

有一则故事出自《笑林》，说：楚人有担山鸡者，路人问曰："何鸟也？"担者欺之曰："凤皇也！"路人曰："我闻凤皇久矣，今真见之。汝卖之乎？"曰："然。"乃酬千金，弗与；请加倍，乃与之。方将献楚王，经宿而鸟死。路人不遑惜其金，唯恨不得以献耳。国人传之，咸以为真凤而贵，宜欲献之。遂闻于楚王。王感其献己也，召而厚赐之，过买凤之值十倍矣。这个故事说明，古人把山鸡与凤凰混为一谈了。

在商代甲骨文中曾发现有捕获凤的记载："甲寅卜，呼鸣网，获凤。丙辰，获五。"据中国古文字专家于省吾说，这条甲骨文的意思是："商王指令臣鸣用网捕鸟，于丙辰这天捕了五只凤。由于系用网捕之，故所获自是生凤。"

由此看来，在商代，中国确曾有过凤鸟。在早期金文《中鼎》铭辞中，还有记载："……归生凤于王。"

"生凤"一词，郭沫若亦曾断定正是指活凤凰（《两周金文辞大系图录考释》，"中鼎"）。据此，则无论甲骨文、金文，都有材料确切无误地表明，直到商周之际，凤凰还是一种虽然罕见但却并非不存在的鸟类。

　　而"捕了五只凤"，如此数量，为什么只能是红腹锦鸡或白腹锦鸡中的一种，而不能是孔雀呢？因为孔雀为亚热带鸟类，主要分布在云南之南。商周甲骨文、有铭金文的青铜器出土在北方，而北方最像凤凰的鸟类就是红腹锦鸡、褐马鸡和长尾雉了。

　　《山海经·西山经》载："松果之山。有鸟焉，……其状如山鸡。"松果之山，今陕西华阴东南约十四公里。《山海经·南山经》进一步说："有鸟焉，其状如鸡，五采而文，名曰凤凰。"《渊鉴类函》引徐整《正律》中记载："黄帝时代以凤为鸡。"证明此说肯定有一定的可信度。

　　下面重点介绍一下陕西现仍存在的国家重点保护野生动物也叫金鸡的红腹锦鸡和褐马鸡。

　　雄性金鸡，羽毛灿丽，尾长，超体长两倍有余，可与孔雀媲美。如进入秦岭深处有幸近距离见到红腹锦鸡，这一句"与孔雀媲美"诚不欺人。

　　雄性红腹锦鸡头顶一束丝状冠羽，金黄鲜亮，华丽至极，走起路来煞是威风；后颈覆盖有金黄色、棕色的扇状羽，如一袭绚丽的金披肩，雍容华贵，令人惊艳；上背部羽毛铜绿色，泛着莹莹之光，羽缘细细一圈蓝黑围边；腰羽呈金黄色，无比灿烂耀眼；最内侧伸展出几根飞羽，衬托得体态潇洒、优雅；至腰侧呈深红色，尾羽大半黑褐、桂黄相间呈斑状，至端部渐转赭红色；下体自喉部及胸腹皆为深红，丝绸锦锻般光灿。雄性红腹锦鸡在阳光下五彩

安塞农民画《十二属相·鸡》
（常振芳作品）

斑斓，熠熠生辉，故李时珍的《本草纲目》称之为彩鸡。

商周时代，金鸡的尾羽就被制成扇子。这种锦扇，象征着尊贵，只有王和王后才有资格享用。杜甫有诗赞之："云移雉尾开宫扇，日绕龙鳞识圣颜。"

褐马鸡亦称角鸡，体长一米左右，属大型鸡类。陕西黄龙山发现有一千五百多只的大种群。褐马鸡头顶有冠状绒，全身黑色短羽。褐马鸡耳后有一缕雪白羽毛从颈部嘴角伸过，名耳羽，美若贵妃服饰上的硬翻领，特别引人注目。褐马鸡两颊呈红色的绒状，体羽主要是深褐色，腰和尾羽基部纯白末端转黑。长羽呈双排列，中央尾羽特别长，被称为"马鸡翎"。外层羽毛披散如发并下垂，羽毛光艳华美，阳光下泛出紫蓝色金属般耀眼光泽，甚为漂亮。平时尾羽向上翘起，披散时像马尾，又像一株挺拔飘逸的凤尾竹。

褐马鸡因"马鸡翎"差点使自己种群灭绝。从两千多年前的西汉起，褐马鸡的尾羽就被插在武将的帽盔上，称为"褐冠"，以显示武将英武之姿和身份地位的高贵。宋代时，褐马鸡开始遭到大肆捕捉，到清代更是变本加厉。那时官员衣冠上已离不开褐马鸡羽毛的装饰了，褐马鸡的羽毛被制成蓝翎、花翎，显示品级高低，成为当官的身份象征。而在西方国家，也有以羽毛点缀军装的传统，贵族和上层妇女戴羽毛装饰的帽子更为一时之风尚。中国的褐马鸡羽毛就成为西方时髦贵族的掠夺对象，稀缺得让一对褐马鸡在西方市场可售银币千元以上。

自然，这红腹锦鸡的冠羽、飞羽、尾羽、背羽和腰羽以及褐马鸡的耳羽、尾羽和马鸡翎，加上山鸡、环颈雉的形象，在凤凰身上都可以找到，而且是组成凤凰所谓"百鸟衣"的最重要特征。凤凰形象，也可以说，主要是以红腹锦鸡、褐马鸡、山鸡等雉类鸟为主体组合的。

其实，人们驯养的家鸡也是凤凰形象的本源之一。宋时的大足石刻"养鸡女"，展现的就是一名农家少妇掀开鸡笼，两只鸡正在争啄一条蚯蚓的养鸡场面。

传说鸡为日中鸟，是太阳的使者或传令者，鸡鸣日出，带来光明，能够驱逐妖魔鬼怪。据考证，晋代董勋《问礼俗》中说："正旦画鸡于门。七日贴人于帐。"魏晋时期，鸡成了门画中辟邪镇妖之物。鸡可能首先被当作是太阳神和火神。不是祭祀品而是祭祀对象的鸡，地位当然要高一些。中国的传统文化，以及古代的社会生活中，鸡还是生殖崇拜的符号之一，陕西就把小孩的生殖器称为"小鸡鸡"。而且，除了祭祀之外，鸡在盟诅活动中也必不可少。歃血为盟用的就是鸡血，古代帝王大赦天下有时也采取"金鸡赦"的形式。

陕西出土文物上有家鸡的形象。1980年临潼（今西安临潼区）晏寨乡岳芋村出土一件"秦鎏金铜凤凰"，凤头像鸡的成分大。凤凰昂首张翼，站立做鸣叫状。咸阳平陵乡曾出土十六国时陶鸡。陕西历史博物馆征集有西汉的"绿釉雌鸡"。陕西很多出土文物上的凤图案实际上更像鸡，应称为"鸡形凤"。例如：陕西岐山王家湾二号西周墓出土一件"花冠玉凤鸟"，给凤凰以花为冠，甚是奇特，此花冠其实就是鸡冠。陕西省岐山县贺家村出土一件商代的青铜器"凤柱斝"，两柱顶端各铸一高冠凤鸟，此高冠也是鸡冠。岐山这两件文物，准确应称为"鸡头凤"。而郭璞注《尔雅·释鸟》明确指出："凤，瑞应鸟，鸡头……"

西周花冠玉凤鸟
（陕西岐山王家湾二号西周墓出土）

临潼白家村文化遗址距今约九千到八千年，这里出土的家畜骨骼中有鸡。过去研究动物驯化的学者认为，鸡最早出现在南亚缅甸，而白家村文化遗址有鸡的骨骼，说明中国人早已对鸡进行驯养，比之早了近三千年。另外，《本草纲目》引《别录》："鸡生朝鲜平泽。"也是不可靠的。

《别录》成书于汉末，所录自然受到时间限制。

由此看来，鸡比凤凰的历史更久远。鸡演变为凤凰就属于必然了。

（2）凤源于孔雀说

孔雀和鸡属于一个庞大的种群——雉科。孔雀为亚热带鸟类，《续汉书》曰："西南夷滇池出孔雀。"《华阳国志》曰："南郡出孔雀。"

东汉杨孚所著《异物志》中载："孔雀形体既大，细颈隆背，似凤皇。自背及尾，皆作珠文，五

2004 年《孔雀》邮票

孔雀开屏图（清·郎世宁绘）

彩光耀，长短相次；羽毛末皆作员文，五色相绕，如带千钱，文长二三尺。头戴三毛，长寸，以为冠。足有距。栖游冈陵，迎晨，则鸣相和。"描述更为详细的是《花镜》："孔雀一名越鸟，文禽也……丹口玄目，细颈隆背，头戴三毛，长有寸许，数十群飞，游栖于冈陵之上……雌者尾短无翡翠，雄者五年尾便可长三尺，自背至尾末，有圆纹五色金翠，相绕如钱。"

《春秋元命苞》有"火离为孔雀",也有"火离为凤凰",里面说的孔雀和凤凰是一回事。

孔雀传到长安最早的记载是周。《周书》曰:"成王时,方献孔雀。"方,戎别名。《汉书》也有:"尉佗献文帝孔雀二双。"尉佗即赵佗,是南越国第一代王和皇帝。《西京杂记》记载:鲁恭王好斗鸡、鸭及鹅、雁,养孔雀。鲁恭王是汉景帝与程姬的儿子。另外,汉代上林苑里就养有鹓、孔雀、鸾鸟等鸟。

孔雀羽毛美丽悦目,鲜艳至极,自古以来深受人们喜爱。孔雀羽毛制成的扇子称孔雀扇,特别珍贵;还有孔雀羽毛织成的裘,称孔雀裘;再有截取整个孔雀尾做成的饰物,更是价值不菲,寓意非常之吉祥喜庆。这些只有富贵人家才能享用。

孔雀为文禽,明清两代文官官服胸前的补子上就绣有孔雀,明清两代三品文官服补子上均为孔雀。清代官员还以孔雀花翎为冠饰,有三眼、双眼、单眼之分。清初只赏给受朝廷特别恩宠的贵族大臣,后来赏戴甚滥,但仍然只有五品以上的官员,才可以饰用单眼花翎。因而,孔

2004 年《孔雀》邮票

雀花翎也成为官阶、权势的象征之一。后世吉祥图案有在珊瑚瓶中插孔雀花翎的纹图，见于画稿、文具、什器等，称"翎顶辉煌"或"红顶花翎"，祝愿官运亨通、加官晋爵。孔雀开屏之尾羽彩纹"有如古钱形状，圆纹五色金翠，相绕如钱"。孔雀羽毛，聚禄财于一身，象征大富大贵。

孔雀因开屏而美名远扬，传说孔雀不会随意开屏，如能遇上则十分祥瑞。孔雀开屏还有一个射屏招亲的美丽传奇故事。据《新唐书》记载，唐高祖李渊的妻子窦氏年轻时才貌不凡，其父母欲得贤婿，便在门屏上画了两只孔雀，让求婚者朝门屏射两箭，看谁能射中孔雀之目，就将女儿许配给他，但不明言要求射哪里，全看天意。随后求婚者云集，但几十个求婚者没有一个射中孔雀之目，轮到李渊射时才两箭各中一目，终于成就了一桩美满姻缘，被传为美谈。后来人们常以"雀屏"比喻择婿。

而这件招亲择婿之事就发生在陕西的长安。李渊的妻子窦氏是北周定州总管神武公窦毅与北周武帝宇文邕姐姐之女，是唐太宗李世民的母亲。窦毅居宅位于长安城的宣阳坊南门之西。具体说来，宣阳坊在今天的西安城南和平门外刁家村、李家村一带。西安城东门外长乐坊还有窦府巷，也传说是"雀屏招亲"的发生地。因为有此传说，后世新婚洞房就有"屏中金孔雀；枕上玉鸳鸯"的喜联。

凤凰传说起于北方，南方传说实际上指的是与凤凰相同的朱雀。湖南洪江高庙遗址出土有距今约七千四百年的

墨彩画《朱雀》（西安·蔡昌林绘）

装饰有凤鸟、兽面和八角星象等图案的陶器。白色陶罐的颈部和肩部，用浅灰色戳印两只振翅高飞的神鸟，一只正面对人，一只则侧面回首，线条遒劲，栩栩如生。神鸟有冠，长喙，长颈，长尾，食囊部位还戳印有獠牙、吐舌的兽面纹。

孔雀尾屏有椭圆形眼状纹饰，或称金钱斑，为孔雀独有的特征，西周及春秋战国以后的凤纹玉器、青铜器和汉代画像石上，常出现孔雀形凤纹。陕北绥德四十里铺出土的汉画像石有两种朱雀，一种头顶孔雀三花冠，一种尾有孔雀眼状纹饰。

所以凤凰形象之本源，孔雀肯定为其一。

（3）凤源于鹰说

鹰属猛禽。一般来说，猛禽有两大类：第一类是隼形目，如老鹰、秃鹫等，可分为新域鹫、鹭鹰、兀鹰、鹗、隼等五个科；第二类是鸮形目，如雕鸮、长耳鸮、雪鸮、草鸮。

鹰是食肉性鸟类，掠食时非常凶猛。有成语鹰扬虎视、饥鹰饿虎、鹰视狼步等，都是把鹰和虎狼比作同类凶狠的动物。鹰是统治天空的鸟类之霸，其具有的神力和威猛气势一直为古人敬畏。凤凰也是具有神力的，是统治鸟类王国的主宰。所以，鹰的威慑力和凶猛形象一定会成为凤凰形象特征的重要来源。

西周青铜器逨盉（陕西省眉县出土）

　　因此，鹰形凤凰应运而生，陕西出土文物中就不乏鹰形凤。例如，扶风玄塘村出土的"西周玉凤"，凤喙带钩并很夸张。眉县杨家村出土"西周逨盉"，口上为鹰勾啄凤鸟。这几件都可以称鹰形凤。陕北绥德呜咽泉出土汉画像石上的两只朱雀，一只喙带钩，也有点儿像鹰。

　　另外，陕西历史博物馆研究员蔡昌林先生，曾对陕西富平县唐李重俊墓壁画的一凤一凰做过实地考察，并有精彩描写。他说道："墓前后甬道卷顶部各绘有一凤一凰东西对应。凤为雄故绘一硕大龙头，鹰眼圆睁，张嘴长啸，雄猛威武。蛇颈弯曲，身躯修长、双翅尽展，长尾飘若旌幡。颈下、身躯鱼鳞状鸟羽光滑齐整，并敷以嫩黄之色，翅羽绿黄相间，长尾橘黄、黄、绿三色变幻，灿似华缎，全身有金光闪耀，兼有鸟之华丽、龙之气势，不同凡响。凰，鹰嘴鸟头，头顶灵芝冠，头侧长羽后飘，蛇颈系绣球，翅尽展，收足奋飞，长尾阔，随风展。冠、身躯羽毛饰染

新石器时代三足陶鹰尊
（陕西渭南华州区太平庄出土）

成金黄色，翅羽疏长、敷色浓绿，尾部为金黄色小绿花，异常华丽。这种用写实手法将传说中的凤凰形象描绘得如此细微，用色如此丰富的动物壁画，在已发掘的唐墓中，实属罕见。"这一段文字所描写的一凤一凰，凤的"鹰眼圆睁"，凰的"鹰嘴鸟头"，可以确认，唐李重俊墓壁画的凤凰都属于鹰形凤凰。

鹰形凤凰还融入了朱雀的特点，形成以鹰和朱雀为基础，以鸡为原型的凤凰形象。

还有凤源于鹏的说法。鹏也是中国人创造的一种生活中并不存在的神鸟。《说文鸟部》说："鹏，亦故文凤。"古文字中，凤和鹏实为一个字。传说中凤凰生二子，其中就有大鹏鸟。诗仙李白赞咏大鹏鸟："大鹏一日同风起，扶摇直上九万里。"诗圣杜甫有："风翮九霄鹏。"王勃《江曲孤凫赋》有："灵凤翔兮千仞，大鹏飞兮六月。"

李白在《独漉篇》一诗中说："神鹰梦泽，不顾鸱鸢。为君一击，鹏抟九天。"据《幽明录》记，楚文王得一神鹰，带到云梦泽打猎。此鹰对攻击凶猛的鸱、鸢毫无兴趣，而竟去攻击九天巨鹏并将之击落。李白在诗中表达欲效法搏击九天之鹏的神鹰，一击成功，歼灭叛军，为国家做出贡献。

神魔小说《西游记》中，大鹏被冠以"大鹏金翅雕"之名，鹏与雕合为一体，所以我们见到大鹏鸟之形象就是雕。另一部神魔小说《封神演义》中，六十二回"张山李锦伐西岐"，也有大鹏出现，被形容为"嘴如鹰鹫，眼露凶光；葫芦背上，剑佩身藏。蓬莱怪物，得道无疆；飞腾万里，时歇沧浪。名为金翅，绰号禽王"，其本相，乃"大鹏金翅雕"。其形象的"嘴如鹰鹫……名为金翅，绰号禽王"，就是如鹰鹫的金雕。秦岭山中雕类大型猛禽被列为一级保护动物的有白肩雕、金雕、玉带海雕、白尾海雕等，被列为二级保护动物的有短趾雕、雕鸮等。秦岭可以说是雕类的王国。

《西游记》中还有："自那混沌分时，天开于子，地辟于丑，人生于寅，天地再交合，万物尽皆生。万物有走兽飞禽，走兽以麒麟为之长，飞禽以凤凰为之长。那凤凰又得交合之气，育生孔雀、大鹏。"书中又说大鹏为凤凰之子。

传奇小说《说岳全传》中，岳飞原来是大鹏金翅鸟的人间化身。书中这样记述：宋徽宗在元旦祭祀上天，祭表是写给玉皇大帝的，但在抄写祭表的时候，误将"玉"字上一点写在"大"字上去了，成了"王皇犬帝"。

唐桥陵鸵鸟石雕

玉帝看了大怒，说："王皇可恕，犬帝难饶！"于是，派遣赤须龙下界，降生于金国，成为金国老狼主第四子金兀术。玉皇大帝要让金兀术搅乱中原，以报"犬帝"之恨。西天释迦牟尼佛恐怕赤须龙下界以后，没有人能够降伏，就派遣专门吃龙的大鹏鸟下界，转世为岳飞，保全宋室江山。

（4）凤之多源说

《说文》中这样描绘凤凰形象："凤之象也，鸿前麟后，鹳颡鸳腮，龙文龟背，燕颔鸡喙，五色备举。"而今人眼中之凤凰，已初步形成模式。其基本形态是：锦鸡头，鸳鸯身，鹦鹉嘴，大鹏翅，孔雀尾，仙鹤足。今天所见的凤凰形象乃是历史流传演变，各民族文化观念、审美意识的碰撞融合，经升华积淀发展、汇集而成。

凤凰是中国古人创造的神鸟，是在鸟图腾的基础上，融合原始时代多个不同氏族所崇拜的自然物的特征，对鸡、孔雀、鹤、鹰、燕、鹦鹉、鸳鸯、鸵鸟等多种鸟类以及龙、鱼等，集大成之美而构造的一种现实与理想结合的飞禽形象。这样，凤之源必然呈多源形态。主要有鸡形凤、孔雀形凤、鹤形凤、鹰形凤、鸳鸯形凤、鸵鸟形凤、鸿雁形凤，鱼形凤以及龙形凤。

前文对凤源于鸡、孔雀、鹰之说已有较详细的介绍，下面就简要说一下凤源于燕、玄鸟、鸵鸟等。

关于凤源于燕，《说文》描绘凤凰形象时，其中有一句"燕颔鸡喙"。颔，即下巴。这是燕子贡献给凤凰的形象特征之一。

关于燕颔还有成语燕颔虎颈，旧时形容王侯的贵相或武将相貌的威武。出处是《后汉书·班超传》，形容东汉时投笔从戎的大将、陕西扶风人班超："超问其状，相者指曰：'生燕颔虎颈，飞而食肉，此万里侯相也。'"有专家认为，"燕色玄，故称玄鸟"，从郭沫若的"玄鸟就是凤凰"来看，凤凰也可以是源于燕。

关于玄鸟，其形象更可能接近乌鸦。《说文》中有："黑而有赤色者为玄。"乌鸦通体乌黑，乌鸦也称金乌。《后汉书·五行志》中记载有："日色赤黄，中有黑气如飞鹊。"乌鸦之黑，必有日色赤黄之反光。乌鸦还被称为大嘴乌，大嘴亦是红嘴，又名红嘴乌。唐代崔明允写有《红嘴乌赋》："伊空桐之灵鸟兮，丹嘴黑质；拂羽青霄兮，流形白日。与鸳鹭而为伍，岂凡鸟之能匹？故其声则合雅，动必依仁。""丹嘴黑质"这才符合玄色之说。

关于"玄"字，《释名》言："天，又谓之玄。"《千字文》中有："天地玄黄。"龙凤文化专家庞进据此说玄乌为天鸟。玄乌、天鸟自然是黑色的凤凰了。

元稹《放言五首·其二》诗说："饭来开口似神鸦。"《艺文类聚》卷九十二罗列的前代资料显示，古人把乌鸦看作是"吉乌""祥禽""孝鸟""慈乌"，其中"乌鸦反哺"给乌鸦赚足了名声。

乌鸦为太阳中的鸟，也称金乌。金乌是"日精"，亦是阳精、阳乌，这和凤凰亦被称为"阳精"是一致的。于是，乌鸦头顶的帽子就更如皇冠一般耀眼了。汉代王充《论衡·说日》就有："日中有三足乌，月中有兔、蟾蜍。"唐代杜甫诗中也有："金榜双回三足乌。"再有李敬方《天台晴望》诗说："阳乌晴展翅，阴魄夜飞轮。"韩琮《春愁》诗说："金乌长飞玉兔走。"这都是用乌鸦来代替太阳的例证。

古人有的干脆认为，乌鸦就是火的化身。太阳是世间最大的火，乌鸦因而就与太阳产生了联系，成为载着太阳飞行的神鸟。《山海经·大荒东经》就有记载："汤谷上有扶木，一日方至，一日方出，皆载于乌。"扶木即扶桑树。大意是：树上栖息的太阳，至和出都负载在乌鸦身上。汉代画像石"羿射九日图"中刻画的栖息于扶桑神树上的也是三足金乌，于是，凡鸟变神鸦了。在庙底沟仰韶文化遗址出土的彩陶上，人们发现了"黑鸟驮日图"。这可能和先民们早期对于太阳黑子的观察有关，囿于当时人们的认识水平，便产生了这种神秘的崇拜情结，将"日"和"鸟"联系在了一起。

乌鸦与太阳的联系，使之地位逐渐升高，被神化。据说："有虞至孝，三足集其庭；曾子锄瓜，三足萃其冠。"乌鸦明明是两只爪子，何以要说成三只？说成三足乌，这可能由于二是阴数，三才是阳数。

2008 年《中国鸟》系列邮票

1974 年，在陕西宝鸡茹家庄出土的西周青铜器"鸟尊"就是一只三足鸟的造型，钩喙利爪，身饰翎毛羽翅纹。有专家认为，此鸟尊的造型与古代传说日中有三足乌有关。

从以上资料分析，说凤凰源于玄鸟，源于燕，或源于乌鸦，都有道理。

再有凤凰源于鸵鸟之说，这在汉代画像石上可以找到相似的画面，即鸵鸟形凤纹，或称朱雀纹。

也有学者认为，从甲骨文、金文记载考证，商周之际，凤凰虽少见，但并非不存在。这种鸟类便是大鸵鸟。它体型巨大，与古人对凤凰的描述相吻合。鸵鸟脖颈细而柔长（蛇颈），背部隆起（龟背），喙如鸡，额似燕，尾毛分叉如鱼，羽毛有花纹（龙文），呈红、褐、青、白、灰、黑诸色（五色具备），并以植物为食，穴居，擅叫，足脚甚高（鹤脚），步态倨傲而擅舞。可见，凤凰崇拜起源于上古石器时代的鸵鸟，即太阳神图腾。由于后来大鸵鸟灭绝与凤凰的非图腾化，关于凤凰的传说才愈演愈复杂。

确实，考古中发现距今两万四千年至两万五千年的鸵鸟蛋壳化石，证明那个时期中国曾有鸵鸟生活过。还有距今六千年的岩画中有后来灭绝的鸵鸟形象，都给人们留下了悬疑。

陕西米脂县官庄出土的一组四石的汉代画像石中，四石都刻有一凤鸟站立于博山炉上，前两图凤鸟喙较短，第一通石碑上凤鸟头后有飞羽似褐马鸡、戴胜鸟类，第二通石碑上凤鸟却似乌鹊类，第三、四通石碑上凤鸟的喙特别细长而尖，则似水禽中的鹭鸶、琵鹭类。1970年陕西西安何家村出土的唐代金银器中有"鎏金飞廉纹六曲银盘"，其展翅凤鸟却是马首独角，这马首独角之怪兽被称作飞廉。

凤之形象在一处遗址出土的文物图饰上，都在变化，可以证明凤凰形象的多源与多变。

凤凰的动物学原型，凤凰形象之本源，众说纷纭，争论不小，但归根结底一句话：凤凰是多元融和混杂体。

3. 龙凤呈祥

　　龙和凤凰都起源于距今七八千年的新石器时代早期，而且差不多是同步的，可以说龙凤同源。

　　陕西宝鸡北首岭遗址距今已七千多年，比西安半坡遗址早了四百年。北首岭出土有一件陶壶，壶身上用墨彩画了一幅水鸟和鱼的图案，这是至今发现最早的一件绘有"鸟龙"的彩陶器。水鸟图形应是早期原始凤形，而大鱼鳞鳍齐备，分明就是鱼化之龙。

　　此类"鸟龙"也就是龙凤合体、龙凤呈祥的一种初始状态。到了商代（约前1600—前1046年），龙凤同穴、合体的

剪纸《龙凤图》
（延川·郭如林作品）

情形多了起来，已不会让人少见多怪。河南安阳殷墟妇好墓就出土有黄褐色的"玉凤"，又出土有墨绿色的"玉龙"，都特别精致。而收藏于山东省泰安市博物馆的商代青黄色

龙凤人物玉饰
（陕西西安长安区
张家坡出土）

"龙凤冠人形玉佩"，则让我们看到了"龙凤同体"的图案：龙凤冠戴在一个身穿束腰衣裙的人头上，冠上的龙头下曲、居右，冠上的凤头翘扬、居左，龙身凤体合二为一。这样的造型，你中有我，我中有你，自然属"龙凤合一"了。

陕西宝鸡石鼓山西周墓地出土了一件"双耳青铜簋"，该青铜簋表面有夔凤纹，龙身鸟嘴的造型，非常罕见，是一件重器。这件龙身鸟嘴的青铜簋上的夔凤纹，也可称为龙凤合体的"鸟龙纹"或"龙凤纹"。

陕西扶风黄堆村出土的西周玉器"龙凤合雕象生玉饰"，龙在上，凤在下，连体合雕，形成和谐而完美的艺术风格，堪称龙凤呈祥、上下合体之标准样板文物。类似的还有陕西扶风强家1号墓出土的西周玉器"人龙凤鸟兽合雕玉佩"；陕西西安长安区张家坡157号墓出土的西周"龙凤人物纹玉饰"，透雕人兽复合纹，共三龙一凤两人：一大人粗眉深目，云形耳，梳螺形髻，长发后披，头后又有类似相背的小人，两人身躯中部均盘曲一龙。大人腿前屈，足为凤鸟头形，臀后处盘曲一卷尾龙。从造型中体现喜庆、吉祥、和睦、祥瑞含义，非常之精美。

西周龙凤合雕象生玉饰
（陕西扶风黄堆村出土）

这三件合雕龙凤纹玉器，是西周玉器中构思奇特、结构复杂、内涵丰富、神秘色彩浓郁，能令人产生无限遐想的玉雕精品，也极为珍罕。事实证明，陕西出土的西周合雕玉器不仅数量多、种类庞杂、内涵丰富、工艺考究，而且极富艺术特色。由此可以看出，周人对龙凤合雕的喜爱和推崇，西周时期龙凤图饰文物滥觞于陕西，普及程度也非常之高。

陕北出土的汉画像石数量众多。《陕北汉代画像石》一书就收录六百余幅图片。陕北汉画像石多出土于墓葬。其中，墓门、门扇、门额、竖框上多安排有上下各一的朱雀图形，有时还配上飞翔于空中的凤鸟。陕北汉画像石上的朱雀，与凤凰造型一致。配上青龙，也可视为龙凤合图。当然，也有与白虎、玄武合图，作为"四神图"搭配的。陕北汉画像石上一般常见的都是凤在上，龙在下。

绥德汉画像石
（现存绥德县博物馆）

1974年，陕西咸阳窑店村秦都咸阳城遗址出土一件战国的"龙凤纹合体玉佩",玉佩为镂空透雕,呈"S"形,前端为龙头,后端为凤头,凤头有冠,藏于龙腹,圆眼钩喙,肩部雕刻三层羽翼。

"龙凤"20盎司金币

1970年出土于陕西西安何家村窖藏的"蔓草龙凤纹银碗",属于唐代金银器中的早期作品。银碗口径约十二厘米,底径七厘米。碗外腹部刻有六段葡萄忍冬卷草纹,每段中心刻鹦鹉或奔狮;碗底外侧刻一条曲身飞舞的蟠龙,其龙尾与右后腿相缠绕;内侧刻一只展翅扬尾的凤凰。碗底外刻龙,碗底内刻凤,如果以内为主,那就应该是凤居主位。这实际上也属于龙凤合璧的艺术主题,只是作者将龙凤分别刻于银碗内外的同一部位,从而巧妙地突破了传统形式的藩篱,令人拍案叫绝。

三国时诸葛亮被喻为"卧龙",但诸葛亮也自喻为凤,他有诗《凤翔轩》曰:"凤翱翔于千仞兮,非梧不栖;士伏处于一方兮,非主不依。乐躬耕于陇亩兮,吾爱吾庐;聊寄傲于琴书兮,以待天时。"以此推之,诸葛孔明也是一身兼具龙凤,乃世间少有的第一等英才。诚如他的老对手司马懿感叹的:"真乃天下奇才也!"

凤凰有凤为阳、凰为阴之说，但与龙对应，阴阳则发生了转化，即整体上转为阴。凤凰的这个转化，应该是从秦汉开始的。随着皇帝称龙、比龙，作为对应，帝后妃嫔们就开始称凤、比凤了。秦始皇时妃嫔们就头戴凤钗，脚穿凤头鞋。

从此往后，如果龙和凤在一个画面里，基本上是龙居中、居上，凤居偏、居下，龙比凤的造型似乎更宏大、更威风、更凶猛。当然也有例外：武则天在唐高宗李治患病不理朝政的情况下，她以皇后身份临朝听政。其时，陈州报告有"凤鸟见于宛丘"的祥瑞之兆，武则天马上改年号为"仪凤"（676—679年）。唐高宗死后，武则天"临朝称制"，就下令将中书省改称"凤阁"，门下省改称"鸾台"。唐代诗人李颀《听董大弹胡笳声兼寄语弄房给事》中有："长安城连东掖垣，凤凰池对青琐门。"这"凤凰池"就指中书省，"青琐门"就指门下省的阙门。

《资治通鉴·唐纪二十》记载，武则天改唐为周时"侍御史汲人傅游艺帅关中百姓九百余人诣阙上表，请改国号曰周，赐皇帝姓武氏，太后不许；擢游艺为给事中。

剪纸《龙凤呈祥》（咸阳·丰金凤作品）

于是百官及帝室宗戚、远近百姓、四夷酋长、沙门、道士合六万余人，俱上表如游艺所请，皇帝亦上表自请赐姓武氏。戊寅，群臣上言：有凤皇自明堂飞入上阳宫，还集左台梧桐之上，久之，飞东南去；及赤雀数万集朝堂"。"凤皇自明堂飞入"，就是以凤凰喻武则天，请她登大统而掌朝堂。

还有就是清末慈禧太后掌权时，在龙与凤所处位置上，慈禧就极力推崇凤。她在德和园看戏时的座位，就称"金漆珐琅百鸟朝凤宝座"。清东陵的定东陵是慈禧和慈安的陵寝。隆恩殿正中的丹陛石雕图案就是"凤在上，龙在下"。周围有六十九块汉白玉栏板，每块栏板上都雕有"凤引龙"图案：一只高高在上的大凤，凌空展翅，穿云俯首；一条出水小龙，曲身昂首，仰望大凤。七十四根望柱头打破历史上一龙一凤的格式，均为"一凤压两龙"，暗示慈禧的两度垂帘听政。慈禧将凤的地位抬高到龙之上，为中国龙凤文化的历史发展变化增添了特别的一笔。

而现代的不同民族的龙凤习俗，其寓意多是以阴阳和谐、婚恋美满、求吉祈福为主，最为传统、吉祥的图案就是龙凤各居一半的"龙凤呈祥"，在陕西的剪纸、年画和刺绣上最为常见。陕西省艺术馆藏的紫阳剪纸"鱼龙变化"花样中，描绘鱼之上方的龙却是龙头凤身凤尾，是一个特例。

4. 萧史弄玉

　　春秋时代，定都于雍（今陕西凤翔南）的秦穆公，是春秋五霸之一。他有个天生丽质、美貌若仙的女儿，名为弄玉。弄玉特别喜欢吹笙。可以说是无师自通，吹出来的音乐就像凤凰鸣叫那么美妙动听。穆公最爱弄玉，给她筑楼建馆，楼曰"凤楼"；楼前又搭高台，叫作"凤台"。等到弄玉长到十五岁的那一年，穆公想给她找一个佳婿。弄玉知道后就对穆公说："女儿曾发誓，能做我丈夫的必

剪纸《弄玉乘鸾》（佳县·韩改芳作品）

须善吹笙、箫，要能与我和鸣而奏，不然我决不考虑。"穆公让人遍访九州，可是没有遇上一个如意的。

　　有一天晚上，弄玉一个人在凤楼上悄然伫立。皓月当空，星斗闪烁，玉宇澄静，疏影横斜。弄玉一时兴之所至，按捺不住，吩咐侍女焚香取笙。弄玉依窗对月，缓缓吹奏起笙来。一缕清音缱绻，轻柔幽婉，如梦似幻，回荡在辽

阔的夜色里，飘入天际返虚入浑的澄明中。忽然，微风浮动，似有应和之声，缥缥缈缈，忽远忽近，清韵弥漫。弄玉一时惊异，放下手中乐器，凝神静听，可那应和之乐亦无声无息，只留下袅袅余音荡漾在弄玉的无限惆怅中。此时凤楼朦胧，凤台空寂，只有月光洒落一地的凉意。

弄玉若有所失，独自一人发呆到深夜。月色似乎更迷人了，弄玉轻轻把玉笙放置床头，恍惚间沉入梦之世界。她梦见东南方，天门豁亮敞开，朵朵五彩祥云涌出，一位身着白衣、倜傥潇洒、丰神超迈、羽冠鹤氅、玉貌丹唇的俊朗男子出现在眼前。一声"我来了"如玉振般清澈珑璁，话音刚落，这白衣男子已信手从腰间抽出一支赤玉箫来，送上唇间，倚栏而吹。随着箫声沉吟低转，情意绵绵，一对彩凤从天而降，时而翩翩起舞，时而引颈高鸣。此时的弄玉，芳心暗动，情难自禁，拿起玉笙加入进去。霎时间只见香风怡人，满天染霞，凤鸣箫吟，笙箫合韵。真正是"羽衣霓裳景殊异，乐如天籁人缠绵"啊！

弄玉不觉间就已如痴如醉地沉浸于这箫声之中，细语喃喃问白衣男子："这是什么曲子啊？莫非瑶池仙乐，人间几时能得闻？"

那白衣男子答道："这是华山神曲，你我今夜笙箫成恋，就是此曲牵的红线呀！"语毕，男子径直上前拉住弄玉的手。弄玉猛地一下惊醒，原来竟是南柯一梦。

之后，秦穆公派人把在华山修炼的萧史请到雍城，与

弄玉见面。其间好事多磨，颇费了一些周折，但有情人终
成眷属。最后萧史偕弄玉，一个乘龙，一个跨凤，穿越祥
云飞升而去。他们俩笙箫合鸣，龙凤高翔，过上了仙侣般
的幸福生活。

　　成语中的"乘龙快婿"说的就是萧史。而萧史弄玉的
故事发生地今陕西凤翔，今尚有地名曰"萧史宫"。西岳
华山也有以弄玉名字命名的山峰"玉女峰"以及与他们的
传说故事相关的"玉女祠""引凤亭"等。人们可以从中
感悟萧史弄玉吹箫引凤的美妙神奇。

　　萧史弄玉的传说
距今已有两千多年。汉
代刘向的《列仙传·卷
上·萧史》载："萧史
善吹箫，作凤鸣。秦穆
公以女弄玉妻之，作凤
楼，教弄玉吹箫，感凤
来集，弄玉乘凤、萧史

剪纸《弄玉跨凤》（咸阳·冯雪作品）

乘龙，夫妇同仙去。"晋代皇甫谧《帝王世纪》："秦穆
公女名弄玉，善吹箫，与萧史共登秦楼吹箫作凤凰音，感
凤凰从天而降，后升天矣。"唐代诗人杜甫《崔驸马山亭
宴集》一诗中写有："萧史幽栖地，林间踏凤毛。洑流何
处入，乱石闭门高。"唐代诗人鲍溶《弄玉词二首》："素
女结念飞天行，白玉参差凤凰声，天仙借女双翅猛。五灯

绕身生，入烟去无影。三清弄玉秦公女，嫁得天上人。琼箫碧月唤朱雀，携手上谒玉晨君。夫妻同寿，万万青春。"唐玄宗李隆基《同玉真公主过大哥山池》诗："凤楼遥可见，仿佛玉箫声。"明代冯梦龙的《东周列国志》中有："弄玉吹箫双跨凤。"清代李渔《笠翁对韵》中有："跨凤登台，潇洒仙姬秦弄玉；斩蛇当道，英雄天子汉刘邦。"

　　传说吹箫引凤的故事发生地除凤翔、华山外，周至仙游寺有"玉女洞"，宝鸡磻溪镇凤鸣村有"凤凰台"，还有丘处机修道的"磻溪宫"，宫里巍峨耸立一栋转角楼，北面端檐下刻着"凤楼遗迹抱潆流曲"，即为"凤女楼"。以上几处也都传说是故事发生地。看来，萧史弄玉的神话传说故事的影响面很广泛。

5. 汉长安城建章宫的相风铜凤凰

　　据《三辅黄图》记载，汉武帝太初元年（前104年）所建的建章宫上，装有铜凤凰，下有转枢，风来时，铜凤凰的头向着风好像要飞的样子。这铜凤凰也有学名，叫"相风铜乌"。

　　《三辅黄图·卷之五·台榭》中记载："汉灵台，在长安西北八里，汉始曰清台。本为候者观阳阴天文之变，更名曰灵台。"《述征记》曰："长安宫南有灵台，高十五仞，上有浑仪，张衡所制，又有相风铜乌，遇风乃动。"

汉画像砖"凤阙"

后人就是因为这一句话，而认为相风铜乌也是张衡所创造的，但没有注意这段文字"张衡所制"后边一个"又"字，这明显告诉我们，相风铜乌是另外有人所制。因为同一册书上已有西汉建章宫的相风铜凤凰的记载。虽然乌与凤凰是两回事，其实，这里的"乌"指的是三足乌鸦。根据《观象玩占》书里所说："凡俟风必于高平远畅之地。立五丈竿，于竿者作盘，上作三足乌，两足连上外立，一足系下内转，风来则转，回首向之，乌口衔花，花施则占之。"

《西京杂记》载"汉朝舆驾祠甘泉汾阴，备千乘万骑"，仪仗队里有"相风乌车"一项，时在汉武帝元光年间（前134—前129年）。依此我们可以推知：第一，相风铜乌这种仪器，不仅可以安置在灵台上，也可以装置在移动的车辆上面。第二，相风铜乌的发明在张衡之前，张衡制造的候风仪虽然有所改进，但已不是新发明了。《后汉书·张衡传》载："阳嘉元年，复造候风地动仪。"一个"复造"

《气象》邮票的"古气象仪"
（相风铜乌）

则决定了不是"创制"。

所以，可以肯定地说，西汉的相风铜凤凰和相风铜乌，是我国最早的观测风向的仪器。只是创制者为无名氏罢了。相风铜乌应是在西汉武帝时由无名氏在长安所创制，或者更早。

汉武帝时修建的建章宫，北门称"凤阙"，上置一丈多高的鎏金铜凤凰，以观测风向风速。东门有双凤阙，因其上装有两只高丈余的鎏金铜凤凰而得名，毁于西汉末年战火，现仅残存阙形夯土台。古人又把凤鸟视为风神。郭沫若《卜辞通纂》卷二说："古人盖以凤为风神。"据此可知，凤是风鸟，原型即是风。由此看来以铜凤凰来相风更合乎古制。《毛诗陆疏广要》载："龙乘云，凤乘风，……众鸟偃服也。"

关于风，甲骨文中已有了四个方位的风向，将东风称为"劦风"，南风为"凱风"，西风为"彝风"，北风为"伇风"。

封建社会初期，已由四个方位发展到八个方位，所谓"八面来风"。八风各有其名，即"不周风"（西北风）、"广莫风"（北风）、"融风"（东北风）、"明庶风"（东

风)、"清明风"(东南风)、
"景风"(南风)、"凉风"
(西南风)、"阊阖风"(西
风)"。

说到风,就不能不提唐
代贞观年间,在长安任太史
令的、杰出的天文学家、数
学家、陕西岐山人李淳风,
他是世界上第一个给风定级

西安汉城湖遗址凤阙

的科学家。李淳风在世界最早的气象学专著《乙巳占》中,
把风分为八级。一级动叶,二级鸣条,三级摇枝,四级坠叶,
五级折小枝,六级折大枝,七级折木飞沙石,八级拔大树
及根。如果外加"无风"(静风)和"和风"就成了十个
级别。他主要以树在风中的变化来判断等级,形象而具体,
把复杂的事物简单化。并且在《乙巳占占风远近法》中提
出:"凡风动,初迟后疾,其来远;初急后缓,其发近。……
鸣条以上风皆百里之风。"李淳风以此来推测风之强弱及
影响范围,确实有非同一般的洞察力。

从相风铜乌到鎏金铜凤凰,还有被叫作"倪""谍"
"绕"的候风,最后到神秘的李淳风,让你对这汉唐盛世
之长安,有了一种更深层的认识。长安的文化太深远了,
深远得让你走近这如今成为残垣废墟的遗址,也得屏住呼
吸,似乎有凤凰从天外传声提醒你,要时常抱有一颗敬畏

之心。记住，不得喧嚣，更不得放肆！

6. "凤城" 长安

（1）唐诗中的春城、花城

唐诗中形容长安的句子，数韩翃《寒食》中的"春城无处不飞花"最精彩。"春城"以及"飞花"引出"花城"，这两种雅喻都精彩绝伦。但随着长安变成西京、西安，变成故都甚至"废都"，"春城""花城"只能属于历史了。如今，"春城""花城"之称，早已归了别城名下，成了昆

窗花《熏炉》（咸阳·刘素珍作品）

明、广州的城市形象代称。还有司马迁这个乡党在《史记》上颁发给关中的"天府之国"称号，也只能让位给四川成都了。

想着"春城无处不飞花"，白居易的"帝城春欲暮"，刘驾的"易觉春城暮"，刘禹锡的"春风引路入京城"；

想着关于花的长安，"春风得意马蹄疾，一日看尽长安花""唯有牡丹真国色，花开时节动京城""花开花落二十日，一城之人皆若狂""杜鹃花时夭艳然，所恨帝城人不识""百尺游丝争绕树，一群娇鸟共啼花。游蜂戏蝶千门侧，碧树银台万种色"。如此多描写"花之古都"长安的诗句，勾勒出了一个繁花似锦、婀娜多姿的"花城"长安。

（2）唐诗中的"凤城"

十三朝古都西安的文脉太深厚了，好东西、好名称还真有，这其中就有汉唐传下来的"凤城"之名，当然，还是从唐诗引出的。

诗圣杜甫《夜》有："步檐倚杖看牛斗，银汉遥应接凤城。"刘禹锡《曲江春望》有："凤城烟雨歇，万象含佳气。"李商隐《为有》有："为有云屏无限娇，凤城寒尽怕春宵。"张籍《车遥

刘禹锡像

遥》有："君家大宅凤城隅。"章八元《题慈恩寺塔》有："落日凤城佳气合，满城春树雨蒙蒙。"刘禹锡还有："当日人传满凤城。"骆宾王《帝京篇》有："丹凤朱城白日暮。"章碣《城东即事》有："闲寻香陌凤城东。"沈佺期诗《奉和立春游苑迎春》有："歌吹衔恩归路晚，栖乌半下凤城来。"沈佺期《独不见》一诗中有："丹凤城南秋夜长。"

花蕊夫人《宫词》："五云楼阁凤城间，花木长新日月闲。"

杜甫《复愁》诗中还有："由来貔虎士，不满凤凰城。"凤凰城当然是"凤城"长安啦！

唐代诗人如此喜欢推崇百鸟之王，集美丽于一身的凤凰，如此多的诗咏赞"凤城"，好像专门给长安量身定制，让后人在惊异的同时不能不接受。

（3）汉代凤阙与凤凰崇拜

西汉时期，汉武帝在汉长安城建章宫东宫门外建有双

懿德太子墓壁画《阙楼图》

阙，高二十五丈，因上各置有高丈余的鎏金铜凤凰，故又名"凤阙"，或称"双凤阙"。《史记·孝武本纪》："未央其东则凤阙，高二十余丈。"

而建章宫北宫门外也有凤阙，称"双圆阙"，高二十丈，或说二十五丈，因上亦各置鎏金铜凤凰，故又称"凤阙"。《史记·孝武本纪》司马贞《索隐》引《三辅故事》："北有圆阙，高二十丈，上有铜凤皇，故曰凤阙。"张衡《西京赋》："圆阙竦以造天，若双碣之相望。凤骞翥于甍标，咸溯风甫欲翔。"

建章宫南宫门（为正门，称闾阖门）内之东则有别凤阙，又称"折凤阙""凤凰阙"，取其阙楼上置铜凤凰随

风转折之义。《三辅黄图》曰："建章宫，汉武帝造，周二十余里，千门万户，其东凤阙，高七丈五尺。"《三辅旧事》曰："建章宫周回三十里。东起别风阙，高二十五丈，乘高以望远。"传世的"折风阙当"文字瓦当，为汉武帝建章宫阙用瓦。班固《西都赋》："内则别风之嶕峣。"

汉长安城建章宫东北二门外皆有双凤阙，加上正门南宫门内之东折凤阙又名凤阙。建章宫三门五凤阙，真正显示出汉朝人以凤为尊的虔诚。"初唐四杰"之一的陕西华阴人杨炯有诗："烽火照西京，心中自不平。牙璋辞凤阙，铁骑绕龙城。"亦为"初唐四杰"之一的卢照邻《长安古意》诗云："双阙连甍垂凤翼。……汉帝金茎云外直。"到了唐代，这凤阙和"垂凤翼"的双阙还在，这也成了唐长安城的标志。

碗花《对鸟》（旬邑·文崇霄作品）

另外，汉未央宫正南门有朱鸟门。本为明瑞门，王莽时改称。《汉书·王莽传》载：天凤三年，"十月戊辰，王路朱鸟门鸣，昼夜不绝"。还有朱鸟殿，又名朱雀殿。张衡《西京赋》叙未央宫有"麒麟、朱鸟、龙兴、含章"，李善注"汉宫阙名有麒麟殿、朱鸟殿"。《水经注·渭水》

称"朱鸟殿"为"朱雀殿"。未央宫内还有凤凰殿，汉上林苑也有凤凰殿。《长安志》中记载，汉上林苑中有凤凰殿。注引《汉书·郊祀志下》："其冬，凤凰集上林，乃作凤凰殿，以答嘉瑞。"长安城南的凤栖原，也同时得名。《咸宁县志·地理志》："汉神爵四年凤凰集杜陵，故名。"《陕西风景名胜史话》载，汉宣帝神爵四年（前58年），有十一只凤集于少陵塬，此塬后来便被称为"凤栖原"。

说到以凤为年号，汉代有元凤、五凤，加上王莽新朝的天凤，这在历朝历代为最。唐代仅武则天听政时有仪凤年号，再有三国时东吴以神凤、五凤、凤凰为年号，但东吴属分裂之小国，不能和统一的大汉朝相比。

看来，建章宫的双凤阙、凤阙，不仅是汉长安城的标志性建筑，还影响到唐宋以后。汉代以降，多少文坛大家都以"凤城"颂扬赞誉长安，留下了多少以凤为尊、享誉华夏的名篇佳作。

（4）西周的"凤纹时代"

凤纹作为青铜器的装饰，在周代极为盛行。由于周公制周礼，周代推行以德治国，宣扬社会的正统秩序，"礼"实际上是统治者维护社会秩序的一种制度。作为"见则天下大安宁"的凤凰，正是这种社会观念的象征，所以周代昭、穆时期凤纹大量流行，以至有学者将这一时期称为"凤纹时代"。

周人大量使用凤纹是因为鸟对周人先祖的护佑。《诗

经·大雅·生民》讲姜嫄诞下后稷后，"诞寘之平林，会
伐平林。诞寘之寒冰，鸟覆翼之。鸟乃去矣，后稷呱矣"。
可见，鸟对周人之始祖后稷的关心、保护。在周人看来，
鸟无疑是代表着神灵，是神灵的使者，神鸟即凤鸟。故凤
鸟在周人脑海里是沟通人和神的媒介，自然而然地成为媒
介动物。是故，在西周初期至中期，作为沟通人神的主要
媒介动物，凤鸟必然具有神性，也必然为周人所崇拜。

1973 年，陕西岐山贺家村出
土了一件商代晚期的"凤柱斝"，
双柱上装饰有立体的凤鸟，鸟
呈站立状横向排列，鸟冠高耸，
冠后部又有下垂的翎羽与凤鸟的
尾部相接。2003 年，西安市未
央区文景路枣园汉墓出土一件西
汉早期的"凤鸟鎏金钟"，该
钟盖面中央铸一立姿凤鸟形钮，
昂首翘尾，口中含珠，双翅拢
于背，线条极为流畅，形象栩

商代晚期凤柱斝
（陕西岐山贺家村出土）

栩如生。陕西宝鸡石鼓山西周墓地出土了一件"双耳青铜
簋"，该青铜簋表面有夔凤纹，龙身鸟嘴的造型非常罕见。
陕西扶风白村出土的"西周丰尊"，其口沿下饰仰叶状对
凤纹，颈部有垂冠分尾雏凤纹，腹部有相对硕大凤鸟，圆
眼钩喙，冠从头顶绕过，垂至足前，尾卷曲分为三根，是

西周中期典型的凤鸟纹饰。陕西历史博物馆藏有"盂簋""梁其壶""师丞钟""它盉"等。其中，西周晚期青铜器"它盉"，凤头口盖，双翅后掠，像游在水面的禽鸟。还有西安博物院藏的"西周凤鸟纹青铜爵""西周鸟纹青铜盉"和"双凤簋"。其中的"双凤簋"，器物上一边一只圆眼钩喙的凤鸟为耳，十分精美。还有"塑方鼎""仲子觥""斿觥""甲簋""效卣""丰卣""静簋"等，都有西周时期典型的凤鸟纹饰。

西周这个"凤纹时代"，可以说，就诞生于古长安的西周天子所居都城的丰京、镐京和他的宗庙所在地扶风、岐山。

（5）唐代长安城的凤凰故事

唐皇城三大内的大明宫正南门为丹凤门，入丹凤门可见主殿含元殿，殿两侧有翔鸾阁和栖凤阁，皆以曲尺形廊庑与主殿相连。李华的《含元殿赋》："左翔鸾而右栖凤，翘两阙而为翼。环阿阁以周墀，象龙行之曲直。"王维诗有："云里帝城双凤阙。"说的就是大明宫丹凤门内含元殿前两侧的翔鸾阁和栖凤阁。

唐皇城"三大内"的太极宫内有翔凤殿、翔凤门。太极宫东门原名通训门，天宝年改称凤凰门。就连发生过"玄武门兵变"的太极宫北门玄武门城楼，也被诗人称为凤楼。崔元翰《奉和登玄武楼观射即事书怀赐孟涉应制》中就有"城高凤楼耸"的诗句，其中凤城指的就是玄武门城楼。

骆宾王《帝京篇》还有："三条九陌丽城隈，万户千门平旦开。复道斜通鹔鹴观，交衢直指凤凰台。……铜羽应风回，金茎承露起。"说的就是汉长安城建章宫的凤凰阙、相风铜凤凰和承露盘。"金茎承露起"引自东汉班固《西都赋》中的诗句："抗仙掌以承露，擢双立之金茎。"

西安大明宫遗址丹凤门

唐代长安每逢大朝会常会演一种乐舞戏，名《凤书伎》，南北朝时已有此乐舞戏。南北朝诗人江淹有诗《齐凤皇衔书伎辞》："皇齐启运从瑶玑，灵凤衔书集紫微。和乐既洽神所依，超商卷夏耀英辉。"这种乐舞戏是由艺人扮演凤凰，口中衔书进献舞蹈。舞毕，由侍中取书，中书舍人受书，上殿跪奏，然后宣读书上贺词并歌之。

唐长安城的朱雀门是皇城正南门，穿门而射出的朱雀

西安朱雀门

大街为唐长安城南北中轴线，也被称为长安城的天街。朱雀门宽约四十余米，从承天门和明德门规模形制来看，朱雀门应该与之一致，也开有五个门洞。作为皇城的正南门，朱雀门上的城楼，肯定是巍峨壮观、重轩镂槛、雕楹玉碣、青琐丹楹、高大宏伟、富丽堂皇。

　　有一种说法称朱雀其实就是凤凰的一种。《尚书·尧典》有"日中星鸟"，孙星衍疏："经言星鸟者，鸟谓朱雀，南方之宿。郑康成之意，南方七宿，总为鸟星。"《太平御览·兵部》载："行，前朱雀而后玄武，左青龙而右白虎。"古今常可四方崇拜南朱雀北玄武，东青龙而西白虎，可见，朱鸟、朱雀同一。张衡的《思玄赋》中有："前祝融使举麾兮，缅朱鸟以承旗。"李贤注："朱鸟，凤也。"

　　可见，在唐人观念中，凤凰是与龙并重的。门是一个王朝一座城市的脸面、灵魂。朱雀门北与宫城承天门，南与外郭城正南门明德门相直，寓意不仅有门与路通，还有与德通、与天通、与神通之意在内。从以朱雀为门名来看，在唐人建城的立意中，朱雀就高于龙了。

（6）凤凰文化与新西安时代精神的统一

在一般人的心目中，凤凰是一种祥瑞高洁的神鸟，凤凰的"非晨露不饮，非嫩竹不食，非千年梧桐不栖"，说明了凤凰栖落的一定是一处山清水秀、美丽宜人的地方。凤凰这种对生活环境的挑剔，也让人们看到了它和稀世珍禽"东方宝石"朱鹮一样，是环境标志鸟。而朱鹮也是凤凰形象融合的对象之一。朱鹮本是一种世界性鸟类，但因生态污染，最后只有西安之南的秦岭还幸存几只，才免于灭绝。西安与秦岭周边地区是适宜人类与动物居住的极佳地理位置。凤凰与西安结缘会形成一种环境、绿色与现代化都市的绝佳生态符号。而西安正在重振汉唐雄风，恢复八水绕长安的盛景，建设山水之城，以凤凰为标志，恰逢其时。一座真正意义上的生态之城，才配得起"凤城"这一名号。

凤凰有五德，传说为瑞鸟。凤凰的"五色俱备"也是维系古代社会和谐安定的"德、义、礼、仁、信"五条伦理的象征。如《山海经·山经·南山经》说："（凤凰）首文曰德，翼文曰义，背文曰礼，膺文曰仁，腹文曰信。"《山海经·海经·海内经》也说："鸾鸟自歌，凤鸟自舞。

凤鸟首文曰德，翼文曰顺，膺文曰仁，背文曰义，见则天下和。"

《史记·五帝本纪》说："于是禹乃兴九招之乐，致异物，凤皇来翔。天下明德皆自虞帝始。"《韩诗外传》言凤凰："戴德、负仁、抱忠、挟义，小音金，大音鼓。延颈、奋翼、五彩备举，鸣动八风，气应时雨。食有质，饮有仪。往即文始，来即嘉成。唯凤为能通天祉、应地灵，律五音、览九德。"凤凰之五德，承继中华文化之优良传统，又与当今社会以德治国、精神文明建设的理念相通。

凤凰文化的精髓是"和美"。我们这些年来经历了和谐社会、美丽中国、实现中华民族伟大复兴的中国梦这些精神文明建设的阶段，这是凤凰文化与新西安时代精神上的高度统一。再如《山海经》所述的"凤凰现而天下安宁"的祥瑞之说，也与历史上长安的长治久安相一致。

西安市文学艺术界联合会的王民权先生说："所谓'凤城'，说的也就是帝都或京城，就是古代文学作品中对帝都或京城的别称。"自然，作为周秦汉唐帝都、京都的长安，被形容或别称为"凤城"，也就顺理成章了。

7. 唐诗中的龙凤意象

　　谈唐诗中的龙凤意象，无非就是以唐诗作为载体，来研究挖掘龙凤文化的内涵以及唐诗龙凤意象的象征意蕴。这包括两个方面：一是"天上龙凤"意象的"祖灵象征"和"皇权象征"，二是"人间龙凤"意象的"爱情象征"和"君子象征"。

　　先从唐诗中龙凤意象的对仗句说起。唐诗中龙凤意象的对仗句相对比较少，因为受限制、受束缚，像"戴着枷锁跳舞"，因此较难掌握。唐代诗人中写龙凤意象对仗句的第一高手，非诗圣杜甫莫属，各种独出机杼、高难度的绝句、佳句，他都能轻松驾驭、游刃有余。

　　例如，被北宋王安石评为杜甫唐诗压卷之作的《洗兵马》中有："鹤驾通宵凤辇备，鸡鸣问寝

龙凤呈祥（西安·陶浒绘）

龙楼晓。"《哭王彭州抡》中有："蛟龙缠倚剑，鸾凤夹吹箫。"《行次昭陵》中有："谶归龙凤质。"谶归，指事后一种迷信的话语应验。《行次昭陵》中的"谶归龙凤质"，

加上《洗兵马》中的"攀龙附凤势莫当"，以及杜甫《紫宸殿退朝口号》中的"会送夔龙集凤池"，都是一句诗中就兼有龙凤意象，很是难得。

其中"会送夔龙集凤池"的"凤池"，即凤凰池，本是皇帝禁苑中的池沼。魏晋南北朝时期的宰相之职，分属于尚书省、中书省、门下省，是三省的长官。而中书省因设

凤凰（西安·蔡昌林绘）

于禁苑，掌管机要，接近皇帝，其地位比尚书省更为重要，故而有"凤凰池"和"凤池"之称。至唐时，门下省、中书省在禁中左右掖，给事中属门下省，办公地点就在凤凰池。

被列为世界非物质文化遗产的古琴，琴底有二孔，上孔曰龙池，下孔曰凤池。王谟辑《世本·作篇》："伏羲氏削桐为琴……龙池八寸通八风，凤池四寸象四时。"凤池亦是砚台的一种，《端溪砚谱》载："砚之形制……曰凤池。""宣和初，御府降样，造形若风字，如凤池样，但平底耳。"

李白诗中兼写龙凤意象的诗也相当了得。如《襄阳歌》诗中有："凤笙龙管行相催。"也是一句中就写有龙凤。"凤笙龙管"，《说文》有"笙，十三簧，象凤之身也"，"龙管"是笛的美称。另外，"凤笙龙管"常被诗人写入作品中。例如，唐代田娥《携手曲》诗中有："凤笙龙管白日阴。"

宋代刘学箕《与政仲端夫敬叟季仙至旧圃采采芙蓉金菊之妙》诗中有："凤笙龙管吹秋声。"元代赵孟𫖯《溪上》诗中有："凤笙龙管是谁家？"

李白《对雪奉饯任城六父秩满归京》诗中有："龙虎谢鞭策，鹓鸾不司晨。"意思是说，谁见过生龙活虎还需要鞭策呢？谁见过凤凰像公鸡一样报晨呢？鹓，在汉族传说中是与鸾凤同类的鸟，古书上指凤凰一类的鸟。《山海经·南山经》载："（南禺之山）佐水出焉，而东南流注于海，有凤皇、鹓雏。"郭璞注："亦凤属。"

除过杜甫、李白的诗，精彩的龙凤意象对仗精工的佳句，在唐诗中并不多见。例如，王维《奉和圣制登降圣观与宰臣等同望应制》中的："凤扆朝碧落，龙图耀金镜。"凤扆，皇帝宫殿上绘有凤凰图饰的屏风，置于户牖之间；亦指帝座。龙图，即河图。汉代学者应劭《风俗通·山泽·四渎》："河者，播也，播为九流，出龙图也。"王维还有《奉和圣制御春明楼临右相园亭赋乐贤诗应制》中的："遥闻凤吹喧，暗识龙舆度。"

卢照邻《长安古意》中有："龙衔宝盖承朝日，凤吐流苏带晚霞。……双阙连甍垂凤翼。……娟妇盘龙金屈膝。"这一首诗中竟出现多个龙凤意象句。

李贺也是诗写龙凤意象的高手之一。他在《将进酒》诗中有"烹龙炮凤玉脂泣"，也是一句诗中有龙凤。"烹龙炮凤"亦作"烹龙煮凤"，比喻烹调珍奇肴馔，极言菜

《吉祥如意》邮票

肴珍奇，简直非世间所有。

李贺这首诗中另外还有一句"吹龙笛，击鼍鼓"，龙的意象被他用得很扎实，吹笛就吹笛，还要写出笛声的高亢婉转，如瑞龙长吟，乃非人间凡乐。击鼓则击"鼍鼓"。鼍为龙之原型扬子鳄，鼍龙皮蒙的鼓，更是不同凡响了。

李贺《李凭箜篌引》一诗中有："昆山玉碎凤凰叫。……老鱼跳波瘦蛟舞。"蛟是古代传说中一种能发洪水的龙。凤凰与蛟龙形象都有了，用老和瘦来形容鱼、龙有出奇不意之感觉，跳波则取鲤鱼跳龙门典故。

李贺《天上谣》中有："秦妃卷帘北窗晓，窗前植桐青凤小。……呼龙耕烟种瑶草。……东指羲和能走马，海尘新生石山下。"秦妃即弄玉，嫁给萧史之日乘凤飞去，成了神仙。

李贺《致酒行》中有："直犯龙颜请恩泽。"后边引出"雄鸡一唱天下白"。这鸡与凤同源，可作为龙凤对仗句。

还有唐代诗人李颀《听安万善吹觱篥歌》中的"九雏鸣凤乱啾啾。（凤生九子，各发雏音）龙吟虎啸一时发"，虽不是对仗句，但写得很是出彩。

韩愈的《石鼓歌》中有"鸾翔凤翥众仙下""古鼎跃

水龙腾梭"两句，虽没接在一起，不能形成对仗，但龙凤意象诗句都有了，给人一种极玄妙的感觉。

最后说一下唐代君王们诗中的龙凤意象。例如，开创"贞观之治"的唐太宗李世民在《帝京篇十首·其二》一诗中有："玉匣启龙图，金绳披凤篆。"《赋得临池竹》一诗中有："拂牖分龙影，临池待凤翔。"《执契静三边》一诗中有："书绝龙庭羽，烽休凤穴戍。"

一代女皇武则天在她的《游九龙潭》一诗中也有："岩顶翔双凤，潭心倒九龙。"《唐大飨拜洛乐章·德和》一诗中还有："夕惕同龙契，晨兢当凤扆。"

唐高宗李治在《九月九日》一诗中有："凤阙澄秋色，龙闱引夕凉。"

开创"开元盛世"的唐玄宗李隆基，在他写的《佛教梵文唵字唐玄宗书并读·其一》中有："龙盘梵质层峰峭，凤展翔仪乙卷收。"《过晋阳宫》一诗中亦有："井邑龙斯跃，城池凤翔余。"《同玉真公主过大哥山池》中的"龙岫对层城。……凤楼遥可见"，虽不是对仗句，但亦不差。

被誉为真龙天子的皇帝，成为龙凤意象代表的"皇权象征"而被屡屡写进诗中，这不奇怪；他们自己也写了不少龙凤意象的诗句，显示出了帝王们对龙凤的喜爱之情，他们的诗在诗歌史上具有特殊意义。

8. 唐诗中的凤意象

（1）大明宫"和诗"说凤凰

唐朝时诗人间兴一种"和诗"，即一人先咏，后边一人或两三人应和而诗，现在也叫同题诗。

例如，就在唐代长安的"千宫之宫"大明宫，围绕着凤池，就曾发生了一件贾至与王维、杜甫、岑参四位诗人相与唱和的逸事。

此次唱和发生于唐肃宗乾元元年（758年）春天，当时，贾至、杜甫、王维、岑参为同僚。

先是作为中书舍人的贾至写了《早朝大明宫呈两省僚友》一诗："银烛熏天紫陌长，禁城春色晓苍苍。千条弱柳垂青琐，百啭流莺满建章。剑佩声随玉墀步，衣冠身惹御炉香。共沐恩波凤池上，朝朝染翰侍君王。"

接着，杜甫、王维、岑参三位和此诗。杜甫《奉和贾至舍人早朝大明宫》诗云："五夜漏声催晓箭，九重春色醉仙桃。旌旗日暖龙蛇动，宫殿风微燕雀高。朝罢香烟携满袖，诗成珠玉在挥毫。欲知世掌丝纶美，池上于今有凤毛。"其中的"池"即凤池。

王维《和贾舍人早朝大明宫之作》诗云："绛帻鸡人报晓筹，尚衣方进翠云裘。九天阊阖开宫殿，万国衣冠拜冕旒。日色才临仙掌动，香烟欲傍衮龙浮。朝罢须裁五色诏，佩声归到凤池头。"

岑参《奉和中书舍人贾至早朝大明宫》诗云："鸡鸣紫陌曙光寒，莺啭皇州春色阑。金阙晓钟开万户，玉阶仙仗拥千官。花迎剑佩星初落，柳拂旌旗露未干。独有凤凰池上客，阳春一曲和皆难。"

四位诗人的诗中，贾至有"共沐恩波凤池上"，杜甫有"池上于今有凤毛"，王维有"佩声归到凤池头"，岑参有"独有凤凰池上客"。这四句都是围绕着凤池来写的，四人同题即"早朝大明宫"，意象同为凤池、凤凰池。

（2）从"五凤楼""丹凤门"到"凤凰城"

帝都长安称"凤城"或"凤凰城"，长安城还有"五凤楼""凤楼""凤凰楼"。

五凤楼是指唐长安城宫城的正门，上有崇楼五座，所以得名。王建《春日五门西望》有"百官朝下五门西"。它的平面呈"凹"字形，是从汉代的门阙演变而来的。整座建筑高低错落，左右呼应，形若凤凰展翅。

杜甫诗中有"不满凤凰城"，杜牧诗中有"行望凤城花隔云"，以及"池台新赐凤城西"和"翠屏山对凤城开"。刘禹锡《曲江春望》中有："凤城烟雨歇。"他的《路傍曲》中还有："南山宿雨晴，春入凤凰城。"李商隐《为有》中有："凤城寒尽怕春宵。"杨凌《春霁花萼楼南闻宫莺》中有："春风流出凤凰城。"杨巨源诗中也多次写到凤城，有"凤城春报曲江头""喜气凤城端""凤城初日照红楼"

"长对凤皇城"等。

写到五凤楼、凤楼、凤凰楼的诗句有：令狐楚的"五凤楼西花一园"，和凝《宫词百首》中的"北阙晴分五凤楼""杏蕊桃心照凤楼"，姚合的"凤凰楼下得闲名"，李端的"路人遥指凤凰楼"，顾况的"火树凤楼前"，苏颋的"凤凰楼下交天仗"，杜牧的"凤楼空锁月明天"，韩偓的"彩云天远凤楼空"，戎昱的"凤凰楼上伴吹箫"，李乂的"仙女凤楼期"，等等。

含元殿是大明宫的正殿，位于丹凤门以北、龙首原的南沿，是举行重大庆典和朝会之所，也称"外朝"。主殿面阔十一间，加上副阶为十三间；进深四间，加上副阶为六间。在主殿的东南和西南方向分别有两出阙——翔鸾阁和栖凤阁，形成凤凰展开的翅翼，各以曲尺形廊庑与主殿相连。

1999 年凤凰图案明信片

整组建筑呈"凹"字形。主殿前是以阶梯和斜坡相间的龙尾道，表面铺设花砖。在龙尾道的前方还有一座宫门，左右各有横贯东西的隔墙。

（3）唐诗咏凤凰大观

李白《庐山谣寄卢侍御虚舟》诗中有"我本楚狂人，凤歌笑孔丘"之句，"楚狂人"指战国时期楚国的狂士陆通，字接舆。《论语·微子》中有《楚狂接舆歌》一章，曰："凤兮凤兮何德之衰。往者不可谏，来者犹可追。已而已而。今之从政者殆而。"孔子下车，想和他交谈，陆通赶快走开了。此句并非是李白自比楚狂，嘲笑孔丘，而是以孔丘自比，托孔丘以自伤。李白整个人生态度是积极入世的，和楚狂隐而不仕的消极人生态度不同，李白自称楚狂实际是用反衬手法表现自己政治上找不到出路的痛苦。李白对孔丘是尊敬的，"凤歌笑孔丘"中的"笑"也是反照写法，郁结着李白一生的辛酸与愤懑，以孔丘相托，笑自己太天真，而感伤于自己。

"凤女台"相传为秦人祭祀弄玉所筑的高台，台上建有凤女祠，后亦借指公主和美女所居之处。台址在今陕西宝鸡东南。唐诗中"凤台""凤皇台""凤女台"这几个词语也不少。李白的《凤台曲》诗有"传得凤凰声"，元稹的《酬乐天八月十五夜禁中独直玩月见寄》有"金凤台前波漾漾"，黄滔的《催妆》有"争引秦娥下凤台"，骆宾王的《帝京篇》有"交衢直指凤皇台"，李峤的《奉和初春幸太平公主南庄应制》有"箫声犹绕凤皇台"。

在中国古代，笙与箫这两件乐器，总是紧密联在一起，《诗经·小雅·鹿鸣》有："我有嘉宾，鼓瑟吹笙。"笙是一种簧片乐器，而箫是一种管乐器。笙箫常用在一起，多指的是"箫"，侧重点是箫。曹唐《小游仙诗》有："忽闻下界笙箫曲，斜倚红鸾笑不休。"笙箫和鸣也是爱情的象征，因它们结缘的一对神仙伴侣就是萧史和弄玉，两人合奏的音乐还招来了凤凰。

李白《凤吹笙曲》诗中有："仙人十五爱吹笙，学得昆丘彩凤鸣。……玉京迢迢几千里，凤笙去去无穷已。"《宫中行乐词八首》中有："莺歌闻太液，凤吹绕瀛洲。"郎士元《听邻家吹笙》诗中有"凤吹声如隔彩霞"。"凤吹"是对笙箫等细乐的美称。笙这种乐器由多个簧管组成，参差如凤翼，其声清亮，宛如凤鸣，故有"凤吹"之称。耳朵听到"凤吹声"，却犹如眼睛看到了"彩霞"，这属于典型的通感句，诗人运用得很是精妙。

张仲素《汉苑行二首·其二》诗中的"千步回廊闻凤吹"，秦韬玉《吹笙歌》的"岐山取得娇凤雏"，用的都是"凤鸣岐山"的典故。李峤《龙》诗中则有"含章拟凤雏"之句。

唐玄宗李隆基《经邹鲁祭孔子而叹之》诗中的"叹凤嗟身否，伤麟怨道穷"，《续薛令之题壁》诗中的"啄木觜距长，凤凰羽毛短"，都是咏凤的佳句。

凤凰（西安·蔡昌林绘）

李隆基作为皇帝，又作为诗人，有一定创作实践，他对盛唐时代的诗坛是有一定影响的。

李隆基有《幸凤泉汤》一诗曰："西狩观周俗，南山历汉宫。荐鲜知路近，省敛觉年丰。阴谷含神爨，汤泉养圣功。益龄仙井合，愈疾醴源通。不重鸣岐凤，谁矜陈宝雄？愿将无限泽，沾沐众心同。"这是写他对沐浴的感觉，其中"不重鸣岐凤"，是希望那从西周开始的"凤鸣岐山"的凤鸣声永不落下，意指希望自己的江山永固。

华清池分为九龙汤和芙蓉池，九龙汤专供皇帝御洗。唐时长安城四周有不少温泉，其中最为著名的是骊山汤、石门汤和凤泉汤。骊山温泉中的九龙汤池成了皇上的御洗之地，凤泉汤也是皇上常去之地。

（4）凤凰诗人李商隐

李商隐诗中有两句咏凤凰的诗，成为中国古典诗歌之千古佳句。一句是他的《无题二首·其一》中的"身无彩凤双飞翼，心有灵犀一点通"。是说两人身上虽然没有像彩凤那样能比翼齐飞的翅膀，但是心有灵犀，彼此心照不宣、心心相印。一句是他《韩冬郎既席为诗相送一座尽惊他日余方追吟连宵侍坐裴回久之句有老成之风因成二绝寄酬兼呈畏之员外》中的"雏凤清于老凤声"。意为雏凤圆润的鸣声，比之老凤苍凉的叫声更为清亮。韩冬郎，是晚唐诗人韩偓的小名。他的父亲韩瞻，字畏之，是李商隐的故交和连襟。大中五年（851年）秋末，李商隐离京赴梓州（今四川绵阳三台）入东川节度使柳仲郢幕府。此时韩偓才十岁，就能够在别宴上即席赋诗，才华惊动满座宾朋。大中十年（856年），李商隐返回长安，重诵韩偓题赠的诗句，回忆往事，写了两首七绝酬答，此句是其一中的最后一句。诗人将韩氏父子比作凤，以"雏凤清于老凤声"表示青出于蓝而胜于蓝，从而将抽象的道理转化得具体形象。诗人以"桐花万里丹山路"联想到，传说中凤凰产在丹山，喜欢栖息在梧桐树上。经过诗人的想象，便构成这样一幅令人神往的图景：遥远的丹山道上，美丽的桐花盛开，花枝间不时传来雏凤清脆圆润的鸣声，附和着老凤苍凉的呼叫，显得更为悦耳动人。这是非常富于诗情画意的描绘。"看"了这幅图画，冬郎的青春年少和诗才就都跃然纸上了。

李商隐其他的咏凤诗也首首不凡，如《赠刘司户蕡》的"万里相逢欢复泣，凤巢西隔九重门"。李商隐《无题》有句："凤尾香罗薄几重，碧文圆顶夜深缝。"凤尾罗，指装饰凤纹的轻薄的丝织品，碧文圆顶，是装饰碧色花纹的罗帐；一说是唐时婚礼用的百子帐。李商隐《白帖》有："凤文、蝉翼，并罗名。"此句盖言主人公正在夜晚缝制罗帐。

李商隐《流莺》诗中有："曾苦伤春不忍听，凤城何处有花枝？"以伤春苦啼无枝可栖的流莺，自喻政治上的失意。全诗咏物抒情，借流莺自喻，寄托身世之感。"凤城"借指长安，"花枝"指流莺栖息之所。两句是说，自己曾为伤春之情所苦，实在不忍再听流莺永无休止的伤春哀鸣。然而，在这偌大的长安城内，又哪里能找到可以栖居的花枝呢?

李商隐《茂陵》诗中有:"内苑只知含凤嘴。"凤嘴,传说仙人煮凤喙及麟角做胶,名为续弦胶,见《海内十洲记》。又传汉武帝时,西域一国王使臣献此胶。帝至华林苑射虎,弦断,使者用口濡胶以续弦。此诗中"含凤嘴",指用嘴含胶将其濡湿融化。含一作衔。此句讽汉武帝好游猎。

2017年《唐·金凤》邮票

李商隐病故后,他的挚友崔珏在《哭李商隐》这首悼友诗中写出了李商隐的人品、人格与诗才。其中有:"鸟啼花落人何在,竹死桐枯凤不来。"用"鸟啼花落"营造出一种感伤的情调,引出对李商隐的怀念及对李商隐身世坎坷、不幸命运的感慨。一句"竹死桐枯凤不来"更让人哀伤悲凄。李商隐具有高洁的人格,曾自喻为凤凰。他在《送从翁从东川弘农尚书幕》诗中有:"鸾皇期一举,燕雀不相饶。""鸾皇"即凤凰。在《安定城楼》一诗中有"不知腐鼠成滋味,猜意鹓雏竟未休",此句被人称为"神句"。"鹓雏"出自庄子写的《惠子相梁》:"南方有鸟,其名为鹓雏。"鹓雏是古代传说中一种像凤凰的鸟。这首诗说明了李商隐活着时,即凤尚在时,就遭猜忌排斥,无桐可栖,无竹可食。而如今竹死、桐枯、凤不来(凤亡了），就更令人悲怆万分了。崔珏诗中的这两句，悼念中有哀伤、有悲愤，可谓一哭两叹。

凤凰集美丽于一身，性格高洁，有君子之风，而李商隐堪称诗人中的凤凰。

9. 从邮票上的唐代金凤说起

邮票上的凤凰，有 1973 年 11 月 20 日国家邮政发行"'文化大革命'期间出土文物"的编号 66 邮票《青花凤首扁壶》一枚，还有 1979 年 3 月 29 日发行的《中国绘画·长沙楚墓帛画》邮票，其中一枚是 1949 年出土于长沙战国楚墓的《夔凤人物帛画》。1987 年 4 月 1 日发行第二组《风筝》邮票，其中第四枚风筝造型为凤凰。2004 年 11 月 1 日，国家邮政局发行《吉祥如意》邮票，其图为五彩凤凰。该邮票图案上的凤凰口衔花朵，展翅翘尾，翩翩飞来，但这些国家正式发行的"凤凰"邮票，都和陕西无缘。

直到 2017 年 7 月 29 日发行的一套《凤（文物）》邮票，才有一枚陕西题材的凤凰邮票，即第四枚"唐灞桥金凤"。这枚邮票上的唐代金凤，是 1971 年 2 月在西安灞桥区郭家滩唐墓出土的。金凤长 6.7 厘米，高 6.6 厘米。双翼展开，双足蹬地，制作极其精巧。金凤披长绒毛，细眼短嘴，昂首挺胸，曲颈，目视前方，尾部向上，每束尾羽都是有规则的缠枝叶形，层层向上，项端为高花冠，自然生动，翅、尾、足动作协调，羽毛随风飘拂，把腾空将要起飞的一刹那的动作刻画得异常精彩。"有羽之虫三百六十而凤凰为长"，凤在当时被看作是天降之神灵，是崇高尊贵的象征，代表皇后和贵妃。这件金凤造型饱满圆润，是唐代凤鸟的独有特征，现藏于西安含光路上的西安博物院。

凤凰上了有"国家名片"之誉的邮票，对陕西来说，七十多年仅此一次。但陕西出土文物上的凤凰形象，却数不胜数，值得一说。

在陕西，商代有"花冠玉凤鸟"；周代有"玉凤""龙凤合雕玉器"等，青铜器有"凤柱斝""凤鸟鎏金钟"，以及顶上有鹰形凤的"逨盉""凤纹丰尊"等数十件；秦代有出土于临潼的"鎏金铜凤凰"；而汉代画像石上就更多了，有米脂县出土的"博山炉"上的凤鸟，绥德县出土的展翅欲飞的"凤鸟"，汉长安城的凤阙、双凤阙等。

西安未央区张家堡汉墓出土了四件"西汉鎏金错银凤鸟镇"，长 6.4 厘米，宽 5.7 厘米，高 4.7 厘米。四件形制、大小相同。凤鸟呈伏卧状，回首啄羽，双翼微微抬起，尾羽微展，冠为如意形，颈部有一银色项圈，双翼及尾部金银两色相间，其他部位均鎏金。造型生动，刻画细腻，具有很高的艺术表现力。

1964 年，西安未央区三桥苒家村出土一件"唐三彩凤首壶"，现藏西安博物院。陕西历史博物馆也藏有唐代"三彩凤首壶"。凤首壶在初唐时即开始流行，是唐三彩陶器中常见的器形。这两件三彩凤首壶壶口部为鸟首造型，口衔小珠，壶腹部浑圆饱满，色彩斑斓，精美绝伦，体现了唐代丰满健实的艺术特色。

凤首壶是唐代新出现的样式。一般认为，是模仿波斯萨珊和粟特的金银器"胡瓶"的造型。而更奇特的是，在 2002 年西安长安区郭杜乡唐墓出土的一件"三彩釉陶载物卧驼"上，卧驼的双峰间除了负驮象牙和丝绸外，侧面还非常醒目地挂着一件凤首壶。这件凤首壶的设计使唐三彩凤首壶成为丝绸之路中外文化交流的见证物，同时也展示了唐人对

1987 年《凤凰》邮票

外来文化广收博采的自信和气魄，记录了大唐盛世的繁华与雍容。它从大唐都城长安走来，成为海外大众了解中华古代文化的载体。

陕西历史博物馆收藏的国宝级文物中有一件铜川耀州窑生产的耀州青瓷倒流壶，令人深感奇绝的是，壶的提梁是一只伏卧着、圆眼短嘴的凤凰。

陕西历史博物馆还收藏有不少凤凰纹的唐代铜镜。例如，西安市长安区落水村朱治中送交的"唐飞天鸾凤纹菱花镜"，咸阳出土的"唐四鸾缠枝花卉纹菱花镜"，1954年西安东郊郭家滩出土的"唐双凤双狮纹铜镜"，西安市鄠邑区出土的"唐双凤衔缠枝花卉纹镜"。唐双凤衔缠枝花卉纹镜极为精美：尺寸硕大，纹饰雕刻非常细致；双凤颈上垂系璎珞，口中各衔一枝长满花叶的树枝，徘徊盘旋，富于动感。

陕西历史博物馆还有一些关于龙的旧藏品如"唐花卉纹镜"，商县（今陕西商洛商州区）出土的"双鸾月宫蟠龙纹镜"，西安东郊韩森寨出土的"唐王子乔吹笙引凤纹镜"。据西汉刘向《列仙传》记载："王子乔者，周灵王太子晋也。好吹笙，作凤凰鸣。"铜镜上的纹饰即反映了王子乔的"好吹笙，作凤凰鸣"。也有人认为，这种铜镜的题材为"吹箫引凤"的典故，画面上的人物并非王子乔，而是秦穆公时的神仙萧史。

还有1956年西安东郊王家坟出土的"唐单凤纹镜"。单体龙凤纹镜是盛唐时期艺术成

汉龟座凤鸟（西安·蔡昌林供图）

就最高的一类铜镜，摒弃了繁复冗杂的装饰，以单一的龙纹、凤纹样占据镜背主体，龙凤体量大、刻画精细，姿态富有动感，可谓是镜史上的一绝。

通过邮票上的"唐灞桥金凤"以及陕西出土文物上的凤凰形象，我们认识了陕西凤凰文化的深厚内蕴，从而对中国文物大省——陕西油然而生一种敬佩之感。

长安吉祥说

CHANGAN JIXIANG SHUO

第二册

喜财皆入长安门

XI CAI JIE RU CHANGAN MEN

◎朱文杰　著

陕西新华出版传媒集团

太白文艺出版社

图书在版编目（CIP）数据

长安吉祥说. 喜财皆入长安门 / 朱文杰著. -- 西安:
太白文艺出版社, 2021.11
　　ISBN 978-7-5513-1966-9

Ⅰ.①长… Ⅱ.①朱… Ⅲ.①中华文化—通俗读物②
长安(历史地名)—文化史—通俗读物 Ⅳ.①K203-49
②K294.11-49

中国版本图书馆CIP数据核字(2021)第218973号

长安吉祥说：喜财皆入长安门

作　　者	朱文杰	
责任编辑	史　婷　张　鑫	
封面设计	郑江迪	
版式设计	建明文化	
出版发行	陕西新华出版传媒集团	
	太 白 文 艺 出 版 社	
经　　销	新华书店	
印　　刷	西安市建明工贸有限责任公司	
开　　本	889mm×1194mm　1/32	
字　　数	120千字	
印　　张	5.875	
版　　次	2021年11月第1版	
印　　次	2021年11月第1次印刷	
书　　号	ISBN 978-7-5513-1966-9	
定　　价	88.00元（全四册）	

出版社地址：西安市曲江新区登高路1388号（邮编：710061）
营销中心电话：029-87277748　029-87217872

目录

第二章　财文化·三秦溯源

第三章　天下门神出关中

第一章

喜文化·三秦溯源

1. 喜文化之内蕴

喜，乐也，悦也，吉也。

可以说，高兴而生喜悦。喜为吉祥文化中极为重要的一个方面，也是人的表情"喜怒哀乐"的第一位。

其实，在各种语境中喜有各种意思。例如，表达高兴、快乐、喜爱、喜庆的句子有《彤弓》："彤弓弨兮，受言载之。我有嘉宾，中心喜之。"《诗经·郑风·风雨》："既见君子，云胡不喜？"《易经·贲卦》："六五之吉，有喜也。"唐代韩愈《答冯宿书》载："然子路闻其过则喜；禹闻昌言则下车拜。"宋代苏东坡先生写于陕西凤翔的《喜雨亭

窗花《双喜鸳鸯》（岐山·高秋英藏）

记》中有："古者有喜，则以名物，示不忘也。"《虞书·益稷》有："肱股喜哉。"《易经·否卦》有："先否后喜。"《诗经·豳风·七月》有："同我妇子，馌彼南亩，田畯至喜。"三国时期文学家嵇康《与山巨源绝交书》有："卧喜晚起，而当关呼之不置。"西汉焦延寿《焦氏易林》有："宜昌娶妇，东家歌舞。宴乐有序，长乐嘉喜。"嵇康还有《答向子期难养生论》："不祈喜而有福，不求寿而自延。"这里"祈喜"的"喜"通"禧"。

喜，在漫长的岁月中不断演绎新的符号。人们还为喜字创造了另外的符号。"禧"，原本是"祭神以求得福祉"的意思，由此引申出"吉祥、喜庆"，以及"幸福"等义。如：新春佳节来临之际，有在门上或房梁上贴"禧"字的习俗。在百姓的心里，过年就是欢欢喜喜、热热闹闹，穿新衣、送礼物，吃饺子、放鞭炮，追求祥和、团圆的气氛。禧，一切应心，万事如意。

"天禧通宝"古钱

"天禧"是北宋真宗朝后期的年号（1017~1021年），北宋使用了五年，并同时期铸"天禧通宝"古钱。天禧之意就是：天降之喜或天大的喜事。

扬雄《文选·剧秦美新》有："百工伊凝，庶绩咸喜。"这个"喜"通"熙"。《百喻经·婆罗门杀子喻》有："人命难知，计算喜错。"北魏贾思勰《齐民要术·涂瓮》有："火盛喜破，微则难热，务令调适乃佳。"这两处"喜"都当"容易"解。宋人汪洙《神童诗·四喜》中有人生四大"喜"："久旱逢甘雨，他乡遇故知。洞房花烛夜，金榜挂名时。"

把人的一生概括为四大"喜"事，肯定不足以表达喜的广泛和普遍性，四大喜之排序也不是十分准。一般认为，新婚之喜的洞房花烛夜，当然是人生的头等喜事。

婚庆之喜涉及的喜，非常丰富。例如：婚前的订婚叫"订婚之喜"，婚庆之时迎亲车叫"喜车"，摆的酒宴称"喜宴"，发出的邀请函叫"喜帖"，送的红鸡蛋叫"喜蛋"，婚礼上点的红烛叫"喜烛"，祝贺的话能带上喜字，就显得更喜庆，什么"喜结良缘""新婚之喜""芝兰之喜""双喜临门""喜结连理""喜事成双"等。总之，凡在婚庆前后沾上一点的都可以加喜字。

中国民间还有红白喜事之分。上面讲的是红喜，白喜则指老人如果年满花甲寿终正寝，所办丧事就称为喜丧，也就是白喜。在陕西关中办白喜事，忌说"死"，一般称为"老了""过去了"，或称"不在了""走了"等。除过一系列繁复的入棺、入殓、守灵、发丧出殡、下葬，还要从死者去世之日起，每七天举行一次焚香烧纸祭祀的礼仪，谓之"祭七"。除这些之外，不但要宴请，允许守灵时打麻将下棋，还讲究要唱戏。有些寿考更大一些，过八十岁要连唱三天大戏，到一百岁还要唱七天戏呢！

将寿终正寝年满花甲的老人的丧事称为白喜事，有一种表示对生死看破的豁达，既告慰死者又能使生者安心。人生自古谁无死，没有死哪里来的生呢！这种顺应自然规律的丧事喜办，无疑是人们在观念上的一种进步。

2. 源自《诗经》的新婚贺语

常用以祝贺男女新婚之喜的贺语有：于飞之喜、好逑之喜、合卺之喜等。"于飞之喜"出自《诗经·大雅·卷阿》："凤凰于飞，翙翙其羽。"本义是凤和凰相偕而飞，指男女结合新婚之喜，后来也用来比喻夫妻和谐相爱。

在陕西，新婚叫"凤凰之喜"，较之"于飞之喜"好像更为普遍。陕西有凤翔县（今宝鸡市凤翔区）、凤县和凤鸣岐山的岐山县，以及"凤求凰"的故事，先秦时还诞生了最为传奇美丽的爱情神话传说故事"萧史弄玉"。

唐 金器凤凰
（西安市郭家滩唐墓出土）

"好逑之喜"出自《诗

经·周南·关雎》："关关雎鸠，在河之洲。窈窕淑女，君子好逑。"

还有"合卺之喜"，合卺，指成婚。"芝兰之喜"，芝兰，指两种香草，比喻一对新人的洞房，如"芝兰之室"。"琴瑟之喜"，指新婚夫妇琴瑟和弦，源自《诗经·周南·关雎》："窈窕淑女，琴瑟友之。"《诗经·小雅·棠棣》："妻子好合，如鼓瑟琴。""于归之喜"指女子出嫁，源自《诗经·周南·桃夭》："之子于归，宜其室家。"

再有"添妆之喜"，添妆，顾名思义，无非是要增加嫁妆了，也称"添妆之敬"，专贺女子出嫁。"出阁之喜"，阁，闺阁。古时称公主出嫁为"出阁"，后泛指女子出嫁。"新婚之喜"

喜花《凤戏牡丹》
（汉滨·马翠云作品）

也称"燕尔之喜"，或"新婚燕尔"，原作"宴尔新婚"，语出《诗经·邶风·谷风》："宴（燕）尔新婚，如兄如弟。""宴"，在这里为快乐之意。

看来，这么多"之喜"的称谓，多源自距今两千九百年前的《诗经》。《诗经》主要篇章诞生于陕西，反映西周宗庙之地周原和都城长安丰、镐二京的民俗民情。让人们在慨叹婚俗历史源远流长的同时，也感受到陕西传统文化的无比深厚。

3. 喜神崇拜之源

　　中国人爱敬神，有"各路神仙"之说。喜，是中国人俗称的五福之一，五福即福、禄、寿、喜、财。五福之中，其他都有相应的神，但唯独"喜"没有具体的神。这是为什么呢？因为"喜"从吉。"吉"为吉利、吉祥，所以老百姓也把喜神称为吉祥神，希望趋吉避凶，追求喜乐，即《说文·口部》所指的"喜，乐也"。于是，就有不少地方臆造出一个喜神，专司喜庆，却不显神形，不具体指哪个神。

　　首先是婚庆之喜所拜的喜神。有在婚庆前后祭拜中国上古神话中创世神和始祖神"女娲"的。《太平御览》卷七八引《风俗通》载："天地开辟，未有人民，女娲抟黄

碗花《五福捧喜》
（凤翔·曹秀英作品）

土作人，剧务，力不暇供，乃引绳于泥中，举以为人。故富贵者，黄土人也；贫贱凡庸者，引絙（绳）人也。"于是，女娲便成了中国古代神话故事中"将男女结配姻缘"的生命之神——喜神。

　　有祭拜和合二仙的，看重"和合"二字的寓意，取百年好合之彩头。有祭拜月下老人的。月下老人又称"月老"，是中国民间传说中专管

婚姻的红喜神，也就是媒神。

喜神还有南极仙翁、喜眉笑眼的送子观音，大伙儿拜他们为的是早生贵子。地域不同，风俗亦不同，没有一定之规。喜神也是精神之神，无处不在，甚至有看谁最顺眼，最喜相，喜神就附在谁身上。

观世音菩萨金币

上古神话中有个吉神叫泰逢，《山海经·中次三经》云："吉神泰逢司之，其状如人而虎尾，是好居于萯山之阳，出入有光。泰逢神动天地气也。"这是最早的喜神原型。

民间传说喜神原本是拜北斗星神的一个虔诚女子，修道成仙时，北斗星君询问其所求，女子以手掩口，笑而不答。北斗星君误以为她祈要胡须，就赐了她长须。因为她笑时呈喜相而封为喜神；又因她有长须，不愿再让凡人看到她的形象，从此喜神专司喜庆，却不显神形。

唐玄宗像

喜神崇拜中还有戏曲之喜神。中国戏曲的祖师爷、梨园开创者唐玄宗也被尊称为"喜神"。唐玄宗爱扮丑角，所以在中国戏曲中"生旦净末丑"以丑为大，亦有很多特权。丑角为喜剧中人物。

所以，喜神最大的特点是没有具体的形象，也没有专门的庙宇，高度抽象，但后世也有将祖先画像或商纣王视为喜神进行奉祀的。对喜神的敬奉在各种礼俗活动中均很常见，尤其在婚礼中。

4. 喜神商纣王与红盖头的来历

关于封商纣王为喜神，有这样的传说，说周武王经"牧野之战"灭商后，姜子牙在太白山封神，不知怎的，阴差阳错，可能看到了失去江山的纣王还脸带喜容，就随意给商纣王封了个"天喜星"，即喜神。北京崇文门外精忠庙喜神殿，光绪年间就被称作"天喜宫"。

谁知喜神在民间越来越被重视，尤其喜神主婚姻，婚礼前后还要祭喜神。但人们不喜欢、不认可这个暴君商纣王，而且他亡国自焚，被砍了脑袋，让他当喜神，肯定使人感到晦气和不吉利。

另外，还有让人特别忌惮甚至害怕的一点是，纣王本是好色之徒，如果在拜喜神并让他送喜之时，他看上了哪家新娘子，要抢去做他的老婆那就坏了。民间还传说商纣王这位喜神，声称自己享有什么初夜权。因之老百姓在办喜事时，就自然坚决地排斥商纣王。因为纣王好色，被惹恼的老百姓纷纷找姜子牙告状，要求撤换商纣王的喜神身份。但封神也不是儿戏，无奈的姜子牙就给老百姓出了个主意，让新娘子从出娘家门上轿，到行结婚大礼，再到入洞房时，头上都顶一块红颜色的方巾，盖住自己的脸，喜神纣王就会躲开，因为他怕红颜色。

花盖头
（富平县洪水乡齐军利家藏）

传说武王伐纣，打进朝歌时就是举的一面面红旗，而且纣王在摘星楼自焚于一片红色火海之中，死后脑袋又被挂在有一面红色大旗的旗杆上，所以他才会如此怕红色。还有一说，姜子牙以前用打神鞭鞭打过纣王，他还告诉老百姓说，吉时一到，放几挂鞭炮。因鞭炮之声与"打神鞭"的声音相似，商纣王怕姜子牙打他，便会吓得魂飞胆破，落荒而逃。

以后，新娘子结婚时顶红盖头就成了必有的风俗。加之红色喜庆热烈，新婚时红色便成了统治色——红喜字、红对联、红蜡烛、红褥子、红被子、红帐子，新娘要穿红色婚服，脚蹬红鞋等，反正是一片红的海洋。

此时的红颜色、红盖头可能已与喜神纣王无关了。因为老百姓早已不管不顾，把喜神纣王给换了。因此，以后的喜神一会儿是月老，一会儿又是观世音菩萨，还有创世神"抟土造人"的女娲，还有和合二仙等。清朝乾隆年间成书的《均纪辨方书喜神》中，喜神并无特殊形象，完全是福神——天官的翻版。看来，不确定无真身的喜神，对老百娃来说，无就是有。

菊螺三蝠纹盖头
（榆林市尚恩如家藏）

历史上有不少关于红盖头的记载，例如唐人杜佑《通典》有："乃以纱縠蒙女之首，而夫氏发之，因拜舅姑，便成妇道。"宋代吴自牧《梦粱录·嫁娶》有："（两新人）并立堂前，遂请男家双全女亲，以秤（杆）或机杼挑盖头，方露花容，参拜堂次诸家神及家庙。"宋代周辉《清波杂志》有："妇女步通衢，以方幅紫罗障蔽半身，俗谓之盖头，盖唐帷帽之制也。"

喜神虽无形，却处处都在。春节里，有很多拜神的习俗，正月初一迎喜神就是其中之一。相传喜神和诸神一起在腊月二十三这一天升天去汇报人间事情，正月初一返回过春节。如果谁家迎上了喜神，这一年里就会事事顺利、处处有喜。无锡有一首竹枝词云："炮仗开门旧历延，衣冠先向喜神延。交游戚族争相谒，唱诺人人说拜年。"

相传在秦朝时，迎喜神是牵动朝野上下的活动，谓之"遇得喜神，则能致一岁康宁"。2012 年，西安唐大明宫国家遗址公园举办大年初一郊游等民俗活动，其第一主题，就是迎喜神，让老百姓出门见喜，全年吉祥，诸事顺利。

喜神，是我国民俗中极为重要的神尊。为了求得一年的幸运，获得贵人相助，每年大年初一，人们都会早早起来去迎喜神。同样地，喜神在东亚和东南亚许多国家也备受喜爱，如日本、韩国、越南、泰国。陕西凤翔木版年画《出门见喜大发财》就反映了"迎喜神"这一民俗主题。

陕西凤翔木版年画《出门见喜大发财》（凤翔博物馆藏）

5. 女娲为喜神的传说

中国上古神话中创世神和始祖神是"女娲"。因了"女娲抟土造人"，以黄土和水造出了男人和女人，并想到了人要代代相继，繁衍不绝，遂把他们配成对，以传宗接代。女娲还创建了婚姻制度，促使男子与女子结合以生儿育女。所以人类之祖女娲被尊奉为媒神、喜神，就非常顺理成章了。

还有传说，喜神地位不高，老百姓就把女娲娘娘的关门弟子奉为喜神。

传说女娲姓风，也说姓凤，出生于秦岭之中的陕西凤县。四川平昌县有一条喜神河就是发源于秦岭山中，是从凤县和太白山之间朝南流下来的，平昌县还有喜神乡。

陕西绥德县裴家峁汉画像石
（图中为伏羲、女娲）

陕南平利也有女娲山，古称中皇山，山上有女娲庙，以及女娲"抟土造人"遗址。五代时期杜光庭《录异记》就有记载："房州上庸界，有伏羲女娲庙，云是抟土为人民之所，古迹在焉。"西晋时，平利属于上庸郡。南宋人罗泌《路史》云："女娲始治于中皇山，继兴于骊山之下。中皇山即女娲山，有天台鼎峙，今建女娲庙。"唐宋以来，女娲庙历经修葺扩建，尤其是清乾隆元年（1736年）重修后，拥有正殿四重、房屋百余间，是当时平利最大的寺庙，被誉为"名胜之方"。

《录异记》还记载："华、陕界黄河中有小洲岛……云是女娲墓。"《陕西通志》有："上古风陵，就是女娲陵，在潼关卫城北黄河中。"陕西西安之东的临潼骊山，有供奉女娲、伏羲的"人祖庙"。康熙本的《临潼县志》记载："人祖庙祀女娲、伏羲像，俗称人祖。"临潼还有"女娲炼石""抟土造人"的遗迹。乾隆本的《临潼县志》记载："丽（骊）戎国，古女娲氏，继兴于此。"

6. 月下老人与牵红线

月下老人，简称月老，在中国民间是一个家喻户晓的人物。他主管着世间男女的婚姻，在冥冥之中以红绳系男女之足，以定姻缘。

"月下老人"铜钱

月老的形象最初出现在唐人李复言的小说集《续玄怪录》的

《定婚店》中，小说讲了长安杜陵人韦固娶妻的故事。明人刘兑所编《月下老定世间配偶》杂剧也演的此事。小说讲了这样一个故事："韦固少孤，思早娶妇。"然而多方求婚终无所成。唐贞观二年（628 年），韦固将往清河，旅居于宋城南店，有客为其撮合清河司马潘昉之女，期于南店西龙兴寺门口相见。韦固由于求婚心切，夜半即前往会面之地，在那里，他遇到了月下老人。"斜月尚明，有老人倚布囊坐于阶上，向月检书。固步觇之，不识其字，既非虫篆、八分、科斗之势，又非梵书，固问曰：'老父所寻者何书？固少小苦学，世间之字，自谓无不识者。西国梵字，亦能读之，唯此书目所未睹，如何？'老人笑曰：'此非世间书，君因何得见？'固曰：'非世间书，则何书也？'曰：……'天下之婚牍耳。'……固问：'囊中何物？'曰：'赤绳子耳，以系夫妻之足，及其生，则潜用相系，虽仇敌之家，贵贱悬隔，天涯从宦，吴楚异乡，此绳一系，终不可避。君之脚已系于彼矣，他求何益？'"

这个"于月下倚布囊、坐于阶上、向月检书"的老人，就是后来在民间被奉为婚姻之神的月下老人。只要他用囊中红绳把世间

窗花《月下老人》（渭城·刘素珍藏）

男女之足系在一起，即使"仇敌之家，贵贱悬隔，天涯从宦，吴楚异乡"，也会成为夫妻。

"月老于月下结绳，红线系夫妇之足"，此即为俗语"千里姻缘一线牵"的出处。如此定婚姻，可以说诗意玄妙，脍炙人口，因而流传更为广泛，遂成为无人不晓之传奇，月下老人也被民间尊奉为家喻户晓的主婚姻之神。

另外，在唐代的现实生活中，也已经有用绳相系的方式来选择配偶的记载。王仁裕《开元天宝遗事》卷上《牵红丝娶妇》中所载郭元振择妇之事，即是此类。郭元振少时，美风姿，有才艺，宰相张嘉贞欲纳其为婿。元振曰："知公门下有女五人，未知孰陋，事不可仓卒，更待忖之。"张曰："吾女各有姿色，即不知谁是匹偶，以子风骨奇秀，非常人也。吾欲令五女各持一丝，幔前使子取便牵之，得者为婿。"元振欣然从命，遂牵一红丝线，得第三女，大有姿色，后果然随夫贵达。

月下老人和红线传说被后人经常引用。明人沈受先《三元记·谒相》："赤绳系足前生定，月老姻书宿世缘。"《红楼梦》第五十七回中，薛姨妈对黛玉、宝钗有这样一段话："自古道：千里姻缘一线牵。管姻缘的有一位月下老人，预先注定，暗里只用一根红丝把这两个人的脚绊住，凭你两家隔着海，隔着国，有世仇的，也终究有机会做夫妇。……若月下老人不用红线拴的，再不能到一处。"

到了沈复的《浮生六记》中，更有了对月老具体形象的描绘："一手挽红丝，一手携杖悬婚姻簿，童颜鹤发，奔驰于非烟非雾中。"

拴红线、牵红线后来还被引入婚礼，成为新人拜堂中的一个仪式。早在唐代就有记载，宋代则进一步演变为牵红巾。宋人吴自牧《梦粱录·嫁娶》中有："男执槐简，挂红绿彩，绾双同心结，倒行；女挂于手，面相向而行，谓之'牵巾'。"槐简为槐木手版，"双同心结"则在唐人的"婚歌"《下女夫词》中就已有了。牵巾时要唱"束带结凝妆，牵绳入此房"。此"带结"须扎成"双同心结"。

到了清代，牵绳又变成在婚礼中扯起红帛或红布，新郎新娘各牵红巾一端，中间绾成一朵大红花状的同心结，拜完堂后相牵入洞房。这种拴红线、牵红巾或红布的风俗，至今在有的地区还能见到。

7. 月神崇拜

月神是中国民间流传最广的神仙之一。月神又叫月光娘娘、太阴星主、月姑、月光菩萨等。崇拜月神，在中国由来已久，在世界各国也是普遍现象，这是源于原始信仰中的天体崇拜。

在黑夜中，月亮给人带来了光亮。月色朦胧，会使人产生许多遐想，许多美丽动人的故事因此产生，"嫦娥奔月"就是其中著名的一个。传说嫦娥是后羿的妻子，后羿因射九日，得罪了天帝，被贬到人间。后来，后羿得到了西王母的长生不老药，却被嫦娥偷吃。偷吃后的嫦娥便升天而去，住于月宫，成了月神娘娘。《山海经》《搜神记》等古籍中都记有此事。

韩城市昝村镇普照寺高神殿
三殿壁画《拜月图》

此后，月神就较普遍地被民间供奉。我国古代男女热恋时在月下盟誓定情，拜祷月神。有些分离的恋人也拜月神祈求团圆。元代大戏剧家关汉卿就写过一出《拜月亭》。《西厢记》里的崔莺莺也虔诚地对月神倾诉希望遇到意中人的心愿。清人丁耀亢所著的《续金瓶梅》第十八回中，一对痴男怨女郑玉卿和银瓶私尝禁果后，推开窗户，双双跪倒，对着月亮说："我两人中有一人负心的，就死于千刀万剑之下。"有趣的是，有些单相思的男女也要请月神评理，或诉衷肠。

月神也是老百姓，尤其是青年男女心中主婚姻的喜神，大家在月亮下私订终身，或让月神主婚，直接代替婚礼。

我国有许多少数民族盛行拜月的风俗。如苗族就有"跳月"的活动，青年男女在"跳月"中，为了寻求心上人，倾吐爱慕之情，永结同心。

8. 灵鹊兆喜与古代名医扁鹊

我国民间有"喜鹊叫，贵人到"之说，根据当时情况大胆揣测，这贵人首先应该是医生。因为古时缺医少药，走方医生即时行医最受老百姓欢迎。医铃一摇，十里八乡都知道医生来咧，而更远的地方，尤其人迹稀少偏僻之地，人未闻医铃响，喜鹊可能已经感应到了，因此有了灵鹊兆喜之说。后来，这灵鹊就代称医生了。

其实在《禽经》中就有"灵鹊兆喜"的说法。自古医生都是治病救人，走到哪里就把平安健康带到哪里，如同翩翩飞翔的喜鹊，飞到哪里就给哪里带来喜讯。清代学者梁玉绳在《史记志疑》中说扁鹊之扁是"取鹊飞翩翩之意"，指一只喜鹊自由自在地飞翔，并由此引出对医生的专称。

扁鹊，中国传统医学的鼻祖，真名秦越人，战国时期的名医，中医理论的奠基者，齐国渤海郡郑（今河北任丘）人，对中医药学的发展有着特殊的贡献。他以自己的实践首创了中医的"四诊法"，也就是我们大家常说的望、闻、问、切，形成了一个比较完整的科学诊断体系。传说黄帝时期就有一位名医叫扁鹊，药王孙思邈的《千金翼方》中有"黄帝问扁鹊曰"的记载。由于秦越人治病救人，医德高尚，加之医术高明，天下闻名，成了人们心目中的神医，世人便皆以"扁鹊"尊称之。

西安市临潼区扁鹊纪念馆扁鹊石雕像

"扁鹊"应该是对医术高明、医德高超、医济天下苍生大医的通称，也是古代医术高超者的一个通用名词。扁鹊是中国古代第一个进入正史的医生。虽说其原本是个传说中的神话人物，但是由于他和秦越人合为一体，就成了一个令人非常可信的人物。自从太史公司马迁在《史记》中把秦越人称为扁鹊，此后再无人敢称扁鹊了。

扁鹊命运多舛，《史记》中载："秦太医令李醯自知技不如扁鹊也，使人刺杀之。"较为详细的故事是：扁

鹊入秦，到了咸阳城，正遇上秦武王有病，召他来治。太
医令李醯赶忙出来阻止，说大王的病处于耳朵之前，眼睛
之下，扁鹊未必能除。万一出了差错，将使耳不聪，目不
明。扁鹊听了气得把治病用的砭石一摔，义正词严地对
秦武王说："大王同我商量好了除病，却又允许一班蠢
人从中捣乱；假使你也这样来治理国政，那你就会一举亡
国！"秦武王还算个明白人，同意扁鹊为他治病。结果太
医令李醯治不好的病，到了扁鹊手里，却很快痊愈。李醯
自知"不如扁鹊"，害怕扁鹊威胁到他太医令的地位，嫉
妒成恨，遂起杀心，派人暗下毒手，就在离咸阳不远的临
潼害了扁鹊。

扁鹊纪念馆有一铜雕《人
首鸟身图》，说明牌上有："在
远古轩辕黄帝时期，山东海岱地
区崇尚鸟图腾，他们把扁鹊神医
构想成鸽眼羽衣普救苍生的吉祥
鸟。"这幅图的扁鹊形象非常独
异神奇：人手人面，头戴冠帻，
鸟身禽立，身后还拖着一束长鸟
尾。人们将扁鹊刻画成人首鸟身

《战国时期的医学家——扁鹊》
邮票

的模样，既反映了对原始鸟图腾的崇拜意识，也说明扁鹊
在人们心目中是一个神人。这可能是根据山东出土的汉代
石刻《扁鹊针灸图》而制作的。

扁鹊是医济天下苍生大医的杰出代表，愿天下所有从医之人，都能承继他的精神，化身为翩翩飞翔的灵鹊，将喜庆与康泰带给普天之下遭受病痛的黎民百姓。

9. 喜从天降与蜘蛛兆喜

在中国民间文化中，蜘蛛被视为吉祥物，蜘蛛有一个别名叫蟢子，"蟢"与"喜"谐音，故俗以为蜘蛛兆喜。"蛛"与"珠"亦同音，珠为珍宝之一，是吉祥符号，因此蜘蛛也被称作"喜蛛"。唐代称蜘蛛为壁钱，宫中嫔妃见到它，预示必得皇帝的宠爱，因此又称为"喜子"。

蜘蛛兆喜之俗大约源于汉代。晋代葛洪编写的《西京杂记》卷三中提到樊哙问陆贾天子受命是否有瑞应，陆贾回答："有之，夫目瞤得酒食，灯火华得钱财，乾鹊噪而行人至，蜘蛛集而百事喜。小既有征，大亦宜然。故目瞤则咒之，火华则拜之。乾鹊噪则喂之，蜘蛛集则放之。"从这里可以看出，"蜘蛛集而百事喜"是当时的一条俗谚。樊哙、陆贾皆为西汉开国大臣，故事自然发生在汉长安城。

如今，在民间还有"蜘蛛兆喜"的民谚流传，见到蜘蛛是"早报喜，晚报财，不晌不夜有人来"。意思是早上看到是报喜，晚上看到是预兆发财，其他时间段看到了蜘蛛，则意味着有客人来访。

唐人张鷟《朝野金载》载：唐睿宗景云二年（711年），鸿胪寺丞张文成发现有蜘蛛从门梁上悬空垂下，大喜过望。因为"喜虫天降"意味着"喜从天降"，预示有好事发生。数日后，果然应验——皇帝颁诏大赦天下，为百官加阶。这唐代的鸿胪寺就在长安皇城朱雀门内，今西安市太阳庙门、报恩寺街附近。

还有唐玄宗年间，徐坚撰写《初学记》，为诸皇子作文时检查事类之用。据说此书"取材于群经诸子、历代诗赋及唐初诸家作品，保存了很多古代典籍的零篇单句"。其《卷四·岁时部下》中引用了南北朝时南阳人宗懔《荆楚岁时记》中的记载："七夕，妇人结彩缕，穿七孔针，或以金银瑜石为针。陈瓜果于庭中以乞巧。有蟢子网于瓜上，则以为符应。"唐人宋之问《七夕》诗云："停梭借蟋蟀，留巧付蜘蛛。"看来，七夕观蜘蛛结网的游戏，千余年来一直未绝。

正是有了这些传说和记载，

国画《喜从天降》
（清·任伯年绘）

古往今来，在很多世人的俗信中，一只普通小动物蜘蛛成了能给人带来喜庆吉兆的使者。于是，历代画作、剪纸中出现了很多蜘蛛悬丝的瑞图，图绘蜘蛛从网上悬垂下来，名为《喜从天降》。

10. 和合二仙的渊源和演变

"和合"一词，有和睦同心、调和、顺利等意，最早见于《周礼·地官》，其"媒氏"疏中云："使媒求妇，和合二姓。"这应是"和合"的最早出处和正解。

"和合神"主家人和合，"合家美满""合家团圆"。和合也有合二为一的意思，象征男女结合为一家，"合卺之喜"就隐有"合二为一"的意蕴。"和合神"逐渐演变为主婚姻的喜神——和合之神。

有民间传说，"和合神"是八仙中韩湘子的儿子。民间年

年画《和合二仙》

画中和合二仙经常被画成两个童子，一手拿着一个圆的扣盒，里面微露一只金黄色的蟾，从蟾口中冒出一股气来，气中裹有两枚金钱。还有"和合喜神"的门画也是一对笑脸童子，这画中童子就是韩湘子的两个儿子。

相传唐人有名"万回"者，因为兄长远赴边关征战，久绝音讯，其父母日夜涕泣想念，其遂往战场探亲。万里之遥，朝发夕返，并带回一封哥哥笔迹的家书给父母，故名"万回"，民间俗称"万回哥哥"。传说他是菩萨转世，因犯错被佛祖贬到人间。

唐高宗曾把万回召入宫，即唐都城长安的大明宫，武则天还送他锦袍玉带。传说玄奘大师西行取经时，见一佛龛的柱子题道："菩萨万回，谪往阌乡地教化。"玄奘西行取经返回长安后，曾专门拜访过万回，并送给他僧衣、僧瓶、僧钵三件东西。

传说万回所说之事多会应验。万回死后，宫廷、民间都奉祭他，认为万回能未卜先知，排解祸难，而后唐明皇亦封万回为圣僧，后人视为"团圆之神"，称之为"和合"。

民间流传有"唯有和合，始得万回。唯其万回，方称和合"的说辞。明代田汝成编著的《西湖游览志余》有："宋时，杭城以腊日祀万回哥哥，其像蓬头笑面，身着绿衣，左手擎鼓，右手执棒，云是和合之神。祀之，可使人在万里外亦能回家，故曰万回。"韩湘子两个儿子组成的"和合二仙"，让原来蓬头笑面、擎鼓执棒的和合之神，演变为一持荷花，一捧圆盒的二神，取和（荷）谐合（盒）好之意。

宋时，老百姓在节日要祭万回，相信能使万里之外的亲人回家团圆。由于其名称为"和合"，后世的人认为和合应该是两位神灵的合称，于是就又有了"寒山"和"拾得"这"和合二仙"。经过长期的流传，"和合二仙"亦辗转成了掌管婚姻的喜神。

寒山、拾得两位大师，相传是文殊菩萨与普贤菩萨的化身。这两位大师给人印象最深的是他们两人一次玄妙的对话——昔日寒山问拾得曰："世间有人谤我、欺我、辱我、笑我、轻我、贱我、恶我、骗我，如何处置乎？"拾得曰："只是忍他、让他、由他、避他、耐他、敬他、不要理他，再待几年，你且看他。"拾得的回答令人慨叹，只觉得莫测高深，意味无穷。传说两人爱笑，笑时爽朗无邪，听他们的笑声会让你除迷解惑，转染成净，而感天地宽广。

"和合二仙"中的寒山，是唐代的一位诗人，为京兆长安人。他诗中有自己"浪行朱雀街，踏破皮鞋底"和"哀哉百年内，肠断忆咸京"等描写、怀念故乡的诗。苏州寒山寺就是以他的名号命名的。

传说寒山享寿一百二十岁，这据他"老病残年百有余"的诗句可以推断。《宋高僧传·丰干传》载，寒山是唐中宗（684年）时人，而沩山灵佑禅师又言，灵佑曾经"入天台，遇寒山子于途中"，而且寒山还点化他说：
"千山万水，遇潭则止。获无价宝，赈恤诸子。"这已经
是唐宪宗（806~820年）时候的事情了，其间历史跨度达一
个世纪之久，以寒山二十多岁入天台计算，他住世时间当
在一百二十年以上。看来"和合二仙"之一的寒山，不仅
是一位主婚姻的喜神，也是一位寿星。

　　苏州寒山寺的大雄宝殿后壁，嵌有清代名画家罗聘所
绘寒山、拾得写意画石刻。大殿旁堂屋供奉木雕金身寒山、
拾得塑像，一人手持一荷，另一人手捧一圆盒，造型古朴，
表情生动，笔迹遒劲，形貌如真。

　　清人翟灏《通俗编》云：
"今和合以二神并祀，而万回
仅一人，不可以当之。"清雍
正十一年（1733年）时，雍
正皇帝封天台寒山大士为"和
圣"、拾得大士为"合圣"，
于是，寒山、拾得这"和合二
仙"又作"和合二圣"，才最
终得以确认。旧时常有悬挂
《和合二仙图》于中堂者，取
和睦吉利之意；又常于婚时悬
挂，象征着夫妻相爱、天作之
合、百年好合。

《和合二仙》图（清·罗聘绘）

11. 合卺之喜

"合卺之喜"也称"合卺之礼"，是汉唐时的一种习俗，即将一个匏瓜（葫芦）剖开，以线连柄端，制成"匏爵"，也叫"葫芦杯"，新婚夫妻各拿一杯，盛满美酒，彼此共饮，此礼即"合卺之礼"。宋代以后，逐渐演变为夫妻喝交杯酒。葫芦多子，是母体的象征，剖葫芦为樽，又有男女合体的寓意。葫芦谐音"福禄"，也象征着"福禄""多子多福，金玉满堂"。

脸谱《葫芦》
（宝鸡·张星作品）

合卺乃"结婚"的同义词、吉祥词。它源于《礼记·昏义》等记载。合婚饮酒用一种葫芦做的瓢——卺，作为特定酒器。卺这个字，从楷体解：上部丞即承，为继、延续，相辅、相助之义；下部已，同节，指贞节、节操、操守。如《昏义》所讲："昏（婚）礼者，将合二姓之好，上以事宗庙，而下以继后世也。故君子重之。"一对新人各以一系红绳之半瓢交杯对饮，后合二半瓢为一体用红绳系牢，成为婚礼上夫妻"百年好合"的最重要见证。

陕西关中农村结婚时贴的喜花，讲究剪成"合碗"，也叫扣碗。陕西高陵胡晓丽和贾秀珍的剪纸《合碗》、延安市宝塔区张玉青收藏的四拼窗花剪纸《鱼戏莲扣碗》、安塞县樊晓梅的墙花剪纸《莲花扣碗》，都是这种风格。而婚宴上的蒸碗，两个碗一扣，也叫扣碗，例如陕菜中有名的"八大碗"，婚宴上也扣成四份。这种扣（合）碗，也意为合卺。

窗花《双葫芦扣碗》
（清涧·刘笑娟作品）

12. 女儿喜，嫁个好女婿

对于女儿的喜，就是嫁个好女婿。民俗有句话："不怕选错行，单怕嫁错郎。"女婿的地位其实很重要，在中国民间，女婿被称为姑爷，似乎高了一辈。关于女婿的典故有"乘龙快婿""东床快婿""金龟婿"等，都蛮有意思。

（1）乘龙快婿

乘龙快婿中的乘龙，指乘坐在龙背上得道成仙的人；快婿，指称意的女婿，才貌双全的女婿。这里的快不是指快慢，而是指高兴、快乐、快意、愉快、快慰等。《魏书·刘昞传》有："昞遂奋衣来坐，神志肃然，曰：'向闻先生欲求快女婿，晌其人也。'瑀遂以女妻之。"

乘龙快婿，来自萧史弄玉的传说。《太平广记》卷四所辑晚唐杜光庭《仙传拾遗》中有这样的记载："萧史不知得道年代，貌如二十许人，善吹箫作鸾凤之响，而琼姿炜烁，风神超迈，真天人也。混迹于世，时莫能知之。秦穆公有女弄玉，善吹箫，公以弄玉妻之，遂教弄玉作凤鸣。居十数年，吹箫似凤声，凤凰来止其屋。公为作凤台，夫妇止其上，不饮不食，不下数年。一旦，弄玉乘凤，萧史乘龙，升天而去。"

明代冯梦龙所著《东周列国志》第四十七回章目为"弄玉吹箫双跨凤"。其丰富多彩、曲折引人的内容中有：使者将萧史接回来以后，穆公命其吹箫，一时间百鸟合鸣，穆公大喜，遂将弄玉许配给了萧史。

墨彩画《萧史跨龙》
（西安·杨庚绪作品）

后一日，夫妇二人在月下吹箫，天空中飞来一龙一凤，于是，萧史跨龙，弄玉乘凤，翔云而去。因此人们把萧史视为"乘龙快婿"。

（2）东床快婿

唐代房玄龄等撰《晋书·王羲之传》记载："时太尉郗鉴使门生求女婿于导，导令就东厢遍观子弟。门生归，谓鉴曰：'王氏诸少并佳，然闻信至，咸自矜持。唯一人

王羲之像

在东床坦腹食，独若不闻。'鉴曰：'正此佳婿邪！'访之，乃羲之也，遂以女妻之。"这件事，南朝文学家刘义庆《世说新语·雅量》中也有记载。

这东床坦腹的故事有意思的一点是，世事难料亦有趣，刻意求之却不得，王羲之无心插柳柳成荫。

太尉郗鉴为什么会选王羲之为婿呢？这绝对不是巧合。大概是他先看中王羲之不同一般，引起关注，再随之特别打探一番，或早已对王羲之平日行事风格有所耳闻，最后派人登门访之，面试，才发现王羲之确实是出类拔萃的不世之才。尤其在书法上造诣已然很高的王羲之，仍心无旁骛，痴迷钻研，因此感动了这位未来的老丈人。另外王羲之形象俊朗，才貌双全，豁达文雅，又很纯真，不矫饰做作，这正是有出息的大家气象的表现呀！如此推测，倒也符合史书上的记载。正如史称的"王羲之风骨清举""羲之高爽有豪气，不类常流也"，这才是他被选中成为"东床快婿"的最佳谜底。

《晋书·王羲之传》的编撰和唐太宗李世民关系甚大。唐太宗是一位有所作为的君主，他非常重视史书的撰修工作。而在唐太宗以前，有关晋代的史料，没有一家令人满意的。唐太宗在修晋书诏中对各家史著逐一进行了批评。

撰写一部系统、完整、旨趣较高的晋史，是唐太宗的一大心愿。于是贞观二十年（646年），他下诏让房玄龄、褚遂良、许敬宗担任监修，组织编写《晋书》。皇帝重视，众人撰写《晋书》，从受命到成书，仅历时两三年，可以说创造了编史历时的奇迹。

再因唐太宗亲自撰写了书中《宣帝纪》《武帝纪》《陆机传》《王羲之传》四篇卷末的"论"，故旧本题"唐太宗文皇帝撰"。

唐太宗李世民特别喜欢王羲之的书法，《王羲之传》卷末的"论"中有："所以详察古今，研精篆素，尽善尽美，其唯王逸少乎！观其点曳之功，裁成之妙，烟霏露结，状若断而还连；凤翥龙蟠，势如斜而反直。玩之不觉为倦，览之莫识其端，心慕手追，此人而已。其余区区之类，何足论哉！"

书圣王羲之代表作是有"天下第一行书"之誉的《兰亭序》，王羲之将《兰亭序》视为传家宝，代代相传，到其第七世孙智永时，智永不知何故出家为僧，身后没有子嗣，就将祖传真本传给了弟子辩才和尚。唐朝初年，李世民大量搜集王羲之书法珍宝，经常临习，对《兰亭序》这一真迹更是仰慕，多次重金悬赏索求，但一直没有结果。后查出《兰亭序》真迹在会稽一个名叫辩才的和尚手中，从此引出一段唐太宗骗取《兰亭序》，真迹随唐太宗陪葬昭陵的传说。

（3）金龟婿

金龟婿，指身份高贵的女婿。这个美称与唐代官员的佩饰有关。

据《唐书·职官志》《新唐书·车服志》载：唐初，内外官五品以上，皆佩鱼符、鱼袋，以"明贵贱，应召（诏）命"。鱼符以不同的材质制成，"亲王以金，庶官以铜，皆题其位、姓名"。装鱼符的鱼袋也是"三品以上饰以金，五品以上饰以银"。

到了武后天授元年（690年）改内外官所佩鱼符为龟符，鱼袋为龟袋。并规定三品以上龟袋用金饰，四品用银饰，五品用铜饰。可见，金龟即指用金制成的龟符。

金龟（陕西省宝鸡市法门寺出土，郭佑民摄）

有种说法，说"龟符"是出入皇宫的凭证之一。史载唐时朝仪，进出宫门，需具信物查验。这是为了防诏命之诈，出入必合之。证件一般以符的形式作为实物，符剖为二，一留宫门一留持者，入内时相勘符合，准入。

唐代有"金龟换酒"的典故传世，李白《对酒忆贺监二首》的序为："太子宾客贺公，于长安紫极宫一见余，呼余为'谪仙人'，因解金龟换酒为乐。"这个典故是说贺知章请李白喝酒，忘带银两，贺知章取下皇帝赐给他的金龟，权充酒资，使得"金龟换酒"成为当年轰动长安的大新闻。这件事首先让人们认识了自号"四明狂客"的贺知章的狂放和豪气，真不愧为杜甫《饮中八仙歌》头一号的酒仙；也证明了"金龟"当时确为身份高贵的标志。

唐代诗人李商隐的《为有》诗云："为有云屏无限娇，凤城寒尽怕春宵。无端嫁得金龟婿，辜负香衾事早朝。"写一位贵族女子在冬去春来之时，埋怨"无端嫁得金龟婿"，身居高官的丈夫因为要赴早朝而辜负了夫妻俩的香被窝和"春宵一刻值千金"。这应该是"金龟婿"最早的出处。

能佩带金龟的均是亲王或三品以上官员，后世遂以金龟婿代指身份高贵的女婿。其实，要混到三品以上官职是很不容易的，就是中了状元，按唐制也得先任翰林，不过是六品，爬到三品那就太难了。除过世袭继承的王侯贵胄家，能干到三品以上的至少是中老年了。所以，直接嫁给金龟婿，只能做妾，即小老婆。如果想当原配，只能是希望婚后自己女婿有前途，能升到三品了。在古代，女子直接钓金龟婿几乎不可能，只可能被金龟婿选中。

民间有说法：按照过去的规矩，新姑爷第一次进门的时候，要送给老丈人一个金龟，表示希望岳父老大人长寿。当然了，有钱就送个真金的，钱少就只能送个瓷的，上面涂一层金粉来充数。夸自己的姑爷为"金龟婿"，自然指女婿有地位又有钱财。

（4）"老泰山"由来

俗话说：丈母娘爱女婿。其实丈人爹更爱女婿，因爱女婿还给自己赢得了一个"老泰山"和"岳父"的称号，顺便也给自己老婆捎带上个"岳母"的称号。

唐代段成式《酉阳杂俎》前集卷一二记载：唐明皇李隆基封禅泰山，宰相张说任封禅大使。张说的女婿郑镒因有张说这个宰相岳父，所以有机会一同参加封禅。按照惯例，封禅之后，三公以下，所有官员皆升迁一级。张说的女婿郑镒本是九品小官，却骤然升至五品。李隆基大宴群臣的时候，看见郑镒穿着绯红的五品官服走来走去，很是奇怪，就问郑镒为什么升得这么快。郑镒一下子蒙了，不知道该怎么回答。旁边一个说风凉话讽刺人的宫廷戏子黄幡绰把话接过来，说："这都是泰山的力量啊！"一语双关，让皇上明白是自己定的政策，让宰相钻了空子，遂无话可说。

一座泰山，把郑镒成全了。说是泰山的力量，不如说是丈人的力量。随后，丈人成为能给女婿带来利益的泰山。此事自然很快成为朝野一桩笑谈。

泰山玉皇顶封禅祭坛西北方有一块巨石，状似老叟，再加上张说提携女婿的事，人们便给它取名"丈人峰"。后来，人们就把妻子的父亲称作"泰山"，因为泰山又称"东岳"，所以又把老丈人叫作岳父！

另有一说，"岳父"一词主要是根据《汉书·效祀志》中"大山川有岳山，小山川有岳婿山"演变而来的。

再有，四川青城山古称丈人山，一名赤城山。据传黄帝封青城山为五岳丈人。因历史悠久，林茂山幽，历来为蜀中名山，风景胜地。杜甫《丈人山》诗有"自为青城客，不唾青城地。为爱丈人山，丹梯近幽意"的咏赞。

这里的"丈人"一般指德高望重的老年人，而所谓"岳丈""岳父"，则属演变而来的对妻子的父亲的尊称。

13. 红叶为媒喜结良缘

红叶为媒，也叫红叶题诗，这个传奇源自一个特别神异的爱情故事。

在封建社会，皇宫里总是由民间选出成千上万的良家女子来服侍帝王、妃子及公主、皇子。这些宫女如花的青春岁月便在寂寞的皇宫中消磨掉，凄惨而恓惶，没有半点幸福可言。

唐僖宗时，有个宫女叫韩翠苹，身处长安皇城深宫之中，却渴望着能得到人间正常之爱。于是，百无聊赖的她就冒着生命危险在一片红叶上题诗："流水何太急，深宫尽日闲。殷勤谢红叶，好去到人间。"让红叶随着御河的水漂到宫外。

正巧一位叫于佑的书生傍晚来到皇城御河岸边，正撩水洗手，偶然中拾得题诗的红叶。书生为诗中的幽情所感动，也题诗于一片红叶之上："曾闻叶上题红怨，叶上题诗寄阿谁？"又借流水将这片红叶传回宫中，韩翠苹常偷空到御河边，因此

古画《红叶传书》

也得到了题诗红叶。两人都心怀爱慕，却无缘相识。

后来，机缘巧合，唐僖宗令后宫放宫女三千人，两个有情人得以在民间相逢。当时的宰相韩咏是韩翠苹同族，便收留了她，正碰上于佑在韩府门馆担任文书，韩咏无意中促成好事，做了他们的媒人，二人遂结为伉俪。

婚后，韩翠苹在于佑书箱中发现了红叶，她十分惊异，说："这红叶上的诗是我作的，夫君是怎么得到的？"于佑就把怎样得到红叶的详细过程讲给了妻子。韩氏又说："我在宫城御河里也捡到了一片题有诗句的红叶，不知道是宫外何人所写。"她打开自己的衣箱取出了一片红叶，于佑接过来一看上面的题诗，连声说："这是我题的！"夫妻二人各持一片红叶相视无言，泪水禁不住夺眶而出。韩翠苹感慨万千，又题诗一首道："一联佳句题流水，十载幽思满素怀。今日却成鸾凤友，方知红叶是良媒。"后来，元曲四大家之一的白朴把这段传奇改编成杂剧《韩翠苹御

水流红叶》。此后，人们便把媒人又称为红叶。

宋代传奇小说《流红记》中也载有这个感天动地、千古流传的爱情故事。鲁迅校录《唐宋传奇集》中也同样收入此篇。

当然，红叶传书为媒的传说，历代还有不少，但最早的版本就是唐代传奇。唐人范摅的《云溪友议》卷十就记载有类似故事，说："中书舍人卢渥，应举之岁，偶临御沟，见一红叶，命仆塞来。叶上有一绝句，置于巾箱。或呈于同志。及宣宗既省宫人，初下诏从百官司吏，独不许贡举人。渥后亦一任范阳，独获所退宫人。宫人睹红叶而呈叹久之，曰：'当时偶随流，不谓郎君收藏巾箧。'验其书迹无不讶焉。诗曰：'流水何太急，深宫尽日闲。殷勤谢红叶，好去到人间。'"尤其后四句诗被宋代传奇小说《流红记》所引用。虽然故事大同小异，男主人公也上升为中书舍人卢渥，但看来出处应当在此。

还有一个版本，是唐代孟棨《本事诗》中记载的。唐玄宗时诗人顾况于御沟中得一红叶，上有题诗云："一入深宫里，年年不见春。聊题一片叶，寄予有情人。"顾见诗，因和之："愁听莺啼柳絮飞，上阳宫里断肠时。君恩不禁东流水，叶上题诗寄与谁？"十多天后，有人来苑中寻春，又于叶上得一小诗，交给顾况："一叶题诗出禁城，谁人酬和独含情。自嗟不及波中叶，荡漾乘风取次行。"遗憾的是，顾况虽痴情地常在御沟旁转悠徘徊，但这位有诗才的宫女却再无音讯，有情人难成眷属，故事的结局成了悲剧，留下的仅是红叶传诗的梦中情缘，成为一段含着悲凄之情的诗坛佳话。

红叶

关于红叶题诗的文学作品亦有不少。例如，孙觌《熊夫人遣介欲婿泽民小诗戏之》中有："不信侯门深似海，水流红叶谩题诗。"赵长卿《小重山·残春》词："人已远，红叶莫题诗。"赵长卿还有《鹧鸪天·偶有鳞翼之便，书以寄文卿》词："自从别后难相见，空解题红寄好诗。"王实甫《西厢记》第五本第二折中有："不闻黄犬音，难传红叶诗，驿长不遇梅花使。"高明《二郎神·秋怀》曲："无情红叶偏向御沟流，诗句上分明永配偶，对景触目恨悠悠。"瞿佑《剪灯新话·秋香亭记》载："月老难凭，星期易阻，御沟红叶堪烧。"

北宋刘斧在《青琐高议·流红记》中云："流水，无情也；红叶，无情也。以无情寓无情，而求有情，终为有情者得之，复与有情者合，信前世所未闻也。"清代李渔还据此设计制成了一种如秋叶状的匾额，称"秋叶匾"，并在《闲情偶寄》里解释说："御沟题红，千古佳事。取以制匾，亦觉有情。"

14. 媒人溯源及其他

在中国传统的婚姻文化中，媒人是不可不提的。媒人，又称"媒妁"，民间俗称"媒婆"等。媒人所司职责，文雅的说法是"通二姓之好，定家室之道"，通俗讲来就是介绍男女婚事。

中国社会中有一句妇孺皆知的话表明了媒人在传统婚姻制度中的重要性："父母之命，媒妁之言。"凡婚姻就必须有媒人存在，有"无媒不成婚"之说。

陕西府谷农民画《二人台·相亲》（右边即媒婆形象，张洁作品）

"媒妁"这个称谓很多人比较熟悉。媒，谓谋合二姓；妁，谓斟酌二姓。《孟子·滕文公》中有："不待父母之命，媒妁之言，钻穴隙相窥，逾墙相从，则父母、国人皆贱之。"

在中国古代，父母之命、媒妁之言是相提并重的婚姻条件之一，没有媒妁的婚姻是不能成立的。《唐律·户婚律》中有："为婚之法，必有行媒。"元明清时期的法律中也有类似的规定。

古代是怎么称呼媒人的呢？首先称其为"伐柯"。这个雅称来自《诗经·豳风·伐柯》："伐柯如何？匪斧不克；取妻如何？匪媒不得。"意思是说怎样砍伐树枝呢？没有斧头就砍不成；怎样娶那妻子呢？没有媒人是不行的。豳，指今陕西彬州市一带。

皮影《媒婆》
（西安·杨庚绪家藏）

《中庸》中也有"执柯以伐柯"之说，后来人们便称媒人为"伐柯"或"伐柯人"。宋代吴自牧《梦粱录·嫁娶》中有"其伐柯人两家通报，择日过帖"之说。

古代又称媒人为"冰人"。古俗中春秋为嫁娶吉时，而冰天雪地的冬季才是媒人为男女撮合牵线之时，故媒人有"冰人"之称。这个别称来自《晋书·索𬘡传》中的一个故事：晋时有个叫索𬘡的，善于解梦，预卜吉凶祸福。有一次，一个叫令狐策的人做了一个梦，梦见自己站在冰上，和冰下一个人说话。不知是何征兆，就要索纮为他解梦。索纮分析了一下梦境的情节，即对他说："冰上为阳，冰下为阴，阴阳事也。士如归妻，迨冰未泮，婚姻事也。君在冰上，与冰下人语，为阳语阴，媒介事也。君当为人做媒，冰泮而婚成。"后来令狐策果然给一个太守的儿子做媒，又碰巧把婚事说成了。后来，"冰人"便成了媒人的代称。

还有称媒人为"保山"的。《红楼梦》第一一九回说："他说二爷不在家，大太太做得主的，况且还有舅舅做保山。"当时人们称媒人为"保山"，指像山一样稳固可靠的保证人，也有保媒的意思。

媒人还被称作"红娘"。红娘本是唐代元稹《莺莺传》中的主人公崔莺莺的侍女。《莺莺传》写张生与崔莺莺相爱，经崔莺莺的侍女红娘从中设谋撮合，使这对有情人终成眷属。元代王实甫据此改编为杂剧《西厢记》。此后，"红娘"便成了媒人的别称。

《西厢记》邮票小型张"拷红"
（图中为丫环红娘被老夫人拷问的场景）

15. 迎亲花轿的"撞喜"

结婚都要选择吉日，所以容易挤在一天办喜事。迎亲
途中最大的忌讳是相遇而"撞喜"。这"撞喜"也叫"喜冲
喜"，即"迎娶花轿碰头"。尤其是20世纪三四十年代，
如果两家的迎亲花轿在小路中对面撞上，就会牵扯回避让
路，易生矛盾，把喜事搅乱等事。于是，每逢路窄时，迎
亲队伍都有执事当前哨探路，吹喇叭放鞭炮开道。陕西渭
南华州区一带也讲究迎亲花轿在过桥头、十字路口时放鞭
炮。但若遇办丧事抬棺材，就要换道，或者用红布蒙轿，
在炮声中继续行进。

剪纸《迎亲》（洛川·韩菊香作品）

花轿如果碰了头，双方轿夫会各自竭力将花轿抬高，
力争超过对方，争强好胜，各不相让。据说，谁家的花轿

抬得高，谁家就能赢得"喜运"。因此引起双方的激烈冲突，甚至大动干戈。但中国老百姓还是有智慧的，大家都明白，不能把喜事办成不愉快的糗事嘛！所以就产生另外一种解决的办法，就是由双方的新娘互换随身佩戴的首饰、戒指，还有双方新娘互换头上插的簪花，俗称"换花"。或者由迎亲队伍双方互换带喜字的小礼品，手帕、毛巾之类，陕西关中一带就兴换手帕，互相祝贺一番，化干戈为玉帛，表示互不惊扰。然后，双方由执事出面猜拳投币决胜负，胜者先行，输者让道，或排辈分、年龄，双方新娘中辈分高、年长的自然先行啦！

16. 关于双喜之说

人们讲究在婚礼上、新婚洞房里都要贴上双"喜"字，在陕西城乡贴双"喜"字很普遍，为办喜事通行的规矩。

其来由很多，最有影响的是，传说北宋时大诗人王安石进京赶考，途经马员外的大门前，见到灯笼上面写着"走马灯，灯走马，灯熄马停步"的半边招婚对联，不禁吟诵了几遍。到京城考试时，一看主考官出了一联："飞虎旗，旗飞虎，旗卷虎藏身。"王安石不假思索，正好用一时对

不出的招亲联为对。回乡时，见马员外的大门前招亲联还
在，遂又以考官出的联相对，正好配成一对绝联，被招为
快婿。当他和马家千金小姐完婚之时，金榜题名的喜报又
送到了，喜上加喜的王安石情不自禁。为庆贺"洞房花烛
夜，金榜题名时"的双喜临门，他并排写了两个大"喜"
字，并吟道："巧对联成双喜歌，马灯飞虎结丝罗。"如
此移花接木巧对联，堪称千古奇传。据说结婚时贴"囍"，
字就从王安石开始。

　　双喜字结构巧妙，是中国美术民俗中的一绝，两个并
列的喜字方正、对称，骨架结构稳定，如男女并肩携手而
立，又有四个口子，加上有宋人汪洙的《神童诗·四喜》，
便演化为四喜，于是双喜有时也叫四喜。它既象征男女欢
喜，又象征子孙满堂，家庭融洽美满。行令猜拳时还有四
喜来财之说。传说明初江西才子解缙以古人所作"四喜诗"
中的四大喜事为依据，创作了"四喜同局"的"四喜娃娃"。
这"四喜娃娃"结构奇妙，由上下两个娃为主组成，再在
左右娃娃头中间接上一段身子，就成了左看右看，上看下
看的四个娃娃。两娃变四娃，正如双喜变四喜。祥瑞喜庆
的四喜娃娃，在民间深受欢迎，广为流传。

　　双喜字是象征男女婚姻成立的一种特殊符号。一般
有女出嫁，大门上贴单喜字；有子娶媳妇，则贴双喜字。
1994年11月24日发行的中国古典文学名著——《三国演义》
特种邮票（第四组）中的第二枚"刘备招亲"，邮票画面

中堂悬挂着一个单喜字。意思无非有二，一是东汉末年，还没有双喜之说；二是要暗中合乎嫁女的规矩。

《三国演义》邮票之
"刘备招亲"

最早发现表面有双喜二字的实物则是大明成化年造的双喜字青花瓷罐。但贴双"喜"，并非全用在婚庆上，1997 年 7 月 1 日中国香港邮政发行的"中华人民共和国香港特别行政区成立纪念"邮票中的第一枚"双喜临门"，票面上就有双"喜"。

乔家大院平面布局呈双"喜"字，共有六个大院、十个小院。西安高陵贾秀珍的剪纸斗方转花《喜鹊登梅》中间八个喜字，周围八只喜鹊，角上八只喜鹊，有四面八方来喜之意。总计八对十六只喜鹊。梅花寓意花为媒，非常喜庆吉祥。长安王蒲芳角花《双喜》，把双喜字安排在三个石榴中，寓意石榴多子，也别有创意。

角花《双喜》
（长安·王蒲芳作品）

17. 婚姻引出的各种"喜"

结婚之后那更是喜事连连。首先要喜添贵子,即生育之喜。中国人讲究"不孝有三,无后为大"。所以,结婚生子、传宗接代,天经地义。

新媳妇怀孕了,叫"有喜"了。曹雪芹《红楼梦》第十回中有:"叫大夫瞧了,又说并不是喜。"巴金的小说《家》中有句:"珏,你不要去,你有喜,经不起悲痛。"因怀孕引起的生理反应,吐酸水、喜欢吃辣吃酸之类,叫"害喜"。中央电视台 1984 年春节联欢晚会西安籍演员郭达、杨蕾所演的喜剧小品《产房门前》,整个小品以孕妇害喜为主线,将陕西风俗的"酸儿辣女"之说也加入其中。意即孕妇怀孕期间喜欢吃酸的生儿子,喜欢吃辣的生女子。

民间有生儿子叫喜添贵子,生女子叫喜得千金之说。古时还雅称生儿子为"弄璋之喜",生女子为"弄瓦之喜"。古人把璋给男孩玩,希望他将来有玉一样的品德;把瓦给女孩玩,希望她将来能胜任女红"主执勤"。瓦在古代也指原始的纺锤。汉代班昭《女诫》有:"古者生女三日,卧之床下,弄之瓦砖……弄之瓦砖,明其习劳,主执勤也。"

"弄璋、弄瓦"典出自《诗经·小雅·斯干》:"乃生男子,载寝之床。载衣之裳,载弄之璋。……乃生女子,载寝之地。载衣之裼，载弄之瓦。"男孩弄璋，女孩弄瓦，很容易被视为重男轻女。"寝床弄璋""寝地弄瓦"的区别到民国时代仍变相存在。有的地方生男曰"大喜"，生女曰"小喜"，亲友赠送彩幛、喜联，男书"弄璋"，女书"弄瓦"。

可能为避瓦之低贱吧，生女子又被称"玉胜之喜""翠鸡之喜"。

"玉胜之喜"，来自南齐时刘皇后之母桓氏梦见吞玉而生皇后的传说。后人用"胜""玉胜之喜"作为生女子的祝词。"翠鸡之喜"的传说则来自西施的母亲，相传她在某一夜梦见有五色的翠鸡自天空飞下，不久便生下美女西施。后人用为祝人生女之贺词还有"掌珠之喜""千金之喜"，意为得女如千金，如掌上明珠。

生双胞胎男孩的叫双璋之喜，生双胞胎女孩的叫双珠之喜。而老来得子，叫老蚌生珠、老树开花或老年得子，也称"秋禾晚获"，喜不自胜！

另外，祝贺生男孩之语中还有"梦熊之喜"。出处为《诗经·小雅·斯干》："吉梦维何？维熊维罴。……大人占之，维熊维罴，男子之祥。"还有"毓麟之喜"。毓：同育，生，养；麟：麒麟，古之四灵（麟、凤、龟、龙）之一。

家中添孙子叫"添孙之喜"，雅一点叫"含饴之喜"，来自"含饴弄孙"之典故。饴，饴糖，用麦芽或谷芽之类熬成。范晔《后汉书·明德马皇后纪》有："吾但当含饴弄孙，不能复知政事。"
元代刘埙《隐居通议·骈俪三》有："肯堂收教子之功，含饴遂弄孙之乐。"意思是爷爷逗孙子玩，如含着糖一样甜蜜，表现的是天伦之乐。

给新生婴儿过满月，叫"弥月之喜"，报喜时准备的礼物，常见的有红鸡蛋，即在煮熟的鸡蛋蛋壳上抹红颜色，也叫红喜蛋；喜蛋除因蛋形象征圆满无缺外，又取"蛋

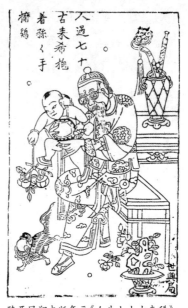

陕西凤翔木版年画《人生七十古来稀》，
画中反映了老人含饴弄孙之乐

可孵鸡，鸡又生蛋"，生生不息之吉祥意味，因此由蛋做成的食物，是弥月之礼中最重要的表征。

男方续婚，也叫"鸾续""再婚""二婚"，亦称"续弦之喜"。古人以琴瑟喻夫妻，故称妻死为"断弦"，再娶为"续弦"。鸾续中的"鸾"，即鸾胶，弦断可以接续之意。

年龄大的男女结婚叫"老来有喜"。《封神演义》载：姜子牙下山辅佐周武王，先来到京城朝歌投奔好友宋异人。宋异人见他至今还是孤身一人，就去马家庄找马老爷给姜子牙说媒，将马老爷六十八岁的黄花女儿许配给姜子牙。

看来，"老来有喜"年龄最大的要数七十二岁的姜子牙了。

而女子再嫁没什么祝贺语，宋代以后，理学渲染封建伦理纲常，表彰贞节烈妇，提倡守节守寡，妇女的再嫁自由受到了社会歧视和限制。什么"一女不侍二夫""嫁鸡随鸡，嫁狗随狗""嫁夫从夫，夫死从子""女人祸水"，直到"克夫"之类的话，可以看出妇女没有独立的人格可言。再嫁之女一般被视作残花败柳，整个社会风俗舆论倾向表现的还是男尊女卑。新社会妇女追求婚姻自由，社会风气才有所改变，有称"再嫁之喜"，或称改嫁为"重生之喜"。

男女不依礼法的结合，被称为"桑中之喜"。桑中，泛指山林僻远之处，也指私奔幽会之处。《左传·成公二年》载：春秋时，楚共王即位，准备发动阳桥战役以援救齐国，并派巫臣（即屈巫）到齐国去告知出兵日期。申叔路遇巫臣，知巫臣已娶夏姬为妾，并将与之偕逃，便说："异哉！夫子有三军之惧，而又有桑中之喜，宜将窃妻以逃者也。"此借用"桑中"一词，暗指巫臣与夏姬私约、私奔。

但描写西汉时的汉赋代表性作家司马相如携寡女卓文君私奔的故事却歌颂了这一冲破封建藩篱的爱情故事。卓文君也成为史上最著名的寡女再嫁、私奔故事的最美女主角。当然，早在汉武帝独尊儒术之前，封建礼法还相对宽松。加上司马相如的影响，卓文君的美丽，才演绎了一段才子佳人的风流佳话而已。

司马相如以风流才子而名世，他尤善鼓琴，其所用琴名为"绿绮"，是传说中最好的琴之一。在他与卓文君的爱情故事中，成全他们喜结良缘的就是这张古琴。成语"红拂绿绮"中的"绿绮"，指司马相如以绿绮琴追卓文君的典故。据传他第一次见到卓文君，就情不自禁地弹琴唱曰："凤兮凤兮归故乡，遨游四海求其凰，……有艳淑女在闺房，室迩人遐毒我肠，何缘交颈为鸳鸯。"

后司马相如携卓文君在长安居十八年，是长安成就了他的大名。公元前118年，司马相如病逝于家居的茂陵。

结婚纪念日自然也被称为喜。结婚"二十五年"为银婚之喜，"五十年"为金婚之喜，"六十年"被称为花烛重逢之喜。

现代中国人把婚龄演变为：一年纸婚，二年棉婚，三年皮婚，四年花果婚，五年木婚，六年糖婚，七年手婚，八年古铜婚，九年陶器婚，十年锡婚，十一年钢婚，十二年丝婚，十三年花边婚，十四年象牙婚，十五年水晶婚，二十年瓷婚，二十五年银婚，三十年珍珠婚，三十五年珊瑚婚，四十年红宝石婚，四十五年蓝宝石婚，五十年金婚，五十五年绿宝石婚，六十年金刚钻婚，七十年白金婚，八十年钻石婚。

想来，其中还真有一点道理，从"二十五年银婚"之后才称喜，确实说明一个家庭组成的不易。

18. 新婚洞房来自关中

"洞房"的美称由来已久，但何时将新房称作"洞房"呢？其中还有一个美丽而感人的传说。

秦始皇统一天下，一方面征集奴役三十万民夫修长城、建直道；另一方面又大兴土木建造阿房宫，还大肆搜征天下美女。

传说在被强迫掠进咸阳秦宫的美女中，有一位叫三姑娘的，不甘心像小鸟一样在深宫之中被奴役，遭受蹂躏，于是聪明而性格刚强的三姑娘费尽千辛万苦，终于逃出秦王宫，直奔华山。

当时，秦始皇焚书坑儒，迫害无辜的读书人，读书人只有被迫四处逃命。有个叫沈博的书生因父亲是个有名的大儒在秦都咸阳被害，当时也逃到了华山。

一天，三姑娘和沈博在玉女峰下的引凤亭相遇，两人都衣衫褴褛，面容憔悴。但两人的不幸遭遇，逐渐使他们互相产生了爱慕之情。他们都知道萧史弄玉，笙箫和鸣，乘龙骑凤登仙的故事，佩服萧史弄玉为追求美好爱情的超凡勇气。于是，就在这华山玉女峰下的玉女祠中插枝为香，对天盟誓，结成患难夫妻。

在那荒无人烟的高山密林中，他们把巨石下的一个洞穴辟为新房。夫妻俩情投意合，恩恩爱爱，就在这西岳华山下的"洞房"中，开始了自己艰苦但幸福美满的新生活。

华山玉女峰　　　　　　　华山洞府

后来，此事在民间广为流传，人们对不畏强暴争取自由的三姑娘产生了崇敬和怀念，在华山修建了供奉三圣母神像的道观，这个三圣母便暗指三姑娘。

后来一些文人就把三圣母编成了天上下凡的仙女，成了二郎神杨戬的妹妹、玉皇大帝的外甥女。又编撰了《宝莲灯》《劈山救母》等这些脍炙人口，深受人们喜爱的神话传说。再加上文人们吟咏"洞房花烛夜"这样让人感到美好的诗句，使"洞房"的传说更加神奇而优美动人。

另外，还有一个传说：西安的半坡遗址，距今六千年左右，属新石器时代仰韶文化，它是黄河流域一处典型的原始社会母系氏族公社村落遗址，反映了原始人类的群居生活状态。当时的人们居住在半洞半房的房子里，到了婚期时男方要到女方家中去生活，住在这种半地下的穴居中。这种穴居也被后人称为"洞房"。这便是有关"洞房"之说最早的源头。

西晋文学家陆机在《君子有所思行》中咏道："甲第崇高闼，洞房结阿阁。"南北朝人庾信有："洞房花烛明，燕余双舞轻。"唐朝诗人朱庆馀在《近试上张水部》诗中写道："洞房昨夜停红烛，待晓堂前拜舅姑。"宋人汪洙在《神童诗》里更有"洞房花烛夜，金榜题名时"的千古佳句。

中华民族的文明史太久远、太深邃啦！简单的"洞房"两个字串接了五千年历史，就是到了今天，人们仍然把结婚称为"入洞房"。尽管人类从洞穴式居住，已发展过渡到如今的瓦房、四合院、现代化的高楼大厦，但"入洞房"这一说法至今仍未改变。从来没见过谁把"入洞房"改为入草舍、入瓦房、入厢房、入厅房或入楼房。

19. 结发之妻与糟糠之妻

说结发之妻与糟糠之妻就不能不提到陕西籍的两位人物。

一为西汉名臣苏武，杜陵（今陕西西安）人。他诗中的"结发为夫妻，恩爱两不疑"，把对结发之妻的感情一下推到一个至高的精神境界。这是汉武帝时，任中郎将的苏武奉命出使匈奴，临出发时写给妻子的《留别妻》中的两句。全诗如下："结发为夫妻，恩爱两不疑。欢娱在今夕，嬿婉及良时。征夫怀远路，起视夜何其？参辰皆已没，去去从此辞。行役在战场，相见未有期。握手一长叹，泪为生别滋。努力爱春华，莫忘欢乐时。生当复来归，死当长相思。"

苏武是中国历史上以刚烈节义著称的伟丈夫，在西域的十九年牧羊生活，啮雪吞毡、历尽艰辛。匈奴单于曾派其曾经的好友降将李陵前去探望，动之以情，希冀可以打动他，终究未能得逞。单于不甘心，又派美妓诱之以色。但在富贵不能淫，贫贱不能移，威武不能屈的苏武面前皆告碰壁。

在匈奴被扣长达十九年，他都不忘结发爱妻。后借鸿雁传书，才得以返回长安，履行了自己对妻子"生当复来归"的诺言。

宋弘像

二为东汉初年大司空宋弘，京兆长安（今陕西西安）人。他的"贫贱之知不可忘，糟糠之妻不下堂"则义正词严地卫护了自己对患难之妻的忠诚，占据了一个伦理道德的制高点。"糟糠之妻"遂成典故。

这则典故出于《后汉书·宋弘传》中，《后汉书》是一部记载东汉历史的纪传体史书，与《史记》

《汉书》《三国志》合称"四史"。

书中记载光武帝刘秀的姐姐湖阳公主新寡后，刘秀有意将她嫁给宋弘，但不知她是否同意。一天，光武帝与湖阳公主共论朝臣。湖阳公主说："宋公（指宋弘）威容德器，群臣莫及。"刘秀听后很高兴，召见宋弘，让湖阳公主在屏风后观听。

刘秀对宋弘说："谚言贵易交，富易妻，人情乎！"意思为：民间有俗话说，高贵了忘掉交情，富有了想另娶妻子，这是人之常情呀！宋弘一听，立即答道："臣闻贫贱之知不可忘，糟糠之妻不下堂。"有趣的是，光武帝听后，故意大声说："事不谐矣。"实际是给屏风后的湖阳公主说"这事弄不成了"。

媒没有说成，光武帝刘秀并未怪罪宋弘，而是愈加敬重他了。宋弘为东汉初年一代名臣，为人正直，做官清廉，对皇上直言敢谏。宋弘曾先后为汉室推荐和选拔贤能之士三十多人，有的官至相位。建武二年（26年），宋弘官拜大司空，封栒邑侯。宋弘将所得租俸分赡九族，家无资产，以清行闻名。后徙封宣平侯。

《后汉书·宋弘传》有一段记载，可见宋弘之清正无私，直言敢谏，竟对皇帝的一点小事都不放过。有一次，宋弘适逢光武帝设宴会集群臣，席间，他看到皇帝御座旁边有扇新屏风，上面画着许多美女，光武帝几次回头去欣赏，宋弘便严肃地说："没有看见好德像好色一样深的人。"光武帝听后，当即令人撤去了屏风，并笑着对宋弘说："闻义则服，还可以吧？"宋弘答道："陛下进德，臣不胜其喜。"

其实，结发之妻与糟糠之妻有类同之处，说的都是原配之妻。"结发"的原意是："始成人也，谓男年二十，女年十五，时取笄冠为义也。"古时候，不论男女都要蓄留长发，等到了一定的年龄，要为他们举行一次"成人礼"的仪式。男行冠礼，就是把头发盘成发髻，谓之"结发"，然后再戴上帽子，《说文》里有：冠，弁冕之总名也。谓之成人。在《礼记·曲礼上》记有：男子二十冠而字。意思是，举行冠礼，并赐以字。冠岁，意思就是男子二十岁了，说明他刚刚到了成人年龄，二十岁也称"弱冠之年"。

结发又含有成婚的意思，因成婚之夕，共髻束发故称。南北朝庾信《题结线袋子诗》中这样描写一对新婚夫妻的洞房花烛夜："交丝结龙凤，镂彩结云霞。一寸同心缕，千年长命花。"

后来，结发演变为婚礼中的仪式之一，包括许婚"系缨"和成婚"脱缨"两个程序。据《礼记·曲礼》载："女子许嫁，缨。""缨"为一种五色丝绳。凡女子许嫁，便用它来束发，以示已确定了婚配人家。《仪礼·士昏礼》载："主人入室，亲脱妇之缨。"主人，即指新郎。这段记载表明，这条丝绳，需在成婚之日，由新郎亲手取下。

这种结发演变出的婚仪也叫合髻之礼。在举行婚礼之日，新婚男女各剪下一绺头发，绾结一起作为信物，表示同心偕老。唐代女诗人晁采曾作《子夜歌》十八首，其第一首为："侬既剪云鬟，郎亦分丝发。觅向无人处，绾作同心结。"诗中具体描述了合髻的过程，亦表现出她与情郎的同心合一。这种风习自然流行于民间。孟元老《东京梦华录·娶妇》载：当入洞房对拜毕，"男左女右，留少头发。二家出匹缎、钗子、木梳、头须之类，谓之合髻。"

但也有否定婚礼上的结发之仪、合髻之礼的声音，认为不合古礼。欧阳修在《归田录》中就曾严肃地指出："刘岳《书仪》，婚礼有'女坐婿之马鞍，父母为之合髻'之礼，不知用何经义，固不足为后世法矣。"而司马光《书仪·亲迎》也有："今世俗有结发之仪，此尤可笑。"

欧阳修、司马光二位大人物出来说话，当然有他们的道理。所以宋代以后这种结发、合髻之礼就很少在婚礼中出现了。

其实，在婚仪之外，汉代举行葬仪还有这样一个风俗，如果结发妻因故早折，做丈夫的就会把他们结婚时用的梳子掰成两半，在上面留存着妻子的几绺青发，把另外一半随葬入棺，以表示生生不忘结发之妻，纪念结发之恩爱情深。汉乐府《孔雀东南飞》这首描写焦仲卿和他的妻子刘兰芝爱情悲剧故事的长诗中有："结发同枕席，黄泉共为友。"从侧面证明了这一点。

"结发之妻"一词里的"结"字，最是蕴意丰富，结字的意思为"牢固、结合、结伴"。古时候，"结"通"髻"，意思是束发。髻则是绾发而结之于顶。古人认为"发为血之余"，即头发是血脉的延续。那时候彼此相爱的情人，如果女子把她自己的一绺青丝送给男子作定情物，则形同她已经把身体交给男子了。以男女双方发丝为爱情信物，蕴含有生死相依，白头偕老，永不分离的美好含义。双方发丝绾在一起时已难分你我，在发丝相互缠绕之时，彼此心灵也紧紧相依，永结同心、生死不离的心灵盟约可光照日月。人们不但把原配妻子称为"发妻"，还把小孩时的玩伴、同学称为"发小"。

古代诗歌中对结发之妻的记述还包括三国曹植《种葛篇》："与君初婚时，结发恩义深。欢爱在枕席，宿昔同衣衾。窃慕棠棣篇，好乐和瑟琴。"唐代杜甫《新婚别》："嫁女与征夫，不如弃路旁。结发为君妻，席不暖君床。暮婚晨告别，无乃太匆忙。"

糟糠之妻不下堂，还引出富贵后休妻弃妻，忘恩负义，喜新厌旧，为人唾骂之说。还有当陈世美没有好下场，休妻弃妻会遭报应的说法，以及"休妻毁地，到老不济"的民谚。

还是流传在陕西的一首新民谣说得好："要想一天不安宁，你就请客；要想一个月不安宁，你就打家具；要想一年不安宁，你就盖房；要想一辈子不安宁，你就换老婆。"

在中国，一个人的幸福美满是依靠家庭的，而小家庭是由夫妻二人共同经营维护的，夫妻关系良好、夫妻恩爱无疑是整个家庭赖以生存的基础。否则何以谈吉祥，说喜庆，道安康呢？

20. 关中婚俗浅说

在关中，旧时的婚姻全赖父母之命，媒妁之言，娃娃亲特别盛行。父母在娃娃长到十二三岁时，就托媒人给娃订了婚，娃娃亲一旦订妥，双方就不能随便反悔。

当然现在娃娃亲已基本绝迹。民间有"电灯泡明又亮，自由结婚找对象"之顺口溜，虽还需要有中间人"媒人"介绍，但自由恋爱已经占多数了。

关中人婚姻观念已得到大幅提升，但订婚仍很普遍，双方选定"吉日"，俗称"合日子"。订婚时男方通过媒人把准备的礼品、礼金交给女方。改革开放前东府

农民画《订婚》（安塞·李福爱作品）

一带礼金大体分为二百四十元"仁义亲"，三百六十元"普通亲"，多的为"高价亲"。双方互送四色礼，家里富裕点的男方送女方讲究"三转一响"，转的是自行车、缝纫机、手表，响的是收音机。简朴点改成毛毯和一把伞，伞寓意为对方遮风挡雨。女方的回赠一般有鞋、帽子、袜子、手帕。家境富裕的还要加上"一咔嚓"的照相机呢！而如今情况变了，送啥的都有，有钱人送新房钥匙、豪华小轿车、金表、钻戒，已不足为奇。准备结婚办喜事，男方购买并负责装修布置新房，女方准备嫁妆，花费之多和旧时比，自然已达天文数字，很多节俭的关中人已惊呼结不起婚了。

过去结婚，仪式烦琐。迎娶时，男方去七人（六男一女），租车拉箱子，提篮子，内装猪肉五斤，公鸡一只，酒一瓶，加上红帖一封。到女方家先递上红帖，女方以酒席招待。出门时新娘披霞帔戴凤冠，穿红绣鞋，蒙上红盖头，并在伴娘搀扶下向祖先神位告别，向父母兄嫂辞行。此时此刻，新娘依依惜别，难舍难分，泪如雨下，非常感人，俗称"哭嫁"或"哭轿"。新娘上花轿，多由平辈兄长背到车上。鞋不着地，脚不沾土，此时新娘村子的年轻人会拦住花轿，索要喜糖或红包，俗称闹花轿，图的是个喜庆热闹。

上路后撒"路帖"，用红纸剪成碎片，或剪成双喜字，边走边撒，以引路。花轿前有时讲究置一面铜镜，意为"照妖镜",来驱邪开道。女方家有送女客人,一般视亲戚多少定人数。大多数在四十到五十人之间。到达男方家时,先放炮仗,后放鞭,再端一碗醋绕花车浇洒一圈,意为辟邪。

此时新郎出门迎轿。新娘下车后由执事(现在也叫主持人、司仪)撒麦草节于新娘盖头上,撒时的念词很有趣:"一撒草,二撒草,三撒媳妇下了轿;一撒金,二撒银,三撒媳妇进了门。"新娘下花轿,踩着芦席,由男方嫂子陪送到洞房。

然后男方开早饭请亲戚朋友吃臊子面。关中一带(主要是西府)农村的臊子面也叫回汤面、涎水面,吃面不能喝汤,汤要倒回大锅加上陈醋,添点臊子煮沸再用来浇面,显得大家关系热和。还有一说,这种"回汤"风俗源于周礼,体现的是一个家庭的不分你我,团结和睦。但主要是因为穷,缺油少醋的物资匮乏嘛!回汤还保留着一点油水,当然也有前边人的口水,所以叫涎水面。如果你喝了碗中剩汤就表示你吃饱了。不过现在因为卫生关系,已不吃涎水面了,剩下的汤都倒进泔水桶里了。

中午时分,放完爆竹之后,新媳妇在嫂子陪送下,行至堂前,行拜堂礼。拜完堂,婚宴开始前新郎新娘要喝交杯酒,开始后新郎新娘要先向亲戚、朋友、乡党们敬酒。一般婚宴待客五六桌,多的有几十桌,还要搭棚子,棚子称喜棚、天棚。席面是十全席,取"十全十美"之意。宴请结束后，宣布新郎新娘入洞房。婚礼前一天，贴窗花、剪双喜、布置新房。窗花是用大红纸剪的，内容有龙凤呈祥、鸳鸯戏水、喜鹊登枝、吉庆有余等。还要选一位儿女双全、贤惠漂亮的妇女专门铺床，还要边铺边说："铺床铺床，儿孙满堂；先生贵子，后生女郎；福贵双全，永远吉祥。""永结百年好，展褥铺锦床。"入洞房后新郎要揭新娘红盖头，现在已不兴顶红盖头了。

此时，有些地方风俗还讲究给新房"挂门帘"，由新娘的弟弟来挂，以挂门帘为名向新郎要红包。有的亲戚，比如新郎的舅舅、叔叔，还得有人给新郎披一条红被面，俗称"披红"。再有让新娘子捡筷子、翻盘子的习俗。由新郎的弟弟（表弟或其他朋友也可以）拿一把筷子撒在地上，让新娘捡，寓意"勤快"。捡完筷子要翻盘子，在一个大盘子里扣着三个碗，一个里面是馒头（寓意一辈子不缺吃），一个里面是肉（寓意一辈子能吃上好的），一个里面是钱（寓意一辈子不缺钱花）。新郎的弟弟会在碗底抹点儿油，用手肯定是翻不起来，太滑了。当然，这也不算什么，女孩子都有卡子，用卡子挑一下就翻起来了。这就看新娘子是否机灵了。

婚后第三天，新媳妇回门，若遇单日推后一天。回门，也是婚礼的闭幕式。在渭南，新郎新娘回门时，要带十二个馍、烟酒等礼品，岳父母设宴席招待，女婿要给岳父母及门族的长辈行叩头礼，新娘的嫂子和姐妹要戏耍新女婿。如在西府一带，就是端一碗做得十分咸的臊子面放在新郎面前，老实的端起就吃，再咸也得硬着头皮吃下去，而机灵的便会找话题把这一碗面敬给岳父。岳父可能会借口说，给你舅端去，而把这碗面端下去，嫂子和姐妹的计谋也就落空了。

如此一直热闹到黄昏，但当天必须在天黑前赶回新郎家，不能在娘家过夜。婚后十天，娘家要接新娘子回去住十天，俗称"住十"。此后，新郎新娘就要开始美满而相依相伴的婚姻生活了。

21. 花馍当新婚贺礼

陕西渭南一带讲究用花馍当新婚贺礼，花馍也叫面花、面塑、礼馍，陕西华州区称"大谷卷"，合阳、大荔喊作"馄饨""燕燕馍"。花馍要绑在红柱子上，俗称"高馍盘"，竖立在婚礼喜堂两侧，像一棵大树，树干象征祖先，而树枝便象征着子子孙孙。一般由姑舅在外甥和侄子结婚时送。这也是渭南人办喜事时最被看重的贺礼。

这面花如今已成了非物质文化遗产，渭南合阳、华州区的面花最负盛名。面花既是红白喜事、行门入户的必备之物，又是四时八节赠亲馈友的珍贵礼品，几乎每一类民俗都有与之相应的面花形式，结婚大喜之日娘家送女的"老虎馄饨"、祝寿的"寿糕"均属此类。华县大谷卷不但在结婚、回门时送，还在满月、十二岁完灯，以及二月二等节令时送。

陕西华县花馍（西安·东曼伟摄）

在合阳，婚礼送的各种面花丰富多彩，相当于办了一场面花展览会，重头戏则在娘家，娘家人要准备好几副食盒来抬这些面花。为结婚做的面花也叫喜馄饨，一对大插花馄饨上除了各种花卉、小鸟、蝴蝶之外，主体造型或是龙凤呈祥、二龙戏珠，或是双凤朝阳、对阵招亲，都饱含着深情的祝福。这些馄饨是送给女儿的，意

陕西合阳面花（西安·东曼伟摄）

思是我把一个如花似玉的女儿送到你的家里来了，希望她在这里能够生活得愉快幸福。象征着圆满吉祥的插花馄饨绝不能随便送人，要在结婚那天摆在祖先的插花牌位前的供桌上。婚后还要在新房里摆放很长时间。

馄饨还有一个重要特点，即在馄饨前方一定要带上"把儿"，而且是"双把儿"。所谓"带把儿"指的是男孩。"把儿"，用核桃来做，上面垫上鸡、石榴、瓜蔓等图形。

另外，给姑娘的送饭碗里蒸一对坐娃娃，也有的蒸一对蹲狮或者老虎，给脸盆里蒸一条金鱼，给油灯碗里蒸一只"看灯鸡"。所有的花馍都将长辈对新人的祝福展现得淋漓尽致。

渭南合阳、华县面花源于古老的黄河流域文化，是广泛流传在华州区、合阳民间的一种传统民间艺术。面花内涵极为丰富，它贴近生活，演绎着人生变化，展示着人间真情。面花制作艺术魅力独异，意象鲜明，造型千姿百态，夸张变化，生动有趣，巧夺天工。有的富丽堂皇，大俗大雅；有的洁白如玉，简单大方。大者有一米多高，要用三四十斤上等面粉做成；小的则玲珑剔透，只有核桃大小。

面花也为陕西妇女擅长的四项民间艺术之一，其他三项为剪纸、刺绣、布艺。什么戏曲人物、神话传说、飞禽走兽、花鸟鱼虫，均可在心灵手巧的农村妇女手中变成活灵活现、栩栩如生的艺术精品。

22. 陕北婚俗剪纸的"喜花"

陕北婚俗剪纸的"喜花"，也叫"洞房喜花"，婚嫁喜庆时布置婚礼及新房专用的剪纸，也贴在名种嫁妆上，烘托喜庆气氛。

陕北人把新婚洞房叫帐房，延安北部的安塞、志丹、吴起、子长、延川、延长一带，新娘子娶回来要坐帐。安塞、志丹还要坐帐三天，新媳妇盘腿坐在炕上，面向贴着剪纸"坐帐花"的墙。而不贴"坐帐花"的墙叫白墙，新媳妇最忌讳看白墙，认为看白墙会婚后无子。

坐帐花是"喜花"的一种，一般为圆形或方形，边框剪有砖栏花、城垛口、富贵、万字纹饰。陕北民谣中唱道："边框扭个扭，小两口活到九十九。"意思是夫妻白头偕老。

坐帐花图案内容有鬓髻娃娃、娃娃踩莲花、石榴牡丹等，寓意喜庆祥瑞、早生贵子。安塞刘玉兰的坐帐花剪纸《娃娃坐莲花》，不仅有娃娃、莲花，而且娃娃双手各举一枚寿桃，头顶着双喜字，左右为一对凤凰，还有牡丹花等，内容丰富，特别喜气吉祥。

坐帐花《娃娃坐莲花》
（安塞·刘玉兰作品）

在陕北，不管家富家贫，坐帐花都必不可少，因为

"坐帐"是陕北举办婚礼的一项重要仪程。新媳妇娶回来入帐房，由年长的妇女为新媳妇"上头"，上头时将米斗放在坐帐花下方，让一对新人背靠背坐于米斗上，将二人头发拢在一起，如新郎头发短，将新娘的头发搭在新郎的头上也可，叫结发或并头，意思是二人从今以后合为一家。且边梳边唱："一木梳青丝云遮月，二木梳两人喜结缘，三木梳大妇常和气，四木梳四季保平安。新女婿好像杨宗保，新媳妇好像穆桂英。荞麦根儿，玉米芯儿，一个看见一个亲。养小子，要好的，穿长衫子戴顶子；养女子，要巧的，石榴牡丹冒铰的。双双核桃双双枣，双双儿女满炕跑。天作良缘配好的，夫妻恩爱一辈子。"还有的唱：

剪纸《鸳鸯莲花》
（富县·段金梅作品）

"仙桃带莲花，两口子结缘发；脚踩莲花手提笙，左男右女双新人；石榴赛牡丹，赛下一铺摊；身下设下聚宝盆，新娘一定生贵人；白女子，黑小子，能针快马要好的。"随即，将红枣、核桃从新人头部倒下，夫妻二人争抢装进自己衣兜。接着，主持人还要将新娘头盘成髻，意为结发夫妻能白头偕老。

结婚新房还有顶棚花，这是装饰在窑洞顶部或房屋顶部天花板上的大型剪纸，其布置方法是：大团花贴在顶棚中央，在顶棚四隅衬以角花，有的还在四周剪贴上简单的

花边。在形式上多采
用折剪对称式；团花
具有团圆美满的寓意，
要用整张红纸剪成，
图案以福禄寿喜为主，
并装饰牡丹、莲花、
灵芝、仙草、葫芦、

顶棚花《福寿》（秦都·朱公明藏）

藤蔓等缠绕的花草和几何形纹饰，中心或剪双喜字，或剪绣球。顶棚花为六角形的寓意福顺，八角形的寓意八卦辟邪。总之都是祈福求吉的吉祥图案。顶棚花在延安北部也叫窑顶花。

　　同是洞房喜花，传统吉祥图案中有龙凤呈祥、龙戏凤、鲤鱼戏莲、凤凰戏牡丹、鬤髻娃娃、蛇盘兔等纹饰，世俗图案中有比翼鸟、并蒂莲、连理枝、鸳鸯戏水、和合二仙、早生贵子等纹饰；新潮一点的吉祥图案中有双喜临门、喜上添喜、永结同心等纹饰。

　　安塞阎凤英的喜花《娃坐莲·娃抽烟》，新婚夫妇各有形象所指，特别有意思。女坐莲寓意早生贵子；男抽烟，跷二郎腿喜洋洋，而烟袋和烟荷包也象征男女相亲和合，烟荷包一般是女为男所绣。宜川李燕燕也有剪纸《娃娃坐莲花》，娃娃双肩各站立着一只小鸟，活泼生动。这几种喜花五彩纷呈，样式繁多，构图丰富，线条优美、流畅、细腻精致。

黄陵何亚萍的喜花剪纸《双雁娃娃》，图中娃娃两手各引一大雁，踩在"囍"字上。这应当是一种新风格的组合剪纸。事实上，在黄陵、洛川一带民间有崇拜大雁的情结，人们认为大雁是对爱情最为忠贞的鸟类，若配偶死去，另一只会不吃不喝哀鸣而亡，加上大雁能飞出"人"字形、"一"字形，表示了一种对人的启示，对家庭对爱情要始终如一。所以，在这里新人拜堂不拜祖宗牌位和各路喜神，而是面向"双雁"叩拜。简俊锋在《黄土高原上的艺术之花——延安剪纸综述》一文中介绍："'双雁'要用整张红纸剪成两个相向对称的'雁'字，周围饰以牡丹、莲（连）生贵子等吉祥图案，也有用墨或金粉在红纸上画出一对相向衔首交尾的双雁，悬挂于正堂，下置香案。新郎新娘对着双雁礼拜，至此婚礼大成。"

喜花《大双雁》（洛川·马秀英作品）

《鬏髻娃娃》是象征子孙繁衍的人形剪纸，结婚时贴在洞房里，有子孙延续、多子多孙的含义。鬏髻娃娃的原型是钟鼎文的"天"字，即郭沫若考证的黄帝族的族徽。20世纪70年代初，中央美院靳之林教授在安塞发现了一幅剪纸《鬏髻娃娃》，民间剪纸能手高如兰把女子头上的两个鬏髻剪成两只鸡，以鸡寓吉，以鸡的吉庆欢腾来表现人物的喜悦活泼和青春。"鬐鬐拨来来，婆家快娶来"的姿势，形象生动惹人喜爱，与故宫博物院收藏的商代的青玉女佩基本一样。鬐鬐娃娃一手举鸟（太阳），一手举兔（月亮），阴阳结合产生了生命，这就是原始生殖崇拜遗存的活化石。靳之林教授说："鬐鬐娃娃是中华民族的保护神、繁衍之神。"鬐鬐娃娃的变体多种多样，十分丰富。鬐鬐娃娃为主宰繁衍之神的说法至今仍流传于陕北。

喜花《鬐鬐娃娃》
（安塞·高如兰作品）

扣碗生子，也是一种洞房喜花。碗属阴性，象征生命母体，是葫芦生子的演变。碗盖属阳性，象征通天华盖，意喻男阳。扣碗合卺，意指阴阳相合，传宗接代。

陕北剪纸中的鱼、鸟、蛇、兔等主题纹样，广泛用于婚嫁的喜庆之中，其寓意都和生殖繁衍有关。

鱼在民间喜花中最多见，有"鱼戏莲""鱼穿莲""鱼变娃""鸡衔鱼"等纹样，还有双鱼纹饰经常组合配在其他主题剪纸中。而动物的阴阳观念也会随组合的对象不同而变换。如鱼在"鱼戏莲"中喻阳喻男，而在"鸡衔鱼"中却喻阴喻女，因鱼多子。鸡在婚俗剪纸中喻阳喻男，有送子的寓意。安塞潘常旺的《鸡鸽鱼》，构图特别丰富，大公鸡尖喙鸽着一条鱼，尾巴也用两条鱼来装饰。

农民画《踏蛋鸡》
（安塞·薛玉芹作品）

传统剪纸中以鸡为主图的还有《鸡衔鱼》《金鸡探莲花》等，这里鸡为阳，鱼、莲花为阴，喻男女相合，生殖繁衍。陕北民谚中有"金鸡探莲花，两口子好缘法"的吉语。还有《踏蛋鸡》《母子鸡》《盛碗鸡》，鸡谐音"吉"，有吉祥的寓意，原始先民把玄鸟作为男根的象征，至今民间仍把小男孩生殖器叫"鸡鸡"。但婚俗喜花中不让贴单纯是鸡图案的剪纸，因为怕婚后小两口像鸡一样斗嘴龃架。

蛇为神虫，亦被称为小龙，汉画像石上的人类始祖伏羲和女娲就是人首蛇身。在陕北剪纸洞房喜花中，有《蛇盘兔》的剪纸，并有"蛇盘兔，必定富""要想富，蛇盘兔"的吉祥语，群众解释说在夫妻结合中，如男的属蛇，女的属兔，这样的家庭日子一定会过得美满富裕。其实，蛇盘兔是生生不息的阴阳符号，蛇喻阳喻男，兔喻阴喻女。安塞剪纸大师曹佃祥作有《蛇盘兔》剪纸，剪得非常精美。吴起贾彩虹还作有《鹰踏兔》剪纸，鹰喻阳，兔喻阴，也是阴阳交合、万物复苏的吉祥图案。但如果家中有属兔的，就忌讳贴《鹰踏兔》剪纸了。蛇又寓意"财"，民间有《牛踩蛇》剪纸，并有"牛踩蛇，年年发"的谚语。

安塞白凤兰有剪纸《鹭鸶衔蛙》《鹭鸶衔鱼踩蛙》《鹭鸶探莲》，蛙、鱼、莲，都象征生殖繁衍多子。

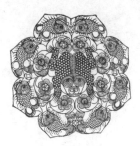

喜花《蛙多子》
（永寿·张艳娥作品）

剪纸中用于婚嫁喜花的狮子，也称"喜狮子"，常成双成对出现。陕北有"对对狮子对对莲，小两口枕下结喜缘"的民谚。狮子分文狮子、武狮子，文狮子多用花草、吉祥纹饰打扮，属于守护洞房的婚俗喜花。安塞白凤莲有《狮子滚绣球》，富县文化馆馆藏有《狮子踩宝缸》，都属文狮子类的"喜狮子"。

窗花《狮子滚绣球》
（吴起·贾彩虹作品）

蝴蝶在婚俗剪纸中也是"喜花"的主题纹样，最常见的有《蝶扑瓜》《蝶恋花》。《蝶扑瓜》中的"蝶"与《诗经》中"绵绵瓜瓞，民之初生"的"瓞"为谐

窗花《蝴蝶》
（汉滨·姚维霞作品）

音，寓意子孙繁衍像瓜蔓一样绵延不绝。民间有"蝴蝶扑金瓜，儿女满家家"的吉祥语，"蝶恋花"象征男女情爱。

神话传说中的盘瓠，是人的祖先神，现在还有敬盘瓠的庙宇。灶神挂帘中的狗称为"灶狗"，传说如果媳妇不认真做饭，灶神就会放出灶狗惩罚。婚俗"喜花"中有《狗撵兔》的纹样，是一种吉祥图案，但一般不贴在洞房中。

在婚俗剪纸"喜花"中有各种讲究习惯和禁忌，旧时俗规给新房剪"喜花"的人也要讲资格，首先要心灵手巧的能行人，再者必须上有父母，下有儿女，还要儿女双全，日子富裕的"全活人"，不要丧偶、离异、改嫁的人来剪"喜花"，甚至这些人也不能摸，或帮忙贴"喜花"。

办婚事时，窗户上要贴满窗花，称为"全窗花"，贴窗花先贴中心位置，讲心要实，忌"心空"，窗心空寓意人心空。新婚洞房不管咋样贴，窗格必须贴，窗子中心贴满窗花，也表示新媳妇实诚善良。窗户上忌贴人物，认为用剪子铰人不吉利，再贴在窗户上，鬼魅邪气会侵入；也不能贴猫头鹰，猫头鹰被叫作"恨鹄"，也叫"穷人恨"，因了猫头鹰叫声很瘆人、很难听，更不吉祥；再有不能贴驴，延安人认为驴是"鬼驴"，是鬼变的。马与驴交配而生骡子，自然也不吉祥，所以剪纸上就最忌讳剪骡子，因为骡子不生养。而狐狸和狼、黄鼠狼就更不用说了。

陕西省艺术馆研究员陈山桥是研究陕北剪纸和农民画的著名专家，他在《陕西剪纸·延安卷》中指出：（陕北）"婚俗喜花讲究剪贴花草，忌讳贴尖嘴的鸟、鸡及虎、猫、猪、狗等动物，认为贴动物会冲喜。"这难免让人有点疑惑，或许十里一俗，在陕北，各个县讲究也有所不同。而且很多传统也被人们慢慢打破了，忌讳的东西随之也少了。例如，延安北部各县洞房中和窗户上本不讲究贴双喜字，而是贴一幅《女娃娃踩莲·男娃娃抽烟》的喜花，如今已随便可以贴双喜了。另有，旧时陕北庄户人家是不贴龙和凤的，认为龙凤是专属皇帝、皇后的，怕自己小民百姓"受苦人"承受不起。但如今什么《龙凤呈祥》《凤凰戏牡丹》都成了洞房中的喜花。

总之，演变中的陕北剪纸"喜花"，历史传承源远流长，辉映出黄土地上民间婚俗色彩斑斓风格独异的特色，令世人惊叹！

23."冲喜"的习俗

在中国婚姻史上还有一种"冲喜"的习俗，即以喜冲喜，以喜冲噩运，冲恶疾病患。

冲喜，一是指男方未娶先病，让喜事一冲男方的病会好转，甚至痊愈；二是家中老人有病，赶快给儿子娶媳妇，办喜事来冲冲晦气和病魔，加之老人盼望孙子，儿子新婚后如再添贵子，老人心里一高兴病就会好多了。

"冲喜"之民俗，取"喜神临门，诸邪回避"之意。

明代戏剧家汤显祖在《牡丹亭·诊祟》台词中就有：

"老夫人替小姐冲喜。"冯梦龙的《醒世恒言·乔太守乱点鸳鸯谱》就写有："刘妈妈揭起帐子，叫道：'我的儿，今日娶你媳妇来家冲喜，你须挣扎精神则个。'"清代曹雪芹在《红楼梦》第九十六回也写道："若是如今和他说要娶宝姑娘，竟把林姑娘撂开，除非是他人事不知还可，若稍明白些，只怕不但不能冲喜，竟是催命了。"看来，冲喜习俗历史久远。

24. 乌鸦本是吉祥鸟

在一千多年前的唐代，乌鸦被认为是吉祥鸟。在唐代人意识里，认为乌鸦的出现必定带来喜庆。因而当时的一般人，对乌鸦是极敬畏的。

唐代因袭前代乌鸦反哺其母与儒家孝道契合的观念，视其为孝鸟，并加以热爱和崇仰。后又将乌鸦引进政治领域，将其作为政治清明的象征。以唐玄宗为例，《酉阳杂俎》前集卷一记载：玄宗李隆基在宫中称小名，其一就称"鸦"。皇帝小名叫"鸦"，可见"乌鸦"之地位显赫。

《开元天宝遗事》说唐玄宗下诏表彰过一位政绩突出的地方官，因为这人当县令时，赋役平允，调任时离境百里，不仅百姓跟随哭泣挽留，而且"乌鹊之类飞拥行车"。这真算得上是因惠及黎民，而德感鸦鹊了。

金乌瓦当拓片

《旧唐书》记载：任过京兆尹，辗转任过户部、吏部、兵部三部侍郎的柳仲郢，每次升迁之前，都有大批乌鸦飞到他家，五日才散，"家人以为候"。另外，《酉阳杂俎》续集卷三记载，淄青节度使侯希逸误听谣言，囚其内弟兵马使李怀玉。李怀玉在狱中含冤无诉，睡后，觉得有声音说："汝富贵时至。"起看无人，睡下又听见这个声音："汝看墙上有青乌子噪，即是富贵时。"天亮时，忽见数十只乌鸦聚于墙上。不一会儿，他便听见兵士哗变，赶走侯希逸，自己得救，并被推为节度留后，即代理的节度使。张籍《乌夜啼引》诗说，一吏因罪下狱，家人变卖财产，赎他出狱。其妻夜里听见乌啼，"知是官家有赦书"，于是"未明上堂贺舅姑"。

文史资料上留下这么多乌鸦兆喜的神奇故事，如此记载，你说乌鸦神不神？

在民间，老百姓对乌鸦的崇拜更为虔诚。《酉阳杂俎》前集卷一六说乌啼"多喜"，唐代张祜的《乌夜啼》诗说是"报喜"，杜甫的《得弟消息二首》（之二）也说"浪传乌鹊喜"，人们因而对乌鸦敬之如神。

李白的《乌夜啼》："黄云城边乌欲栖，归飞哑哑枝上啼。机中织锦秦川女，碧纱如烟隔窗语。停梭怅然忆远人，独宿孤房泪如雨。"传说李白初到长安时，贺知章正是因为读了这首《乌夜啼》和《乌栖曲》，大为赞叹，才约见李白的。后来又读了《蜀道难》，惊叹说李白是"天上谪仙人"。因而李白的声名得以大大提升，一时盛誉满京城。因诗结缘，贺知章和李白还成为当年京城长安一对令人称羡的"忘年交"。身为太子身边常客、秘书监的贺知章，还向唐玄宗推荐了李白，成就了李白的旷世诗名。除过贺知章慧眼识英才，是否可以说乌鸦和这首咏乌鸦的诗歌《乌夜啼》，成了李白"开天关"的敲门砖呢？

乌鸦又被称为大嘴乌，元稹《大觜乌》诗和白居易《和〈大嘴乌〉》诗，都认为大嘴乌可给人们带来吉祥。白居易诗说："此乌所止家，家产日夜丰。上以致寿考，下可宜田农。"又是丰家产，又是致寿考、宜田农，简直是说得神乎其神。元稹诗说："巫言此乌至，财产日丰宜。……专听乌喜怒，信受若神龟。"温庭筠《烧歌》诗也认为"鸦娘（母鸦）咒丰岁"。

唐朝时对乌鸦的崇拜已被演绎到极致，人们竭诚侍奉乌鸦。储光羲《田家即事》诗说：一位老农起早耕地，乌鸦绕着他飞，"群合乱啄噪，嗷嗷如道饥"。老农便将所带午饭"拨食与田乌"，自己竟"日暮空筐归"。上引白居易诗还说到大嘴乌栖止的那户人家，竟然虔诚得像祭祀祖宗那样"杀鸡荐其肉"。由于乌鸦啄食祭品，便被人们称为神鸦。元稹《放言》诗说"饭来开口似神鸦"，便反映了民间这种现实。

对乌鸦的崇拜当时已有点疯狂，有官吏甚至为了保护乌鸦而杀人。宋代孙光宪撰《北梦琐言》记载：京兆尹温璋见一乌鸦三度挽铃报案，判断"是必有人探其雏而诉冤也"，就派人随鸦出城，果然在树下捕获到抓雏鸟的人。温璋"以禽鸟诉冤，事异于常，乃毙捕雏者而报之"。如此重鸟轻人，若不是认为乌鸦是神鸦，又何必如此残酷呢？

唐代欧阳询等人所编的《艺文类聚》卷九二罗列的前代资料，把乌鸦看作是"吉鸟""祥禽""孝鸟""慈乌"。西晋时，李密谢绝朝廷征聘自己当官，所上《陈情表》申述的堂而皇之的理由，便是祖母年老，"乌鸟私情，愿乞终养"。这以乌鸦反哺自喻为理由，使得晋武帝也就不便强迫他出仕了。

白居易有《慈乌夜啼》一诗："慈乌失其母，哑哑吐哀音。昼夜不飞去，经年守故林。夜夜夜半啼，闻者为沾襟。声中如告诉，未尽反哺心。百鸟岂无母，尔独哀怨深。应是母慈重，使尔悲不任。昔有吴起者，母殁丧不临。嗟哉斯徒辈，其心不如禽。慈乌复慈乌，鸟中之曾参。"

这首诗反映了唐人对乌鸦的观点，说一只慈乌失母后，长年不肯离开旧林，天天半夜啼叫，哀怨动人，似乎在诉说着自己"未尽反哺心"。诗中将它比作"鸟中之曾参"。这曾参可是一位了不起的人物，被后人尊为曾子，是孔子的学生，他提倡以孝为本的孝道影响了中国两千多年，编《论语》、著《大学》、写《孝经》、著《曾子十篇》，后世尊奉为"宗圣"，是配飨孔庙的四配之一。白居易还批判战国人吴起"母殁丧不临""其心不如禽"。这个吴起是与孙武齐名的大军事家，著有《吴子》，享名"孙吴"。但他的不孝及其仁德欠缺，却历来为人不齿，司马迁《史记·孙子吴起列传》中记有："其母死，起终不归。曾子薄之，而与起绝。"

远古人认为日中有乌，日又是天子的象征。乌鸦被称为金乌，金乌是"日精"，亦称阳精、阳乌。于是，乌鸦头顶的帽子就更如皇冠一般耀眼了。汉代王充《论衡·说日》就有："日中有三足乌，月中有兔、蟾蜍。"唐代杜甫诗中也有"金榜双回三足乌"。再有李敬方《天台晴望》诗说："阳乌晴展翅，阴魄夜飞轮。"韩琮《春愁》诗说："金乌长飞玉兔走。"这都是用乌鸦来比喻太阳的例证。

还有古人可能发现乌鸦会故意停留在烟雾中，大概是利用烟雾的杀菌作用来防病治病吧。乌鸦有喜欢停留在烟雾中的习性，而其他动物大都怕烟火，因而古人认为乌鸦是与火有

三足金乌瓦当拓片

关的神物。再加上乌鸦通体漆黑如炭，如同从火中化出，古人干脆认为乌鸦就是火的化身。太阳是世间最大的火，乌鸦因此就与太阳产生了联系，成为载着太阳飞行的神鸟。《山海经·大荒东经》就有记载："汤谷上有扶木，一日方至，一日方出，皆载于乌。"扶木即扶桑树，大意是：树上栖息的太阳，至和出都负载在乌鸦身上。汉代画像石《羿射九日》，图中刻画的栖息于扶桑神树上的也是三足金乌，于是凡鸟变神鸦了。

乌鸦与太阳联系在一起，便同帝王有了缘分，唐初人杨师道《奉和咏弓》诗就说："乌飞随帝辇。"与太阳的联系，使乌鸦的地位逐渐升高而被神化。晋崔豹《古今注·鸟兽》中也说："有虞至孝，三足集其庭；曾参锄瓜，三足萃其冠。"乌鸦明明是两只爪子，何以要说成三只？说成三足乌，可能由于二是阴数，三才是阳数。还有考证说那第三足指男根，因之男人的生殖器官被称为阳具。

1975年在陕西宝鸡茹家庄出土的西周青铜器"鸟尊"就是一只三足鸟。有专家认为，此鸟尊的造型可能与古代传说日中有三足乌有关。

三足乌也被朝廷用来粉

西周·三足鸟尊
（陕西宝鸡茹家庄出土）

饰太平。《酉阳杂俎》续集卷四说：武则天时有献三足乌者，有人揭发其中一只足是假的，武则天笑道："但史册书之，安用察其真伪乎！"三足乌是否有，今日不敢妄下断言，即使有，也只能看作是偶见的畸形，不会常出现。天授元年（690年），有进三足乌者，武则天"以为周室嘉瑞"。其子睿宗揭露前足是假的，武则天不乐意听，不一会儿，果然一足坠地。可见，祥瑞既然是人制造的，就难免会有人投机取巧，欺蒙朝廷了。

乌鸦又名红嘴乌，崔明允、李子卿都写有《红嘴乌赋》。其中崔赋有："声则合雅，动必依仁，受惠而狎，感恩而驯。"李赋有："既孝且仁。"陆龟蒙《江湖散人歌》还有："民共敬贵如君师。当时只效乌鹊辈，岂是有意陈尊卑。"人们把这么多美名都加在乌鹊身上，并效仿乌鹊，敬之如君师。

乌鸦还是爱情专一的鸟，雌雄一对相伴终生。曾经有报道称，一只雄乌鸦撞到电线上不幸触电死亡，雌乌鸦居然在附近徘徊了一个多月。1993年，在江苏连云港尹湾汉墓出土的一批西汉晚期的竹简中记述："雌乌被创后，雄乌欲从之死。"可见，乌鸦对爱情的忠贞，堪称感天动地。

乌鸦还是非常聪明的鸟。小学生课本中有一则寓言：一只聪明的乌鸦利用投放石子，最终喝到瓶子里面的水。还有聪明的乌鸦为了吃到水中的鱼，把树叶扔在水中引诱鱼儿，其乘机捕捉的故事。《科技日报》报道，加拿大人罗伟夫研究了各种鸟类的行为后，认为乌鸦的智力排名第一。另有人认为乌鸦的智力大致与黑猩猩相近，相当于三四岁孩童的水平。电视上曾经播放过一个科教片，画面上一只乌鸦叼着一颗核桃投到车行道上，然后飞到电线杆上停下来，等候过往的汽车轧碎核桃壳，再趁车流稀少的时候飞下来啄食核桃仁。乌鸦的聪明真是令人佩服呢！

1958 年"除四害"运动中的"打麻雀"，殃及许多鸟雀，其中就有乌鸦，西安人叫"老鸹"。西安当年一大景观的老鸹夜归，扑天盖地一片乌云似的在城市上空盘旋滚动，如今再也看不见了。六十多年过去了，麻雀又繁衍活跃起来，可在西安，想寻找到一只老鸹怕是都难。

"老鸹老鸹一溜溜，回去让你妈炒豆豆，你一碗我一碗，把你娃憋死我不管。"遥想当年唱过的儿歌，心中充满了惆怅。唉！人们荒唐地去"除四害"赶麻雀，却把老鸹永远赶出了长安城。

25. 喜鹊报喜

中国人把"喜"字加在"鹊"身上，这其中寄托着人们对于喜庆的期望。古籍中有灵鹊兆喜之说，首先该说到的就是喜鹊报喜。

人们若是遇到喜鹊朝自己飞来，或看到喜鹊在树上或空中鸣叫时，便认为会有喜事来到身边，有时还会轻声念叨"喜鹊叫，把喜报"。尤其是听到喜鹊在门口和院中鸣叫，那就预示着喜事临门啦！民间亦有"喜鹊叫，贵人到"的谚语。

喜鹊，古称灵鹊、神鹊，是吉祥的鸟儿，是专门报喜的。

《福禄寿喜·喜》邮票

喜鹊报喜或灵鹊报喜这一观念和认识，在中国古已有之。晋代葛洪《西京杂记》卷三中说："乾鹊噪而行人至，蜘蛛集而百事喜。"五代时期王仁裕在《开元天宝遗事》卷下中说："时人之家，闻鹊声皆以为喜兆，故谓灵鹊报喜。"

《西京杂记》《开元天宝遗事》言说的都是唐代长安城里发生的趣闻逸事，莫非可以说，喜是从长安说起的呢？

《宋史·孙守荣传》中记载："……自是数出入相府。一日，庭鹊噪，令占之。曰：'来日晡时，当有宝物至。'明日，李全果以玉柱斧为贡。"

诗人感时伤怀，若是十分重情的人，当然就更加相信灵鹊报喜一说了。李白《经乱离后天恩流夜郎忆旧游书怀赠江夏韦太守良宰》中有："五色云间鹊，飞鸣天上来。

农民画《多喜》
（安塞·高金爱作品）

传闻赦书至，却放夜郎归。"你看，李白把自己遇大赦这一喜事，与"飞鸣天上"的"云间鹊"巧妙联系在一起，由此可见他心目中还是非常认同喜鹊报喜这一说法的。王建《祝鹊》中有："神鹊神鹊好言语，行人早回多利赊。我今庭中栽好树，与汝作巢当报汝。"李峤《鹊》中有："喜逐行人至，愁随织女归。"徐夤《鹊》中有："香闺报喜行人至，碧汉填河织女回。"南唐词人冯延巳《谒金门·风乍起》中有："终日望君君不至，举头闻鹊喜。"

喜鹊在周秦时，名声就已不小。《诗经·召南·鹊巢》说："维鹊有巢，维鸠居之。"是说喜鹊在树上筑巢，而鸠住了进去。"鸠占鹊巢"可看出鹊之德行和让人同情而怜悯的弱者地位。神话传说中还有牛郎织女七月初七夜相会，织女欲渡银河，使鹊为桥。这搭鹊桥助人，使人进一步看到喜鹊的善念仁慈和奉献精神。唐代刘威《七夕》诗说："乌鹊桥成上界通，千秋灵会此宵同。"唐代李洞《赠庞炼师》诗说："若能携手随仙令，皎皎银河渡鹊桥。"这些传说与诗歌都表现出喜鹊的奉献精神。

更有以天人感应关系来看待喜鹊，把它同人间的吉凶贵贱联系在一起的说法。《说文曰》："鹊知太岁之所在。"《太平卸览·羽部族·卷八》载："鹊者，阳鸟。先物而动，先事而应。"又有典籍记载"小寒之日雁北乡，又五日鹊始巢……鹊不始巢，国不宁。"南北朝萧纪《咏鹊》载："今朝听声喜，家信必应归。"喜鹊有史以来被认为能预卜人们的喜庆和国家的安宁，加上它的叫声又很悦耳，唐人便径直称它为"喜鹊"。

古人认为鹊巢中有梁，能看见喜鹊上梁的人，一定会富贵。段成式所撰《西阳杂俎》中说：崔圆妻未出嫁时，与众姊妹在家中后园游戏。她看见两只喜鹊构巢，共同衔着一根一尺余长的木枝，安放在巢中作梁。后来，她果然成了大臣的夫人。

《西阳杂俎》还说：代宗时，有两只喜鹊口衔泥土和木枝，将乾陵上仙观天尊殿中已损坏的十五处逐一修补完好，于是"宰臣上表贺"。乾陵为唐高宗李治与武则天合葬墓，在今陕西乾县。

汉族称喜鹊为吉祥鸟，是爱情与婚姻的象征。年画有《双喜图》《灵鹊报喜》《双喜临门》等。

清代石雕《喜鹊登梅》
（富平县·王山水摄）

在满族的习俗中，把喜鹊称为"喜神"，因喜鹊外形美观靓丽，体态轻盈敏捷，声音响亮悦耳，于人畜无害。在民间习俗中，像蝙蝠代表福，鹤代表寿，梅花鹿代表禄一样，喜鹊代表喜，对应好事临门。

26. 民间工艺品中的送子习俗

男女缔结婚姻之时，婚宴中听到最多的祝福之声，除了白头偕老之外，就是"早生贵子"。

陕西关中有习俗，入洞房后，新娘在床的四角摸出新郎家人放的四种干果：核桃、红枣、花生、栗子，寓意早生贵子。还有，给新人送礼也有讲究，送红枣、花生、桂圆、莲子四样，各取一字为"早生贵子"。

而陕西剪纸中一个重要主题就是"早生贵子"，西安就有鄠邑区杨志芳、赵芝兰，长安区高建娥等人所创作的十几种"早生贵子"剪纸。延长李玉焕的《娃坐莲》，莲花里坐

喜花《娃坐莲》
（延长·李玉焕作品）

个娃娃，也寓意"连生贵子"。陕西关中人讲究多子多福，连生几个或生个双胞胎都是大喜事。凤翔泥塑有胡新民创作的《莲生子》挂片。另外凡是能和多子挂上钩的，例如石榴、葡萄、金瓜、南瓜、葫芦、鱼、蛙等，都被作为喜文化的吉祥图案而广泛引用。剪纸有周至蒲玉花的《榴开百子》，刺绣有户县文化馆馆藏的名为《榴开见喜·连生贵子》的一对枕头顶，洛川县李勇家藏的剪纸窗花《石榴生子》，安塞潘常旺、洛川韩菊香、西安刘合心藏的剪纸窗花和户县钟素云的剪纸，洛川刺绣《鱼变娃》《鱼钻莲莲变娃》，澄城史银香的刺绣围兜《鱼戏莲》，蓝田冯菊莲、

凤翔泥塑《莲生子》
（凤翔·胡新民作品）

枕头顶《榴开见喜·连生贵子》
（户县文化馆馆藏）

喜花《老鼠吃葡萄》（延长·刘琴作品）

延长刘琴的剪纸《老鼠吃葡萄》，还有哈萨克斯坦陕西村刺绣花样《老鼠啃金瓜》，富县文化馆收藏的剪纸《老鼠啃南瓜》，宝鸡陈仓张星马勺脸谱《葫芦娃》，富平县袁芳芹的刺绣遮裙《葫芦生子》。还有户县文化馆1983年征集收藏的《虎头童风帽》，上面刺绣的是人面蝴蝶站在莲花上翩翩展翅，莲下有藕有鱼；富县任福菊的剪纸窗花《瓜里生子》《豆荚生子》，上面是一个娃娃双手推开两瓣的南瓜、豆角而现身，瓜外缠绕藤蔓，豆角外飞着蝴蝶，形象极为生动，兆示着生命的精彩。

延安吴月兰的窗花《蛙变娃》，洛川塞柳藏的喜花《蛙》图案，娃娃头、蛙身，寓意也是蛙变娃。户县李凤兰、黄陵孙仁才、刘凤英的《蛙》剪纸，蛙身上是莲花。西安吕林芝还有《蛙裹肚》剪纸绣花样，蛙周围被莲花簇拥。在关中，传说中的"蛙"

窗花《蛙变娃》
（延安·吴月兰作品）

与女娲之"娲"同音，而"娃娃"一词的称谓源于青蛙，源于孕妇肚类似青蛙肚。蛙也成为护生送子的神灵。剪纸中还有三足蛙的形象，人们称它为神蛙。

另外，陕北人喜欢羊，崇拜羊，你看他们头上扎的白羊肚子手巾，两个角都是朝外，恰似羊的犄角。同时，羊温驯吉祥，对人亲善，且繁殖力超强，让人敬佩并崇拜。

于是，羊也被赋予送子任务。延长李玉焕的《吉羊送子》就是例证。

喜花《吉羊送子》
（延长·李玉焕作品）

　　还有"白鹳送子"之说，那是在欧洲，人们把一种鸟称为送子鸟。相传，送子鸟落到谁家屋顶筑巢，谁家就会喜得贵子，幸福美满。因此，在欧洲乡村，你经常能看到住家的屋顶烟囱上搭着一个平台，那是专为送子鸟准备的。这种神奇的送子鸟就是白鹳。看来，祈子求子的习俗外国也存在。

　　当然在中国最普及的应算是"麒麟送子"。民间流传甚广的送子麒麟，也是中国最早的祈子神兽。传说中麒麟是仁兽，是吉祥的象征，能为人们带来子嗣。东晋王嘉《拾遗记》载："夫子（孔子）未生时，有麟吐玉书于阙里人家。"汉代王充在《论衡·定贤》中描述，孔子诞生之前，有麒麟吐玉书于其家院。这便成了典故"麒麟送子"的来源。

　　陕西黄陵县的付百琴、张林召，吴起县的陈英，凤翔的李科、郭亮都有剪纸《麒麟送子》。凤翔木版年画有凤翔博物馆馆藏的《麒麟送子》。刺绣有商南县李云仙、冯桂英，澄城县安福堂家藏的《麒麟送子》和富平县贺淑萍的《蛱·花·麒麟送子》小裹肚。

　　再有影响的就是送子娘娘，又作送生娘娘、注子娘娘、观自在菩萨、观世音菩萨等，从字面解释就是"送人子嗣"的菩萨，是四大菩萨之一。

　　"观音送子"在民间最受尊崇也最普及。温柔、端庄、面带微笑的中国式观音，是救苦救难、普度众生，法力无边、无所不能的女神。给渴望得到儿子的百姓送子更是观音法力范围之内的事，当佛教中国化，佛教崇拜狂热之时，民间狂热地崇拜观音菩萨就成为容易理解的事了。凤翔木版年画世兴画局有一对名为《天仙送子》的窗旁画，这送子天仙也被人们认为是观音的化身。

　　中国民间送子文化由来已久。向神灵祈子，由神灵送子。借助神奇的力量来接续香火、繁衍生息则形成风俗，于是传说中的生殖之神——送子神也应运而生。古代民间崇拜的送子神可谓是五花八门，其中有送子麒麟、送子观音、送子天官、送子张仙、送子天王等。在诸路神仙中，中国古已有之的送子麒麟和佛教的送子观音在民间应排在前两位。

27. 登科之喜与乔迁之喜

　　"登科之喜"中的"登科"是指登上科举考试之榜。五代王仁裕《开元天宝遗事·泥金帖子》载："新进士才及第，以泥金书帖子附家书中，用报登科之喜。"唐代裴说《见王贞白》诗："共贺登科后，明宣入紫宸。"宋代司马光《送巢县崔尉》诗："登科如拾遗，举步欤千里。"古代科举考试考中进士，明清两代选拔官员只用殿试前三名：状元、榜眼和探花。

　　喜报三元中的"三元"指的是什么呢？旧时选拔官吏所用方法为科举制，在科举考试中，举人的考试是各县的秀才到省上参加考试，第一名称为解元。贡士的考试是各省的举人到京城参加会试，第一名称为会元。之后，全国的贡士进行殿试，天子要亲自参加，第一名称为状元。由此而来，连中三元即指解元、会元、状元连续及第。

　　荔枝、桂圆、核桃三种果品都是圆的，寓意"三元"；三个桂圆也表示"三元"、

凤翔木版年画《三元报喜》

清代木雕《喜报三元》（三原县孟店藏，王山水摄）

这两种说法都在民间广为流传。"喜报三元"是针对古代科举考试的美好希望，将喜鹊和三只桂圆的图雕刻在家具或窗棂上，期望儿子高中。"喜报三元"是取喜鹊之首字和桂圆谐音"元"字来寓意。

科举考试被录取，称应考人为"大登科"。与之对应的"小登科"和科举考试无关，是指士人娶媳妇。元代无名氏《梧桐叶》第三折中写道："欢声鼎沸长安道，得志当今贵豪。小登科接着大登科，播荣名喧满皇朝，始知学乃身之宝。"有谚语道："新婚胜如小登科，披红戴花煞似状元郎。"新婚之时，新郎穿红袍，戴桂冠，就像及第登科时的装束一般，容光焕发，春风得意。但是真正和"登科"相比，新婚的仪式感还是要逊色一些，所以结婚就被人们叫作"小登科"了。

乔迁之喜，应是人生中必然要遇到的大喜事。乔迁就是搬家，俗语有"树挪死，人挪活"之说。而乔迁必然是喜迁新居。

乔迁，出自《诗经·小雅·伐木》："伐木丁丁，鸟鸣嘤嘤。出自幽谷，迁于乔木。"原意是鸟儿飞离深谷，迁到高大的树木上去。后来被用作祝贺用语,贺人迁居或贺人官职升迁。

乔迁之喜,也称荣迁之喜或燕雀之喜。指燕雀因大厦落成有栖身之所而互相庆贺,后多用作祝贺新屋落成之语。

人一生喜事太多,除过"久旱逢甘霖、他乡遇故知、洞房花烛夜,金榜题名时"四大喜之外,还有开张之喜,指商铺开始营业庆贺盛典,也叫鸿发之喜、新张之喜。盖房有上梁之喜,因有"上梁不正下梁歪"之语,人们就特别重视上梁,认为这关系百年基业。上梁两旁正柱上一般张贴喜庆对联"立柱喜逢黄道日,上梁正遇紫微星",正屋大梁栋梁上挂写有"紫微拱照"的红布横披,其他梁上披红绿布幅,上书祈福文字,祈吉祥如意。过寿有寿诞之喜、荣寿大庆之喜;加官晋爵,被称为升迁之喜、荣升之喜、登云之喜,意指平步青云;上任履职叫荣任之喜、履新之喜;上学毕业叫脱颖之喜、达材之喜;以及贵人相助的扶持之喜,结拜兄弟的结谊之喜等,不一而足。

第二章

财文化・三秦溯源

1. 财文化之内蕴

　　财神是善神、福神，虽然不是地位最高的神灵，但可以说是最受老百姓欢迎的神灵。虽然历朝历代都有视金钱为身外之物的文人高士，但民间更有"人为财死，鸟为食亡""一文钱难倒英雄汉"之说。现代人则有句话说"金钱不是万能的，但没有钱却是万万不行的"。

　　所以人们过于清高也是不行的。我们小民百姓追求财富金钱，是为了谋生，能养家糊口，再进一步过上富裕生活，丰衣足食，活得有尊严。活不下去，就会"饥寒起盗心"，被逼而落草为寇。

剪纸《财神挂帘花》
（洛川·李秀芹作品）

《中国皮影》邮票4-3枚
"山西孝义皮影人物·赵公明"

儒家早期的经典《周易》就极力推崇富贵，提出了"崇高莫大乎富贵"的命题。老百姓普遍企盼的"发财致富""招财进宝"，士子、商贾们热衷的"升官发财""日进斗金""一夜暴富"，都有其深厚的社会思想基础。

陕西有大年初五迎财神的民俗。陕西凤翔木版年画《恭喜发财》画面上，天空云雾之中有招财童子、利市仙官，地面上有驮着金银的两匹马，墙壁上还写着一行字："马驮千倍利，尽进四方财。"这真够炫目的。

陕西韩城人太史公在编撰《史记·货殖列传》时就指出："天下熙熙，皆为利来；天下攘攘，皆为利往。"所以人们希望自己发财，敬财神，迎财神，祭拜财神，祈福财神带给自己家财万贯，保佑自己能求来财富，把财神请进家供奉起来，是非常自然的一件事。

当然，人爱财、求财无可厚非，关键是要用合法的手段去获得，运用合法的手段和辛勤的劳动与智慧去创造财富、积累财富。这里说的谋取财富，是"君子爱财，取之有道"。在道德和财富的关系上，很多人赞同儒家把道德放在比财富更重要的位置的主张。另外，在义和利的关系上，也很赞同董仲舒提出的义利为人之"两养"，即"利以养其体，义以养其心"的正确阐述。

相对于其他神祇而言，财神在中国民间出现较晚。大约在宋代，民间经济交流空前繁荣，才使财神作为一种精神的保护和寄托受到广泛的关注。它不仅仅是生意人敬奉的神明，更成为社会各阶层的共同寄托。在宋以前，中国人更重视禄，因为得功名就会当官，当官就会有固定俸禄，当官才能发财。"一年清知府，十万雪花银"。古时候财富主要在禄中，禄财不分，禄神就是财神。这不是说宋代以后人们不重视禄，而主要是在禄之外，经济空前繁荣，经商做生意成为一种新途径，比宋代以前更易于发财，更快速发财。尤其江南一带出现资本主义萌芽，一大批富豪产生，例如《金瓶梅》中的西门庆、江苏的沈万三等。尤其是有钱还能买官、捐官，财甚至有时能左右禄了。

福、禄、寿、喜、财一般可分四个档次，一当然是福，福统领，也包含其他四项；二是禄和寿，因为它和福组成三星，都是对应天上星辰，由星辰崇拜而来的；再就是喜，贯穿人的一生，如四喜中的"金榜题名""洞房花烛"等；最后才是财，甚至很多人鄙夷钱财，羞于说财，耻于说财，尤其是知识分子中的名士高人。而占有绝对钱财的帝王家，以及王侯贵族和官宦集团等统治阶层，为了保持自己的贵族身份，也不想暴露自己通过横征暴敛、巧取豪夺、残酷剥削等方式疯狂敛财的本质。所以整个社会认为一说钱就俗了。再因财神崇拜的发展时间相对短，又是由当时的中下层商贾、普通士绅和老百姓主要敬奉而影响到上层社会的，见过皇家大典拜祭天神、祖宗、福禄寿星、五岳之神，没见过皇帝拜祭财神。唐皇城宫殿名、坊名、城门名、寺院名，以及年号等都没有以财命名的。

清代陕西皮影《进宝童子》（陕西省艺术馆收藏）

　　财神文化应当起于民间。陕西省艺术馆收藏的清代皮影《进宝童子》一对，是财神身边的侍者。一位手托金元宝，一位手擎钱币。还有《财神垛子》，底下四蝙蝠，中间财神，上边一蝙蝠和一吊金钱，寓意福在眼前、五福临门，旁边还有龙、牡丹花、寿字纹、书简、风火轮等吉祥物。场面宏大，财神前后各三人，总共七人，足可让你欣赏到财神崇拜在陕西民间的盛行。

2. 中国第一财神赵公明

中国各路财神中，雄踞头把交椅的非赵公明莫属。

赵公明之名最早见于晋代，时为督鬼之神。晋代陶潜《搜神后记》载："赵玄坛，秦代人，得道于终南山。"梁朝陶弘景《真诰·协昌期》有："天帝告土下冢中王气五方诸神赵公明等，某国公侯，甲乙年如千岁，生值清真之气，死归神宫，翳身冥乡，潜宁冲虚，辟斥诸禁忌，不得妄害为气。"明代《列仙全传》云："赵公明为八部鬼帅，周行人间，暴杀万民，太上老君命张天师治之。"

还有传说赵公明被尊为月财神，与日春神青帝合称为"春福"、日月二神。魏晋南北朝时期成书的《搜神记》和《真诰》等，虽都有赵公明的神迹，但只是司土下冢中事，或是瘟神。《瘟神》中记五位瘟神：隋开皇十一年（591年）有五瘟神见……白袍之秋瘟神是赵公明。是岁大瘟，帝乃立祠，封为将军。

可见赵公明一会儿为"八部鬼帅"，一会儿又成了五瘟神之一的"白袍之秋瘟神"。一身鬼气瘟气，名号极其糟糕，原本

西安周至赵公明财神文化景区赵公明坐像

并不为世人所喜。

但到元明时期，赵公明的神迹逐渐演变完整，有记载称，赵公元帅姓赵名朗、玄朗，字公明，终南山下周至赵大村人，原是日精之一。说古时天有十日，九日被后羿射下以后，变化为九鸟，坠落于青城山，变成九鬼王。八鬼行病害人，但是赵玄朗却独化为人，避隐蜀中，精修至道。也是赵公明之前世渊源，张道陵张天师在青城山炼丹时，收其护卫丹室。天师丹成，分丹饵之，遂能变化无方。赵玄朗食丹以后，其形酷似天师。天师遂命其永镇玄坛，故号玄坛元帅。

西安周至赵公明财神文化景区　招宝、纳珍财神

西安周至赵公明财神文化景区　招财、利市财神

所谓"五路财神"指的是赵公元帅和他的四位部将。这可能是受五行观念影响，五路财神尽收东、西、南、北、中五方之财。民间认为赵公明手下四名小神，

分别掌管招宝、纳珍、
招财和利市，都与财富
紧密相关，因而赵公明
成为正财神或者统管五
路的总财神。

西安周至赵公明财神文化景区财神坐像

有研究财神的专家
认为，赵公元帅实为金
水相遭之象。按古代金为财富的正式代表，而民间复以水
代表财。赵公元帅为金水相逢的象征，自然是财富的第一
代表。乾隆十四年（1749 年）编修的《周至县志》记载：
"财神赵公明，赵大村人，村中有赵公明庙。"

明代《三教源流搜神大全》记载："赵公明得道于终
南山，被尊为道家大神，属威猛将吏……被授予正一玄坛
元帅……驱雷役电于宇宙，呼风唤雨于乾坤……至如讼冤
伸抑，公能使之解释；公平买卖求财，公能使之获利和合；
但有公平之事，可以对神祷，无不如意。"《中国大百科
全书》中有："俗祀财神为赵公明，亦称赵公元帅、赵玄
坛，相传为终南山人……隐居终南山精修得道，驱雷役电，
除瘟剪疟，祛病禳灾，买卖求财，使之宜利……俗以三月
十五为神诞，祀之能令人致富。民间奉祀，或于正月初去
财神庙敬祀，或在家迎接财神帖子。"

赵公明作为财神，同时也是道教的护法四帅之一。因
其曾为张天师守护丹室，也与燃灯道人一起被民间奉为一

对门神。凤翔泥塑中有胡新明的作品《财神赵公明》，泥塑财神一手托一锭金元宝，一手举鞭，所骑的黑虎装饰得花团锦簇，额头不是"王"字，而是一朵牡丹花，特别喜气富丽。胡新明还有一件《财神》泥塑作品，塑的是一位满面富相，一身官服，头戴官帽，一脸喜气的有点文质彬彬的财神，应该是一位文财神。凤翔泥塑传承人胡深的《财神》泥塑，也很有特点，财神被塑造成元宝形，双手捧三个垒起的金元宝，身穿的大红袍上绣着三朵金色牡丹，帽翅顶端是两个方孔钱（金币）；红脸美髯丹凤眼，有点像武财神关公，但手中无青龙偃月刀，脸温文尔雅，着装像文官。可能是胡深先生刻意如此塑造，想以武将文人相，突出财神的儒雅。

陕西凤翔泥塑《财神》
（凤翔·胡深作品）

3. 文财神比干

旧时财神有文武之分，尚文的人家供奉文财神，尚武的人家敬祀武财神。除了武财神赵公元帅，还有文财神比

干。民间年画中，比干的神像
为文官打扮，头戴宰相纱帽，
五绺长须，手捧如意，身着蟒袍，
足蹬元宝。文财神的打扮与天
官相似，只是天官神态慈祥，
笑容可掬；而文财神比干却神
清骨秀、严正肃穆。

西安周至赵公明财神文化景区
"文财神比干"（金昕摄）

据历史记载，比干是殷纣
王的叔父，是一位忠义之臣，
被誉为"亘古第一忠臣"。时
纣王暴虐荒淫，横征暴敛，比干叹曰："主过不谏非忠也，
畏死不言非勇也。过则谏，不用则死，忠之至也。"遂至
摘星楼强谏三日不去。纣问何以自恃，比干曰："恃善行
仁义所以自恃。"纣怒曰："吾闻圣人心有七窍，信有诸
乎？"遂杀比干剖视其心。

《封神演义》则写：比干被妖女妲己设计陷害，说是
一日，纣王正与妲己以及新纳妖妇喜媚共进早餐，忽见妲
己口吐鲜血，昏迷不醒。喜媚道是妲己旧病复发，须玲珑
心一片煎汤救治，并推算说唯亚相比干是玲珑七窍之心。
纣王急向比干索其心。比干怒奏曰："心者，一身之主，
隐于肺内，坐六叶两耳之中，百恶无侵，一侵即死。心正，
手足正；心不正，则手足不正。心乃万物之灵苗，四象变
化之根本。吾心有伤，岂有生路！老臣虽死不惜，只是社

稷丘墟，贤能尽绝。今昏君听新纳妖妇之言，赐吾摘心之祸，只怕比干在，江山在，比干亡，社稷亡！"纣王怒道："君叫臣死，不死不忠。台上毁君，有污臣节，如不从命，武士拿剑去取心来！"比干破口大骂妲己，望太庙大拜八拜后，接剑自剖其腹，摘心掷于地，走出五门，上马而去。

还说先是姜子牙离开朝歌时，曾去相府辞行，见比干气色晦暗，知其日后必有大难，便送比干一张神符，叮嘱在危急时化灰冲服，可保无虞。比干入朝前知己必难，便服饮姜子牙所留符水，故在剖心后能不流血而前行，来到民间广散财宝。比干生性耿直，公正无私，因为他没有心，他是掏心而亡的，所以办事就不偏不倚，谁做好事就让谁发财，还因为无心无向，也就无偏无私，所以深受人们爱戴，被后人奉为公正财神，亦称无心财神。

比干被封为财神，传说与姜子牙在太白山拔仙台封神有关。《封神演义》里姜子牙封比干为北斗七星中心的天权宫"文曲星君"。掌人间禄马财源、福德兴庆之事。由于周代还没推行科举制度，老百姓对文曲星君不理解，因有"掌人间禄马财源"之说，因之比干由文曲星君变成文财神。

民间还有传说，说比干死后，精魂不死，阴灵不散，一道英气冲破南天门，直贯玉皇大帝凌霄宝殿，天地为之感动。玉帝知比干含冤被害，感其被剖心，忠良义烈，遂赐封他为"天官文财尊神"，掌管天下财库。民间还以金色孔雀为比干坐骑。

比干还被称为国神。周文王《直方周易》说比干"是故蓍之德，圆而神"。周武王灭商后，为了巩固新政权，在政治上推行德政，安抚殷商遗民。他下令释放被纣王囚禁的百姓，修整商朝贤臣比干的坟墓，并亲自封墓（给墓上添土），封比干为国神。国神掌握包括财帛在内的一切国家财富，自然也就演变为财神。

民间俗语中有"财神无心"的说法，意指财神比干就是出现了财富分配上的偏差，也是无心之失。老百姓虽对现实生活中的贫富差距过大非常不满，但觉得与比干无关，认为天意如此，或老天不公，因而敬其忠义依然对财神比干顶礼膜拜。老百姓中也有一种说法：敬比干的不一定能富，不敬他的也不一定就穷。所以旧时人们常说："富人发财的越发财，穷苦人越变越贫穷。"因此，人们敬财神比干，以求财运亨通，主要还是冲着他的人品而去的。

4. 武财神关公与山陕会馆

关帝庙和晋商会馆遍布天下，而有晋商会馆的地方必有关帝庙。

《京剧脸谱·关羽》金币

敬奉关帝为财神的，多为合伙做生意的人。而晋商为全国四大商帮之一，关公又是山西人，晋商自然第一个推他们的老乡为财神，以护佑他们在全国各地能安全做生意。再则晋商崇拜老乡关公讲义气，以"桃园三结义"来凝聚他们内部的团结。商家谈生意做买卖，最重义气和信用，关公信义俱全，故晋商尊奉之，以忠诚信义为本。以此看来，关老爷成为财神爷中的义财神，应该就是晋商推出来的了。

民间传说关公生在山西解州，得名于陕西潼关。他本不姓关，而是姓冯名贤，脸上颜色也不是红若重枣的"红脸关公"。只是因为关公生性仗义，疾恶如仇，在家乡杀了为非作歹的恶霸熊虎，还在公堂上杀死祖护恶霸的县令，所以亡命在外。他逃至潼关后，官府缉拿他的公告贴在潼关城门楼上，上面画着他的画像。危急之际，观音菩萨现身，以手中宝瓶泉水帮他洗面，脸色因此变红。于是，关公指潼关之关为姓，以羽为名，比喻自己像鸟儿一样可以飞出潼关，所以后来就叫关羽。戏剧《关公出世》演绎了这一传说，使其流传于世。

关羽和陕西结缘，晋商和秦商关系也非同一般，俗话说的秦晋之好，首先体现在联手做生意上，于是全国就有

西安周至赵公明财神文化景区关羽像

不少陕商和晋商共同建的会馆，亦称山陕会馆。秦商和晋商同列全国四大商帮，强强联手，享誉全国。

会馆是经商之人聚会、谈生意、做交易的重要场地，家家会馆都把祭祀财神作为自家的第一功课。会馆也具备同乡会和同业会的功能。山陕会馆更是把"笃乡谊、祀神祇、联嘉会"作为三大主要功能。因为对于经商者来说，整天和银钱打交道，功利就在眼前的算计和斤斤计较之中，能不满脑子都做发财梦吗？商业会馆遍布全国，就成了财神文化传播宣扬的最重要的载体。很多山陕会馆本身也就是关帝庙，或者前庙后馆，与今天的一个单位挂两个牌子十分相似。

例如大运河边上山东聊城的山陕会馆，从乾隆八年（1743年）开始兴建，直到嘉庆十四年（1809年）才有了现在的宏大规模，而后又于1845年第五次重修。会馆建有关帝殿和春秋楼，因此当地俗称"关帝庙"。现在已被列入国家重点文物保护单位，还荣登了《京杭大运河》特种邮票。

《京杭大运河》邮票之"山陕会馆"

周口关帝庙，又称山陕会馆。1996 年，它作为"豫东平原保存较好，建筑艺术价值较高的古建筑群"也被列入全国重点文物保护单位。此外，被列为全国重点文物保护单位的还有四川自贡西秦会馆和号称"天下第一会馆"的南阳社旗山陕会馆。

著名的山陕会馆还有亳州、洛阳山陕会馆，襄阳、泰安、济南、西宁、邓州、天水、定西、扬州、沙市、汉口、上蔡、太和、唐河、舞阳北舞渡镇、荆紫关山陕会馆，以及陕西境内紫阳瓦房店的山陕会馆和山西、陕西、甘肃三省联办的开封山陕甘会馆。这些会馆中精美绝伦的建筑工艺都达到了彼时中国的最高水平，其中开封山陕甘会馆正殿的七层木雕、亳州山陕会馆的砖雕，都称得上当时的巅峰之作。

众多的山陕会馆内，一般都设有关帝庙，有些地方称为财神庙，两省商人用关老爷时刻提醒自己要以诚信行天下。而义薄云天、光耀日月的关帝老爷，也成为晋商、秦商之精神偶像和守护神。相传关公生前十分善于理财，长于会计业务，曾设笔记法，发明日清簿，这种计算方法设有原、收、出、存四项，非常详明清楚，被后世商人公认为会计专才，所以奉其为商业神；还有关公"挂印封金"的重义轻财，"夜读春秋"的儒将风范，"刮骨疗毒"的坚强意志等，都让世人敬佩得五体投地。

周至财神文化景区就有不同的关羽手提青龙偃月刀

的塑像。凤翔泥塑艺人韩锁平、刘
淑侠也有《关羽》泥塑作品。从安
康紫阳瓦房店山陕会馆残存的壁画
上可以看到《桃园三结义》和描写
关公《伐魏征吴》故事的图画。尤
其是会馆看楼的门楼两侧石柱上有
赞誉关羽的楹联"两道蚕眉锁定
汉家社稷；一双凤眼勘破曹氏奸
雄"，特别有意味。商洛丹凤船帮

陕西凤翔泥塑《关羽》
（韩锁平、刘淑侠作品）

会馆戏楼插角上有木雕《关公入许都》和《刘关张三英战
吕布》。

这种对关公的信仰崇拜在明清两代，被各行各业所接
受，对其顶礼膜拜尤盛。关羽不仅被尊为"武财神"，还
被尊为"万能之神""三界伏魔大帝神威远镇天尊关圣帝
君""关夫子"等，与孔子比肩被称为圣人，即"孔圣""关
圣"。盛誉之隆，已达顶峰，无以复加。

5. 财神太白金星

太白金星是道教神仙中知名度最高的神之一，传说

他本为道教先哲老子的唯一学生，后悟得老子《道德经》五千字真言，成了玉皇大帝手下专职掌管天下之财的星君，职衔是"都天致富财帛星君"。他属于金神，民间又称他为文财神、财帛星君。

他在普通百姓中的影响很大，民间年画上把他刻画成一位身着锦衣，腰扎玉带，左手捧着一只金元宝，右手拿着写有招财进宝的卷轴，相貌忠厚，有着慈祥富态之相的善良老头。由于著名的神话小说《西游记》广泛流传，书中的太白金星又肩负玉皇大帝特使的职责，负责传达各种命令。他肯为孙悟空讲好话，天上地下跑腿，证明了他是一位乐于助人的好老头，因而更为求财之人所喜爱，并把发财致富寄托在他身上，敬重他、供奉他，认为他有求必应。

太白金星是天上的一颗星星，名二实一，太白即金星，亦名启明星、长庚星。古时以金星晨见于东方谓"启明"，夕位于西方曰"长庚"，据《诗经·小雅·大东》记载："东有启明，西有长庚。""启明，长庚皆金星也。"另据《史记·天官书》曰："察日行以处位太白。"《正义》引《天官占》云："太白者，西方金之精，白帝之子，上公，大将军之象也。"

太白星，又称"白帝子"，是天边启明星的神格化人物，为道教神。据《七曜禳灾诀》描述，太白星最初的形象是穿着黄色裙子，戴着鸡冠，演奏琵琶的女性神，明以后形象变化为老迈年高的白须老者，手中持一柄光净柔软的拂尘，入道修远神格清奇。

太白山

陕西秦岭中有太白山，太白极顶是秦岭最高峰拔仙台，为姜子牙封神之地。太白山名取太白，肯定与太白金星有关。《录异记》载："金星之精，坠于终南圭峰之西，其精化白石若美玉，时有紫气复之，故名。"

其实太白山名字也几经演变，在《尚书·禹贡》中谓之"惇物山"，《说文解字》云："惇者，物之丰厚也。"《汉书·地理志》谓之"太乙山"，据传说为太乙真人修炼之地。《古今图书集成》《关中胜迹图志》《眉县志》等均有记载。而太白山之名最早见于《魏书·地理志》中，隋、唐后一直沿用至今。《水经注》载：太白山"于诸山最为秀杰，冬夏积雪，望之皓然"。

同为太白星神的还有《唐逸史》中提到的与京兆华原

人药王孙思邈交游的太白酒星，一个豪饮而健谈的奇仙；还有发生在西岳华山的神话《宝莲灯》里帮助沉香劈山救母的太白金星。

在与太白金星相关的众多传说中，最具有传奇色彩的应该算是唐代大诗人李白的故事了。传说李白的出生不同寻常，乃是他的母亲梦见太白金星落入怀中而生，因此取名李白，字太白。长大后的李白也确有几分"仙气"，被人们称为诗仙。

《李白》纪念币

李白《登太白峰》诗云："西上太白峰，夕阳穷登攀。太白与我语，为我开天关。愿乘泠风去，直出浮云间。举手可近月，前行若无山。一别武功去，何时复更还？"此时的"太白与我语"应该是李白与太白山的天地对话。

其实，李白应当也是一位财神，他信奉的是"千金散尽还复来"。千金都可以散尽，还能不够格吗？何况他的金钱是源源不断地"还复来"。李白这位"谪仙人"轻财重义，仗义疏财，潇洒至极，连"天子呼来"都"不上船"呢！

6. "金周至"的财神庙

周至因是赵公明故乡，再因姜子牙在太白山拔仙台封了赵公明为中路财神，封了赵公明手下四位正神"招宝天尊"萧升为东路财神，"纳珍天尊"曹宝为西路财神，"招财使者"陈九公为南路财神，"利市仙官"姚少司为北路财神，专司迎祥纳福、商贾买卖而声名远播。

赵公明像

如此规模庞大，有分管区域、有称号、有分工的财神班子，在中国人的财神信仰中堪称之最。

距西安六十公里，位于西安市周至县集贤镇的赵大村。据明万历九年（1581年）《重修玄坛元帅庙碑》记载："说经台东北焉，尚有赵大村，旧有玄坛庙，财神生于斯。"《周至县古迹》记载："赵公明墓在县东南三十五里赵大村。清乾隆十二年（1747年），知县曾修葺赵公明墓，筑围城保护财神庙。"现今村中有赵公明主庙，被称为祖庙，庙内常住道士，香火鼎盛，每年有世界各地的华人香客组团前来祭拜，华夏故里财神祖庙被列为陕西省第五批重点文物保护单位。

　　周至的财神庙有两座。另外，在终南山下的周至楼观台不远处田峪河东岸，修了一座规模空前，占地约八百亩的西安周至赵公明财神文化景区，因其规模宏大，被称为财神大庙。赵大村的财神祖庙是一座院落很小的庙，当地人把它叫小庙。一大一小，一新一旧。

　　财神大庙敬的财神，有文有武，五花八门，让人应接不暇。官财神赵公元帅，也称武财神；文财神是《封神演义》中殷纣王的亚相比干和帮助越王勾践打败吴王夫差的范蠡，范蠡也被誉为智慧财神；义财神则是号称关帝圣君的关公，因他挂印封金，义薄云天，而被尊为义财神，也称武财神；还有活财神刘海蟾等。中国人敬的财神五花八门，有泛神化现象。这些都在赵公明故里的周至财神文化景区得以充分展现。

　　景区展示传达的财神文化为"财富文化、货币文化、

西安周至赵公明财神文化景区
左前方为财神赵公明汉白玉雕像（西安·金昕摄）

商业发展、经营之道、金融服务、聚财福地"六个部分，又形成十一处特色景区，使华夏正财神庙成为民俗吉祥的综合展示区。财神文化建筑群周边小河流水环绕，以呈现金水绕身的祥瑞；财神庙建筑布局三进四殿、东西厢房，形成一个"金斗"布局。

进入赵公明财神庙景区，一眼先被震撼的就是财富文化广场上金碧辉煌、五间六柱、气势非凡的大牌楼。牌楼前就是这里唱主角的财神赵公明的汉白玉雕像。只见赵财神高大威猛，长髯飘拂，目光炯炯，一脸正气凛然；戴头盔着战袍，右手托一根九节钢鞭，尽显元帅威仪。因了左手捧着金元宝，才让人意识到此公原来是财神。

大牌楼匾额分别上书"财神文化区""天下财源""才德广施"；后边再竖一枚三四米高的巨大铜钱，一根红绳子穿眼而系，上有"招财进宝"四字；两旁蹲着两只金色貔貅怪兽，这家伙又名辟邪、百獬，为中国古代五大

西安周至赵公明财神文化景区
"貔貅"（西安·金昕摄）

瑞兽之一（此外是龙、凤、龟、麒麟）。传说貔貅帮助黄帝征战四方，建有功业，被赐封为"天禄兽"，即天赐福禄之意，专为帝王守护财宝，也是皇室象征，称为"帝宝"，亦被称为招财神兽。据说此物有一个极为罕见的特

点：嘴大而无肛门，只进不出。所以经常被置于银行钱庄门前镇守，意为只招财不漏财。

过桥入山门，就可见赐福殿。赐福殿是赵公明财神文化景区三进财神殿格局中的主体建筑，殿内供奉了九天财神、赐福财神、增福财神。赐福殿得名于殿内供奉的赐福财神，赐福财神又叫赐福天官，天官是道教供奉的天、地、水三官神灵之一，在这里天官似乎被降了级，全称为上元一品赐福天官。故民俗尊天官为福神。主司授人间福禄，所谓的五福中包括财。当然，中国人敬奉的神，基本上是通用的，也是身兼多职的，较不得真。

赐福殿的西南侧是妈祖殿，殿内供奉的是东南沿海民众崇拜的妈祖娘娘。赐福殿的东南侧是赤松殿，殿内供奉东南沿海的地方神黄大仙。

赵公明财神文化景区的核心建筑——财神殿，紧挨着赐福殿。大殿高三十四米，共四层。第四层为供奉赵财神的主殿，第三层为祈福朝拜区，第二层为多功能的财神文化展示区，第一层为剧场。

财神殿西侧是关帝庙，供奉的是武财神关羽。财神殿东侧是护国殿，供奉的是文财神比干和范蠡。财神殿后面的大殿是三霄殿，供奉的是赵公明的三个妹妹云霄青鸾、琼霄鸿鹄和碧霄花翎鸟，号称三仙姑。此外，还有进宝殿、赵氏宗祠等建筑。

在这里参观一圈，便能见识全国各路各类大小财神。

许多财神会聚一堂，好似梁山泊的聚义厅一般热闹，给人遍地财神聚关中的强烈感觉。

当然了，这众多财神之中首推的是赵公明——这位从陕西终南山走出的中国第一号财神爷。

周至被称为"金周至"，这里的黑河水库像金盆一样聚拢着财气，是西安的水源地。看来发展经济，广开财源，借助一下周至的老祖先财神赵公明，也不失为一种明智之举呀！

7. "银户县"的活财神刘海蟾

刘海是道教的一路神仙，元朝时被封为"明悟弘道纯佑帝君"。明朝《列仙全传》中，刘海就是八仙中的人物之一，明朝无名氏杂剧《贺升平群仙庆寿》中和陈抟老祖同列下八仙。他被民间尊为中国传统文化中的"福神"，还被人称为准财神，这大概是因了民间传说"刘海戏金蟾"而来的。"金蟾"据说能口吐金钱，是旺财之物，寓意财源广进，大富大贵。传说刘海走到哪里，就把钱撒到哪里，救济穷人，人们尊他敬他感激他，称他为"活神仙"。"刘海戏金蟾，步步钓金钱"嘛！

西安周至赵公明财神文化景区
"刘海戏金蟾"（西安·金昕摄）

在"道教祖庭"户县（今陕西省西安市鄠邑区），流传有关于刘海的民谣："刘海生来有仙根，生在户县曲抱村；玉帝将我亲封过，封我四方活财神；福泉之水洒人间，行走步步撒金钱；一变十来百变千，有福有财都是仙。"还说这是清代古本秦腔剧《刘海打柴》中的唱词。这曲抱村，位于户县县城西，是一个稻田莲池围抱着的村子，传说刘海就出生在这里。曲抱村村北有"玉蟾台"，村西有"玉蟾池"，这里就是刘海戏玉蟾的地方。

蟾，即蟾蜍，相貌丑陋，分泌物有剧毒，对人体有害，被列为五毒（蝎、蛇、蜈蚣、壁虎、蟾蜍）之一。但又因蟾蜍的分泌物蟾酥有强心、镇痛、止血等作用，蟾又受人们所崇拜。《太平御览》引《玄中记》云："蟾蜍头生角，得而食之，寿千岁，又能食山精。"当时人们把蟾蜍当成避五病、镇凶邪、助长生、主富贵的吉祥物，认为它是有灵气的神物。刘海即被以蟾名之，自然成了一位吉祥神。

刘海最响亮的名字就是刘海蟾，可见刘海和蟾，密不

可分，各种关于刘海和蟾的奇异美好的神话故事，传遍大
江南北。

北宋词人柳永《巫山一段云》（其三）有："清旦朝
金母，斜阳醉玉龟。天风摇曳六铢衣。鹤背觉孤危。贪看
海蟾狂戏，不道九关齐闭。相将何处寄良宵？还去访三茅。"
这是最早记载的刘海戏金蟾的诗文，一个贪看，明显指的
是正演出的戏剧。据清初《坚瓠五集》记载：刘海戏蟾，
"举世无不知其名者"，"今画蓬头跣足嘻笑之人"即刘海也，
"持三足蟾弄之"。清代孟籁甫《丰暇笔谈》中记载，刘海
"汲井得三足大蟾蜍，以彩绳数尺系之，负诸肩上，喜跃
告人曰：'此物逃去，期年不能得，今得之矣。'于是乡
里传述……争往看之，至拥挤不得行"。此后民间舞蹈中
也出现刘海以金钱戏三足蟾的情节。

墨彩画《刘海戏金蟾》（西安·杨庚绪作品）

明朝学士解缙还有一副对联："龙不吟，虎不啸，鱼

不跃，蟾不跳，笑煞画中刘海；车无轮，马无鞍，象无牙，炮无烟，闷死阵里将军。"其"画中刘海"，说明刘海的形象，在明代已普遍出现在民间工艺的年画、剪纸、雕刻、刺绣上了。

窗花《刘海戏金蟾》
（陕西省艺术馆收藏）

民间绘画中的刘海被打扮成仙童模样，前额垂着整齐的短发，骑在金蟾上，手里舞着一串钱。后来小孩或妇女额前留的短发，便被称为刘海。

据《神仙通鉴》记载，刘海"初遇正阳祖师，授以金液还丹之旨，遂弃官学道。后遇吕祖，乃改名玄英，号海蟾子。复授以金丹之要，遁迹终南，修真成道"。正阳道人就是京兆咸阳人钟离权，道教全真道尊他为"正阳祖师""北五祖之一"；吕祖即被称作"关中逸人"的吕洞宾。他们都是刘海的师父，刘海就是随钟离权遁迹于终南山下户县的石井镇阿姑泉欢乐谷修行，遇到吕洞宾并拜师的。

刘海在终南山和华山均有遗踪，得道后，在宋天圣年间游历天下名山，下传弟子有李练等人，其中以张伯端最为著名。这个张伯端，就是在陕南紫阳县紫阳洞修行的紫阳真人，亦是道教南宗紫阳派的鼻祖，清雍正年间封"大慈圆通禅仙紫阳真人"，金丹派南宗的祖师，被道教奉为全真道南五祖之一。

戏金蟾的刘海，以赤脚童子的面目亮相，一路撒着金钱走来，给终南山的这支神仙队伍增添了几分活泼、几分亲切和喜庆，让人因之惊艳而倍感吉祥。

"刘海戏金蟾"，是陕西民间工艺品上最常见的题材。例如大荔民间画师手稿就有"刘海戏金蟾"系列作品，凤翔木版年画、陕西民间刺绣艺术品中也都有这个题材。而陕西各地的剪纸表现"刘海戏金蟾"的作品更多，异彩纷呈，堪称陕西民间艺术家们的最爱。

大荔民间画师手稿
《刘海戏金蟾》

8. "四知先生"杨震拒金

东汉太尉，号称"关西夫子"的杨震，为一代著名廉吏，他清白传家，廉洁拒贿，怀金不受，传有"四知"故事。据《后汉书·杨震列传》记载：东汉杨震四迁荆州刺史、东莱太守。道经昌邑，举荐王密为昌邑令。至晚，王密以怀金十斤送给杨震，说："暮夜无知者"，杨震说："天知、神知、我知、子知，何谓无知。"给他送金子的王密还是他的学生，但杨震仍不为所动，轻财重义，正气凛然。

杨震，字伯起。东汉弘农华阴（今属陕西潼关）人。官至司徒、太尉，依然保持廉洁之风，平时与家人粗茶淡饭，外出连轿都不坐，克己俭朴，一生淡泊名利。传说晚年时有人劝他置办些房地产业为后代留点遗产，他却说："我留个清官之名，不也是为子孙留下的一笔丰厚财产吗？"

"关西夫子"杨震拒贿不贪，不为金灿灿的巨金所诱惑，视金钱如粪土的高尚人格历来为人们所敬佩，而其"四知"的回答义正词严，振聋发聩，给人以深度的震撼，从而以"四知先生"闻名于世，彪炳史册。以前西安城西南城角内有一个叫四知村的地方，这"四知"之名便来自杨震拒金的典故。现在的四知村已改名为迎春巷。

陕西旬邑县唐家大院清代老宅中隔扇门裙板上有《杨震拒金》浮雕；韩城党家村清代民居也有反映杨震的木雕《关西夫子杨震》，而大荔民间画师手稿则有一幅《一品清廉图》，画面表现的虽是莲花，但从画题上想到了杨震。古代官吏分一品至九品等级，一品当朝为宰相位，杨震身居太尉也应是一品。《楚辞·招魂》载："朕幼清以廉洁兮。"王逸注："不受曰廉，不污曰洁。"后世取此喻意，以青莲象征位高权重而不失清正廉洁之节操。观此图时，眼前闪现出的一号人物自然就是一代廉吏"四知先生"，只有他才配得上"一品清廉"这个名号。

9. 李勉埋金

"李勉埋金"是唐朝和裴度先后为宰相的李勉的故事。《尚书读录》记载："天宝中，有书生旅次宋州。时李公年少，贫苦，与一书生同店。而不旬日，书生疾作，遂至不救，临绝，语公曰：'某家住洪州，将于北都求官，于此得疾且死，其命也。'因出囊金百两遗勉，曰：'某之仆使，无知有此者，足下为我毕死事，余金奉之。'勉许为办事，乃礼毕，置金于墓中，而同葬焉。后数年，勉尉开封。书生兄弟赍洪州牒来，而累路寻生行止，至宋州，知李为主丧事，专诣开封，诘金之所。勉请假至墓所，出金付焉。"

李勉的不贪金钱，重义轻利使他青史留名，让人感佩，而李勉的故事也被冯梦龙录入《醒世恒言》之中，名为《李汧公穷邸遇侠客》。这是说李勉大难不死，穷邸幸遇侠客。因其不贪别人钱财，埋金积阴德，而终遇好报的故事。古人喜用因果报应之说编撰故事，以教化民众，千百年来还是很有市场的。

李勉（717～788年），字玄卿，唐朝宗室。肃宗时任监察御史、山南西道观察使（治所在今陕西汉中），入朝为太常少卿，代宗时入唐都长安为京兆尹，德宗时做了几年宰相后去世。李勉性情淡泊，为人大度，为官廉洁。在任岭南节度使的六七年内，他从不利用权势对外国来贸易的商船侵夺财物。卸任回朝，他特意在石门（今湖南石门）停下舟船，将家人所带的各种南方珍宝搜出扔进江里，受到当时人们的广泛赞扬。李勉罢相之后，加封为太子太师。贞元四年（788 年）病逝，终年七十二岁，册赠太傅。

10. 裴度拾遗不昧

元代大剧作家关汉卿创作有一出名为《裴度还带》的杂剧，写唐代裴度拾宝不昧，因而救了人性命，最终得中状元，成为唐朝一代名相的故事。

全剧共四折一楔子。剧情是：唐代宰相裴度未做官时，因父母双亡家境贫寒，又不肯跟随姨父王员外做生意，只得寄居在山神庙中，幸有白马寺一长老供他斋饭。有一道人为裴度相面，断定他命该横死。此时另有韩太守因廉洁为官被国舅傅彬诬陷入狱，韩夫人与女儿琼英辛苦筹资以救韩太守，幸得朝廷采访使李邦彦赠玉带相助。琼英路过山神庙时不慎失落玉带，被裴度捡到。韩氏母女正要绝望自尽之时，裴度将玉带归还，韩太守一家三口性命皆得救。就在裴度送韩氏母女出门之时，山神庙倒塌，裴度得以逃脱横死厄运。后裴度赴京赶考，得中状元，并与韩琼英结为夫妇。《裴度还带》全名《山神庙裴度还带》，版本现有明万历四十三年（1615年）脉望馆钞校本《孤本元明杂剧》。

这个史称"裴度还带"的故事，发生在苏州北靠香山、南临太湖的一座千年古刹中。这座古刹在唐以前叫香山寺，为纪念"裴度还带"被后人改称为"还带寺"。

陕西神木民间画师就有《裴度拾遗不昧》手稿，也叫粉本，北京颐和园的长廊壁画中对此故事亦有描绘。

裴度，唐朝河东闻喜（今山西绛县）人，颇有豪爽气概，唐代后期杰出的政治家。唐德宗贞元五年（789年）进士，在唐都长安曾任中书舍人、御史中丞，累官中书侍郎，宪宗时位登宰相，封晋国公。

"裴度还带"拾宝不昧、重义轻财的美德，为自己积下善缘，当得富贵寿考，后来果然应验不爽。尤其是他在长安朱雀门外上早朝路上，遇大难而不死，反祸为福的故事更让人惊异。

《旧唐书》记载："王承宗、李师道俱遣刺客刺宰相武元衡，亦令刺度。是日，度出通化里，盗三以剑击度，初断靴带，次中背，才绝单衣，后微伤其首，度堕马。会度带（戴）毡帽，故创不至深。……度已堕沟中，贼谓度已死，乃舍去。"

因为裴度力主用兵剿灭藩镇，认为"姑息养奸，其患无穷",宪宗就安排他督军进剿,所以也被列为刺杀对象。

刺客向他连砍三剑,剑伤其首,裴度堕马,滚在路旁水沟里。因他头戴毡帽,创不至深,幸免一死。而同时间,家住朱雀大街东靖安坊的宰相武元衡却在这条上朝路上被刺身亡,一时朝野震动。于是宪宗遂任命裴度以宰相衔,兼彰义军节度使、淮西宣谕处置使,做了讨伐淮西的前线总指挥,一举剿灭平定蔡州吴元济之乱,立下不世之功。韩愈颂其功曰:"凡此蔡功,惟断乃成。"

中学课本上的《李愬雪夜袭蔡州》说的就是在裴度指挥下,唐随邓节度使李愬雪夜袭蔡州,破悬瓠城,擒吴元济的事。

李愬为名将李晟之子。李晟墓在高陵,裴度撰文,柳公权书丹的《李晟碑》,又被称为"三绝碑"。李晟曾任右神策军都将、太尉、中书令,被封为西平郡王,死后谥号忠武,赠太师。

朱雀大街这段路东西横亘一处高坡,位在长安皇城"九五贵位",即天子位,"不欲常人居之,故置玄都观、大兴善寺以镇之"。而裴度住宅正巧处在朱雀大街旁的平乐里第五岗,而遭政敌攻讦诬陷。《旧唐书》记载:有人向皇帝告状,"度名应图谶,宅据冈原,不召自来,其心可见"。还作民谣散布,民谣云:"非衣小儿坦其腹,天上有口被驱逐。""天口"言度平吴元济之叛也。民谣意指裴度宅据"九五贵位",妨碍了皇帝之天子位,和吴元济一样有反叛之心。但皇帝不信，诬陷没有得逞，裴度又逃一劫。

《旧唐书》还记载裴度"诚社稷之良臣，股肱之贤相"，"其威誉德业比郭汾阳"，"事四朝，以全德始终"，享寿七十六岁。

裴度功业卓著，在文学上也成就不凡。他认为"文之异，在气格之高下，思致之浅深，不在碟裂章句，隳废声韵"，主张"不诡其词而词自丽，不异其理而理自新"（《寄李翱书》）。这对于当时古文写作上追求奇诡的倾向，具有补偏救弊的意义。他对韩愈的才能是赞赏的，但不赞成韩愈的"以文为戏"。

总之，裴度是一位好宰相，尤其是他年轻时在家境贫寒的情况下能拾遗不昧、轻财重义，为后人树立了榜样。

11. 青狮吐八宝

财神赵公明的故事传说中最有意思的是《青狮吐八宝》。戏词中有："黑虎吼时，天下妖魔皆丧胆。金鞭起处，世间邪魅悉潜形。"

陕西省艺术馆收藏有清代皮影《积宝堆山》，将八吉祥和青狮绘于一图。八吉祥即"海螺、牡丹、宝伞、法轮、金鱼、盘长、白盖、宝瓶",也称佛家八吉祥。其中牡丹或为莲花,这幅皮影上为牡丹莲花组成,显得既富贵又圣洁;宝伞佑护众生;法轮象征佛法圆通,永恒不止;盘长象征连绵不断,无穷无尽;白盖象征解脱众生疾苦。皮影雕刻的图案"佛家八吉祥"与中国传统寿石、蝙蝠、石榴、寿桃、金瓜、神带等吉祥符号相结合,是一件极具民族性、艺术性和强烈生命力的陕西东路皮影经典作品。

西安周至县赵公明财神文化景区财富文化广场展览有招财八宝,即宝珠、方胜、玉磬、古钱、菱镜、古书、艾叶和犀角。宝珠象征光明,方胜寓意优雅,玉磬寓意喜庆,古钱象征富有,菱镜表示美好,古书寓意智慧,艾叶用以辟邪,犀角象征胜利。这应当是区别于佛教"八吉祥"的道教"吉祥八宝"。

《青狮吐八宝》中的青狮原为妖狮,传说它把人间吉祥宝物都吞吃一光,在黑虎灵官赵公明元帅鞭打下才吐出了八吉祥宝物,并积宝堆山。其实,《青狮吐八宝》是流传在陕西华县一带东路皮影演出前的开锣节目,不算正式影戏。大意是在锣鼓声中,财神爷赵公明坐在黑虎台上,耍狮人领着青狮上场。相传狮子不是中国本土固有动物,是外国进贡的神兽。赵公元帅鞭打一下,青狮就吐出一宝,耍狮人耍一会儿狮子,赵公元帅再上前鞭打一下,青狮再吐一宝,直吐到"积宝堆山"。

这是一种取悦当地人民的吉祥节目，融洽皮影班社和当地观众的关系，赞扬当地是风水宝地，特赐八宝堆积成山。戏词中有："此地风光好，青狮吐八宝。吐在吉祥地，富贵直到老。"说的正是这层意思。

赵公明是财神，他身边的一些人和物都与财结了缘，他的坐骑是一只凶猛无比的黑虎，也自然成了财老虎。赵公明也被称为黑虎灵官。

西安德福巷是西安的一条老巷子。以前，这里不叫德福巷，而叫"黑虎巷"。因为街巷又窄又黑，所以老人们都说，它像一只潜伏的黑虎。黑虎者，财神赵公明坐骑也。

此巷后改为德福巷，意义似乎深了一层，而以德谋福，以德谋财，才有点符合正道。在西安古今地名中，包括汉唐宫殿、寺庙、街坊等名字，多以福禄寿命名，喜字少一些，但却罕见以财命名的。具体的财也好，抽象的富也好，都是利的形态。自古以来，儒家"耻言利"，有所谓"君子喻于义，小人喻于利"之说。凤翔木版年画中有讽刺小人的年画《小人图》，其中一图案就是"爱钱钻钱眼"。在一片瑞气、喜庆、热闹的吉祥年画中，出现漫画式讽刺的年画，还是很另类的。所以，在陕西人的惯常思维中，还是耻于言利说财的。

12. 财富之论面面观

追求富贵钱财是"人之所欲也"。财富当然越多越好，世人谁不爱钱呢?!

孔子《论语·子路篇》载："子谓卫公子荆，善居室。始有，曰：'苟合矣。'少有，曰：'苟完矣。'富有，曰：'苟美矣。'"

这段话是孔子称赞卫国的公子荆善于管理家业。公子荆开始有一点财产，自己就说差不多合格了；稍微增加一些财富，又说这比较完备了；当他富裕之时，就说这就比较完美了。从"合"到"完"再到"美"，层层递进，说明公子荆是一个善于满足的人。这里除过称赞公子荆的擅长理财，知足和节制，还从侧面进一步肯定了"有财为美"的财富观。

《庄子·至乐》也有"天下之所尊者，富贵寿善也"的说法。

再有，人来到这个世界上，不是来受苦受难遭罪的，也不是心甘情愿过贫穷困顿的生活的。人的天性向往富贵而避离贫贱，过上富足安逸、幸福美满的日子也是大部分人的奋斗目标。因之"人之所欲""有财为美""富贵为尊"，都把争取富贵看成一种合理正当，甚至完美的崇高事业来彰显和肯定。

但也有人说："钱财乃身外之物，生不带来，死不带走。"死人不可能把钱带进棺材，但钱可以把一个活人带进棺材。因之有圣人诅咒"黄金是毒蛇"。有个发现很有意思，是说人来到这个世界时，双手是拳着的，就是来握掌东西的。而离开这个世界时双手是撒开的，什么都得丢开，因之人逝世也叫"撒手人寰"。

东汉功封伏波将军的陕西扶风茂陵人马援，年轻时就为人豁达豪爽、仁义宽厚。他说："凡是殖货财产，贵在赈济贫困，若一毛不拔，只能是个守钱房而已！"

怕钱多的人，那是因为他们知道，钱够花就行。他们只想过平静的生活，认为太多的钱会改变一些人的想法和做法，带来不必要的麻烦。财富也会造孽。所谓"名枷和利锁，相牵入火坑"。唐代长安籍诗人杜牧也有"莫言名与利，名利是身仇"的诗句。

富而有道，财自道生。德之本也，财者末也。发财必须信守仁道，孔圣人在《论语·述而》中说："富而可求也，虽执鞭之士，吾亦为之；如不能求，从吾所好。"意思是：如果能够求到富贵，就是从事为人牵马执鞭这样低贱的事，我也愿意；如果求不到富贵，那么，就可以按自己的愿望去做自己喜欢的事。这段话表达了孔圣人对劳而求富的高度肯定。

西方一些名人对金钱持批判态度。例如英国伟大的剧作家莎士比亚诅咒金钱的名言有："金子，黄黄的，发光的，宝贵的金子! 只要一点点, 就可以使黑的变成白的, 丑的变成美的, 错的变成对的, 卑贱的变成尊贵的, 老人变成少年, 懦夫变成勇士……""钱是一根伟大的魔棍, 随随便便就能改变一个人的模样。"

英国十八世纪小说家亨利·菲尔丁说: "如果你把金钱当成上帝, 它便会像魔鬼一样折磨你。"《伊索寓言》中有: "金钱和享受的贪求不是幸福。"而苏联教育家马卡连柯说得就更尖锐: "金钱! 金钱是人类所有发明中最近似恶魔的一种发明。再没有其他东西比在金钱上有更多的卑鄙和欺骗, 因而也没有其他方面能为培植伪善提供这么丰腴的土地。"

如此与人们渴望拥有金钱相左的观点, 会让人们产生钱财富贵是好还是坏的疑问。其实说好说坏都有道理, 这体现在人所获得和享用钱财富贵的观念上。财富无疑有它的两面性, 取之有道, 用之得当, 肯定就好, 反之则不好。

首先, "不劳动者不得食""劳动创造一切""不义之财不可取""勤劳致富"等观念, 为人们获得和享用财富提供了充分的道德依据, 形成了一种中国传统的钱财取之有道占主流的财富观。

但是, 依然有不少人把不劳而获、损人利己、坑蒙拐骗、巧取豪夺, 甚至更为残暴血腥的手段作为自己获取财富的捷径。他们信奉唯利是图、金钱万能, 眼睛总是盯着别人口袋里的钱, 以挥霍财富、奢侈浪费、享受至上为荣耀,形成异化的、病态的、扭曲的财富观。

中国的传统文化从总体思想倾向上，还是主张重义轻利的价值观，像孟子的"舍生而取义"，董仲舒的"正其义不谋其利，明其道不计其功"，朱熹的"不谋利，不计功""必以仁义为先，而不以功利为急"等即是很好的表达。在他们心目中，与其为富贵而陷入不义之地，不如甘于清贫生涯，安贫乐道。他们认为，行义是人生的第一要务，在贫富与道义发生矛盾时，宁可受穷也不放弃道义。而社会舆论的倾向也反对为了富裕而行不义之事，谴责为富不仁、为富害仁之举。

唐代诗人张谓《题长安壁主人》云："世人结交须黄金，黄金不多交不深。纵令然诺暂相许，终是悠悠行路心。"诗人用精警的语言，揭露世俗社会的"友谊宝塔"完全建筑在黄金的基础上，没有黄金这块奠基石，宝塔马上就会倒塌。黄金成为衡量世人结交的砝码：黄金不多，那交情也跟着不深。两者恰好构成正比。诗的开头两句就揭露金钱对人情世态的"污染"。

台湾星云大师有一段话说得不错："不受金钱腐蚀，才能保持自己灵魂的单纯。人没有贵贱之分，但人生观决定了每个人的境界高下。或许现在，我们比任何时候都珍视财富，但我们要记得，财富应是让人过得更自由、更快乐，而不是更贪婪。"

孔子《论语·学而》中有"贫而无谄，富而无骄"的句子。司马迁在《史记·货殖列传》中有"仓廪实而知礼节，衣食足而知荣辱"的句子。

在对金钱财富的看法上，现代人提出的一些观点特别值得赞赏：衣食无忧，有点余钱应急就行；不要想着给后代留一笔巨款当遗产，儿孙自有儿孙福；把赚钱当乐趣还好，当目标的话，生活就没意义了；钱多得到了一定的数额，不过是躺在银行存折上的一个死了的数字；金钱如粪土，仁义值千金。还有："家有良田百亩，只吃一口饭；居有豪宅百套，只睡一张床；享有荣华富贵，死后只有一把灰。"

再者，钱财多了，胡吃海喝也折寿。现代社会不是还有营养过剩引出的富贵病吗？比如"三高"、肥胖、心脑血管疾病等。

两千多年前的孔圣人说："不义而富且贵，于我如浮云。"一千多年前的诗仙李白说："千金散尽还复来。"都道出了他们非同一般的金钱观、财富观。李白在《上安州裴长史书》中说自己："曩昔东游维扬，不逾一年，散金三十余万。有落魄公子，悉皆济之。"李白之轻财好施可见一斑。李白仰慕侠客鲁仲连的品格，所作《古风·齐有倜傥生》中表达了对他的景仰，其中有句："意轻千金赠，顾向平原笑。"李白在《赠友人三首》之二中的"人生贵相知，何必金与钱"，都表达出李白对现实生活中的精神追求。

13. 酒色财气引出的趣闻逸事

说中国的财富文化,就想起了"酒、色、财、气"这四个字。这四个字,出自范晔《后汉书·杨秉传》,指嗜酒、好色、贪财、逞气。旧时以此为人生"四戒"。

民间曾传有四人以"酒色财气"对诗为趣。

第一人说:"酒色财气四堵墙,人人都在内中藏。能到墙外走走路,不是神仙亦命长。"

第二人持赞同态度的同时,说得更为绝对:"酒是断肠毒药,色是刮骨钢刀,财是要命阎王,气是惹祸根苗。"

第三人则另有见解,曰:"饮酒不醉是英豪,恋色不迷最为高;不义之财不可取,有气不生气自消。"

第四人站位有些高,曰:"无酒不成礼仪,无色路断人稀;无财民不奋发,无气国无生机。"

当然还有几种版本,有的说是佛印和尚、苏东坡、王安石和宋神宗四人和诗,还将地点说成在开封大相国寺,并且传为佳话。据说宋神宗版说的是:"酒助礼乐社稷康,色育生灵重纲常;财足粮丰家国盛,气凝太极定阴阳。"与"酒是断肠毒药"六字句一段类似的有:"酒者烧身烈焰,财者陷身之阱,色者戕身之斧,气者毒肠之药。""三杯能和万事,一醉善解千愁。阴阳和顺喜相求,孤寡须知绝后。财乃润家之宝,气为造命之由。助人情性反为仇，持论何多差谬！"

而在咏气上，所言各不一样，还有什么"气无反被人欺""宽宏大量气自消""退让一步气自消"等。

关于"酒色财气"，明万历十七年（1589年），出了位姓雒，名于仁，字少泾的进士。他是陕西泾阳县人，官至大理寺评事。他官虽不显却敢冒天下之大不韪，上疏说皇帝是酒鬼、色鬼，直言他写的《酒色财气四箴疏》是毫不留情地批评明神宗这位皇帝，表现出陕西冷娃的强悍风骨。其中"臣今敢以四箴献上，假若陛下肯听臣言，即使立即诛杀臣，臣虽死犹生"的语句大义凛然，正气浩荡，真有些惊天地，泣鬼神的气势。

雒于仁列举了皇上贪恋酒色财气的种种不是，直指皇上的过失，认为"皇上之恙，病在酒色财气也。夫纵酒则溃胃，好色则耗精，贪财则乱神，尚气则损肝……嗜酒则腐肠，恋色则伐性，贪财则丧志，尚气则戕生"。四者之病缠绕身心，不是服用药物能够奏效的。其箴按酒、色、财、气，依次以四言八句所作，言辞恳切，鞭辟入里。上疏之后，把神宗气得半死，龙颜震怒。恰巧遇上岁末，不能处置他，其疏在宫中存留了十日。到第二年正月初一，神宗在毓德宫召见首辅申时行等内阁大臣时，将《酒色财气四箴疏》亲手交给申时行，打算严厉惩处雒于仁。这个内阁首辅申时行，内心其实很赞赏雒于仁此举，他个人也早已为神宗长时间不理朝政和无限期停止经筵日讲感到无奈和郁闷，于是极力为雒于仁开脱辩解。看到神宗一时难以改变态度，便说："这个《酒色财气四箴疏》不可发到外面去，恐怕外面的人会认为疏中所言都是真的。请陛下宽容臣等，待臣传谕大理寺卿让雒于仁辞职就是。"神宗无奈，只得点头同意。

于是雒于仁只好称病请辞，被罢为平民。史称从此之后，奏章留在宫中，遂成故事。雒于仁以《酒色财气四箴疏》犯颜直谏，不但全身而退，而且青史留名。

最后，雒于仁得以善终，在家中去世。天启元年（1621年），明熹宗赠其为光禄寺少卿。如此铁骨铮铮的陕西冷娃，让我们在敬佩仰视之中，同时感到自己腰杆也不由得挺直起来！

14. 代表"财"的吉祥动物

说到能代表"财"的吉祥动物，第一个当然是貔貅，它主要职责是守财门。

古书上记载：貔貅是一种凶猛的瑞兽，以财为食。与麒麟有所不同，貔貅护主心特强，有镇宅辟邪的作用，是家宅和家财的守护神。将貔貅安放在家中，不但能守住家

财，还能令主人好运盈
门，是旺财的吉祥动物。

貔貅又名天禄、辟
邪、百解，共四个名字。
《汉书·西域传》上有
一段记载："乌戈山离国
有桃拔、狮子、犀牛。"

貔貅

孟康注曰："桃拔，一曰符拔，似鹿尾长，独角者称为天禄，
两角者称为辟邪。"辟邪即貔貅。

传说貔貅是龙王的九太子，它主食金银珠宝，自然浑
身宝气。貔貅深得玉皇大帝与龙王的宠爱，不过，吃多了总
会拉肚子，所以有一天可能因为忍不住而随地便溺，惹玉皇
大帝生气，一巴掌打下去，结果打到屁股，屁眼就被封了起
来，金银珠宝只能进不能出。这个故事传开之后，貔貅就被
视为招财进宝的祥瑞之兽了。

貔貅也有公母之分。民间传说公貔貅代表财运，母貔
貅代表财库，有财要有库才能守得住，因此收藏貔貅讲究
收藏一对。

再有"刘海戏金蟾"的"三足蟾"，也属于旺财之吉祥
物，三只脚，背驮北斗七星，嘴衔两串铜钱，头顶太极两
仪。清东轩主人《述异记》卷上云："古谓蟾三足，窟月而
居，为仙虫。"

据说金蟾喜居宝地，凡是有三只脚的蟾居住的地方，

地下都有宝物。这就是风水上用蟾的道理。蟾能聚财、镇财，不使金钱流失。

自古以来，人们还用"蟾宫折桂"来比喻金榜题名，以得财禄。意即考试得中就能当官，当官就能发财。

传说月宫中有三条腿的蟾蜍，而后人也把月宫叫蟾宫。求财之人把三足蟾摆在家中供起来招财进宝，还可以辟邪。无论是金的还是玉雕刻的三足蟾，如何摆放也是很有讲究的，它的头朝门可以吸财，在它的尾部压上钱，代表可以双倍滚财。人们通常把蟾蜍叫金蟾，古语有"家有金蟾，财源绵绵"之说。

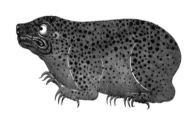

清代　陕西皮影《金蟾》

而现代商家，为了满足求财心切之人的欲望，还在节庆之季，主要是春节，费尽心思推出了"金钱龟""财神鱼""招财猫""旺财狗"等，五花八门，种类繁多，反映了中国财文化的影响之广泛，以及社会对吉祥文化普遍追求的心理。

而最令人诧异的是，被农家称为"狐、黄、灰、柳"的狐狸、黄鼬、老鼠、蛇等，也都曾被人们奉为财神。

下面就专门说说古人尊奉鼠为"财神"的事。

鼠谐音富，在生育上还寓意多子多福，民间剪纸上的"老鼠嫁女""老鼠啃金瓜""老鼠与葫芦"都被人们视为吉祥图案。

其实，这个尊鼠为"财神"的习俗，体现了中国老百姓的一种逆向思维。因此，民间那一句"老鼠过街，人人喊打"的俗话，你还别太当真。人们对鼠的光临，表现出无奈的欢迎。因为在过去，广大劳动人民（主要是农民），多半是家无隔宿之粮，鼠驾到，意味着这户人家粮食有余，哪户人家不希望自己富足？所以，鼠便成了受欢迎的"财神爷"。

老鼠藏在人家中，为的是能够偷吃东西。如果吃不到什么，它就不在这里了。基于这样一种观念，民间认为家中有鼠是一种吉祥、富裕的象征。记得小时候，老人晚上要给老鼠留食，说是给"鼠爷"的。那家伙连祭神、祭祖、祭先人的供品都敢随便偷吃，不给留点吃的行吗？

俗话说"仓鼠有余粮"，仓鼠即田鼠，有掘穴存储粮食的习性，人们将之延伸为积财之意。民间剪纸中的"老鼠吃白菜"就和财有关。白菜谐音"百财"，寓意请"鼠大仙"把"百财"给带回来。

窗花《老鼠吃白菜》
（黄陵县文化馆收藏）

第三章

天下门神出关中

1. 门神文化之内蕴

　　所谓门神，顾名思义就是守护宅门的神灵，是中国古代创造出来的宅院保护神的统称。

　　门是人居住房屋与外界相通的出入口，也是阴阳两界的界隔。因此，中国古人对门非常看重。《礼记·曲礼下》中有："天子祭天地，祭四方，祭山川，祭五祀，岁遍。"东汉班固《白虎通德论·五祀》则有："五祀者，何谓也？谓门、户、井、灶、中溜也。"门被列为五祀之首，可见祭祀门神这种民俗被上升到"礼"的高度。

　　最早充当门神的是一块桃木，接着演变为雕刻有人形的桃木，即用一块桃木板，画上两个神人，一曰神荼，一曰郁垒。或画上一些咒符，即桃符。桃木自古以来就有辟邪驱鬼的功能，古人认为桃木是五木之精，能克百鬼。明代冯应京《月令广义·十二月令》载："道家谓门神，左曰门丞，右曰门尉，盖司门之神，其义本自桃符。"宋代诗人王安石在《元日》中写道："爆竹声中一岁除，春风送暖入屠苏。千门万户瞳瞳日，总把新桃换旧符。"这诗中的"桃符"说的也是春联，以此看来，这春联和门神皆源自桃符。

王充的《论衡·订鬼》所引《山海经》有："沧海之中，有度朔之山，上有大桃木，其屈蟠三千里，其枝间东北曰鬼门，万鬼所出入也。上有二神人，一曰神荼，一曰郁垒，主阅领万鬼。恶害之鬼，执以苇索，而以食虎。于是黄帝乃作礼，以时驱之，立大桃人，门户画神荼郁垒与虎，悬苇索以御凶魅。"蔡邕《独断》中也有类似之说。但现今版本的《山海经》无此引文。据以上记载，我们可以进一步得知"门神"的创造源于神话。

过年贴门神源于古人的门神崇拜。随着造纸术的发明，纸张逐渐被广泛应用，于是桃符被画有人像的纸所代替。汉时即以神荼、郁垒为门神，腊月画其像贴于门户上，用来抵御鬼魅。神荼、郁垒是有文字记载以来最早的门神，出现在黄帝时代，传说是黄帝的部属神将，黄帝下令将其刻在桃木上置于门外而驱鬼辟邪。

黄帝活动范围主要在黄河流域，陕西为其中心地带，黄帝陵就在陕西。还有，与黄帝同为中华民族始祖的炎帝生活在宝鸡，黄帝的史官文字之祖仓颉也生活在陕西渭南市白水县。看来，陕西应该是门神最早的发源地。

到了唐代，两位大将秦琼和敬德取代了神荼和郁垒成为新的门神。这两位大唐的开国功臣最为老百姓所熟悉和喜爱，成了门神中影响全国的头牌人物。

陕西蒲城县木版年画《骑马秦琼 敬德》
（陕西省艺术馆收藏）

接着《封神演义》中的人物赵公明和燃灯道人成了一对门神。赵公明是陕西周至县人，还是一位大财神，被姜子牙封为中路正财神，也可以说是统管五路的总财

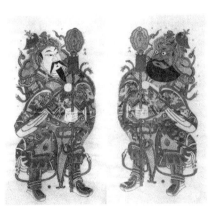

陕西凤翔木版年画《方弼 方相》
（陕西省艺术馆收藏）

神。财神当门神，护宅还招财，身份够绝的了。

陕西凤翔木版年画中的门神画《镇殿将军》选的是方弼、方相兄弟。传说这两兄弟是西岐人，即现在宝鸡市岐山县、凤翔区一带人，也是《封神演义》中为商纣王守宫门的镇殿大将军。

　　陕西汉中木版年画还有唐代的门神，是与秦琼、敬德同时代的李元霸和裴元庆，应是出自历史小说《隋唐演义》。李元霸为李世民弟弟，传说他出生于陕西武功县，他们的父亲李渊时任岐州刺史。

　　而唐代终南山人钟馗，也被尊为门神，他应算是客串的。门神画一般都是成双成对的，是看护门户、辟邪镇鬼的，而钟馗主要是镇宅捉鬼的，司职类似，当门神是必然。因是单独一人，当门神也只能是贴在单扇门上，如家宅中的第二道门，或内宅的客厅、书房门上。

　　与钟馗类似的还有大唐名臣魏徵，也是镇守后门或内宅单扇门的门神。唐代英雄人物中当门神的不少，但主要就是这几个人。

陕西神木木版年画《张天师斩妖》

　　民间还以成庆作门神。成庆是古代的一个勇士，陕西扶风县人班固的《汉书》中有记载，早在汉朝殿门上就画着他的尊容：穿短布大裤，持长枪。另外，还有神木木版年画《张天师斩妖》中所绘的主人公张天师都是门神之类。

　　门神种类繁多，能

借用的英雄人物都可能当门神，例如：武财神关公也被奉为门神，还有与关羽同为五虎将的张飞、赵云、马超、黄忠，他的儿子关平以及周仓，一牵牵出一大串都成了门神。

还有一种门神可称为吉祥门神，或祈福门神，例如天官、禄星、文昌星等。凤翔木版年画的对画《坐帐将军》《拨马二将》《加官晋爵》《灵宝神判》《和合二仙》《状元进宝》《五福临门》等都是门神画。

陕西凤翔木版年画《状元进宝》

夫妇合力当门神的有穆桂英、杨宗保，专为新婚夫妇守门。单人的穆桂英，或与花木兰配对，一般为未出阁的女子守闺门。

动物也能当门神，动物门神主要有青龙、白虎，还有道教宫观贴的老虎和公鸡，凤翔木版年画中就有门画《神虎镇宅》和《神鸡》，神木木版年画中有《大吉有余》，画面是一对大公鸡。另外，神木木版年画《张天师斩妖》图案中还有一只狮子，狮子也被不少地方当门神。

这么多的中国门神以及传说都和陕西有关，让人颇感诧异，真有天下门神出陕西的感觉，也从一个侧面证明了陕西这块土地上，中华五千年文明史的源远流长和中国传统民俗文化的根深蒂固。

2. 中国第一门神秦琼敬德

中国民间的年画源于古代的门神画。

秦琼、敬德被画在年画上当门神，应该是宋元时期形成习俗，明代广泛流行，到清代影响全国从而达到鼎盛的。至今仍有人贴，而尤以春节期间在大多数城市、乡镇、农村盛行不衰。秦琼、敬德当门神，如此影响广泛，受人欢迎，被誉为中国第一门神，绝对名副其实，无人能匹敌。

陕西汉中木版年画《秦琼 敬德》
（陕西省艺术馆收藏）

秦琼、敬德为何当了门神？源于这样一个传说，据《三教源流搜神大全》载："按传唐太宗不豫，寝门外抛砖弄瓦，鬼魅呼叫，三十六宫、七十二院夜无宁静。太宗惧之，以告群臣。秦叔保出班奏曰：'臣平生杀人如剖瓜，积尸如聚蚁，何惧魍魉乎？愿同胡敬德戎装立门以伺。'太宗可其奏，夜果无警。太宗嘉之，谓二人守夜无眠，太宗命画工图二人之形象，全装，手执玉斧，腰带鞭练弓箭，怒发一如平时，悬于宫掖之左右门，邪祟以息。后世沿袭，遂永为门神。"

唐太宗为何总被鬼怪惊忧而睡不着觉呢？有三种不同的说法。一说是李世民一生杀伐过多，伤人无数。尤其是他发动玄武门兵变，杀了太子李建成和齐王李元吉。不管怎么说，弑兄诛弟，有伤天和，加之众多鬼魂也来索命，时有噩梦惊扰，以致李世民终日惶恐。

还有一说法是因为泾河龙王的鬼魅所扰。传说唐朝开国初，长安附近的泾河龙王犯了天条，玉帝命魏徵斩龙王。泾河龙王向唐太宗求情，请他网开一面，太宗答应了。到了斩龙王的那个时辰，他便故意宣召魏徵来下棋。没想到魏徵下着下着打了一个盹，在梦中出神还是把泾河龙王斩了。于是，泾河龙王抱怨太宗言而无信，每临夜时就来向太宗呼号讨命，阴魂不散，在宫外抛砖弄瓦。李世民既惭愧又难过，每夜都被泾河龙王的冤魂吵得无法入睡。他只好将这一情况向群臣通报，以求解决办法。大将秦琼奏道："愿同尉迟敬德戎装立前门以待。"李世民应允，那一夜果然无事，老龙王不敢来闹。二位将军连站三夜岗，太宗念及他们彻夜辛苦，遂命宫廷画家将他二人的形象描在画布之上，并张贴于宫廷的正门之上。

《西游记》第九回"袁守诚妙算无私曲，老龙王拙计犯天条"，第十回"二将军宫门镇鬼，唐太宗地府还魂"说的就是魏徵梦斩泾河龙王和秦琼、敬德二将军宫门镇鬼的故事。

《西游记》中有一段描写秦琼和敬德守门的威武形象，

极其精彩，特录于下："头戴金盔光烁烁，身披铠甲龙鳞。护心宝镜幌祥云，狮蛮收紧扣，绣带彩霞新。这一个凤眼朝天星斗怕，那一个环睛映电月光浮。他本是英雄豪杰旧勋臣，只落得千年称户尉，万古作门神。"

海峡对岸的台湾邮政部门发行的《西游记》邮票套票中，就有一枚"梦斩泾河龙"。《永乐大典》中也记有魏徵"梦斩泾河龙"之事。

三说是据《李世民外传》所载：相传在贞观十年（636年）六月，长孙皇后死后不久，太宗李世民得了一场大病，茶饭不思，一到晚上睡觉时脑子里就会出现幻觉，总感到寝宫外有鬼怪抛砖扔瓦、嗥号呼叫，非常恐怖，害得李世民整夜不能入眠。秦琼、敬德知道后，便每夜手持利器站在门外护驾……

这几个神话传说大同小异，总之都和唐太宗李世民，以及唐长安皇城的太极宫有关。绘有秦琼、敬德二将军真容的画贴到宫门上，以画代人，倒也省事，且邪祟自息。

后来，民间沿袭，也将秦琼他们的形象贴在自家的大门之上，慢慢地，这两员大将便成为千家万户的守门神了。其中执锏者即是秦琼，执鞭者乃是尉迟敬德。秦琼、敬德就这样成了门神，一直站到了现在。

秦琼、敬德被贴在门上当门神，一般左秦琼，右敬德；秦琼黄白脸，留五绺须，敬德黑红脸，蓄连鬓胡；秦琼手执铜锏，敬德手握钢鞭。故民间俗称为"鞭锏门神"，还有

"步下""马上","披袍""贯甲"之别。凤翔木版年
画则分为《坐帐将军》《拨马二将》,除手执鞭锏之外还
有手执金瓜钺斧的,可以说样式繁复。门神两旁有时还配
有一副对联"昔日开国将;今作镇宅神"。

贞观十七年(643年),秦琼与敬德等人的形象被阎
立本描绘成画像置于唐长安太极宫凌烟阁内,而唐太宗为
褒奖一同打天下的人,封了凌烟阁二十四功臣,敬德排第
七,秦琼最末。秦琼、敬德死后葬在陕西省礼泉县昭陵周
围,为唐太宗李世民陪葬。看来这两位大将,生生死死都
摆脱不了为李世民站班当门神的命运。

3. 镇宅门神——钟馗

钟馗在中国传统文化中被称为"赐福镇宅圣君",
声名显赫,在民间享有极高声望。老百姓借助钟馗镇宅驱
鬼,祈福纳祥。

年画上的钟馗,身披一袭大红袍,豹头环眼,铁面虬
髯,相貌奇伟。手舞一柄银光闪闪的宝剑,眼前有蝙蝠自
东方而来,一是寓意福如东海,二是寓意福在眼前。这幅
年画色彩浓烈,象征着钟馗一身正气,降妖伏魔。在春节

陕西凤翔木版年画《钟馗》
（凤翔博物馆藏）

除夕和五月端午来临之际贴于大门和室内用以保平安，驱鬼邪。

《历代神仙通鉴》记载，钟馗系陕西终南山人，少时即才华出众，唐武德年间，曾赴京应试，却因相貌丑陋而落选，愤而撞死殿阶。帝闻之，赐以官袍安葬。

钟馗因愤撞阶而死，到底是谁因其相貌丑陋剥夺了他的录取资格？一说是唐玄宗才登基那年，钟馗赴长安应试，一路闯关最终到皇帝殿试。钟馗作《瀛州侍宴》五篇，被主考官誉称奇才，取得第一。可唐明皇殿试时一见钟馗相貌丑陋，遂御笔一挥，把钟馗名字勾掉了。再有一个版本是唐德宗年间殿试时，奸相卢杞以貌取人，向唐德宗进谗言，而导致钟馗落选。其实卢杞本身就相貌狰狞可怖，"体陋甚，鬼貌蓝色"，却偏偏见不得别人丑陋。他的心更黑，被称为"小人中的极品"。当然后一版本发生在唐德宗年间，就和后边唐玄宗之梦没关系了。

卢肇的《唐逸史》中记有这样一个故事：天宝年间，唐明皇在临潼骊山讲武后偶患脾病，久治不愈。一夜，他在梦中见一小鬼偷了杨贵妃的紫香囊和自己的玉笛，他见了大怒，大声呵斥，正要派武士捉拿，这时突见一相貌奇伟的大汉，一伸手便捉住那个小鬼，剜出眼珠后，一口吞了下去。大汉声称"臣是终南进士钟馗，高祖武德年间，因赴长安应武举不第，羞归故里，触殿前阶石而死。幸蒙高祖赐绿袍葬之，遂铭感在心，死后成为鬼王，誓替大唐除尽天下恶鬼妖孽"。唐明皇梦醒，即刻病愈。于是，他命吴道子将梦中钟馗捉鬼的情景绘成一幅画，悬于宫中以辟邪镇妖。

吴道子画成《钟馗捉鬼图》后，玄宗一见此画有点发愣，问吴道子："莫非你跟我一起做的同一个梦，画得如此形神毕肖，和我梦中之人一模一样！"唐明皇于是在画上题字："灵祇应梦，厥疾全瘳，烈士除妖，实须称奖。因图异状，颁显有司，岁暮驱除，可宜遍识，以祛邪魅，益静妖氛。仍告天下，悉令知委。"原来，

陕西凤翔木版年画《钟馗》
（邰瑜作品）

吴道子果真在梦中见过钟馗，"恍若有睹"，因之画得极像。

宋代《醉翁谈录》也有记载："除夜，旧传唐明皇是夕梦鬼物，名曰钟馗，即觉，命工绘画之。至今人家图其形，贴于门壁。"看来是曾创造了"开元盛世"，又引发了"安史之乱"的这位唐玄宗"推出"了门神钟馗。

另有一说是钟馗传说源于周代宫廷岁末驱邪典礼中的

陕西凤翔木版年画《灵宝神判》
（陕西省艺术馆收藏）

法器——终葵，至南北朝时影响到民间，成为老百姓驱邪辟恶的一件神器。到唐代才创造出人物形象的钟馗。而后，道教尊钟馗为神，封为祛恶逐鬼的判官。凤翔木版年画《灵宝神判》画钟馗就以神判命名。这幅年画以朱砂色单色印制，朱砂色鲜红，古人认为能辟邪，养精神，安魂魄，益气明目，蕴含着一种神秘的力量。

有丹青国手之誉的唐代大画家吴道子，所绘之画被列为神品，遗憾的是没有留下传世之作。而在 2009 年 5 月有报道称：在钟馗故乡的终南山下的户县祖庵镇，被称为道教全真道祖庭的"大重阳万寿宫"发现了一幅刻在石碑上，据传为吴道子的《钟馗神威图》，如考证为真迹，当为中国最早的门神图实物。当然更是钟馗故里的一大盛事。钟馗当门神从历史记载看，比秦琼、敬德要早，而且他不仅是门神，还是被尊为福神的"赐福镇宅圣君"，室内外门上都可以贴。

关于钟馗为终南山人之说，在各种古书典籍中都有记载。《唐逸史》有："臣终南山进士钟馗也。"宋代的《事物纪原》有："钟馗者，系终南山进士。"明万历年教坊编演的杂剧剧目《庆丰年五鬼闹钟馗杂剧》，楔子里交代："钟馗是终南山人氏。"《清嘉录》卢毓嵩有诗云："绿袍乌帽吉莫靴，知是终南山里客。眼如点漆发如虬，唇如腥（猩）红髯如戟。"清代画家金农在其画作《醉钟馗》上题曰："不特御邪拨厉，而其醉容可掬，想见终南进士嬉傲盛世，庆幸太平也。"另外，民间话本小说烟霞散人的《斩鬼传》："话说唐朝终南山有一秀才，姓钟名馗，字正南。"云中道人的《平鬼传》有："话说大唐德宗年间，有一名进士，姓钟名馗，字正南，终南人氏。"

最早记载钟馗的还有《全唐诗》收录的唐明皇时的一位宰相张说的诗《谢赐钟馗及历日表》，其中有感谢皇上赐给自己钟馗像的事。看来，贴钟馗像辟邪镇宅确实是从大唐长安开始的，而且是从皇宫、上层社会中开始兴盛的。

民间传说中的钟馗，大概是诸神中最丑之人，脸如黑炭，眼如铜铃，但是人们并不因他面目怪异而产生厌恶。其中主要原因是他外貌虽丑，却满腹经纶，才华横溢，为人正直，肝胆相照，正气浩然，刚直不阿。

钟馗作为中华传统文化中一个独特的神话人物，代表正义驱邪的形象根植于老百姓心中，他是一位家喻户晓，为人们崇敬信仰，并深感亲近、神威并具的人物。

4. 赵公明与燃灯道人

还有一对是赵公明和燃灯道人。赵公明主要工作是当财神，做门神应该是兼职。

赵公明出身并不好，历史上曾是督鬼之神人"鬼帅""瘟神"，可以说浑身充满了鬼气、瘟气和邪气。选他作门神，是否也有以鬼制鬼、以瘟神镇瘟疫之意？当然，后来赵公明演变成了"能驱雷役电，除瘟禳灾，主持公道，求财如意"的全能之神，加上赵公明首先是财神，门神去守家宅、守库房，取意自然还在于招财进门、财宝盈库。财神当门神一举两得，一切就顺理成章了。

另外，赵公明历史上劣迹也不少，主要是助纣为虐，逆历史潮流而动。《封神演义》中说：武王克殷时，赵公明原是居于峨眉山罗浮洞的道人，受殷商太师闻仲礼请，辅佐殷纣王，艺高术强，周朝阐教的仙人及将领们都不是其对手，接连败阵，姜子牙只好请陆压散人施法术，用钉头七箭书将其杀死！

选赵公明和燃灯这一双《封神演义》的敌对人物作门神，可能是看到他们一个帮闻太师，一个助姜子牙。《封神演义》第四十五回有"燃灯议破十绝阵"，第四十七回有"公明辅佐闻太师"。把他们贴在门上，意思是无论什么鬼魅，都不敢上门。其中也体现了民间无名造神者胸襟

陕西汉中木版年画《赵公明 燃灯道人》（陕西省艺术馆收藏）

的博大宽阔，不管你是何方神灵，能为我用就行。中国传统哲学中讲究辩证、对立统一，使冤家聚首，超脱恩怨情仇，达到最后共同为民守护门户目标的终极一致，特别耐人寻味，富有创意。

这一对门神，赵公明骑虎，传说虎为专吃恶神的辟邪猛兽；燃灯骑鹿，仙鹿是象征吉祥如意和寓意进禄的瑞兽。此二人也被称为"虎鹿门神"。

年画上的这对门神贴在大门上，左方骑虎扬鞭，手托定海神珠的是赵公明；右方骑梅花鹿，一手托如意，一手高举量天尺的是燃灯道人，两位各显其能。还有的年画图上这对门神正处于决斗之中，赵公明举起金蛟剪正欲去斩断燃灯道人的坐骑梅花鹿，场面异常紧张火爆。

赵公明是终南山人，其故里在陕西周至县的赵大村，但在陕西关中人家中贴这对门神的还是比较少见，可能因为关中这个福地的门神较多，也可能因为关中人主要还是看重赵公明的财神地位。

5. 镇殿将军方弼方相

陕西凤翔的木版年画有一对门神很与众不同，他们是方弼、方相兄弟，也是《封神演义》中的人物。

方家兄弟为殷商时都城朝歌的镇殿大将军，也就是守宫门的将军，曾吓阻住狐狸精化作的妖女妲己。后又为救纣王要杀的儿子殷郊、殷洪，而反出朝歌。《封神演义》第八回"方弼方相反朝歌"说的就是他们的事。书中说这兄弟二人"方弼身长三丈六尺，方相身长三丈四尺"，铁塔一般，力大勇猛，是一对正气浩然的忠烈汉子。他们出场时先声夺人，"只听得殿西首一声喊叫，似空中霹雳。大呼曰：'天子失政，杀子诛妻，建造炮烙，阻塞忠良，恣行无道。……今天子不道，三纲已绝，大义有乖，恐不能为天下之主，我等亦耻为之臣。我等不若反出朝歌，另择新君，去此无道之主，保全社稷。'"真正是声震寰宇，惊天地，泣鬼神。武成王黄飞虎赞他们："可惜文武之中并无一位似方弼二人者。方弼乃一莽汉，尚知不忍国母负屈，太子枉死，自知卑小，不敢谏言，故此背负二位殿下去了……此事明知有死无生，只是迫于一腔忠义。"

正如黄飞虎所言，一位守宫门的，自然地位卑微，但位卑未敢忘忧国，方弼、方相为救太子殿下反出朝歌，确实是一腔忠义。而且他们是最早反出朝歌，与荒淫无道的暴君殷纣王决裂之人。

方弼、方相兄弟自古就被西北民间誉为"把门的将军"，也是以真人真名而命题所画的最早的门神。民间选他们作门神，可能有三种理由：一选其出身曾为把门的镇殿大将军；二选其曾震慑妖狐妲己；三选他们忠义感人，一身正气。这方弼、方相传说为西岐之人（今陕西岐山县），和赵公明都在太白山拔仙台上受姜子牙所封，方弼被封为显道神，方相被封为开路神。一个显道，一个开路，当门神也都算得上是实至名归。

2006年被列入中国第一批非物质文化遗产名录的凤翔木版年画中，藏有清代古版大门神《镇殿将军方弼方相》，是被美术界称为"古、大、雅、卓"和"东方智慧的

陕西凤翔木版年画《镇殿将军方弼方相》

结晶"的凤翔木版年画中的经典代表作；也是中国木版年画中最具代表性的作品。其浑厚大气、神气十足的整体布局，古朴遒劲、吴带当风的线条，让人叹为观止。因而，中央美院教授、中国木版年画专家薄松年先生将其选为他主编的《中国门神画》一书的封面和封底。可见其画堪称中国木版年画中门神的巅峰之作。

其实，早于明代《封神演义》出版前，民间就有方相的传说，《三教源流搜神大全》载："开路神君，乃是《周礼》之方相氏是也。其神身长丈余，头广三尺，须长三尺五寸，须赤面蓝，头戴束发金冠，身穿红战袍，脚穿皂皮鞋。左手执玉印，右手执方天画戟，出枢以先行之。"方相驱鬼后来成为通行的宗教仪式。故《周礼》以方相为官名，专掌驱鬼之仪式。据《周礼·夏官·方相氏》载："方相氏掌蒙熊皮，黄金四目，玄衣朱裳，执戈扬盾。"其司职一为帅百隶驱除疫鬼，以索室驱疫；一为大丧之时，为枢先导，为其开路，为开路神。汉代沿此风俗，明代将其神化。《历代神仙通鉴》称其为黄帝时之长勇人，执戟防卫，被封为阡陌将军。黄帝又召他为雷部健儿，善走，疾如雷，号"律令"。道教咒语"急急如律令"即指此。

最后《封神演义》又将其神衍化为二神，一为方相，一为其兄方弼，遂成一对门神。

6. 魏徵成门神

魏徵（580~643年），字玄成。祖籍河北巨鹿（今河北省晋州市）。唐朝政治家。曾任谏议大夫、左光禄大夫，封郑国公，谥文贞，为凌烟阁二十四功臣之一。

魏徵之所以成为后门门神，源自中国古典文学四大名著之一的神话小说《西游记》。

《西游记》第九回"袁守诚妙算无私曲，老龙王拙计犯天条"中说：唐丞相魏徵斩了泾河老龙王之后，老龙王的鬼魂自觉冤屈，便每夜进入内宫找唐太宗李世民索命。无奈宫门外有秦琼、尉迟恭二将把守，老龙王冤魂自不敢从双锏双鞭下直接闯宫，便转至长安太极宫的后宰门，抛砖扔瓦，惊扰唐太宗。由于秦琼和尉迟恭已守在前门，故丞相魏徵只好亲自持诛龙宝剑夜守后宰门，时间一长，老龙王的冤魂渐渐地衰弱，魏徵手中那把诛龙宝剑便不再呈高扬之状而垂立一侧了。

陕西凤翔木版年画门神
《魏徵》

魏徵本是一文臣，最早在潞城县二贤庄三清观内当道长，是道士出身。后被民间奉为门神，其像也仗剑怒目，一派英武气概。正如《西游记》书中赞曰："熟绢青巾抹额，锦袍玉带垂腰。兜风氅袖采霜飘，压赛垒荼神貌。脚踏乌靴坐折，手持利刃凶骁。圆睁两眼四边瞧，哪个邪神敢到？"

另外，魏徵能接受天界玉皇大帝的金旨，还与阴司掌生死文簿的丰都判官崔珏交情不薄，梦中常相会，身份肯定不低。《西游记》中还称他是"人曹官"。道家有天曹、人曹等官职，天曹指天上仙官，人曹指主管人间事务的人官。从他有负责斩龙王的权力来看，身份至少是通判一类的官。这就和钟馗的"祛恶逐鬼判官"差不多，或更高一些。加之魏徵能手执诛龙剑，一梦斩龙王，出没神机，法力之高，可见一斑。唐太宗选他当门神还是有眼力的。在一些地方，也有把魏徵和徐茂公凑成一对门神的。

而真实生活中的魏徵，是一位名垂千古的宰相。他在唐都长安辅佐一代贤明君主李世民，共同开创了大唐盛世的"贞观之冶"。

魏徵以直谏敢言著称，是中国历史上最负盛名的谏臣。他规谏太宗要兼听广纳，认为"兼听则明，偏信则暗"。魏徵对唐太宗常常是面谏廷争，甚至争得面红耳赤，让唐太宗下不了台。

魏徵

一次罢朝后，太宗曾余怒未息地说："会须杀此田舍翁。"又说魏徵"每廷辱我"。不难看出，魏徵的犯颜直谏，已经厉害到皇帝难以忍受的程度。但唐太宗也不愧为一位开明的贤明之君，对魏徵的犯颜直谏曾感叹说："人言魏徵举止疏慢，我但觉其妩媚耳。"

清代陕西木雕《魏徵进谏》
（王山水摄）

唐太宗李世民把魏徵视为老师，"敬之重之，同与师傅，不以人臣处之"。太宗曾说："贞观之后，尽心于我，献纳忠说，安国利人，成我今日功业，为天下所称者，唯魏徵而已。古之名臣，何以加也。"魏徵逝世后唐太宗痛失国之柱石，曾赋诗悼念："劲筱逢霜摧美质，台星失位夭良臣。唯当掩泣云台上，空对余形无复人。"魏徵陪葬陕西礼泉县唐太宗昭陵，坟墓选在昭陵半山腰上，这一殊荣，唯魏徵一人享受，其他开国大臣、元勋死后能陪葬昭陵的皆在山下。

太宗李世民曾感慨地说："夫以铜为镜，可以正衣冠；以古为镜，可以知兴替；以人为镜，可以明得失。朕常保此三镜，以防已过。今魏徵殂逝，遂亡一镜矣！"

从此，"三镜"之喻青史留名，万古传颂。所以，民间选魏徵为门神，应该是更看重他的胆识智慧、一身正气、人格魅力，以及他所创下的彪炳史册的不世功勋。

7. 动物门神

（1）虎门神

老虎是中国最早的动物门神，源于四千年前的黄帝时期。老虎为百兽之王，能够"执搏挫锐，噬食鬼魅"，"故画虎于门，鬼不敢入"。这种风俗一直流传至今。除夕之时人们常常在门上贴上画有"二神"与虎的画，"二神"即神荼、郁垒，执鬼以饲虎，并挂上桃枝或桃木人或苇索，以驱鬼辟邪。

《山海经·海内西经》记载："昆仑之虚（墟）……面有九门，门有开明兽守之。"开明兽相当勇猛，"身大类虎而九首，皆人面"。有趣的是，在这昆仑之上还有个叫陆吾的天神，见《山海经·西次三经》："西南四百里，曰昆仑之丘，是实惟帝之下都，神陆吾司之。其神状虎身而九尾，人面而虎爪。"晋代郭璞的《山海经图赞·海内西经·开明》："开明天兽，禀兹金精；虎身人面，表此桀形；瞪视昆山，威慑百灵。"这几种记载中无论是"类

虎而九首""状虎身而九尾",还是"虎身人面",全与
虎有关,以此可见虎为门神的历史源远流长。

还有,虎为山君,有虎为山中寺院守山门的传说。在
陕西省铜川市耀州区药王山,虎还为药王孙思邈守过杏林
呢。虎五百年变白,白虎是神物,一般出现在汉墓墓门的
画像石上,或与青龙分别作为单独画像刻在墓室的过梁两
侧,用以辟邪,起的就是门神作用。古人还认为白虎是一
种祥瑞:"德至鸟兽。"白虎又被道教吸收,被神化,成
为各宫观的门神,因之才有虎守山门之说。民间神话中有
虎为天宫玉皇大帝的殿前卫士一说,称为虎卫。真武大帝
御前有五卫——龙卫、虎卫、豹卫、狼卫、鹰卫,其中虎
卫排在第二。明代诗人李东阳有诗《元日早朝》:"九门
深掩禁城春,香雾笼街不动尘。玉帐寒更传虎卫,彤楼晓
色听鸡人。"

五月端午节时老百姓家家门头悬艾成为习俗,以示艾
草辟邪祛秽。艾草还被编为虎形,称艾虎。《帝京岁时纪
胜》载:"五月朔,家家悬朱符,插蒲龙艾虎。"清乾隆
四年刻本《湖州府志》记,将蚕茧剪作虎形,以艾编为人
形,跨于虎上,民间称为"健人老虎"。这是借虎为门神之
威,在民间的灵活巧妙运用。

凤翔木版年画中有一对门画《镇宅神虎》,各画大虎
携一幼虎,体态威武,造型颇富装饰趣味。这应当是陕西
以虎为门神的实物了。

陕西凤翔木版年画《镇宅神虎》

陕西延安地区的《宜川县志》记有：腊八节"晚置木炭、冰块于门之左右，谓黑白虎守门，以警鬼魅"。木炭色黑，称为"黑虎"；冰块色白，称为"白虎"。一左一右布置于门口，据说有此二"虎"把门，鬼魅不敢靠近。冰、炭本不相容，古人却能将两个极端之物结成对子，排到门前站岗。这实在可以说是思维的大手笔。

（2）鸡门神

鸡为门神。古人正月初一有贴画鸡于门之俗，以示吉祥。东晋王嘉《拾遗记·唐尧》："尧在位七十年，有祇支之国，献明鸟，一名双睛，言双睛在目，状如鸡，鸣似凤。时解落毛羽，肉翮而飞。能搏逐猛兽虎狼，使妖灾群恶不能为害……其未至之时，国人或刻木，或铸金，为此鸟之状，置于门户之间，则魑魅丑类自然退伏。今人每岁元日，或刻木铸金，或图画为鸡于牖上，此之遗像也。"宗懔《荆梦岁时记》载："贴画鸡于户上，悬苇索于其上，插桃符其傍，百鬼畏之。"清代周亮工《书影》卷二载："按《岁时记》：'正月初一，贴画鸡。'今都门剪以插首，中州画以悬堂，中州贵人尤好画大鸡于石，元旦张之，盖北地类呼'吉'为'鸡'，俗云室上大吉也。"

根据晋代《玄中记》所载，树冠三千里的大桃树，树下是神荼、郁垒二神，树上有一只天鸡，"日初出，光照此木，天鸡即鸣，群鸡皆随之鸣"。这也将昼夜黑白纳入门神故事之中。晋代以来，门上画鸡，其民俗意义同于人物门神，也是门神的一种形式。

古人还在门户上做文章，杀鸡祭祀门户。鸡乃司晨之灵，惯于夜间活动的鬼怪畏之。因为鬼怪皆阴邪之类，害怕光明，害怕太阳。古人以为鸡啼黎明，阳精之禽，与初升太阳紧密相连，正如《太平御览》引《春秋题辞》说："鸡为积阳，南方之象，火阳精物炎上，故阳出鸡鸣，以类感也。"民间俗语亦有："鸡鸣将旦，为人起居；门亦昏闭晨开，捍难守固；礼贵报功，故门户用鸡也。"《青史子书》说："鸡者，东方之牲也。岁终更始，辨

陕西凤翔木版年画《神鸡》

秩东作，万物触户而出，故以鸡祀祭也。"古人相信，在这特定的日子和时间里，杀雄鸡悬于大门，杀雌鸡悬于房门，可以"和阴阳，调寒暑，节风雨"，求得来年风调雨顺。杀鸡悬于门户的风俗，因阴阳五行说的掺入，愈显得色彩神秘。

从杀鸡祭门到门上画鸡，有一个演变过程，或是同时存在的一种习俗。鸡为门神，象征大吉在陕西也较为时兴。神木木版年画中的门画《大吉有余》则为实例。陕北剪纸中鸡是年俗窗花必不可少的内容，陕北人认为窗户上全年都要贴上鸡，认为鸡有看护门户的作用，也有辟邪驱鬼的功能，虽贴在窗户上，也起的是门户之神的作用。

（3）其他动物当门神

在中国古代最令妖邪胆战心惊并且法力无边的四大神兽就是青龙、白虎、朱雀、玄武。青龙为东方之神；白虎为西方之神；朱雀为南方之神；玄武为北方之神，龟蛇合体。故有"青龙、白虎、朱雀、玄武，天之四灵，以正四方，王者制宫阙殿阁取法焉"之说。

四大神兽，也被称为"四神""四灵"，以正四方，掌管着四个方向的门，例如：唐代皇宫就有朱雀门、玄武门，所以"四灵"自然就被人们奉为门神。它们不但守卫阳间的门，还守卫阴间的墓门。在大量出土的汉代画像石上，我们可以看到，一般都是由"四神"来守墓，并被刻在墓门和墓壁上。

　　与四大神兽同样有镇宅辟邪作用的动物是太上老君的坐骑——"神牛"，还有神骏良驹"天马"，有时也被安排镇宅当门神，同时兼顾旺家财。陕西蒲城县木版年画有《牛马王》。画面上牛马王为人形，马神居左，头有三目，肩多两臂，穿袍披甲，形若猛将；牛神居右，白面，五绺黑须，慈眉善目，穿袍戴冠，有如王侯大臣。这当然主要贴在牲口圈，如牛棚、马厩的门上，以保家畜不生病，不染瘟疫。"牛马王"被

陕西凤翔木版年画《牛马王》

称为"圈神"。配的对联有："牛似南山虎；马如北海龙。"可见牛马如虎龙呀。

　　关于天马，《史记·大宛列传》有："初，天子发书《易》，云'神马当从西北来'。得乌孙马好，名曰'天马'。及得大宛汗血马，益壮，更名乌孙马曰'西极'，名大宛马曰'天马'云。"

　　《西游记》孙悟空上天宫任"弼马温"，管理的就是天马。凤翔木版年画有一对贴在马厩的门神画《疵马瘟》，画上印有"疵马瘟"（弼马温的谐音）三个字，陕甘一带（包括山西）尊猴为"祖神"，让猴守护马，即尊

陕西凤翔木版年画《疵马瘟》

请猴来当"槽神"。"槽神"也叫"槽马侯"，和"牛马王"的称号"圈神"差不多，不过是换了一种叫法，为中国民间家宅六神之一。再加上画面是一只猴子，取猴与侯谐音，疵马瘟也有"公侯之神""马上封侯"的意思，寓有多重祥瑞内涵，实为难得。看来，让齐天大圣孙猴子来当马厩的门神，还是有点大材小用了。

陕西凤翔文化馆馆藏有老版的《镇宅雄鹰》。鹰是猛禽，画中鹰姿态矫健雄强。唐代诗人王维有："风劲角弓鸣，将军猎渭城。草枯鹰眼疾，雪尽马蹄轻。"刘禹锡有："轻抛一点入云去，喝杀三声掠地来。"加之北方人历来对鹰有一种崇拜感，传说北方之神真武大帝御前五卫，就有鹰卫。再就是元代蒙古人和清代满族的图腾也是鹰，而华夏民族的图腾是龙和凤，龙和凤都是一种臆造组合的动物，是民族融合的产物，例如龙爪就是鹰爪，凤喙凤爪也取自鹰。所以借用鹰之神威镇宅辟邪，当门神，就非常自然了。

再有，螃蟹也当过门神。北宋沈括著的《梦溪笔谈》有："关中无螃蟹。元丰中，余在陕西，闻秦州人家收得一干蟹，土人怖其形状，以为怪物。每人家有病虐者，则借去挂门户上，往往遂差。不但人不识，鬼亦不识也。"

　　沈括曾出任延州知州兼鄜延路经略安抚使，他记的这个以螃蟹充门神的故事，应该是真事。沈括还在延川发现了石油，石油这个名字也来自他的《梦溪笔谈》。另外，我国现存最早的石刻地图之一《禹迹图》，原石现保存在陕西西安的碑林博物馆，绘制者被专家认为是北宋的沈括。

8. 读诗说门

　　古代诗人常借门抒怀言志、袒露心境，尤其是唐代诗人，他们笔下的"门"，写出了人与门息息相关，不可分割的诸般情愫，以及其中蕴含的丰厚深邃的社会历史意义。

　　诗仙李白有："朱门拥虎士，列戟何森森。"诗圣杜甫有："朱门酒肉臭，路有冻死骨。"尤其是杜甫的"朱门酒肉臭"，成为千古绝唱，写出了朱门即豪门的奢侈腐朽。《壮游》有："朱门务倾夺，赤族迭罹殃。"《奉赠韦左丞丈二十二韵》有："骑驴十三载，旅食京华春。朝叩富儿门，暮随肥马尘。残杯与冷炙，到处潜悲辛。"这几句诗的意思是：骑驴行走了十三年，寄食长安度过不少的新春。早上敲过豪富的门，晚上追随肥马沾满灰尘。吃过别人的残汤剩饭，处处使人暗中感到艰辛。《垂老别》有："投杖出门去，同行为辛酸。"《投简成、华两县诸子》有："长安苦寒谁独悲，杜陵野老骨欲折。南山豆苗早荒秽，青门瓜地新冻裂。"杜甫亲身体验到老百姓的苦难，洞察到社会矛盾的尖锐和不可调和，写下了"荣枯咫尺异，惆怅难再述"的诗句。

从杜甫的"朝叩富儿门""投杖出门去""青门瓜地新冻裂"到"朱门务倾夺""朱门酒肉臭"的"五门"所感所思，其中丰厚的蕴意、批判的力量、警世的真言，皆让人感慨万分。

诗奴贾岛在长安城朱雀门外大街上骑驴吟诗，当再三考虑"僧敲月下门"一句中用"敲"字好还是用"推"字好时，撞上了另一位诗人、唐宋八大家之一的韩愈任京兆尹时的仪仗队。韩愈听后，说还是用"敲"字好。从此，不但对"门"的"推敲"典故诞生，贾岛也成了"韩门"的学生。

同题写剑门关，李白有"剑壁门高五千尺，石为楼阁九天开"，杜甫有"惟天有设险，剑门天下壮"，皆别有洞天。

杜甫诗中有蓬门："花径不曾缘客扫，蓬门今始为君开。"李白诗中有寒门："烛龙栖寒门，光耀犹旦开。"
杜甫诗中还有柴门："柴门杂树向千株""柴门鸟雀噪"。
李白诗中有松门："松门拂中道""松门闭青苔"。

关于柴门之诗，王维《早秋山中作》有："寂寞柴门
人不到，空林独与白云期。"许浑《晚自朝台津至韦隐居郊
园》有："村径绕山松叶暗，柴门临水稻花香。"刘长卿
《逢雪宿芙蓉山主人》有："柴门闻犬吠，风雪夜归人。"

杜甫诗中还有衡门："长安布衣谁比数？反锁衡门守
环堵。"衡门，指横木作门，贫者之居；环堵，指只有四堵
墙。还有应门，"应门亦有儿"，应门，指照应、看管门户。

边塞诗名篇中提到玉门关的诗也有不少。王之涣《凉
州词》有："羌笛何须怨杨柳，春风不度玉门关。"王昌龄
《从军行》有："青海长云暗雪山，孤城遥望玉门关。"
戴叔伦《塞上曲》有："愿得此身长报国，何须生入玉门关。"
李颀《古从军行》有："闻道玉门犹被遮，应将性命逐轻
车。"还有李白《关山月》有："长风几万里，吹度玉门
关。"李白《从军行》有："从军玉门道，逐虏金微山。"

唐代诗人元稹的长篇叙事诗《连昌宫词》从曾经的
"虢国门前闹如市"，到"却出宫门泪相续。自从此后还闭
门，夜夜狐狸上门屋"。通过一个老人之口叙述连昌宫的
兴废变迁，以门串接，形象地反映了历史和社会生活发展
变迁的本质。

古代诗人由"门"起兴而成诗的句子委实不少，诸如

"门对寒流雪满山""门前流水尚能西""江头宫殿锁千门""花飞半掩门""开门落叶深",还有"窗含西岭千秋雪,门泊东吴万里船",可以说比比皆是。门与诗,一解秘中境;诗与门,相映成真趣。

9. 有关门的故事

门神之外有必要说一说门,因为有门才有门神。

中国之门,无处不在,有实在的,也有虚拟的。大到国门,中至城门、宫门、殿门,小至院门、户门、家门,以及大门、二门、侧门、偏门、后门。天宫有南天门,五岳有山门,皇宫金銮殿有九重门,还有官衔叫"九门提督"。阊阖,传说中的天门,也指皇宫的正门。李白有"门余阊阖字",王维有"九天阊阖开宫殿";城墙有四门、五门,牌楼有三门、五门等,不一而足。还有侯门深似海之说,这里意味的就不仅仅是三门、五门,以及几

西安城墙南门(永宁门闸楼)

重门了。

唐代有与尚书省、中书省并列的门下省，这可能是以门之名设置的最高的官府，官府亦叫衙门。俗语说"天下衙门朝南开"，门为什么朝南开？一说房屋朝南自然有利于采光。二说中国文化特别重视南向，《易经·说卦传》中载："圣人南面而听天下，向明而治。"《礼记》中载："天子负南向而立。"三说与我国的古代风水术有关，房屋建筑坐北朝南最为理想。正房建在北端，卦位为"坎"，称"坎宅"。宅门修在东"巽"方，或正南"离"方皆大吉。

明代称总督、巡抚为军门；清代，军门则为提督或总兵加提督衔者的尊称。军营之门叫辕门，《辞源》载："古代帝王巡狩田猎，止宿处周以车，作屏障。出入处仰两车使车辕相向以表示门，称辕门。"《周礼·天官·掌舍》载："设车宫辕门。"后指军营营门……后来地方高级官署，两旁以木栅围护，亦称辕门。

门，既是房屋的外檐装修，又是独立的建筑，广场中、街道口、宫门外的牌坊牌楼，民居的滚脊门楼，山岳寺庙的山门等。陕西高陵号称牌楼一枝花，曾经一个两万人的小县城有十六座牌楼；陕西佳县白云山有头天门、二天门、三天门、四天门。

中国的门，也派生出"禹凿龙门""鲤鱼跳龙门"的传说，还编出地狱之门的鬼门。黄河三门峡有人门、神门、鬼门，长江三峡有"夔门天下雄"，诸葛亮摆的八阵图中有生门、死门，八卦阵共有八门：休门、生门、伤门、杜门、景门、死门、惊门、开门。当然门也代表有名望的家族，称之为名门望族。例如：孔门，孔子学生亦称孔门学子，孔子门下最优秀的十位学生被称为"孔门十哲"（子渊、子骞、伯牛、仲弓、子有、子贡、子路、子我、子游、子夏）。《论语·先进》载："子曰：'从我于陈蔡者，皆不及门也。德行：颜渊、闵子骞、冉伯牛、仲弓；言语：宰我、子贡；政事：冉有、季路；文学：子游、子夏。'"北宋大儒程颢、程颐，引出"程门立雪"故事；再有成语班门弄斧，指在鲁班门前玩斧子，比喻在行家面前卖弄本领，有点不自量力。关于杨家将的戏剧有《杨门女将》《辕门斩子》《穆桂英大破天门阵》，还有《三国演义》中的"辕门射戟"，都与门有关。再有书香门第、祸福之门、众妙之门、法门、玄门、遁入空门、左道旁门、朱门、善门难开；有豪门，当然还有寒门、将门、农门，以及娼门、赌门。中国的地名也有许多带"门"字的，如广东的虎门、福建的金门、重庆的朝天门；西安的"门"就更多啦，有端履门、西华门、后宰门、东仓门、太阳庙门、五岳庙门、教场门、书院门、南院门、北院门、贡院门、南郭门、东厅门、马坊门、东县门等，仅城墙圈子内少说也有二十个。

临水的城门、水闸叫水门，佛家有禅门，寺院有山门，

佛、道、儒及武侠都有门派。黄门，为官职名，称黄门侍
郎。汉有黄门令、小黄门、中黄门等，侍奉皇帝及其家族，
皆以宦官充任。故后世亦称宦官为黄门。《齐东野语·黄门》
载："世有男子虽娶妇而终身无嗣育者，谓之天阉，世
俗则命之曰黄门。"男的入赘女家，称上门女婿，也称为
倒插门。女家没有男性子嗣，招婿上门接续宗祧，补充劳
力，并赡养女家老人。

门可以是物质的，也可以是精神的；门是功利的，亦
是哲学的。门占尽了出入口的"关口要径"优势，门总是
引人注目的。《论语·雍也》中就有一句："谁能出不由户？"

门，是一个家族或家庭的脸面，人们自然要在这个门
上殚精竭虑，多费心思，并百般装饰美化。除过贴门神画，
还有悬匾额，陕北民歌有"正月里闹元宵，金匾绣开了"。
尤其是节庆、结婚、寿诞、添贵子、中状元、加官晋爵等
喜事临门时，需张灯结彩放鞭炮。除夕夜挂红灯、贴春联，
还要贴福字，《宋书·礼志一》载："旧时岁旦，常设苇茭、
桃梗、磔鸡于宫及百寺门，以禳恶气。"还有不少地方除
夕兴"门窗贴红纸葫芦，曰'收疫鬼'"。人们相信葫芦
具有降伏妖魔鬼怪的法力。

端午节则要在门上插艾草，挂菖蒲。清代富察敦崇
《燕京岁时记·菖蒲艾子》载："端午日，用菖蒲、艾子
插于门旁，以禳不祥，亦古者艾虎、蒲剑之遗意。"菖蒲
又称蒲剑。端午时近夏至，暑疫渐多，人以蒲剑可斩妖杀

魔，因高悬门楣，慑鬼除邪。清代顾铁卿《清嘉录》载："截蒲为剑，割蓬作鞭，副以桃梗蒜头，悬于床户，皆以却鬼。"

　　大门为人看重，另有易被人忽视的后门。而后门比较隐蔽，古往今来走后门，被议为徇私行贿，成了行不可告人勾当之门。例如东汉关西夫子杨震的学生给老师送金子，就声称夜晚从后门而入，无人知晓。